ALFREDO A. ROGGIANO

HOMENAJE

A

ALFREDO A. ROGGIANO

EN ESTE AIRE

DE AMERICA

PREPARADO

POR

KEITH MCDUFFIE
University of Pittsburgh

ROSE MINC
Montclair State College

1990

TABULA GRATULATORIA

Ramón Luis Acevedo
Apartado 54
Corozal, Puerto Rico 00643

Hugo Achugar
Northwestern University

Edna Acosta-Belen
Dept. of Latin American
& Caribbean Studies
SUNY-Albany
Albany, NY 12222

Rolena Adorno
Dept. of Romance Languages
& Literatures
University of Michigan
Ann Arbor, MI 48109-1275

Marjorie Agosin
Spanish Department
Wellesley College
Wellesley, MA 02181

Edna Aizenberg
84-16 Charlecote Ridge
Jamaica, NY 11432

Elio Alba Buffill
16 Malvern Place
Verona, NJ 07044

Laureano Albán, Ambassador
Embassy of Costa Rica
P.O. Box 1316
Jerusalem 91012
ISRAEL

Juana Alcira Arancibia
8452 Furman Avenue
Westminster, CA 92683

Tomás Alva Negri
Guido 1685
1016 Buenos Aires
ARGENTINA

José Amor y Vázquez
Box E-Brown University
Providence, RI 02912

Birger Angvik
Dept. of Hispanic Studies
The University of Bergen
N-5007 Bergen - NORWAY

Helena Araújo
30, Avenue de Rumine
1005 Lusanne-SUISSE

Jorge Eduardo Arellano
Residencial El Dorado 105
Managua 10 - NICARAGUA

TABULA GRATULATORIA

Lida Aronne Amestoy
Providence College
Providence, RI 02918

Melvin S. Arrington, Jr.
Deptartment of Modern Languages
University of Mississippi
University, MS 38677

Anita Arroyo Arrillaga
P.O. Box 21375
Universidad de Puerto Rico
Río Piedras, Puerto Rico 00931

Lucrecia Artalejo
10117 Old Orchard Court, #2-A
Skokie, IL 60076

Anna W. Ashhurst
2105 Barcelona Drive
Florissant, MO 63033

Armand F. Baker
9 Ponderosa Drive
Voorheesville, NY 12186

Daniel Balderston
Spanish & Portuguese
Tulane University
New Orleans, LA 70118

David Bary
2991 Kenmore Place
Santa Barbara, CA 93105

Carmen Ruiz Barrionuevo
Universidad de La Laguna
Tenerife - ESPAÑA

Isolina E. Battistozzi
University of Minnesota
Dept. of Spanish & Portuguese
4 Folwell Hall
Minneapolis, MN 55455

Horacio Jorge Becco
Residencia La Hacienda, Apt. 55-A
Avenida Principal de Las Mercedes
Caracas (1060) - VENEZUELA

Gabriella de Beer
2600-5 Netherland Ave., N., Apt. 515
Bronx, NY 10463

Lisa Block de Behar
Av. Rivera 6195
Montevideo - URUGUAY

Marie Cécile Bénassy-Berling
73 rue du Cardinal Lemoine
75005 Paris - FRANCE

Antonio Benítez-Rojo
Dept. Romance Languages
Amherst College
Amherst, MA 01002

Alfredo Alejandro Bernal
Languages & Cultures
Bloomsburg University
Bakeless Hall 317
Bloomsburg, PA 17815

Leopoldo M. Bernucci
Dept. of Spanish & Portuguese
Yale University
New Haven, CT 06520

Rei Berroa
3505 Spring Lake Terrace
Fairfax, VA 22030

John Beverley
Hispanic Languages
University of Pittsburgh
Pittsburgh, PA 15260

TABULA GRATULATORIA

Margarita Blaschke
4555 Leathers Street
San Diego, CA 92117

Karl Alfred Blüher
Romanisches Seminar
der Universität Kiel
D-2300 Kiel, Leibnizstr. 10
GERMANY

Robert Brody
Dept. of Spanish & Portuguese
University of Texas
Austin, TX 78712

William C. Bryant
2076 Fernlock
Oxford, MI 48051

Fernando Burgos
Dept. of Foreign Languages
Memphis State University
Memphis, TN 38152

Estrella Busto Ogden
Dept. of Modern Languages
Villanova University
Villanova, PA 19085

Alina Camacho-Gingerich
61-41 165th Street
Fresh Meadows, NY 11365

Joan Cammarata
135 Lawrence Place
New Rochelle, NY 10801

Rosalba Campra
Via Annia Faustina 20
Roma 00153 - ITALY

Mireya Camurati
95 Oakbrook Drive #E
Williamsville, NY 14221

Mario A. Cánepa
252 E 61st., Apt. 4A-N
New York, NY 10021

Martha L. Canfield
Via Senese, 5
50124 Firenze - ITALY

Antonio Carreño
Brown University
Providence, RI 02912

José M. Carranza
Indiana University
of Pennsylvania

Germán D. Carrillo
Marquette University
Madrid Study Center
Facultad de Filosofía y Letras
Universidad de Madrid
28040 Madrid - SPAIN

Magda Castellví deMoor
Assumption College
Worcester, MA 01602

Marina Catzaras
5710 Phillips Avenue, A-11
Pittsburgh, PA 15217

Héctor Mario Cavallari
Foreign Languages
Mills College
Oakland, CA 94613

Francisco J. Cevallos
P.O. Box 1217
Belchertown, MA 01007

Marcelo Coddou
Drew University
College of Liberal Arts
Madison, NJ 07940

TABULA GRATULATORIA

Eliseo R. Colón Zayas
Sagrado Corazón, Apto. 104
Santurce, Puerto Rico 00915

Jaime Concha
University of California-San Diego
Dept. of Literature/D-007
La Jolla, CA 92093

Jorgelina Corbatta
Associate Visiting Professor
Dept. of Spanish & Portuguese
Indiana University
Bloomington, IN 47405

Willy H. Corral
Dept. of Spanish & Portuguese
Stanford University
Stanford, CA 94305

Carlos Cortínez
Dickinson College
Carlisle, PA 17013

René de Costa
G.V. Marqués del Turia, 57
46005 Valencia - SPAIN

Rolando D'Abraldes Hernaldez-Morelli
Charles Rosen House
6440 S. Clairborne Ave., Apt. 818
New Orleans, LA 70125

Frank Dauster
Rutgers University
New Brunswick, NJ 08903

Michael J. Doudoroff
Spanish & Portuguese
University of Kansas
Lawrence, KS 66045

Manuel Durán
Dept. of Spanish & Portuguese
Yale University
New Haven, CT 06520

Juan Durán Luzio
Apartado 53
Desamparados - COSTA RICA

Peter G. Earle
Dept. of Romance Languages
Williams Hall
University of Pennsylvania
Philadelphia, PA 19104

Miriam Ebra Lima
Cond. Hato Rey Plaza, Apto. 7-D
Hato Rey, Puerto Rico 00918

Roberto Echavarren
100 Bleecker Street, Apt. 15B
New York, NY 10012

Arturo Echavarría
Emajagua 9 (6-A)
Punta Las Marías
San Juan, Puerto Rico 00913

E. A. Echevarría
Languages
Colorado State University
Fort Collins, CO 80523

Juan Escalera-Ortiz
P.O. Box 886
Camuy, Puerto Rico 00627

José A. Escarpanter
8030 Haley Center
Auburn University
Auburn, AL 36849

TABULA GRATULATORIA

Diógenes Fajardo V.
Apdo. Aéreo #54673
Bogotá, 2 - COLOMBIA

Antonio Fama
Chairman
Spanish Department
University of Waterloo
Waterloo, Ontario N2L 3G1
CANADA

Margarita Fazzolari
305 W. 18 Street, Apt. 4-K
New York, NY 10011

Carlos and Rosemary Feal
168 Huntley Road
Buffalo, NY 14215

John M. Fein
Romance Languages
Duke University
Durham, NC 27706

Wilma Feliciano
179 Fawn Hill Road
Tuxedo, NY 10987

Jesse Fernández
29-23, 167 Street
Flushing, NY 11358

Américo Ferrari
34, rue Caroline
1227 Genève
SWITZERLAND

Rosario Ferré
1625 Que Street, NW #206
Washington, DC 20009

María del Rosario Ferrer
Montevideo 633, 3º, 33
Buenos Aires 1019
ARGENTINA

José Ferrer-Canales
Box 22901
Universidad de Puerto Rico
Río Piedras, Puerto Rico

Esperanza Figueroa
7401 SW 34 Terrace
Miami, FL 33155

Frederick H. Fornoff
Division of Humanities
University of Pittsburgh
at Johnstown
Johnstown, PA 15904

Nisa Forti
Alvear 906
(1640) Martínez
Buenos Aires
ARGENTINA

David William Foster
Arizona State University

Lucia Fox-Lockert
1049 Cresenwood
E. Lansing, MI 48823

Cola W. Franzen
P.O. Box 337
Harvard, MA 01451

Bienvenido de la Fuente
Neuenhausstrasse 26
4006 Erkrath 1
WEST GERMANY

M. Gallo
2948 Kenmore Place
Santa Barbara, CA 93105

Manuel García
Aptos. Las Torres-C1-3º
(Albufereta) 03016-Alicante
SPAIN

María-Guadalupe García-Barragán
Western Washington University
Dept. of Foreign Languages & Literatures
Bellingham, WA 98225

Norma Rosa García Mainieri
15 Avenida 5-23 Zona 1
Código Postal 01001
Ciudad - GUATEMALA

Magdalena García Pinto
Romance Languages
University of Missouri

Santiago García-Sáez
Oklahoma State University
MS. 228
Stillwater, OK 74078

Ernesto J. Gil López
Fermín Morín
P. Guayarmina, 2-8º A
38007 Santa Cruz de Tenerife
SPAIN

Cedomil Goic
4136 MLB
The University of Michigan
Ann Arbor, MI 48109

Manuel de Jesús Goico Castro
Av. Tiradentes #66,
esq. Emilio A. Morel Ens. La Fé
Santo Domingo
REPUBLICA DOMINICANA

Galo F. González
77 N. Lexington Pkwy., Apt. 16
St. Paul, MN 55104

Yara González-Montes
University of Hawaii at Manoa
Dept. of European Languages
& Literatures

Ricardo Gutiérrez Mouat
Dept. Modern Languages
& Literatures
Emory University
Atlanta, GA 30322

Alberto Gutiérrez de la Solana
New York University
Dept. of Spanish & Portuguese
19 University Place, Room 400
New York, NY 10003

Lanin A. Gyurko
Dept. of Spanish
University of Arizona
Tucson, AZ 85721

Raquel Halty Pfaft
376 Harvard Street
Cambridge, MA 02138

Consuelo Hernández
55 Overlook Terrace, 4C
New York, NY 10033

Héctor R. Hernández
3537 S. Hoyne Avenue
Chicago, IL 60609-1110

Herlinda Hernández
467 Sutton Hall
Indiana University of Pennsylvania
Indiana, PA 15705

TABULA GRATULATORIA

Cecilia Hernández de Mendoza
Instituto Caro y Cuervo
Apartado Aéreo 51502
Bogotá - COLOMBIA

James E. Holloway
Dept. of Spanish
Dalhousie University
Halifax, Nova Scotia,
CANADA B3H 3J5

Tamara Holzapfel
818 Southeast Circle, NW
Albuquerque, NM 87104

Sabine Horl Groenewold
AM Weiher 12,
D-2000 Hamburg 20
WEST GERMANY

Roberto Hozven
Catholic University of America
Department of Modern Languages
& Literatures
Washington, DC 20064

Raúl Inostroza
16342 Whittier Lane
Huntington Beach, CA 92647

Eva Isman
2165 Brigham Street, Apt. 4C
Brooklyn, NY 11229

Didier T. Jaen
Dept. of Spanish
University of California
Davis, CA 95816

Theodore W. Jensen
Eastern Montana College

Rosa María Jiménez Doello
C/Crucero Baleares 9, 1º izq.
Pto. Santa María
Cádiz - SPAIN

Ernest A. Johnson, Jr.
SR 32, Box 274
Owls Head, ME 04854

Bella Jozef
Rua Buarque de Macedo 27, Apt. 601
Rio de Janeiro 22221
BRASIL

Ricardo J. Kaliman
Av. Mate de Luna 4646
(4000) Tucumán
ARGENTINA

Collard Kapellendires
Coslende - BELGIUM

Marina E. Kaplan
Dept. of Spanish & Portuguese
Smith College
Northampton, MA 01063

Ludmila Kapschutschenko-Schmitt
Rider College
Foreign Languages & Literatures
Lawrenceville, NJ 08648

Sonja P. Karsen
P.O. Box 441
Saratoga Springs, NY 12866

Lucille Kerr
University of Southern California
Dept. of Spanish & Portuguese
Los Angeles, CA 90089-0358

TABULA GRATULATORIA

Arnold L. Kerson
1335 Trinity College
Hartford, CT 06106

Raquel Kersten
University of Wisconsin-Greenbay
Greenbay, WI 54301-7001

Gwen Kirkpatrick
Dept. of Spanish & Portuguese
University of California-Berkeley
Berkeley, CA 94720

Norma Klahn
410 riverside Drive #102
New York, NY 10025

Dolores M. Koch
718 Broadway (5B)
New York, NY 10003

Efraín Kristal
Romance Languages
Harvard University
Cambridge, MA 02138

Emilio B. Labrada
115 W. Annandale Road
Falls Church, VA 22046

Enrique A. Laguerre
Apdo. 22114
Universidad de Puerto Rico
Río Piedras, PR 00931

Kathryn Lehman
744 S. Drake Road, Apt. B-11
Kalamazoo, MI 49009

Monique J. Lemaître
Department of Foreign
Languages and Literatures
Northern Illinois University
DeKalb, IL 60115

Olver Gilberto de León
31, cours de Vincennes
75020 Paris
FRANCE

Lía Schwartz Lerner
Isaías Lerner
28 West 22nd Street
New York, NY 10011

Bart Lewis
Department of Modern Langages
Texas A & M University
College Station, TX 77843

Myron Lichtblau
Department of Foreign Languages
H.B.C. 319
Syracuse University
Syracuse, NY 13244-1160

Martin Lienhard
Romanisches Seminar
Nikolausberger Weg 23
D-3400 Göttingen
WEST GERMANY

Naomi Lindstrom
Spanish & Portuguese Department
University of Texas
Austing, TX 78712

Solomon Lipp
McGill University
Department of Hispanic Studies
1001 Sherbrooke Street W.
Montreal, Quebec, H3A 1G5
CANADA

Luis López Alvarez
Apartado 249
Segovia
SPAIN

TABULA GRATULATORIA

Luce López-Baralt
Emajagua 9 (6A)
Punta Las Marias
San Juan, PR 00913

Hernán Loyola
Via P. di Piemonte 10
07100 Sassari
ITALY

Alfredo Lozada
Professor Emeritus
Department of Foreign Languages
Louisiana State University
Baton Rouge, LA 70803

Gerardo Luzuriaga
Spanish Department
University of California
Los Angeles, CA 90024

Jorge Marbán
1437 Downwood Place
Charleston, SC 29412

Elena Martínez
337 East 21st Street, Apt. 2G
New York, NY 10010

Luz Ivette Martínez
Avenida Constancia N-25
Urb. Villa del Carmen
Ponce, PR 00731

Martha Martínez
900 Dynes Road, Apt. 2504
Ottawa, Ontario, K2C 3L6
CANADA

Gioconda Marún
470 Halstead Avenue, 4-B
Harrison, NY 10528

Julio Matas
University of Pittsburgh
1309 C.L.
Pittsburgh, PA 15260

Donald McGrady
530 North First Street
Charlottesville, VA 22901

Robert G. Mead, Jr.
P.O. Box 9
Storrs, CT 06268

George Melnykovich
3006 Flat Meadow Court
Nerndon, VA 22071

Felix Menchacatorre
Maidagan 56
Santa María de Getxo
Vizcaya - SPAIN

Teresa Méndez-Faith
16 Clark Road
Bedford, MA 01730

Carlos Meneses
Plaza París 2, 5º, 2ª
Palma de Mallorca 07010
SPAIN

Seymour Menton
Department of Spanish
& Portuguese
University of California
Irvine, CA 92717

Klaus Meyer-Minnemann
Universität Hamburg
Ibero-amerikanieches
Forschungsinstitut
Von - Melle - Park 6, VI
2 HAMBURG 13

TABULA GRATULATORIA

Yvette E. Miller
2300 Palmer Street
Pittsburgh, PA 15218

Eugenia Missik
2915 Whispering Pines
Canfield, OH 44406

Esther P. Mocega-González
2000 N. First Street
DeKalb, IL 60115

Luis & Alicia Monguió
24 Berkshire Drive
Clifton Park, NY 12065

Oscar Montero
Lehman College, C.U.N.Y.
160 W. 84 Street, #11
New York, NY 10024

Matías Montes-Huidobro
Department of European Languages
University of Hawaii at Manoa
Honolulu, HI 96322

Gabriela Mora
560 Riverside Drive, 7K
New York, NY 10027

Sonia Marta Mora Escalante
Escuela de Literatura
Universidad Nacional
Heredia - COSTA RICA

William A. Morgan
Modern Languages Department
Shippensburg University
Shippensburg, PA 17257

Elías Miguel Muñoz
Wichita State University
Modern Languages
Wichita, KS 67208

Willy O. Muñoz
Romance Languages
Kent State University
Kent, OH 44242

Carlos R. Narvaéz
85 8th Avenue, Apt. 6-V
New York, NY 10011

Joaquina Navarro
24 Hastings Heights
Northampton, MA 01060

Kevin J. O'Connor
Department of Romance Languages
Colorado College
Colorado Springs, CO 80906

José Olivio Jiménez
215 West 90 Street, 4G
New York, NY 10024

Monserrat Ordóñez
Apartado Aéreo 9432
Bogotá - COLOMBIA

Héctor H. Orjuela
Department of Spanish
University of California
Irvine, CA

Elizabeth Otero-Krauthammer
1321-B Marlton
San Marcos, TX 78666

Arturo Ortiz
121 South 8th Street
Indiana, PA 15701

Kemy Oyarzun
Literatures & Languages
University of Claifornia
Riverside, CA 92521

TABULA GRATULATORIA

José Emilio Pacheco
Reynosa 63
México 06100, D.F.
MEXICO

Claire Pailler
41 rue Guynemer
31200 Toulouse
FRANCE

Graciela Palau de Nemes
Department of Spanish & Portuguese
University of Maryland
College Park, MD 20742

Teresita J. Parra
211 Spargo Place
Wilmington, NC 28403

Beatriz Pastor
Department of Spanish & Portuguese
Dartmouth College
Hanover, NH 03755

James O. Pellicer
Hunter College
22 Schrade Road
Briarcliff Manor, NY 10510

Alberto Julián Pérez
2 North Park, #A
Hanover, NH 03755

Allen W. Phillips
12534 Avenida Tineo
San Diego, CA 92128

Judith G. Q. de Pinedo
De Diego 64 E
Centro Plaza
Mayagüez, PR 00708

Guido A. Podestá
1044 Van Hise Hall
University of Wisconsin-Madison
Madison, WI 53706

Heriberto del Porto
719 Jefferson Street
Fulton, MO 65251

Adolfo Prieto
Department of Romance Languages
University of Florida
Gainesville, FL

Enrique Pupo-Walker
130 Gilman Avenue
Nashville, TN 37205

Isis Quinteros
Department of Modern Languages
Saint Mary's College
Notre Dame, IN 46556

Richard M. Reeve
Department of Spanish & Portuguese
University of California
Los Angeles, CA 90024

Elena Reina
Marlotlaan 8
2594CM Den Haag
HOLLAND

Concepción Reverte
Literatura Hispanoamericana
Universidad de Cádiz
Apartado 579
11080 Cádiz - SPAIN

Rosario Rexach
301 East 75th Street, Apt. 9H
New York, NY 10021

TABULA GRATULATORIA

Geoffrey Ribbans
Brown University
Providence, RI 02912

Marcela del Río
Nubes 625
México 01900, D.F.
MEXICO

Oscar Rivera-Rodas
705 N. Coventry
Baton Rouge, LA 70808

James Willis Robb
Deparment of Romance Languages
George Washington University
Washington, DC 20052

Humberto E. Robles
Department of Hispanic Studies
Northwestern University
Evanston, IL 60208

Phillis Rodríguez-Peralta
Temple University
Department of Spanish
& Portuguese
Philadelphia, PA 19122

Mario A. Rojas
Modern Languages
Catholic University
Washington, DC 20064

Armando Romero
505 Terrace Avenue, Apt. 2
Cincinnati, OH 45220

Marcelino Romero Taboada
Universidad Central de Bayamón
Departmento de Humanidades
Box 1725
Bayamón, PR 00619

Perla Rozencvaig
6040 Blvd. E, 24C
West New York, NY 07093

Héctor C. Rueda de León
2-20-4 Kamiosaki
Shinagawa-ku
Tokyo - JAPAN

Jorge Ruffinelli
87 Peter Coutts Circle
Stanford, CA 94305

María A. Salgado
Department of Romance Languages
University of North Carolina
Chapel Hill, NC 27514

Abelardo Salinas
P.O. Box 1552
Laredo, TX 78040

Josefa Salmón
2223 General Pershing
New Orleans, LA 70115

Javier Sanjinés C.
2024 Commonwealth Avenue, A-22
Saint Paul, MN 55108

George D. Schade
Spanish Department
University of Texas
Austin, TX 78712

Maya Schärer-Nussberger
Häldelistr. 10
CH 8712 Stäfa
SWITZERLAND

TABULA GRATULATORIA

Ludwig Schrader
Romanisches Seminar
der Universität Düsseldorf
Universitätsstrasse 1
D-4000 Düsseldorf
WEST GERMANY

Jorge Schwartz
Rua Alcides Pértica, 77
05413 São Paulo (SP)
BRAZIL

Federico Serra-Lima
P. O. Box 6
Old Chatham, NY 12136

Margaret L. Snook
2811 E Tully Square
Winston-Salem, NC 27106

María Solá
Estudios Hispánicos
Universidad de Puerto Rico
Recinto de Mayagüez
Mayagüez, PR 00708

Myrna Solotorevsky
Shderot Eshkol 8/11
Ramat Eshkol, Jerusalem 97 764
ISRAEL

Ilan Stavans
509 W. 110 Street, #3D
New York, NY 10025

Bruce Stiehm
2381 Cramden Road
Pittsburgh, PA 15241

Karen Stolley
Box 217
Vassar College
Poughkeepsie, NY 12601

Octavio de la Suaree
14 Forest Terrace
Wayne, NJ 07470

Ricardo Szmetan
1906 Sansom Street
Philadelphia, PA 19103

Alfonso de Toro
Romanisches Seminar Universitaet
Leibnitzstr. 10
D-2300 Kiel 1
GERMANY

Marino Troncoso
Universidad Javeriana
Carrera 10, Nº 65-48
Bogotá - COLOMBIA

Luz María Umpierre
119 Sunrise Drive
Edison, NJ 08817

NIcasio Urbina
2902 Rae's Creek road, #D
Augusta, GA 30909

Graciela de Urteaga
145 E. Monterey Avenue
Stockton, CA 95204

Rima de Vallbona
3002 Ann Arbor
Houston, TX 77063

Angela Valle
University of Nebraska at Omaha
303 Arts & Sciences Hall
Omaha, NE 68182-0192

Alejandro Varderi
University of Illinois
4080 FLB, 707 S. Mathews Ave.
Urbana, IL 61801

TABULA GRATULATORIA

José E. Vargas
10706 Keswick Street
Garrett Park, MD 20896-0130

Hugo J. Verani
Department of Spanish
University of California
Davis, CA 95616

Paul Verdevoye
11, Avenue Junot, Villa Nº 10
75018 Paris - FRANCE

Alfredo Villanueva-Collado
250 W. 15th Street, 5C
New York, NY 10011

Gloria de Vorbeck
P.O. Box 2437
Quito - ECUADOR

Thomas Butler Ward
Guilford Towers
14 W. Cold Spring Lane #911
Baltimore, MD 21210

H. C. Woodbridge
1804 W. Freeman
carbondale, IL 62904

Donald A. Yates
555 Canon Park Drive
St. Helena, CA 94547

George Yúdice
30 E. 10 Street
New York, NY 10003

Serge I. Zaitzeff
Department of French,
Italian & Spanish
University of Calgary
Calgary, Alberta
CANADA

Luis Zalamea
780 SW 21 Road
Miami, FL 33129

Roger A. Zapata
97 Allendale Road
Hartford, CT 06106

Armando Zárate
Department of Romance Languages
University of Vermont
Burlington, VT 05405

Jesús M. Zulueta Fernández
c/Salvador del Mundo, Nº 3, B A
Cádiz - SPAIN

INSTITUCIONES

University of St. Andrews
University Library
North Street
St. Andrews, Fife KY16 9TR
GREAT BRITAIN

Instituto Universitario di Bergamo
Biblioteca di Lingue e
Letterature Straniere
Piazza Vecchia, 8
24100 Bergamo - ITALY

Cornell University Library
Acquisitions Department
110 Olin Library
Ithaca, NY 14853

Dartmouth College
Baker Libary
Hanover, NH 03755-1862

TABULA GRATULATORIA

Estudios Universitarios y Técnicos
de Guipuzcoa
Librería y Mundaiz, s/n
Apartado, 1359
20012 San Sebastian - SPAIN

Université de L'Etat
Bibliotheque
17, avenue Matstriau -B
7000 Mons - BELGIUM

Facultad de Filología y
Geografía e Historia
Biblioteca
Apartado 2111
01008 Vitoria-Gasteiz
SPAIN

Latinamerika-institutet
Stockholm University Library
S-106 91 Stockholm
SWEDEN

University of Maryland
Dept. of Spanish & Portuguese
2215 Jiménez Hall
College Park, MD 20742

Mount Mary College
Milwaukee, WI 53222

University of North Carolina
Davis Library 080-A
Chapel Hill, NC 27514

Pennsylvania State University
Pattee Library
University Park, PA 16801

Universita di Pisa
Dipartimento di Lingue e
Lett. Romanze
Via Collegio Ricci 10
I-56100 Pisa-ITALY

University of Puerto Rico
Mayagüez Campus Library
Acquisitions Department
Mayagüez, PR 00708

Universitätsbibliothek
Regensburg
Postfach 409
8400 Regensburg 1
GERMANY

Rÿksuniversiteit Gent
Dienst Voor Spaanse
Taal-En Letterkunde
Blandÿberg 2
9000-Gent - BELGIUM

Staat-u. Universitätsbibliothek Bremen
- Erwebungsabteilung - Gz -
Postfach 33 01 60
2800 Bremen 33
GERMANY

Taylor Institution Library
St. Giles, Oxford OX1 3NA
ENGLAND

Trent University
Thomas J. Bata Library
Peterborough, Ontario
K9J 7B8 CANADA

University of Virginia
Alderman Library
Charlottesville, VA 22903-2498

University of Washington
Libraries FM-25
Seattle, WA 98195

SUMARIO

ADVERTENCIA

PROLOGO

    KEITH McDUFFIE y ROSE MINC: *Alfredo A. Roggiano* 27

I. TESTIMONIO

    ERNESTO SABATO: *Aquellos tiempos de adolescencia* 35

II. LA COLONIA Y EL BARROCO

    FERNANDO AINSA: *"Un relato" de James Burgh: El modelo utópico protestante de la ciudad de los Césares* 45
    RAQUEL CHANG-RODRIGUEZ: *El levantamiento de Gonzalo Pizarro en el contexto de "Primera nueva corónica y buen gobierno"* 61
    GIUSEPPE BELLINI: *El "Furioso": presencia constante en la literatura hispanoamericana* 79
    ALICIA DE COLOMBI-MONGUIO: *"Al simple, al compuesto, al puro, al misto": la amada como microcosmos* 91
    DANIEL R. REEDY: *El arte del relato poético en Juan del Valle y Caviedes* 111
    GEORGINA SABAT-RIVERS: *Tiempo, apariencia y parodia: el diálogo barroco y transgresor de Sor Juana* 125

III. EL ROMANTICISMO

EMILIO CARILLA: *El cuento literario del romanticismo* 153
GIOVANNI MEO ZILIO: *Mímica, pantomímica y sonoridad en el Canto IX de "La vuelta de Martín Fierro"* 165
SYLVIA MOLLOY: *"La imagen de la felicidad": el relato de infancia en Hispanoamérica* 175

IV. EL MODERNISMO, LA VANGUARDIA Y DESPUES

FERNANDO ALEGRIA: *Proyecciones políticas de la vanguardia hispanoamericana* 191
ANTONIO CORNEJO-POLAR: *La problematización del sujeto en la poesía conversacional* 201
EDMOND CROS: *Implicaciones psíquicas e ideológicas de la mitificación del espacio en "Anaconda" de Horacio Quiroga* 209
JACQUES JOSET: *Las "Artes poéticas" de Nicolás Guillén: una lectura tentativa* 223
ENRIQUE PEZZONI: *El recuerdo de las cosas presentes* 237
LUIS SAINZ DE MEDRANO: *Prefiguración de "Macchu Picchu" en "España en el corazón"* 253
IVAN A. SCHULMAN: *Hacia un concepto revisionista del discurso modernista* 267
GLORIA VIDELA DE RIVERO: *Claves intertextuales para una interpretación de "Tentativa del hombre infinito"* 277
EMIL VOLEK: *Eros en rotación: la semiología poética/la poética semiológica de Octavio Paz en los años sesenta* 297

V. NARRATIVA CONTEMPORANEA

MARIA LUISA BASTOS: *"Esa voz tan nuestra": autorización de los narradores en las novelas de Bioy Casares* 315
ALICIA BORINSKY: *Voz, sentido, artefactos: reflexiones sobre Mario Vargas Llosa* 325
ZUNILDA GERTEL: *El discurso transformacional en "Aura"* 331
KURT L. LEVY: *García Márquez y Carrasquilla* 343
ROBERTO PAOLI: *Borges y la filosofía* 355
SAUL YURKIEVICH: *La prefiguración de una nueva forma novelesca* 373

SUMARIO 23

VI. PROYECCIONES ACTUALES: NUEVAS VOCES, NUEVAS CORRIENTES

ANA MARIA BARRENECHEA: *"Ova completa": el apocalípsis según Susana Thenon* ... 387
MALVA FILER: *"Los perros del paraíso" y la nueva novela histórica* ... 395
JULIO ORTEGA: *El postmodernismo en Latinoamérica* ... 407
SEVERO SARDUY: *Barroco actual en función de la cosmología del "Big Bang"* ... 421
EMILIO SOSA LOPEZ: *Avances y límites de la crítica literaria actual* ... 431

VII. FONDO HISTORICO-CULTURAL

EUGENIO CHANG-RODRIGUEZ: *La identidad nacional en Mariátegui, Haya y Orrego* ... 443
ANGELA B. DELLEPIANE: *Ciencia y literatura en un texto de Eduardo L. Holmberg* ... 457
HANS FLASCHE: *Nueva interpretación de las publicaciones hispánicas de E. R. Curtius* ... 477
BEATRIZ SARLO: *Hipótesis para una historia cultural de Buenos Aires* ... 491

VIII. BIBLIOGRAFIA

ADVERTENCIA

Esta compilación reune más de treinta artículos de distinguidos hispanistas de varios países, todos ellos antiguos amigos y colegas de Alfredo A. Roggiano, a quien dedican sus colaboraciones en homenaje a la labor en beneficio del hispanismo que ha hecho este poeta, crítico y maestro, por más de medio siglo. De ninguna manera pretende olvidar a todo el vasto número de amigos, colegas y antiguos discípulos de Alfredo Roggiano que pudieran haber contribuido a este homenaje, de no haber sido imposible tal proyecto por su extraordinaria extensión. Que sea esta recopilación, pues, una muestra modesta —nada más— de la profunda amistad y aprecio que tienen tantos hispanistas para con Alfredo Roggiano. A todos aquéllos que con su apoyo económico han facilitado la publicación de este homenaje (véase la *Tábula Gratulatoria*), nuestra profunda gratitud.

Reiteramos nuestra gratitud y reconocimiento a Lillian S. de Lozano y a Erika Arredondo, del Instituto Internacional de Literatura Iberoamericana, Universidad de Pittsburgh, por su inmensa labor editorial en la preparación del texto. Sin sus esfuerzos, hechos siempre con gran amabilidad y comprensión, no se hubiera realizado este homenaje. Asimismo, agradecemos de manera muy especial la colaboración editorial tan desinteresada como generosa de la profesora Pamela Bacarisse, de la Universidad de Pittsburgh.

HOMENAJE

A

ALFREDO A. ROGGIANO

Alfredo A. Roggiano nació en Chivilcoy en la provincia de Buenos Aires, el 2 de agosto de 1919. Pasó su juventud en esa pequeña ciudad de la pampa, una de las tantas creadas por Sarmiento para erradicar la "barbarie" indígena y asentar la "civilización", es decir, la cultura europea. Hombre eminentemente culto, dotado de un conocimiento profundo de la historia, la filosofía y la cultura de Occidente, el "Gaucho" Roggiano conserva aún los valores de su patria chica. Allí todavía se encuentra su familia, habitando la antigua casa paterna y allí, después de una ausencia de medio siglo, vuelve anualmente Alfredo Roggiano para celebrar el concurso literario nacional, por él auspiciado, que lleva su nombre, concurso que representa una aportación cultural permanente a su tierra natal. Una parte de la cultura asentada en Chivilcoy está constituida por la Biblioteca Popular, desde su fundación en 1866 por las fuerzas civilizadoras, donde una sala de lectura lleva actualmente el nombre de Alfredo A. Roggiano, distinción con la que lo reconoce su patria chica.

Pero para volver a Chivilcoy, con la obra y las conquistas que le merecieron tales honores, Alfredo Roggiano tuvo que dejar no sólo su pueblo natal sino también su país, destino americano ya clásico que, en sus propias palabras, "es parte del subdesarrollo"[1]. Emprendió los estudios doctorales en la Universidad de Buenos Aires en 1939, y egresó en 1945 con el Diploma de Honor de Filosofía y Letras. Comenzó su carrera docente en la Universidad de Tucumán como profesor titular de Poética y Estilística. Además, entre 1954 y 1955, fue director de la sección hispanoamericana del Departamento de Lenguas y Literaturas. Su carrera en Tucumán fue interrumpida en 1948 por un año de estudios postdoctorales en la Universidad de Madrid como becario de la Comisión Nacional de Cultura Argentina y el Consejo Superior de Investigaciones Científicas de Madrid.

---

[1] En una entrevista con Miguel D. Torres, publicada en el periódico chivilcoyano *La Razón*, jueves 3 de noviembre de 1988, p. 2.

EXILIO Y ACOGIDA EN LA OTRA AMERICA

En 1955 asumió el exilio como protesta contra el régimen peronista y como declaración de fe en la libertad personal y política. Fue recibido como profesor en las Universidades de Nuevo México y California en 1955 y nombrado profesor en la Universidad Estatal de Iowa el mismo año.

En 1963 se trasladó de manera permanente al Departamento de Lenguas Románicas de la Universidad de Pittsburgh, Pennsylvania. Allí ayudó a fundar el Departamento de Lenguas y Literaturas Hispánicas del que se jubiló dos décadas más tarde, en 1984, como Profesor Distinguido Emerito del Departamento de Lenguas y Literaturas Hispánicas. Durante los años en que ejerció su magisterio ha honrado con su enseñanza a las universidades de Indiana (1959), California en Los Angeles (1962), la Universidad Nacional Autónoma de México (1958). Ha sido además, profesor invitado por las universidades más distinguidas del mundo para dar cursos y conferencias.

En 1955, ya establecido en los Estados Unidos, le fue encargada la dirección editorial de la *Revista Iberoamericana* por decisión de su Consejo Editorial, cargo que ha desempeñado por más de 35 años. Al asumir la dirección de la *Revista Iberoamericana*, fundada en 1938 en México, D.F., Alfredo A. Roggiano le dio nueva vida implementando aún más sus altos criterios editoriales hasta convertirla en una de las revistas literarias más presitigiosas del mundo hispánico. Las páginas de la *Revista Iberoamericana* han estado abiertas a todas las ideologías y métodos críticos a lo largo de los años de ininterrumpida labor editorial de su Director, cuyo criterio básico ha sido la calidad de la crítica. Para comprobarlo sólo basta revisar los ciento cincuenta números de la *Revista Iberoamericana*, publicados en su mayor parte bajo la dirección de Alfredo A. Roggiano, que constituyen un aporte extraordinario al conocimiento de esta literatura y su presencia en el mundo.

Su papel como director de investigaciones en numerosos seminarios sobre la literatura y la cultura de América Latina, además de director de más de treinta tesis doctorales, constituye una contribución fundamental al hispanismo norteamericano. Sus estudiantes norteamericanos, europeos y latinoamericanos han llegado a ser catedráticos y críticos reconocidos en los Estados Unidos y otros países. El espíritu generoso de Alfredo A. Roggiano, su comprensión penetrante de distintas ideas, así como su gran respeto por la libertad de elección de métodos de investigación y crítica, les ha dado a sus estudiantes amplias oportunidades para el desarrollo de investigaciones literarias sumamente fructíferas.

Su actividad educadora siempre ha rebasado la esfera de la lección cotidiana y se ha proyectado en una relación directa entre profesor y alumno, que no se agota en la ayuda diaria, en la dirección de una tesis ni en la desinteresada entrega de su saber y otras imponderables nociones que enriquecen, corrigen, encaminan y finalmente, moldean a los discípulos. Esa relación no se detiene hasta encontrar para el alumno o alumna, una posición docente o una oportunidad en las páginas de una revista. Sería imposible enumerar los beneficiarios de su dedicado apoyo. Cartas, recomendaciones, evaluaciones para muchas universidades, llamadas telefónicas, propuestas —son incontables los esfuerzos de este propulsor generoso para abrir camino a la juventud.

SU OBRA CREADORA Y CRITICA

La obra de Alfredo Roggiano se caracteriza por una doble manifestación creativa y crítica, esta última con dos facetas: valoración y erudición. Fue el poeta quien se distinguió primero con su poemario *El río iluminado*, ganador del Premio de la Poesía en La Plata en 1946. Su calidad de poeta se enriqueció con *Viaje impreciso* en 1958, y luego con la publicación intermitente pero ininterrumpida de otros poemas.

Pero aún si buscó su libertad personal, política e intelectual al abandonar su país natal, ha sido en su poesía donde ha buscado siempre la mayor libertad existencial, la traslación del "mundo preestablecido" hacia lo que él llama "la transparencia, la libertad y la creación" que le permite conformar una nueva realidad mediante el acto poético. Esta visión se resume en el poema principal e su último poemario, *Viaje impreciso*, "Prisión o transparencia":

> Yo dejo al prisionero
> —vértigo de mástiles
> o árboles sonoros—
>
> como a una vieja sombra destronada;
> y mi fiebre de vida sobre un prado de azufre
> desata ya las arpas silenciosas del alba,
> entre sollozos de humo

Su compatriota, Emilio Sosa López, ha señalado acertadamente que:

> ... como Alfonso Reyes, Roggiano nunca dejó de ser poeta y la erudición y los más difíciles sistemas de la actual crítica literaria no han menoscabado su sensibilidad creadora".

Agrega Sosa López:

"Por el contrario, ha agudizado su don poético hasta aquilatarlo en una suerte de instrumento del ser"[2].

Como erudito y crítico literario, los trabajos de Alfredo Roggiano se caracterizan por su abundancia y la gran variedad de campos abordados, siempre con un interés predominante por la poesía. Sus estudios, en forma de libros, artículos y contribuciones en enciclopedias e historias de la literatura, recorren la gama de la poesía latinoamericana desde sus comienzos hasta el presente. Se destacan, sin embargo, sus estudios sobre el barroco iberoamericano, el romanticismo y el modernismo; aportes originales que han contribuido de un modo importante a los enfoques críticos actuales sobre estos movimientos. Como es natural en un crítico argentino, se ha interesado mucho por la poesía argentina contemporánea, pero le han interesado también las obras y los autores de otros países y otras épocas, desde Platón a Octavio Paz.

Pero no termina allí la contribución de Alfredo Roggiano a la difusión y conocimiento mundial de la literatura latinoamericana. Como Director de Publicaciones del Instituto Internacional de Literatura Iberoamericana, ha producido varios tomos de estudios críticos en la serie "Biblioteca del Nuevo Mundo", incluso uno que reúne sus propios ensayos, *En este aire de América* (México, 1966). Además, ha contribuido con docenas de artículos a varias enciclopedias de la literatura iberoamericana, incluso al *Diccionario de la literatura latinoamericana*, (Pan American Union, 1961), *Enciclopedia RIALP*, (Madrid, 1984), *Encyclopedia of Latin American Writers* (Scribner's, New York, 1987-88), e *Historia de la literatura hispanoamericana*, I, II (Cátedra, Madrid, 1982).

Fuera de la cátedra, pero como proyección de ella, también podemos observar un registro de actividades sobresalientes: miembro activo de varias organizaciones profesionales, entre ellas la Asociación Internacional de Hispanistas, la Modern Languages Association, la Latin American Studies Association y otras. Cabe destacar, en su función de Director Ejecutivo, su papel de guía e inspiración del Instituto Internacional de Literatura Iberoamericana, de cuyos congresos bienales (anuales durante la década de los ochenta) siempre ha sido el mentor y director intelectual, tanto de los realizados en el extranjero (Francia, México, Brasil, Perú, Hungría, Alemania, España, Venezuela, entre otros países) como en las grandes universidades de los Estados Unidos. La gran abundancia de conferencias y cursos o seminarios dados con la misma variedad geográfica atestiguan el reconocimiento internacional alcanzado por Alfredo A. Roggiano en el campo de las letras latinoamericanas.

---

[2] "Una visita a Alfredo Roggiano en Pittsburgh", *Hispania*, 68 (mayo de 1985), 256-358.

UNA FIGURA UNIVERSAL EN LAS LETRAS LATINOAMERICANAS ACTUALES

Como poeta, como crítico literario, como profesor, como investigador y como Director de la *Revista Iberoamericana*, Alfredo Roggiano ocupa un lugar único y primordial entre las figuras actuales de la literatura y cultura iberoamericana. Por medio de su extensa labor creadora en los ámbitos editoriales, críticos y docentes, ha jugado un papel de importancia fundamental en el desarrollo de los estudios iberoamericanos en los Estados Unidos durante casi siete lustros.

Cabe decir con suma justicia que la extraordinaria carrera de Alfredo A. Roggiano ha seguido el camino de otros hispanistas anteriores como Pedro Henríquez Ureña, su maestro, y Arturo Torres Ríoseco, su gran amigo. Sobre su maestro, el notable crítico e historiador de la cultura de la América hispánica, Alfredo Roggiano ha escrito palabras de homenaje que bien podrían aplicarse a sí mismo:

> ... puede servir de ejemplo aleccionador: el de una vida de esfuerzos, sacrificios y laboriosidad sin descanso, de conducta inquebrantable y de ajuste ideal para preservar lo nuestro, salvar la esencial condición humana y entregar el saber sin violar torpemente el ámbito que lo recibe, pero también sin claudicaciones de principios, causa y fin de lo auténtico, lo sincero y lo potente.

KEITH MCDUFFIE
Universidad de Pittsburgh

ROSE MINC
Montclair State College

I. TESTIMONIO

AQUELLOS TIEMPOS DE ADOLESCENCIA

POR

ERNESTO SABATO
Santos Lugares, octubre de 1987

> Estos pequeños recuerdos los dedico a mi amigo Alfredo Roggiano, en el homenaje que se le hace por su notable trayectoria de profesor, exégeta y creador. Son algunas líneas sobre los años de nuestro común Colegio Nacional de La Plata, del que Alfredo fue alumno descollante.

EL ORBE MATEMATICO

En este tramo final de mi existencia, melancólicamente vuelvo cada vez más mi espíritu al remoto tiempo de nuestro colegio secundario, teñido de angustias pero también de felicidades y descubrimientos portentosos que marcaron mi vida para siempre. Uno de ellos fue el de los teoremas, paradójicamente vinculado a mi pasión por los libros y la pintura. He dicho "paradójicamente", pero el adverbio responde a la apariencia y no a la profundidad, porque, como dijo Heráclito, en el mundo del espíritu todo marcha hacia lo contrario, de manera que lo que puede parecer una contradicción es el resultado de eso que podríamos llamar la dialéctica del corazón.

Nací en un pueblo pampeano, como décimo hijo varón de un padre durísimo, con una infancia atormentada por pesadillas, alucinaciones y sonambulismo, teniendo como único refugio a mi madre. Cuando en 1924, a los trece años, me enviaron al colegio secundario de La Plata, me encontré solo, a una distancia infinitamente dolorosa de aquella madre estoica y reservada, pero que me había dado ternura y comprensión. Llegué antes del comienzo de las clases y me refugié en libros de Julio Verne y en las modestas acuarelas que hacía. Era todavía verano y un día me atreví a ir hasta el bosque, que daba fama a la ciudad, con un par de pinceles, la caja de colores y una botellita de agua. Sentado en el suelo, me puse a pintar uno de los grandes eucaliptus, tratando de reproducir los amarillos, ocres y verdosos de sus retorcidos y hermosísimos troncos. Entonces, una banda de muchachones me atacó, pisoteando mi caja y rompiendo la carpeta de dibujo entre insultos y golpes. Volví luego a la pensión con los ojos llenos de lágrimas, y mis días fueron aun más tristes en mi absoluta soledad, hasta que comenzaron las clases.

Me senté en uno de los bancos traseros, para ser lo menos perceptible que fuera posible, y así empezó a transcurrir mi primer día de clase. Hasta que después de uno de los recreos entró un hombre alto, aindiado, de lentes y porte distinguido que nos iba a enseñar matemáticas. Con pulcritud en la forma de manejar la tiza y el borrador, hizo en la pizarra la demostración de un teorema, a la que asistí estremecido y fascinado: en medio de un mundo cruel, sucio y horrible descubrí una realidad perfecta. No sabía que acababa de encontrar el orbe platónico, de los entes perfectos, eternos e incorruptibles. Repetía, humildemente, torpemente, la experiencia de un hombre inclinado a la poesía, cuatro siglos antes de Cristo, en las soleadas tierras helénicas.

Aquel colegio donde yo asistí al milagro —tampoco lo sabía entonces— formaba parte de una universidad imaginada por un humanista, de aquellos que a fines del siglo pasado echaron las bases de la educación en la Argentina. El puso los cimientos de una rara casa de estudios donde se empezaba con una escuela primaria, se seguía con el colegio de estudios secundarios y se culminaba con facultades e institutos de investigación, desde las ciencias naturales a las humanidades. La idea esencial era la de producir hombres completos, rehuyendo el concepto de una universidad que fabrica médicos, abogados e ingenieros. De concepción casi utópica, dio en el comienzo a sus claustros el tono que recordaba a universidades como las de Heidelberg y Goettingen, por influencia de los grandes profesores alemanes que se contrataron para dirigir los institutos. Ese espíritu originario se fue perdiendo con los años, pero, a pesar de todo, se conservaba en la época en que fuimos alumnos de aquel colegio, entre cuyos profesores se encontraron Ezequiel Martínez Estrada y Pedro Henríquez Ureña.

UN MAESTRO

Yo estaba en aquel primer año de 1924 cuando supimos que íbamos a tener un "mexicano" como profesor de lenguaje, pues así fue considerado por todos nosotros en ese momento. Y un día entró aquel hombre que, con palabra mesurada, imponía su secreta autoridad. A veces he pensado, quizá injustamente, qué despilfarro significaba tener semejante maestro para unos mocosos inconscientes. Con los años, ya de grande, egresado de la facultad de ciencias físico-matemáticas, un amigo me dijo que don Pedro quería hablarme, a raíz de un trabajito mío en la revista *Teseo*, de La Plata, una de esas publicaciones tipográficamente perfectas que salen hasta el tercer o cuarto número. Me encontré con él, a quien no veía desde la época del colegio secundario, me explicó que había leído mi ensayo y me preguntó si no quería escribir en *Sur*, ¡Me preguntaba! Con los ojos asombrados farfullé algunas palabras de agradecimiento, porque para la juventud con inclinación literaria la famosa revista era un reducto inalcanzable. Así, el propio don Pedro me llevó una nota al imperio de Victoria Ocampo, comenzando entonces de verdad mi trayectoria literaria. Esto fue en el año 1939, cuando yo estaba ya decidido a abandonar para siempre la física y las matemáticas, que habían sido algo así como un compañero de ruta, en una de las épocas más conflictivas de mi vida.

En la cercanía de don Pedro, hablamos mucho durante años, para mi provecho. En ese tiempo comprendí la forma en que él encaraba la enseñanza del idioma, aquella enseñanza que chicos como yo habíamos recibido sin tener idea de su alcance. Rechazaba todo intento de cristalización de la lengua. Sus opiniones gramaticales estaban reguladas por su saber filológico, y era opuesto a la vieja policía de la Academia. El aprendizaje lo hacíamos a través de ejemplos literarios y no de rígidas normas gramaticales. "Donde termina la gramática empieza el arte", solía repetir, lo que de paso indicaba que aquellas normas no son enteramente aplicables a los creadores; doctrina, como se ve, inspirada en las ideas del (injustamente) olvidado Karl Vossler. Enseñaba el lenguaje con el mismo lenguaje, tal como Hegel decía que se aprende a nadar nadando; no exigía un previo conocimiento gramatical, sino, más bien, lo impartía a medida que nos hacía leer a los grandes creadores. Rechazaba la preceptiva, como el disfraz con que se intentaba reintroducir la retórica latina, presunta ciencia con que los romanos — pueblo, en el arte, de imitadores, sostenía— pretendían enseñar la creación de la belleza; y en cuanto la gramática, la consideraba como el conato de una ciencia del lenguaje, sobreviviente de las normativas latinas, en espera de que la lingüística la desaloje para siempre. El idioma, pues, lo hace la comunidad entera, de modo misterioso e irracional, disparatado pero viviente, y los escritores son los que dan culminación individual a los hallazgos colectivos, en una dialéctica entre el pueblo, y el yo, entre lo comunal y lo descomunal.

LOS ANARQUISTAS

De la realidad que me asqueaba en mi adolescencia me era imposible soportar la injusticia, y esa infame forma de la injusticia que es la miseria. No es de extrañar, pues, que en el colegio me vinculara con dos muchachos anarquistas: uno se llamaba Grinfeld y el otro Prina, que moriría en la guerra civil española. Por ellos empecé a leer folletos y libros de Bakunin, Proudhon, y Kropotkin: me despertaron ese sentimiento para-religioso que casi siempre se encuentra en los jóvenes revolucionarios; sentimiento que en cierta medida ha perdurado en mí y del que son portavoces algunos adolescentes de mis novelas, pero también ese hombretón analfabeto llamado Carlucho, que había accedido a las ideas libertarias mientras era peón de campo en la provincia de Buenos Aires. La inmigración promovida por los intelectuales progresistas que nos gobernaban a fines de siglo trajo trabajadores que en Europa habían participado de las luchas obreras, marxistas y anarquistas. De entre éstos, algunos recorrían las pampas de nuestra tierra como "linyeras", hombres absolutamente libres que no aceptaban yugo y cuyo único equipaje era un atado de ropa y enseres sobre sus espaldas; ganaban su vida en las estancias por un tiempo, hasta que seguían su camino interminable. Hermoso hecho de aquellos tiempos: había siempre en los galpones de aquellas posesiones aristocráticas un catre para que esos bohemios pudieran dormir durante el tiempo que permanecían. Compensaban aquella hospitalidad haciendo algunos trabajos, a menudo de mecánica. De noche, se reunía la peonada a comer y tomar mate en torno de un fogón, donde se contaban historias de aparecidos o restos deformes de Carlomagno o los Caballeros de la Tabla Redonda, que llegaron con pobres campesinos europeos. Ese era el lugar y la ocasión en que los linyeras ácratas traían la buena nueva de la redención social. Estos emisarios eran obreros que sabían leer, y tenían preocupaciones superiores y llevaban en sus alforjas libritos de divulgación. En *Abaddón el Exterminador*, Carlucho, en su lenguaje de analfabeto, explica a Nacho, chiquilín de la oligarquía argentina que odia el mundo en que vive, las candorosas pero bellas ideas que transformarían la injusta realidad. Puede asombrar que aquellas doctrinas prendieran en las pampas, pero resulta comprensible cuando se recuerda que el gaucho era un hombre libre por excelencia y que, cuando llegaron los alambrados y se vio obligado a trabajar por un salario, no podía sino recordar con nostalgia sus viejos tiempos a caballo en la inmensidad de nuestro territorio. El desarrollo industrial de las grandes ciudades atrajo a buena parte de ellos en busca de trabajo, y entraron a formar parte de los grandes sindicatos anarquistas de la FORA. Algunos corruptos dirigentes sindicales de nuestros días me traen a la memoria una historia que no puedo recordar con precisión, pero, que aproximadamente sucedió en los tiempos de la primera guerra. En un banco de plaza se encontró a un hombre desvanecido, lo llevaron a la comisaría y buscando documentos encontraron en sus bolsillos un billete de gran valor. Le dieron café para reanimarlo y llegaron a saber que su desvanecimiento era por hambre. Asombrados, le preguntaron cómo podía ser así con tanto dinero, y el criollo con dignidad respondió: "Ese dinero es el del sindicato".

Claro, no todos lo anarquistas eran de esta calidad: había también resentidos y aventureros y terroristas, que no honraban a los grandes doctrinarios del movimiento.

Las lecturas y discusiones con mis compañeros me revelaron en aquellos años un mundo fantástico y subterráneo, en medio de manifestaciones callejeras por Sacco y Vanzetti, los inocentes mártires de Chicago, y por el legendario Sandino que luchaba en las montañas de Nicaragua contra la tiranía de Somoza.

Cuando ingresé en la facultad, militantes del comunismo me convencieron de que el anarquismo era nada más que una utopía, sin posibilidad alguna de realización. El encendido y romántico *Manifiesto Comunista* terminó con mis dudas e ingresé al movimiento que me iba a absorber por casi cinco años, abandonando familia y estudios, corriendo todas las privaciones y los riesgos de aquella vida en la clandestinidad. Cuando comenzaron los procesos de Moscú y los horrores stalinistas se hicieron evidentes, dejé sus filas, lo que me costó durísimas e injustas acusaciones. Pienso ahora que de alguna manera prevalecieron en mi espíritu aquellas viejas utopías que repudiaban toda dictadura, y por eso, con los años, me sentí más cerca de hombres como Albert Camus, Herbert Read y el propio Bertrand Russell, pensador que admiraba por la generosidad y el coraje con que había abandonado su propia nobleza, pero cuyo empecinado racionalismo no compartía, estando, como estaba yo en aquel tiempo, inclinado a los grandes filósofos de la existencia.

EL VERTIGO DEL ROMANTICISMO

Como dije, encontré dos refugios en mi adolescencia: uno fue el de las matemáticas; el otro, el del arte y la literatura. Por mi rechazo de la realidad que me rodeaba, busqué en las ficciones los mundos remotos o pasados. Quiere decir que hice la inevitable experiencia romántica. La biblioteca de nuestro colegio era vasta y para mí inexplorada; y, aunque estaba sabiamente organizada, leí siempre a tumbos, empujado por mis simpatías, mis ansiedades y mis intuiciones. Así devoré desde Chateaubriand hasta Hoffmann y von Kleist. Hasta tal punto aquella inclinación fue perdurable que, ya de grande, todo lo que escribí sobre la crisis del hombre contemporáneo se basó en el movimiento romántico, que bastante bien puede definirse como la revuelta contra una civilización que había sobrevalorado la ciencia y la razón pura. Puede parecer contradictorio que por un lado me apasionase por la matemática y por el otro llegara a repudiar el mundo científico. Pero sólo en apariencia esto es contradictorio: la matemática me apasionó por su creación de un universo eterno e incorruptible, ajena a la burda realidad cotidiana, casi por los mismos motivos que me atraían los mundos remotos. Mi crisis sucedió cuando comprendí que aquella ciencia purísima de los teoremas era el fundamento sobre el que se había edificado una civilización robotizante que aniquilaba el alma del hombre concreto: una civilización des-almada, en el sentido estricto de la palabra. Y que eso no es paradójico más que a primera vista, lo advertimos en el ilustre ejemplo de Pascal, que empieza su existencia como matemático genial y termina rechazándola, privilegiando "les raisons du coeur" contra las de la pura cabeza.

Sea como sea, el romanticismo me atrajo vertiginosamente, y fui derivando poco a poco de las expresiones meramente sentimentales —pienso en *ATALA* o en el propio *WERTHER*— a sus manifestaciones más profundas, hasta llegar a las cumbres de poetas como Hölderlin y de filósofos como Schelling —que tanto influyó sobre Coleridge— y luego Kierkegaard, fundamento de todos los movimientos existenciales de nuestro tiempo, la gran reacción contra los Tiempos Modernos en crisis.

Fue todo aquel romanticismo alemán el que nos llevó como a un santuario, a Matilde y a mí, a visitar los lugares en que vieron la luz, las casas en que nacieron o murieron sus grandes creadores. Y así, con el corazón encogido, peregrinamos a Tübingen, y, en silencio, dentro de un aula del Seminario Evangélico, contemplamos el banco en que se habían sentado Hegel y Schelling; y entramos en la casa del carpintero Zimmer donde durante treinta y seis años, vivió loco y tiernamente protegido el gran Hölderlin, en aquella torre desde la que miramos correr abajo las aguas de Neckar, que tantas veces habrá contemplado el genio delirante.

También, en aquel primer viaje de 1967 por Alemania, hicimos el recorrido en barco por el Rin, que nos evocó todo aquel pasado de *lieder* y bardos, de héroes, de leyendas: Rolando, que llega demasiado tarde a la isla de Nonnenwert, únicamente para saber que su amada sin consuelo había tomado los hábitos. Y Lohengrin, y el castillo de Clèves.

Imponentes y sombríos en el lloviznoso atardecer de otoño, divisábamos los castillos feudales, las fortalezas en ruinas que presenciaron feroces combates, que guardaron horribles o bellos secretos de amores incestuosos, de soledades y traiciones. Ahí estaban *Die feindlichen Bruder*, los restos declinantes de las torres de hermanos enemigos, y, entre ellas, "La muralla de las querellas". En lo alto de la montaña, hacia el naciente, las ruinas oscuras sobre el cielo ceniciento de noviembre, entre ráfagas de fría llovizna, misteriosamente mantenían el enigma de aquellos odios inmortales. Y así también "La torre de las ratas", donde el obispo Hatto II, después de haber hecho quemar a los campesinos hambrientos, fue encerrado vivo en la torre, para ser devorado por las ratas. Hasta que divisamos por fin la grandiosa y funesta garganta de Loreley, y miramos hacia arriba, hacia lo alto del promontorio que cae a pique sobre las aguas del río, como si aun quisiéramos entrever la silueta de la encantadora que llevaba a la muerte con su canto. Allí acudieron palabras sueltas, fragmentos dispersos de aquel poema que la alocada profesora de alemán trató de grabarme con *lieder* de Schubert y Schumann el poco alemán que sé. Y recordaba un poema que aproximadamente comenzaba así:

> Por qué estos negros presagios,
> oh, corazón?

Ruinas, también, fragmentos sueltos que tímidamente semiaparecían entre la vulgaridad de los turistas con sus filmadoras y salchichas; como un heraldo que, después de penosas vicisitudes, su traje sucio y destrozado, trata de transmitirnos un bello y patético mensaje en medio de empujones, y gritos y estupideces; y logrando, a pesar de todo, transmitirlo. ¡Oh, poder de la poesía!

II. LA COLONIA Y EL BARROCO

UN *RELATO* DE JAMES BURGH:
EL MODELO UTOPICO PROTESTANTE
DE LA CIUDAD DE LOS CESARES

POR

FERNANDO AINSA
CRICCAL, Sorbonne III, París

La Ciudad de los Césares constituye uno de los ejemplos más interesantes en la historiografía de lo imaginario colectivo americano de cómo un episodio histórico se transforma en leyenda, va asumiendo la condición de mito, se reconvierte luego en utopía y, finalmente, en materia de ficción novelesca. Si las diferentes etapas de esta transformación del imaginario colectivo e individual pueden ser periodizadas sin dificultad, lo importante es señalar cómo, en cada una de sus expresiones, el *contenido* ha variado en función del *modelo* vigente en la época y de las *necesidades* y motivaciones generadas por la creencia.

En efecto, las variantes sobre el tema de la Ciudad de los Césares, aparecen no sólo entre versiones simultáneas y contradictorias de Crónicas, Relaciones y Documentos acumulados a través de la historia de la América Meridional, sino también en las utopías y novelas inspiradas directamente en su mítica existencia[1]. Las diferencias entre uno y otro escenario del imaginario individual y colectivo, según las épocas y los textos, son tan grandes que si se las comparan entre sí, parecen referirse a ciudades completamente diferentes.

Hasta el momento en que la utopía irrumpe en el discurso de la Ciudad de los Césares, se puede rastrear sin dificultad la vertiente imaginativa de la historia tal

---

[1] La creación novelesca marca en el siglo XX la inflexión del imaginario sobre la Ciudad. *Los tesoros del Rey Blanco* y *Por qué no fue descubierta la maravillosa ciudad de los Césares* de Roberto J. Payró (1935), *La ciudad de los Césares* (1936) de Manuel Rojas y *Pacha Pulai* (1938) de Hugo Silva, son novelas que se publican en menos de un lustro, mientras - por su parte - Manuel Mujica Láinez, titula "La ciudad encantada" a una de las crónicas de *Misteriosa Buenos Aires*. Tres décadas después, el tema reaparece en forma incidental en la novela *Oro del Inca*, Editorial Orbe, Santiago de Chile, 1965, del boliviano Luis Toro Ramallo y en *El oro y la paz* (1976) del dominicano Juan Bosch. En *Camino abierto* (1986) del 'tucumano' Guillermo Rojas, se novela la expedición de Don Diego de Rojas a la busca del reino de Tucma, Trapalanda o Ciudad de los Césares en el 'camino del inca' situado entre los Andes en Chile y el Río de la Plata.

como aparece en las *Relaciones y documentos sobre expediciones en busca de la Ciudad*[2] o en las descripciones sobre la vida apacible de sus pobladores[3]. En esas Relaciones se utilizan todavía los recursos expresivos que "compartieron la prosa novelada y la historiográfica desde la antigüedad greco-latina hasta el siglo XVIII[4].

Sin embargo en el transcurso del siglo XVIII los géneros se desgajan y la prosa utópica sobre la Ciudad emerge en forma autónoma. A partir de ese momento, el mito de la Ciudad de los Césares se va transformando en "argumento apropiado para una trama de palpitante emoción, más que tema de laboriosa historia"[5]. La

---

[2] A lo largo de los siglos XVI y XVII el objetivo prioritario de gobernadores y virreyes fue el de encontrar *realmente* la ciudad. El contenido de la descripción imaginaria de la Ciudad varió según el objetivo buscado por los expedicionarios: tesoros en oro y plata para unos, cristianos olvidados o paganos necesitados del bautizo en la fe, para otros. La dualidad de la espada y la cruz de la conquista se repitiría en la estructuración de las figuras arquetípicas de la ubicua Ciudad austral. El número de expediciones y recursos consagrados a estas empresas es considerable y su simple enumeración demuestra cuán arraigada estaba la creencia de su existencia en la realidad. Merecen mencionarse la de Don Gaspar de Zárate, la del General Juan Jufré (1563), Juan Pérez de Zurita (1565), Domingo de Erazo (1576), la de Gonzalo de Abreu (1578) desde Tucumán, la de Hernandarias de Saavedra desde Buenos Aires (1604) y la de Gerónimo Luis de Cabrera en 1622. Son también interesantes las empresas misioneras de los jesuitas, especialmente del Padre italiano Nicolás Mascardi (1670) que recorrió la Patagonia a partir del lago Nahuel Huapi, para rescatar a los "españoles cristianos", pero también la de Fray Francisco Menéndez.

[3] En las descripciones que se hacen de la Ciudad en los textos y Relaciones de fines del siglo XVII y del siglo XVIII es posible reconocer un *paisaje* y una *arquitectura*, tal como se la representaba en otros mitos y en las utopías, tanto en las urbanas de la Baja Edad Media, especialmente en el *quattrocento* italiano como en las filosóficas del Renacimiento. La naturaleza se transforma en idílica y *arcádica* y la Ciudad de los Césares se instala en islas de difícil acceso. El trazado de sus calles es limpio y geométrico. Todo ello en un marco de abundancia y riqueza, donde no falta nada, pormenorizadamente descrito, como si, en efecto, se "hubiera tocado con las manos". La creencia colectiva de raíz histórica que subyace en el origen de la Ciudad se transforma apareciendo algunos *constantes* de mitos que forman el *sustractum* común a las utopías clásicas del género, especialmente las relativas a la *organización interna* (económica, social y política), el tiempo detenido, la autarquía celosamente mantenida gracias al aislamiento. Las ciudades australes son un *modelo* americano que se contrapone abierta y políticamente al europeo.

[4] Enrique Pupo-Walker, *La vocación literaria del pensamiento histórico en América*, Madrid: Gredos, 1982: 8 y 52.

[5] Como ha precisado Vicuña Mackenna en su *Historia de Chile* y recuerda Eugenio Pereira Salas en el prólogo a la edición española de *Un relato de la Colonización, de las Leyes, Formas de Gobierno y Costumbres de los Césares, un pueblo de Sudamérica, contenido en nueve Cartas, enviadas por Mr. Vander Neck, uno de los Senadores de dicha Nación, a un*

leyenda histórica se convierte en *desiderata* arquetípicos, cuando no en paradigma del deber ser americano.

LA ATRACCION DE LAS TIERRAS AUSTRALES

Durante el siglo XVIII se ratifica en territorio americano la ambición traducida por la utopía como género desde la publicación en 1516 de la obra de Tomás Moro, *Utopía*: inventariar, proponer y aplicar en algún rincón de este mundo las leyes que presiden la felicidad humana.

La Tierra es suficiente. Fabricantes de sueños, organizadores de utopías buscan espacios propicios en una superficie terrestre ensanchada de golpe, merced a los descubrimientos. No hay necesidad de esperar el reino de los Cielos para realizar el milagro de un cambio radical de vida, como había propuesto hasta el Renacimiento la escatología cristiana. No hay necesidad de imaginar *otro* mundo mientras haya vastos espacios por ocupar y donde fundar una sociedad alternativa.

La idealización de la naturaleza, tal como aparecía en el mito arcádico, paradisíaco o de la Edad de Oro recuperada en América, necesita del complemento de un *estado perfecto* que sea el resultado de un esfuerzo racional y planificado del ser humano. A su vez, la imagen terrestre del Paraíso empieza a ser el proyecto del hombre y no simplemente el reflejo de un reino pre-determinado por los dioses en un Génesis que precede a la condición humana. El hombre puede y *debe* intervenir en la naturaleza, espacio idílico que puede ser mejorado gracias a su elaboración racional.

En las planicies de las antípodas, nativos y colonos pueden fundar sociedades que, al aparecerse como la imagen *invertida* de la sociedad europea que se pretende cambiar, se ofrecen como un espejo del "mundo al revés"[6] a proponer como modelo o simple expresión de revancha social. En sus planicies los hombres pueden constituir el *experimento* para ser *otros*, exactamente el reverso del europeo, donde *Utopía* se escribe, pura y simplemente, *Aipotu*.

---

amigo de Holanda, con nota del editor. Serie Curiosa Americana No. 2, Facultad de Filosofía y Educación, Universidad de Chile, 1963. Todas las citas de la obra están referidas a esta edición.

[6] Consideramos que el topos del *mundus inversus*, mundo invertido de la tradición de la imaginería popular europea de los siglos XVI y XVII, puede vincularse con la noción de las antípodas ratificada con los descubrimientos geográficos del mismo período.

LOS REFERENTES HISTORICOS DE *UN RELATO*

Un estudioso como Stelio Cro[7] vincula la representación de la Ciudad de los Césares, tal como se va estructurando a lo largo del siglo XVII y XVIII, con la imagen de la ciudad ideal del Renacimiento y las construcciones utópicas que acompañan la Reforma Protestante. La ciencia urbanística utópica que identifica la ciudad ideal con el hombre ideal renacentista es reconocible en la construcción imaginaria de la Ciudad de los Césares americana. Si ambas aparecen edificadas en islas y el tendido de sus calles es geométrico, tienen un clima agradable, abundancia material, sus pobladores gozan de buena salud y la sociedad representada es igualitaria (indios y españoles en el mismo plano), es porque la Reforma ha hecho notoria la necesidad de supervivencia a través de la *racionalización* e idealización del contorno.

Tal es el caso de *Un relato de la Colonización, de las Leyes, Formas de Gobierno y Costumbres de los Césares, un pueblo de Sudamérica, contenido en nueve Cartas, enviadas por Mr. Vander Neck, uno de los Senadores de dicha Nación, a un amigo de Holanda, con nota del editor* (1764) de James Burgh que analizamos a continuación[8].

La utopía de Burgh se presenta como un proyecto de Ciudad de los Césares en el sur austral patagónico argentino, cuyas líneas de fuerza intelectuales y didácticas (su contenido de *modelo*), reflejan la semántica y la sintaxis en la que se han estructurado los mitos y leyendas a ella referidas en siglos anteriores, combinadas con un proyecto protestante inglés. Del examen de las continuidades y discontinuidades, de los mimetismos y analogías entre los referentes históricos, el pensamiento utópico inglés de la época —al que vienen a injertarse elementos de otros mitos *transculturados* a América como el de la Edad de Oro, el Paraíso, Jauja, el Reino del Padre Juan[9]— surge un proyecto de Ciudad de los Césares, lejos de las

---

[7] Stelio Cro, *Realidad y utopía en el descubrimiento y conquista de la América Hispana (1492-1682);* I.B.P., Nueva York, 1983, tiene un capítulo sobre "Popularidad de la utopía en las crónicas: la búsqueda de la Ciudad Encantada de los Césares."
[8] El original inglés de James Burgh fue publicado bajo el título de *An account of the first Settlement, Laws, Form of Government and Police of the Cesares: A people of South America, in nine Letters.* Londres, 1764.
[9] Son los "fuegos bajo el agua", mitos que preceden y sustentan la utopía que estudia Isaac Pardo en *Los fuegos bajo el agua: la invención de la utopía.* Caracas: La Casa de Bello, 1983. El ejemplo del Reino del Padre Juan es ilustrativo en la configuración del mito de la Ciudad de los Césares. En efecto, el legendario reino del Padre Juan, ese enclave cristiano situado en Africa más allá de las barreras del Islam sobre el que se tienen vagas referencias

entusiastas descripciones de ciudades miríficas de cúpulas doradas de los textos españoles[10].

En efecto, la laboriosa y austera colonia agrícola de protestantes holandeses ofrecida por James Burgh como modelo a sus compatriotas, no tiene nada que ver con los católicos españoles de largas túnicas blancas, bebiendo en copas de oro y viviendo sin esfuerzo en un paraíso terrenal —verdadera Edad de Oro recuperada en la Patagonia— donde todo estaba dado, tal como la habían reflejado Crónicas, Relaciones y aún los propios libros de historia de los siglos anteriores[11].

LAS NUEVE CARTAS "EJEMPLARES" DE VANDER NECK

Como buena parte de las utopías del período, *Un relato* de James Burgh está dirigido a presentar a sus compatriotas ingleses un proyecto *alternativo* de sociedad. A través de nueve cartas enviadas desde la Ciudad de los Césares por uno de sus fundadores, Vander Neck, a su amigo Vander Zee en Amsterdam, Burgh no hace sino presentar a través del género utópico, los modelos de costumbres, leyes, formas de gobierno, sistemas de propiedad de la tierra que *deberían* imperar en Inglaterra.

---

durante la Edad Media y que finalmente resultaría ser la Etiopía de los coptos, reaparece en el sur patagónico en la formulación de la Ciudad de los Césares cristianos. Por su parte, Francisco Fonck supone que la Ciudad de los Césares sea una sobrevivencia de la leyenda del Santo Grial en territorio americano. Francisco Fonck, *Viajes de Fray Menéndez a Nahuelhuapi*. Valparaíso, 1900.

[10] Los textos donde la "desmesura" descriptiva de la Ciudad pierde todo viso de verosimilitud son del siglo XVIII, especialmente, el *Derrotero de un viaje desde Buenos Aires a los Césares, por el Tandil y el Volcán, rumbo al Sudoeste, comunicado a la Corte de Madrid en 1707, por Silvestre Antonio de Roxas que vivió muchos años entre los indios Peguenches*, escrito por Silvestre Antonio Díaz de Rojas en 1707 y enviado a la corte de Madrid (1714). El documento fundamental de la época es *la Relación de las noticias adquiridas sobre una ciudad grande de españoles, que hay entre los indios al Sud de Valdivia, e incógnita hasta el presente por el Capitán Don Ignacio Pinuer* (1774), donde no sólo se incorporan los elementos estructurantes de otros mitos y de la utopía, sino que la prosa asume abiertamente la forma narrativa. El texto resulta tan atractivo que Roberto J. Payró lo retoma en pleno siglo XX para escribir *Por qué no fue descubierta la Ciudad de los Césares* (1935) con el subtítulo de "Relación fielmente trasladada del texto auténtico del capitán D. Ignacio Pinuer".

[11] La historia colonial recoge las leyendas de las Crónicas y Relaciones. Por ejemplo, Alonso de Ovalle en su *Histórica Relación del Reino de Chile* (1646) y Antonio Vásquez de Espinosa en su *Compendio y descripción de las Indias Occidentales*.

El género epistolar ensayístico y político en boga gracias a las *Cartas persas* de Montesquieu y las *Cartas marruecas* de José Cadalso es completado por Burgh con una serie de "notas críticas" eruditas al pie de página, con las que el presunto "editor de la obra" acompaña el texto. Burgh anuncia que su obra es "como un ejercicio para la inteligencia del lector", donde hay que determinar:

> Si este relato es lo que imagina a la luz de la lectura del libro o bien la narración verídica de la estructura de un Estado que tiene existencia real (p. 15).

Aunque se trata de una ficción, Burgh se esfuerza por dar bases históricas a su utopía constitucional. Si bien desde la primera advertencia, señala que "creo que importa poco al público conocer la forma en que estas cartas de Vander Neck llegaron a mis manos" (p. 15), se apresura a remitir a quien desee "formarse un juicio propio" sobre la Ciudad de los Césares, a obras históricas como la *Historia de Chile* del Padre Ovalle, las *Observaciones sobre Sudamérica* de Feuillet y el *Diccionario Geográfico* de Martiniere, donde el lector:

> Confirmará con estas lecturas que existe en realidad un pueblo llamado Los Césares, situado en un país cerca de las grandes montañas de la Cordillera de Los Andes, de Sudamérica, entre Chile y la Patagonia, a la altura de los grados 43 o 44 de latitud sur (p. 15).

Para que no queden dudas sobre la verosimilitud del asentamiento geográfico de la Ciudad, Burgh da otros detalles sobre los valles andinos —"El país es muy fértil y agradable en su clima"— sobre la agricultura y los habitantes que "parecen de raza europea". Cuando habla de la forma de gobierno de la Ciudad y se refiere a que "los hijos del Inca y de los Dirigentes eran educados en los hábitos de la piedad y la clemencia" y se "les enseñaba a ser ecuánimes en la administración de la justicia y en la práctica del derecho y la virtud", anota: "Para la confirmación de este aserto ver Garcilaso de la Vega, *Comentarios Reales sobre el Perú;* es decir que apoya su ficción en documentos históricos.

Sobre el origen histórico de la ciudad, Burgh recoge la versión más recurrida, es decir, la del naufragio de la Armada del Obispo de Plasencia:

> Por conjeturas se ha deducido que los habitantes de Los Césares sean los marinos náufragos de tres navíos españoles que se perdieron en el estrecho de Magallanes en el año de 1540 (p. 16).

Sin embargo, fundamenta su utopía en una segunda versión mucho menos conocida:

> Otros autores los tienen por holandeses, quienes habiendo perdido sus naves en el estrecho o más bien en el litoral de la Patagonia, alcanzaron esas regiones estableciéndose allí. Esta última opinión parece confirmarse por el hecho de que el sistema de gobierno sea una República; por el idioma, pues hablan una lengua diferente a la española, y por último, por la decisión adoptada de prohibir la entrada de ellos al país, lo que difícilmente hubieran hecho si fueran nativos de esa nación (p. 16).

En efecto —y según explica en detalle— los habitantes de la Ciudad, "para precaverse", han dictado una ley que ordena que cualquiera que "revele la ubicación de las rutas que conducen al país, sea juzgado traidor y ejecutado" y que "no se permita la entrada allí de los españoles".

¿LA UTOPIA COMO AVANZADA DEL IMPERIO INGLES?

Es interesante anotar que esta versión de una colonia holandesa utópica en Chile tiene un referente histórico real y documentado. En efecto, la compañía de las Indias Occidentales de Holanda organizó en 1642 un viaje a la América meridional, "a intento de procurar establecer relaciones de amistad con los chilenos, lo mejor que podía hacerse para molestar a los españoles en aquellas partes". Uno de los directores de la Compañía, Henry Brouwer: "Sabedor de que los chilenos estaban enemistados con los españoles, no sólo propició esa empresa, sino que se ofreció en persona para acometerla". Los pormenores de esta expedición austral holandesa están descritos en la crónica de autor anónimo titulada *Relación de un viaje a la costa de Chile realizado por orden de la compañía holandesa de las Indias Occidentales, en los años de 1642 y 1643, al mando del señor Henry Brouwer*, publicada en Amsterdam 1646 y exitosamente reeditada en años sucesivos (1647, 1649 y 1660) y cuya versión inglesa fue incorporada a la célebre colección de viajes compilada por Churchill en 1704[12].

El interés de Burgh por localizar su utopía en las latitudes australes chileno-argentinas puede también relacionarse con las ambiciones imperiales de Inglaterra en las costas surorientales del Pacífico. A las expediciones de piratas, exploradores y geógrafos con el objeto de relevar esos territorios, que se habían sucedido a lo largo del siglo XVII dando lugar a muchas de las versiones sobre la localización

---

[12] Esta Relación está incluida en la antología de Manuel Rojas, *Chile: 5 navegantes y un astrónomo* publicada por la Biblioteca Cultura de la Editorial Zig-Zag (Santiago, 1956).

de la Ciudad de los Césares, debe añadirse la ambiciosa empresa de conquista de los dominios españoles del sur austral por parte de una escuadra de siete naves enviada por Inglaterra en 1740 y que fracasó estrepitosamente.

El naufragio de la fragata *Wager* en las costas magallánicas chilenas y las vicisitudes de los supervivientes durante cinco años fueron narradas por el guardiamarina John Byron (abuelo del famoso poeta) en un texto que conmovió la opinión inglesa y que fuera publicado con el título de *Relato del Honorable John Byron que contiene una exposición de las grandes penurias sufridas por él y sus compañeros en la costa de la Patagonia, desde el año 1740 hasta su arribo a Inglaterra en 1746,* año justamente de la edición de *Un relato* de Burgh[13].

FINALIDAD DIDACTICA DE *UN RELATO*

Pese al esfuerzo por dar a sus páginas una verosimilitud histórica, al modo de muchas obras del mismo género, es evidente que la finalidad esencial de *Un relato* es la utópico-didáctica. Los elementos históricos, metamorfoseados en el proyecto utópico, son utilizados con una vocación de *ejemplo* y *modelo* que el autor ofrece a las autoridades británicas. Para hacerlo menos directamente referido a la política interna inglesa de su época y siguiendo la técnica narrativa de las utopías de Moro y Bacon, Burgh utiliza el ejemplo de una "colonia holandesa" en América del Sur, es decir, un ejemplo "no inglés", aunque en su introducción insinúa lo contrario:

> Tal vez alguno de mis lectores considere el relato de "Los Césares" como equivalente a la *Utopía* de Tomás Moro, es decir, como la forma en que un hombre honesto desearía que fuese una Nación (p. 15).

En efecto, lo que interesa es el *modelo* que ofrecen las instituciones descritas en las páginas de su utopía, "basadas en la sabiduría y en la justicia y dirigidas a promover la felicidad". Lo importante es que sea un modelo aplicable en ocasión de:

> Fundar colonias en los inmensos territorios con que la Providencia premió nuestros esfuerzos en la última y gloriosa guerra, incorporándolas al Imperio Británico (p. 16).

La elección de una "colonia holandesa" no se aparece como gratuita, porque en el momento en que Burgh hace figurar su utopía —entre 1606 y 1620— los

---

[13] Incluido en la antología citada de Rojas.

Países Bajos están bajo dominación española. *Un relato* empieza cuando un grupo de holandeses decide abandonar Holanda huyendo de las "horribles crueldades ejecutadas entre los protestantes por el Duque de Alba, no hace muchos años", para ir a establecerse en un "lejano y deshabitado país".

El ejemplo de Holanda permite a James Burgh —educado en el ambiente del espiritualismo escocés de la universidad de San Andrés y autor de numerosos ensayos sobre temas éticos, pedagógicos y religiosos— recoger "sin reservas ni críticas los más vulgares episodios de la llamada Leyenda Negra contra España" y desarrollar "un acendrado nacionalismo imperial", como ha señalado Eugenio Pereira Salas en el breve estudio que precede la edición en español de *Un relato*.

Sin embargo, en forma paralela a su anti-hispanismo, justificado a través de la problemática holandesa de la época, Burgh desarrolla una verdadera plataforma política con referencias directas a la Inglaterra que enjuicia, la principal de las cuales es la falta de una justa distribución de la tierra. En la primera carta de *Un relato* explica que además de querer huir de "los terrores de la guerra":

> Teníamos frente a nosotros otro designio noble, generoso y desinteresado, el de socorrer a unas cuantas familias honestas, sobrias y trabajadoras que yacían en la máxima pobreza y abandono, y procurarles a ellos y a sus descendientes una existencia razonable, bajo una forma de gobierno que lograra producir beneficios y saludables consecuencias a todos los individuos (p. 20).

Distingue a continuación entre las medidas "caritativas" transitorias y las medidas de "seguridad perpetua". Es "melancólico" afirmar que "la angustia y la pobreza es el destino de los habitantes de las más civilizadas y cristianas Naciones"[14]. Para los cristianos viviendo "sin una pulgada de tierra, aunque hayan allí mismo acres yermos e incultivados", hay que encontrar otras soluciones de justicia. El principio de una distribución equitativa de las tierras de Inglaterra sería la lógica consecuencia.

> Por desgracia, algunos de ellos egoístamente han acumulado la mayor parte de las tierras y han dejado pocas al resto de la población, olvidando que si las tierras estuvieran mejor divididas, todos podrían disfrutar de una alimentación decente y apropiada por medio del trabajo liviano y de la industria (p. 22).

---

[14] Op. Cit.: 23, donde Burgh añade a continuación que "nos informan al respecto historiadores dignos de todo crédito, que aun entre los paganos la doctrina del bien común era preferida aun por los ricos a la idea de la propiedad privada."

Burgh da el ejemplo de grandes familias de Inglaterra, dueñas de tierras a las que no hacen producir, mientras "familias pobres pero industriosas" necesitan vivir de la caridad pública. La injusticia es flagrante, pero no basta sólo con denunciarla. Si no hay revolución posible en la propia Inglaterra para terminar con esa situación de hecho, la única solución es emigrar, mito de la tierra prometida que es fundamento de toda utopía espacial[15]. Lo que no es posible *aquí*, puede serlo en un *allá* lejano, abierto a todas las posibilidades. El ejemplo de la colonización de Georgia en América del Norte, al que recurre en forma reiterada Burgh, permite imaginar que no todo tiene por qué ser necesariamente una utopía impracticable.

> La manera más adecuada para conservar la inocencia, simplicidad y regularidad en las formas de vida, era la de buscar un país distante y aislado fuera de las rutas regulares del comercio, pues aunque el intercambio con otras naciones pudiera representarnos algunas ventajas, estábamos temerosos de las consecuencias que pudiera aparejar, porque el comercio estimula el lujo y las costumbres contrarias a nuestros propósitos (p. 25).

Si los marinos son propensos a introducir "la ebriedad, la licencia y la irreligión", nada mejor que condenar la navegación y el comercio. Con ello, Burgh no hace sino repetir el rechazo de la literatura clásica greco-romana contra los navegantes y mercaderes fenicios y cartagineses, principales responsables del fin de la Edad de Oro y el surgimiento de la de Hierro.

Con esa perspectiva, el grupo de colonos holandés de *Un relato* planea originalmente ir a "una de las islas del gran océano del sur, tal vez la isla de Juan Fernández, que es un lugar agradable dentro de un clima templado" y, sobre todo, está "situada a considerable distancia del continente" (p. 36).

Si los colonos holandeses se quedan en la Patagonia es porque uno de los buques encalla en el estrecho de Magallanes, con lo que la utopía de Burgh se entronca directamente con los hechos históricos que fundaron la leyenda y el mito de la Ciudad de los Césares, especialmente los naufragios australes que hemos estudiado en detalle. En esos parajes, los holandeses encuentran "un lugar retirado y solitario en la parte occidental de la Patagonia, lugar fértil, saludable y pródigo", donde establecen su colonia.

---

[15] El mito de la tierra prometida está en el fundamento de todas las emigraciones. El ejemplo paradigmático del éxodo bíblico de Moisés conduciendo a su pueblo se repite en la colonización norteamericana y reaparece en muchos ejemplos latinoamericanos. Al respecto, ver nuestro trabajo "Utopía, tierra prometida, emigración y exilio". *Diógenes*, 1: 119. Consejo Internacional de Filosofía, Unesco/París, 1982.

Asentarse, *enraizarse*, es la finalidad primordial de la empresa, porque si bien estos cristianos holandeses se han visto impulsados a emigrar, hay que distinguir claramente entre *colonos* y *nómadas*. Todo nomadismo de "poblaciones flotantes", en las que quedan englobados "los gitanos y los pordioseros", debe ser erradicado y, para ser aún más claro, Burgh cita el modelo de la ciudad calvinista de Ginebra, donde "no se toleran los mendigos".

La colonia austral holandesa se establece, pues, en un lugar fijo, sedentarismo que se opone claramente al nomadismo de los aventureros y conquistadores españoles. Las virtudes de las "colonias" al modo anglo-sajón americano se subrayan en diversas oportunidades y aparecen ratificadas por la toponimia del lugar en que se implantan:

> Rodeado en sus tres lados por altas rocas volcánicas y montañas, y en su otro límite, por un río caudaloso, que en la mayor parte del año se desliza como torrente, de manera que es difícil y peligroso atravesarlo. El clima es templado, el suelo fértil y la fisonomía del país muy agradable (pp. 94-95).

La capital lleva el mismo nombre de la colonia puritana inglesa en América del Norte, Salem, coincidencia cuyo significado es obvio para James Burgh. Sin embargo, no quiere "revelar el lugar geográfico escogido" para su implantación, ni "señalar los caminos que a él conducen", por "si alguna nación fuera tentada por la sed de dominio y de poder" e intentara conquistarlos.

"Edificada en forma de cuadrilátero", la capital está bañada por "un río apacible, de aguas claras, que al penetrar en la ciudad se parte en diversos canales, y se deslizan a lo largo de las calles principales" (p. 91). En los detalles urbanos se reconocen los signos del género utópico: "las casas son sencillas y aseadas y *todas* de la misma estructura y forma, lo que da *uniformidad* a las calles" (p. 96). *Todas* las casas tienen un patio o jardín, las medidas están precisadas y la distribución de las tierras adyacentes garantizada en "porciones de 35 a 50 acres, según la naturaleza y fertilidad del suelo" (p. 97).

A través de las nueve cartas que Vander Neck escribe a su amigo de Holanda entre 1618 y 1620, explica cómo se organiza la ciudad, su forma de gobierno (3ª carta), bajo la jefatura de un Gobernador de cargo hereditario y poderes limitados (4ª carta) por un Senado elegido (5ª carta) por Ciudadanos cuyos derechos, estado civil, religión protestante (6ª carta), conducta, costumbres y alimentación se describen también en detalle (7ª carta), porque: "Los Césares no beben licores destilados, excepto en caso de enfermedad" y siguen el precepto de Homero: "Los bebedores de leche son los más justos de los Hombres."

Si las cartas pretenden ser crónicas objetivas de esa remota Ciudad austral, en las diferentes notas con que las completa Burgh se dice y se repite: "¡Qué feliz sería la humanidad si la legislación de Los Césares fuera universalmente adoptada!", con lo que insiste claramente en las virtudes del modelo que propone como ejemplo a imitar.

AUTARQUIA E IDEALIZACION DEL AISLAMIENTO

La felicidad de la Ciudad Encantada de los Césares se basa en la ausencia de defectos como la envidia y la ambición, resultado del *igualitarismo* practicado, cuyas raíces míticas son perfectamente reconocibles. Por lo pronto, las que garantizaban *illo tempore* la existencia de una Edad de Oro y que la utopía renacentista recupera en el marco de su propuesta racional.

> Entre los Césares la pobreza y la penuria son desconocidas, pues todos disfrutan en la misma proporción que el vecino las tierras comunales (....) La envidia y todas las pasiones que ésta provoca está ausente del país donde nadie puede aumentar sus propiedades o acumular riquezas. El vicio y la ociosidad han sido desterrados; la virtud y la laboriosidad están de moda[16].

Como en el mito clásico, la razón de esta felicidad es una vida simple y no contaminada por los contactos con el exterior. En efecto, los habitantes de la Ciudad pueden decirse orgullosamente que:

> Nosotros estamos extremadamente atentos para impedir la introducción de artículos de lujo y el orgullo social, males que provocan el abandono de las virtudes ciudadanas y pasan a ser las fuerzas que acarrean la corrupción de las costumbres y la ruina de los Estados más florecientes del mundo (p. 98).

A lo que Burgh anota al pie de la misma página que:

> Mientras los persas, griegos y romanos, permanecieron pobres y vivieron en armonía con dicho estado, fueron pueblos virtuosos, libres y felices, pero a

---

[16] Curiosamente, estas virtudes son posibles gracias a la ausencia de metales preciosos ("pues tampoco poseemos vajillas de oro o plata para enorgullecernos") y de las riquezas que habían atraído a los expedicionarios españoles en siglos anteriores.

medida que introdujeron el lujo y la riqueza naufragaron en el lujo y el afeminamiento[17].

Para respaldar sus afirmaciones cita a Justino, Herodoto y, sobre todo, las *Reflexiones sobre el apogeo y ruina de las repúblicas antiguas* de Montagu. El aislamiento, garantía de la Edad de Oro, está garantizado sin dificultad en la Patagonia. Se recuerda, en este sentido, que los indios precolombinos vivían "en un estado feliz" que terminó con la llegada de los europeos y la introducción de "las bebidas alcohólicas".

El ejemplo de colonias de vida apacible que terminan contaminadas por el mundo exterior abundan. Burgh, al explicar cómo "las costumbres que describe Salmón en 1701 en la isla de Santa Elena son similares a las de los Césares", puntualiza que en esta isla:

> Como hay una guarnición de 400 soldados y los buques de las Compañía de las Indias Orientales tocan allí, la inocencia y la virtud del pueblo parecen irse corrompiendo (p. 104).

Una vez más es la navegación, al poner en relación puntos distintos, la culpable del fin de una condición paradisíaca, privilegio de islas y espacios recónditos preservados. Por el contrario, de la Ciudad de los Césares puede decirse con orgullo:

> ¡Oh, Feliz Patria, fundada sobre los principios de la razón, bondad y la equidad y conducida en su marcha por ellos! Aquí la división igualitaria de la tierra y la moderada parte entregada a cada cual; aquí la ausencia del comercio internacional, ahuyenta el orgullo, la ambición y el lujo y establece en cambio la temperancia y la industria. Aquí todos están contentos, de ánimo alegre, satisfechos con la abundancia y la libertad, disfrutando los beneficios de una suave vida y consumiendo los frutos de su propio trabajo (p. 107).

En efecto, los habitantes felices de las *islas* autárquicas, no tienen "curiosidad por conocer el resto del mundo del cual habían oído hablar", ya que "tienen en

---

[17] Como ejemplo, Burgh cita la respuesta de Creso a Ciro sobre cómo había podido esclavizar a los lidos: "Corrompiendo sus costumbres y alentando la intemperancia, pues es fácil atar las cadenas del lujo, después son muy difíciles de romper".

abundancia todo lo necesario para la vida". Esa falta de curiosidad por conocer otros espacios que los del solar nativo es una constante del mito de la Edad de Oro[18].

En tanto que recurso extremo —tal como sucede en el intento de recuperar la edad de oro en el mito clásico— la emigración se propone como un *corte* inevitable con la realidad existente y no como una *comunicación* a establecer entre el punto de partida y el nuevo territorio colonizado. La emigración busca un territorio lejano donde reconstruir un paraíso perdido en la tierra de origen y para ello debe cortar puentes. Esta constante de las utopías aparece en el origen de muchas colonizaciones. Incluso se ha llegado a explicar en buena parte el *aislacionismo* norteamericano a partir de estos presupuestos.

En el caso de la Ciudad de los Césares descrita por Burgh se insiste no sólo en la falta de contactos con la metrópoli, sino que se subraya la independencia total en relación a Chile. Los Césares no pueden "mantener comercio o correspondencia con los españoles de Chile", por lo que los contactos con el mundo exterior se hacen únicamente a través de los indios.

Si bien las causas del pasaje del "trabajo virtuoso a la riqueza" están en buena parte provocadas por el comercio, lo que supone siempre un *intercambio*, el modelo utópico protestante de Burgh se funda en una agricultura reducida a la satisfacción de necesidades mínimas, tal como ya aparecía elogiada en la vida rústica de la prosa y poesía clásicas. Burgh cita la *Histoire Antique* de Rollin, e insiste en que

> Ninguna ocupación puede compararse a la agricultura, en la cual reposa la vida y que sólo la depravación de nuestras costumbres puede hacerla odiosa. No importa que se destruya el oro y la plata, que las perlas y los diamantes queden ocultos en el seno de la tierra y el mar; que se prohiba el comercio entre las naciones... (...). Si esto sucediera, la agricultura con algunas otras profesiones fundamentales nos daría todo lo necesario para la subsistencia, el progreso y la felicidad de la humanidad (p. 107).

Una sociedad de estas características se ofrece como un *modelo* a la injusta Inglaterra de la época y al mundo en general y por eso Burgh concluye

---

[18] En "Metamorfosis de un mito : de la Edad de Oro a El Dorado". *Diógenes* No 133; Consejo Internacional de Filosofía, Unesco/París, 1985, desarrollamos ampliamente este tema. También en Séneca y América "Análisis de un presentimiento literario". *Cuadernos Hispanoamericanos*. Madrid, abril 1987: 442.

presentándola como un ejemplo paradigmático de sociedad: "Si alguna vez somos conocidos del mundo, seámoslo como nación sabia y valerosa, que desprecia la riqueza".

La frase que quiere ser profética es, en todo caso, recogida en otros textos donde esa misma tierra patagónica del sur argentino se significa como territorio utópico por excelencia. Más allá de la moda y la atracción por los reinos australes de una literatura más fantástica que utópica[19] en la que pueden resumirse muchas

---

[19] Durante el siglo XVIII se acumulan en Europa otras utopías, cuando no simplemente las crónicas sobre viajes extraordinarios, cuyo escenario es la América austral. El mito que ha perdido por completo su contenido de creencia no puede, siquiera, alimentar el ejemplo didáctico-racional de la utopía tradicional, al modo de *Un relato*. La imaginación deriva lentamente hacia el delirio. La racionalidad utópica se transforma en obsesión geométrica o etnomológica. Para percibir esta metamorfosis del género, basta enumerar algunas obras del período. Luis Adriano Duperron de Castera describe en *Historia austral* (1731) la isla de Ferisland, situada en el Atlántico sur, donde se sacrifican jóvenes extranjeros para arrancarles el corazón, siguiendo las reglas de un culto de magia negra establecidas por Agragantorus, cuya cripta está situada en el centro de la isla. Esta isla forma parte de un continente austral, Genotia, dividido en varios reinos como Pandoclia, Fenacil, Gynepireo y bordeado de las islas de Eris y de Neopia cuyos estados no son paradisíacos. En el reino de Gynepireo, por ejemplo, sus habitantes son cobardes y afeminados y sacrificios humanos acompañan los ritos funerarios de la nobleza. Lejos de toda propuesta utópica ejemplar y en el dominio de la pura imaginación, John Holmesby describe en su *Crónica de viajes por los mares del sur* (1757) una isla cercana a las costas magallánicas —la isla de Nimpatan— donde se refugia la fantasía más delirante. Jean Gaspard Dubois Fontanelle en *Aventures philosophiques* (1766) cuenta cómo un filósofo francés llamado Monsieur Leonard funda un país en la Patagonia gobernado por las leyes que los hombres extraen de la meteorología. La dirección y la fuerza de los vientos son los factores determinantes y vitales del comportamiento humano, razón por la cual el país utópico está erizado de veletas que ayudan a legislar. Tal vez, una de las obras más interesantes del período es *La découverte austral* (1781) de Restif de la Bretonne que cuenta, imaginativa e ingenuamente, un viaje hacia las antípodas en el que se suceden aventuras de todo tipo en la tierra continental patagónica y en las islas del Atlántico sur. Es interesante recordar que la obra *Robinson Crusoe*, de Daniel Defoe, se inscribe en la literatura del período, aunque no sea propiamente utópica, pero sí reivindicativa de las virtudes del *homo faber*, capaz de supervivir en autarquía absoluta. Ya en el siglo XIX, el sistema filosófico de Francis Bacon es aplicado al pie de la letra en la isla de los Patagones en la que Charles Nodier sitúa su utopía *Hurlublue* (1822). La atracción del género utópico, cuando no fantástico por los mundos australes se prolonga en pleno siglo XX. H. G. Wells escenifica su obra *Mister Blettsworthy on Rampole Island"* (1933) en una isla frente a la costa de Bahía Blanca, donde viven dos tribus: una de caníbales y otra de locos. La primera admira y tiene una gran reverencia por la segunda. La locura es una distinción que confiere la Gran diosa y los locos son verdaderos oráculos que viven aparte

obras del siglo XVIII y XIX, el "espacio ideal" como proyecto social y político reaparece a comienzos del siglo XX en las utopías anarquistas[20] y puede ser rastreado sin excesivo voluntarismo en el proyecto reciente de una capital para la Argentina en el puerto austral de Viedma[21].

Pero éste ya es otro capítulo por escribir en la historia del tenso dualismo americano entre el *ser* de una realidad que parece desmentir todo idealismo utópico y el *deber ser* de una esperanza renovada después de cada derrota, esa tenaz búsqueda de un espacio para el *anhelo in terram utopicam* latinoamericana de la cual *Un relato* de James Burgh es un excelente y poco conocido ejemplo.

---

y tienen un cetro tallado con dibujos obscenos. Por su parte, Pierre François Guyot también localiza en la Tierra del Fuego *La isla de los doctores*, que limita con las islas de "los poetas", de "los geómetras" y de "los glotones." El escenario de la isla austral utópica reaparece en otra obra del mismo Guyot que sitúa cerca de la isla de Juan Fernández la isla de Letalispons donde se habla español y sus habitantes viven ciento veinte años y practican simples reglas de conducta. Mención aparte merece *La edad de cristal* (1887) de Guillermo Enrique Hudson, el autor de *El ombú* y *La tierra púrpurea*, extraña utopía situada en la pampa argentina. Esta atracción por las ciudades imaginarias patagónicas se prolonga en pleno siglo XX en la obra de Herbert George Wells *Mister Blettsworthy on Rampole Island'* (1933), donde la utopía clásica se confunde con la ciencia ficción.

[20] El siglo XIX parece poco propicio para reivindicar la desmesura de ciudades imaginarias. Las sucesivas utopías argentinas que siguen el *modelo* de socialismo utópico o se presentan como solución política circunstancial, al modo de la proyectada por Domingo Faustino Sarmiento en *Argirópolis*, están lejos de la fantasía sobre riquezas y tesoros de las Crónicas o de la austera moral protestante ejemplificadora de relatos como el de James Burgh. *Argirópolis* ha sido calificada de "utopía realista", en la medida en que combina un texto con los tópicos del género - la ciudad ideal de nombre clásico situada en una isla y gobernada sabiamente - con un proyecto concreto de salida política al régimen dictatorial de Rosas y cuyos referentes son reconocibles en el contexto histórico y geográfico de la época. La generación argentina de 1837 está directamente influída por Saint-Simon y los exponentes del llamado "romanticismo social". Posteriormente aparecen seguidores de Fourier, Cabet y Proudhon marcando las ideas políticas de la época. La reedición por parte de Felix Weinberg de dos utopías argentinas: *Buenos Aires en 1950 bajo el régimen socialista* de Julio O. Dittrich y *La ciudad anarquista americana* de Pierre Quiroule: *Dos utopías argentinas*; Solar Hachette, 1976, ha iluminado un aspecto poco conocido del pensamiento heterodoxo rioplatense. A ello nos hemos referido en "La ciudad anarquista americana: estudio de una utopía libertaria" incluído en el número especial de la revista *Caravelle* 46, consagrado a "Contre-cultures, utopies et dissidences en Amérique Latine" (Université de Toulouse, 1986).

[21] El Presidente Raúl Alfonsín lanzó en febrero de 1986 el proyecto de trasladar la capital de Argentina desde Buenos Aires al puerto austral de Viedma, calificado de "fuga hacia adelante" por algunos, pero inscrito en una larga tradición del pensamiento argentino. Al citado Sarmiento, debe añadirse Leandro N. Alem.

EL LEVANTAMIENTO DE GONZALO PIZARRO EN EL CONTEXTO DE *PRIMERA NUEVA CORONICA Y BUEN GOBIERNO*

POR

RAQUEL CHANG-RODRIGUEZ
*The City College and the Graduate
and University Center*

Las "guerras civiles" del Perú iniciadas en el Cuzco con el juicio sumario y condena a muerte de Diego de Almagro (1538) y continuadas después con el asesinato en Lima de Francisco Pizarro (1541), las luchas entre el gobernador, Cristóbal Vaca de Castro, y el hijo de Almagro conocido como El Mozo (1541-42), la rebelión de Gonzalo Pizarro (1544-48) y la insurrección de Francisco Hernández Girón (1554), constituyen una de las etapas más turbulentas de la época colonial. Estos conflictos involucraron tanto a los extranjeros que tomaban partido por uno u otro bando, como a la población nativa que seguía a pizarristas, almagristas o realistas. Manco Inca, el sagaz soberano que después de ser derrotado en el cerco del Cuzco (1536) estableció su corte en las montañas de Vilcabamba, colaboró con unos y otros abrigando la esperanza de que los conquistadores se destruirían entre ellos; entonces podría expulsarlos del todo y restablecer la hegemonía incaica en los Andes.

Entre los varios conflictos, la rebelión de Gonzalo Pizarro y la figura de su líder han suscitado múltiples valoraciones de parte de historiadores coetáneos tanto como de analistas posteriores. En este sentido vale destacar el juicio del Inca Garcilaso de la Vega quien en la segunda parte de *Comentarios Reales* (1617) también conocida como *Historia general del Perú*, por razones muy personales, alaba el gobierno de Pizarro a la vez que destaca las virtudes de "la mejor lanza que ha pasado al Nuevo Mundo" (3: libro iv, xliii, 832). En nuestro siglo, el menor de los Pizarro ha sido ensalzado como héroe (Loredo 21-4) y su actuación juzgada como antecedente de las guerras por la independencia (Arciniega 265). Más recientemente, sin embargo, se ha reflexionado de modo diverso sobre estos acontecimientos al analizar las ideas jurídicas que sirvieron de marco teórico a la insurrección del conquistador extremeño. El historiador peruano Guillermo Lohmann Villena, por ejemplo, explica cómo la rebelión se va desvinculando de su propósito inicial —suspender la ejecución de las Leyes Nuevas (1542) en el virreinato del Perú— debido a las ambiciones de Pizarro y sus seguidores así como al sesgo trágico que adquieren los acontecimientos a partir de la derrota y decapitación del primer virrey del Perú, Blasco Núñez Vela, en la batalla de Añaquito (1547).

Conviene recordar la relación del levantamiento a las Leyes Nuevas y al modo en que Núñez Vela trató de imponerlas, a pesar de que había solicitado su revocación al monarca. Como sabemos, éstas fueron autorizadas por Carlos V después de un intenso debate donde prevalecieron recomendaciones ofrecidas a la Corona por Fray Bartolomé de las Casas, el infatigable defensor de los indígenas. En efecto, las leyes fortalecían el poder de la Corona en Indias a la vez que contentaban a eclesiásticos, teólogos y juristas que exigían un mejor tratamiento para la población nativa. Las Nuevas Leyes regulaban, entre otras cosas, el trabajo de los indios en las minas, las faenas agrícolas, la pesquería de perlas y el transporte de la carga; asimismo, especificaban que sus tributos a los españoles debían "tasarse" o precisarse. Sin embargo, los estatutos más perjudiciales a los conquistadores fueron los relacionados con la herencia de las encomiendas: por virtud de las ordenanzas reales, después del fallecimiento del encomendero, los indios bajo su tutela pasarían a la Corona. Ni los obispos, ni los monasterios, ni los hospitales, ni los que habían sido gobernadores o funcionarios reales, podían recibir encomiendas; si las tenían, éstas quedaban suprimidas. Tampoco se otorgarían nuevas encomiendas. En el caso específico del Perú otra disposición dentro de estas ordenanzas exigía que "se quitasen los indios ... a todos aquellos que hubiesen sido culpados en las pasiones y alteraciones de entre don Francisco Pizarro y don Diego de Almagro" (Zárate 507)[1]. Como correctamente lo expresó Zárate en su *Historia del descubrimiento y conquista de la provincia del Perú* (1555), "con esta última ordenanza era claro que ninguna persona en el Perú podía quedar con indios, pues ... ningún español, de grande ni pequeña calidad, había que no estuviese más apasionado por una destas dos parcialidades que si sobre ello le fuese su vida y hacienda" (508).

En la ciudad istmeña de Nombre de Dios, Blasco Núñez Vela, virrey del Perú por Real Cédula del primero de marzo de 1543, hizo cumplir inmediatamente una ordenanza de las Leyes Nuevas la cual estipulaba que los indios debían retornar a su región de origen. En efecto, allí recogió a muchos indígenas peruanos y, a costa de sus encomenderos, los embarcó para Tumbes. En el viaje por tierra desde ese puerto norteño hasta la capital, el virrey comenzó a aplicar las leyes ora tasando los tributos, ora colocando a indígenas encomendados bajo el resguardo de la Corona

---

[1] Antonio Muro Orejón ha reproducido íntegramente las Leyes Nuevas en el *Anuario de Estudios Americanos*.

(Zárate 509). La celeridad y el rigor con que Núñez Vela hizo cumplir las leyes, pronto le ganaron la antipatía de los pobladores españoles que hasta contemplaron la posibilidad de no recibirlo en Lima. Por su parte, los indígenas observaban asombrados y esperanzados los nuevos desarrollos (Fagg 161). El curso de los acontecimientos es bien conocido: aunque muchos de los estatutos de las Leyes Nuevas permanecieron en vigor, el monarca, debido a rebeliones en Nueva España, Nicaragua y Perú, suspendió y después revocó los artículos que prohibían la continuidad de las encomiendas; así, la institución sobrevivió por mucho tiempo transformándose de encomienda de servicio donde los tributos eran pagados en especie y trabajo forzado, a encomienda de tributo donde la población nativa pagaba éste en metálico (Céspedes 355). Después de los triunfos de Añaquito y Huarina (1547), Gonzalo Pizarro fue derrotado por el "pacificador" Pedro de la Gasca en las cercanías del Cuzco (Jaquijahuana, 1548), y condenado a muerte con su lugarteniente, Francisco de Carvajal, apodado el demonio de los Andes.

¿Cómo percibieron estos sucesos tan ávidamente contados por historiadores españoles los cronistas peruanos?[2] En contraste con el Inca Garcilaso quien engrandece la figura de Gonzalo Pizarro en la segunda parte de *Comentarios Reales*, en *Primer nueva corónica y buen gobierno* (1615) Felipe Guamán Poma de Ayala narra estos acontecimientos y dibuja a los participantes para ofrecer una interpretación muy diversa. En efecto, Guamán Poma se vale de la figura y actuación del rebelde para condenar la encomienda como institución, mostrar a los funcionarios españoles como servidores ineficientes, y dejar constancia de la valía y lealtad de los andinos. El aprovechamiento de los sucesos que enmarcan el levantamiento pizarrista por el autor de *Primer nueva corónica* no sólo muestra la intención de Guamán Poma, sino también cómo su obra se vale de ideas medievales —en este caso la concepción de "tirano" y el deber del súbdito leal de informarle "con entera noticia" al soberano sobre la marcha de sus asuntos— para penetrar en ese Viejo Mundo que quiere negar al Nuevo. Vista de este modo, la interpretación ofrecida por Guamán Poma de la rebelión pizarrista y de su caudillo no es una simple instancia narrativa donde el autor cuenta la versión indígena de sucesos históricos conocidos. Es evidente que Guamán Poma integra estos acontecimientos a una compleja armazón lingüística e icónica con el reiterado propósito de enaltecer a los suyos, reclamar sus derechos fundamentándose en aceptados principios legales y socavar la autoridad colonial en el Perú.

---

[2] Los otros cronistas indígenas, Titu Cusi Yupanqui autor de *Relación de la conquista del Perú* (1570) y Joan de Santacruz Pachacuti Yamqui Salcamaygua en su obra *Relación de antigüedades deste reyno del Pirú* (1613), no se ocupan de las "guerras civiles." Para una valoración de conjunto de la obra de Titu Cusi, Santacruz Pachacuti y Guamán Poma de Ayala, véase mi libro *La apropiación del signo: tres cronistas indígenas del Perú*.

Ya se ha notado que Guamán Poma siguió mayormente a Zárate (Condarco Morales 305-308) en su resumen de la rebelión pizarrista, y que hizo ciertos cambios y enmiendas en el texto de *Primer nueva corónica* con el propósito de colocar los sucesos que precipitan las "guerras civiles" —en especial la actuación de Almagro el Mozo[3]— dentro del marco de la venganza personal (Murra y Adorno 3: 1142). Guamán Poma, en efecto, convierte al hijo de Almagro derrotado en Chupas y ajusticiado en el Cuzco, en víctima del menor de los Pizarro -"le prendió y le mató a don Diego de Almagro el moso Gonzalo Pizarro" (2: 415). Esta actuación está seguida de una ilustración (lámina 1) donde el autor dibuja el asesinato de Ilán Suárez de Carvajal, leal regidor limeño, a manos del virrey por creerlo traidor[4]. En apretada síntesis, describe el triunfo de Añaquito y comenta irónicamente sobre las muchas cartas y avisos que Gonzalo Pizarro le ha enviado a Carlos V "pensando que le abía de enbialle rrecaudo para gouernar la tierra y ser señor en ella" (2: 418). Guamán Poma dibuja al emperador entregándole una carta y el perdón para el joven Pizarro al clérigo La Gasca (lámina 2). Seguidamente el cronista resume una misiva de Carlos V a Gonzalo Pizarro donde éste perdona al rebelde. Sin embargo, la síntesis de Guamán Poma omite el anuncio de la llegada del pacificador La Gasca y la sumisión debida a su autoridad por parte de Pizarro

---

[3] En efecto, Guamán Poma describe así la actuación del hijo del compañero de Francisco Pizarro: "Este dicho don Diego de Almagro el moso no se alsó contra la corona rreal y con enterés de yndios ni de oro ni de plata ni querer señorear, cino por uengarse de la muerte de su padre. Como cristiano y cauallero y honrrado murió. Ni su padre no se alsó con ningún ynterés, cin por defenderse de sus enemigos, que como desde primero le tenía en odio y demistad y procurado la muerte de sus enemigos" (2: 415).

[4] Zárate explica cómo el virrey mandó buscar a Suárez de Carvajal bajo sospechas de traición: "Envió a Vela Núñez, su hermano, con ciertos arcabuceros, que fuese a traer preso al factor; y hallándole en su cama, le hizo vestir y le llevó a la posada del Visorey, que, por no haber dormido casi en toda la noche, estaba reposando sobre su cama vestido y armado. Y en entrando el factor por la puerta de su cuadra, dicen algunos de los que se hallaron presentes que se levantó en pie el Visorey y le dijo: "¿Así, don traidor, que habeis enviado vuestros sobrinos a servir a Gonzalo Pizarro?" El factor le respondió: "No me llame vuestra señoría traidor; que en verdad no lo soy." El Visorey diz que replicó: "Juro a Dios que sois traidor al Rey." A lo cual el factor dijo: "Juro a Dios que soys tan buen servidor del Rey como vuestra señoría." De lo cual el Visorey se enojó tanto, que arremetió a él, poniendo mano a una daga; y algunos dicen que le hirió con ella por los pechos, aunque él afirmaba no haberle herido, salvo que sus criados y alabarderos, viendo cuán desacatadamente le había hablado, con ciertas roncas y partesanas y alabardas que allí había le dieron tantas heridas, que le mataron, sin que pudiese confesarse ni hablar palabra ninguna" (516).

Lámina 1. Muerte del factor Ilán Suárez a manos de Núñez Vela y sus seguidores (2: 416).

Lámina 2. Carlos V entregándole a La Gasca una carta y el perdón para Gonzalo Pizarro y sus compañeros de armas (2: 419).

(Murra y Adorno 3; 1142)⁵. Sin duda, el autor de *Primer nueva corónica* desea resaltar la magnanimidad del soberano mientras disminuye a Pizarro y sus seguidores a quienes en un párrafo añadido califica de "traydores" (2: 420). El comportamiento desleal del rebelde se reafirma cuando en otra ilustración aparece recibiendo a Francisco de Carvajal (lámina 3) a quien le otorga el mando de su ejército. En contraste con esta actuación, el autor destaca cómo su padre, Martín Guamán Malque de Ayala, y los andinos defienden exitosamente la ciudad de Huánuco contra los pizarristas (2: 423). Progresivamente, el cronista caracteriza al líder de los rebeldes mostrándolo primero como vengativo (muerte de Almagro el Mozo), ambicioso (cartas solicitando la gobernación) y soberbio (rechazo del perdón real), para después pasar a dar ejemplos de su crueldad en la decapitación de uno de sus seguidores (2: 424) y de su cobardía cuando huye de La Gasca (lámina 4)⁶. Asimismo, pone en boca de algunos que han abandonado el campo pizarrista, el adjetivo de "tirano" para calificar al líder de la insurrección (2: 424). En la época medieval este despreciable epíteto convocaba tanto la idea de quien reinaba sin justos títulos, o sea, el usurpador, como la del gobernante que abusaba del poder (Lohmann Villena 14)⁷. Más adelante, y lo que es aún más grave, el propio Guamán Poma califica a Gonzalo Pizarro de "traydor contra la corona rreal" (2: 425). De este modo muestra cómo el conquistador y sus seguidores van perdiendo la gracia real para incurrir en la ira del soberano una vez roto el vínculo

---

⁵ La carta, con fecha del 26 de febrero de 1546, está reproducida por Zárate; la sección pertinente a la obediencia debida a La Gasca es la siguiente: "habemos acordado de enviar a ellas [las provincias peruanas] por nuestro presidente al licenciado de la Gasca, ... al cual habemos dado comisión y poderes para que ponga sosiego y quietud en esa tierra ... por ende yo os encargo y mando que todo lo que de nuestra parte el dicho licenciado os mandare, lo hagáis y cumpláis como si por nos os fuese mandado ..." (547).

⁶ Nótese que Guamán Poma no quiere que haya equívoco alguno al representar a Pizarro huyendo —pinta con mucho detalle las ancas del caballo, inscribe el apellido del traidor en la rodela y Pizarro aparece mirando hacia atrás, en gesto de retirada— aunque erróneamente indica que el rebelde fue derrotado en Huarina Pampa (2: 426).

⁷ Según la definición alfonsí en las *Siete Partidas*: "Tirano tanto quiere decir como señor, que es apoderado en algún reino o tierra por fuerza o por engaño o por traición. Y estos tales son de tal natura, que después que son bien apoderados en la tierra, aman mas de hacer su pro, magüer sea daño de la tierra, que la pro comunal de todos, porque siempre viven a mala sospecha de la perder ... Otrosí decimos que magüer alguno hubiese ganado señorío del reino por alguna de las dichas razones que dijimos en la ley antes de ésta, que si el usase mal de su poderío, en las maneras que de suso dijimos en esta ley, que le pueden decir las gentes tirano y tornarse el señorío, que era derecho torticero, así como dijo Aristóteles en el libro que habla del regimiento de las ciudades y de los reynos" (*Partida segunda*, I, x: 36-7).

Lámina 3. Gonzalo Pizarro dándole la bienvenida a Francisco de Carvajal en Lima (2: 421).

Lámina 4. Pizarro huyendo del "pacificador" La Gasca (2: 426).

del vasallaje. Como los derechos del monarca eran de carácter divino, quienes se oponían a ellos desafiaban la autoridad terrenal y celestial, y podían ser calificados de impíos (Lohmann Villena 20)[8]. Guamán Poma se aprovecha de estas ideas con un propósito muy específico. Al mostrar a Gonzalo Pizarro como usurpador y mal gobernante, cuestiona su autoridad y derecho a las encomiendas otorgadas por merced del soberano. Como por traidores él y sus seguidores han incurrido en la ira del rey, éste puede retirarles su gracia y todo lo donado en premio a su actuación en la conquista del Tahuantinsuyu. Y como hasta la actuación de los enviados reales —recordemos el asesinato del factor Suárez por Núñez Vela (lámina 1)— deja mucho que desear, se impone una revisión de la administración colonial. ¿Quiénes entonces habrán de gobernar el Perú y las Indias?

La respuesta la hallamos en el capítulo que Guamán Poma dedica a las encomiendas donde condena esta institución y propone drásticos cambios para modificarla en beneficio de los andinos y la Corona. En las primeras páginas el autor critica duramente a los encomenderos:

> ...andan y triunfan y juegan y tienen mucha fiesta y banquete y bisten de seda y gastan muy largamente como no le cuesta su trauajo ni sudor, cino pide a los pobres yndios. Y no le duele como es trauajo de los pobres yndios ni rruega a Dios por ellos ni
> de su salud del rrey nuestro señor y del papa ni se acuerda de los trauajos de los pobres yndios destos rreynos (Ver láminas 5 y 6). Y anci le castiga Dios a ellos y a sus hijos en este rreyno (2: 563).

A estos duros comentarios sigue la referencia a la traición de "algunos encomenderos" y una enumeración de los protagonistas de las "guerras civiles"

---

[8] Lohmann Villena nota que esta recuperación del favor regio para reintegrarse así al cuerpo de la monarquía en su carácter humano y divino, fue uno de los principales móviles en la derrota pizarrista (20).

[9] La época del gobierno de Gonzalo Pizarro (1544-48), fue muy dura para la población andina. Los indios encomendados cambiaban de dueño de acuerdo a cómo Pizarro recompensaba o castigaba la actuación de sus compañeros de armas; para premiar a los leales a su causa el conquistador dividió muchas de las encomiendas y repartió a los indígenas en grupos pequeñísimos. Aunque las cartas de Pizarro confirman su interés en el "buen gobierno" del Perú y el respeto de la población autóctona, estos esfuerzos fueron superficiales ya que *"He used more clerics to manage his estates and support his cause than he ever recruited to teach Indians; his own campaigns were the greatest destroyer of Indian life and property, and he even went to the extreme of granting tiny "encomiendas" of ten or fifteen Indians, an abusive measure not resorted to by any other governor"* (Lockhart 184-85).

Lámina 5. Encomendero llevado en andas "como ynga" (2: 568).

Lámina 6. El encomendero manda ahorcar al cacique principal (2: 571).

entre los cuales hallamos el nombre de Gonzalo Pizarro[9]. Ellos fueron traidores "porque la que hizo una ues lo hizo para cienpre, pues que fue prouado y examinado y declarado con uandera alsada"(2: 563). Parece entonces que Guamán Poma juzga lo ocurrido a los encomenderos rebeldes como castigo divino tanto por su actuación contra los andinos como contra el rey[10]. Traidores "para siempre" ni ellos ni sus descendientes tienen derecho a las encomiendas; son doblemente impíos al romper los preceptos cristianos en el tratamiento de los indios y al quebrar el vínculo del vasallaje debido al monarca. El cronista asesta, sin embargo, el golpe de gracia a los derechos de los encomenderos y refuta completamente la legalidad de las encomiendas, cuando explicita que los indios se entregaron de "buena voluntad" y "cin alsamiento" a la Corona y por tanto son servidores del rey[11]:

> Dezís que soys conquistadores, que la conquista lo conquistastes con dos palabras que aprendistes de dezir: "*Ama mancham, noca Ynga*." ["No temás. Yo soy el Inka."] No dixistes más. No os costó nada, que la batalla y alsamiento fueron entre bosotros traydores. Queristes ser otro rrey que como católico cristiano os a dado de comer cin derecho a bosotros (2: 573).

De esta argumentación se desprende que: 1) ningún español tiene derecho a las encomiendas; 2) que el rey se las otorgó a los conquistadores al ser engañado por éstos pues no hubo conquista; 3) que, en efecto, los indígenas pertenecen a la Corona ["de su Magestad soys vosotros y yo" (2: 573)]; 4) que como el rey fue engañado y traicionado por los conquistadores, y la población nativa debe quedar bajo la tutela de la Corona, las encomiendas son innecesarias; 5) que una vez el rey esté debidamente informado, reemplazará a las ineficientes autoridades coloniales por vasallos leales, o sea, los andinos cuya capacidad y lealtad ha comprobado. Atrevidamente, tales razonamientos trascienden las Nuevas Leyes y las posteriores regulaciones de las encomiendas para exigir la erradicación de institución tan nefasta así como la apropiada recompensa para los súbditos fieles. De esta

---

[10] Esta idea fue insinuada por Las Casas en *Brevísima relación de la destrucción de las Indias* (172); además, el dominico estaba convencido que, si continuaban los abusos contra la población autóctona, el castigo divino recaería sobre los conquistadores y sobre España entera. Su más drástica condena de las encomiendas se halla en el *Octavo remedio* (1552). En cuanto a las guerras civiles, Cieza de León, el Palentino y Gutiérrez de Santa Clara, las ven como castigo divino a la soberbia y muchos pecados de los conquistadores (Pérez de Tudela Bueso xi).

[11] Sobre la importancia de la entrega pacífica del Tahuantinsuyu y la interpretación y consecuencias que Guamán Poma le otorga a este hecho, véase Adorno *Writing and Resistance*: 29-32.

argumentación fácilmente se colige que vasallos tan excelsos como los andinos están autorizados y capacitados para gobernar Perú.

¿Quién se encargará de darle "entera noticia" de estos acontecimientos al monarca español? Como se sabe, el derecho de "representar" (*appelare et suplicare*) medieval autorizaba al vasallo a comunicarle al soberano la verdad de los hechos (Sánchez Agesta 138). La segunda de las *Siete Partidas* de Alfonso el Sabio es muy específica al respecto:

> La lengua no la puso Dios tan solamente al hombre para gustar, más aún para hablar y mostrar su razón con ella. Y bien así como le dio sentido en el gusto para departir las cosas sabrosas de las otras que no lo son, otrosí se lo dio con las palabras para hacer departimiento entre la mentira, que es amarga, que aborrece la natura que es sana y cumplida de lealtad, y entre la verdad de que se paga el entendimiento del hombre bueno, y ha gran saber con ella. Y por ende, el pueblo a semejante de esto, dijeron los sabios, debe siempre decir palabras verdaderas al rey y guardarse de mentirle llanamente o decir lisonja, que es mentira compuesta a sabiendas (*Partida segunda*, XIII, v, 181).

Asimismo, cuando ciertas acciones contravenían el dogma cristiano y podían resultar en el daño de conciencia o condena divina para quien ocultara los hechos, los súbditos tenían el deber de comunicarle lo ocurrido al soberano, quien era garante de la justicia como "último juez" (Sánchez Agesta 143-45). Estas ideas no podían ser extrañas al autor. Recordemos que en las primeras cinco décadas del siglo XVI, las Partidas se imprimieron por lo menos seis veces. En 1555 apareció la edición comentada por Gregorio López; después vieron luz otras cinco ediciones (Sánchez Agesta 35). Los debates suscitados por el trato otorgado a la población indígena y el derecho de los españoles en Indias plantearon el estudio y revisión de antiguas legislaciones. Más específicamente, estos preceptos, particularmente el primero, fueron manejados por los encomenderos al apelar su caso ante el virrey Núñez Vela (Zárate 508-11), y también por los rebeldes pizarristas para dirigirse al soberano español (Lohmann Villena 18). Fray Bartolomé de las Casas en el "Prólogo" de *Brevísima relación de la destrucción de las Indias* (1552), obra cuya argumentación el cronista seguramente conoció y aprovechó en sus escritos (Adorno, "El arte", 167-89)[12], esgrime ambos puntos en defensa de los indígenas. En efecto, el "Apóstol de las Indias" escribe para enterar al soberano de los acontecimientos ultramarinos y por no ser "reo, callando, de las perdiciones de ánimas

---

[12] La influencia de Las Casas y de los dominicos en la obra de Guamán Poma ha sido ampliamente documentada, en especial la idea de la restitución de las propiedades a sus legítimos dueños Adorno "El arte": 167-89; *Writing and Resistance*: 23-27.

y cuerpos infinitas que los tales [conquistadores] perpetraron"; una vez el rey tenga conocimiento de lo ocurrido, remediará la situación (67-69).

Aprovechando estos principios jurídicos y destacando la lealtad de sus antepasados y la propia, Guamán Poma se presenta a sí mismo como la persona idónea para proporcionarle al rey información fidedigna; cuando el monarca acceda a ella, resolverá los problemas del virreinato del Perú con universal beneficio. Así autorizado, critica severamente la encomienda que ve como institución corruptora de los españoles y destructora de los indios. Entonces, la rebelión de Gonzalo Pizarro es aprovechada por el cronista para proclamar la constante lealtad y servicio de los andinos, exigir cambios en el (des)orden colonial y hacer inteligibles sus reclamos al público europeo fundamentándolos en aceptados preceptos legales. Una vez más se nos revela la elaborada estructuración de esta obra fundadora y los esfuerzos del autor por elevar a los andinos y hacerse entender por quienes podían mitigar su sufrimiento.

OBRAS CITADAS

Adorno, Rolena. "Las otras fuentes de Guamán Poma: sus lecturas castellanas". *Histórica* 2. 1978: 137-158.

———. "El arte de la persuasión: el padre Las Casas y fray Luis de Granada en la obra de Waman Puma de Ayala." *Escritura, Teoría y Crítica Literarias* 4. 1979: 167-189.

———. *Guaman Poma: Writing and Resistance in Colonial Peru*. Austin: Univ. of Texas P, 1986.

Alfonso, el Sabio. *Partida Segunda*. Prólogo de Antonio Navarro de Zuvillaga. 2 Vols. Madrid: Publicaciones Españolas, 1961.

Arciniega, Rosa. *Dos rebeldes españoles en el Perú: Gonzalo Pizarro ("El gran rebelde"), Lope de Aguirre ("El cruel tirano")*. Buenos Aires, 1943.

Céspedes, Guillermo. *La conquista*. Madrid: Alianza, 1985. Vol. 1 de *Historia de la América Latina*. 3 Vols. 1985: 269-371.

Condarco Morales, Ramiro. *Protohistoria andina; propedeútica*. Oruro: U. Técnica, 1967.

Chang-Rodríguez, Raquel. *Violencia y subversión en la prosa colonial hispanoamericana, siglos XVI y XVII*. Madrid: Porrúa Turanzas, 1982.

———. *La apropiación del signo: tres cronistas indígenas del Perú*. Tempe: Center for Latin American Studies, Arizona SU, 1988.

———. "Rebelión y religión en dos crónicas indígenas del Perú". *Revista de Crítica Literaria Latinoamericana* (en prensa).

De las Casas, Bartolomé *Brevísima relación de la destrucción de las Indias*. Ed. Andre Saint-Lu. 2a ed. Madrid: Cátedra, 1984.

Fagg, John Edwin. *Latin America: A General History*. New York: Macmillan, 1963.

Garcilaso de la Vega, el Inca. *Comentarios Reales de los incas*. Estudio preliminar y notas de José Durand. Lima: UNMSM, 1959-62. 1a parte: 3 Vols.; 2a parte: 4 Vols.

Guamán Poma de Ayala, Felipe. *El primer nueva corónica y buen gobierno*. Eds. John V. Murra y Rolena Adorno. Traducciones del quechua a cargo de Jorge L. Urioste. 3 Vols. Mexico: Siglo Veintiuno, 1980.

Lockhart, James. *The Men of Cajamarca. A Social and Biographical Study of the First Conquerors of Peru*. Austin: U of Texas P, 1972.

Lohmann Villena, Guillermo. *Las ideas jurídico-políticas en la rebelión de Gonzalo Pizarro*. Valladolid: Seminario Americanista, U de Valladolid, 1977.

Loredo, Rafael. *Alardes y derramas*. Lima: 1942.

Muro Morejón, Antonio. "Leyes Nuevas." *Anuario de Estudios Americanos* 16. 1959: 561-88.

Ortega, Julio. "Guamán Poma de Ayala y la conciencia cultural pluralista." *Lexis*. 1986: 203-13

Pease, Franklin. "Prólogo." *Nueva corónica y buen gobierno*. 2 Vols. Caracas: Biblioteca Ayacucho, 1980. 1: ix-lxxxix.

Pérez de Tudela Bueso, Juan. "Observaciones generales sobre las guerras civiles del Perú." *Crónicas del Perú*. Vol. 164. Madrid: BAE, 1963: ix-lxxvi.

Rostworowski de Diez Canseco, María. *Historia del Tahuantinsuyu*. Lima: IEP, 1988.

Sánchez Agesta, Luis. *El concepto del estado en el pensamiento español del Siglo XVI*. Madrid: Instituto de Estudios Políticos, 1959.

Zárate, Agustín de. *Historia del descubrimiento y conquista de la provincia del Perú*. Vol 26. Madrid: BAE, 1947. 459-574.

EL "FURIOSO": PRESENCIA CONSTANTE EN LA LITERATURA HISPANOAMERICANA

POR

GIUSEPPE BELLINI
Universidad de Milán

Desde los primeros orígenes de la cultura hispanoamericana, la presencia italiana ha sido relevante. No es un mero episodio exterior el que la imprenta se introduzca en el nuevo mundo —en México y en Perú— por mérito de dos italianos, Giovanni Paoli, de Brescia y Antonio Riccardi, de Turín. Son cosas conocidas, sobre las que no merece la pena detenerse, pues cuentan ya con una abundante bibliografía. También sabemos que la poesía italiana estuvo presente desde el comienzo, en América, en Academias prestigiosas, como la *Academia Antártica* de Lima. Dentro de la poesía italiana un puesto de gran relieve, naturalmente, ocupa el *Orlando Furioso* de Ariosto, base de la épica española.

La fortuna del *Furioso* en la literatura hispanoamericana tiene su momento cumbre durante la Colonia, en los siglos XVI y XVII, al desarrollarse el género épico. El gran centro del italianismo limeño, la mencionada Academia, dominada sobre todo por Petrarca, después de las celebradas traducciones de Enrique Garcés, que de la Academia fue miembro influyente, se ejercitaba también en la imitación de Ariosto. Pero la influencia del *Furioso* empieza a ser importante a partir de *La Araucana* de Ercilla. Se aprecia en el poema una influencia de fondo de Ariosto, cuya lección el poeta español asimila perfectamente, a pesar de lo que afirmó el polígrafo santanderino Menéndez y Pelayo, quien consideraba que del poeta italiano Ercilla no había podido asimilar nada esencial, puesto que ya desde el proemio proponía una materia épica opuesta a la de Ariosto[1]. A las damas, el amor, la gentileza de caballeros enamorados, el poeta español contraponía, en efecto:

> ... el valor, los hechos, las proezas
> de aquellos españoles esforzados,
> que a la cerviz de Arauco no domada
> pusieron duro yugo con la espada.

---
[1] M. Menéndez y Pelayo, *Historia de la poesía hispanoamericana*. Madrid: C.S.I.C. (ed. nacional), 1948, II: 220.

El autor de *La Araucana* parecía colocarse, así, en una posición abiertamente antitética frente al *Furioso*, oponiendo a "Le donne, i cavaliere, l'arme, gli amori,/ le cortesie, l'audaci imprese ...", el terrible dios de la guerra: "Venus y amor aquí no alcanzan parte,/ sólo domina el iracundo Marte".

Generalmente, el juicio de don Marcelino ha sido aceptado y eso hasta época bastante reciente[2], cuando M. Chevalier afirmó que la oposición *Araucana - Orlando Furioso* no existía, en cuanto Ercilla expresaba un tópico, luego corriente, para definir su obra con relación al poema épico moderno por excelencia, como ya se consideraba al *Furioso*[3].

No nos detendremos en el examen de las relaciones *Araucana-Furioso*. Ya han dicho palabras definitivas sobre el tema, además de José Toribio Medina[4], Oreste Macrí[5] y Giovanni Meo Zilio[6]. El tenaz recuerdo del poema de Ariosto en *La Araucana* ha sido subrayado también por Franco Meregalli, sobre todo por lo que se refiere a la época más madura de Ercilla, o sea cuando compuso la segunda parte de su obra —probablemente en 1578—; el crítico, además, prospecta el interés de un estudio diacrónico del poema, "per vedere se esiste un mutamento d'atteggiamenti nei confronti dell'Ariosto attraverso i decenni"[7].

No cabe duda, *La Araucana*, a pesar de posibles, pero no confirmadas, presencias de *La Gerusalemme Liberata*, queda sobre todo deudora hacia el *Orlando Furioso*, del cual en el ámbito hispánico es la derivación de más relieve, por una influencia de fondo que se ejerce sobre un tipo nuevo de poema, que tiene como base constantemente la historia.

La presencia del *Furioso*, a través de *La Araucana*, es visible también en las *Elegías de Varones Ilustres de Indias*, de Juan de Castellanos, a pesar de la

---

[2] Don Marcelino seguía a Ducamin: cfr. J. Ducamin, *L'Araucana, poème épique, par D. Alonso de Ercilla y Zúñiga. Morceaux choisis....* París: Garnier, 1900; G. M. Bertini, "*L'Orlando furioso* e la Rinascenza spagnola". *La Nuova Italia*, V, 20 agosto-20 septiembre, 1934 y 20 octubre 1934; O. Macrí, "L'Ariosto e la letteratura spagnola". *Letterature Moderne*, III, 5, 1952.

[3] M. Chevalier, *L'Arioste en Espagne (1530-1650). Recherches sur l'influence du "Roland furieux"*. Bordeaux: Féret & Fils, 1966: 150.

[4] J. Toribio Medina, *Vida de Ercilla*. México: Fondo de Cultura Económica, 1948: 23-24.

[5] O. Macrí, *art. cit.*

[6] G. Meo Zilio, *Estudio sobre Hernando Domínguez Camargo y su San Ignacio de Loyola. Poema heroico*. Messina-Firenze: D'Anna, 1967.

[7] F. Meregalli, *Storia delle relazioni letterarie tra Italia e Spagna*, parte II, fasc. 2: *La letteratura in Spagna nell'epoca di Filippo II*. Venezia: Libreria Universitaria, 1966: 49-50.

estructura tassiana del poema[8]. Giovanni Meo Zilio estima que el poeta había leído a Ariosto, a quien cita textualmente, y encuentra en las *Elegías* la huella del poeta italiano, sea en episodios concretos, sea en cierta veta subterránea que de cuando en cuando se revela[9]; "rasgos ariostescos" son evidentes en particular, en la ironía con que el Canto IV de la *Elegía* primera, Castellanos describe a los indios —siguiendo más bien a Ercilla— y con mucha probabilidad Ariosto influye en la descripción de la espléndida mujer de la que, en el Canto segundo de la Elegía segunda, se enamora el cacique Goaga Canari, cuya figura es "coqueta y cordial, ariostescamente femenina"[10]; también ariostesco aparece el fondo natural, cuando Castellanos invita a las aves a emprender su canto. Sin embargo, el gran maestro del poeta es siempre Ercilla, sobre cuyas huellas Castellanos se aventura en la imitación "a lo negativo" del poeta italiano[11].

En *El Arauco domado* del "chileno" Pedro de Oña, la presencia de Ariosto se encuentra también mediada por *La Araucana*, pero a ella se añade la influencia de Tasso. *El Arauco* se opone al poema de Ercilla como pseudo-verídica historia de la hazaña chilena; Oña, lo sabemos, compuso su poema por encargo, para celebrar la empresa de García Hurtado de Mendoza, que Alonso de Ercilla había de propósito olvidado en su poema. En *El Arauco domado* los rasgos realistas y cómicos, el gusto complacido por las escenas voluptuosas —entre ellas el baño de Caupolicán y Fresia, de tan fina sensualidad—, que para Menéndez y Pelayo revelaban la influencia "muelle y enervadora" del clima limeño[12], indican más bien una presencia activa de la poesía italiana, de *La Gerusalemme Liberata*, ciertamente, pero sobre todo del *Orlando Furioso*. La influencia del poema de Ariosto se percibe también en la descripción de los personajes —los mismos araucanos, tan poco indígenas—, y en la naturaleza, frecuentemente eco de los rientes valles renacentistas —verde y agua— del Furioso. Y si es verdad que individuar puntos concretos de encuentro es difícil, o hasta imposible, entre los dos poemas, como afirma S. Dinamarca[13], es posible subrayar la asunción de un material vasto, que Pedro de Oña, poeta dotado, elabora originalmente. También merece la pena señalar cómo la fresca sensualidad del *Arauco domado* sufre la insidia ya del moralismo de Tasso[14], que luego triunfará, a distancia de años, en *El Vasauro* y en el *Ignacio de Cantabria*.

[8] G. Meo Zilio, *Estudio sobre Juan de Castellanos*. Firenze: Valmartina, 1972: 236.
[9] *Ibid*.
[10] *Ibid*: 161, 165 y 162.
[11] *Ibid*: 78.
[12] M. Menéndez y Pelayo, *ob. cit*., II: 238.
[13] S. Dinamarca, *Estudio del "Arauco domado" de Pedro de Oña*, New York: Hispanic Institute, 1952: 186.
[14] G. Meo Zilio, *Estudio sobre H. Domínguez Camargo* .... Op. Cit.: 254.

El *Orlando Furioso* deja su huella también en la prosa histórica de la Colonia. Lo demuestran la *Historia de la Florida* y los *Comentarios Reales* del Inca Garcilaso. Hombre del Renacimiento, el mestizo peruano es un gran conocedor de la literatura italiana. Su biblioteca personal contaba, entre otros autores de Italia, con obras de Petrarca, Boccaccio, Bembo, Boiardo, Ariosto y Tasso. Sabemos, por el inventario de la misma, que el Inca poseía un ejemplar del *Orlando Innamorato* y dos ejemplares del *Orlando Furioso*[15]. A pesar de lo cual parece lógico que en las crónicas, por cuanto embellecidas por la fantasía, las lecturas poéticas de su autor significaran más bien algo genérico, una presencia cultural. Pero en *La Florida*, a la par que en los *Comentarios Reales*, Garcilaso refleja con frecuencia el mundo caballeresco occidental, tomado de la épica italiana, del *Orlando Innamorato* y del *Furioso*, en una mezcla artística eficaz de historia e invención, tanto que un novelista de la categoría de un Miguel Angel Asturias ha indicado, en varias ocasiones, sus obras como la fuente más valedera de la narrativa hispanoamericana del siglo XX[16].

Aunque se declaraba hostil a las novelas de caballería, el Inca aprobaba las que se construían sobre una base histórica. Por consiguiente no sorprende que en su obra personal se verifique una influencia, en cuanto a clima, de los poemas épicos italianos, y naturalmente de *La Araucana* de Ercilla. En la primera parte, sobre todo, de los *Comentarios Reales*, el Inca resucita un mundo delicado y cortesano, a pesar de la diferencia de civilización, típicamente ariostesco, a fin de celebrar la excepcional grandeza y el refinamiento de la civilización incaica, sus leyes y sus costumbres; mientras en *La Florida* inventa, con juego refinado de la fantasía, un mundo de "lo real maravilloso".

Escribe Aurelio Miró Quesada, con interpretación convincente: "Por las aguas tranquilas navegan en otro momento los bajeles, mientras bate las velas un fresco y dulce viento; y el estilo del Inca Garcilaso se desenvuelve con un ritmo apacible o adopta la grácil gentileza de los suaves autores italianos. De pronto el mar se agita; en la oscuridad de la noche que acrecienta el rigor de la tormenta, todo se vuelve <llanto, grita, voces, alarido y confusión> (1. I, cap. VII). Entonces el estilo de la narración se hace más vivo y se repiten en la prosa los acentos dramáticos de los poetas del *Orlando*; el autor del *Orlando furioso*, Ludovico

---

[15] J. Durand, "La biblioteca del Inca". *Nueva Revista de Filología Hispánica*. II, 1948, 2; B. Migliorini - G.C. Olscki, "Sobre la biblioteca del Inca". *Ibid.*, III, 1949: 2.
[16] M. A. Asturias, "Introducción a la novela latinoamericana". *América, fábula de fábulas*. Caracas: Monte Avila, 1972: 143-145.

Ariosto, a quien el Inca apellida <divino>, y el <ilustrísimo y muy enamorado conde Mateo Boiardo>, autor del *Orlando enamorado* (1. II, p. I, cap. XX)"[17].

En la transición de la poesía hispanoamericana del Renacimiento al barroco y dentro de la influencia de Ariosto y Tasso va situada la obra del obispo de Puerto Rico, Bernardo de Balbuena. Su mayor poema, *El Bernardo*, ha sido definido "variación barroca a un tema de Ariosto"[18] y ya don Marcelino Menéndez y Pelayo definía al autor como "un segundo Ariosto", a pesar de los inevitables límites que destacan en el parangón con el poeta italiano, del cual, en su opinión, Balbuena no poseía la "blanda" ironía con la que en el *Orlando Furioso* Ariosto "corona de flores el ideal caballeresco en el momento mismo de inmolarle"[19]. Pero a través de Ariosto, Balbuena enriquece sus propias disposiciones inventivas y esa nota "muy alta de color, muy aventurera e impetuosa", a la que hace alusión el crítico español, el cual alude también a la "risueña fantasía del Ariosto en cuyo filtro mágico diríase que se adormece la naturaleza en un perpetuo sueño de amor"[20].

Abunda *El Bernardo* en elementos y figuras que tienen su directo origen en el mundo de Ariosto. Oreste Macrí ha indicado la manera despejada y leve con que Balbuena trata la antigua leyenda castellana del vencedor de Orlando en Roncesvalles: nacido héroe nacional, Bernardo se asimila a las figuras de Alcina, Ferraú, Angélica ...[21]. En particular, el poeta toma de Ariosto —por encima de las influencias de Boiardo, de Homero, de Virgilio y Ovidio, puestas de relieve por J. Rojas Garcidueñas—[22] la inspiración para escribir su poema, gran parte de la trama, varios personajes y el tono general de la obra, sin ocultar las fuentes, antes denunciándolas abiertamente[23].

En *El Bernardo* encontramos la sustancia de la postura del poeta italiano en el *Furioso*, la ironía, la fantasía, el estudio sicológico de los personajes femeninos, la sensualidad, la técnica de la repentina interrupción de la narración para aumentar interés en el lector. La lección de Ariosto aparece bien asimilada, a pesar de que en *El Bernardo* existe un límite, puesto de relieve por Meo Zilio, el del moralismo

---

[17] A. Miró Quesada, "Prólogo" a *La Florida del Inca*. México: Fondo de Cultura Económica, 1956: XLII-XLIII.
[18] E. Anderson Imbert, *Historia de la literatura hispanoamericana*. México: Fondo de Cultura Económica, 1963 (3ra. ed.), I: 102.
[19] M. Menéndez y Pelayo, *ob. cit.*: 51.
[20] *Ibid*: 50-51.
[21] O. Macrí, *art. cit.*: 525.
[22] J. Rojas Garcidueñas, *Bernardo de Balbuena: la vida y la obra*. México: U.N.A.M., 1958.
[23] J. Van Horn, *"El Bernardo" of Bernardo de Balbuena*. Urbana, 1927: 100-101.

"pretextuoso y condicionador" de la época, el alegorismo de las sentencias convencionales, el alineamiento formal al programa jesuítico, todo lo cual da al poema un aspecto "aparente" que no corresponde a su espíritu[24].

En los siglos sucesivos al XVII la presencia de la literatura italiana en la América de expresión castellana no se atenúa, pero para volver a encontrar una huella de Ariosto hace falta llegar, prácticamente, al siglo XIX, y precisamente al momento modernista. Con el Modernismo la influencia de la poesía italiana vuelve a ser relevante. Entre los autores italianos domina sobre todo D'Annunzio, pero se conocen otros poetas, como Stecchetti, Carducci, Pascoli, Ada Negri. En la expresión más prestigiosa del Modernismo, Rubén Darío, la poesía italiana encuentra honda resonancia, especialmente la poesía de D'Annunzio, pero también de otros poetas: gran enamorado del Renacimiento italiano y de su pintura, Darío es también lector apasionado de Ariosto, además que de Bernardo y Torquato Tasso, de Dante, Petrarca, de los poetas del "Dolce stil nuovo". De Ariosto apreciaba la fantasía luminosa, la gracia refinada; de su poesía aprendió también particulares procedimientos técnicos, como la enumeración colorista, de la que se sirve en "Revelación", de *El canto errante*, para crear una atmósfera mágica, en la que se manifiesta la grandeza del "dios que hace del lodo/ con el hendido pie brotar el trigo":

> Y vi azul y topacio y amatista,
> oro y perla y argento y violeta,
> y de la hija de Electra la conquista.

Arturo Marasso ha indicado la posible fuente de esta atmósfera colorista en las estrofas 49-50 del Canto XXXIV del *Orlando Furioso*[25]. Ariosto trata en ellas de flores que podrían parecerse a "zafiri, rubini, oro, topazi e perle,/ e diamanti e crisolidi e iacinti", de hierbas "si verdi" que podrían vencer las esmeraldas, de árboles frondosos y siempre cubiertos de frutas y flores (octava 49), de "augelletti vaghi" que cantan entre las ramas y tienen plumas de vivos colores, "azzurri e bianchi e verdi e rossi e gialli", de "Murmuranti ruscelli e cheti laghi" que podrían en transparencia vencer al cristal (octava 50). La extensa gama de colores tiene su parecido en los versos citados de Darío, con zonas evidentes de indudable autonomía. Con razón Marasso habla de un Darío virgiliano y cervantista, pero de un cervantista que ha leído a Ariosto: "En el paisaje lírico de Rubén hay un parque

---

[24] G. Meo Zilio, *Estudio sobre H. Domínguez Camargo* ..., op. cit.: 275.
[25] A. Marasso, *Rubén Darío y su creación poética*. Buenos Aires: Kapelusz, 1954: 297.

cervantino. De un Rubén que ha leído y sonreído a Ariosto y que estuvo en los jardines de Armida"[26].

La fábula ariostesca reverdece en más de una de las composiciones líricas de Rubén Darío. En "Sonatina", de *Prosas profanas*, el "caballo con alas" sobre el cual avanza el bellísimo caballero vencedor de la Muerte es el "Ippogrifo" del *Furioso*, el caballo alado de Ruggiero. En este poema vive todo el resplandor del adorno ariostesco, visible también en el luminoso castillo en que reside, guardada por un dragón, la princesa. La "bestia de Orlando" es mencionada también en la "Balada en honor de las Musas de carne y hueso", de *El canto errante*, y es el medio para alcanzar un mundo maravilloso, representado por los placeres refinados de Armida, alusión al erótico paraíso encantado que Tasso celebra en la *Gerusalemme*. Con desbordante sensualidad toda ariostesca, a pesar de un tono más humano, Darío proclama que "para cantar la vida" y "dar sonrisas a la Muerte", nada es mejor que "la áurea copa en donde Venus vierte/ la esencia azul de su vida encendida". Y prosigue:

> Por respirar los perfumes de Armida
> y por sorber el vino de su beso,
> vino de ardor, de beso, de embeleso,
> fuérase al cielo en la bestia de Orlando.
> ¡Voz de oro y miel para decir cantando:
> La mejor musa es la de carne y hueso!

El poeta de Nicaragua siente resonar en sí el eco de sus lecturas asiduas de la poesía ariostesca, como parte imprescindible de un mundo de refinamiento y belleza, empapado de sensualidad sutil y refinada cultura, un mundo ideal que constituía, al mismo tiempo, un agudo tormento frente a la vulgaridad de la vida.

En el siglo XX la presencia de Ariosto reverdece de repente, en uno de los mayores poetas hispanoamericanos de todos los tiempos: Jorge Luis Borges. Entre sus lecturas, como sabemos se cuentan pocos, pero importantes, autores italianos. Dante sobre todo, pero también Ariosto. En el libro en colaboración *Antiguas literaturas germánicas*, el poeta argentino trata, en un capítulo, las relaciones entre Ariosto y el *Niebelungenlied* y pone de relieve las analogías entre el personaje de Brunilda y el de Bradamante del *Furioso*. En algunas entrevistas Borges declara la importancia que por él ha tenido la literatura italiana, especialmente la *Divina Comedia*, pero también el *Orlando Furioso*. En *El otro, el mismo*, libro que reúne la poesía borgesiana del período 1930-1967, aparece el extenso poema "Ariosto

---

[26] *Ibid*: 23.

y los árabes", uno de los más interesantes para conocer el juicio de Borges en torno a la grandeza fantástica del *Furioso*. En época todavía reciente, el poeta había afirmado[27] que el poema de Ariosto era familiar a todas las imaginaciones de Europa y había subrayado que en Milton las alusiones al poeta italiano se hacen como si el escritor supiera que el lector las entiende inmediatamente, como por otra parte sucede con las que se refieren a la *Gerusalemme* de Tasso. Sin embargo, Borges dudaba que en la actualidad, fuera de Italia, en una conversación, una alusión a Ariosto pudiera ser percibida. Y a la observación de su entrevistador de que, al contrario, en España existía una gran tradición ariostesca y que Cervantes fue el mejor discípulo de Ariosto y lo superó, contestaba destacando la superioridad del poeta italiano, en el ámbito de la invención y en la posición incrédula, pero amorosa, hacia sus héroes:

> Eso de que superó no estoy seguro. Yo creo que esencialmente el Quijote está en Ariosto, salvo que en Ariosto está más claro y esta tratado con más cariño, pero con igual incredulidad. Quiero decir que está tratado con igual escepticismo y con más amor en Ariosto porque es evidente que Ariosto no creía en todo eso, que es evidente que eso era una broma. Ocurre eso cuando uno lee *The Fairie Queen*, del poeta inglés Spenser. Uno tiene la impresión de que Spenser leyó a Ariosto y que no se dió cuenta de que todo estaba hecho con una sonrisa, no se dió cuenta de que Ariosto estaba sonriendo"[28].

Más adelante Borges declara que no es un buen conocedor de literatura italiana, "Salvo en el sentido de que soy un lector y relector de Dante y de Ariosto"[29]. Pero la huella sobre todo del segundo de estos autores, en el ámbito de lo fantástico, es relevante en su obra. En el *Manual de zoología fantástica*, que Borges publica en 1957 en colaboración con Margarita Guerrero —y que amplía en 1967 y publica con nuevo título, *El libro de los seres imaginarios*, afirmando que ha recopilado un manual de los seres extraños que, en el curso del tiempo y del espacio, ha creado la fantasía de los hombres[30]— no olvida al "Ippogrifo" de Ariosto, de quien cita, prosificándola la puntual descripción del *Furioso*, que considera escrita como para un diccionario de zoología fantástica[31], y hasta reproduce una octava del texto en original italiano:

---

[27] "III Intervista con J. L. Borges". S. Cró, *Jorge L. Borges, poeta, saggista e narratore*. Milano: Mursia, 1971: 260.
[28] *Ibid*: 260-261.
[29] *Ibid*: 261.
[30] J. L. Borges, *El libro de los seres imaginarios*. Buenos Aires: Kier, 1967: 7.
[31] *Ibid*: 67.

> E vede l'oste e tutta la famiglia,
> E chi a finestre e chi fuor ne la via,
> tener levati al ciel occhi e le ciglia,
> Come l'ecclisse e la Cometa sia.
> Vede la Donna un'alta meraviglia,
> Che di leggier creduta non saria:
> Vede passar un gran destriero alato,
> Che porta in aria un cavaliere armato.

No se trata de elementos de gran relieve y no cabe duda de que para apreciar en su verdadera dimensión la adhesión de Borges a Ariosto hace falta acudir al citado poema "Ariosto y los árabes". Aquí el poeta argentino trata, al inicio, de la obra de arte, que estima imposible para un hombre, si no interviene la múltiple materia de los días y de los siglos:

> Nadie puede escribir un libro. Para
> Que un libro sea verdaderamente,
> Se requieren la aurora y el poniente,
> Siglos, armas y el mar que une y que separa.

Borges estima que Ariosto ha entendido esto perfectamente y que durante los largos ocios en Ferrara, sobre el fondo de un paisaje renacentista delicado, de blancos mármoles y negros pinares, haya ido absorbiendo el aire "lleno de sueños" de una Italia cansada de guerras y haya dado concreción poética a esos sueños, volviendo a "soñar lo ya soñado".

En el prólogo a *Fervor de Buenos Aires*, el poeta argentino había afirmado el carácter fortuito de la circunstancia de ser poeta o lector[32]. Es una condición que ve reflejarse también en Ariosto, fortuito soñador de lo ya soñado. La guerra y las fantasías, en los confines remotos de tierras fabulosas, dieron vida a héroes y heroínas, a animales aterradores o maravillosos, como el "corcel alado". La fantasía, la imaginación de Ariosto, llevó al poeta a ver la tierra como desde el "Ippogrifo", entre la realidad y la luna, delicadamente sorprendiendo, como a través de una tenue bruma de oro, jardines íntimos de amor, aventuras fantásticas, en un desorden de caleidoscopio.

En su poema, Borges revive la poesía sutil, la refinada atmósfera del *Furioso*, en vilo entre realidad e irrealidad, traspasada por el duro choque de las armas, hecha transparente por el paisaje renacentista y un delicado halo de amor; la magia y el

---

[32] J. L. Borges, "Prólogo" a *Fervor de Buenos Aires*, ahora en *Obra poética*. Buenos Aires: Emecé, 1964: 15.

encantamiento, decantados a través de una finísima ironía, viven en una arquitectura perfecta, propia de un edificio ficticio, como lo es, al fin y al cabo, la vida:

> El singular castillo en el que todo
> Es (como en esta vida) una falsía.

De Ariosto Borges destaca el don de la poesía, la capacidad mágica de transformar la "Escoria de los sueños" en el indistinto "limo" que deja el Nilo de los sueños en un laberinto de esplendor. Para el poeta argentino es éste el *Furioso*: un diamante enorme, en el que el hombre pudo perderse "venturosamente", más allá de su carne y de su nombre, en ámbitos de música indolente. Pero Borges afirma también que tras el *Furioso* toda Europa se perdió. El autor del "sueño soñado" hizo soñar a su vez a otros hombres infinitos, no solamente en Occidente. Según él, el poema de Ariosto, recogiendo la gran cosecha occidental de lo soñado, originó a su vez frutos en Oriente, las historias fantásticas y refinadas, pero también crueles, de *Las mil y una noches*, que acabaron por sepultar al mismo *Furioso*:

> Europa se perdió, pero otros dones
> Dio el vasto sueño, a la famosa gente
> Que habita los desiertos del Oriente
> Y la noche cargada de leones.

Un punto de encuentro feliz entre dos mitologías, la fundada por el poeta italiano y la del lírico argentino.

Contra la cronología y la realidad histórica, Borges asigna una preeminencia de matriz al *Furioso* sobre *Las Mil y una noches*, pero le contrapone la cruda ejemplaridad de este último libro y su poder mágico, en una permanencia que ha confinado al poema de Ariosto casi en un mundo inmóvil de indolentes y ociosas maravillas, propias de un sueño que ya nadie sueña. Las "islámicas artes" han relegado al gran poema italiano en una soledad donde se sueña a sí mismo, en una gloria que es "una forma del olvido". Sin embargo, el poeta siente íntimamente la honda sugestión del *Furioso*, porque representa, como cada libro de la Biblioteca —tema borgesiano constante— un "tiempo disecado", el momento inmóvil de la eternidad, que se afirma sobre la transitoriedad del hombre:

> En la desierta sala el silencioso
> Libro viaja en el tiempo. Las auroras
> Quedan atrás y las nocturnas horas
> Y mi vida, este sueño presuroso.

El gran poema de Ludovico Ariosto se ha vuelto, para Borges, materia vital, le ha dado motivos para la interpretación de sus mismos problemas existenciales. Para el poeta el *Orlando Furioso* es el símbolo de una permanencia. La obra de arte, victoriosa del tiempo y situada en la Biblioteca, es imagen perfecta, indestructible de lo eterno. Escribe Borges en *La Biblioteca de Babel*:

> "Quizás me engañen la vejez y el tema, pero sospecho que la especie humana —la única— está por extinguirse y que la Biblioteca perdurará: iluminada, solitaria, infinita, perfectamente inmóvil, armada de volúmenes preciosos, inútil, incorruptible, secreta"[33].

No tan "inútil", se entiende, si en "Ariosto y los árabes" el "disecado" libro del *Furioso* es advertencia concreta, para el poeta, de su misma brevedad, límite a una vida que él mismo define "sueño presuroso".

El gran libro del poeta italiano se ha vuelto así, a través de un largo tiempo, tiempo de siglos, savia fecundante en la literatura hispanoamericana, en una continuidad que llega hasta nuestros días.

---

[33] J. L. Borges, "La Biblioteca de Babel". *Ficciones*, Buenos Aires: Emecé, 1956: 95.

"AL SIMPLE, AL COMPUESTO, AL PURO, AL MISTO":
LA AMADA COMO MICROCOSMOS

POR

ALICIA DE COLOMBI-MONGUIO
The University at Albany, SUNY

Cuando Diego Dávalos y Figueroa escribe su *Miscelánea* lo hace en proclamación de la felicidad lograda en el amor conyugal, y así lo declara explícitamente desde el prólogo de la obra:

> Aquel será perfecto bien que de todos es deseado y de pocos posseído. Pues como uno de los mayores (o el mayor en la vida) según la ley de naturaleza, sea perfecta conformidad en el matrimonio, en recíproco amor fundada, ilustrada de las demás igualdades y partes necessarias para consumarla, quise divulgar la tranquilidad de mi suerte y estado ... Por todo lo qual me moví y determiné a poner por escrito los coloquios que passamos mi amada y amante esposa y yo, depués de aver merescido el thesoro y gloria de posseerla ..."[1].

Razón y causa de "este verdadero y dulce vínculo", y por lo tanto de la obra toda, fue su mujer, la noble y elegante Doña Francisca de Briviesca y Arellano. A juzgar por el primero de los sonetos preliminares de la *Miscelánea Austral* del cual es autora, Doña Francisca mereció en verdad el nombre que la admiración de su marido consideraba el más justo: Cilena[2]. Dávalos no pierde ocasión de explicar las eruditas razones del apodo, y así informa que a Mercurio, por tener "dominio sobre la eloquencia, llamáronle Cileno o Cilenio, y por esta razón (con más bastante causa) Cilena, quien es mi cielo y Gloria" (XXVIII, 121 v). Claro signo del feminismo indubable del autor de la *Defensa de Damas* es el mismo apodo, ya que es muy raro celebrar tal virtud en una señora, hasta el punto que le dé su más

---
[1] He usado para todas las citas de la *Miscelánea Austral* la reproducción fotográfica del ejemplar que se halla en la British Library.
[2] Sobre Doña Francisca ver mi *Petrarquismo peruano: Diego Dávalos y Figueroa y la poesía de la Miscelánea Austral*, Cap. III, London: Tamesis, 1985, y mi artículo: "Doña Francisca de Briviesca y Arellano: primer mujer poeta del Perú". *Anuario de Letras*, XXIV, México: UNAM, 1986: 413-425.

adecuado nombre. Sin duda, fue Doña Francisca mujer de notable elocuencia, y no poco mérito de su marido el haberlo reconocido y orgullosamente proclamado.

Poco después de esta declaración se halla en el texto un largo poema en loa de su esposa, donde vuelve a insistir sobre el tema, intensificando la implícita alabanza del nombre, pues ahora Cilena supera a Cileno, quien puede ser instruido por ella:

> Subiendo más a la segunda altura
> 80 solo Mercurio está, joven armado,
> conveniente carácter y pintura.
>
> Este fue un dios que siempre es invocado
> en el dulce parlar, sabio, elegante,
> y puede ser de vos el industriado.

Para la cabal comprensión de estos versos —y del apodo en cuestión— vale la pena recordar el mundo de significantes y significados que en la cultura de la época evocaba el círculo de Mercurio. Entre las facultades que las esferas planetarias dan al alma se halla según la indubable autoridad del Macrobio en su comentario al *Somnium* (1, 12): "la facultad de expresar y desarrollar lo que se piensa ... en el círculo de Mercurio". Y Pérez de Moya aclara: "Dícenle Cillenio, porque es dios de la elocuencia y esta sabiduría obra todas las cosas sin manos, y a los que carecen de manos llaman en griego Cylloe; otros dicen que se llamó así del monte Cillene de Arcadia, donde nació"[3]. Si en el apodo de su esposa Dávalos ha volcado semejante cúmulo de sabias resonancias, no es de sorprender que el resto de un poema en alabanza de tal *summun bonum* resulte cifra y suma de su erudición.

Es este Capítulo en loa de Cilena uno de los poemas más extensos de la *Miscelánea Austral* y, aunque a mi juicio no es de los más logrados poéticamente, su autor no dudó en considerar que si alguna de sus poesías alcanzaba la eterna fama a la que sin duda aspiró, a ésta se debería. Ya desde los umbrales mismos del Capítulo lo dice sin ambages:

> Dulcíssima Cilena, celebraros
> y dezir lo que en vos se cifra y suma
> será imposible sin damnificaros.

---

[3] Juan Pérez de Moya, *Philosophia secreta*. Madrid, 1585; ahora en Clásicos Olvidados, Libro II, Madrid, 1928: xxiii.

> Y assí rehusa de emprender mi pluma
> 5 tan alta empresa y tan dificultosa
> queriendo más que el fuego la consuma.
>
> Más conózcola yo por tan gloriosa
> que puede consagrarme el solo intento
> con divino renombre y fama honrosa.

En las *Flores de poetas ilustres*, un autor desconocido confronta la misma empresa que nuestro ecijano, con muy semejantes conceptos: "Señora, vuestra hermosura,/ valor y merecimiento,/ han hecho a mi atrevimiento/ rico y de buena ventura./ Que viendo el cielo tan bello/ de ese rostro milagroso .../ tomé la pluma con celo/ de celebraros en suma .../ Mas ¿quién con sola una pluma/ podrá volar a ese cielo?"[4]. Ambos poetas emprenden el vuelo a lo imposible: celebrar por comparación con lo imperfecto las perfecciones de lo incomparable.

Como propio de acabado petrarquista, Dávalos escribe sus versos bajo la sombra de otros tutelares y hasta arquetípicos:

> Y dízeme mi Musa: "Escrive, escrive,
> escrive, pues, si quieres ser del cielo,
> 15 que quien dirige bien, muriendo vive."

Larga prosapia la de estos tercetos ... Boscán, tan admirado siempre por Dávalos, había escrito: "Gran tiempo ha que Amor me dize: "Scrive,/ scrive, lo que en ti yo tengo escrito"; y celebrando a su esposa Doña Catalina había repetido el chispeante Eugenio de Salazar: "Escribe, escribe, Amor me dixo un día"[5]. Boscán, Salazar y el ecijano, todos ellos estaban reproduciendo ceremonialmente un texto inolvidable del vate de Valclusa:

> Più volte Amor m'avea già detto: Scrivi,
> scrivi quel che vedesti in lettre d'oro.
> (*Canzoniere*, XCIII)

---

[4] *Biblioteca de Autores Españoles*, XLII: 9b.
[5] Para Salazar, citado por Joseph Fucilla, *Estudios sobre el petrarquismo en España*, Madrid, 1960: 73, donde se encuentra el texto. Para el texto de Boscán, *Obras poéticas de Juan Boscán*, ed. de Martín de Riquer, Antonio de Comas y Joaquín Molas, Barcelona, 1957: 203.

Así, bajo la siempre señera égida de Petrarca, inicia Dávalos la loa en que compara aventajadamente las excelencias de su Cilena a cada una de las esferas celestiales. Naturalmente la alabanza hiperbólica no es asombrosa en el petrarquismo, pero sí lo es el alcance de ésta, pues para establecer la superioridad de la dama respecto a todos los elementos del universo el poeta se remonta desde la más baja hasta la más elevada estrella. Nótese que no se trata —como alguna vez se ha pensado— de un auténtico ascenso del alma desde la Tierra hasta el Empíreo —como los de las Odas de Fray Luis— sino de una serie de comparaciones en perfecta gradación ascendente, para proclamar la preeminencia de la dama respecto a todo lo creado:

> Y tras esto contemplo luego el suelo,
> do no es possible aver alguna cosa
> que a vuestras partes igualasse en buelo,
>
> que en discreción, valor y en ser hermosa
> 20 de las passadas nadie os a igualado,
> y en las presentes ¿quién es tan preciosa?
>
> ¿O quién en calidad os ha ganado?
> ¿O quál en la dulçura de eloquencia
> por ser igual meresce vuestro lado?

Dávalos dice "y tras esto contemplo luego el suelo," y la Oda VIII de Fray Luis, "Noche serena", comienza: "Cuando contemplo el cielo,/ de innumerables luces adornado,/ y miro hacia el suelo." Aunque la Oda trate luego de cada esfera, tal como hará Dávalos, el tema es muy otro. Sin embargo este verso, y la descripción subsiguiente de las esferas podrían hacer sospechar cierta familiaridad con la obra del agustino. Si tal hubiese sido el caso, se trataría de una reminiscencia muy marginal, en la que se ha dejado de lado por completo el alcance del pensamiento de Fray Luis, su temática, versificación y vocabulario, o sea, lo más auténtico y notable de la Oda VIII.

Tampoco se trata del alma en vuelo del amante neoplatónico (como Herrera, por ejemplo, en "Serena luz, en quien presente espira") que gracias a las perfecciones de la amada logra el ascenso celestial. Por cierto Dávalos no era ajeno al neoplatonismo de un Bembo, un Castiglione, o un Tansillo (cuyo hermoso soneto "Amor m'impenna l'ale" traduce espléndidamente el ecijano); pero justo es señalar aquí que a pesar de la similitud de la secuencia de imágenes, este poema lleva un propósito muy distinto del de aquellos que tratan del vuelo neoplatónico:

> 10 Y assí quiero provar que el firmamento
> con sólo vuestro ser próspero vive,
> lleno de gloria y singular contento.

Claro está que en estricta ortodoxia tal afirmación sólo puede hacerse de Dios. Aunque la poesía de Dávalos continúa en varias oportunidades —incluyendo ésta— la larga tradición de la *religio amoris*, nuestro ecijano no llega nunca a los extremos del *Cancionero General*, ni mucho menos a repetir la blasfemia de Calisto. En una palabra, menos descocado y más cortés que el amante de Melibea, Dávalos se atreve a decir estos versos justamente porque al final del poema declara a su señora la imagen misma de Dios, con lo cual logra escapar de la blasfemia, y entroncar su alabanza en tal antigua cuanto enaltecida tradición:

> 133 que por vuestra figura es figurada
> la del Gran Hazedor en toda cosa,
> y a su imagen la vuestra imaginada.

Se trata de un tema venerable en la literatura occidental, como ha señalado con su habitual sabiduría María Rosa Lida de Malkiel en un trabajo publicado póstumamente, cuyo título hubiese podido encabezar estas páginas: "La dama como obra maestra de Dios"[6]. Sin embargo, aun dentro de esta tradición el poema de Dávalos resulta peculiarmente hiperbólico, afirmación que puede fácilmente comprobar el lector curioso de cotejarlo con el rico acervo de ejemplos anotados por Lida de Malkiel. La originalidad de Dávalos en este caso nace de llevar un tema harto conocido a sus extremos, al ilustrar las perfecciones de la dama detallando prolijamente cada elemento. Para ello le es necesario establecer como estructura comparativa nada menos que la máquina entera del universo ptolemaico.

El concepto de la mujer-microcosmos nada tiene de asombroso, pues ya inmemorialmente lo era todo hombre[7]. En *La Arcadia*, libro casi coetáneo al de Dávalos, decía Lope: "El cuarto llaman el pequeño mundo,/ como epítome y cifra que es el hombre/ de tantas cosas y criaturas bellas"[8]. Cilena será no solamente epítome del mundo todo, sino aventajado cosmos, en comparación con cuya perfección cada elemento de la tierra, y cada estrella de los cielos revelarán su imperfección y pobreza. Cilena es, en suma, el microcosmos en su quintaesencia:

---

[6] En *Estudios sobre la literatura española del Siglo XV*, Madrid, 1977: 179 ss.
[7] Sobre el tema del hombre como microcosmos baste ver Francisco Rico, *El pequeño mundo del hombre*, Madrid: Castalia, 1970.
[8] *La Arcadia*, ed. Edwin Morby, Madrid: Castalia, 1975: 419.

>   25 ¿A quién dio el Cielo tanta preheminencia
>   que pueda presumir de aventajarse
>   a lo que tiene en vos menos essencia?

Habiendo declarado *a priori* la absoluta superioridad de la dama en el más mínimo de sus atributos, comienza la serie de comparaciones con cada elemento de la máquina del universo, empezando la jerarquía ascendente por lo inferior, este "suelo". Nuestro planeta Tierra es la más pequeña de las esferas, y la más baja (de ahí que está en el centro de este universo finito, formado de cuerpos perfectamente esféricos, que uno tras otro la rodean). Como está formada de cuatro elementos, que se ordenan a su vez del más pesado al más liviano, Dávalos seguirá el orden justo: tierra, agua, aire y fuego. El primero de los elementos, "el más bajo y menos activo ... [cuyo] asiento y lugar natural es el centro y medio del mundo, cercada por todas partes de aire y agua", la pesada tierra queda resumida en las piedras, las flores y, finalmente, en el oro de Arabia:

>   Piedras ni flores no podrán llamarse
>   de gracioso color, bella frescura,
>   30 a donde vos estáis, mas añublarse.
>
>   Porque el oro de Arabia en hermosura
>   queda ante essos cabellos deslustrado,
>   que escurescen la luz de la luz pura.

El acabado petrarquista ha acudido a los términos usuales de la metáfora suntuaria que los vientos del *Canzoniere* esparcieron por todos los poemarios de Occidente. Estas piedras son las preciosas esmeraldas, zafiros, diamantes y rubíes que la orfebrería petrarquista engarzó en los unánimes rostros de la amada; ese oro de Arabia no es otro que el desparramado en ondas infinitas por los cabellos de Laura; esas flores las mismas rosas y azucenas que mostraron su color en tantos gestos. Una vez más todas su hermosuras han de relucir en vano en competencia con la suprema belleza de la dama.

Tras tan irrefutable demostración de la superioridad de Cilena —irrefutable por avalada en tan larga y enaltecida tradición poética— Dávalos pasa al próximo elemento:

>   Pues en el ancho piélago salado
>   35 ¿qué cosa puede aver de bien tan llena
>   que os pudiesse igualar en igual grado?

El bello rostro y voz de la sirena
es imaginación falsa y fingida,
de torpe engaño y de ignorancia llena;

40 Y aunque fuesse qual es encarescida
no puede ser en esto comparada
a quien causa con voz y rostro vida.

Cesse también de ser tan celebrada
el afición de aquel Delfín famoso
45 que a Arión dio la vida en su jornada;

En "el ancho piélago salado" nuestro poeta hubiera podido continuar fácilmente con la implícita metáfora suntuaria, después de todo no eran ajenos a los labios y los dientes de la bella los corales y las perlas, tan marinos y tan tradicionales. Pero Dávalos da un salto significativo: de la belleza epidérmica de tanta pedrería, salta a otra más recóndita. Para eso lo ayudarán, marinos y antitéticos, las sirenas y los delfines.

Como es sabido el canto de las sirenas llevaba a la muerte. Basta aproximarse al diccionario de J. E. Cirlot para hallar un adecuado comentario a los vv. 37-39 del poema: las sirenas *"could also be symbolic of the corrupt imagination enticed towards base ends or towards the primitive strata of life; or of the torment of desire leading to self-destruction, for their abnormal bodies cannot satisfy the passions that are aroused by their enchanting music and by their beauty of face and bosom"*[9]. Juan Pérez de Moya en su *Philosophía secreta* ya en 1585 había insistido en que las sirenas son cosa "falsa y fingida" (v. 38): "Fue fingido de las Sirenas, porque no hay tal animal en la mar [da entonces una serie de razones] ... por lo cual queda claro ser fingimiento fabuloso para darnos doctrina" (Libro II, Cap. xiv, artículo 10). Así si la belleza y el canto de las sirenas llevan a la muerte, por ser engaño amén de engañosos, la hermosura y la voz de Cilena, dan vida por auténticos y veraces (y tendrá razón el lector de sentir en estas palabras —y una vez más— la religión del amor siempre rediviva).

Si las sirenas son símbolo de perdición, el delfín, amigo del hombre, es frecuentemente figura alegórica de salvación. Así cuenta la leyenda que Arión, famoso poeta, habiéndose tirado al mar, fue salvado por un delfín que había oído su canto. Pero la voz de la amada supera la legendaria por muy sustanciales razones:

---

[9] J. E. Cirlot, *A Dictionary of Symbols*, New York, 1962: 283-4.

> 46 pues es un gusto en vos tan poderoso
> la consonancia, que lo que dissuena
> en todo caso os da rato penoso.

La consonancia es el hábito espiritual de la amada, lo afín a su alma, donde todo lo que no sea armonía le es ajeno, y por lo tanto, odioso. Ya sabía San Isidoro que tierra y cielos están regidos armónicamente, o si se quiere musicalmente. Dávalos ha preparado este aserto a través de una enumeración jerárquica de elementos alusivos que culminan en estos tercetos. Comienza con el *cantus*, primero el engañoso de las sirenas, luego el auténtico a través de la alusión a Arión, para llegar por fin a la perfecta armonía de Cilena. En efecto *Música* es *cantus, consonantia, harmonia*, símbolo y modelo del orden universal. Y signo en este poema de la perfección de la amada, imagen de Dios. Así en el siglo XVI Luis de Narváez ya decía: "Lo criado/ por música está fundado,/ y por ser tan diferente,/ tanto más es excelente/ porque está proporcionado./ Con todo sentido humano/ tiene grande concordancia,/ muéstranos la semejanza/ de la de Dios soberano"[10]. Dávalos, al declarar la profunda "consonancia" de Cilena, está afirmando lo que repetirá en los versos 133-5 más directamente: Cilena es acabada figura de Dios, el gran maestro de la inmensa cítara, pulso de la *musica mundana*, fuente viva de la consonancia.

La amada tiene de común con el aire que su ausencia causa la muerte a modo, se diría, de asfixia espiritual, pero, claro está, Cilena supera aun al tercer elemento, pues éste implica vida pero no gloria:

> ¿Qué cosa tiene la región serena
> 50 que no se halle en vos más estremada
> de suma perfección colmada y llena?
>
> Si es la sutil vagueza delicada
> que al respirar nos da salud y vida
> en vos, Cilena, está más consumada
>
> 55 que vuestra ausencia es muerte conoscida,
> y donde vos estáis contento y gloria
> muestra de la de pocos merescida.

Ilustrar semejantes declaraciones con alguno de los infinitos textos posibles para la más dudosa erudición sería insultar la paciencia del lector inteligente. ¿Acaso

---

[10] Citado por Marcelino Menéndez Pelayo en *Historia de las ideas estéticas en España*. Ed. Nacional de las Obras Completas de Menéndez Pelayo, Madrid, 1962: 486.

LA AMADA COMO MICROCOSMOS   99

no han repetido los enamorados desde siempre los consabidos 'sin ti me muero', 'tú eres mi gloria', 'me haces más falta que el aire'? ... Sin duda nuestro poeta era muy erudito, y en ocasiones algo pedante; disculpémosle que por una vez sea solamente un enamorado más, discurriendo en la solemne gravedad de estos tercetos los eternos clisés del corazón.

Quizá entre todos los *elementa mundi* ninguno se prestaba más que el fuego al lugar común amoroso:

>   Subamos más, a donde fue la historia
>   del atrevido moço mal prudente,
> 60 de quien lleva justicia la victoria:
>
>   que si su resplandor es tan ardiente,
>   no como el vuestro claro y luminoso
>   pues excede al de Phebo refulgente;
>
>   y en encender no es menos poderoso
> 65 porque él abrasa la región vezina
>   y vos almas en fuego riguroso.

Flameante en los sempiternos incendios del amor, no podía faltar aquí este clisé. Lo curioso es que se presente de manera, si pedante, tan poco remanida. Cuando por fin llega en el "fuego riguroso" del v. 66, lo hace introducido por la flamígera aunque inesperada estela del hijo de Dédalo. La leyenda de Icaro es bien sabida: habiéndole fabricado el ingenioso padre unas alas de pluma y cera, voló tan alto que al llegar a la región del fuego se le derritieron las alas, y cayó al mar al cual dio nombre. Ovidio lo cuenta en sus *Metamorfosis*, VIII, 183-235. En los vv. 204-206 se oye la advertencia del padre: "Icare, ait, moneo, ne, si dimissior ibis,/ unda gravet pennas, si celsior, ignis adurat;/ inter utrumque vola" la cual fue traducida por Pedro Sánchez de Viana: "Icaro mío, yo te mando y ruego,/ que vayas por el medio de tu vuelo./ Si vuelas bajo, humedeçidas luego/ tus alas causarán mi desconsuelo. Si alto, quemarátelas el fuego/ con el ardor vecino al claro cielo" (Ovidio, *Las Transformaciones* [Valladolid, 1589] 95v-96r). Dédalo ruega a su hijo que evite la región del agua y la del fuego, volando siempre por la intermedia o sea la del aire. Detengámonos en esta región del fuego, ya que en el *mundus significans* del siglo XVI —aun en las desoladas latitudes del Alto Perú— la alusión debía ser inmediatamente comprensible para quien se supiera junto con algo de cosmología su Ovidio esencial. En este siglo nuestro a la par que hemos aprendido otras cosmologías, hemos olvidado la esencialidad de los Ovidios y la imaginada región del fuego, la más alta de las de los cuatro elementos, puesto que las llamas siempre se elevan hacia el sol[11]. El fuego es, claro está, el menos pesado de los *elementa* y por ende su zona es la más elevada, hallándose inmediatamente por debajo del círculo de la Luna. Es posible ver las llamas de los fuegos de la tierra pues están formadas de fuego impuro y por eso visible; esta región es la del fuego elemental, absolutamente puro y así invisible en su misma transparencia. Habiendo establecido la indiscutible preeminencia de Cilena sobre el fuego más elemental, el poeta ha agotado las regiones de la Tierra. De ahora en adelante sus comparaciones han de ascender a las esferas:

> Pues en el cielo donde está Lucina
> Phebea sola habita venerada,
> de algún respeto y reverencia digna,
>
> 70 aunque si tiene luz toda es prestada,
> como se prueva quando se antepone
> la tierra, y queda negra de eclipasada.
>
> Pero dispuso en vos Dios y dispone
> Una rara belleza tan perfecta
> 75 que la luz de Titán se le pospone;
>
> pues della el iris, aire y el cometa
> resciben resplandor y hermosura,
> tan gustosa a la vida y tan acepta.

La esfera de la Luna es la de Lucina, en tanto se equiparaba esta diosa romana del parto con Diana (así, por ejemplo, en la "Primera égloga" de Garcilaso, vv 371-382). Por otro lado se la identificó con Febe (Phebea), la brillante, titanesa lunar que en realidad era abuela de Diana. En una ocasión Cilena le pregunta a Delio "de dónde vino a la Luna el nombre de Diana", a lo cual él responde que así se llama "porque este nombre está compuesto de dos griegos, Dian, que quiere decir luz y Neos, nueva, de manera que dize nueva luz por la que nos muestra cada mes. Y pues avéis sabido esto, bien será que sepáis los nombres que tuvo esta diosa de la castidad, por donde fue conocida y son: Diana, Luna, Nictícola, Lucina ..."(XXVIII, 120 v-121r)[12]. En este punto vale la pena recordar una obra que Dávalos debió leer, aunque no creo que en el original latino, sino en versión italiana, *Della Genealogia de gli Dei* de Giovanni Boccaccio. Yo uso el libro

---

[11] Ver Margherita Morreal, *Simón Abril*, Madrid, 1949: 151-2.
[12] Véase también Pérez de Moya, *Philosophia secreta*, Libro II, Cap. iv, art. 2.

"tradotti et adornati per M. Gioseppe Betussi" (Venecia: Apresso Francensco Lorenzini da Turino, MDLXIIII), por ser Betussi autor que Dávalos conocía bien, como he demostrado en otra oportunidad[13]. Boccaccio se explaya sobre los varios nombres de la Luna, entre ellos, naturalmente "come fa nell'Ode Horatio, dicendo: *Tu affermi d'esser detta ancho lucina*: la quale chiamano dea delle donne che partoriscono ... Phoeba la dissero perchè spesse volte è nova" y luego trata de los defectos de la Luna, como los eclipses, pues "manca di luce, e quella che ella possede la toglia in prestanza dal Sole" (64v—65r). Puesto que la luz lunar no es más que reflejo de la solar, y Cilena es más brillante que el Sol mismo, la luminosidad de la belleza amada supera todo esplendor[14].

De ahí pasa Dávalos a la esfera de Mercurio en tercetos ya comentados más arriba y luego a aquella tercera rueda donde Garcilaso soñó en pasear mano a mano con su Elisa, pero que para Dávalos será desdeñable dada la inmarcesible honestidad de señora:

> 85 En la sphera que está más adelanate
> vive la diosa de la mar nascida,
> que en continencia fue tan inconstante;
>
> ésta fue por hermosa conocida
> en que queda de vos tan atrasada
> 90 quanto de partes de valor vencida.

Era de predecir, por supuesto, que el poeta se apresuraría a declarar su dama más hermosa que la misma diosa de la hermosura, otro de los clisés de la época. Lo curioso es que no se subraye tanto la superioridad de su belleza cuanto de su virtud. Venus es "de partes de valor vencida" seguramente por su incontinencia, ya que "tuvo tan ardiente el deseo sensual, que no sólo a algunos sino a todos se dio" (*Phil. secreta* Libro III, Cap. v). Dávalos no ignoraba que la diosa en cuestión "significa fornicationi et lascivie d'ogni sorte" (*Genealogía* 52 v), como junto con Boccaccio repetían tratados de mitología y astrología. En suma, para él la tercer rueda podía ser más peligrosa que el paraíso de nobles enamorados que soñó Garcilaso, y menos brillante que la "graciosa estrella/ de amor ... reluciente y bella" de que dijo Fray

---

[13] *Petrarquismo peruano*: 100-1.
[14] Titán en estos versos es el Sol: Apolo tiene varios nombres, porque los poetas al Sol y a Apolo mezclaron como si uno solo fuera; los nombres son: Apolo, Febo, Delio, Délfico, Cintio, Nonio, Licio, Timbreo, Gocomas, Argitoroso, Titán, Sol ...". *Philosophia secreta*, Libro II, Cap. xix, art. 12.

Luis en su "Noche serena" (vv.49-50). Además en la *Genealogía* pudo haber leído que Venus "habbia in odio la prole del Sole" (53v.) Cilena, la incomparable, pertenece al mundo de una luz que su esposo jamás hubiese pensado venusina.

Ya había declarado Dávalos la superioridad de Cilena respecto al Sol, y ahora lo hará nuevamente:

>Luego viene la lumbre inmaculada
>cuya belleza siempre os es subjeta
>invidiosa de vos y enamorada;

>porque sois criatura más perfecta
>95 en quien se halla tal prerrogativa
>como para adornar el cielo electa.

Cilena es "criatura más perfecta" que el sol, la "lumbre inmaculada", lo cual es mucho decir de su señora porque, como sabía Fray Luis de Granada, "tales son las propiedades y excelencias de esta estrella, que con no ser la criatura, como dicen, más que una pequeña sombra o huella del Criador ... todavía entre las criaturas corporales, la que más representa la hermosura y omnipotencia del Criador en muchas cosas es el sol (*Introducción al Símbolo de la Fe*, Cap.V,i). Dávalos dice que es así llamado "por ser solo en dar luz, cuya luz ilustra lo superior y inferior", (XXXVIII. 121 v y además vv. 75-78 de este poema), lo que probablemente alude a una curiosa si bien errada, noción científica, según la cual "entre las virtudes e influencias de este planeta, la mayor y más general es que él influye luz y claridad en todos los planetas y estrellas que están desparramados por todo el cielo (*Intr. al Símbolo de la Fe*, Cap. V). La luz fue desde muy antiguo signo de nobleza trascendente, como decía San Buenaventura, tan perito en la materia: "Lux enim nobilitatem habet in sui existencia"[15]. En su luminosidad la amada irradia esa nobleza donde brillan todas sus virtudes; brillantez que es halo imprescindible de una beatitud que puede "adornar el cielo electa". Nótese el valor polisemático del verso 96: Cilena podría ser elegida para adornar el firmamento con su luz, más radiante que la del Sol, a la vez que Cilena debido a sus altas perfecciones merece ser ornamento del Cielo, donde habitan las almas electas por su santidad.

Más allá de la rueda del Sol se halla el más cruento de los planetas:

---

[15] *Sermones de B. Vergine Maria*, IV, "De Nativitate. B. Virginis Mariae, Sermo I", en *Obras de San Buenaventura*, Madrid: Biblioteca de Autores Cristianos, 28, 1963: 732.

> El fiero Marte con su luz esquiva
> del quinto cielo dios y presidente,
> que cólera, valor y fuerça aviva
>
> 100 es lo proprio vencer como valiente
> y, aunque vence a los ánimos airados
> no a la sobervia y poderosa gente;
>
> y a los pechos más nobles y esforçados
> más fácil vence vuestra hermosura
> 105 con essos dotes tan aventajados.

Fray Luis de León en su "canción al nacimiento de la hija del Marqués de Alcañices" planea un horóscopo ideal, donde "el fiero Marte airado/ el camino dejó desocupado" (vv. 29-30) para que no caiga sobre la niña el desafortunado influjo del "sanguinoso Marte airado". En efecto, era considerado astrológicamente planeta adverso, *Infortuna Minor*, de ahí, probablemente la alusión de Dávalos a su "luz esquiva". En el libro de Orazio Rinaldi ¡tan usado por el perulero![16] habrá leído: Per Marte, l'audacia & l'ardire". Sin duda podría pensarse que los ideales militares y las ideologías militarísticas del imperio de los Austrias llevaron a este encomendero, que los admiraba y compartía, a acentuar más el valor de Marte que su proverbial fiereza pues le "es lo proprio vencer como valiente". Sin embargo hay materia para ponerlo en duda. Como era de esperar sus victorias no pueden equipararse con las que logra la hermosura de Cilena en los más nobles corazones. En este caso Dávalos subraya el triunfo de la amada gracias a su belleza, por lo que creo está aludiendo muy finamente a un tema caro al humanismo desde Botticelli y Piero di Cosimo en pintura a Francisco de Aldana en nuestra poesía. En un soneto de este último, "Junto a su Venus tierna y bella estaba/ todo orgulloso Marte horrible y fiero", basta un beso de amor para vencer al guerrero sanguinario. El tema de Aldana no es distinto al de los cuadros de Botticelli y di Cosimo, quienes pintaron la victoria de la Venus-*Humanitas* sobre el mundo de la guerra[17]; no siendo imposible llegar a una interpretación que ve en el triunfo de la diosa de la hermosura una alegoría al amor cósmico como pacificador del universo[18]. Dávalos,

---

[16] *Specchio di Scienze et Compendio delle Cose d'Oratio Rinaldi Bolognese, nel quale sommariamente si trovano raccolte le materie pió notabile che da' studiosi d'ogni scienza possono desiderarsi, ridotte tutto sotto i suoi capi universali*. Venetia, 1583: 88. Para la importancia de Rinaldi en la obra de Dávalos ver *Petrarquismo peruano*: 108-20.

[17] Sobre el tema de Venus-*Humanitas* ver E. H. Gombrich, "Botticelli's Mythologies," *Journal of the Warburg and Courtland Institutes*, VIII, 1945: 46-50 especialmente.

habiéndola devaluado, no podía aludir directamente a la diosa, pero la victoria de la belleza de la amada en los pechos "más nobles y esforçados" no es diferente de la de Venus-*Humanitas* sobre el más valiente de los dioses.

Habiendo logrado triunfar sobre el sanguinoso Marte, las virtudes de Cilena encontrarán en la próxima rueda más alto objeto de comparación:

> El noble ayudador de la criatura,
> de los antiguos Iúpiter llamado,
> que en el sesto lugar guarda clausura,
>
> por su preciosa luz es venerado,
> 110 pues continuo se muestra luminoso
> y en los demás planetas señalado;
>
> mas no es en este don tan poderoso
> que no quede por vos y en vos vencido,
> de nublo lleno, triste y prodigioso.

Al hablar de esta esfera la prosa de la *Miscelánea* nos informa que, "el sesto es Iúpiter ... que viene de Iuvando, porque a todo lo bueno ayuda; llamáronle los griegos Zeus, de Zin que es vivir, porque es favorable a la vida, por lo qual algunos lo interpretan 'padre que ayuda'" (XXVIII, 121v-122r). Pérez de Moya da etimología muy semejante: "Zoy quiere decir vida o dador de vida ... Iúpiter se dice cuasi Iuvans pater, que quiere decir Padre ayudante o Padre que engendra y da ser" (*Phil.secreta*, Libro II, Cap. iv). Todos ellos se basan en obras como la de Boccaccio, quien ya en los preludios del humanismo indicaba que "Giove sia detto da giovare & suoni l'istesso che padre giovante ... Similemente aiuta tutti & nuoce a nessuno, & tanto è difensore che se non c'è il suo aiuto, tutte le cose andrebbono in ruina di subito ... Appresso questo nome Giove in Greco viene detto zephs, che latinamente suona vita" (*Genealogia*, 16v-17r). La "preciosa luz" de Júpiter se debe a que astrológicamente se trata de *Fortuna Major*, planeta por excelencia de la prosperidad, de ahí que esté entre "los demás planetas señalado". Fray Luis de León ilustra este concepto repetidamente. En su "Noche Serena" habla del "Júpiter benino,/ de bienes mil cercado,/ serena el cielo con su rayo amado"; y en la "Canción al nacimiento de la hija del Marqués de Alcañices", vv. 21-24 se lee del "bien sin cuento" dado "con voluntad concorde y amorosa", por "quien rige el movimiento sexto". Tal es la calidad de Júpiter que Boccaccio no duda que "la cual

---

[18] Según la interpretación de la pintura de Piero di Cosimo en E. Panofsky, *Studies in Iconology*, New York, 1967: 63, n. 77.

cosa al vero solo Iddio si conviene. Egli veramente è il vero padre" (16v). Dávalos debía saber de sobra que detallar una comparación con Júpiter era meterse en terreno arriesgado, de modo que se limitó cautamente, y sin dar razones, a aseverar la necesaria preeminencia de la amada.

De *Fortuna Major*, el poeta va a su temible opuesto, la más funesta de las esferas todas:

> 115 El otro dios, que siempre está rendido
> al humor melancólico abrasado,
> y en el seteno cerco tiene nido,
>
> no conviene con vos ser comparado,
> que es el fiero Saturno, por quien viene
> 120 el tiempo obscuro y triste de nublado;
>
> y vos sois la que dais el ser que tiene
> el sol y claridad al vago viento,
> y a quien amar y venerar conviene.

Con semejante planeta la comparación ya ni se plantea, porque la amada no puede tener nada en común con *Infortuna Major*. Saturno, por ser el dios del tiempo, está relacionado con todo tipo de mala suerte, peste, enfermedad y vejez. Y así dice Pérez de Moya: "Decir que traiga el gesto triste le conviene en cuanto planeta, porque él hace los hombres sobre que tiene dominio, tristes, por ser Saturno de complexión fría y seca y melancólica, cosas que repugnan a la alegría" (*Phil. secreta*, Libro II, Cap. v.). De ahí que Fray Luis, así como evitó el influjo de Marte sobre la Hija del Marqués, también se cuida de eludir el de Saturno, vv. 26-28: "De tu belleza rara/ el envidioso viejo mal pagado/ torció el paso y la cara" es decir que se apartó y así no pudo tocar a la niña con sus infortunios. Como además es propio de Saturno "Il concedre costumi deshonesti" (*Genealogia*, 133v) harto se comprende que tanto Cilena como la niña de Alcañices nada podían tener que ver con tan nefasta esfera.

Dejando ya el mundo planetario, el enamorado hallará entre las estrellas su verdad de siempre:

> Pues en el estrellado firmamento
> 125 no es possible que pueda alguna estrella
> presumir ante vos con fundamento,
>
> porque de la menor a la más bella

> goza la luz de vuestro remaniente,
> por quien la vista puede aprehendella.

Este "estrellado firmamento" no es otro que el octavo cielo de las estrellas fijas o sea el *Stellatum* situado inmediatamente por encima de la esfera de Saturno, tal como lo presenta Fray Luis en "Noche Serena": "Rodéase en la cumbre/ Saturno, padre de los siglos de oro;/ tras él la muchedumbre/ del reluciente coro/ su luz va repartiendo y su tesoro" (vv. 56-60). Una vez más Dávalos adjudica a Cilena aquella "mayor y más general" virtud del Sol de que hablaba Fray Luis de Granada, la de dar "Luz y claridad [a] todos los planetas y estrellas que están derramados por todo el cielo". Y así como da luz a la octava esfera será más radiante que el noveno cielo:

> 130 Si el christalino cielo es transparente
> por su diafanidad tan estremada,
> no tan bello qual vos ni tan luziente.

Se trata, claro está, de "el christalino, assí llamado por no tener señal alguna, antes ser transparente" (*Miscelánea*, XXVIII, 122r). Vale la pena recordar una vez más —y en el justo punto donde Dávalos la declara— la genuina razón de la diáfana luz de su señora:

> que por vuestra figura es figurada
> la del Gran Hazedor en toda cosa,
> 135 y a su imagen la vuestra imaginada.

La alusión llega en lugar sobradamente adecuado, pues ahora el poeta va aproximando sus comparaciones a las más sacras regiones:

> Ai otra sphera rapta y presurosa,
> cuya velocidad desvanescida
> sustenta el orbe en claridad copiosa;
>
> mas es por inconstante conoscida
> 140 y de constancia vos tan ilustrada
> quanto lo muestra la passada vida.

Como en la prosa, Dávalos aclara, aquí se trata del "dézimo [cielo que] llaman primer móbil, porque con su buelo lleva tras de sí a los demás" (XXXVIII, 122r).

Alude sobre todo a la rapidez del *Primum Mobile*, del cual dice Fray Luis de Granada que "con su movimiento arrebata y mueve a todos los otros cielos inferiores, y les hace dar una vuelta al mundo en un día natural"; "porque presuponemos que cuanto un cielo está mas alto que otro, tanto mayor espacio y lugar ocupa, y tanto con mayor ligereza se mueve. Pues estando este primer móvil [seis] cielos arriba del sol, síguese que se moverá con más que doblada ligereza que el cuarto cielo donde está el sol ... ¿Qué rayo habrá tan ligero que no sea paso de tortuga, y mucho menos en comparación con él?" (*Intr. al Símbolo de la Fe*, Cap. i y iv). Esta vez Cilena, la luminosa, vence al *Primum Mobile* por su estabilidad y constancia, virtudes que la sitúan en la única esfera adecuada para alojar esta acabada imagen de Dios:

> Subamos a la cima no alterada
> con discurso, mudança o movimiento,
> de los Tronos[19] y Dios propria morada,
>
> 145 a donde sé tenéis lugar y assiento
> de summo don y singular consuelo,
> eterna gloria y celestial contento.
>
> porque vuestra belleza no es del suelo,
> ni para el suelo fue tan estremada,
> 150 si no para adornar el divo cielo.

Y así llegamos al Empíreo, cuyo nombre, el siempre sabio Dávalos informa, "le viene de Pir, que en griego es el fuego, o por la inmensidad de su resplandor y luz" (XXVIII, 122r). Morada de Dios y de las almas bienaventuradas, tal será la de Cilena: la última rueda celestial, sin "mudança o movimiento" alguno. El Padre Ojeda (que examinó la *Miscelánea*, y halló su verso "justo y grave, la prosa fácil, y claras las materias que contiene, diversas y gustosas") en su *Christíada*, habla también de la inmutabilidad de la más alta esfera: "El cielo empíreo, trono rutilante/ y palacio de Dios allí se vía/ estable, fixo, espléndido, radiante" (p. 62). Ya había dicho Fray Luis de León admirablemente en su Oda X, "A Felipe Ruiz": "Veré sin movimiento/ en la más alta esfera las moradas/ del gozo y del contento,/ de oro y luz labradas,/ de espíritus dichosos habitadas" (vv. 66-70). No a otro punto llevaba

---

[19] Tronos: adecuada alusión a una de las tres más altas jerarquías angélicas, establecidas por el Pseudo-Dionisio en su obra sobre las *Jerarquías Celestiales*. Los Tronos, con los Serafines y los Querubines rodean al Señor y pueden contemplarlo directamente.

cada uno de estos tercetos: la trascendida Cilena, vivo trasunto de Dios, goza eterna beatitud en la morada misma de su gran modelo.

Sólo junto a su Hacedor puede la incomparable hallar por fin comparación justa:

> Allí tenéis a quien ser comparada,
> que en todo lo demás bien habéis visto
> en cuanto estremo sois aventajada
> al simple y al compuesto, al puro, al misto.

Cilena, siendo perfecta, aventaja a todos los elementos el universo mundo, pues éstos sólo por grados se aproximan a la perfección absoluta, atribuible únicamente a lo divino: "Vemos en este mundo diversos grados de perfección en todas las criaturas. Y en este orden ponemos en el grado más bajo los cuatro elementos, que son cuerpos simples. En el segundo ponemos los mixtos imperfectos, como las nieves, lluvias, granizo, vientos, heladas y otras cosas semejantes que tienen alguna más composición. En el tercero están los mixtos perfectos como son piedra, perlas y metales, donde se halla perfecta composición de los cuatro elementos" (*Intr. al Símbolo de la Fe*, III, i). Y así culmina la apoteosis Cilena: aventajado universo.

En el tejido de esta extensa glorificación de la amada, Dávalos hilvana los antiguos hilos de la religión del amor cortés —la señora "a quien amar y venerar conviene", (v.123) —pero dejando de lado el servicio del amante— mártir en su alegórica Pasión de lágrimas y suspiros a una dama siempre más dura que mármol a toda queja. La bella sin piedad es reemplazada por una criatura de luz, irradiando su incomparable diafanidad entre las estrellas.

Así como en el Platonismo toda belleza mundana no es más que reflejo de la de Dios, en estos tercetos toda luz espeja la de Cilena. El poeta ha escrito un himno al divino resplandor de una amada benéfica, porque Dávalos, esposo amante, podía vislumbrar en los ojos de Doña Francisca muchos recodos de Cielo, y hasta los cielos todos sin un futuro de martirizada esperanza. Mucho neoplatonismo hay en esta serie de comparaciones en escala cósmica, pero nada de la frigidez de un Bembo o un Castiglione en sus vuelos hacia paraísos descarnados tanto de dolor como de pasión auténtica. En 1569 Flaminio Nobili declaraba incomprensible el vuelo neoplatónico, ya que más fácil es alzarse hacia lo divino contemplando más que a las damas de la corte a las estrellas de los cielos[20]. Sin duda el autor de "Noche serena" le hubiese dado sobradamente la razón. Los astros como las amadas son

---

[20] *Il trattato del'amore humano*, Lucca, 1567.

bellos, pero con la inmensa ventaja de que su hermosura no está teñida de sensualidad. Dávalos ni se planteó el problema: como su propósito no era el ascenso neoplatónico, le bastó contemplar en su mujer la perfección de cada estrella.

Nuestro encomendero usó el lenguaje y los códigos convencionales tanto del erotismo cortés como del neoplatónico en lo que se prestaba a sus fines: de ahí Cilena glorificada. De ahí también la ausencia de innecesarios sufrimientos y vuelos hacia lo sobrenatural: la amada era su mujer, sin duda con todas las bendiciones de la iglesia en todos los bienhabidos placeres del tálamo conyugal. Si los maridos satisfechos no pueden ser mártires de amor, la *belle dame sans merci* no cabe en la casada perfecta, por muy hermosa que se la quiera contemplar.

Y sin embargo, sin embargo ... esta ecuación entre la amada y Dios no deja de conmover en su esperanzado si poéticamente vano intento de exaltación. No era necesario ser teólogo, bastaba con estar enamorado y soñarse poeta para entender que sólo del amor depende la salvación del hombre. Así, por estos tercetos a la esposa glorificada transcurre una estela redentiva. Este noble andaluz en exilio, pobre hijo segundón que no volvería a ver jamás una patria idealizada por la nostalgia, este hombre de letras en los confines de la civilización occidental, así como se forjó una nueva patria con sus libros de humanista inseguro y fervoroso, se inventó en su mujer un paraíso. Y como aquél ya citado "incierto" autor de las *Flores de poetas ilustres*, Dávalos, con más pedantería pero acaso con mayor fervor también parece decir de su señora:

> Si un mundo abreviado es
> cuaquier hombre que hay criado,
> vos sois un cielo abreviado,
> que el mundo está a vuestros pies.

Sin duda Dávalos creyó y quiso creer en la pureza del amor —y más de un soneto suyo del más preclaro neoplatonismo sirve de testigo— pero la culminación de ese puro amor, para él, se debía dar y se dio en el matrimonio, ese "perfecto bien que es de todos deseado y de pocos posseído", "que nos da constancia en un mundo inconstante, permanencia en la huidiza realidad cotidiana, identidad en los avatares del exilio, dignidad a nuestros días, fervor a nuestras noches, y paz a nuestros sueños". Por eso escribió la *Miscelánea Austral* y en ella volcó lo más auténtico del petrarquismo sudamericano (Alfredo A. Roggiano, a quien este ensayo quisiera honda si humildemente honrar, cuenta entre los primerísimos críticos que supieron calibrar el valor de sus sonetos). Este himno en celebración de una dama resulta ¿qué duda cabe? hiperbólico. Y sin embargo, como apoteosis de esa menina y dama de la reina que debió parecer ante los ojos del exilado como una insólita princesa naufragada en aquellas desiertas latitudes ¿quién sabe lo que encubre la hipérbole? El corazón tiene razones que la razón no entiende. Este descendiente de un Condestable de Castilla que había perdido tantas y tan queridas cosas, tal vez sintiera en aquel huerto de azahares de La Paz —en el cual veía el jardín de los feacios— que lo perdido ya no importaba demasiado. Si con sus poliantheas, Equicolas y Garcilasos el transterrado hizo suya una nueva patria del espíritu; con su mujer entre los brazos Dávalos poseía el universo.

EL ARTE DEL RETRATO POETICO EN JUAN DEL VALLE Y CAVIEDES

POR

DANIEL R. REEDY
University of Kentucky

En la obra de Juan del Valle y Caviedes es digno de notarse el énfasis puesto en el aspecto visual de los individuos satirizados. Sus invectivas se lanzan como dardos contra abogados, poetas, mulatos, borrachos y personas de físico deforme, y se burla asimismo de hipócritas, beatas, dueñas y "doncellas", creando imágenes vivas de las características de cada objeto de su ira. Esta habilidad para engendrar en la mente del lector una imagen visual, tanto del objeto como del cuadro de sus circunstancias es uno de los mayores logros técnicos del poeta.

La afición a la imagen visual se resalta también por medio de la atracción que demuestra Caviedes por lo distorsionado, rasgo que el satírico comparte con muchos de los escritores y artistas del barroco. Los poemas dirigidos al Dr. Liseras y al Sr. Mejía, por ejemplo, contienen descripciones grotescas de sus cuerpos, ya que ambos eran corcovados. Ridiculiza a otros por sus defectos o peculiaridades físicas: al Dr. Vásquez que es tuerto lo llama "cupido de Medicina"; al Dr. José de Rivilla le pone el apodo de "Dr. del Coto" para señalar que sufría de hipertrofia de la glándula tiroides; y al judío don Antonio le dedica un romance en el que describe en detalle su nariz que es "pico de papagayo" y "colmillo de marfil pardo de elefante". En los poemas donde figuran los cirujanos mulatos Pedro de Utrilla, el viejo y el cachorro, se resaltan las referencias a su origen africano, y al hijo lo llama "Bachiller Chimenea" y "Licenciado Morcilla", alusiones que subrayan el aspecto racial. Hay además, varios poemas que describen a mujeres frívolas y promiscuas entre las que resalta "la bella Anarda". Uno de los romances dedicados a ella, "A una dama que, yendo a Miraflores, cayó de la mula en que iba" contiene una detallada serie de imágenes que aluden metafóricamente a las partes de su cuerpo que quedaron al descubierto cuando la pobre cayó de una mula, piernas arriba, y rodó por el camino.

Una faceta del arte poético de Caviedes que hasta la fecha no ha sido comentada por la crítica se evidencia en un grupo de doce poemas pictóricos cuyo objeto es crear una pintura o retrato de alguna persona. En este aspecto de su arte Caviedes participa en una tradición artística cuyos orígenes están en los preceptos estéticos de Aristóteles, Horacio y otros, y cuyo desarrollo tiene su ápice durante los siglos XVI, XVII, y XVIII. En su valioso libro *The Sister Arts. The Tradition of Literary Pictorialism in English Poetry from Dryden to Gray*, Jean H. Hagstrum traza la larga tradición de lo pictórico en cuanto derive de ideas sobre la relación estética entre la pintura (o escultura) y las artes verbales desde la antigüedad clásica hasta el neoclasicismo inglés. Apunta Hagstrum que en la *Poética* Aristóteles encuentra cierta conexión entre la pintura y la poesía —por ser ambos artes imitativos— pero el parentesco es más bien de artes primas que de artes hermanas[1].

La doctrina más perceptible en la obra de Caviedes es la de Horacio, quien observó que "Como una pintura, así también un poema" ("Ut pictura poesis", *Ars poetica*, v. 361). Este y otros comentarios de su tratado revelan una implícita relación estética entre la pintura y lo pictórico de la poesía. Durante el renacimiento las ideas de Horacio cobraron aún más vigencia debido a varias ediciones del *Ars poetica* que representaba el verso 361 de la siguiente manera: "Ut pictura poesis erit", cuyo significado vino a considerarse como "Un poema será como una pintura". Dicho cambio editorial tuvo el efecto de estrechar el concepto de la relación estética entre la pintura y la poesía, dando mayor énfasis a lo pictórico en la poesía del renacimiento y del barroco. (Hagstrum 60).

En los poemas indicados de Caviedes, vemos que sus pinturas y retratos —tanto de hombres como de mujeres— se vinculan en términos estructurales a una fórmula descriptiva tradicional, siendo uno de los antecedentes más conocidos del medioevo el de Juan Ruiz cuyo retrato de una mujer hermosa (*Libro del buen amor*, estrofas 432-435) ha sido estudiado por Dámaso Alonso entre otros[2]. Según Edmundo Faral en su libro *Les Arts poétiques de XII et du XIII siècle*, ya estaba establecido en el siglo XII un modelo para la enumeración de los atributos físicos que se representaban en retratos poéticos. Dicha visión empezaba con la cabeza (los cabellos) y seguía verticalmente hacia abajo hasta llegar a los pies. Se basaba la fórmula, según Faral, en la creencia de que así fue el proceso de la creación del ser humano, empezando con la cabeza y terminando con los pies[3].

La atracción por lo pictórico en la poesía se evidencia también en la obra de un antecesor importante de Caviedes, Francisco de Quevedo, y en la de su coetánea

---

[1] Jean H. Hagstrum, *The Sister Arts. The Tradition of Literary Pictorialism in English Poetry from Dryden to Gray*. Chicago: University of Chicago Press, 1958: 5-9.

[2] Dámaso Alonso, "La bella de Juan Ruiz, toda problema". *De los siglos oscuros al de oro*. Madrid: Gredos, 1958: 87-88.

[3] Edmond Faral, *Les Arts poétiques du XIIe. et du XIIIe siècle*. París: Champion, 1962: 129-130.

Sor Juana Inés de la Cruz. Aunque se podría citar varios ejemplos de su obra, el poema de Quevedo que más anuncia algunas de las futuras imágenes pictóricas de Caviedes es el romance "Cura una moza en Antón Martín la tela que mantuvo"[4], en el que el satírico español describe a Marica tomando los sudores en el hospital. Los versos 21 a 64 del poema pintan en lenguaje metafórico de arriba a abajo las partes corporales de la adolescida, según el modelo tradicional.

El arte del retrato poético en Sor Juana ha sido estudiado por Georgina Sabat de Rivers en dos admirables ensayos: "Sor Juana y sus retratos poéticos" y "Sor Juana: diálogo de retratos"[5]. En el primero informa la investigadora que hay dieciséis composiciones en la obra de Sor Juana relacionadas con retratos que son todos femeninos. En un grupo de ocho la descripción de la retratada se hace en forma vertical desde el pelo hasta los pies. Los demás retratos nacen de la contemplación de un retrato (eg. "Este, que ves, engaño colorido") o son poemas en que se habla a un retrato o el retrato es el que habla. Son los poemas del primer grupo los que se asemejan a los del peruano, aunque habría que señalar que las imágenes conceptistas de Caviedes son menos clásicas, cultas y aristocráticas por comparación.

Entre los doce poemas de Caviedes que pertenecen a la tradición pictórica, sea pintura o retrato, hay cinco que pueden agruparse por elementos estructurales e imágenes que son, en general, tradicionales, pues pintan las bellezas y los encantos de varias damas con imágenes que recuerdan la tradición petrarquista: pelo de oro, frente blanca como la nieve, dientes como perlas, labios de coral, y manos de alabastro. El primero de estos retratos se encuentra en el romance "A una dama en el prado" (243: 249)[6]. El poeta describe a la hermosa Amarinda quien ha salido un día asoleado de primavera al prado donde las flores se apartan para abrirle un sendero en su caminata. En dicho prado las flores, que forman la base metafórica de las comparaciones, hacen resaltar los atributos corporales de Amarinda, empezando con el rostro y terminando con sus pies.

El rostro de Amarinda se compara con una rosa y la frente con una azucena que se "fue desenvainando" al verla pasar. La boca es un clavel y su labio un jazmín. La boca de la bella es como el capullo de un carmín, porque al entreabrirse se

---

[4] Francisco de Quevedo, *Obra poética*, ed. J. M. Blecua. Madrid: Castalia, 1970, II: 285-87.

[5] Georgina Sabat de Rivers, "Sor Juana y sus retratos poéticos." *Revista Chilena de Literatura*, 28. abril 1984: 39-52; "Sor Juana: diálogo de retratos". *Revista Iberoamericana*, 48: 120-121. Jul-dic. 1982: 703-713.

[6] Juan del Valle y Caviedes, *Obra completa*, ed. Daniel R. Reedy. Caracas: Biblioteca Ayacucho, 1984. Las citas textuales son de esta edición y se incluyen dentro del cuerpo del estudio el número del poema (eg. 243) y la(s) página(s) (p.e. 429) entre paréntesis.

descubren los dientes que se asemejan a los "colores nacarados" de la flor. Al proceder con la descripción vertical de Amarinda, hace notar la equivalencia entre la mano y una margarita, siendo la mano más blanca que la flor. Y termina el poema con la retirada de Amarinda del jardín mientras va cogiendo flores a cada paso. Siendo un poema de corta extensión (veinte versos), al contrario de su práctica en otros textos, no se mencionan ni el talle ni las piernas.

La "Pintura de una dama en seguidillas" (245: 430-32), es más largo (52 versos) y mucho más detallado que el romance anterior. Desde un principio el poeta declara su intención de pintar la belleza de una dama llamada Lisi:

> A pintar tu hermosura,
> Lisi, me atrevo
> para ver con tu copia
> lo que me quiero

Las imágenes visuales que forman los puntos de comparación para los atributos de la dama son bastante tradicionales. Tiene el pelo de oro, formando dos mil sortijas, pero la descripción de la frente está algo fuera de lo común, al decir que la frente espaciosa de Lisi ostenta "nueve faltas" y está "tan preñada / que ya está en cinta". El juego implica la anchura, quizá, de una mujer embarazada ("nueve faltas") y la frase "en cinta" puede referirse a una cinta (tira atada a la frente) o a la idea de estar "encinta".

Al seguir la descripción de la fisonomía de la mujer, el poeta anota las cejas arqueadas como "Víboras de azabache / que a todos saltan"; los ojos como esclavos "siendo unos negros"; la nariz ni grande ni corta; las mejillas que afrentan al nácar más fino; y los labios que son más rojos que el rubí. Procede luego al proceso de retratar el cuello de nieve, el pecho de "dos pellas blancas", las manos de una blancura del jazmín, y el talle tan delgado como "el pensamiento". La imágenes más ingeniosas del poema son las menos pictóricas. Al llegar el poeta al punto de describir las partes de la dama más abajo de la cintura, dice:

> Lo que el recato oculta
> no he de pintarlo,
> para ver si en aquesto
> doy algún salto.

El pudor del poeta no le permite "pintarlo", pero no puede menos que advertir que le gustaría dar "algún salto" en aquello. Termina el poema refiriéndose al pie de Lisi que "es sólo un punto" aunque representa el centro / de todo el mundo."

EL ARTE POETICO EN CAVIEDES 115

Como indica el título del tercer poema, "Otra pintura en metáfora de naipes" (246: 432-34) el retrato está concebido a base de diferentes juegos de naipes. Así, todas las partes del cuerpo de una mujer (cuyo nombre no se da) tienen su equivalente en juegos de naipes o se describen con lenguaje referente a tales juegos:

> Tu retrato con juego
> copio de naipes,
> para ver si mi dicha
> puede ganarte;
> por si así puedo,
> pues te pierdo de veras,
> ganar con juego.

El poeta sugiere que el pelo de la mujer es como el juego de *tenderete*, porque al "tender" los cabellos (como tender la mano de naipes) ella coge mil almas con su suerte. La frente juega a los *cientos* (juegos de naipes entre dos personas), siendo un "juego en que gastan / muy grande espacio", y el ceño abraza a los otros jugadores porque da "capotes", o sea que hace todas las bazas. Las cejas de arcos juegan al *contentillo* y los ojos son el juego del *rey dormido* en el que la mujer triunfa a todos. La nariz, que ni es corta ni larga, el *quince* (juego semejante al veintiuno) y las mejillas de rosa y azucena son otro juego de naipes, *primera*. La boca es el juego de *sacanete* (juego al modelo del faro inglés) con que gana al doble a los adversarios. Las manos con sus cinco "jazmines" (los dedos) son el *quinqueño*, juego como el solitario jugado por uno solo; y el cuello es el juego de *quínolas* (juego en que gana el que reúne cuatro cartas del mismo palo) porque tiene "carta blanca" o sea "carte blanche", referencia a la blancura del cuello.

El talle de la bella es el juego de la *pechigonga* (serie de seis naipes del nueve al as) que "aunque es tan estrecho / juega muy largo". Otra vez, notamos la alusión chistosa y satírica a la parte del cuerpo que no puede describirse:

> Lo que el amor anhela
> no tiene juego,
> porque tú no me dejas
> jugar con ello;
> y así lo guardas,
> que no es juego tendido
> lo que recatas.

Aunque estos versos no indican ningún juego de naipes en particular, se notarán las alusiones al juego con palabras y frases como "no tiene juego", "no me dejas jugar con ello", "así me lo guardas", "no es juego tendido", etc., y habría que mencionar que el propio vocablo "juego" puede entenderse como una alusión sutil a la genitalia de la mujer ("lo que el amor anhela"). El poema se concluye con la observación de que su pie corto y breve, equivale al juego de las *pintas* (señal que tienen los naipes por un extremo y, en ciertos juegos de cartas, sugerencia al "triunfo").

La "Pintura de una dama en metáfora de astrología" (247: 434-35) es un romance cuya concepción metafórica es muy semejante al poema anterior, aunque en éste los puntos de referencia y muchos giros verbales pertenecen al lenguaje de la astrología. Así el poeta se convierte en astrólogo para pintar la hermosura de Eufemia:

> Astrólogo de pinturas,
> copiar a Eufemia pretendo,
> por ser cielo su hermosura,
> en metáfora de cielo.

La belleza de Eufemia es tan extremada que el mundo padece de eclipses "cuando se mira al espejo" y "porque la luna delante / del sol causa estos efectos". La trenza del pelo de la dama es un cometa cuyos atributos anuncian fatalidades; y su frente espaciosa —un pedazo de firmamento— tiene cejas de arco iris que son agüeros de la fortuna. Los ojos son dos luceros como Marte y Venus y la nariz traza una línea como el planeta Febo entre las mejillas.

Para lograr la imagen de la boca de Eufemia, el poeta la describe como el sol saliendo del mar: "un rubí a quien las perlas / del agua parten por medio". Garganta, talle y pecho se reúnen en la multifacética imagen del Crucero del Sur, pero elige no pintar del talle abajo, indicando en términos astrológicos que pertenece al signo de Virgo. Pasando a las piernas, dice que son las columnas imaginarias que sostienen el peso del cielo y los breves pies, que "no se ven por pequeños" son "los polos / donde estriba el hemisferio".

El último poema de este grupo es un romance titulado "Retrato a una beldad limensa, usando del común embuste de los patricios de aqueya ciudad de la 'y' en lugar de 'elle' (65: 214-15)". En este retrato de "Inesiya" se resaltan más las peculiaridades lingüísticas (yeísmo y lleísmo)[7] que las imágenes pictóricas aso-

---

[7] Véanse los siguientes ensayos sobre los aspectos lingüísticos de este poema (65) y "Otro a la misma, usando el trueco de ambos abusos del fingido embuste" (66): Rafael Lapesa, *Historia de la lengua española*. N.Y. 1959: 319-320; Amado Alonso, "La '11'" y sus alteraciones en España y América". *Estudios dedicados a Menéndez Pidal*. Madrid, 1951, II: 76-78; Guillermo Guitarte, "Notas sobre la historia del yeísmo". *Sprache und Geschichte: Festschrift fúr Harri Meier zum 65 Geburstag*. eds. E. Coseriu y W.-D. Stempel. Munich, 1971: 179-98.

ciadas con el retrato de la mujer, porque éstas son las más tradicionales y clásicas de las examinadas hasta el momento.

El retrato de la dama demuestra los siguientes atributos: el rizado cabello que excede con sus doradas hebras el oro de Ofir; la cándida frente que produce afrenta a la nieve; las cejas que logran triunfos, sin batallas, con sus mil flechillas y arpones; los ojos que son dos estrellas más hermosas que el alma y más brillantes que el sol; la boca, una joya tan perfecta que hace llorar aljófar al coral y al rubí arrullar perlas; la mano de cristal con que no puede competir ni el alabastro; el talle, tan perfecto que nadie osa tocarlo; y el pie pulido, gallardo, orgulloso, bello y puntijoso.

La siguiente agrupación de poemas está formada de romances burlescos sobre temas mitológicos. En ellos se encuentran pinturas y retratos de las ninfas Eco e Io, y del gigante Polifemo. A diferencia de los poemas ya comentados, los retratos de las dos ninfas y del gigante ocupan sólo una mínima parte y no el todo de cada poema.

En la "Fábula de Narciso y Eco" (104: 287-292) el poeta jamás llega a pintar a Eco.

> Era airosa con extremo
> porque del pelo a la planta
> era en buen aire compuesta,
> si era de voces la dama.

Y a continuación el poeta explica por qué le es imposible copiar la figura de la ninfa:

> La hermosura de la ninfa
> no me es posible copiarla,
> porque sólo tengo sombras
> y los colores me faltan.
> Mas esta pintura es
> de imprenta y era de estampa,
> que en mirándose Narciso
> se imprimía en tinta blanca.

Así no logra pintar la figura corporal "del pelo a la planta" de la ninfa, aunque sí capta la esencia airosa de ella.

En la "Fábula burlesca de Júpiter e Io" (105: 292-98), Caviedes declara haberse ya aburrido con la imágenes viejas que se utilizaban para retratar a Io; así va en busca de otras nuevas. Claro que Io no es una ninfa cualquiera sino una convertida en vaca. En vez de encontrarla "morena y pelirrubia" la describe "blanca y pelinegra" con las cejas como "dos / escopetas apuntadas, / que el matar con flechas y arcos / es muerte de coplas rancias." Para hacer resaltar su aburrimiento con las "coplas rancias" declara:

> Salgamos ya de un Amor
> con arco, arpones y aljabas
> y tengamos un Cupido
> con mosquetes y bala rasa.

Así los ojos de la ninfa/vaca son los luceros de Marte y Venus que dan muerte y vida; su nariz de narices chatas es un carámbano terso entre las cejas que divide las mejillas con su arroyo de plata. Sobre los otros rasgos corporales de la ninfa, el poeta observa que le "cupo a pella por barba"; que en la garganta tenía puesto un pero en vez de una manzana; y que tenía el talle tan delgado que no usaba "ballenas" (láminas de un corsé) sino "sardinas". Las manos las tenía de cera virgen, no de cristal, y

> Lo que el retrato encubría,
> colores imaginarias
> la retraten, porque de esto
> mis pinceles se retractan.

Terminado el retrato de la ninfa Io, el poeta sigue con su burlesca historia del mito, contando cómo el dios Júpiter se enamoró de ella, su conversión en vaca, amada por muchos toros, amante de los novillos, y de una belleza que encendía hasta "los bueyes de arada".

"La fábula de Polifemo y Galatea" (106: 299-312) es un romance de 524 versos pero el retrato del gigante sólo ocupa treinta y dos de ellos (vs. 21-52): Dice el poeta que por ser Polifemo un gigante tan desmesurado "no ha habido en las mentiras / ninguna de su tamaño". Así el poeta busca imágenes hiperbólicas para pintarlo:

> Copiaréle en embrión
> porque no hay para pintarlo
> de todo punto pincel,
> lienzo, colores ni espacio.

Lo más vistoso de este retrato de Polifemo son las imágenes exageradas para captar las proporciones gigantescas del jayán: el pelo es de cáñamo cuyos mechones lacios son cordeles torcidos; la frente es toda una vega; el ojo es tan ancho como un puente, y en vez de tener una niña (pupila) tiene una vieja de cien años; la nariz deforme y muy larga tiene puertas por ventanas, y el pescuezo es un campanario. Al retratar los hombros del jayán, el poeta dice que miden tanto como la distancia entre las peñas de Francia y Martos[8]; los brazos son tan anchos como el mar; las manos son dos ínsulas; y por cinturón tiene Polifemo un cable de capitana con dos anclas en los cabos. Y por último, termina su retrato con el siguiente comentario:

> Las demás partes del cuerpo
> denotaban que su garbo,
> de puro bien repartido,
> pasaba a desperdiciado.

Habiendo completado este retrato "en embrión", el poeta pasa a su burlesca de la historia fabulosa de Galatea, Acis y Polifemo.

El rasgo dominante del último grupo de poemas pictóricos es la fuerte infusión de sátira y de humorismo mordaz. Dos poemas son pinturas de damas —una en metáforas referentes a los médicos y cirujanos de Lima, y la otra de una "fea buscona" retratada en metáforas de guerra. Los dos poemas restantes son pinturas de borrachos. Comparados con los poemas anteriormente examinados, estos cuatro se destacan por la manera en que Caviedes logra transformar las imágenes pictóricas tradicionales en imágenes grotescas, distorsionadas y satíricas, sin abandonar los modelos formulaicos de tales enumeraciones pictóricas.

En la "Pintura de una dama con los médicos y cirujanos que en la ocasión mataban en Lima" (59: 190-94), Caviedes pinta a Licis, una mujer cuyas perfecciones matan como si fueran dos mil recetas para medicamentos. Una vez establecida la comparación entre la belleza fatal de Licis y los mortales efectos de practicantes galénicos, el poeta decide pintarla con los atributos de médicos cirujanos limeños. Para describir el pelo de Licis, "anegado en azabache", dice que su pelo negro mata tanto como Bermejo "que de doctor no tiene / siquiera un pelo", o sea que como médico Bermejo no es muy listo aunque lo es como matador de enfermos. En efecto, es tan negro como el pelo de Licis. Al atacar al Dr. Francisco de Bermejo y Roldán, Caviedes escoge a uno de los más famosos médicos limeños, habiendo sido Bermejo Rector de la Real Universidad de San Marcos y Presidente del Real Protomedicato del Virreinato[9].

---

[8] Se refiere a la cresta divisoria en la Sierra de Francia de los montes de la provincia de Salamanca, y al despeñadero en las cercanías de la villa española de Martos (Jaén).
[9] Véase la lista de "Nombres y personas históricos y contemporáneos". Valle y Caviedes, *Obra completa*: 527-34, para datos históricos sobre estos médicos, cirujanos, y practicantes de la medicina en Lima durante el siglo XVII.

Asevera el poeta que la frente espaciosa de la dama es tan fatal como el Dr. Yáñez, aunque éste da una "muerte más breve". El Dr. Yáñez fue, también, reconocido médico de Lima quien ocupó la cátedra de medicina en San Marcos. Una de las comparaciones más ingeniosas es aquélla que establece una relación entre las cejas de Licis y el cirujano Martín Liseras. Las cejas "hechas dos arcos" se comparan al cuerpo doblado de Liseras a quien Caviedes llama "El corcovado" en otros poemas. Así también es muy apropiada la analogía entre los dos cirujanos Utrilla (padre e hijo) cuya mulatez estimula al poeta a pensar en los ojos negros de la dama "porque también son negros".

Aunque las mejillas de Licis son de azucena y rosa, imágenes muy tradicionales, el poeta las vincula a través de la imagen de flores con el cirujano, Miguel López de Prado, cuyo nombre sugiere la imagen de un jardín y quien en sus tratamientos "da en flores veneno". Y otro cirujano sangriento, el Dr. José de Rivilla, es evocado para describir los labios rojizos de la dama. El Dr. Rivilla fue catedrático del Arte Chyrurgico en San Marcos y cirujano del Virrey, conde de la Monclova. La descripción de los dientes de Licis se hace con la metáfora de una "junta de médicos" formada por "practicantes de marfil / matadorcillos modernos". Habiendo combinado los conceptos de "dientes" con "practicantes" y "matadorcillos", el poeta dice, a continuación: "Si a quien los mira / les dan los accidentes / de perlesía" con lo cual denota tanto los malos efectos de los médicos (accidentes de perlesía) como la perfección de los dientes (de perla > perlesía) de la mujer.

Con el nombre del Dr. Francisco del Barco, médico de Cámara del Virrey Duque de la Palata y luego Protomédico del Perú, Caviedes establece una conexión entre "barco" y la garganta y pecho de Licis que son "Piélago de marfil terso" donde "navega matando Barco". Cuantos caen en las manos de Licis han de morir sin remedio como si cayeran en las manos de otros dos practicantes de la medicina, Armijo y Argumedo, que son calificados como "idiotas de alabastro". Y el talle de Licis es de Pico de Oro, apodo con que Caviedes bautizó al Dr. Melchor Vásquez, otro médico limeño que ocupó varias cátedras de medicina en San Marcos. Para establecer el lazo entre Pico de Oro y el talle de la dama, declara que el médico es un Narcisillo Galeno que "mata mucho y tiene talle / de matar al mundo entero". Al pasar abajo del talle de la dama, el poeta elige no saltar hasta los pies sino fijarse en las partes recónditas de la retratada. Así encuentra Caviedes una asociación fatal entre el "asiento" de Licis y el cirujano italiano Pascual de Carrafa, a quien critica severamente, declarando "que doctores de esta casta / matan y mueren por esto", es decir que los italianos son famosos por mujeriegos.

En los médicos Francisco Ramírez (catedrático y Decano en San Marcos y médico de la Inquisición) y José Avendaño (catedrático y Protomédico General del Virreinato), Caviedes encuentra equivalentes con los muslos y piernas de la Licis, porque "estos son doctores gruesos". Al completar su retrato de la dama, compara su pie tan breve con Machuca que "es el mayor matador / y tiene punto con serlo". El poema llega a su conclusión con los siguientes versos:

> Y tu pie tiene
> buleto, cual Machuca,
> porque es el breve.

La referencia al "buleto" tendría poco significado para el lector de hoy, pero tal no hubiera sido el caso para los coetáneos de Caviedes. El Dr. Francisco Vargas Machuca fue presbítero y luego médico del Arzobispo Liñán y Cisneros y del Tribunal de la Inquisición. Siendo sacerdote, tuvo que obtener una disposición del Sumo Pontífice Clemente XI en 1661 para poder ocupar la Cátedra de Método de Galeno en la Real Universidad de San Marcos. Así se explica el ingenioso juego sobre la palabra "buleto" (breve pontificio) y lo "breve" (diminuto) del pie de Licis.

"La pintura de una fea buscona en metáfora de guerra" (82: 244-46) es el único poema de este grupo cuya estructura interior no sigue el modelo descriptivo del sujeto de arriba a abajo. En este poema, la descripción empieza por los pies y termina con el pelo; así suministra un retrato antitético, o sea lo opuesto de la figura ideal, siendo la retratada una "fea buscona" que ha sido "soldado" en la "milicia del amor". Por esto, todas las metáforas están a base de alusiones al personal de un ejército o a armamentos que se asocian con la guerra.

En los primeros veinte versos que sirven de introducción, Caviedes califica de "fregona" a la fea por no faltarle "cabos / de sartenes", referencia tanto al "cabo" que manda una escuadra como al "mango" de un sartén. En el ejército de la fea habrá una variedad de soldados, pero especialmente de jinetes que le harán "infantes" (niños, y soldados de infantería). Tendrá ella en su "Compañía" bastante gente que la levante y la eche, porque cabe en ella muchas "levas" o sea salidas a nuevos encuentros, y por extensión "recluta de soldados". Y tendrá bastante "artillería" porque "saben todos la buena / pieza que eres."

Al empezar el retrato de la mujer, el poeta la va pintando desde los pies a la cabeza, técnica apropiada, según parece, para una mujer que está acostumbrada a tener los pies y piernas arriba de la cabeza. Tiene, dice Caviedes, "los pies de cabra" (rumiante, y máquina militar antigua) "con juantes" (callos). Las piernas las tira como "palanquetas" (barras de hierro para forzar puertas) donde "la carne flaca pega / en las paredes." Su cuerpo no tiene "guardia" porque siempre trabaja, pero sí tiene "cuartel", o sea el lugar destinado para el "alojamiento" de la tropa.

El talle de la fea es como "cestón" y la "caja de lo de atrás" o sea el asiento, parece un "tambor". Los pechos se asemejan a "bombas" que revientan de leche y las manos traen a la mente del poeta la imagen de "grandes manoplas", porque son como guantaletes de hierro.

Al describirle el rostro de esta fregona, el poeta advierte que la boca también es soldado porque cuanto pide le es negado y "está a diente", es decir que siempre anda hambrienta. Su cara con tantos cosméticos es como un escudo con mascarón grande y los carrillos (la parte carnosa de las mejillas), pintados con almagre, se asemejan a dos broqueles (escudos) pequeños. La nariz es un sacatrapaos (instrumento para sacar los tacos del ánima de las armas de fuego) que se parece a un garabato (gancho de hierro). Aunque a esta fea le falta "pólvora", tiene de qué hacerse, usando del "carbón de las cejas". Y se termina el poema con la observación de que la frente de la mujer es un "cordón de zanja" (divisa que llevan los oficiales) y el pelo está "lleno de horquillas / de mosquete"

Los poemas "Pintura de un borracho gracioso" (76: 236-37) y "Pintura de un borracho que se preciaba de poeta" (89: 259-260) son tan semejantes que parecen cortados de una misma tela, aunque el primero es una seguidilla y el otro un romance. Ante todo, el retrato que representan hace pensar en la famosa pintura *Los borrachos* de Velázquez, aunque no estamos sugiriendo que Caviedes tuviera la pintura del famoso sevillano en mente. Lo que ambos tienen en común, pintor y poeta, es una visión aguda de lo ridículo, lo deforme, y lo gracioso de un borracho. El primero de estos dos poemas contiene varias referencias al proceso creativo para hacer un retrato o pintura:

> A la copia se atienda,
> que de Piojito
> en cueros va el retrato
> por parecido.
> Al óleo va y no al temple,
> que es circunstancia
> si pinturas como éstas
> despinta el agua.

Para copiarle el rostro a Piojito, el poeta se aprovecha del "rojo" de su cara para dar en "el blanco", o sea el lugar donde va a poner el tiro de su ataque verbal. No puede copiarle el pelo porque lo lleva adentro como si fuera odre de vino. La frente del borracho está tan abultada que parece preñada de calabazo, referencia que evoca el fruto grande y por extensión un tipo tonto e ignorante. Las cejas son arcos que se asemejan a lo doblado del cuerpo, y tiene el borracho los ojos dormidos como por accidente (desmayo) o síncope. De tal manera, dice el poeta, se quedan dormidas las "niñas" ("chicas" y "niña del ojo") después de mamar mucho.

La imagen utilizada para la nariz de Piojito es ingeniosa, porque se compara con una chimenea por donde suben los humos del mosto (zumo de la uva) antes de fermentarse el vino. Y las mejillas no pueden llamarse "carrillos" (polea o garrucha de un pozo, o la parte carnosa debajo de las mejillas), porque los carrillos suben agua y las mejillas de Piojito suben vino. Piojito tiene el cuello torcido como todo hipócrita, lo cual hace pensar en la imagen visual de los cuelli-torcidos. Al talle del borracho pone por ropilla una cuba (recipiente, y alusión a una persona de mucho vientre o que bebe mucho vino); los muslos son dos botas (cuero pequeño para guardar vino); en los calzones, y por calzas en las piernas trae "dos botillas" (pellejo pequeño para vino), "porque en cosas de vino / nunca anda a medias". Los pies están hechos dos cucharetas para que coma el borracho, "porque no ha de ser todo para que beba."

En cuanto al orden de la enumeración descriptiva de Piojito es curioso que las manos del borracho no se mencionan hasta los últimos cuatro renglones, cuando de ordinario se hubieran incluido o antes o después de la imagen del talle. Es posible que la desviación en la técnica de este retrato sea para hacer resaltar la imagen del cuerpo doblado del borracho, porque la verticalidad de las imágenes corporales no encaja bien en este caso si el borracho está de pies y manos en el suelo. Por esto, el poeta encuentra la equivalencia de las manos en la imagen de "las hojas de parra / con diez sarmientos".

Las pinturas y retratos en los poemas comentados afirman que Caviedes pertenece a la larga tradición de lo pictórico en la poesía —hecho que no ha de sorprender en un poeta cuyas obras acusan una afición por la imagen visual. Aunque estos poemas contienen retratos de damas hermosas elaborados en imágenes clásicas y tradicionales, lo más distintivo del arte caviedano, en cuanto a su técnica pictórica toca, es la creación de retratos a base de metáforas poco usuales —de médicos, de astrología, de naipes, de guerra, y así otras. Muchas poesías del *Diente del Parnaso* atestiguan que Caviedes era un agudo observador de la sociedad, por lo cual no ha de sorprender que el poeta escogiera como objetos de su arte tanto a borrachos y feas como a damas idealizadas. Los retratos del vate peruano no son meras imitaciones de pinturas reales, sino semblanzas metafóricas cuya fuente imaginativa tiene su base, en parte, en la realidad virreinal. Sobre todo, hay que afirmar que el verdadero valor artístico de estos retratos poéticos reside en la destreza del poeta a crear imágenes tanto cultas como mundanas que representan, individual y conjuntamente, los extremos de la estética conceptista del Barroco.

TIEMPO, APARIENCIA Y PARODIA: EL DIALOGO BARROCO Y TRANSGRESOR DE SOR JUANA[*]

POR

GEORGINA SABAT-RIVERS
State University of New York

I

Con los cambios que se producen en el paso del Renacimiento al Barroco, el hombre, aun cuando sigue creyendo en Dios, subraya su carácter autónomo. No se trata ya —las conmociones sociales, políticas y económicas no se lo permiten— de ocupar a la mente en elaborar medios altruistas de bienestar común; la preocupación por conocerse a sí mismo para poder sobrevivir en una comunidad en crisis viene a reemplazar la importancia que le daban a la sociedad los hombres que vivieron en mejores días. "Comience por sí mismo el discreto a saber sabiéndose" cita Maravall (1973, 4) de *El discreto* de Gracián; y este "saber sabiéndose", este conocerse a sí mismo, implica la necesidad de una opción constante que lo lleva a una movilidad continua.

El hombre del Barroco, continúa diciéndonos Maravall, es un *fieri*, un hacerse, y no un *factum*, una cosa hecha; para él "toda realidad posee esa condición de no estar hecha, de no haberse acabado" (1975, 345), la libertad de opción es casi el único modo que tiene de ejercer su libertad interna. De aquí podemos explicarnos su propensión hacia lo inacabado, lo bifurcado, lo que lo pone ante un dilema a resolver, lo difícil[1] como lo es decidirse por un camino abandonando los otros. Este ejercicio constante en la elección es lo que más contribuye a su tan admirada agilidad intelectual; le importa sobremanera aprovechar al máximo la experiencia

---

[*] Remito a los trabajos sobre el Barroco de nuestro homenajeado, profesor Alfredo A. Roggiano, que aparecen en la Bibliografía suya. asi como a su artículo: "Conocer y hacer en Sor Juana Inés de la Cruz,", *Revista de Occidente*, 15, 1977, 51-54.

[1] Véase a Reyes, 95. A propósito de lo que dice Reyes, la pasión por la complicación barroca en obras poéticas, véase el "Laberinto endecasílabo" de Sor Juana dedicado al conde de Galbe (en voz de la condesa), que puede leerse a tres columnas y cuyo primer verso es: "Amante,-caro,-dulce esposo mío" (Noguer 521-22; MP 176).

para atender a sí propio y lograr su ubicación particular en una sociedad conflictiva de *Homo homini lupus*. Es para él vital, por tanto, estar pendiente de lo que sucede a su alrededor; le conviene asombrar a los demás —como lo hace el estado por medio de las fiestas y entradas triunfales— porque éste será un modo de darse seguridad a sí mismo a través del dominio de los otros. Recordemos el vasto significado de la palabra gracianesca clave "atento", la cual reviste otra forma del ser discreto ya que no importa el mero vivir sino el modo de vivir. Así nos lo dice sor Juana, segura lectora de Gracián, en los siguientes versos:

> No en lo diuturno del tiempo
> la larga vida consiste;
> ....
> Quien vive por vivir sólo,
> sin buscar más altos fines,
> de lo viviente se precia,
> de lo racional se exime,
> y aun de la vida no goza,
> pues si bien llega a advertirse,
> el que vive lo que sabe
> sólo sabe lo que vive.
> ....
> Tres tiempos vive el que atento,
> cuerdo, lo presente rige,
> lo pretérito contempla
> y lo futuro predice[2].

El concepto inserto en la palabra "atento" nos lleva a la importancia que la época le daba, como resultado de esa preocupación que se vuelca sobre uno mismo, a las múltiples visiones singularizadoras del ser humano junto a la aceptación de un abanico de posibilidades que representan diferentes puntos de vista y que se consideran todas válidas aun cuando sean contradictorias; es aquello que dice Gracián: "El ojo tiñe al mirar." Y es como el título de una comedia de Calderón: *En esta vida todo es verdad y todo es mentira* que menciona la Fénix Americana al final de una de sus loas como anuncio a su inmediata representación (IC 200). Veamos otros versos de Sor Juana como ejemplo:

---

[2] Utilizo la edición nuestra (de Elias L. Rivers y mía) de Noguer; bajo Noguer aparecerá señalada en el texto. Los versos copiados se hallan en 391-93. Señalaremos los números de los versos (vv) para *El sueño* y el retrato de Lisarda. Además, en ocasiones, remitiremos al lector a mi edición de *Inundación castálida* (IC) y a Méndez Plancarte (MP).

> Todo el mundo es opiniones
> de pareceres tan varios
> que lo que uno que es negro,
> el otro prueba que es blanco.
>
> ....
>
> Los dos filósofos griegos
> bien esta verdad probaron:
> pues lo que en el uno risa,
> causaba en el otro llanto
>
> ....
>
> Para todo se halla prueba
> y razón en qué fundarlo;
> y no hay razón para nada,
> de haber razón para tanto (Noguer 347-48).

Del mundo de la realidad objetiva del Renacimiento que utilizaba la experiencia para establecer leyes generales se pasa, en el Barroco, a la realidad subjetiva que trata de emitir postulados de interés general en los cuales se enfatiza la particularidad de la propia experiencia aunque ésta no sea del todo fiable; dice la monja mexicana en la *Respuesta*: "vivo siempre tan desconfiada de mí que ni en esto ni en otra cosa me fío de mi juicio" (Noguer 791). Esta experiencia personal de que hablamos la encontramos en un interesante y desgarrador soneto suyo sobre la esperanza en el que, aun tratándose de una virtud teologal, nos da una visión contraria a la que se esperaría de una mujer atada a una orden religiosa[3]. Esto se explica por el carácter barroco de la poesía de la monja que, al igual que muchos de sus contemporáneos incluyendo a Calderón, nos ofrece consejos de carácter práctico aun cuando para ello revistan el de negación ascética. Véase este otro soneto:

> Verde embeleso de la vida humana,
> loca esperanza, frenesí dorado,
> sueño de los despiertos intrincado,
> como de sueños, de tesoros vana;
> alma del mundo, senectud lozana,
> decrépito verdor imaginado;
> el hoy de los dichosos esperado
> y de los desdichados el mañana:
> sigan tu sombra en busca de tu día

---

[3] Es el soneto que empieza "Diuturna enfermedad de la esperanza." Puede verse en Noguer 629-30 o en IC 138.

> los que, con verdes vidrios por anteojos,
> todo lo ven pintado a su deseo;
> que yo, más cuerda en la fortuna mía,
> tengo en entrambas manos ambos ojos
> y solamente lo que toco veo (Noguer 630).

Repárese que Sor Juana nos da en este soneto la visión de aquellos tontos que se imaginan cosas y que "todo lo ven pintado a su deseo," para entonces individualizar la visión suya "más cuerda" sobre la "loca esperanza". Nos presenta este soneto, además, la utilización de dos sentidos, el de la vista y el del tacto, como modo de darse más seguridad ante el carácter aparencial de las cosas que prevalecía en el Barroco, según comentaremos más adelante.

De lo dicho hasta aquí podemos sacar en consecuencia uno de los rasgos más relevantes que menciona Maravall con respecto a la época que tratamos: su carácter dinámico, proteico, su mutabilidad. Este último rasgo mencionado, el que todo lo muda, nos lleva al de la transitoriedad y al de lo pasajero o inconstante, es decir, todo aquello que nos trae el paso del tiempo. En la incapacidad por detenerlo, el hombre barroco, agudizando su fascinación por los mecanismos al inventar el reloj llegó a ser capaz de medirlo, lo cual ya significaba un modo de dominarlo y, así, de igualarse al sol, a Dios. Veamos lo que dice la musa del reloj en una décima de una composición de homenaje que envió a "persona de autoridad", según nos informa el epígrafe que la precede:

> Raro es del arte portento
> en que su poder más luce,
> que a breve espacio reduce
> el celestial movimiento,
> e imitando al sol, atento
> mide su veloz carrera,
> con que, si se considera,
> pudiera mi obligación
> remitirte mayor don,
> mas no de mejor esfera (IC 251).

La realidad barroca es difícil de aprehender: se desvanece, se complica, es un hacerse, es un proceso que recorre distintos aspectos sucesivos de la mutabilidad en el transcurrir del tiempo. Así sucede con el conocido soneto de la monja que dice:

TIEMPO, APARIENCIA Y PARODIA

> Este, que ves, engaño colorido,
> que del arte ostentando los primores,
> con falsos silogismos de colores
> es cauteloso engaño del sentido;
> éste, en quien la lisonja ha pretendido
> excusar de los años los horrores,
> y venciendo del tiempo los rigores,
> triunfar de la vejez y del olvido:
> es un vano artificio del cuidado,
> es una flor al viento delicada,
> es un resguardo inútil para el hado,
> es una necia diligencia errada,
> es un afán caduco y, bien mirado,
> es cadáver, es polvo, es sombra, es nada.
>
> (IC 90)

La realidad ha dejado de ser unidimensional para convertirse en un mundo engañoso que debemos desentrañar a través de nuestra interpretación individual. Esto lo vemos también en los sonetos dedicados a la rosa (Noguer 627-28, 633) ya que la "Señora doña Rosa" es "amago de la humana arquitectura" que con sus "afeites de carmín y grana" es, como la persona del retrato, sólo apariencia ya que le espera una muerte cercana; para lo que sí sirve es para enseñanza nuestra, para "magisterio purpúreo."

En cuanto al soneto del retrato, éste, como la rosa, nos da una visión singular y concreta de una serie de aspectos inestables y sucesivos; la imagen que en el retrato vemos es, pues, sólo apariencia. Esta idea aparencial está reforzada por el uso doble de la palabra "engaño" y los "falsos silogismos de colores"; el retrato es "engaño colorido," "cauteloso engaño del sentido" porque la persona retratada dejó de ser la figura que se captó en ese momento para convertirse en otra y otra que siguió la misma suerte hasta llegar, sucesivamente, al deterioro final inexorable donde la conduce el paso del tiempo: a ser "cadáver, polvo, sombra" y por fin, "nada"[4].

Si "La apariencia es el modo de mostrársenos las cosas en la experiencia, lo que de ellas alcanzamos y conocemos" y si "conocer es descifrar el juego de las apariencias, 'salvar las apariencias'" (Maravall 1973, 27), podemos decir que Sor

---

[4] El verso final, según se ha señalado, es cercano al último verso del soneto de Góngora ("en tierra, en humo, en polvo, en sombra, en nada") que comienza "Mientras por competir con tu cabello." Sor Juana utiliza la palabra "cadáver" que intensifica la angustia.

Juana "conoce" porque nos advierte de lo que le aguarda a la persona del retrato que, según el epígrafe, es ella misma[5]. La gente del Barroco, ya dijimos, se acostumbró a ver la realidad con muchas caras y lo que le importaba era acomodarse a esa realidad aparente. Notemos que en los ejemplos que hemos comentado, Sor Juana, sin dejar de ser barroca, nos pone ante la diferencia de apariencia, esencia e incluso realidad científica apuntando hacia la época racionalista posterior.

Relacionado con el concepto de apariencia está el de la perspectiva. Recordemos los ejemplos que de ella hallamos en la *Respuesta a Sor Filotea*. El lugar desde donde miramos las cosas es importante en cuanto a que la distancia y la proximidad pueden servir de engaño para la vista. Esta, como en el caso de los versos finales del soneto sobre la esperanza que hemos visto ("tengo en entrambas manos ambos ojos/y solamente lo que toco veo") no es suficiente para cerciorarnos de la realidad; por eso al sentido de la vista se añade el del tacto. La vista nos confunde, como nos cuenta Sor Juana en este pasaje de la *Respuesta*: "Paseábame algunas veces en el testero de un dormitorio nuestro (que es una pieza muy capaz) y estaba observando que siendo las líneas de sus dos lados paralelas y su techo a nivel, la vista fingía que sus líneas se inclinaban una a otra y que su techo estaba más bajo en lo distante que en lo próximo, de donde inferían que las líneas visuales corren rectas, pero no paralelas, sino que van a formar una figura piramidal. Y discurría si sería ésta la razón que obligó a los antiguos a dudar si el mundo era esférico o no. Porque, aunque lo parece, podía ser engaño de la vista, demostrando concavidades donde pudiera no haberlas"[6].

Por último, en esta primera parte veamos las figuras de Faetón y de la Noche a las que Sor Juana les da tanta importancia en *El sueño*. La circunstancialidad, la fortuna, la ocasión, la coyuntura, la acomodación son todas ideas barrocas unidas

---

[5] El epígrafe de ese soneto del retrato dice así: "Procura desmentir los elogios que a un retrato de la poetisa inscribió la verdad, que llama pasión" (IC 90). Sobre este carácter fenoménico y aparencial, véanse también los ejemplos que nos da en otros sonetos dedicados a la rosa (números 147, 148 y 158 de Noguer).

[6] La cita se halla en Noguer 789-90. Véase otro ejemplo también de la *Respuesta* que remite a su conocimiento de las teorías de Kepler en cuanto a la relación entre el círculo y la elipse: "Estaban en mi presencia dos niñas jugando con un trompo, y apenas yo vi el movimiento y la figura cuando empecé, con esta mi locura, a considerar el fácil moto de la forma esférica y cómo duraba el impulso ya impreso e independiente de su causa, pues distante la mano de la niña, que era la causa motiva, bailaba el trompillo; y no contenta con esto, hice traer harina y cercerla para que, en bailando el trompo encima, se conociese si eran círculos perfectos o no los que describía con su movimiento; y hallé que no eran sino unas líneas espirales que iban perdiendo lo circular cuanto se iba remitiendo el impulso" (Noguer 790).

a la transitoriedad del tiempo. Entendemos así el gran interés que en esta época adquirieron los personajes que salen triunfadores (y de ahí el impulso que adquirió la biografía) o que salen derrotados en su inserción estratégica con la sociedad o el universo.

Entre los personajes del mundo antiguo, del mitológico o del renacentista que servían para ejemplificar, Sor Juana escogió en *El sueño*, identificándose con ellos, a Faetón y a la Noche. El primero tiene en común con la monja la bastardía (Paz 505): esto explica que de manera consciente o inconsciente lo escogiera para mostrar a través del fracaso de Faetón al no poder gobernar el carro de su padre el Sol, su propio fracaso cuando reconoce que no puede "manejar" correctamente las ciencias y las artes, es decir, que no puede llegar a la totalidad de saber a través de ninguno de los dos métodos de estudio que concebía la época: el intuitivo de Platón y el metódico de las diez categorías de Aristóteles. Tienen en común Faetón y Sor Juana la misma básica inquietud, la ambición y arrogancia de probarse a sí mismos que son hijos dignos del mundo o del universo capaces de lograr grandes cosas. Basada en el ejemplo de Faetón, el castigo no la desanima en absoluto; recuérdese lo que dice:

> Ni el panteón profundo
> ....
> ni el vengativo rayo fulminante
> mueve, por más que avisa,
> al ánimo arrogante
> que, el vivir despreciando, determina
> su nombre eternizar en su ruina (vv. 796-802).

Con la Noche, regida por la luna, se identifica Sor Juana en su aspecto femenino de resistencia, de tenacidad. El afán repetitivo, el no cejar en su empeño, aparece en los dos personajes, Faetón y la Noche, como personajes complementarios que son. Faetón, en vez de ser escarmiento, ejemplo para no ser seguido (que era como generalmente se presentaba en la literatura de la época) ha mostrado (los subrayados son míos):

> abiertas sendas al atrevimiento,
> que una vez ya trilladas, no hay castigo
> que intento baste a remover *segundo*
> (*segunda* ambición, digo)
> ....
> Tipo es, antes, modelo:
> ejemplar pernicioso

> que alas engendra a *repetido* vuelo
> del ánimo ambicioso (vv 792-94; 803-06).

La noche también muestra este rasgo de repetición necesaria para cumplir con el ciclo inherente a su quehacer astronómico en los siguientes versos, cuando de ella nos dice la musa que:

> en la mitad del globo que ha dejado
> el sol desamparada
> *segunda* vez rebelde determina
> mirarse coronada (vv. 963-66).

Esta tenacidad de la Noche es paralela a la necesidad inherente a la personalidad de la monja por cumplir con su "inclinación" según llama en la *Respuesta* a la necesidad vital que siente por dedicarse al estudio, por cumplir con lo que llamaríamos hoy su destino.

La novedad de Sor Juana con respecto a estos dos personajes, Faetón y la Noche que, según hemos dicho ya con respecto a Faetón se daban como modelos de la derrota y de lo sombrío, es que los hace vencedores basada en la validez del esfuerzo visto como meta y no como medio, porque lo que importa, dentro de nuestras limitaciones, no es alcanzar la victoria sino realizar la batalla por obtenerla. La "Fénix Americana," aprovechando el resquicio de libertad que daba su época, da un paso adelante y elabora una visión nueva haciéndolos vencedores de la Fortuna porque como dice Maravall: "El Barroco, considerándose a sí mismo como el tiempo de los modernos, ventajoso sobre cualquier otro pasado, afirma su confianza en el presente y el porvenir" (1973, 13). Añadamos que estos dos personajes nos muestran la voluntad de renovación en la caducidad[7]; en la figura de Faetón y la Noche, la repetición es renovación continua que busca la conservación en la perpetuidad de la acción, que busca imprimir cierto orden dentro de la inseguridad convirtiendo en victoria el fracaso.

II

Veamos ahora lo que nos dice Bajtin sobre la parodia, y lo que ha elaborado Severo Sarduy sobre el Barroco basándose, mayormente, en las teorías del

---

[7] Véase mi artículo "Otra vez *El sueño*: relectura feminista" que se publicará en un libro de ensayos dedicado a Sor Juana titulado: *"Y yo despierta": Towards a Feminist Reading of Sor Juana Inés de la Cruz*, que coordina Stephanie Merrim de Brown University y se publicará este año.

primero. Dice Sarduy: "En la medida en que permite una lectura en filigrana, en que esconde, subyacente al texto, otro texto, —otra obra que éste revela, descubre, deja descifrar—, el barroco latinoamericano reciente participa del concepto de parodia" (175). Es decir, la parodia en cuanto diálogo, afrontamiento, mensaje doble, es un recurso que pertenece al Barroco. El crítico y novelista cubano puesto que utiliza ejemplos que provienen de la narrativa actual, se refiere al llamado neobarroco. Pero los rasgos que le adjudica a la parodia, y que mencionaremos en seguida, se hallan igualmente en el viejo Barroco de Indias que es el que estamos analizando en relación con la obra de Sor Juana. Son los siguientes: la intertextualidad, que incluye a la cita y a la reminiscencia, y la intratextualidad, que se basa en los gramas fonéticos, los gramas sémicos y los sintagmáticos. Dice Bajtin que "to introduce a parodic and polemical element into the narration is to make it more multivoice, more interruption-prone" (226, cf. 193-94) lo cual nos presenta Sarduy como "confusión y afrontamiento, ... la mezcla de géneros, la intrusión de un tipo de discurso en otro" (175). Es decir, si parodia es poner un texto dentro o ante otro texto, entablar un diálogo problemático, debemos considerar como composición paródica, recordando que no estamos tratando con prosa sino con poesía, el largo poema antipetrarquista de sor Juana dedicado a "pintar" a Lisarda. Pero, antes, veamos un soneto burlesco de la monja. En él, así como en los otros cuatro sonetos burlescos que aparecen siempre juntos, según nos dice el epígrafe del primero (el que vamos a considerar), "se le dieron a la poetisa los consonantes forzados de que se componen, en un doméstico solaz". Estos consonantes forzados los constituyen las palabras finales de cada uno de los versos, o sea que constatamos así la intervención de un texto "obligado" que forzosamente se opone a otro; además, se nos indica que todo esto se hace por "juego" que es otro de los rasgos que marcan al Barroco (Sarduy 182). Reparemos en que este juego carnavalizado, retórico, es también uno de los rasgos paródicos que señalan lo mismo Bajtin que Sarduy (127 y 175 respectivamente). Véase el soneto (los subrayados pertenecen al texto):

Inés, cuando te riñen por *bellaca*,
para disculpas no te falta *achaque*
porque dices que traque y que *barraque*,
con que sabes muy bien tapar la *caca*.
Si coges la parola, no hay *urraca*
que así la gorja de mal año *saque*,
y con tronidos, más que un *triquitraque*,
a todo el mundo aturdes cual matraca.
Ese bullicio todo lo *trabuca*,
ese embeleso todo lo *embeleca*;
mas aunque eres, Inés, tan mala *cuca*,

> sabe mi amor muy bien lo que se *peca* (=pesca),
> y así con tu afición no se *embabuca*,
> aunque eres zancarrón y yo de *Meca* (Noguer 634).

Se carnavalizan aquí los códigos del amor cortés, porque es éste un poema de decepción amorosa donde paródicamente se vuelve al envés la poesía sublimada de Petrarca por medio de la utilización del lenguaje de germanía y del pueblo bajo. El amante, que no se deja "embabucar", no esconde que se las está habiendo con una "mala cuca" que le hace bellaquerías, y que trata de taparlas con la gritería de la "parola" que utiliza en su defensa[8].

En los ovillejos dedicados al retrato de Lisarda, se describe a una muchacha que "Veinte años de cumplir en mayo acaba" siguiendo un procedimiento de socavamiento de las reglas parecido al que acabamos de ver. Aquí, manteniendo la misma estructura, se trata de invertir los códigos que, de la tradición medieval, heredó el Barroco para los retratos poéticos[9]. La parodia la hallamos en la intertextualidad con la mención del mismo Garcilaso, al hacer burla de los textos "sacros" y el ritual de la poesía renacentista (Cf. Bajtin 127; el subrayado pertenece al texto):

> Pues las estrellas, con sus rayos rojos,
> que aún no estaban cansadas de ser ojos,
> cuando eran celebradas:
> *¡Oh dulces luces, por mí mal halladas,*
> *dulces y alegres cuando Dios quería!*
> pues ya no os puede usar la musa mía
> sin que diga, severo, algún letrado
> que Garcilaso está muy maltratado
> y en lugar indecente (Noguer 672).

Este "mundo al revés" de los códigos señalados, se presenta una y otra vez, a lo largo de la composición; véanse los ejemplos siguientes donde describe el cabello, la frente, la boca:

> Digo, pues, que el coral entre los sabios

---

[8] Véase de Frederick Luciani: "The burlesque sonnets of sor Juana Inés de la Cruz," 85-95.

[9] Véanse mis artículos: "Sor Juana y sus relatos poéticos," y "Sor Juana: la tradición clásica del retrato poético." Véase también el artículo sobre los retratos de la monja, de Rosario Ferré.

> se estaba con la grana aún en los labios;
> y las perlas, con nítidos orientes,
> andaban enseñándose a ser dientes;
> y alegaba la concha, no muy loca,
> que si ellas dientes son, ella es la boca:
> y así entonces, no hay duda,
> empezó la belleza a ser conchuda.
> ....
> Por el cabello empiezo, esténse quedos,
> que hay aquí que pintar muchos enredos;
> ....
> Tendrá, pues, la tal frente
> un caballería largamente,
> según está de limpia y despejada,
> y si temen por esto verla arada,
> ....
> [La boca] Es, en efecto, de color tan fina
> que parece bocado de cecina;
> y no he dicho muy mal, pues de salada,
> dicen que se le ha puesto colorada (Noguer 673-79).

Los rasgos paródicos que nos presenta esta composición incluyen la burla de las figuras del lenguaje y de la rima:

> ¿Pues qué es ver las metáforas cansadas
> en que han dado las musas alcanzadas?
> ....
> ¿Ven? Pues esto de bodas es constante,
> que lo dije por solo el consonante;
> si alguno halla otra voz que más expresa,
> yo le doy mi poder y quíteme ésa (Noguer 673-74).

Hay también intertextualidad en el uso de voces y dichos comunes, y burla del motivo del magisterio de la rosa cuando dice:

> Pásome a las mejillas,
> y aunque es su consonante *maravillas*,
> no las quiero yo hacer predicadores
> que digan: *Aprended de mí*, a las flores (Noguer 678).

Nótese la inversión y burla de valores: es la cara de la mujer, las mejillas, las que podrían (aunque la monja sólo lo sugiere al decir "no las quiero yo hacer predicadores") servir de maestras a las flores (el subrayado pertenece al texto).

Veamos, por último, con respecto a este poema, el uso de la reminiscencia de Jacinto Polo, de uno de cuyos retratos hay ecos en esta composición, según lo reconoce la misma poeta:

> ¡Ay,! con toda la trampa,
> que una musa de la hampa,
> a quien ayuda tan propicio Apolo,
> se haya rozado con Jacinto Polo
> en aquel conceptillo desdichado,
> ¡y pensarán que es robo muy pensado! (Noguer 675).

En cuanto a la intratextualidad que caracteriza Sarduy con respecto a la parodia según mencionamos antes, veamos entre los muchos, dos ejemplos de la categoría de gramas fonéticos provenientes de composiciones en décimas (el subrayado pertenece al texto)[10]:

> Una viuda desdichada
> por una *casa* pleitea,
> y basta que viuda sea,
> sin que sea *descasada*. (Noguer 601)
> ....
> Mas, sin embargo,
> pues el negocio no es largo,
> os suplico lo hagáis luego;
> y os encargo mucho el ruego,
> aunque no es *ruego y encargo*. (Noguer 600)

Señala también Severo Sardy, entre los rasgos que pertenecen al Barroco, los gramas sémicos. La definición que da es la siguiente: "El grama sémico es descifrable bajo la línea del texto, detrás del discurso, pero ni la lectura transgresiva de sus fonemas ni combinación alguna de sus marcas, de su cuerpo en la página, nos conducirán a él; el significado a que se refiere el discurso manifiesto no ha

---

[10] Véanse otros ejemplos, entre los muchísimos, de gramas fonéticos (Noguer 595 y 600): "tu espada cortó tu pluma,/ tu pluma mide tu espada," de la composición cuyo primer verso es: "Tus plumas, que índice infiero," y "y os encargo mucho el ruego,/ aunque no es *ruego y encargo*" (los subrayados pertenecen al texto) de la composición que comienza: "Ese brevete mirad." Y en la misma composición de Lisarda: "a las manos y manos a la obra," 680; "que si mancas no son, son mancarronas", 681.

dejado ascender sus significantes a la superficie textual: *idiom* reprimido, frase mecánicamente recortada en el lenguaje oral y que quizá por ello no tiene acceso a la página ..." (179). Es decir, es lo que percibe en la lectura por medio de referencias que se dan en el texto pero que no se expresan claramente en él. Veamos el epigrama que Sor Juana escribió en defensa propia y ataque al mismo tiempo, en alguna ocasión en que se le echaría en cara el ser hija natural:

>El no ser de padre honrado
>fuera defecto, a mi ver,
>si como recibí el ser
>de él, se lo hubiera yo dado.
>Más piadosa fue tu madre,
>que hizo que a muchos sucedas:
>para que, entre tantos, puedas
>tomar el que más te cuadre (MP 230-31).

La mención velada de los muchos padres posibles llevan al lector a descifrar el insulto que subyace en el texto: "hijo de puta."

III

Hasta ahora, los rasgos que hemos venido analizando en la obra de Sor Juana nos constatan el carácter barroco general de su obra. En lo que sigue, vamos a ver cuál fue la contribución de la monja, no ya al Barroco hispano sino específicamente al Barroco de Indias. Esta contribución: su tratamiento de los personajes del indio, del negro y de la mujer, no se limita a la introducción de tipos, lenguas y formas del mundo americano, propone, a través de ellos, diferencias significativas relacionadas con el mundo social y político del Nuevo Mundo y la metrópolis.

Se ha señalado el carácter de la literatura marginal de los villancicos (Bénassy 86); añadamos que guardaban, por su carácter popular, rasgos acusados del mundo carnavalizado. Por ello, servían como vehículo más libre de mensajes difíciles de enviar en textos considerados "serios." Sor Juana, quien no tenía a menos escribir juegos completos de villancicos para celebrar festividades religiosas en distintas catedrales mexicanas, también utilizó este género, además del envío del mensaje religioso, para expresar más o menos conscientemente su crítica contra situaciones sociales existentes en su época. Esta visión, seguramente de raíces humanistas cristianas americanas[11] revela el tratamiento de inferioridad que se daba a ciertos grupos: los de los negros, de los indios y de su propia persona al atacársela por ser

---

[11] Anotemos la tradición humanista de las órdenes dominica y franciscana que produjeron personajes ejemplares (el más destacado sería el de Bartolomé de las Casas) y que tanta

mujer dedicada a la escritura. En los villancicos se establece un diálogo que nos transmite, sea de manera estridente o apagada, las voces de tensión entre el mundo europeo y el americano reflejando la lucha entre el centro de poder peninsular y la periferia colonial[12], y la lucha de la Fénix porque se le reconociera el puesto de mujer intelectual en la sociedad de su tiempo. El resultado es un arte agresivo cuyas formas son paradójicas y antitéticas, un arte, en fin, barroco, barroco americano[13]. Los villancicos de la monja están escritos dentro del marco consagrado, es decir, siguen el esquema y las formas que le traspasó la tradición. Hay que señalar, sin embargo, que el tratamiento que se les da a los negros y al personaje más nuevo de los indios es más elevado y digno que el recibido a manos de los autores de los villancios españoles. Es decir, el castellano deteriorado de los negros y de los indios sirve de instrumento acusatorio de esas clases marginadas, según veremos. En los de Sor Juana escritos parcial o totalmente en náhuatl (como el de la Asunción, 1676, por ejemplo), la monja impone, forzándola, una lengua desconocida al auditor peninsular que sólo hablaba castellano. Sólo los indios y los criollos presentes en la catedral quienes en su mayoría, como la misma Sor Juana, conocerían la lengua náhuatl (Rivers 1983 9-12), podían seguir la letra, comprender el significado de lo que se iba cantando. Se diría que esta novedad sorjuanina se da como una compensación por lo que tenían que soportar los naturales

---

repercusión tendrían en América. Este "esfuerzo modelo" en defensa del sometido y del pobre, continuó en México representado en las figuras de Gante, Sahagún, Motolinía, Vasco de Quiroga. Mariano Picón Salas se refiere a Francisco de Icaza quien menciona al dramaturgo Cristóbal de Llerena el cual ya hacia 1548 escribía en Santo Domingo, diálogos religiosos llenos de color, de humanismo y sátira en los que discutían los derechos de los pobres y los ricos; Picón Salas 55, 69. Véase también la obra de Marie Cécile Bénassy en la que recalca el humanismo de Sor Juana en favor de las clases populares de su tiempo.

[12] Sor Juana tiene varias composiciones en las que se refiere a la superioridad del Nuevo Mundo. Véanse, por ejemplo, la dedicada a la duquesa de Aveiro ("Grande duquesa de Aveiro," IC 218-224; Noguer 449-454) y la que escribe a la marquesa de la Laguna en celebración del bautizo de su hijo ("No he querido, Lisi mía," IC 147-151; Noguer 418-421).

[13] Sor Juana extiende su parodia al mundo eclesiástico donde se habla latín (véanse, por ejemplo, en MP los números 241 40-41; 249 58-59; 258 71-72). No sólo demuestra su maestría en esa lengua que caracterizaba a los varones intelectuales del tiempo poniéndose así al mismo nivel, sino que utiliza el latín macarrónico en un alarde de conocimiento, en juego de palabras, en el que se desvirtúan conceptos de la Iglesia. Véase el villancico (IC 339-40) en el que participan un estudiante de clérigo ("de bachiller afectado ... y de docto reventado") y un "barbado" (un hombre): del vino consagrado, la sangre de Cristo, se pasa al vino que emborracha; la calidad de "hombre honrado" se transmuta pasando a ser propiedad del hombre sencillo, del "barbado," todo ello dentro de una ambigüedad desconcertadora. (Véase el artículo de Raquel Chang-Rodríguez.)

mexicanos con el resto de los villancicos que se cantaban en castellano los cuales entenderían sólo a medias, y, sobre todo, en su vida diaria luchando con una cultura que les era ajena. En estos villancicos, composiciones en clave, se establece un diálogo transgresor entre la cultura del poderoso y la del sometido que lo relaciona con la parodia: *"in antiquity, parody was inseparably linked to a carnival sense of the world. Parodying is the creation of a decrowning double; it is that same 'world turned inside out'. For this reason parody is ambivalent"* (Bajtin 127; el subrayado es suyo)[14]. Veamos una muestras para ejemplificar lo que decimos (el subrayado pertenece al texto; se da la traducción entre paréntesis):

> Los Padres bendito
> tiene o Redentor,
> *amo nic neltoca* (yo no lo creo)
> *quimati no* Dios (Lo sabe mi).
> ....
> *Huel ni machlcahuac* (Yo soy muy serio),
> no soy hablador,
> *no teco qui mati* (mi señor lo sabe),
> que soy valentón.
> ....
> También un *topil* (alguacil)
> del gobernador,
> *caipampa* tributo (por causa del)
> prenderme mandó.
> Mas yo con un *cuahuil* (leño)
> un palo lo dio,
> *ipam i sonteco* (en su cabeza)
> no se si murió. (IC 341-44)

Las palabras "mi Dios" y "mi señor" de las dos primeras estrofas establecen una relación directa del indio con Dios, en su propia lengua, por encima de los padres mercedarios poniendo en entredicho la autoridad de los representantes de la Iglesia. En las dos estrofas siguientes, el indio se opone al poder estatal despreciando las diligencias de un representante del gobernador y por tanto del poder establecido. Estas notas transgresoras aparecen asímismo en los villancicos

---

[14] A propósito de la ambivalencia de la parodia que menciona Bajtin, recordemos el carácter ambivalente de la vida y la personalidad de la monja: por un lado ortodoxa y sumisa, y por el otro valiente y contestataria; véase mi capítulo en *Historia de la literatura ...* de Cátedra, 276. No es extraño que se sintiera atraída a este recurso que hoy se adscribe al mundo barroco.

donde hablan los negros, los cuales también formarían parte del público que se apretujaba en las naves. Véase este pasaje en el que se comienza hablando de los padres mercedarios quienes le ofrecen una fiesta a su fundador y redentor de cautivos, San Pedro Nolasco:

> Eya dici que redimi,
> cosa palece encantala,
> pero yo que la oblaje vivo,
> y las Parre no mi saca.
> La otra noche con mi conga
> turo sin durmí pensaba,
> que no quiele gente plieta,
> como eya so gente branca.
> Sola saca la pañole,
> pues, Dioso, !mila la trampa,
> que aunque neglo, gente somo,
> aunque nos dici cabaya! (IC 338-39)

El diálogo conflictivo de oposición a la autoridad dentro del marco de risa general, único modo posible de decir estas cosas, lo constituye: la mención de los obrajes (los talleres) donde generalmente trabajan los negros en condiciones detrimentales, la del rechazo por parte de los blancos padres mercedarios hacia los negros a causa de su color, la de "la trampa" que significaba que sólo se redimiera a los españoles y, por fin, la afirmación de ser ellos tan gente como los demás junto a la protesta contra el insulto de llamarlos "caballos"[15]. Sor Juana, la mujer letrada por excelencia de la sociedad en que vivía, presta su voz a estos personajes marginados identificándose con ellos demostrando conciencia de su situación conflictiva.

Prosigamos con el estudio de las tensiones que presta este diálogo impugnador, ahora en defensa de su personalidad de mujer intelectual controvertida por las costumbres de la época. Veamos las notas "feministas"[16] que se encuentran en los villancicos dedicados a Santa Catarina de Alejandría. Son la expresión más

---

[15] La utilización de personajes masculinos marginados es una nota común entre las mujeres escritoras. Véase la obra completa de Sor Marcela de san Félix, hija de Lope de Vega, quien también se aprovechaba de estos tipos para ejercitar la crítica. La obra de Sor Marcela, de la cual soy co-editora con Electa Arenal, se ha publicado por Promociones y Publicaciones Universitarias en Barcelona, 1988.

[16] Escribo siempre "feministas" entre comillas por la contradicción que significa aplicar el término a época tan remota, según me apuntó Octavio Paz. Véase lo que digo en mi artículo publicado recientemente en *La Torre Nueva Epoca*: "Antes de Juana Inés: Clarinda y Amarilis, dos poetas del Perú colonial," nota 17.

exaltada y rotunda de su defensa sobre la igualdad de los sexos y del derecho, mencionado antes, de la mujer a la intelectualidad[17]. Notemos, además, que estos villancicos se publicaron en 1691, después del asunto de las cartas; son prueba de que aun cuando Sor Juana tomo la decisión de retirarse del mundo de las letras, no por ello renunció a sus convicciones. En esos villancicos hace, desde el comienzo, una defensa que va en aumento a lo largo de las composiciones, de la personalidad femenina sabia e inteligente de la santa para extenderla a toda mujer en general e identificándose ella misma con la egipcia en particular. Incluso justifica el suicidio de Cleopatra, otra "gitana" con quien hace un contrapuenteo, basada en la prevención de la pérdida de la libertad, la honra o la fama, ya "que muerte más prolija/ es ser esclava" o "porque más que la vida/ el honor ama" (villancico III de Primero Nocturno). Santa Catarina la que "dizque supo mucho,/ aunque era mujer," es la figura que le sirve para reafirmar su fe en la mujer, es la voz que utiliza, briosa y jubilosamente, para proclamar en el ámbito de la catedral de Oaxaca (y de todo el mundo), y después de todo el escándalo promovido por su ataque a Vieira, lo que ya había dicho en la *Respuesta*. Entre los varios ejemplos, veamos los provocativos versos siguientes:

> De una mujer se convencen
> todos los sabios de Egipto,
> para prueba de que el sexo
> no es esencia en lo entendido.
> ¡Víctor, víctor!

---

[17] La lucha de Sor Juana por ensalzar a la mujer, por conseguir el reconocimiento del derecho de ésta a la intelectualidad y por equipararla al hombre en muchos planos, es una de las fuerzas principales que mueven su obra; esta preocupación se halla esparcida en todos sus escritos. Véanse, por tomar sólo ejemplos de los villancicos, la forma en que presenta en ellos a la Virgen María, ejemplo máximo de mujer: en los de la Asunción de 1676 nos presenta a María de doctora, de maestra y de caballera andante; en los de la Asunción, 1679, la hallamos de astrónoma y de "mujer valiente," "terror hermoso," "valeroso pasmo," "luminoso espanto;" en los de la Asunción de 1685 nos dice: "Por otro motivo/ que todos murió:/ no de hija de Adán,/ de madre de Dios;" María es casi igual a Dios: "al soberano dueño a quien se humilla,/ porque sólo de Dios serlo pudiera." En los de la Concepción, 1689, al eximirla de la culpa original hace de Adán el pecador sin mencionar para nada a Eva; María es: "hija de Adán y sin mancha/.../ Que en Adán pecaron todos,/ es verdad; mas no podía/en la ley de los esclavos/ ser la Reina comprendida." María, en estos villancicos vence al demonio y es reconocida por los doctos del cielo: "Dizque los doctos de allá/ claridad de Dios os llaman/ y de ángeles ..." Los ejemplos, ateniéndonos incluso a los villancicos solamente, son innumerables. Véase el artículo de Electa Arenal.

> Prodigio fue, y aun milagro,
> pero no estuvo el prodigio
> en vencerlos, sino en que
> ellos se den por vencidos.
> ¡Víctor, víctor!
> ....
> Nunca de varón ilustre
> triunfo igual habemos visto,
> y es que quiso Dios en ella
> honrar al sexo femíneo.
> ¡Víctor, víctor! (MP II, 171-72)

En las loas de *El cetro de José* y del *Divino Narciso* también hallamos muestras de esas imágenes contrastadoras entre el Viejo y el Nuevo Mundo que venimos señalando. Se presentan en una forma transigente que acusa el intento de establecer ciertas pautas de avenencia dentro de las diferencias resolviéndose en lo que se ha llamado sincretismo religioso o cultural (Lafaye 54-76). Dice Severo Sarduy (183): "así el barroco europeo y el primer barroco colonial latinoamericano se dan como imágenes de un universo móvil y descentrado ... pero aún armónico; se constituyen como portadores de una consonancia: la que tienen con la homogeneidad y el ritmo del logos exterior que los organiza y precede, aun si ese logos se caracteriza por su infinitud, por lo inagotable de su despliegue". Sor Juana, aun manteniendo el *status* de la autoridad del rey y de la Iglesia, nos ofrece la variedad dinámica, interactiva y socavadora de otras visiones singularizadoras. ¿Puede hallarse en estas loas algún rasgo paródico? Nos dice Bajtin (194): "Parodistic discourse can be extremely diverse ... one can also parody the very deepest principles governing another's discourse ... But in all possible varieties of parodistic discourse the relationship between the author's and the other person's aspirations remains the same: these aspirations pull in different directions, in contrast to the unidirectional aspirations of stylization, narrated history, and analogous forms".

En estas loas, que se escribieron para representarse en los palacios virreinales ante la corte constituida por españoles en su mayoría, y seguramente con la idea de que se presentaran en teatros de la Península[18], sor Juana pone a un público europeo ante los dilemas suscitados, en materias teológicas, por el descubrimiento de

---

[18] El auto del *Divino narciso*, con su loa, fue escrito, al parecer, a instancias de la Condesa de Paredes quien tendría la intención de presentarlo en Madrid. Méndez Plancarte afirma que "cabe conjeturar el estreno madrileño en el Corpus del año subsiguiente, es decir, el 9 de junio de 1690" (MP III, p. LXXI). Octavio Paz en *Las trampas* dice que "El teatro de sor

América y de religiones desconocidas[19]. La poeta exige que, por su mediación, se conozca el mundo americano pre-colombino; obliga a su público a apreciar otros valores que le son desconocidos forzando un diálogo que pone frente a frente a una cultura antigua y valiosa agredida por la fuerza y la violencia de otra. Dice la Idolatría, vestida de india, en la loa de *El cetro de José*:

> No mientras viva mi rabia,
> Fe, conseguirás tu intento,
> que aunque (a pesar de mis ansias)
> privándome la corona,
> que por edades tan largas
> pacífica poseía,
> introdujiste tirana
> tu dominio en mis imperios,
> predicando la cristiana
> ley, a cuyo fin te abrieron
> violenta senda las armas;
> .... (MP III, 192)[20]

En la loa del *Divino Narciso* desde el mismo comienzo, hace la apología del mundo antiguo:

> Nobles mejicanos,
> cuya estirpe antigua,

Juana fue, casi seguramente, representado en España" (441). Sin embargo, las investigaciones de Alexander A. Parker parecen demostrar lo contrario: "we know all the autos performed in Madrid from 1668 to the end of the century, and *El Divino Narciso* was not among them" (259).

[19] Recordemos el soneto de Sor Juana que comienza "La compuesta de flores maravilla,/ divina protectora americana" en el que presenta conceptos religiosos sincréticos: la Guadalupe castellana, "rosa de Castilla," pasa a ser la Guadalupe del Tepeyac, "rosa mejicana." Véase la obra de Jacques Lafaye, 74. Véase también el capítulo mío que aparecerá en la *Historia de la literatura hispanoamericana. La colonia*, que coordina Giuseppe Bellini y publicará Editorial Alambra en Madrid. Estas ideas sincretizadoras se encuentran en las loas que tratamos.

[20] Parecidas reflexiones hace el personaje de América en la loa del *Divino Narciso*: "Bárbaro, loco, que ciego,/ con razones no entendidas,/ quiere turbar el sosiego/ que en serena paz tranquila/gozamos/.../ y proseguid vuestros cultos/ sin dejar advenedizas/ naciones, osadas quieran/ intentar interrumpirlas," Noguer 118.

> de las claras luces
> del sol se origina:
> .... (MP III, 3)

Y pasa a explicar una antigua creencia religiosa de los aztecas como premonición del sacramento de la Eucaristía, como señal de que esas tribus tenían un misterioso conocimiento de las verdades de la fe cristiana. Contesta Occidente ("indio galán" e identificado con el hemisferio americano) a la pregunta de Religión: "¿Qué Dios es ése que adoras?":

> Es un Dios que fertiliza
> los campos que dan los frutos,
> a quien los cielos se inclinan,
> a quien la lluvia obedece
> y, en fin, es el que nos limpia
> los pecados, y después
> se hace manjar, que nos brinda.

Vemos, pues, que Sor Juana incluso dentro de un género alejado de controversias políticas como es el auto sacramental, se aprovecha de su condición de religiosa que escribe una pieza teatral que trata cuestiones de fe para hacer valer la visión americana de gentes de los mares de "non plus ultra" sacudiendo, en boca de sus indios, la legalidad de la autoridad divina y estatal.

Si esto hace en las loas que preceden a los autos sacramentales, con más razón vamos a encontrarlo en el género teatral profano. En la única comedia completa que escribió la monja: *Los empeños de una casa*, la cual se desarrolla en la ciudad de Toledo, mundo entrevisto solamente en la imaginación de Sor Juana, se sigue la estructura de la comedia de Lope introduciéndole algunas novedades que ponen en entredicho los cánones relacionados con el mundo masculino de este tipo de comedias de capa y espada. Las mujeres de esta comedia, Ana e incluso la criada Celia, además de Leonor, desarrollan actitudes y toman iniciativas que nos las presentan como mujeres de carácter fuerte que hacen valer su voluntad. Veamos unos versos del largo relato autobiográfico que pone Sor Juana en boca de Leonor para narrar, como lo hace en forma personal en la *Respuesta*, la historia de su estudioso afán:

> Pero es preciso el informe
> que de mis sucesos hago
> ....
> para que entiendas la historia,

> presuponer asentado
> que mi discreción la causa
> fue principal de mi daño.
> Inclinéme a los estudios
> desde mis primeros años
> con tan ardientes desvelos,
> con tan ansiosos cuidados,
> que reduje a tiempo breve
> fatigas de mucho espacio.
> Conmuté el tiempo, industriosa,
> a lo intenso del trabajo,
> de modo que en breve tiempo
> era el admirable blanco
> de todas las atenciones,
> de tal modo, que llegaron
> a venerar como infuso
> lo que fue adquirido lauro.
> Era de mi patria toda
> el objeto venerado ...

Desde el principio, la monja pone a su público (y al lector), frente a un personaje femenino singular de quien, como de ella misma: "su belleza e ingenio celebraban"; una mujer "discreta," letrada, que aunque poco frecuente, quizás no fuera tan excepcional en el mundo de su época[21]. El valor de Leonor no se basa en su hermosura y obediencia ni en el dinero; se basa en su talento y discreción. Por medio de este personaje la autora confronta y rechaza el concepto de la época que se burla de la "pobrecita/ de Leonor, cuyo caudal/ son cuatro bachillerías" (Noguer 47). El hombre de quien está enamorada, don Carlos, y por el que rompe reglas establecidas, no retrata el tipo de caballero tradicional de la comedia; es ejemplo de cómo deben ser. No sólo tiene rostro en el que se unen el valor y la hermosura: se pone de relieve su elevado y sutil entendimiento, su carácter respetuoso y humilde. Es el hombre "atento" que, antes de actuar, analiza las situaciones; es:

> En los desdenes sufrido,
> en los favores callado,
> en los peligros resuelto
> y prudente en los acasos.

---

[21] Vease el artículo de Luis Monguió de *UDR*, y mi artículo mencionado en la nota 16.

Hay mucho de paródico en esta comedia; de hecho *Los empeños* es, como tal, una parodia de las comedias de enredo en las cuales todo sale a la medida del caballero ya que aquí son las mujeres quienes dirigen la acción.

La escena donde aparece el personaje de Castaño es pura carnavalización. En ella se nos presenta al gracioso de la comedia que es, a su vez, mulato del Nuevo Mundo que sirve en España de criado a don Carlos, en el acto de vestirse de mujer para no ser reconocido cuando, por necesidades de la trama, salga a la calle. Así como los dramaturgos masculinos vestían a la mujer de hombre para salir a vengar su honor, a Castaño lo viste Sor Juana de mujer para salvar su pellejo burlándose de este modo del sistema de honor peninsular. Con lenguaje y gestos atrevidos y afeminados (Rivers 1971, 633-37) hace una mofa feroz contra la costumbre que admite que los "lindos," los hombres vanos de la época, se amartelen "a bulto" solamente guiados por las apariencias, y que galanteen "a salga lo que saliere". Se opone así a la práctica consuetudinaria de que la mujer sea un objeto subordinado a la caracterización de esos "hombres necios", expuesta a sus caprichos y prejuicios. Se hace también la crítica de los motivos que calificaban a la "dama": "menudo el paso, derecha/ la estatura, airoso el brío,/ inclinada la cabeza,/ un si es no es, al un lado" ... Hay metateatro cuando Castaño se dirige al público y específicamente al virrey en el proceso de cambiarse de ropa, y cuando invoca a Calderón para que le sugiera una treta que lo saque de apuros.

Como en el caso de los villancicos, Sor Juana se aprovecha de la condición de marginalidad de esta refrescante figura de criado disfrazado de mujer para innovar parodiando, social y literariamente, en muchos planos: un mulato americano trasladado a Toledo, corazón de España, les corrige la plana a los señores peninsulares proponiendo un nuevo estado de cosas superior, y esto lo hace utilizando diferentes caretas detrás de las cuales se oye la voz de una mujer del Nuevo Mundo. Son muy varios los aspectos del distendido y disfrazado diálogo establecido entre sor Juana, mujer intelectual, y la sociedad que la rodeaba que no quería reconocerle ese derecho; pero esta plática burlona llega más lejos, nos lleva al enfrentamiento entre dos mundos: el centro de poder peninsular y la periferia pujante de la Colonia.

La parodia continúa viviendo en la obra de sor Juana *"for the life of the genre consists in its constant rebirths and renewal in original works"* (Bajtin 141; el subrayado pertenece al texto). Si del Barroco peninsular conocía perfectamente sus conceptos, formas y organización, la originalísima contribución de la Décima Musa al Barroco de Indias estriba en la ruptura de esquemas que en su obra produjo la introducción del mundo americano y de la mujer.

OBRAS CITADAS

Arenal, Electa. "Sor Juana Inés de la Cruz: Speaking the Mother Tongue." *University of Dayton Review* (*UDR*, en lo adelante esta obra aparecerá bajo estas iniciales), Spring 1983, Vol. 16, No. 2: 93-102.

Bakhtin, Mikhail. *Problems of Dostoevsky's Poetics*. University of Minneapolis: Minnesota Press, 1984.

Bénassy Berling, Marie Cécile. *Humanisme et Religion chez Sor Juana Inés de la Cruz. La Femme et la culture au XVII siècle*. Paris: Editions Hispaniques, 1982.

Chang-Rodríguez, Raquel. "Mayorías y minorías en la formación de la cultura virreinal," *UDR*, Spring 1983, Vol. 16, No. 2: 23-34.

Ferré, Rosario. "El misterio de los retratos de Sor Juana," *Escritura*, X, 19-20, Caracas, enero-diciembre, 1985, 13-32.

Lafaye, Jacques. *Quetzalcoatl and Guadalupe. The Formation of Mexican Consciousness 1531-1813*. Chicago and London: The University of Chicago Press, 1974.

Luciani, Frederick. "The Burlesque Sonnets of Sor Juana Inés de la Cruz," *Hispanic Journal*, Fall 1986, Vol. 8, No. 1: 85-95.

Maravall, José Antonio. *La cultura del Barroco*. Barcelona: Editorial Ariel, 1975.

_____. "Un esquema conceptual de la cultura barroca," *Cuadernos Hispanoamericanos*, marzo 1973, No. 273: 1-39.

Méndez Plancarte, Alfonso, editor. *Obras completas de Sor Juana Inés de la Cruz* I, II, III y IV. México-Buenos Aires: Fondo de Cultura Económica, 1951 a 1957. El tomo IV se debe a Alberto G. Salceda.

Monguió, Luis. "Compañía para Sor Juana: mujeres cultas en el virreinato del Perú," *UDR*, Spring 1983, Vol. 16, No. 2: 45-52.

Parker, Alexander A. "The Calderonian sources of *El Divino Narciso*," *Romanisches Jahrbuch*, Vol. XIX, 1968: 257-274.

Paz, Octavio. *Sor Juana Inés de la Cruz o Las trampas de la fe*. Bacelona: Seix Barral, 1982.

Picón Salas, Mariano. *A Cultural History of Spanish America. From Conquest to Independence*. Berkeley and Los Angeles: University of California Press, 1966.

Reyes, Alfonso. "Virreinato de filigrana (XVII-XVIII)," *Letras de la Nueva España*, VI, México: Fondo de Cultura Económica, 1948.

Rivers, Elias L. "Indecencias de una monjita mexicana," *Homenaje a William L. Fichter*, Madrid: Editorial Castalia, 1971: 633-37.

_____. *Sor Juana Inés de la Cruz. Obras selectas* (co-editor). Barcelona: Editorial Noguer, 1976.

_____. "Diglossia in New Spain," *UDR*, Spring 1983, Vol. 16, No. 2: 9-12.

Roggiano, Alfredo A. "Conocer y hacer en Sor Juana Inés de la Cruz," *Revista de Occidente*, 15, 1977, 51-54

Sabat de Rivers, Georgina. *Sor Juana Inés de la Cruz. Obras selectas* (co-editora). Barcelona: Editorial Noguer, 1976.

_____. "Sor Juana Inés de la Cruz," *Historia de la literatura hispanoamericana, Epoca colonial*, I. Madrid: Cátedra, 1982: 275-293.

_____. *Sor Juana Inés de la Cruz. Inundación castálida*, editora. Madrid: Editorial Castalia, 1982.

_____. "Sor Juana y sus retratos poéticos," *Revista chilena de literatura*, 23 abril 1984: 39-52.

_____. "Sor Juana: la tradición clásica del retrato poético," *De la crónica a la nueva narrativa mexicana*. México: Editorial Oasis, 1986: 79-93.

_____. "Antes de Juana Inés: Clarinda y Amarilis, dos poetas del Perú colonial," *La Torre. Nueva Epoca*, Año 1, No. 2, 1987: 275-287.

Sarduy, Severo. "El barroco y el neo-barroco," *América Latina en su literatura*. París: Siglo Veintiuno Editores, 1972, 167-184.

III. EL ROMANTICISMO

EL CUENTO LITERARIO DEL ROMANTICISMO

POR

EMILIO CARILLA

Al Profesor Alfredo A. Roggiano

I. VAGOS PRECEDENTES COLONIALES

Como punto de partida, creo que tiene alguna justificación el formular la siguiente pregunta: ¿Puede hablarse, en rigor, de la existencia del género "cuento" en la época colonial?

La pregunta parece, en principio, sin mayor asidero. Sin embargo, así como la crítica más reciente ha demostrado la presencia de una novela colonial (eso sí, con rasgos muy particulares), no hay inconveniente en tentar, por lo menos, la búsqueda de testimonios de aquellos siglos que entren, con mayor o menor justeza, en la categoría del cuento. Y, la verdad, que algo aparece, si bien no con la relativa abundancia que nos ha deparado hasta hoy la novela colonial (novela y relatos novelescos). Además —como bien sabemos— la configuración definida del cuento literario corresponde ya a los umbrales del siglo XIX. Antes, encontramos cuentos folklóricos y populares, con resonancias orales, aun admitiendo que estos nombres no siempre marcan una clara separación con lo que se llamaría "cuento literario".

Con todo, algo queda en claro. Los escasos testimonios que podemos alinear como cuentos en la época de la Colonia, no corresponden a intentos escritos como cuentos, ni a colecciones especiales que muestren una intención de responder a un determinado canon. Con otras palabras, son cuentos considerados desde la perspectiva de la crítica de nuestro siglo, que separa de ciertos tipos de obras (por lo común, crónicas históricas, poemas narrativos y relatos novelescos), manifestaciones literarias que, sin mucho forzamiento, entran en la categoría estética del cuento. En ocasiones se trata de anécdotas, de breves ilustraciones o formas narrativas que un lector moderno acepta como cuentos, sin que el autor, evidentemente, haya tenido como meta (desde la especial perspectiva en que hoy nos movemos) elaborar un cuento.

Así, valga el ejemplo, podemos entender diversos episodios que encontramos en crónicas como la *Historia* de Fernández de Oviedo, como los *Comentarios Reales* del Inca Garcilaso y de la llamada *Argentina manuscrita* de Ruy Díaz de Guzmán. (Como sabemos, de aquí proceden episodios como el de Siripo y Lucía Miranda, por una parte, y el de La Maldonado, por otra)[1]. De los pasajes de *El Carnero*, de Rodríguez Freile, el crítico colombiano Héctor Orjuela ha seleccionado diversas partes que, en ciertos casos, entran también limpiamente en la categoría del cuento[2]. Y sin salir de tierras colombianas, la reciente publicación de *El desierto prodigioso y Prodigio del desierto*, de Pedro de Solís y Valenzuela, que es, en realidad, una serie acumulada de partes históricas, ascéticas, poéticas y novelescas, descubre también la posibilidad de separar auténticos cuentos[3].

Por este camino, aunque quizás más forzadamente, nos sirven poemas narrativos como *La Araucana*, de Ercilla, *La Argentina*, de Barco de Centenera, y las *Elegías de varones ilustres de Indias*, de Juan de Castellanos (el último, de difícil clasificación genérica). Después de todo la forma de verso no altera mayormente su perfil, puesto que entre las varias líneas que perfilan el cuento romántico del siglo XIX se encuentra el "cuento en verso". Por supuesto, esto ocurre antes de tomar el género la forma definida con que hoy lo indentificamos.

Se podrá argüir —ahora como oposición— que, en todos los casos mencionados, los relatos no aparecen realmente como típicos cuentos, y sí como partes de obras mayores, de las cuales las hemos desgajado. Creo que la objeción no tiene peso decisivo, y me apoyo aquí en algunos ejemplos muy conocidos. Así, suele ser corriente ver en antologías y textos escolares algún episodio del *Facundo*, de Sarmiento (valga el episodio del tigre) con el fin de dar una idea de las excelencias del arte narrativo del autor. Sin entrar en mayores detalles, y aceptando, claro, que el autor no lo elaboró como un "cuento", lo que importa aquí es señalar que el lector de nuestros días (teniendo o no presente la obra total de la cual fue desgajado el episodio) puede gustarlo como se gusta un cuento.

---

[1] Notemos, de paso, cómo la fisonomía de estos relatos se centra en dos figuras de mujer. Y no importa que los sucesos sean reales o imaginados (como pueden demostrar severos estudiosos de la historia). Lo que sí importa, en relación a la materia que analizamos, es su posibilidad novelesca. O, mejor, cuentística, que revelan .... En fin, sería exagerado pensar también en el relieve que gana la mujer dentro de la narrativa posterior. Sobre todo, la del siglo XIX.

[2] Me refiero a una edición (selección) publicada por el crítico colombiano Héctor Orjuela, hace unos años.

[3] Ver la edición, en marcha, de la obra, que publica el Instituto Caro y Cuervo de Colombia. Tomo I. Bogotá, 1977.

Claro: esto ocurre ya en una época literaria, como es la del Romanticismo, donde abundan los cuentos propiamente dichos. El ejemplo es particularmente "mostrativo", obligado por razones de espacio en una antología o un libro escolar. La diferencia que entre otras cosas marcamos entre el ocasional ejemplo sarmientino y las muestras coloniales es la de que en esta última época prácticamente todos los relatos de ese carácter a nuestro alcance pertenecen, en rigor, al mismo tipo.

Hoy día (lo hemos visto), y salvo que se quiera insistir a toda costa en una posición tradicional, no escuchamos tanto el dictamen que proclamaba, rotundamente, que "no se escribieron novelas en América durante la época colonial". Estudios y listas recientes aspiran a demostrar, por el contrario, que, a pesar de las trabas impuestas, sí se escribieron novelas (o relatos novelescos) en aquellos siglos. Lo que ocurrió fue que, por diversos motivos, las obras se escribieron, pero raramente fueron impresas en la época. Además, no a todas esas obras cabe, aun con las imprecisiones genéricas de entonces, la categoría de novela: de ahí lo de "relato novelesco", "crónica novelesca", etc. En fin —y esto quizás sea lo importante— que muy difícilmente esas obras, por las causas citadas, llegaron a contar con un público de lectores. Aun admitiendo en algunos casos, con las limitaciones adivinables, cierta difusión de los textos. Todo lo cual no invalida la afirmación, sustentada en la crítica de nuestro tiempo y sobre la base documental que respaldan las obras conocidas (no hablemos de las "desconocidas" o de las que se sospechan) de la existencia de una primitiva producción novelesca en Hispanoamérica durante los siglos coloniales. Eso sí, con las aclaraciones que señalo.

Aunque redundante, el párrafo precedente sirve para fijar mejor lo que podríamos llamar "trayectoria del cuento en la época colonial". Por lo pronto, raramente se ha hecho hincapié, en los frecuentes estudios o acotaciones sobre la novela, al género cuento en esos tres siglos. Y, si como he dicho, se llegó a negar la existencia de una "novela de la época colonial", muy difícilmente, pienso, se llegó a plantear el problema paralelo con relación al cuento.

Sobre esta base, creo que puede plantearse el desigual proceso que atraviesan estas dos formas narrativas entre los siglos XVI-XVIII americanos. Con las vicisitudes conocidas, admitimos, hoy, una "novela colonial". A su lado, no resulta tan fácil proclamar la existencia del cuento colonial, ni yo lo pretendo. Esto, claro, salvo que se recurra al procedimiento de separación o fragmentación que ensayé. Procedimiento que consiste en desgajar —como he hecho— determinados relatos de una obra mayor, apoyándome en semejanzas y estructuras posteriores, más que en la concepción estética que impulsa la creación del autor. De esta manera, pues, y más bien como precedentes (y no como cauce definido), es posible hablar de un borroso "cuento" en la época colonial.

No me parece gratuito el reconocimiento de este itinerario. En buena medida, el cuento hispanoamericano recorre el camino que atravesará (por supuesto, con mayor nivel) el cuento europeo, sin dejar de aprovechar sus etapas y avances. Particularmente, por lo que significa, ya a fines del siglo XVIII y comienzos del XIX, la afirmación del cuento literario.

Precisamente el hacer hincapié en el "cuento literario" obliga, por razones obvias, a registrar la existencia separada (más o menos separada) del cuento folklórico y popular en los siglos coloniales. Es decir, de manifestaciones particularmente orales que atraviesan los tiempos. De ellos tenemos diversas noticias sin salir de la época como, por ejemplo, la que nos trasmite el inquieto Concolorcorvo en el siglo XVIII[4]. Y las consabidas noticias posteriores, como apuntan el chileno Benjamín Vicuña Mackenna y, aun más cerca, el peruano Ventura García Calderón. Vicuña Mackenna recuerda cuentos relacionados con Pedro de Urdemalas y los Doce Pares de Francia, junto a cuentos de Perrault[5]. Por su parte, Ventura García Calderón hace especial hincapié en la historia de Blancaflor y en cuentos de aparecidos y de almas en pena[6].

Este sector nunca fue puesto en duda, aunque la mayor parte de los testimonios concretos se hayan reunido tardíamente. De más está decir que, reconocida esta presencia y sin negar puntos de contacto, lo que realmente nos interesa en este somero itinerario del cuento en Hispanoamérica (etapas del cuento) es aquel material que permita conocer una más completa historia de este género literario. Si atendemos a lo que el cuento ha crecido en calidad durante el siglo XIX y, en especial, en el siglo XX, no cabe duda de que sí importa —y mucho— trazar el momento inicial del género entre nosotros. Aun con las debilidades explicables. A eso tienden precisamente estos párrafos que, por supuesto, no pretenden ir más allá de una breve y necesaria introducción.

II. EL CUENTO EN LA EPOCA DEL ROMANTICISMO

El Romanticismo fue la época literaria que permitió, como tantas veces se ha dicho, la afirmación del cuento literario. En general, es fácil establecer que si el

---

[4] Alonso Carrió de la Vandera (Concolorcorvo), *El Lazarillo de ciegos caminantes*. Barcelona: ed. de Barcelona, 1973: 117-119.
[5] Benjamín Vicuña Mackenna, *Historia de Santiago. Páginas escogidas*. Buenos Aires 1944: 50.
[6] Ventura García Calderón, *Nosotros*, París, 1946: 18-19.

siglo XIX fue proclamado universalmente "el siglo de la novela" (aceptemos el membrete sin entrar en detalles), poco más o menos puede decirse del cuento literario. No se trata de establecer un paralelismo riguroso entre estas dos formas narrativas, sino de reconocer, sobre la base de un material abundante, esta verdad elemental.

A su vez, partiendo de lo que el cuento gana como madurez y, sobre todo, como empinamiento expresivo (esto, como valor fundamental), encuentra un respaldo social adecuado en la difusión contemporánea del periodismo. Y, claro, en lo que el periodismo representa como medio de difusión del cuento. Es de sobra conocido que la prensa de la época prestó especial ayuda a las manifestaciones literarias. Así, hizo conocer poemas, novelas (en forma de folletín) y cuentos[7], en modo preponderante. En el caso de los cuentos, como en el de los poemas líricos, contando también con la corriente brevedad de las obras y las posibilidades inmediatas de su publicación[8]. Y, como ocurrió a menudo, si bien el autor (sobre todo el autor de algún prestigio) reunió después en forma de libro sus cuentos, no siempre se repitió el mismo proceso. De ahí la obligación de revisar las colecciones de periódicos de aquellos años (diarios y revistas) para tener una idea más completa de la producción cuentística de aquellos años. Y no vale argüir que los grandes descubrimientos son raros ...

En síntesis, es posible que el conocimiento que hoy tenemos de los cuentos hispanoamericanos de la época romántica no sorprenda con ejemplos excepcionales. Sin embargo, también debemos admitir que la crítica de nuestro tiempo mucho ha hecho para salvar del olvido muestras genéricas de valor. El avance ha sido lento, pero fructífero, y hoy podemos afirmar que, sin exagerar méritos, contamos con una consistente y variada "antología" de cuentos románticos[9]. Por

---

[7] Recuerdo lo que decía Pedro Henríquez Ureña acerca de la importancia capital de periodismo de principios del siglo XIX en Hispanoamérica como repositorio de las manifestaciones literarias de la época. La situación se mantiene hasta bien avanzado el siglo.
[8] Mariano Baquero Goyanes, *El cuento español en el siglo XIX*. Madrid, 1949: 153-171.
[9] No hemos salido todavía del período de aquilatamiento y ordenación. Pero debemos reconocer que tenemos a nuestro alcance buenas selecciones nacionales. Como podemos mostrar en los casos de México y de Chile. Cf., Luis Leal, *Antología del cuento mexicano*. México, 1957; José Mancisidor, *Cuentos mexicanos del siglo XIX*. México, s.a.; Mariano Latorre, *Antología de cuentistas chilenos*. Santiago de Chile, 1938; Raúl Silva Castro, *Antología de cuentistas chilenos*. Santiago de Chile, 1957; Instituto de Literatura Chilena, *Antología del cuento chileno*. Santiago de Chile, 1963; Juan Loveluck, *El cuento chileno (1864-1920)*. Buenos Aires, 1964.

descontado, en lugar aparte, si bien como verdaderos cuentos (y con títulos bien ganados) debemos colocar las conocidas *Tradiciones* de Ricardo Palma. Es decir, una de las manifestaciones literarias perdurables del siglo XIX americano.

Un problema previo que debemos resolver se relaciona con la imprecisión que, en la época, tiene aún el vocablo "cuento". Imprecisión que no hace sino ratificar el carácter de género "nuevo" o con una tradición poco brillante. (Esto dicho, una vez más, con las separaciones a que obligan formas, por cierto antiquísimas, como el cuento folklórico y el cuento popular). Concretamente, y más allá de los cambios generales que introduce la estética romántica, vemos que el nombre "cuento" se aplica a obras que son verdaderas novelas (en *Enriquillo*, de Galván; *La loca de la guardia*, de Vicente Fidel López)[10]. Ocurre lo mismo en el caso inverso, y se llama "novelas" a verdaderos cuentos (obras de Gertrudis Gómez de Avellaneda y de Juana Manuela Gorriti)[11]. Por la explicable asociación entre *cuento*, *contar*, *narrar*, etc., se aplica el nombre "cuento" a poemas narrativos o poemas narrativo-líricos (*Santos Vega*, de Ascasubi; *Fausto*, de Estanislao del Campo). En fin, es corriente encontrar "cuentos en verso", a la manera de los que en Europa escriben Grossi, Casti y Byron. Un ejemplo lo tenemos en *El reloj*, de José Batres Montúfar.

Todo esto prueba con amplitud tanto la falta de una precisa categoría literaria como de una producción que entonces procura afirmarse, definirse. Lo que no impide que desde nuestra cómoda perspectiva podamos distinguir, como corresponde, los auténticos cuentos de aquellas otras formas que no lo son. Me referiré, claro, a los primeros.

Atendiendo a la nutrida serie de cuentos que se escribieron en la época romántica, resalta la variedad temática de ellos. En un primer plano hay que colocar los de tema sentimental, costumbrista y humorístico-satírico. En un segundo plano (siempre dentro de la abundancia), los de tema fantástico, histórico, político-social y familiar. Como ocurre en el caso de la novela, es frecuente el contacto o la acumulación de dos temas. En esta dirección, resalta el papel predominante que suele tener el tema sentimental aun en cuentos cuyo eje no es precisamente éste. De más está decir que esto no constituye ningún secreto, y que

---

[10] Cirilo Villaverde, en el prólogo a *Cecilia Valdés*, fechado en 1879, declara, entre otras cosas, su intención de no presentar "un cuento por el estilo de *Pablo y Virginia*, o de *Atala y Renato* ..." Cirilo Villaverde, *Cecilia Valdés*, ed. de Nueva York, 1882.
[11] Gertrudis Gómez de Avellaneda, *La velada del helecho o El donativo del diablo; Dolores*. (Los dos publicados en el *Semanario Pintoresco Español*, de Madrid, 1849 y 1851.) Cit. por M. Baquero Goyanes, *El cuento español* ... ed. citada: 214-216. Para la escritora argentina, ver W. G. Weyland, prólogo a Juana Manuela Gorriti, *Narraciones*, ed. de Buenos Aires, 1946: XXX.

estas clasificaciones temáticas sólo aspiran a poner algún orden dentro de un material que, repito, es ciertamente nutrido.

Con esta aclaración, aceptamos que el tema sentimental es, sin duda, el que predomina. Predominio que no hace sino extender al cuento lo que da sello a una buena parte de la lírica, la novela y el teatro del Romanticismo. Aunque sea obligación subrayar que el tema sentimental no es, como creyeron muchos críticos, el rasgo básico del Romanticismo. Es, sí, uno de los más importantes y definidores, siempre que tal relieve no implique borrar otros temas (si de temas se trata) que perfilan la época. Reconociendo que pocas veces alcanza notas perdurables, se caracteriza por el desborde melodramático y la nota lacrimosa. Pasión, celos, abandono, engaños, desengaños, infortunios, venganzas, separaciones, reencuentros, muertes ... son algunos de los motivos que dan color a los cuentos sentimentales del momento. A su vez, y en otro nivel, no debemos olvidar que también filantropismo, espíritu de sacrificio, patriotismo, etc., caben dentro del casillero sentimental.

Prácticamente, todos los cuentistas románticos escriben cuentos sentimentales. Y los nombres que enumero dan sólo una idea de este abundante sector: Victorino José Lastarria, *El diario de una loca*; Soledad Acosta de Samper, *Luz y sombra*; Eduardo Blanco, *Annella*; Pedro Castera, *Sobre el mar*; Florencio M. del Castillo, *Botón de rosa*; Manuel Payno, *Amor secreto*; Rafael Delgado, *Epílogo*; Heriberto Frías, *Una drama de familia*; Justo Sierra, *Nocturno*; Rosendo Villalobos, *Sor Natalia* (adaptación de un "milagro" medieval); Daniel Riquelme, *El perro del regimiento*; Luis Benjamín Cisneros, *Amor de niño*; Eduardo Wilde, *Tini*; Martín García Mérou, *Una limosna*; Juana Manuela Gorriti, *Un drama en quince minutos*; id., *Idilio y tragedia*; Angel del Campo ("Micros"), *El niño de los anteojos azules* ...

Para marcar cierto paralelismo con los tipos de novela, aunque no en el mismo orden, conviene reparar en los cuentos costumbristas. Una vez más, suele darse el tipo a través de otros contactos temáticos (sentimentales, sociales, etc.). La diferencia surge —repito— al tener presente que el cuento costumbrista destaca, en primer término, el color local. Rasgo que —como sabemos— es un motivo visible, y aun definidor, de las letras hispanoamericanas.

Sin extremar demasiado la rigidez de los casilleros, es también necesario subrayar los puntos de contacto entre el cuadro de costumbres y el cuento costumbrista. A su vez, y dentro de un carácter muy general, reparamos en que el cuadro de costumbres hace hincapié en lo particular, pintoresco y anecdótico: una escena, un tipo humano de los tantos que ofrecía la sociedad americana. Vale decir, un episodio intencionadamente recortado. El cuento costumbrista, centrándose igualmente en lo popular y pintoresco, aspira, en consonancia con determinadas "leyes" del cuento que se iban entonces afianzando, a presentar un eje narrativo con principio, medio y fin. Y, no olvidemos, casi siempre con la sorpresa de un final inesperado. Todo esto no invalida la existencia de testimonios en que resulta difícil dictaminar si se trata de cuadros de costumbres o de cuentos costumbristas.

De nuevo, los ejemplos pertinentes: Daniel Riquelme, *Bajo la tienda* (la mayor parte de los relatos incluidos bajo este título)[12]; Federico Gana, *La señora*; Juan León Mera, *Las desgracias del indio Pedro* (con contactos sociales)[13]; Samuel Velázquez, *Madre*; Jesús del Corral, *¡Qué pase el aserrador!*; Francisco Gómez, *En las minas*; Pedro Castera, *Cuentos mineros*; Ignacio Manuel Altamirano, *La navidad en las montañas*; J. M. Barrios de los Ríos, *Los gambusinos*; Manuel José Othón, *El náhual*; E. A. Pimentel, *De la ranchería* ...

Si bien no suele señalarse al humor como uno de los caracteres típicamente románticos, sería error imperdonable no reconocer su presencia en distintas manifestaciones literarias de aquellos años. El cauce adecuado para la vena humorística lo encontramos sobre todo en la comedia (por lo común, comedia romántica, no muy alejada de la raíz neoclasicista), la sátira (y tanto en la sátira de costumbres como en la sátira política y literaria), y el cuento.

Como el humor pertenece a una especial categoría que desborda lo esencialmente temático, es preciso tener en cuenta esta situación para ubicar a este tipo de cuentos. Igualmente, la especial fisonomía que reviste en la época. En primer término, claro, hay que mencionar el ejemplo insustituible de Ricardo Palma y sus famosas "tradiciones". Verdaderos cuentos, y uno de los frutos más perdurables del Romanticismo en Hispanoamérica. Pero su propia estructura e importancia obligan a concederle el sitio especial que merecen.

Esta distinción no pretende, de ninguna manera, desconocer otras manifestaciones semejantes, más allá de las que permite, igualmente, la frondosa descen-

---

[12] Daniel Riquelme (1857-1912) llegó a unir, con cierta reiteración, episodios de la vida militar y su amor a los perros (que abundaban entre los vivaques y soldados). Su obra fundamental es la que tituló primeramente *Chascarrillos militares*. Santiago de Chile, 1883; 2a. ed. aumentada y con el título de *Bajo la tienda. Recuerdo de la campaña del Perú y Bolivia. 1879-1884*. Santiago de Chile, 1888. Como ocurre con otros autores la filiación estética de Daniel Riquelme ofrece diversos contactos. Así y todo, no creo que pueda negarse su romanticismo. En especial, dentro de la vena costumbrista que lo singulariza. Ver relatos como "El perro del regimiento", "A otro perro con ese hueso", "Los relojitos", "Mi corral". Daniel Riquelme, *Cuentos de la guerra y otras páginas*, ed. de Santiago de Chile, 1931.

[13] "Las desgracias del indio Pedro", de Juan León Mera, es relato que, de acuerdo a las denominaciones tentadas (indianismo e indigenismo), entra ya en la segunda categoría. Ver J. L. Mera, *Novelitas ecuatorianas*, ed. de Madrid, 1909.

dencia de Ricardo Palma. Aquí habría que agregar que, si por un lado el humor es rasgo inconfundible de las tradiciones de Palma, también es evidente que muchos de sus seguidores carecieron de esta vena, y sólo lo imitaron en los ingredientes histórico-costumbristas, pero no en el acento que había infundido a sus relatos el escritor peruano.

Dejo, pues, este grupo y señalo que, en efecto, y al margen de Palma y su influencia, el cuento romántico de carácter humorístico ostenta diversos representantes, dentro de la extendida galería regional que los singulariza. Ninguno tuvo, por descontado, la fama que alcanzó Palma, pero esto no quita méritos a algunos de los autores y cuentos que cito: José Milla y Vidourre, *El embrollón*; José Antonio Campos ("Jack the Ripper"), *Los tres cuervos*; Manuel Beingolea, *Levitación*; id., *Mi corbata*; Pedro Castera, *Un amor artístico*; Juan de Dios Peza, *Un libro de carne*; Guillermo Prieto, *Aventuras de Carnaval*; Vicente Riva Palacio, *Stradivarius*; id., *El buen ejemplo*; Carlos Olivera, *Fantasmas*; Eduardo Wilde (diversos cuentos); Lucio V. López, *Don Polidoro* [14].

El tema histórico se desarrolló casi siempre dentro del amplio cauce que le ofrecía la novela. Como si la necesidad de fijar datos, personajes y costumbres de una época pasada (lo suficientemente lejana como para obligar manipuleos "arqueológicos") obligara a recrear un mundo que difícilmente podía captarse en el intencionadamente limitado ámbito del cuento.

Ahora bien, estas consideraciones no anulan la posibilidad de cuentos de tema histórico en la época romántica. Lo que deseo subrayar aquí es el hecho de que, si por un lado aparecen autores de sobra conocidos (Gertrudis Gómez de Avellaneda, Juana Manuela Gorriti, Justo Sierra (h), entre otros) difícilmente los "cuentos históricos" que escribieron alcanzaron a sobrevivir más allá del registro de las respectivas bibliografías. Estos son algunos de los cuentos de este tipo que sirven de testimonio, en una dilatada amplitud temporal que va desde los tiempos bíblicos hasta cercanos momentos continentales: Juana Manuela Gorriti, *El postrer mandato*; José Velázquez García ("Julio Vives Guerra"), *El parricida*; J. M. Barrios de los Ríos, *El buque negro*; Guillermo Prieto, *El Marqués de Valero*; Gertrudis Gómez de Avellaneda, *Dolores*; Justo Sierra (h) (caracterizado precisamente por los cuentos de asunto bíblico), *En Jerusalén*; id., *El velo del templo*; id., *666*; id., *César Nero*; id., *María Antonieta*.

Aunque la crítica suele olvidar con bastante frecuencia las manifestaciones de lo que podemos llamar el cuento fantástico de la época romántica, creo que es ya

---

[14] Con "Don Polidoro" nos enfrentamos, de nuevo, con una obra de difícil ubicación genérica. Entre "novela corta" y "cuento", me decido por la segunda categoría, pero no sin apuntar algunas dudas. Esto no debe sorprendernos, sobre todo si la incluimos dentro del Romanticismo.

hora de que se repare, mejor de lo que se ha hecho hasta el presente, en este grupo de relatos[15]. No pretendo sobreestimar sus méritos; simplemente, hacer hincapié en que dentro de este sector se encuentran, a mi entender, algunos de los tributos valiosos que dejó la producción cuentística de aquella época.

Sin duda como consecuencia del nivel alcanzado por el cuento fantástico hispanoamericano del siglo XX, difícilmente estudiosos y antólogos suelen ir más atrás de la época modernista. O, simplemente, de la defensa de una actitud que consideran más pareja y eslabonada, a partir del nombre de Leopoldo Lugones. Injusticia sería no destacarlo en la trayectoria del cuento fantástico hispanoamericano. Sin embargo, y sin pretender equivalencias (que no corresponden) me coloco en una posición defendible al recordar aquí a un buen grupo de cuentistas del pasado siglo. Cuentistas que ubicamos, en lo esencial, como románticos.

Es fácil desmerecer a algunos de ellos con la cómoda referencia a los modelos foráneos, más o menos asimilados (sobre todo, Hoffmann, y, más tardíamente, Poe). Tampoco es aconsejable subrayar que entre esas obras predominan episodios folklóricos, leyendas, sueños, contaminaciones de mundos, transformaciones, el recurso de la locura, etc. Nada de esto es, en principio, desechable, siempre que se realce con el don de la creación artística. Y bien sabemos que este "milagro", si no muy frecuente, se da también en aquella época.

Otra particularidad que debemos tener presente se vincula a la larga vida del romanticismo en Hispanoamérica, y que, en el caso especial del cuento, muestra una trayectoria desigual: un primer momento con testimonios poco o nada valiosos (y que no suele superar las formas elementales), para pasar lentamente hasta una etapa que recortamos mejor al aproximarnos al final del siglo, con los testimonios que realmente se justifican. Por lo pronto, no creo exagerar al decir que en este grupo de avanzada se encuentran algunos de los cuentos románticos que aún hoy pueden leerse con renovado goce.

Deteniéndome con más lentitud en la trayectoria del Romanticismo en Hispanoamérica, puede comprenderse que la primera etapa o generación, de visible importancia general, fue poco feliz en relación al cuento. Fue momento centrado, sobre todo, en el perfil político social, en el color local, en el costumbrismo. Aceptando la existencia de tres etapas o generaciones, la tercera, que caracterizo como de sedimentación y afinamiento (y que toca ya límites modernistas) es, sin duda, la que permite una más coherente afinidad con el cuento fantástico del Romanticismo. Junto también a un explicable relieve, más allá de las obligadas aclaraciones con respecto a la filiación de algunos de los autores, con contactos

---

[15] Por mi parte, y en forma intencionada, defiendo una caracterización amplia del cuento fantástico. (Cf. mi libro El *cuento fantástico*, Buenos Aires, 1969).

extra-románticos y no siempre definida ubicación estética. Así, por ejemplo, valen nombres como los de los argentinos Eduardo Wilde (que es argentino, a pesar de su origen) y Carlos Monsalve, y del mexicano Justo Sierra (h). Autores que citamos como de filiación romántica, con ramificaciones. Otros autores, de un momento anterior, como, por ejemplo, Juana Manuela Gorriti y La Avellaneda, resaltan, en cambio, como testimonios más transparentes.

Veamos ahora una serie de autores y obras que dan, en su conjunto, una visión de lo que fue el cuento fantástico del Romanticismo en Hispanoamérica: Juana Manuela Gorriti, *Coincidencias*; id., *Quien escucha su mal oye*; id., *Fantasma de un rencor*; Carlos Monsalve, *Historia de un paraguas*; id., *El gnomo*; id., *La botella de champagne*; Carlos Olivera, *El hombre de la levita gris*; Eduardo L. Holmberg, *Horacio Kalibang o Las autómatas*; id., *La pipa de Hoffmann*; Eduardo Wilde, *Alma callejera*; José María Roa Bárcena, *Lanchitas*; Justo Sierra (h), *La sirena* (historia legendaria); id., *Marina*; id., *Playera*; Eduardo Blanco, *Claudia*; Guillermo Vigil, *La promesa* (fantástico-legendario); Gertrudis Gómez de Avellaneda, *La velada del helecho o El donativo del diablo*[16].

Otros temas y tipos difícilmente alcanzaron a cuajar en cuentos recordables. Así, el tema político-social encontró indudablemente otros cauces para mostrarse con mayor eficacia. Algo semejante cabe decir del tema familiar, mejor identificado con la lírica. Dentro de las escasas obras a nuestro alcance, podemos, con todo, citar algunos ejemplos. En el primer caso (es decir, el de los cuentos político-sociales) valen los relatos de Lastarria, *Don Guillermo* y *Una hija*. En el segundo (es decir, dentro del tema familiar), cuentos de Nataniel Aguirre y de Eugenio María de Hostos (*Cuentos a mi hijo*, de 1878)[17].

---

[16] Ver mi obra *El Romanticismo en la América Hispánica*. II, 3a., ed., Madrid, 1975: 100-103.

[17] Eugenio María de Hostos, *Cuentos a mi hijo* (a madre e hijo), de 1878, con mucho de autobiografía. E. M. de Hostos, *Obras completas*, III, La Habana, 1939: 47-88.

MIMICA, PANTOMIMICA Y SONORIDAD EN EL CANTO IX DE "LA VUELTA DE MARTIN FIERRO"

POR

GIOVANNI MEO ZILIO
Universidad de Venecia

En mi artículo "Gestualidad-teatralidad en el *Martín Fierro*", *Studi di Letteratura Ispano-Americana* (Milano), 15-16, 1983, pp. 125-131, subrayé que "El tema de la gestualidad en las obras literarias, tan poco tratado hasta hoy, puede representar un capítulo importante dentro de la semiología general y, a la vez, dentro de la crítica estilística" (p. 125) y, como "contribución metodológica para este tipo de estudios bastante novedoso" (ib.), presenté un primer registro de las distintas modalidades gestuales (*sensu lato*) que aparecen en el *Martín Fierro* de José Hernández, agrupadas por clasificación metódica de materiales icónicos extractados de las dos partes de la obra.

Reanudo ahora el tema para analizar orgánicamente los materiales gestuales que se presentan, acumulados, en un solo canto, el IX de la segunda parte del poema (*La vuelta de Martín Fierro*), dentro de aquel contexto de teatralidad al que he aludido en el trabajo citado, p. 131 (y que, a su vez, merecería estudiarse también en correlación con el fenómeno de la frantumación sintáctica, la que creo que representa, en lo formal, su estilema más sintomático).

El canto relata el duelo a muerte entre M.F. y un indio sanguinario que se ha ensañado contra una pobre cautiva blanca. En el curso de la narración que, a mi juicio, representa la cumbre dramática del poema, llevada con soberbia tensión estilística, se alternan gestos expresivo-apelativos, rituales y reflejos —mímicos (de la cara) o pantomímicos (de todo el cuerpo) con movimientos pragmáticos (acciones intencionales prácticas) que, por supuesto, no pueden separarse con un corte neto.

Veámoslos según el orden con que aparecen en el texto.

Al llegar M.F. al lugar de la escena, la pobre cautiva ensangrentada por el látigo despiadado de aquel salvaje ("Sus trapos hechos pedazos/ Mostraban la carne viva": vv. 1127-8), teniendo las manos atadas y con los ojos bañados en lágrimas,

> Alzó los ojos al cielo [...]
> Y me clavó una mirada
> Como pidiéndome amparo.
> (vv. 3129, ss.).

Aquí se suceden dos gestos de los ojos: el primero es el de levantarlos hacia el cielo (*gesto ritual*) como para agradecer a Dios por la llegada providencial de un posible salvador; el segundo, el de clavar su mirada en los ojos del recién llegado, trasmitiéndole un mensaje silencioso: su angustia mortal (*gesto expresivo-apelativo*) y, a la vez, su imploración de ayuda (*gesto comunicativo*).

Continúa el juego dramático de las miradas (el instrumento más poderoso del que dispone el hombre a nivel somatolálico). Ahora Martín Fierro y el indio de "cara feroz" se miran por un instante ¡lo que basta para entenderse recíprocamente en el acto!:

> Para entendernos los dos
> La mirada fue bastante.
> (vv. 1139-40).

Los dos tipos de mirada, en una y otra escena, adquieren su valor semántico cabal tanto por el diferente contexto situacional como por el diferente contexto mímico-facial de los personajes. Podemos definir la del primer tipo (la de la mujer) como *mirada implorativa* y la del segundo (la de los dos hombres) como *mirada desafiante*.

Siguen unos movimientos pragmáticos, unas acciones preparatorias del duelo: el brinco del indio que se coloca a la distancia más oportuna, desata las boleadoras y se queda inmóvil:

> Pegó un brinco como gato
> Y me ganó la distancia;
> Aprovechó esa ganancia
> Como fiera cazadora:
> Desató las boliadoras
> Y aguardó con vigilancia.
> (vv. 1141-46);

mientras M.F. ata las riendas al caballo y saca su puñal:

> Al pingo le até la rienda;
> Eché mano, dende luego,

> A éste que no yerra fuego,
> Y ya se armó la tremenda...
> (vv. 1149-52).

Se reanuda el intercambio silencioso y penetrante de las miradas recíprocas entre los dos contrincantes, desconfiados y cautelosos:

> Nos mantuvimos ansí;
> Me miraba y lo miraba;
> Yo al indio le desconfiaba
> Y él me desconfiaba a mí.
> (vv. 1155-58).

La insistencia y el *tempo* prolongado de tales miradas se perciben no sólo de la calidad temporal de los verbos (se sabe que el imperfecto expresa justamente la duración) sino también de su reiteración ("miraba-miraba"; "desconfiaba-desconfiaba") y de la pausada lentitud rítmico-prosódica de los versos correspondientes.

El indio sigue inmóvil (*gestualidad cero*) y entonces M.F. recurre a un estratagema (*gestualidad pantomímica provocatoria*) al acercarse lenta y cautelosamente al caballo del otro como para adueñarse de él:

> Y, como el tiempo pasaba
> Y aquel asunto me urgía,
> Viendo que él no se movía,
> Me jui medio de soslayo
> Como a agarrarle el caballo,
> A ver si se me venía.
> (vv. 1189-94).

El ardid funciona como detonador del movimiento, puesto que el salvaje, temeroso de perder lo más querido (en otra parte del poema Hernández describe el amor obsesivo de los indios por sus caballos), se lanza fulmíneamente contra M.F. atacándolo con un par de mortíferas bolas:

> En la dentrada no más
> Me largó un par de bolazos.
> (vv. 1201-2);

y se enrosca en seguida como un ovillo para evitar la "puñalada" (*otro gesto-acción fulminante*) que se le viene encima. Luego empieza a arrojar más bolas recogiéndolas veloz y largándolas de nuevo, tratando de despistar al adversario con fintas y esguinces:

>Me amenazaba con una,
>Y me largaba con otra.
>(vv. 1123-).

Aquí se mezclan, alternándose realísticamente, gestos (fintas) y acciones contundentes (lance de las bolas), alcanzándose así una soberbia teatralidad en la que las palabras se convierten todas en inmediatas imágenes visivas.

Sigue un movimiento espectacular: M.F. ataca, el indio recula; M.F., al enredarse en su propia vestimenta, cae largo y tendido; el indio, de un salto, se le tira encima; M.F. siente retumbar, justo al lado de su cabeza, el golpe de la bola, sin poder liberarse ya del peso de aquel bruto que lo aprieta:

>En momentos que lo cargo
>Y que él reculando va,
>Me enredé en el chiripá.
>Y caí tirao largo a largo. [...];
>Cuando en el suelo me vió,
>Me saltó con ligereza;
>Juntito de la cabeza
>El bolazo retumbó. [...];
>Toda mi juerza ejecuto;
>Pero abajo de aquel bruto
>No podía ni darme güelta.
>(vv. 1227, ss.).

A este punto, bien como en el teatro clásico, en el momento de mayor tensión y espectativa, aparece el *deus ex machina* (y el movimiento se hace de nuevo fulmíneo). La mujer cautiva, que hasta entonces había quedado meramente de testigo, llorosa, al margen de la escena, junta sus débiles fuerzas y se lanza, como una flecha, contra el indio; le pega un tirón y se lo saca de encima:

>Esa infeliz tan llorosa,
>Viendo el peligro, se anima:
>Como una flecha se arrima
>Y, olvidando su aflición,
>Le pegó al indio un tirón
>Que me lo sacó de encima.
>(vv. 1255-60).

"LA VUELTA DE MARTIN FIERRO"   169

Se reanuda la pelea. M.F., con el sudor que le chorrea por todas partes (connotación somática de tipo reflejo que integra cabalmente las motoras), tiene que multiplicar su "quehacer" para defenderse a sí mismo y, a la vez, a la mujer, de la rabia de aquel bruto:

> Y me chorriaba el sudor [...]
> Se había aumentado mi quehacer
> Para impedir que el brutazo
> Le pegara algún bolazo
> De rabia a aquella mujer.
> (vv. 1270 y 1275-78).

Dentro del silencio que rodea aquellas dos figuras impresionantes peleando como fieras en el desierto,

> Mudos, sin decir palabra,
> Peliábamos como fieras.
> Aquel duelo en el desierto
> Nunca jamás se me olvida. [...]
> Teniendo allí de testigo
> A una mujer afligida.
> (vv. 1283-6 y 1289-90),

se insinúa ahora paulatinamente el sonido: primero un ruido sordo y retumbando para adentro (el golpe de la bola contra las costillas de M.F.):

> Me hizo sonar las costillas
> De un bolazo aquel maldito.
> (vv. 1297-98);

después un grito repentino (el de M.F. lanzándose como bala contra el indio):

> [...] le di un grito
> Y le dentro como bala.
> (vv. 1299-30);

seguido de unos aullidos lancinantes (saliendo de la garganta del indio herido):

> Le salían de la garganta
> Como una especie de aullidos.
> (vv. 1319-20),

que se convertirán, poco más adelante, en un "terrible alarido" pareciendo sacudir el mundo:

> Y, al verse ya malherido,
> Aquel indio furibundo
> Lanzó un terrible alarido,
> Que retumbó como un ruido
> Si se sacudiera el mundo.
> (vv. 1341-45).

Es una secuencia sonora de gestos-sonidos dentro de cuya curva que va in crescendo se intercalan unas imágenes soberbias representadas por otros movimientos o expresiones gestuales de gran eficacia teatral: el indio malherido chapaleando con los pies el charco de su misma sangre:

> Lastimao en la cabeza,
> La sangre lo enceguecía;
> De otra herida le salía
> Haciendo un charco ande estaba.
> Con los pies la chapaliaba [...]
> (vv. 1321-25);

M.F. exhausto, "con la lengua de juera" (v. 1330); el cabello del salvaje erizado, sus ojos revueltos, sus labios estirados, su boca abierta de par en par;

> Iba conociendo el indio
> Que tocaban a degüello.
> Se le erizaba el cabello
> Y los ojos revolvía;
> Los labios se le perdían
> Cuando iba a tomar resuello.
> (vv. 1333-1338).

Se concluye la encarnizada pelea con un movimiento pantomímico, de una teatralidad escalofriante: M.F. ensarta con su cuchillo "a aquel hijo del desierto"; lo levanta en peso, y lo deja caer tan sólo al sentirlo muerto:

> Al fin de tanto lidiar,
> En el cuchillo lo alcé:
> En peso lo levanté

> A aquel hijo del desierto:
> Ensartado lo llevé.
> Y allá recién lo largué
> Cuando ya lo sentí muerto.
> (vv. 1346-52).

Al respecto, puedo transcribir lo que ya dije en *o.c.*, p. 131:

> Obsérvese, al pasar, la secuencia de aquellos pretéritos indefinidos, *lo alcé, lo levanté, lo llevé, lo largué, lo sentí*, en los cuales al aspecto verbal, puntual y contundente, se suman el estilema de la reiteración quinaria y las imágenes dinámicas y escalofriantes, alcanzándose así la máxima tensión estilística y la cumbre de aquella teatralidad o, mejor dicho, teatralidad-gestualidad, que se acaba de mencionar.

Sigue una secuencia de gestos rituales, de tipo religioso (tan escasos en el poema así como en la vida cotidiana del gaucho: cfr. ib., p. 126): M.F. se persigna "[...] dando gracias [a Dios]/ De haber salvado la vida" (vv. 1353-4); la pobre mujer "De rodillas en el suelo/ Alzó sus ojos al cielo/ sollozando dolorida" (vv. 1356-58); él también se arrodilla "a dar gracias a su Santo" (S. Martín) mientras ella le pide a la Virgen amparo para los dos...

Se cierra este canto memorable, con un movimiento lento y pausado (como lo son los versos correspondientes por armonía imitativa), de una teatralidad sabia y depurada sin dejar de ser altamente dramática, con que aquella madre infeliz (cuya indefensa criatura el indio había degollado y destripado a sus pies):

> Y, sin dejar de llorar,
> Envolvió en unos trapitos
> Los pedazos de su hijito.
> (vv. 1368-69).

M.F., enmudecido, le ayuda a juntarlos ...

Si ahora tratamos de sacar algunas conclusiones generales del análisis de los materiales presentados, podemos comprobar, una vez más, aquella sobriedad expresiva (mímica, pantomímica y fonatoria) de los personajes, de acuerdo con la tradicional sobriedad expresiva del gaucho a la cual he aludido en el pasaje de *o.c.*, p. 125 que aquí reproduzco:

> Como era de suponerlo, se puede confirmar desde ahora, por el análisis del entero poema (7210 vv.), que la *gesticulación del gaucho hernandiano es bastante*

sobria y mesurada, de acuerdo con la conocida modalidad de su carácter, relacionada también con la peculiaridad de su ambiente: la soledad de la pampa, la escasa presencia de interlocutores a no ser los animales, la ausencia de espectadores (vale decir de un público) a su alrededor, salvo los que encuentra, de cuando en cuando, en los bailes o en el boliche; además de lo solitario, no hay que olvidar lo duro de su trabajo dentro de lo elemental de su vida.

Agréguese que tal sobriedad expresiva del gaucho se junta con (y, en parte, se explica por) la extremada sobriedad (que nosotros todavía sentimos como inexpresividad) del indio, del cual el gaucho heredó ciertos códigos debido al cruce étnico indo-hispano.

De todas maneras, dentro de la escena predomina, en lo mímico, la simple mirada (el grado mínimo de la gestualidad): M.F., al llegar al lugar de la escena, *mira* a la cautiva y no titubea un instante ("Al mirarla de aquel modo, Ni un instante titubié": vv. 1121-22); ella primero *levanta los ojos* al cielo como implorando y luego lo *mira* intensamente a él como para pedirle ayuda; los dos hombres se entienden inmediatamente con *una mirada*; después de haberse puesto en posición de combate, siguen *mirándose* desconfiados, por largo tiempo y, al finalizar el canto, ella *levanta de nuevo sus ojos* al cielo "sollozando". Sólo en un caso aparecen connotaciones mímicas distintas de la mirada, cuando se describe al salvaje con el cabello erizado, los ojos revueltos, los labios estirados y la boca abierta para tomar resuello, en los vv. 1335-38 (aparte de una alusión genérica a su "cara feroz" en el v. 1138).

En lo pantomímico, aunque se trata de la descripción de una lucha a muerte (que, por su propia naturaleza, se basa esencialmente en lo dinámico: cfr. las batallas tradicionales de la épica clásica, a lo Ercilla o a lo Juan de Castellanos, en las que se suele entrar de lleno, inmediatamente, en la acción armada) la inmovilidad (el grado cero del movimiento) tiene, a su vez, una parte esencial, preparando el desenlace del movimiento mismo: el indio, después de desatadas las boleadoras, se queda "aguardando con vigilancia" (v. 1146); los dos contrincantes se mantienen inmóviles mientras se miran recíprocamente en los ojos (vv. 1949-50); el tiempo pasa, el asunto urge, el indio no se mueve ... (vv. 1189-94). Sólo después de estos dilatados prolegómenos se desencadena propiamente la acción esperada.

En cuanto a lo sonoro (que en la épica clásica hispánica tiene un valor predominante: los contrincantes se hablan, se gritan, se insultan...), el silencio no sólo tiene, a su vez, una parte esencial, sino que lo envuelve todo: ninguna de aquellas "tres figuras imponentes" habla durante toda la escena. Los dos hombres pelean "mudos, sin decir palabra" (v. 1284) "Teniendo allí de testigo/ A una mujer afligida" (vv. 1289-90) que tampoco pronuncia palabra alguna. El mismo ambiente que hace de entorno a "Aquel duelo en el desierto" (el grado cero del contexto) está sumergido en el silencio (el grado cero del sonido). Los únicos sonidos que recorren la escena en su punto más álgido son sonidos fonatorios pero sin articular y deshumanos, representados por gritos, aullidos y alaridos ...; aparte del gesto-sonido del sollozo, éste sí bien humano y (para el gaucho) bien femenino, de aquella mujer dolorida al final del canto, de rodillas en el suelo, pidiendo amparo a la Madre de Dios. Luego "se alzó, con pausa de leona" y, sin dejar de llorar, envolvió en unos trapitos los pedazos de su criatura (aquel gesto pausado "de leona' representa, a mi juicio, la cumbre de la expresividad pantomímica y, a la vez, un altísimo logro poético). Martín Fierro, en cambio, no llora ni habla. Como lo acabamos de ver, se limita a ayudarle, juntando los pedazos .... En silencio: la palabra debe de habérsele petrificado en la garganta.

"LA IMAGEN DE LA FELICIDAD":
EL RELATO DE INFANCIA EN HISPANOAMERICA

POR

SYLVIA MOLLOY
Yale University

De las muchas ficciones a que recurre el autobiógrafo para lograr *ser* en su texto, la que trata del pasado familiar y, más específicamente, de la niñez parecería, a primera vista, la más sencilla. Está suficientemente alejada del momento de la escritura para que se la considere una entidad independiente que el adulto ve con simpatía pero a distancia; está respaldada por la más elemental y segura de las legalidades, la del certificado de nacimiento; por fin, de acuerdo con una convención narrativa que ve la topología y la genealogía —el dónde y el de dónde— como los comienzos necesarios de una biografía, parece bastante inevitable.

Sin embargo, no siempre ha sido así. La importancia dada a la niñez en literatura, autobiográfica o no, es, como se sabe, relativamente reciente[1]: las vidas, o mejor dicho los relatos de vida, solían tener otros comienzos. Al igual que en los grabados de Epinal, los niños aparecían menos como lo que eran que como representaciones potenciales, adultos en miniatura. Antes del siglo diecinueve, la escritura autobiográfica en general recurre poco a los primeros años del sujeto, salvo para considerarlos una suerte de prehistoria, un espacio vagamente delimitado que antecede la presencia total del yo. Hispanoamérica, en este sentido, no es excepción: las referencias a la niñez durante la Colonia son en realidad tan escasas que, cuando aparecen, el lector moderno tiende, anacrónicamente, a la sobrelectura. Así, por ejemplo, cuando se lee en la *Respuesta a Sor Filotea de la*

---

[1] Véanse por ejemplo Peter Coveney, *The Image of Childhood*. Baltimore: Penguin Books, 1967; Richard Coe, *When the Grass Was Taller: Autobiography and the Experience of Childhood*. New Haven: Yale University Press, 1984; Susannah Egan, *Patterns of Experience in Autobiography*. Chapel Hill and London: University of North Carolina Press, 1984; Michael Long, *Marvel, Nabokov. Childhood and Arcadia*. Oxford: Clarendon Press, 1984; Brian Finney, *The Inner I: British Literary Autobiography of the Twentieth Century*. London and Boston: Faber and Faber, 1985.

Cruz cómo Sor Juana, a la edad de tres años, convence a la maestra de su hermana de que le enseñe a escribir, o cómo deja de comer queso, manjar preferido, porque supuestamente disminuye el entendimiento, es grande la tentación de olvidar el propósito de estos recuerdos conmovedores. En realidad, poco tienen que ver con la infancia; aparecen en el texto, deliberadamente, para reforzar la autodefensa explícita de Sor Juana (el afán de aprender como fuerza natural dada por Dios) y no para deleitar al lector con detalles que permitan anclar, siquiera fugazmente, al pequeño mundo de una niña traviesa y decidida[2]. El lector moderno, curioso de infancias, las encuentra hasta donde no están.

Como elemento autobiográfico significativo y como medio de iniciar relatos de vida, la niñez aparece en Hispanoamérica más tardíamente que en Europa. Es interesante notar cómo el autobiógrafo hispanoamericano de principios del diecinueve, a la vez que lee con fervor a Rousseau y reconoce la influencia general del maestro de Ginebra, se resiste a seguirlo en un tipo de relato de infancia (el de las *Confesiones*) que a las claras le resulta ajeno. Para dar un solo ejemplo, el mexicano Guridi y Alcocer, en sus *Apuntes* autobiográficos (1802), demuestra haber leído las *Confesiones* y reproduce con originalidad las dos "tonalidades" predominantes en el texto de Rousseau, la elegíaca y la picaresca[3]. Sin embargo, se demora poco en el comienzo de su vida: de los ochenta apuntes que comprenden los ocho legajos dedica sólo cuatro a esos primeros años. En estas autobiografías tempranas se da sin duda la actitud elegíaca, la mirada del adulto vuelta sobre la infancia, pero tan sólo esbozada; los primeros años se prestan más a la alusión que al desarrollo explícito, como si el autobiógrafo no se sintiera del todo libre para detenerse en ese período y tratarlo sin retaceos. Guridi intuye el potencial del relato de infancia, su capacidad de deleitar al lector mediante el uso de recuerdos triviales. Sin embargo, a diferencia de Rousseau, no quiere o no puede aprovecharlo. En términos generales, ni escritores ni lectores aceptan del todo la infancia —aún legitimizada por el autobiógrafo europeo por excelencia, Rousseau, a quien leían y admiraban— como parte orgánica de la escritura autobiográfica[4].

[2] Por otra parte, como propone convincentemente Frederick Luciani, no pocos de esos "detalles de la vida real" de la joven Juana que los críticos ven como *"precious bits of real life incrusted in the letter's dense rhetorical matrix"*, son en sí retóricos, construcciones *"grounded as much in other texts as in life"*. "Octavio Paz on Sor Juana Inés de la Cruz: The Metaphor Incarnate". *Latin American Literary Review*, XV, 30 [1987]: 11-12.

[3] Jean Starobinski, "The Style of Autobiography". *Autobiography: Essays Theoretical and Critical*, James Olney, ed. Princeton: Princeton University Press, 1980: 82.

[4] Rousseau es más aceptable en Hispanoamérica como filósofo y como novelista que como autobiógrafo, ya que en esa función suele considerárselo "impropio". Al observar la notoria ausencia de toda mención de las *Confesiones* en la autobiografía de Alberdi, comenta Sáenz

De las muchas explicaciones posibles de esta demora, dos merecen consideración. En primer término, hay un problema de vacilación genérica frecuente en la primera mitad del siglo diecinueve. El autobiógrafo hispanoamericano tiene dificultad en definirse como sujeto de escritura dentro de los límites aún inestables de las nacientes literaturas nacionales. A menudo partícipe directo, ya en la lucha por la independencia ya en el proceso de consolidación de los estados nacionales, suele percibir la empresa autobiográfica, todavía no claramente establecida como género, como una tarea didáctica no del todo desinteresada. Además del memorialista puramente político (del que no hablaré aquí), empeñado en corregir su imagen para la posteridad y así lograr, en palabras de Gusdorf "una venganza contra la historia"[5], está el escritor estadista que se postula a sí mismo como figura ejemplar, cruza de héroe civil y moralista, cuya vida puede resultar útil a sus descendientes y futuros compatriotas[6]. Porque la autobiografía hispanoamericana, desde sus comienzos, es un relato principalmente público: público en el sentido en que publicita lo que puede y debe contarse, y público porque, más que satisfacer la necesidad del individuo de hablar de sí mismo, sirve al interés general. Poco o ningún espacio hay en estos textos para la *petite histoire* (esos episodios *insignificantes* que la niñez suele ofrecer); el autobiógrafo manifiesta en cambio el claro deseo de insertarse en una historia más importante, la Historia que se está gestando. Incluso en algunos casos —Sarmiento es buen ejemplo— lo que se anuncia como la historia de un individuo se convierte pronto,

---

Hayes: "Atacado ya por el delirio romántico sería de extrañar que no le hubieran atraído esas páginas de dolor, de locura y cinismo. Acaso le pareciera arriesgado mentarlas en las sencillas páginas de la biografía [sic] que entendía escribir para los miembros de su familia". Ricardo Sáenz Hayes, *La polémica de Alberdi con Sarmiento*. Buenos Aires: M. Gleizer, 1926: 26. Lucio V. Mansilla, temprano y entusiasta lector de *El contrato social*, distingue enfáticamente su propio proyecto autobiográfico del de Rousseau: "La idea que tengo, a la hora de ésta [la etapa de su adolescencia y del comienzo de su virilidad] no es prescindir de toda traba decente, de todo escrúpulo a lo J. J. Rousseau. ¡Hay tanto en él que no es sino cinismo!" *Mis memorias*. Buenos Aires: Hachette, 1955: 63. También en una de sus *causeries* denuncia Mansilla "las escabrosas obscenidades de Juan Jacobo". *Charlas inéditas*. Buenos Aires: Eudeba, 1966: 49.

[5] Georges Gusdorf, "Conditions and Limits of Autobiography". *Autobiography. Essays Theoretical and Critical*, ed. James Olney. Princeton: Princeton University Press: 7.

[6] Richard Coe observa en Montaigne características que podrían de hecho aplicarse a los autobiógrafos hispanoamericanos de principios del diecinueve: un casi total olvido de la niñez que, además de reflejar la actitud de una época hacia esa etapa de la vida, se debe a que el autobiógrafo está *"concerned primarily with adult responsibilities"*. *When the Grass Was Taller: Autobiography and the Experience of Childhood*: 20.

por metonimia, en la historia de un país en formación. En autores que conciben la autobiografía como servicio, no es sorprendente que la infancia, período por excelencia incierto, a menudo placentero por su intrascendencia misma, goce de poco prestigio.

Las reflexiones sobre la especificidad literaria, frecuentes en la primera mitad del diecinueve, suelen oponer, en un esfuerzo por definirlas, historia y ficción; en el contexto de esas reflexiones, y aunque no se la mencione directamente, la autobiografía es vista como una forma de la historia. *La petite histoire* de la infancia y los relatos de familia se ven, en cambio, como textos de ficción, y eventualmente de ficción histórica. Vicente Fidel López, uno de los primeros historiógrafos argentinos, además autor de una autobiografía y de novelas históricas, establece un significativo deslinde:

> A mi modo de ver, una novela puede ser estrictamente histórica sin tener que cercenar o modificar en un ápice la verdad de los hechos conocidos. Así como de la vida de los hombres no queda más recuerdo que el de los hechos capitales con que se distinguieron, de la vida de los pueblos no quedan otros tampoco que los que dejan las grandes peripecias de su historia. Su vida ordinaria, y por decirlo así, *familiar*, desaparece; porque ella es como el rastro humano que se destruye con la muerte. Pero como la verdad es que al lado de la vida *histórica* ha existido la vida *familiar*, así como todo hombre que ha dejado recuerdos ha tenido un rostro, el novelista hábil puede reconstruir con su imaginación la parte perdida creando libremente la *vida familiar* y sujetándose estrictamente a la vida histórica en las combinaciones que haga de una y otra parte para reproducir la verdad completa[7].

Percibida como ficción, la vida familiar es aceptable en la novela histórica pero no en la historia misma, que es donde la autobiografía, por el momento, busca situarse.

Sin duda la visión inestable que el autobiógrafo tiene del pasado contribuye también al lento desarrollo del relato de infancia dentro de la economía del discurso autobiográfico hispanoamericano. Los autobiógrafos del siglo diecinueve tienden a registrar más que a contar ese pasado, con la actitud controlada de quien carece de tiempo para el exceso sentimental (o lo que podría verse como tal). El pasado se concibe al servicio del presente: para estos luchadores, el ahora vale más que el entonces, "el que soy" es preferible a "el que fui".

La subordinación del pasado al presente y aún, en un continente muy dado a utopías, al futuro, es un imperativo en la América hispánica de principios del

---

[7] Vicente Fidel López, Prólogo a *La novia del hereje*, citado por Emilio Carilla. *El romanticismo en la América Hispánica*. Madrid: Gredos, 1967, Vol. II: 67, nota 13.

diecinueve. No sorprende por lo tanto que la literatura de esos primeros años, aunque esté marcada por el romanticismo europeo, más que demorarse en la pérdida del inocente paraíso infantil, tienda a pensarse en términos de ganancia y, fiel al espíritu de la Ilustración, haga del progreso su meta. Cuando Bello, por ejemplo, exhorta a Hispanoamérica a retornar a la naturaleza después de las guerras de la Independencia, propugna la naturaleza como agricultura, fuente de toda prosperidad —topos clásico— y no la naturaleza que fomenta la nostalgia o el recuerdo. Cuando el pasado aparece en estos textos, tiende irremisiblemente a lo monumental, como en la "Oda a Bolívar": causa de celebración, no de nostalgia, elude la reminiscencia personal. En la Hispanoamérica de principios del siglo diecinueve, no se concibe una poética de ruinas: hay en cambio una estética de reconstrucción en la cual el pasado individual todavía no ha encontrado su lugar.

Históricamente, esto no tendría que sorprendernos. El pasado concreto, inmediato, de estos escritores, estaba enraizado en un orden caduco, el de la colonia española, y, como tal, podría resultar incómodamente cercano. Recordarlo en términos personales acaso llevará a una validación afectiva de ese pasado y del mundo que éste representaba, aventura riesgosa para la cual el escritor hispanoamericano, y más específicamente el autobiógrafo, no estaba listo. Ese pasado suyo reciente, el pasado en que nació o con el cual tiene vínculos estrechos, es, de alguna manera, lo que más urgentemente necesita olvidar.

Había, sí, una manera de distanciarse sin evitar la evocación de un pasado personal, una manera, no elegida voluntariamente, que reivindica la nostalgia como algo más que un ejercicio solipsista. Me refiero a la literatura del exilio (por supuesto, también género romántico) donde el pasado se ve como irrecuperable, una *patria* inasible en el tiempo y en el espacio que sólo se rescata con la detallada recreación de la escritura. Mediante esa nostalgia del exilio, como una grieta en la inmaculada superficie del pasado monumental, se insinúa en el texto esa *vida familiar* de que hablaba López. En poesía abundan ejemplos de esta postura nostálgica producida por el exilio y no me detendré en ellos; en prosa, y especialmente en la autobiografía, sus manifestaciones, aunque algo escasas, son más interesantes. A diferencia de las añoranzas convencionales de la poesía lírica, son más detalladas, y por cierto de naturaleza más individualista: introducen en la recreación del pasado un elemento de placer, un deleite en el mero contar parecido al que proporciona el chisme. Un buen ejemplo lo constituye *Mis doce primeros años*, de María de las Mercedes Santa Cruz y Montalvo, Condesa de Merlin.

Exiliada de Cuba, aunque no por razones políticas, Mercedes Merlin (como se firma en cartas a Domingo del Monte) escribe en Francia lo que bien podría ser el primer relato de infancia de la literatura hispanoamericana. Escrito en francés, traducido luego al español, el libro sufrió la mala suerte que tan a menudo recae sobre estos híbridos: al no considerárselo ni francés ni hispanoamericano, no fue reclamado por ninguna de las dos literaturas. El hecho de que la autora fuera sobre todo famosa por sus gracias sociales —su salón en París fue muy frecuentado durante la monarquía de Luis Felipe— puede explicar, en parte, la indiferencia literaria de que fue víctima. El hecho de que se tratara de una mujer, en una época en que escribir, especialmente en Hispanoamérica, era visto como privilegio masculino, seguramente contribuyó por añadidura al olvido.

La primera de una serie de tres escritos autobiográficos, *Mis doce primeros años* (1831), registra la infancia de la autora desde su nacimiento en La Habana en 1789 hasta su partida de Cuba y su reunión, trece años más tarde en Madrid, con una madre a quien había dejado de ver poco después de nacer. Este texto puede verse como ejercicio de historiografía *sui generis*, un "architexto de orígenes" que coincide con (o mejor, precede a) la vision "de lejos" que propone Heredia de Cuba[8]. Lo que me interesa considerar, por mi parte, es cómo difiere de los textos autobiográficos que se escribían entonces en Hispanoamérica, seguramente (aunque no sea esta la única razón) porque fue escrito *fuera de* Hispanoamérica. La mirada "desde lejos", la mirada desde el exilio, afecta la postura autobiográfica: el yo escribe desde otro lugar —otro país, otra cultura, otro lenguaje— y el intento de recuperar un pasado descentrado con respecto al presente de la escritura lleva a un ejercicio dislocador: en un sentido el yo y su pasado se excluyen mutuamente. Percibido como *un hortus clausus*, ese pasado sólo puede ser integrado al presente mediante la escritura del deseo.

No hablo, desde luego, de escrituras desde un exilio pasajero (el caso de Sarmiento es buen ejemplo), vivido como lugar de transición. El exilio que me interesa aquí, el de la Condesa de Merlin en particular, no es transitorio sino definitivo y, se podría agregar, definitorio. Mercedes Merlin encuentra su identidad como escritora *en* el exilio y *por* el exilio. Solamente desde la otredad con la que, literalmente, se ha aliado —se ha casado con un general francés cuyo apellido toma y en cuya lengua escribe— puede llegar, oblicuamente, a la escena de la escritura. Sólo al aceptar la pérdida recupera, en la página, su infancia y su país. La reconstrucción de la vida familiar, que según López se hacía mediante la imaginación, recurre aquí a la facultad que más se asemeja a la imaginación: la facultad de recordar. En efecto, la condesa adopta estratégicamente una postura reminiscente para abordar sus recuerdos:

> No es una novela lo que va a leerse; es un simple relato de los recuerdos de mi niñez, debido a la casualidad. Paseándome sola en el campo una tarde de verano,

---

[8] Adriana Méndez Rodenas, *"Voyage to La Havana: La Condesa de Merlin's Pre-View of National Identity"*. Cuban Studies/Estudios Cubanos, 16, 1986: 75.

entregada a una dulce melancolía, me sentí poco a poco transportada a lo pasado; buscaba allí en el curso de mi vida los momentos en que había creído vislumbrar la imagen de la felicidad, y mi país, mi infancia vinieron naturalmente a presentarse a mi pensamiento. Era esto como un dulce sueño; quise prolongarle, al volver a casa tomé la pluma y tracé este ligero bosquejo de las primeras impresiones de mi vida.

Dedicándole [sic] a mis amigos creo hacerles casi una confianza; no les pido en cambio más que un poco de simpatía. Muy lejos de mi la pretensión de ser autora.

Pienso porque siento, y escribo lo que pienso. He aquí todo mi arte[9].

Varias cosas pueden decirse de esta introducción. En primer lugar, es obvio que adopta la estética romántica del recuerdo en su modalidad más elegíaca. Como los otros autobiógrafos latinoamericanos del período, Mercedes Merlin se entusiasma con Rousseau —"Rousseau y sus escritos me trastornaban la cabeza" (p.111)[10]— pero, a diferencia de ellos, escucha otras voces en el texto del maestro. Desatiende la actitud autodefensiva de Rousseau (que no le interesa emular), y en cambio, favorecida por razones geográficas, atiende (como no lo hacen los otros) a la voz de la nostalgia y del ensueño. La autobiografía prolonga una visión, es un *dulce sueño* que la escritura ayuda a mantener vivo. En segundo lugar, se observa que esta introducción difiere notablemente de otros textos, escritos por figuras públicas, que de "confidenciales" sólo tienen el nombre ya que en realidad evitan toda intimidad. En cambio, los recuerdos de la condesa se proponen la confidencia, adoptan resueltamente el tono menor que busca la simpatía y no la admiración, y —en la medida en que un texto público puede ser confidencial— logran su cometido. Finalmente, al disminuir su propia importancia y la de su texto (no es "autora", su texto es sólo un "ligero bosquejo"), la condesa evita el "yo" monumental que suelen elegir sus contemporáneos autobiógrafos y así abre su autobiografía, con toda naturalidad, a la *petite histoire*. El hecho de que Mercedes Merlin sea mujer, más prominente en el orden social que intelectual, explica sin duda su postura reticente, habitual en mujeres de fortuna e insuficientemente instruidas que

---

[9] Mercedes Santa Cruz y Montalvo, Condesa de Merlin, *Mis doce primeros años e Historia de Sor Inés*. La Habana: Imprenta El Siglo XX, 1922: 21. Cito en adelante por esta edición indicando paginación entre paréntesis.

[10] Es interesante notar que, de adolescente, la condesa tenía prohibida la lectura de Rousseau y deseaba casarse para liberarse de tal prohibición: "Los elogios y aun las críticas que había oído de ellos [los escritos de Rousseau] excitaban mis deseos de conocer sus obras, y cuando pensaba en la época de mi matrimonio, uno de los mayores placeres que me presentaba ésta era la posibilidad de leer la *Nueva Eloísa* o las *Confesiones*": 111-112.

de pronto se descubren escritoras en un campo intelectual dominado por hombres. Acaso Victoria Ocampo sea el mejor ejemplo de esta actitud[11].

Si nos limitamos a los hechos, el texto de la Condesa de Merlin tiene poco de esa niñez idílica que su introducción promete. Narra en cambio una historia de incertidumbre infantil y de abandono, el relato de un Dickens tropical. Mercedes Santa Cruz y Montalvo es la primogénita de los Condes de Jaruco, opulentamente ricos, y ellos mismos casi niños cuando nace la hija:

> He nacido en la Habana; mi padre, descendiente de una de las primeras familias de la ciudad, se halló al salir de la infancia dueño de un caudal inmenso. Se enamoró y casó a los quince años de edad con mi madre, que entraba apenas en los doce, hermosa como el día, y reuniendo todos los encantos naturales con que el cielo en su munificencia puede dotar a una mortal. Su primera hija los colmó de alegría, y podría decir de sorpresa, especialmente a mi madre, que acababa de dejar las muñecas; así es que ningún pesar tuvo su rostro cuando se les anunció mi sexo ... (p. 23).

Esta actitud lúdica —los chicos que "juegan a los padres"— tiene resultados desastrosos. Pocos meses después del nacimiento, al reclamar un pariente moribundo la presencia del Conde en Europa, el joven padre deja Cuba, y su mujer, ansiosa por ver Madrid, lo acompaña. Mercedes pasa al cuidado de su adorada bisabuela paterna, *Mamita*, mientras la ausencia de los padres se prolonga. Había de durar seis meses; pasarán en cambio más de ocho años antes de que la niña vuelva a ver al padre, quien regresa a Cuba en misión en 1798; pasará más tiempo antes de que pueda ver a la madre, que no volverá nunca a la isla. Mientras tanto, los padres han tenido más hijos:

> En esa época (tenía yo cerca de ocho años y medio) regresó mi padre de Europa. Se le había nombrado inspector general de las tropas de la isla de Cuba; y aunque este cargo debiese fijar su residencia en la Habana, el gusto decidido de mi madre por la Europa, hizo que mi padre pidiese al rey permiso para limitar su inspección a frecuentes viajes. Mi madre se quedó en Madrid con mi hermana y mi hermano, nacidos en España (p. 28).

---

[11] Victoria Ocampo, "Malandanzas de una autodidacta". *Testimonios*, 5ª. serie. Buenos Aires: Sur, 1957. Pero la autodisminución o la reticencia autorial no son actitudes privativas de la mujer autobiógrafa, ni es de su exclusivo dominio la apertura de la autobiografía a la *petite histoire*. Al igual que la condesa de Merlin, el argentino Eduardo Wilde, en *Aguas abajo* (1914), y el chileno Benjamín Subercaseaux en *Niño de lluvia* (1938), dos escritores de algún modo marginales dentro de sus respectivos campos literarios, también cultivan el relato de infancia como forma particularmente íntima de recreación del pasado.

La condesa, cuya tendencia a idealizar el pasado es obvia, abusa del cliché elogioso para describir a la bisabuela, equipara su amor por ella con una "especie de culto" (p. 24). No registra, en cambio, su reacción ante el abandono de los padres. Notablemente escribe: "[m]i felicidad había sido pura y sin nubes desde el día en que nací hasta el día en que me había separado de *Mamita*" (p. 60). En ausencia de padre y madre, es *Mamita* quien, como tantas otras poderosas matriarcas, las *mamá viejas* o *mamá grandes* de la literatura hispanoamericana, se convierte en origen, en comienzo genealógico que justifica a la niña:

> [D]espués de haber colocado a once hijos y de haberles consolidado su caudal, se hallaba en posesión del amor y del respeto de todos los que la rodeaban. Me acuerdo haber asistido en su casa a varias reuniones de familia en las que se contaban en línea recta, noventa y cinco personas: yo era el último anillo de la cadena (p. 24).

El provisorio retorno paterno bastará para romper este vínculo. Lo que sigue en *Mis doce primeros años* es un relato de separaciones, cortes y una indiferencia que por involuntaria no es menos patética. El padre se lleva a la niña a vivir con él por un tiempo y "parecía querer indemnizarme de su pasada indiferencia, dispensándome con profusión todos los gustos que mi edad me permitía gozar" (p. 28). Unos meses más tarde, sin embargo, cuando se acerca el momento de reintegrarse al resto de su familia, decide no llevarla consigo: "tenía el proyecto de casarme en América" (p.38). En lugar de volver con la bisabuela, culpable de "excesiva ternura" (p. 39), Mercedes es enviada al convento de Santa Clara.

El texto capta admirablemente la sensación de encarcelamiento que puede experimentar un niño, la rigidez de la vida conventual, la apasionada amistad con una monja románticamente misteriosa que la ayuda a escapar, la huída del convento, al alba, aún vestida de novicia, la llegada al umbral de *Mamita*, el alivio provisorio, la nueva separación, la decisión paterna de que viva con una tía. A medida que avanza, el relato gana en franqueza lo que pierde de idealización. Si al comienzo, refiriéndose al primer y fundamental abandono, Merlin había recurrido al eufemismo generalizador como forma de negación —"Este primer suceso de mi vida tuvo una influencia grandísima en mi educación y en mi destino" (p. 23)— ahora, al describir las restricciones a las que es sometida, aun cuando no las atribuya directamente a nadie, usa términos como *desgracia, yugo, pasada felicidad*, y, significativamente, *opresión* e *injusticia*.

Un último gesto paterno, culminación de esta serie de alienaciones, abre una fisura definitiva en el texto. Gesto que significa el mayor desplazamiento, es a la vez, para la niña, muestra de la mayor reconciliación: el padre decide llevar a

Mercedes a España para que se reúna con la madre. Aún así, la separación continúa signando el texto, desarmando los elementos de un yo en vías de composición, coartando cualquier tentativa por parte de ese yo de percibirse de modo continuo y coherente. No se pueden conciliar lugar de origen y novela familiar. Cuba (con su sinécdoque, *Mamita*) corresponde al abandono de los padres. Paralelamente, la reunión con los padres supone el abandono de Cuba. La aceptación de lo uno excluye la posibilidad de vivir simultáneamente lo otro, lo destierra del presente mediante —literalmente— la distancia que lo convierte en materia de deseo y ensueño.

A pesar de que *Mis doce primeros años* describe en detalle la *privación* que resulta de las arbitrarias decisiones paternas, la figura misma del padre siempre aparece intachable. Pero si la intención evidente del texto es disimular o disculpar esas decisiones, el relato se vuelve, en otro nivel, notablemente revelador. La primera parte del texto, correspondiente a los años pasados en Cuba, introduce de manera encubierta otras voces narrativas, voces que oblicuamente aluden a la arbitrariedad paterna y así subvierten la imagen misma de la armonía familiar que *Mis doce primeros años* procura dar.

A la vez que enumera detalladamente las desgracias de la protagonista niña, esta sección cubana del libro es de notable economía narrativa. Escasean los personajes secundarios y las situaciones, en general, se reducen a una mínima exposición: la niña y los miembros de la familia más inmediata que influyen en su vida. Fuera del ámbito familiar, además de los apoyos circunstanciales (un primo aquí, un capellán allí), la narración rescata tan sólo a cuatro personajes, volviéndolos protagonistas de relatos intercalares que funcionan dentro del texto como pequeñas *alobiografías* (para usar el término acuñado por Richard Butler)[12], es decir, como proyecciones parciales del yo autobiográfico. El hecho de que narren, sin excepción, vejámenes y opresiones, es significativo: al referirlos, Merlin hace suyas esas historias y cuenta, de manera indirecta, la historia que, en otro nivel, calla.

Todos los episodios intercalares, tomados de la experiencia cotidiana de la niña, tienen como protagonistas a esclavos. No es mi propósito evaluar aquí lo que se ha visto en la Condesa de Merlin como postura ambigua, cuando no favorable, hacia la esclavitud[13]. Quiero subrayar, en cambio, el modo en que recurre, acaso sin advertirlo pero de manera asaz sistemática, a un grupo cuyo lugar en la sociedad era esencialmente incierto, cuya libertad de movimiento era nula y cuya identidad dependía de una autoridad más alta, y hace que ese grupo represente su propia

---

[12] Richard Butler, *The Difficult Art of Autobiography*. Oxford: Clarendon Press, 1968: 19.
[13] Méndez Rodenas: 86-91.

comedia de orígenes, revelando su textura contradictoria. Tres de los relatos de esclavos tienen una misma estructura triangular. En esa estructura, la figura del padre y la del esclavo ocupan los dos extremos opuestos; entre padre y esclavo se sitúa la hija mediadora que invariablemente intercede, corrige entuertos, restaura la armonía. En el primer relato, la niña pide al padre la libertad de un esclavo fugitivo; se le otorga su pedido. En el segundo, implora a su padre que cambie de planes y permita que una joven esclava, cuya fornida musculatura la destinaba al ingenio, trabaje en cambio en el secadero donde no la separarán de su hijito; nuevamente le es otorgado su deseo. En el tercer relato intercalar, ubicado justo antes de dejar Cuba, la niña intercede nuevamente por su nodriza, la esclava que había rehusado la libertad cuando se la habían ofrecido por permanecer junto a la niña. Esta vez los favores que pide a su padre son múltiples; no sólo que a Mama Dolores se le otorgue nuevamente la libertad sino que también se libere a sus hijos, que se les dé a todos una casa y un poco de tierra. Mercedes misma, jugando a la precoz dama dadivosa, supervisa personalmente la edificación y el amoblamiento de la nueva casa. Antes de partir para Europa, tiene la satisfacción de ver a toda la familia de Mama Dolores reunida y eternamente agradecida por su generosidad.

Al relatar estos episodios ejemplares, dignos de las niñitas modelo de la Condesa de Ségur, Mercedes Merlin cede a la tentación que experimenta todo autobiógrafo de lucirse ante el lector. Pero su participación en estos episodios es significativa en otro sentido: los tres relatos son proyecciones —y correcciones— de alguna falla en la situación familiar propia. Nótese bien: en el primero, el individuo que huye al verse privado de libertad por una autoridad que lo vuelve impotente; en el segundo, la madre que suplica que no la separen del hijo; finalmente (y muy significativamente en vísperas de la partida de la niña de su tierra natal) la restauración, por interpósita persona, de la novela familiar. La compensación y la satisfacción no se logran aquí mediante sueños y fabulaciones sino por proyección y desplazamiento. Al mostrar como, de niña, podía arreglar vidas ajenas, la autora revela, de modo tanto más patente, el carácter irremediable de la propia situación familiar. Un cuarto relato intercalar, que he reservado para el final porque difiere de los otros, recalca la función compensatoria de estos ejercicios narrativos. En una situación que *no puede arreglar*, la niña encuentra a una esclava que llora enloquecida la muerte de su hijito. Huelga recordar que el relato reproduce la fantasía típica del niño que se siente abandonado y, para castigar a los padres, fabula su propia, irreparable muerte.

El afán de restaurar la armonía de Mercedes Merlin no se limita a esta elaboración, tan oblicua como creadora, de su propia novela familiar. Después de todo, no es casual que su intervención más llamativa, la de liberar, reunir e instalar a la familia de su nodriza, ocurra justo antes de su partida de Cuba. El episodio es emblemático de una estrategia más general de reconciliación y mejoramiento que opera a través de todo el texto. Como la familia de su nodriza, a Cuba se la ha de "arreglar" antes de la partida:

> Quería, cuando saliera de la Habana, no dejar a nadie descontento de mí, y mientras mi padre se ocupaba de los preparativos del viaje, yo arreglaba los negocios de mi corazón. No tenía otras deudas que pagar más que las de la gratitud .... [C]uando la memoria nos transporta hacia el poco bien que hemos hecho, volvemos a encontrar la sensación dulce, viva y en un todo como fue antes (p. 87).

Este virtuoso trabajo de remiendo, modo eficaz de preservar un pasado feliz intacto, permite a la niña precavida almacenar buenos recuerdos, aquellos mismos que aprovechará luego la autora. No es que, como su maestro Rousseau, Mercedes Merlin elija recuperar lo bueno de su niñez prescindiendo de lo malo: es que, gracias a la manipulación a la que ha sometido su pasado, *lo malo no existe*. La niñez pasada en Cuba ha de ser, *es* feliz. Por eso, las primeras líneas de *Mis doce primeros años*, en las que la condesa declara vislumbrar "la imagen de la felicidad" en su niñez y en Cuba, no son inexactas, pese a que los hechos en sí aparentemente desmientan la aseveración: en realidad no se han almacenado esos hechos sino la imagen feliz de esos hechos, y es esa la imagen que recupera el texto.

La dramática partida de Cuba, "en aquella edad en que los hábitos tienen tan pequeñas raíces" (p. 91), marca a la vez el final de la niñez y su continuación en la imaginación, establece la diferencia entre vivir (en) Cuba y, de lejos, imaginarse Cuba. No es casual que el interés de la niña por la lectura, poco notable durante los años cubanos ("Apenas sabía leer y escribir" [p. 97]) surja, literalmente, al alejarse de su tierra natal: en el barco manifiesta "deseos de continuar el estudio de la lengua francesa" (p. 94) y un oficial la ayuda a leer y a traducir a Racine. Una vez en Madrid, lee cuanto le permite la madre, especialmente a Madame de Staël. Poco a poco, Cuba se le vuelve un compuesto literario. Cuarenta años después, al redactar su *Viaje a La Habana*, nuevo texto autobiográfico escrito después de su primero y único viaje de regreso a Cuba[14], escasamente reconstruye la isla a partir de la observación directa. Recurre, en cambio, a notas que a su pedido le han proporcionado escritores cubanos amigos y a préstamos inconfesados de ciertos

---

[14] La versión francesa se publicó en 1844. Una versión muy reducida, titulada *Viaje a la Habana*, con prefacio de Gertrudis Gómez de Avellaneda, salió el mismo año en Madrid.

escritores costumbristas[15]. Redescubre menos a partir de lo que ve que a partir de lo que lee, recuerda e imagina.

El carácter elegíaco (y claramente literario) de la recreación que hace de Cuba la Condesa de Merlin en *Mis doce primeros años* no escapó a sus compatriotas más perspicaces. Al reseñar la versión francesa no bien se publica, Domingo del Monte elogia "el dulce sentimiento de cariño a la tierra patria, que respira esta obrita, y que nosotros consideramos como el primero y el más puro de los afectos del alma"[16], y acertadamente sitúa el libro dentro de una tradición, señalando sus afinidades con otros textos. Estos textos no son hispanoamericanos, ni siquiera españoles, pues las añoranzas de Merlin y su tono íntimo carecían de precursores hispánicos; son, en cambio el *René* de Chateaubriand y las *Meditaciones* de Lamartine. Sin embargo, paradójicamente, del Monte critica a la autora por lo que es consecuencia inevitable de ese mismo aspecto elegíaco que pondera: le reprocha inexactitudes y anacronismos, que sólo juzga "disculpables por el tiempo que ha mediado entre la observación del objeto y la formación de la pintura"[17]. Lo que no ve el crítico es que *Mis doce primeros años*, debe ser, necesariamente, anacrónico: recrea lo que fue (o lo que la autora imagina que fue), no lo que es.

A pesar de estos comienzos auspiciosos, *Mis doce primeros años* no se leyó demasiado en Hispanoamérica. Ha permanecido al margen, prácticamente ignorado, salvo por unos pocos —Carpentier, Sarduy, Arenas— que en alguna oportunidad, al escribir el nombre de su autora, le dieron tenue vida. En Hispanoamérica, la escritura autobiográfica habría de esperar hasta 1867 para que los idealizados recuerdos de infancia o de adolescencia adquirieran validez literaria. Aún entonces, esa aceptación se logra fuera de la autobiografía; la inmensa popularidad de una novela, *María* —un texto, notablemente, que también trata de autoritarismo paterno y de individuos sometidos— legitimiza por fin, dentro de la literatura hispanoamericana, la recreación nostálgica del perdido paraíso juvenil como modo válido de reconstruir el pasado.

---

[15] En su introducción a la edición más reciente de *Viaje a la Habana*, La Habana: Editorial Arte y Literatura, 1974, Salvador Bueno documenta los pedidos de ayuda de la Condesa a Domingo del Monte y a José Antonio Saco (pp. 32-33) así como lo que toma prestado de Cirilo Villaverde, Ramón de la Palma y otros (pp. 46-49). Para más datos, puede consultarse el valioso si bien confuso libro de Domingo Figarola Caneda, *La Condesa de Merlin*. París: Editions Excelsior, 1928.
[16] La reseña se publicó en la *Revista y Repertorio Bimestre de la Isla de Cuba*, I, 1 mayo-junio 1831. Se reproduce en extenso en Figuerola Caneda: 134.
[17] Figuerola Caneda: 136.

IV. EL MODERNISMO, LA VANGUARDIA Y DESPUES

PROYECCIONES POLITICAS DE
LA VANGUARDIA HISPANOAMERICANA

POR

FERNANDO ALEGRIA
Stanford University

Si hemos de entender cabalmente lo que la Vanguardia ha significado ideológicamente en el desarrollo cultural de Hispanoamérica, es preciso reconocer primero la ambivalencia que la caracteriza en su índole institucional. Recibido su mensaje por representantes de una minoría social y económica, y constituida en movimientos y grupos, no en escuelas como fue el caso de Europa, la Vanguardia nunca se *establece* entre nosotros; es, en sus comienzos tanto como en su período de incubación y explosión, un estado de ánimo, un impulso sin límites precisos, una voluntad de actuar sin fines claramente definidos. Vale decir que los movimientos de Vanguardia constituyen para nosotros una revolución cultural en constante erupción y privada de apoyo masivo.

Un estado de exaltación así, por supuesto, no reconoce límites de tiempo. Nos llega como un ventarrón de Europa que mantiene su turbulencia esporádicamente y puede aún ganar ímpetu en particulares condiciones socio-políticas.

De aquí que sea necesario establecer hitos históricos para especificar el período de vigencia de nuestra Vanguardia y no confundirlo con otras actitudes que aparecerán más tarde, caracterizadas igualmente como "estados de ánimo" pero respondiendo a circunstancias que en poco o nada se relacionan con los padrones característicos de la Vanguardia europea antes y después de la Primera Guerra Mundial.

Dos hechos que asumen medular importancia para aclarar los orígenes de nuestra Vanguardia deben reconocerse de inmediato: primero, el movimiento romántico latinoamericano precede en algunos años al de España, y, segundo, su naturaleza y conformación no pueden separarse del hecho histórico de nuestras guerras de Independencia e intentos subsiguientes de organizar repúblicas libres.

El romanticismo argentino, de honda significación para toda Latinoamérica, fue un movimiento de base política, un acto de resistencia, conspiración dramática contra la dictadura de Rosas. No puede confundírselo, por lo tanto, con esa vaga bohemia de quienes se rebelaban al "chocar con el ambiente" o al sufrir los síntomas del mal del siglo. Los exiliados argentinos —Mármol, Echeverría, Alberdi, Sarmiento— no salen a otros mundos a suspirar por la patria perdida; van a Montevideo y a Santiago a preparar el proyecto político y cultural de una utopía democrática.

En cierto modo la revolución romántica adquiere resonancia populista en la novela de mexicano Altamirano y del chileno Blest Gana, en la poesía gauchesca de Hernández y en los dramas y narraciones del indianismo sentimental. Son éstas reacciones a las condiciones históricas de un período de efervescencia contra el poder oligárquico cuando no se afianza todavía un claro concepto acerca de qué será el Estado de las naciones liberadas.

De una conciencia alerta ante la "decadencia" europea (léase: bancarrota del Positivismo, contradicciones sociales de la revolución industrial) salen los iniciales brotes de una revolución literaria propiamente hispanoamericana contra los modos burgueses de implementar un sistema social al margen de todo proyecto cultural. Las contradicciones son su marca particular.

Rubén Darío fue un exquisito poeta indígena formado bajo el alero de la más poderosa burguesía centroamericana, muy consciente de la *préciosité* del parnasianismo y simbolismo franceses[1], antiburgués y elitista por principio[2]. El movimiento Modernista iniciado por Darío revolucionó la poesía y la prosa hispánicas bajo una égida aristocrática y escapista, aunque vigorosamente anti-académica. Mientras el maestro nicaragüense se rebela contra la retórica tradicionalista y propone un liberalismo anti-burgués, y sus discípulos levantan la voz proclamando la soberanía del arte puro (Lugones, Valencia, Chocano, Nervo), ciertos hechos claves marcan esta rebelión con caracteres que la contradicen en su individualismo:

1. El Porfirismo polariza el regimen dictatorial en México y se mantiene en el poder hasta 1910.

---

[1] Considerése el historial de su bohemia chilena junto a Pedro Balmaceda Toro (A. de Gilbert), hijo del Presidente José Manuel Balamaceda, en *Rubén Darío a los veinte años*, de Raúl Silva Castro. Madrid: Editorial Gredos, 1956: 101-128.

[2] Cf. "El rey burgués", en *Azul* (1888) y sus famosas palabras en el prólogo a *Prosas profanas*: "Yo no tengo una literatura 'mía' —como lo ha manifestado una magistral autoridad—, para marcar el rumbo de los demás; mi literatura es mía en mí; quien siga servilmente mis huellas perderá su tesoro personal y, paje o esclavo, no podrá ocultar sello o librea ... ¿Hay en mi sangre alguna gota de sangre de Africa, o de indio chorotega o neogranadino? Pudiera ser, a despecho de mis manos de marqués; mas he aquí que veréis en mi versos princesas, reyes, cosas imperiales, visiones de países lejanos o imposibles; ¡qué queréis!, yo detesto la vida y el tiempo en que me tocó nacer ..." *Obras completas*, Madrid: Mundo Latino, 1917-1919: 7-11.

2. Fracasan los intentos unionistas en Centroamérica y comienza la aventura económica de la United Fruit Company respaldada por la ideología intervencionista de Teddy Rooselvelt y su doctrina del Destino Manifiesto.

3. Termina la Guerra del Pacífico que opuso al Perú y Bolivia contra Chile y se afianzan los intereses económicos de los EE.UU. en reemplazo de la hegemonía británica.

Darío todavía se encuentra en Chile cuando se inician en este país los esfuerzos por estructurar un movimiento sindical y fundar partidos políticos de orientación marxista. Su viaje a la Argentina y, luego, a Europa marca, en realidad, el comienzo de un éxodo de la élite intelectual latinoamericana que, al llegar a París, va a descender como un globo de abigarrados colores en el medio mismo de los primeros *happenings* de la revolución estética de la Vanguardia.

Parte Diego Rivera desde Veracruz financiado por una beca que le proporciona ¡don Porfirio Díaz!. En París están Alejo Carpentier, musicólogo y estudiante de arquitectura entonces, Miguel Angel Asturias, alumno de La Sorbonne, ocupado en traducir al español la versión francesa del *Popol-Vuh*. Allí conocen a Picasso y se familiarizan con Dalí y Gris. Pronto entrarán al círculo de tiza de la Vanguardia el cubano Picabia y los chilenos Huidobro y Matta. Llegan todos ellos como astronautas de un mundo misterioso, voladores de Pascua y el Cuzco, de Palenke y Tikal.

Pero, curiosamente existe otra Vanguardia de profundas raíces latinoamericanas que no llega a París, que permanece al margen del remolino de los *ismos* oficiales. En los años en que Huidobro discute y pelea por aparecer como el fundador del Creacionismo[3], Pablo Neruda vive su adolescencia universitaria en Santiago y no será sino hasta la década del 20 cuando partirá hacia la India y, luego, residirá en Birmania y Rangún, donde escribirá los dos primeros volúmenes de su *Residencia en la tierra*. César Vallejo es, a la sazón, un oscuro maestro primario en su patria y cuando llegue la hora de partir, los *ismos* han arriado ya sus banderas; pasará un tiempo en Madrid, irá a Moscú, volverá con un libro de apoyo a la Unión Soviética[4]; establecido en París durante la Guerra Civil Española, viviendo en una miseria abyecta, escribirá sus *Poemas humanos*, uno de los testimonios más profundos y sobrecogedores que ha producido nuestra Vanguardia sobre la condición existencial del hombre latinoamericano.

---

[3] Juan-Jacobo Bajarlía, *La polémica Reverdy-Huidobro: Origen del ultraísmo*, Buenos Aires: Devenir, 1964.
[4] César Vallejo, *Rusia en 1931. Reflexiones al pie del Kremlin*. Madrid, Buenos Aires: Cía. Iberoamericana de Publicaciones, 1931.

Hoy comprendemos por qué para el Tercer Mundo la Vanguardia estética de principios de siglo no pierde nunca el sello de una élite. Esta minoría, brillante y audaz, contribuye a la crítica del capitalismo desde una situación privilegiada y en términos que no tocan la problemática social ni de la clase media ni de la clase trabajadora.

La recepción al Futurismo ofrece un buen ejemplo de lo que decimos. Las voces más altas de la poesía latinoamericana otorgan un orquestado eco a la artillería verbal de Marinetti. Su manifiesto de 1909 es un platillo de lujo que se consume en las tertulias elegantes y sofisticadas de Buenos Aires, México, Río de Janeiro, Santiago, Lima, mientras las asambleas de estudiantes, empleados, obreros, discuten las invasiones norteamericanas a Nicaragua y Santo Domingo, las consecuencias de la Revolución Mexicana, los planteamientos de la Primera y la Segunda Internacional, las cruentas masacres con que terminan las huelgas bananeras y los paros de la industria del salitre en Santa María y La Coruña.

Rubén Darío, ya consagrado e ilustre maestro, se refiere al manifiesto de Marinetti con respetuosa ironía:

"Marinetti es un poeta italiano de lengua francesa. Es un buen poeta, un notable poeta... Lo único que yo encuentro inútil es el manifiesto. Si Marinetti con sus obras vehementes ha probado que tiene un admirable talento y que sabe llenar su Misión de Belleza, no creo que su manifiesto haga más que animar a un buen número de imitadores a hacer 'futurismo' a ultranza"[5].

No olvidemos que este mismo Darío, tan mesurado y caballeresco, le había dicho a Teddy Roosevelt:

"Eres los Estados Unidos
eres el futuro invasor
de la América ingenua que tiene sangre indígena,
que aún reza a Jesucristo y aún habla español...
Tened cuidado. ¡Vive la América española!
Hay mil cachorros sueltos del León Español.
Se necesitaría, Roosevelt, ser por Dios mismo,
El riflero terrible y el fuerte Cazador,
para poder tenernos en vuestras férreas garras..."
("A Roosevelt", 1904)

Vicente Huidobro, una de las figuras máximas de la Vanguardia, le da a Marinetti respuesta más acorde con el tono bombástico del manifiesto Futurista:

---
[5] *La Nación*. Buenos Aries, abril 5, 1909.

"Y he aquí que un buen día se le ocurrió al señor de Marinetti proclamar una escuela nueva: El Futurismo.

¿Nueva? No.

Todo eso de cantar la temeridad, el valor, la audacia, el paso gimnástico, la bofetada, es demasiado viejo. Lea si no, el señor Marinetti 'La Odisea' y 'La Ilíada', 'La Eneida' o cualquiera de las odas de Píndaro a los triunfadores en los juegos olímpicos y encontrará allí toda su gran novedad ... El señor Marinetti prefiere un automóvil a la pagana desnudez de una mujer. Es ésta una cualidad de niño chico: el trencito ante todo. Agú, Marinetti"[6].

El caso de Huidobro no puede, por supuesto, tratarse así de pasada. Es muy posible que su teorización y estrategia política respecto a la revolución estética europea provea la clave más definidora de todo eso que la Vanguardia significó de aporte cultural para Latinoamérica y de todo aquello que representó una causa y una lucha truncadas, por no decir fallidas.

No debemos olvidar que Huidobro desempeñó un papel activo y hasta dirigente en los años decisivos de la Vanguardia francesa. Compañero de Reverdy en la revista *Nord-Sud*, firmante del manifiesto Dada, Huidobro se proclamó fundador del Creacionismo y, por ello, recibió ataques enconados del historiador de *Las literaturas europeas de vanguardia*, Guillermo de Torre. No prestemos atención a esta pintoresca polémica que se prestó para que Huidobro desplegara una vez más su admirable y jocoso arte de ilusionista. Las fechas ya no importan. Quien llegó o no llegó primero a las ciudades de Cíbola podrá ser tema de crónicas mágicas, no de historia literaria. Reverdy se retiró al fin, a sus moradas místicas y, como Thomas Merton, refirió su creacionismo a mundos de Dios y del hombre que requerían su vocación de asceta. Huidobro, en cambio, no encontró ni paz ni descanso. A su regreso definitivo a Chile en los años 30, sintió que la Vanguardia debía refundarse y proclamarse de inmediato. Lanzó nuevos manifiestos desde sus boletines *Total* y *Ombligo* y se dio arte en manejar a los editores de la revista *Pro* para que atacaran a Neruda y lo desprestigiase[7]. En verdad, vivió entonces una extraña locura. Por la Alameda de las Delicias sonaban gritos como "Agú" y "Runrun" y no eran sino pueriles remedos de un Dada ya enterrado. Huidobro combatía solo, brillantemente. Se inventaba una oposición de enemigos implacables, hablaba, escribía, peleaba. Sólo le contemplaban silenciosas asambleas de serios y respetables jubilados sentados en escaños de plaza, donde recibían un sol otoñal y albas cagadas de palomas.

---

[6] *Pasando y pasando*. Santiago: Imprenta Chile, 1914.

[7] *Pro*, Santiago, 1936. Se acusaba a Neruda de plagiar a Tagore. La acusación provocó nutrido debate en la prensa chilena.

La Vanguardia ya no le servía. Los chilenos empezaron a reírse. Los jóvenes dudaron. Entonces, Huidobro da un salto que, considerado con propia perspectiva, fue el factor definidor de una auténtica Vanguardia chilena. Hizo inesperadas declaraciones de fe política, escribió su memorable "Oda a Lenin", participó en concentraciones del Partido Comunista. En la década del 20 Huidobro había representado una especie de comedia de improvisación colectiva al anunciar, con gran publicidad, su candidatura a la Presidencia de Chile y publicar un manifiesto en que denunciaba a los más poderosos ladrones del erario nacional, lista que encabezaba su propio abuelito. Ahora, Huidobro adoptaba un aire de seriedad conspirativa. Su discurso en la proclamación de Luis Pairoa, candidato a senador por el Partido Comunista, hizo época. Habló de palomas y palomares a un público ávido de consignas rojas y libertarias. El silencio y la desconfianza lo desanimaron. Se fue apartando. Como dijera Borges, refiriéndose a otras campañas, sus periódicos murales ya no los leían ni las paredes. Huidobro pretendió continuar el juego vanguardista en circunstancias en que el mundo iba rápidamente hacia la debacle de 1941, mientras en Chile se daba la lucha contra el fascismo en condiciones de violencia totalmente inesperada[8].

Hoy resulta curioso comparar el dandysmo de Huidobro con la misteriosa y compleja actitud de Borges más o menos en el mismo período. Borges regresa a Buenos Aires con el mensaje del Ultraísmo español. Sus acomodados amigos argentinos y uruguayos (Güiraldes, Bioy Casares, Ocampo, Amorim) abren sus señoriales salones al experimentalismo brillante de una literatura que consideran producto de lujo fuera de mercado, divertimento apasionante, cosmopolita. Y, paulatinamente, la dorada tertulia se interrumpe. Los buenos escritores que acompañan a Borges no tardan en reconocer que el malabarismo de la Vanguardia europea no puede ser para ellos sino una etapa pasajera en un trance de definición personal. Sientan las bases del movimiento "Martín Fierro" y, reconocida y pagada la deuda del aprendizaje formalista que hicieron en Suiza, Francia y España, se vuelven de lleno hacia una realidad americana que les exige un drástico cambio de rumbo.

Güiraldes, ultraísta en *Cencerro de cristal*, publica en 1925 una lírica exaltación del gaucho *Don Segundo Sombra*. Amorim escribe una serie de vigorosas novelas apuntando a los males sociales de la oligarquía agrícola de su país: *El paisano Aguilar, La carreta, El caballo y su sombra.*

Borges comienza su reinado desde lo que va a ser pronto un mundo de sombras, sueños y fabulosas aventuras intelectuales en medio de una sociedad

---

[8] Golpe nazi contra el gobierno de Arturo Alessandri Palma en 1938 y masacre en el edificio del Seguro Obrero.

regimentada y aterrorizada por brutales dictaduras militares. El elitismo de la Vanguardia es un lujo que los escritores y artistas argentinos no pueden permitirse. Borges no cambia su afán experimentalista, pero le da el peso de una filosofía estoica, la resistencia de un escepticismo implacable, la agresividad de una ironía autodestructora. Sobre la base imaginista de la Vanguardia construye un lenguaje anti-retórico, americanamente castizo, libre de artificios regionalistas, pleno de tradición oral. Individualista y conservador hasta el final, Borges escandalizará a los vanguardistas con declaraciones y actitudes crudamente reaccionarias[9] que, en apariencia, contrastan con sus ataques a Perón.

Si el Futurismo, el Creacionismo y el Ultraísmo son manifestaciones de la Vanguardia que se identifican consistentemente con posiciones minoritarias en el contexto social de Latinoamérica, el Surrealismo, como movimiento y escuela, traspasa las barreras de clase, representa, a veces, avanzadas revolucionarias colindantes con la militancia marxista, y otras veces desempeña labores de zapa para proyectos neofascistas[10]. En consecuencia, su papel durante la vigencia y decadencia de la Vanguardia es complejo y difícil de analizar. Dividirlo en grupos o tendencias sería, a mi juicio, erróneo, ya que las definiciones no siempre pudieran justificarse y una ordenación cronológica no sería convincente.

Creo que el Surrealismo latinoamericano no ha sido suficientemente estudiado en sus expresiones más tempranas, quizá por el hecho de que ellas ocurren en una prosa —novelesca o ensayística— de limitada difusión. Autores como Agustín Yáñez, Torres Bodet, Arévalo Martínez, generalmente atraen a la crítica por su contribución a la llamada narrativa "post-modernista", mientras sus obras más innovadoras suelen descartarse como experimentales. Sin embargo, *El hombre que parecía un caballo*, *Margarita de niebla*, *Melibea*, *Isolda y Alda en tierras cálidas*, no debieran faltar en una consideración de los antecedentes del Surrealismo latinoamericano, aunque no fuera sino para anteponerlas a títulos consagrados como *El reino de este mundo* o *El Señor Presidente*.

Por otra parte, en la más temprana poesía de Pablo de Rokha y César Vallejo están presentes gérmenes inconfundibles del movimiento surrealista; no obstante, a de Rokha se le asocia, por lo general, con una poesía política y tremendista que

---

[9] La más ofensiva de estas actitudes parece ser la invitación, aceptada por Borges, a comer con Augusto Pinochet en Santiago. Los ataques de Borges contra Perón pudieran interpretarse como una expresión del esnobismo característico de la alta burguesía argentina, para quien Perón y Evita fueron siempre el epítome del mal gusto y malas costumbres de los descamisados.

[10] Considérese la actitud del grupo surrealista chileno La Mandrágora después del Golpe Militar de 1973.

los surrealistas de escuela rechazan con repugnancia. De Vallejo suelen citarse sus palabras suavemente recriminatorias contra la Vanguardia olvidando que en *Trilce* no sólo hay experimentación con un expresionismo lingüístico desusado en Latinoamérica, sino también un código de alusiones y referencias característicamente surrealistas.

La posición más clara, y en cierto modo pionera, en los albores del Surrealismo latinoamericano la toma Pablo de Rokha cuyo libro *Los gemidos* es reconocido por la crítica bien informada como una anticipación a *Finnegan's Wake* y cuya obra, tanto lírica como ensayística, mantiene una constante dialéctica referida invariablemente a una posición marxista. De Rokha representa una forma de Surrealismo al servicio no sólo de la revolución, sino particularmente del Partido Comunista chileno. Sin embargo, su matrimonio político con el P.C. estuvo lleno de rompimientos y reconciliaciones. Me imagino que en el futuro se le considerará más bien como un "compañero de ruta", difícil, contradictorio, pero leal.

Cuando de Rokha comienza a publicar sus libros de poemas, Neruda viene llegando a Santiago desde la provincia. Juntos colaboran en la publicación de la revista *Claridad* inspirada en el movimiento *Clarté* de Romain Rolland. De Rokha y Neruda dan la impresión de rechazar deliberadamente las etiquetas de los *ismos* de esos años, acaso por reacción contra el entusiasmo un tanto ingenuo y provinciano con que Huidobro corrió a matricularse en las escuelas vanguardistas europeas. Neruda, en especial, se cuidó siempre de ser clasificado como ultraísta o surrealista, prefiriendo el reconocimiento de innovador que llega a España a despertar nuevas voces, a la manera de Darío.

En la época a que nos referimos es el discurso de José Carlos Mariátegui que empieza a orientar la actitud de los escritores y artistas jóvenes hispanoamericanos. De la lectura de sus *Siete ensayos* surgirá un proyecto literario fundado sobre una concepción materialista de la historia[11]. Mariátegui no fue ni indiferente ni hostil hacia la Vanguardia. Por el contrario, desde su revista *Amauta* solidarizó con el grupo de *Contemporáneos* de México y con *Martín Fierro* de Buenos Aires reconociendo sus antecedentes vanguardistas. Demás está decir que los surrealistas de escuela que regresaban de Europa no reconocieron a Mariátegui, siguieron con los ojos puestos en el viaje y las estaciones de Breton, acuartelados en revistas de circulación minúscula, ariscos, despectivos y marginados. De esta familia salen ramas en variadas direcciones.

La Vanguardia, como concepto y estado de ánimo, evidentemente, no ha muerto; continúa siendo una atractiva abstracción y una actitud de vigilia perma-

---

[11] José Carlos Mariátegui, *7 ensayos de interpretación de la realidad peruana*. Lima: Biblioteca Amauta, 3a. edición, 1952.

nente. Por eso las notables innovaciones literarias que han surgido en la segunda mitad del siglo XX parecen generarse y desarrollarse como un eco de esa vigilia. No obstante, nadie cometería hoy la ingenuidad de catalogar una aventura literaria como un *ismo*. El movimiento contra el barroco americano que alcanzó su cúspide poco antes del medio-siglo se denomina hoy "anti-poesía", y a la ruptura contra la retórica del regionalismo populista en el campo de la novela, se la consagra en términos de "realismo mágico". Detrás de ambas insurgencias el Surrealismo asoma su cabeza.

A esto debiera añadirse que militantes y simpatizantes de la Vanguardia, en verdad, absorbieron a fondo sus mecanismos formales, vivieron en profundidad los percances de la revuelta contra las academias y mantuvieron su devoción y sentido de militancia vanguardista aún durante la vigencia del realismo socialista. Algunos, como hemos dicho, se incorporaron en voz y acción a los movimientos de liberación del Tercer Mundo y en sus obras ha quedado una contribución valiosa y duradera a una revolución estética que comenzó como un *estado de ánimo* y que como tal continuará desafiando la estabilidad de todo proyecto cultural conservador.

LA PROBLEMATIZACION DEL SUJETO EN LA POESIA CONVERSACIONAL*

POR

ANTONIO CORNEJO-POLAR
University of Pittsburgh
Universidad Nacional Mayor de San Marcos

En la década de los 60 la espléndida eclosión de la nueva narrativa hispanoamericana hizo difícil percibir el significado y la importancia de otros acontecimientos literarios coetáneos: la institucionalización como género del testimonio, o la incitante experimentación del teatro producido colectivamente, por ejemplo. En poesía, con variantes que no detallaré, y bajo distintas denominaciones que pueden reconocerse provisionalmente con el nombre de poesía conversacional, se consolida por entonces un sistema poético cuyo origen, como también el de la nueva narrativa, se ubica varias décadas antes.

A este respecto basta mencionar que el impacto de la poesía inglesa y angloamericana, que es componente decisivo de la poesía conversacional, viene de esa "otra vanguardia", afincada en México y el Caribe, y actuante desde los años 20, que José Emilio Pacheco ha reivindicado con justicia; y recordar que este proceso desemboca en la poesía de Ernesto Cardenal que —ya en los 60— se articula con la que venía produciéndose en el Cono Sur (pienso en Parra y Benedetti) a partir de otra tradición[1].

Cuando hablo de poesía conversacional me estoy refiriendo precisamente a la integración de estas experiencias subregionales en un corpus latinoamericano, rápidamente enriquecido con el aporte de escritores de varias procedencias y de distintas generaciones: Gelman, Lihn o Fernández Retamar, pero también Dalton, Pacheco, Cisneros o Cobo Borda, que serán seguidos por muchos de los poetas que debutan en los 70.

---

* Una versión de esta nota fue leída en el XIV Congreso de LASA, New Orleans, marzo de 1988.
[1] José Emilio Pacheco, "Nota sobre la otra vanguardia". *Revista Iberoamericana*, XLV, 106-107, Pittsburgh, enero-junio 1979. He tratado brevemente el tema en: "La poesía de Antonio Cisneros: Primera aproximación". *Revista Iberoamericana*, LIII, 140, Pittsburgh, julio-setiembre 1987.

Enrique Lihn, en sus *Conversaciones* con Pedro Lastra, señaló que todo este tipo de poesía estaba caracterizado por la "transformación del sujeto poético" que la enuncia[2]. Lastra analizó más tarde el mismo asunto en referencia a la desaparición del privilegio implícito en la posición del "hablante inspirado de la poesía tradicional", a su frecuente sustitución por personajes, máscaras y dobles desde los que se emite el lenguaje poético y a la heterogeneidad de éste: "precario, situado en un lugar común", el sujeto de la poesía conversacional aparece, según anota el crítico chileno, "cruzado por los más diversos lenguajes"[3].

Interesa subrayar, y profundizar, algunos puntos. Por lo pronto, la consistente desacralización de la figura del poeta y de su palabra tiene consonancias, hasta hoy no percibidas, con las concepciones lingüísticas que definen lo poético en términos de función y no de esencia y cancelan toda tentación ontológica. Después de Jakobson y Mukarovsky, para mencionar sólo dos nombres claves, no es fácil imaginar límites infranqueables entre una lengua poética y otras que no lo sean; por consiguiente, el poeta ni realiza las virtualidades de un lenguaje previamente jerarquizado como poético, ni puede considerar que, negándolo, está construyendo otro. En realidad solamente opera funciones, funciones que por su propia naturaleza están abiertas a contaminaciones de diversa índole. De hecho, por ejemplo, la poesía conversacional no tiene ningún reparo en activar funciones referenciales y apelativas.

La ruptura del enclaustramiento del lenguaje intrínsecamente poético tiene un costo tal vez no previsto: el sujeto lírico pierde, con este hecho, su identificación social. En otros términos, no puede seguir afirmando su identidad como agente especializado de ciertos códigos de uso restringido, consensualmente adscritos al universo de la alta cultura, y su competencia lingüística, antes diferenciadora y jerarquizante, parece sumergirse en la común aptitud de los hablantes de una lengua determinada. Correlativamente, el poema diluye sus límites, en una dinámica que va de la poesía a la prosa y de la prosa a la "conversación", y la poesía toda como que se insume en una masa verbal indiferenciada.

A este respecto es bueno recordar que todavía en 1979 un crítico tan respetable como Rodríguez Alcalá se negaba a aceptar que la poesía de José Emilio Pacheco fuera de verdad poesía, y que a Gabriel Zaid, con toda su incisiva inteligencia y teniendo la razón, no le fuera nada fácil, en esa polémica, probar fehacientemente la tesis contraria[4]. Por lo demás, diez años antes Pacheco (y en otros contextos

---

[2] Xalapa: Universidad Veracruzana, 1980.
[3] "Poesía hispanoamericana actual". *Relecturas hispanoamericanas*. Santiago: Universitaria, 1987.
[4] Los textos de la polémica aparecen en los números 15, 18 y 20 de *Hispamérica*.

LA PROBLEMATIZACION DEL SUJETO

Cisneros y Cobo) se habían curado en salud. En *No me preguntes cómo pasa el tiempo* aparece esta "Disertación sobre la consonancia":

> Aunque a veces parezca por la sonoridad del castellano
> que todavía los versos andan de acuerdo con la métrica;
> aunque parte de ella y la atesore y la saquee,
> lo mejor que se ha escrito en el medio siglo último
> poco tiene en común con La Poesía, llamada así
> por académicos y preceptistas de otro tiempo.
> Entonces debe plantearse a la asamblea una redefinición
> que amplíe los límites (si aún existen límites);
> algún vocablo menos frecuentado por el invencible desafío de los clásicos.
> Un nombre, cualquier término (se aceptan sugerencias)
> que evite las sorpresas y cóleras de quienes
> —tan razonablemente— leen un poema y dicen:
> "Esto no es poesía"[5].

Por supuesto, no se trata de encontrar otro nombre para una poesía que, aunque irónicamente, sigue afirmando su condición de tal. Se trata más bien de producir un nuevo sentido —y un nuevo estatuto legitimador— para un ejercicio literario que ha perdido el rango que le confería la especificidad (las "consonancias" según Pacheco) de su lenguaje.

En el curso de esta tarea, la poesía conversacional construye una sorprendente paradoja: su carácter y su valor dependen de la eficiencia con que realice el difícil artificio de confundirse con cualquier manifestación del habla cotidiana. Poesía que parece no querer serlo, aunque en esa negación afirme precisamente su verdadero temple poético, es también —entonces— escritura que escribiéndose finge una oralidad imposible. En este curioso empeño puede detectarse desde una marca romántica, en el retorno a la fuente primera de la voz, hasta una seña vanguardista, en la conciencia que afirma y niega la índole poética del discurso en que se formaliza, pero más allá de estas resonancias se instala un sentido distinto que tiene que ver, en primera instancia, como ya está dicho, con la reformulación de la figura y el rol social del poeta.

El proyecto de situar la poesía en el flujo del habla implica el designio correlativo de ubicar al poeta en el seno de una colectividad a la que pretende representar. Aunque a veces se detectan signos contradictorios, esta representación funciona en muchos casos con un criterio —por así decirlo— de "normalidad". No se trata más del profeta, del héroe o del maestro que guía a su

---

[5] *Tarde o temprano*. México: Fondo de Cultura Económica, 1980: 79.

pueblo, sino de uno más entre los muchos que forman el tejido de la sociedad. Entre el oficinista del primer Benedetti y el "cuadro" político de Roque Dalton, existe una vasta gama de ejemplos significativos de esta inmersión del poeta en una comunidad más o menos vasta.

Ciertamente este tipo de representatividad tiene muy poco que ver con la que Angel Rama analizó perspicazmente como carácter recurrente de la literatura latinoamericana[6]. Mucho más que constituirse como síntesis iluminadora de la nacionalidad o de toda nuestra América, la poesía conversacional intenta extenderse por el ambiguo y difuso sentir comunitario, recogiendo lo que es común y negándose a elevarlo a la condición de símbolo o emblema de categorías mayores. Después de todo, para volver a los mismos ejemplos, el oficinista de Benedetti o el "cuadro" de Dalton no representan la suma abstracta de esas figuras, o si se quiere sus arquetipos, y sólo tienen sentido en la medida en que uno es tan alicorto y está tan alienado como cualquier otro amanuense y el segundo tiene los mismos entusiasmos y los mismos decaimientos que cualquier militante.

Es obvio que las marcas biográficas que pueden encontrarse en éstos como en otros casos similares, no contradicen lo esencial de la operación que vengo reseñando: la despersonalización del hablante y su correlativa socialización, como portador indiferenciado de experiencias colectivas. Hay que añadir que este sujeto normalmente abandona el tratamiento de situaciones o experiencias excepcionales y prefiere insertarse en el curso al parecer irrelevante de la cotidianeidad.

La figuración del poeta como uno entre otros hace posible que el espacio del texto sea ocupado tanto por su lenguaje cuanto por el de esos otros con los que se confunde. Me refiero, para comenzar por lo más evidente, a la masiva utilización de giros y frases del habla coloquial; a la consistente evocación de la letra de canciones populares, que vienen a ser parte de esa lengua común en la que se instala el poema; y también —lo que es más complejo— a la incorporación de varias voces, con sus respectivos registros, en un solo texto. Bajo la inevitable tutela de Bajtín, sería posible hablar de poemas polifónicos que desestabilizan la voz autoral y la incorporan al imprevisible curso de un diálogo abierto. Es el caso, de verdad paradigmático, de "Taberna", tal vez el más audaz experimento de dialoguismo dentro de la poesía conversacional, aunque —en otro campo— Romualdo haya obtenido logros tanto o más significativos al construir un solo gran discurso poético con citas que van desde la *Divina Comedia* hasta la poesía quechua contemporánea[7].

---

[6] Capítulo I de *Transculturación narrativa en América Latina*, México: Siglo XXI, 1982.
[7] Roque Dalton, *Taberna y otros lugares*, Habana: Casa de las Américas, 1969; Alejandro Romualdo; *Poesía íntegra*, Lima: Amauta, 1986.

Una razón similar puede encontrarse en la frecuente aparición de poemas escritos por un doble, como personalidad ficticia que sustituye al autor; en el uso de discursos ajenos e inclusive contradictorios con respecto a la ideología del poema en que se reciclan; como también —y las variantes podrían multiplicarse— en los ejercicios de traducción libre e irónica que conducen, en un caso ejemplar, a atribuir a Arquíloco una feroz diatriba contra el sistema político mexicano[8].

Creo que lo dicho hasta aquí demuestra que la renuncia a un estatuto lingüístico privilegiado, dependiente de un yo poético encumbrado por la especificidad y jerarquía de su competencia discursiva, abre para la poesía conversacional un vasto espacio de experimentación; en lo esencial, la posibilidad de entregar la enunciación del poema a voces que tanto pueden sustituir como competir, entremezcladas, con la del poeta. Aunque el tema no interesa directamente a esta reflexión, cabe apuntar que el ensanchamiento y complejización de la instancia enunciadora tiene vínculos, siquiera homológicos, con otros procesos similares; por ejemplo, con la aparición de formas épicas y dramáticas, como el relato y el diálogo, dentro del poema.

Como se ha dicho, la dilución del yo poético en una compleja y hasta contradictoria polifonía supone la socialización del texto como ámbito lingüístico de un hablante implícita o explícitamente colectivo o de varios hablantes que intercalan, conflictivamente o no, sus propios discursos. Se trata, por supuesto, de un proceso artístico complejo y poco estudiado, aunque otro similar —el del relato literario— haya sido suficientemente esclarecido a través de categorías como autor, narrador, hablante básico, perspectiva, etc. Todos estos aspectos, sin duda útiles para entender el asunto, adquieren otra dimensión en el campo de la poesía. No es inútil recordar que su espacio fue, por lo menos desde el Renacimiento, y con toda evidencia desde el romanticismo, el lugar privilegiado de la subjetividad personal y del discurso monológico del sujeto: el reino del "estilo", por consiguiente[9].

En cierto sentido, lo que sucede es que el poeta abandona la posición del hablante, o la comparte y colectiviza, para ocupar otra: la del constructor de un texto múltiple, polifónico, que remite a varios sujetos cuyas identidades, ficticias o no, desplazan al poeta y lo sitúan más allá del tejido de los discursos que constituyen el texto. De arte efusiva, hecha de expresividad, la lírica pasa a ser arte combinatoria, constructora de "artefactos"[10], que parece funcionar como fuerza distribuidora de enunciados de varia procedencia, incluyendo los socializados.

---

[8] José Emilio Pacheco, "Lectura de la antología griega". *Tarde o temprano,* op. cit.: 309.
[9] Cf. el estudio sobre la lírica de Theodor Adorno: *Notas de literatura*, Barcelona: Ariel, 1962.
[10] No aludo al sentido que tiene este término en la obra de Parra.

Ahora bien: la ruptura de la inmediatez del vínculo entre el sujeto y el texto, que en la poesía resultaba ser casi escandalosa, aparece también, con toda evidencia, en otros campos: con la elocuencia fáctica que es propia del género, en el teatro de creación colectiva, sobre todo en sus experiencias más ligadas al protagonismo del pueblo; en un sector apreciable de la nueva narrativa y del "posboom", una de cuyas obsesiones más agudas reside precisamente en la problematización del narrador; y, aún con más énfasis, en el testimonio que con frecuencia es voz de otro: la de Montejo, el cimarrón, o la de Rigoberta Menchú, mucho más que la de Barnet o Burgos, por ejemplo.

No creo exagerar al suponer que el sentido de la problematización del sujeto lírico sólo puede percibirse, en su auténtica dimensión, en referencia a las experiencias realizadas, bajo similar signo, en otros géneros. Con respecto a éstos, y a veces con relación a la poesía, la interpretación más común señala el impulso democratizador que subyace en la entrega a otros de la palabra escrita y del circuito literario, en especial cuando esos otros son los silenciados por un sistema social y étnicamente discriminador y opresivo. Remarco que todos los ejemplos mencionados surgen o se consolidan en la década de los 60, cuando la historia latinoamericana parece a punto de desembocar en un orden social radicalmente nuevo, bajo el impulso de la revolución cubana y de la onda guerrillera que cubre varios países latinoamericanos.

Es posible considerar, siquiera como hipótesis, que la emergencia popular de los años 60 impactó con fuerza en la conciencia del grupo productor de literatura y suscitó la certeza de que la historia estaba siendo movida precisamente por quienes quedaban al margen del espacio literario. Desde la Ilustración, y por lo menos hasta el realismo social de los 20 y 30, una larga tradición intelectual latinoamericana señalaba que los protagonistas del cambio social eran los miembros de la elite letrada y que —por consiguiente— su producción cultural quedaba asociada espontánea y productivamente al curso social, encauzándolo hacia la realización histórica de ciertos valores abstractos. La irrupción del marxismo transformó drásticamente la autoconciencia de la elite culta y la vanguardia corroyó la fe en la eficiencia de la palabra, pero ambos no actuaron decisivamente —en el aspecto que ahora interesa— sino cuando la marejada revolucionaria de los 60 situó a los escritores en una posición subordinada y a veces marginal.

Este panorama explica, siquiera parcialmente, las opciones básicas que la poesía conversacional pone en juego. Dicho rápidamente y en desorden: la crisis de la poética centrada en la expresión de instancias estelares de la existencia, en favor de una poética de la cotidianeidad; la reasimilación del relato en el universo de la poesía, con su obvia remisión a la historia y al contorno social; la dilución del poeta en la comunidad y del lenguaje poético en la coloquialidad de la conversación; y, en fin, la construcción del texto como espacio coral que acoge varias voces, pueden considerarse como estrategias destinadas a ganar un nuevo lugar para la poesía. Otra vez, aunque por vía paradójica, irónicamente en muchas oportunidades, la poesía se instala en el cruce de la palabra con la historia, en el centro mismo de la sociedad.

En sus apuntes tardíos sobre "El problema del texto en la lingüística, la filología y otras ciencias humanas", Bajtín se preguntaba si en el fondo todo escritor no es un "dramaturgo, en el sentido de que cualquier discurso aparece en su obra distribuido entre las voces ajenas", para proponer luego lo siguiente: "el escritor es alguien que es capaz de trabajar con la lengua situándose fuera de ella, alguien que posee el don del habla indirecta"[11]. Me pregunto si por sus propios caminos, y respondiendo a las urgencias de un tiempo convulso y esperanzado, en la espléndida década del 60, ahora fuente de tantas y tan auténticas nostalgias, los poetas hispanoamericanos que insertaron sus voces en el espacio abierto de la conversación plural, no descubrieron que, en efecto, la poesía es también hechura social, obra complejísima de un sujeto transindividual que puede operar desde la historia, desde su tejido de tiempos múltiples, las muchas lenguas con que se "canta y cuenta" la vida.

---

[11] M. M. Bajtín, *Estética de la creación verbal*, México: Siglo XXI, 1985: 301.

IMPLICACIONES PSIQUICAS E IDEOLOGICAS DE LA MITIFICACION DEL ESPACIO EN "ANACONDA" DE HORACIO QUIROGA

POR

EDMOND CROS
Instituto Internacional de Sociocrítica
Montpellier — Pittsburgh

La acción del cuento "Anaconda" se desarrolla en tres días y tres noches, y el tiempo se organiza de la manera siguiente:

N1:		Lanceolada, de caza.
D1	(I):	primer encuentro de Lanceolada con el Hombre
N2	(II):	reunión del Congreso
	(III):	misión de Ñacaniná
	(IV):	misión de Ñacaniná
	(V):	Ñacaniná espía a los hombres dentro de la casa
	(VI):	El Congreso hasta "las tres de la mañana"
D2	(VII):	El hombre cautiva a Cruzada En el serpentario, diálogo de Cruzada y de Hamadrías.
	(VIII):	En la tarde, ataque de Hamadrías a los hombres (Cf. "Pero para la segunda recolección, de aquí a 2 ó 3 horas").
N2	(IX):	El Congreso
	(X):	Ataque a la caballeriza
D3	(XI):	el exterminio

Me llama la atención el hecho de que toda la acción pasa de noche, y, más exactamente, en tres noches, con las solas excepciones:

a) del cautivo de Cruzada y de su diálogo con Hamadrías, aunque hay que precisar que dicho episodio se desarrolla en el serpentario.
b) de la masacre de las serpientes al final.
c) de algunas notaciones muy rápidas — "Comenzaba a romper el día e iba a retirarse cuando cambió de idea. Sobre el cielo lívido del este se recortaba una inmensa sombra ..." [p. 8 (I)]

"Era la una de la tarde. Por el campo de fuego (...) se arrastraba Cruzada hacia la casa ..." [p. 20 (VII)]

"Atravesó el patio, llegó a la puerta en el momento en que el empleado, con las dos manos, sostenía, colgando en el aire, la Hamadrías ..." [p. 26 (VIII)]

La luz y el día son los enemigos de las serpientes y cómplices del hombre:

"La súbita oscuridad que siguiera al farol roto había advertido a los combatientes el peligro de mayor luz y mayor resistencia. Además, comenzaban a sentir ya en la humedad de la atmósfera la inminencia del día (...) Marchaban en tropel, espantadas, derrotadas, viendo con consternación que el día comenzaba a romper a lo lejos"[p. 37 (XI)],

y desde este punto de vista es significativo que la masacre se verifique en pleno día.

Esta contraposición entre *día* y *noche* opera también en la manera como se hallan distribuidos los espacios (sendero y esportillo, la casa—corredor, patio, escalera, serpentario, caballeriza, laboratorio ... y la caverna). De la casa se describe la organización interna desde un punto de vista funcional ("Trepó por una escalera recostada a la pared bajo el corredor y se instaló (...) tendida sobre el tirante ..." p. 15) y se subraya el aspecto institucional y científico (*Instituto de Seroterapia Ofídica*, nuevo *establecimiento ... serpentario ... laboratorio* ...). La casa se caracteriza por su aspecto blanqueado y su instalación *provisoria*; así es como el serpentario está construido con materiales ocasionales: "La instalación era evidentemente provisoria; grandes y chatos cajones alquitranados servían de bañadera a las víboras y varias casillas y piedras amontonadas ofrecían reparo a los huéspedes de ese paraíso *improvisado*" (p. 21).

La caverna, en cambio, se disimula en el seno mismo de la tierra y del bosque: "En la base de un murallón de piedra viva, de cinco metros de altura y en pleno bosque, desde luego, existía una caverna disimulada por los helechos que obstruían casi la entrada" [p. 9 (II)].

Frente al mundo primitivo que representa la caverna se pone de realce el vocabulario científico especializado que sirve para designar al Instituto (Seroterapia Ofídica) como índices manifiestos de modernidad, de lo cual surgen nuevos efectos de contrastes. El tiempo se remonta desde el siglo XX hasta lo prehistórico y lo arcaico, el tiempo se estira hacia el pasado, un pasado *inmemorial* ("Desde tiempo *inmemorial* el edificio había estado deshabitado" (p. 8). "Hombre y Devastación son sinónimos desde el tiempo *inmemorial* en el pueblo entero de los Animales" (p. 9). "También desde tiempo *inmemorial* es fama entre las víboras la rivalidad particular de las dos yararás" (p. 12). Pero desde que el mundo es mundo nada (...) podrá evitar (p. 39)" etc. ... Un pasado que, aparentemente, se confunde con el principio de la vida y el paraíso; de manera significativa, el serpentario en efecto reconstituye *"un paraíso improvisado"* (p. 21); la serpiente viene a ser, en este contexto, el icono del espacio paradisíaco.

Pero, si tratamos de profundizar nuestra aproximación crítica nos damos cuenta de la necesidad de distinguir entre:

   a) las cazadoras
   b) las víboras
   c) Anaconda

En este punto también sigue operando una visión maniquea, que ilustran perfectamente las palabras de Anaconda: "Cuando un ser es bien formado, ágil, fuerte y veloz, se apodera de su enemigo con la energía de nervios y músculos que constituye su honor, como lo es el de todos los luchadores de la creación. Así cazan el gavilán, el gato onza, el tigre, nosotras, todos los seres de noble estructura. Pero cuando se es torpe, pesado, poco inteligente e incapaz, por lo tanto, de luchar francamente por la vida, entonces se tiene un par de colmillos para asesinar a traición; como esa dama importada que nos quiere deslumbrar con su gran sombrero"[p. 33 (IX)].

A partir de cierto punto de vista, tal como se expresa por ejemplo en la cita anterior, cualquiera que sea su belleza como animal, la víbora es el mal absoluto, condenado juntamente por el peligro que representa para los hombres y, como lo acabamos de ver, por soler "asesinar a traición". Es de notar que el Congreso se escinde en dos partidos: por una parte, las venenosas y Hamadrías que organizan los ataques y son responsables, por lo tanto, de la masacre final, y, por otra, la Ñacaniná, inofensiva y, sobre todo Anaconda para la cual el narrador subraya varias veces la admiración y simpatía que le tiene: "Y la cabeza viva y simpática de Anaconda avanzó (...) la Anaconda es la reina de todas las serpientes habidas y por haber (...) Pero la Anaconda es demasiado fuerte para odiar a sea quien fuere —con una sola excepción— y esta conciencia de su valor le hace conservar siempre buena amistad con el hombre. Si a alguien detesta es, naturalmente, a las serpientes venenosas" [p. 29 (IX)]. El narrador insiste en ese odio recíproco ("De modo que la vieja y tenaz rivalidad entre serpientes venenosas y no venenosas llevaba miras de exasperarse aún más en aquel último Congreso" p. 32).

El ataque de las venenosas a la caballeriza es una escena diabólica: "Allí, a la luz del farol de viento pudieron ver al caballo y a la mula debatiéndose a patadas contra sesenta u ochenta víboras que inundaban la caballeriza" (p. 35) y de esta forma también lo perciben los hombres del Instituto ("Parece cosa del diablo...— murmuró el jefe—" p. 36) tanto como el narrador ("pero las víboras, como si las dirigiera una inteligencia superior, esquivaban los golpes y mordían con furia", p. 36). Por eso mismo, si la serpiente es el icono del paraíso, sería más bien el indicio de la maldición satánica que irrumpe en el Edén y desde este punto de vista, en contra de lo que a veces se opina, el desenlace del cuento, el cual termina por la masacre de todo eso que simboliza el Mal y, al contrario, la salvación de Anaconda se debe considerar como utópicamente optimista.

En efecto, hay que recordar que frente al pabellón de las venenosas ("el pabellón de nuestra especie es la Muerte", p. 12), Anaconda es portadora de la renovación de la vida. Terminado el episodio referido por este cuento, se nos anuncia que va a remontarse más allá del reino de los muertos para regresar y engendrar una nueva vida: "la historia de este viaje remontando por largos meses el Paraná hasta más allá del Guayra, más allá todavía del Golfo letal donde el Paraná toma el nombre de Río Muerto (...) toda esta historia de rebelión y asalto de camalotes pertenece a otro relato ..." (p. 42).

Para entender el simbolismo exacto de Anaconda hay que acudir precisamente al "Regreso de Anaconda" (*Los desterrados*, 1926) en donde la gran boa defiende a un hombre que se está muriendo y, al final, pone una gran cantidad de huevos destinados no sólo a asegurar la supervivencia de su especie sino también y sobre todo la resurrección de la vida. En los dos cuentos, la aparición de Anaconda está relacionada con crecientes excepcionales del Paraná ("Vagabundeando en las aguas espumosas del Paraná había llegado hasta allí con una gran creciente [...] p. 29). La vida extraña que llevó Anaconda y el segundo viaje que emprendió por fin con sus hermanos sobre las aguas sucias de una gran inundación (...) pertenece a otro relato" (p. 42).

Las imágenes que describen estas dos inundaciones (aguas *espumosas*, aguas *sucias*) así como las evocaciones de las mismas inundaciones no son indiferentes, en cuanto implican la unión de la tierra y del agua, lo cual nos remite al mito del origen de la vida transmitido por las tradiciones de la comunidad letuama del Amazonas colombiano: "Según el pensamiento aborigen letuama la vida surge en la unión del agua y de la tierra y así se eterniza, el cielo es el río que envuelve la tierra y desde allí sale la gran Anaconda hacia los ríos de la tierra, regando la vida en las aguas para penetrar en la tierra y fecundarla" (Olver de León, 1987, p. 77).

Así se van deconstruyendo mutuamente dos textos culturales distintos, judeo-cristiano el uno, indígena el otro en la evocación de la emergencia de la vida y de la humanidad. En efecto: la mitología letuama presenta a la gran Anaconda saliendo del río cósmico que envuelve al mundo y por donde navega el sol. Así entró en los ríos de la tierra y en sus largos recorridos fue dejando pedazos de su cuerpo, que a su vez dieron origen a las diferentes etnias hermanas (O. de León, p. 82).

Esta coincidencia de los dos mitos hace surgir una serie de oposiciones ente el Bien y el Mal, la Vida y la Muerte, la Luz y la Sombra. En esta matriz discursiva se van plasmando todas las descripciones de los paisajes de los cuentos "misioneros", aunque se presentan éstas en el trasfondo de unas realizaciones textuales algo distintas:

1. *La selva*: "Pero el sol de mediodía pesaba también sobre la cabeza desnuda de los dos hombres. La cruda *luz* lavaba el paisaje en un amarillo *lívido* de *eclipse*, sin sombras ni relieves. *Luz del sol* meridiano como el de Misiones, en que las camisas de los hombres *deslumbraban*" ("Los Fabricantes de carbón", p. 73). Luz vs. Eclipse pero también Frío vs. Calor: "... apenas bajaba el sol el termómetro comenzaba a caer con él, tan velozmente que se podía seguir con los ojos el descenso del mercurio. A esa hora el país comenzaba a helarse literalmente" (Ibid., p. 74).

2. *El Paraná*: "Desde allí a Posadas (...) admiré como es debido el cauce del gran río anchísimo lento y *plateado* (...) Pero, desde Posadas hasta el término del viaje, el río cambió singularmente. Al cauce pleno y manso sucedía una especie de *lúgubre Aqueronte* encajonado ente *sombrías* murallas de cien metros —en el fondo del cual corre el Paraná (...) de un gris tan *opaco* que, más que agua, apenas parece otra cosa que *lívida* sombra de los murallones (...) Se trata en realidad de una serie de lagos de montañas hundidos entre *tétricos* cantiles de bosque, basalto y arenisca *barnizada en negro*. Ahora bien, el paisaje tiene una belleza *sombría* ..." ("El Simún", p. 44)

El infierno, en este caso, cobra la apariencia de las correntadas y de los remolinos: "el peligro está en esto precisamente: en salir de un agua muerta para chocar a veces en ángulo recto, contra una correntada que pasa como el *infierno* "(En la noche", p. 99).

Hay que notar sin embargo que siempre coexisten las dos potencialidades contrastadas: "y si a la distancia el río aparece, en la canal, terso y estirado en rayas *luminosas*, de cerca, sobre él mismo, se ve el agua revuelta en *pesado moaré de remolinos*" ("En la noche", p. 99).

"Toda restinga, sabido es, ocasiona un *rápido* y un *remanso* adyacente" ("En la noche", p. 99).

Ahora bien, el paisaje tiene una belleza *sombría* (...) Al caer la noche sobre todo, el aire adquiere en la honda depresión una *frescura* y *transparencia glaciales*. El monte vuelca sobre el río su perfume crepuscular y el pasajero avanza sentado en proa, *tiritando de frío* y excesiva soledad: ("El Simún", p. 44).

Y a cada instante el envés del paisaje puede dar paso al revés: "El río súbitamente opaco se había rizado (...) Todo el río estaba blanco (...) En un solo minuto el Paraná se había transformado en un mar huracanado" ("El Yaciyateré", p. 69).

La misma matriz opera en otros libros de cuentos. Citemos, entre otros, esta descripción de "A la deriva" (en *Cuentos de amor, de locura y de muerte*, 1975, p. 62). "El Paraná corre allí en el fondo de una inmensa hoya, cuyas paredes, altas de cien metros encajonan *fúnebremente* el río. Desde las orillas, bordeadas de *negros* bloques de basalto asciende el bosque *negro* también. Además a los costados, atrás, siempre la eterna muralla *lúgubre*; en cuyo fondo el río arremolinado se precipita en incesantes borbollones de agua *fangosa*".

Las descripciones de los paisajes funcionan pues en torno a dos microsemióticas contrastadas fuertemente: "cruda luz, deslumbrar, rayas luminosas, lento y plateado, río blanco, helarse, remanso vs. lívido, eclipse, lúgubre Aqueronte, infierno, sombrías murallas, gris opaco, lívida sombra, belleza sombría, fúnebremente, negros bloques, muralla lúgubre, agua fangosa, río opaco".

Dichas descripciones corresponden al escenario de Misiones: "El territorio nacional de Misiones —o algunas de sus zonas características— han prestado su escenario para el desarrollo de más de un relato que en el recién llegado a aquella región ha sufrido y continúa sufriendo sobre su destino el ensalmo que el suelo, el paisaje y el clima de Misiones infiltran en un individuo hasta abolir totalmente en su voluntad toda ulterior tentativa de abandonar al país" (*La vida en Misiones*, p. 97).

Pero ya la significación simbólica del espacio está transcrita en el nombre mismo de *Misiones* que evoca el choque del paganismo y de la cristiandad, y más especialmente cuando se asocia a la evocación de la *selva* supuestamente *virgen*, el descubrimiento de la primitividad, percibida ésta a partir de un punto de vista histórico y moderno. La selva y la caverna combinan sus efectos connotados dentro de este contexto simbólico para convocar lo oscuro, lo peligroso, lo nocivo y de manera más general y más ceñida al punto de vista ideológico que organiza la visión, lo satánico. Ya *Misiones* abre un espacio semántico que se caracteriza por la coexistencia de la luz y de las tinieblas, de lo primitivo y de la modernidad. De tal modo que las dos microsemióticas que acabo de reseñar se nos pueden aparecer como generadas por la mera toponimia.

Esto, sin embargo, no explica de manera enteramente satisfactoria el funcionamiento textual de la ambigüedad. Hemos observado que en las descripciones reseñadas, se hace más énfasis en los peligros y dificultades aparentes u ocultos del espacio, mientras que, por otra parte, Quiroga habla del *ensalmo* de Misiones, lo cual explica la atracción que ejerce sobre los personajes, que casi todos son extranjeros o forasteros, tanto como sobre el mismo Quiroga. En este punto también podemos notar que la noción de *intruso*, tantas veces transcrita en el cuento y en el libro de *Anaconda* se debe decodificar como pluriacentuada, o sea, que no implica forzosamente un planteamiento negativo, en la medida en que, en el contexto que estoy reconstituyendo, por ejemplo, evoca una procedencia exterior a Misiones y, por lo tanto, pone de realce la atracción ejercida por el espacio.

Si nos preguntamos cómo se pueden compaginar estas dos características contrapuestas de Misiones, debemos acudir una vez más a lo que nos confiesa H. Quiroga fuera de toda ficción, y lo que precisamente nos dice aclara de manera singular aquello que está implicado en los fenómenos textuales reseñados más arriba:

"*A los paraísos terrenales* pues —Misiones es uno de ellos— alcanza también la *maldición original*. La naturaleza es demasiado *bella*, la tierra demasiado feraz, el clima demasiado dulce para que, de pronto, no surja un *fantasma sombrío* (heladas extremas, lluvias diluvianas, sequía atroz) a recordarnos que la vida, aun en Misiones, no vale sino cuando hay que conquistarla duramente" (*La vida en Misiones*, p. 100).

Notemos, pues, que la evocación edénica que tantas veces se repite en los cuentos, corresponde a la visión del Paraíso *después de la culpa*, sin que sin embargo se mencione ésta. De tal modo que el concepto de culpa que, en el plan mítico, genera la microsemiótica muy nutrida de lo oscuro, lo peligroso y lo satánico, no aparece nunca directamente como tal en el texto. Su expresión está constantemente reprimida a pesar de la importancia que desempeña en la visión.

Tales datos constituyen, sin lugar a duda, unos elementos fundamentales cuando uno trata de acercarse al sujeto psíquico, en cuanto se nos aparecen como claros indicios de la proyección interiorizada de dos dramas, el primero (en 1902) con la muerte de Federico Ferrando, el segundo (en 1915) con el suicidio de Ana María.

Pero ¿no admite esta mitificación del espacio otra lectura más ideológica? ¿Cómo funciona dicha mitificación en la producción discursiva de su tiempo?

Hagamos hincapié en el concepto de *intrusión* primero, para señalar que no son los hombres los únicos intrusos. A la misma Ñacaniná se la califica de tal: "El palo pasó silbando junto a la cabeza de la *intrusa*" ... (18). Hamadrías es una "dama *importada*" y Anaconda "*no es* sin embargo *hija de la región*". Si tenemos en cuenta los demás cuentos, el francés Briand ("El Simún"), el italiano Braccamonte y el inglés Baker ("El Monte Negro"), el viejo marinero griego y la pareja de "extranjeros a ojos vista" ("En la noche"), M. Robin de "Los Cascarudos", el español de "Polea loca", los dos fabricantes de carbón, etc. ... son otros tantos extranjeros. Con algunas pocas excepciones todos los personajes de *Anaconda* proceden de lo exterior y, como lo nota acertadamente R. M. Soumerou, se presentan como ligados de alguna manera a lo citadino. Se trata de fuertes personalidades pintorescas y se les podría aplicar esa observación del narrador de

"Los desterrados": "Misiones, como toda región de frontera, es rica en tipos pintorescos (...). En los tiempos *heroicos* del obraje y la hierba mate el Alto Paraná sirvió de campo de acción a algunos tipos riquísimos de color" ... (Los desterrados, *Cuentos completos*, 1979, p. 532). Las connotaciones del calificativo *heroico* señalan que forma parte, a su vez, del proceso de mitificación.

En las tradiciones culturales de un Uruguay dominado a principios del siglo XX, hasta la experiencia Batllista, por una oligarquía de estancieros que se identifican y tratan de identificar a la Nación con la ganadería, y de fomentar un nacionalismo "estrecho", no deja de ser significativa la mitificación, *desconocida hasta la fecha*, de la selva y de los extranjeros, o sea de los inmigrantes. "Quiroga, (escribe N. Jitrik, p. 49, nota 18) dio un golpe de timón violentísimo a la imagen de la naturaleza que casi contemporáneamente había fijado Lugones como idílica y bucólica. En este sentido, Quiroga incorpora a nuestra literatura una temática americana de la cual por muchos aspectos estaba bastante alejada". Tanto más cuanto que esta mitificación viene asociada con actividades agrícolas ("Los Cascarudos", "El mármol inútil") o industriales ("Los fabricantes de carbón") y en este plan no parecerá inútil recordar, de paso, las propias experiencias del autor.

La construcción textual de *Anaconda* (y de otros libros de cuentos de H. Quiroga además) cobra, a partir de las observaciones anteriores, una nueva significación si se inserta en la formación discursiva de la "era Batllista".

Batlle y Ordóñez como Claudio Williman trataron de transformar el uruguayo ganadero en un país agrícola. Batlle acentúa esa política a principios de su segunda presidencia: "Desde el gobierno, en mensajes que acompañaban los proyectos de ley, en informes de las comisiones de las cámaras y en *El Día* se comenzó a defender, desde 1911, el modelo agropecuario como la única solución a la problemática que emanaba tanto de la agricultura extensiva (miseria y bajos rendimientos) como de la ganadería extensiva (ganados flacos poco aptos para la nueva industria frigorífica)" (Barran-Nahum, 1983, p. 92). Para fomentar este sector de actividad, el gobierno trata de atraer a la inmigración europea calificada, ya que se atribuye el poco rendimiento de las producciones a la falta de conocimientos de los estancieros: "la verdad (...) es que nuestro paisano ignora lo que es la agricultura, lo que es industria racional agropecuaria; no hubo jamás, en el campo, escuelas agrícolas a su alcance ni establecimientos privados donde aprender esos conocimientos" (*El Día*, abril, 1912).

Con la misma finalidad se decide, en 1911, la creación de seis estaciones agronómicas de establecimientos modelos y de una Inspección de ganaderías y agricultura. Este contexto político se ve transcrito a nivel anecdótico en "Los Cascarudos" en donde se contrapone la quinta de Monsieur Robin "prodigio de corrección" y los bananales de los nativos del país: "De este modo, mientras el bananal de los indígenas, a semejanza de las madres muy fecundas cuya descendencia es al final raquítica, producía mezquinas vainas sin juego, las cortas y bien nutridas familias de Monsieur Robin se doblaban al peso de magníficos cachos". Se relacionarán también "Los fabricantes del carbón" (Cf. "El creía que a despecho de las aleluyas nacionales sobre la industrialización del país, una pequeña industria bien entendida, podría dar resultado por lo menos durante la guerra") o "El monte negro", respectivamente con el fomento de la industrialización o de las vías de comunicación que caracteriza la misma política.

Volvámonos sin embargo a la inmigración: Swindemborg ("Dieta de amor"), Howard ("El Divino"), Rhode ("El Vampiro"), Filippone ("La lengua"), M. Robin etc. ... los mismos apellidos denuncian el origen europeo de los personajes. Pero ninguno de éstos se define como uruguayo y cuando se les ocurre hablar de su ciudadanía, como Grant, se presentan como "sud americano" o "americano". Hasta rechazan el concepto de patria: "Uno se llamaba Duncan Drever y Marcos Rienzi el otro. Padres ingleses e italianos respectivamente sin que ninguno de los dos tuviera el menor prejucio sentimental hacia su raza de origen. Personificaban así a un tipo de americano que ha espantado a Huret como tantos otros: el hijo del europeo que se ríe de su patria heredada con tanta frescura como de la suya propia".

Si esta última notación cobra cierto cariz anarquista, hay que admitir que, de manera general, la descripción de los personajes hace caso omiso de su posible nacionalidad uruguaya, lo cual nos remite a las polémicas que surgieron episódicamente entre colorados y blancos a propósito del patriotismo. El Batllismo definía a su patriotismo como "más ancho y significativo que el inspirado por el lugar en que se nace para comprender en cambio a la humanidad entera". El partido colorado tiende a "borrar las fronteras, confraternizando en la historia y en las grandes aspiraciones con los extranjeros" (*El Día* 1905, en Barran-Nahum, 1983, p. 151).

Esta primera inserción en la formación discursiva de la época permite plantear de manera radicalmente distinta la mitificación que hemos sacado a luz, y, de manera más general, la oposición que se da en *Anaconda* entre la civilización y la barbarie. La crítica ha comentado acertadamente la exaltación de la voluntad en la obra de H. Quiroga, destacando el hecho de que todos los personajes se ven obligados a luchar por la vida contra una naturaleza destructora y peligrosa. Actuando así representan, en cierta medida, el avance de la civilización: tales son los casos, por ejemplo, de los hombres del Instituto de Seroterapia Ofídica, de "Los fabricantes de carbón", de "El Monte Negro", o de "En la noche" ...

Hay que precisar sin embargo que el alcance de esta mitificación de la selva que, por muchos motivos, como lo acabamos de observar, tiene algo que ver con el discurso y la praxis batllistas, no se puede entender si no se relaciona con "el mito ruralista" producido por la clase conservadora en el mismo período. Partiendo de una realidad, o sea que la ganadería era la base de la riqueza nacional 'los estancieros' (...) lograron identificarse con 'el ser nacional' y la tradición histórica del país, íntimamente ligados a la actividad ganadera y obligaron a sus adversarios —civilistas y reformistas— a aparecer como sostenedores de lo 'foráneo' y lo 'extranjerizante', la agricultura. Desde esta óptica, los ataques a la clase alta rural se convirtieron a la vez en absurdos económicos y crímenes de lesa patria pues de esa clase dependía la viabilidad y la continuidad de la nación" (Barran-Nahum, 1981 p. 220). Uno de los ideólogos conservadores, Carlos Reyes, formula un verdadero "mito ruralista", identificando a los estancieros como los héroes nacionales: "Ha llegado el momento de que su voz se escuche y de que deje de ser una clase explotada para ser una clase directora. Ninguna otra del país tiene tantos derechos para imponer su ideal porque ninguna se ha mostrado tan generosa y tan esforzada ni tan valiente para combatir las fuerzas destructoras de la naturaleza y de los hombres. Su existencia ha sido un heroico cuerpo a cuerpo contra la fatalidad" (*El Siglo*, 13 agosto 1909, "Los trabajadores rurales"). ¿No se puede pensar que, al modelo estanciero, H. Quiroga opone el más auténtico paradigma de aquellos "tiempos heroicos del obraje y la yerba mate" en el Alto Paraná? ("Los desterrados", p. 532). Debemos considerar, de todas formas, que la problemática de la aventura humana frente "a las fuerzas destructoras de la naturaleza" es un elemento céntrico del discurso social de la época batllista y no se puede reducir por lo tanto a la temática de Quiroga.

Lo mismo pasa con la noción de civilización articulada con el discurso científico y técnico, que es un componente de la escritura de Quiroga, y que, en el contexto ideológico de su tiempo, viene estrechamente conectada con el debate vigente en torno a la supremacía de tal o cual forma de producción. En este nuevo plan, los colorados formulan unas equivalencias entre la ganadería, la despoblación y la barbarie por una parte, la agricultura, las altas densidades y la civilización por la otra (Barran-Nahum, 1981, p. 220).

Las observaciones que preceden sugieren entonces una lectura política de "Anaconda", si se acepta por lo menos que este cuento puede considerarse también como una fábula.

En tal caso, la acción del cuento se ha de formular de la manera siguiente: un grupo de expertos, que han venido desde fuera y que utilizan todo el avance científico y técnico de la civilización se lleva el producto de los indígenas (el veneno) a los cuales piensan esclavizar para seguir explotando sus recursos naturales. Así esquematizado el argumento de "Anaconda", se nos aparece como una fábula que ilustra la dependencia económica de la nación y remite otra vez al programa político de la segunda presidencia de Batlle. A partir de 1911 en efecto empiezan las medidas de nacionalizaciones de los intereses extranjeros, británicos, alemanes y franceses (banco, teléfono, tranvías, ferrocarriles ...). Pero lo que nos interesa más es el discurso político que surge con esta ocasión. En *El Día* del 28 de abril de 1911 por ejemplo, un editorial habla del "*drenaje* de nuestros capitales (...). Las compañías extranjeras (...) extraen del país importantes sumas de dinero". En sus informes los senadores hablan de "la formidable *sangría* de metálico que nos hacen las compañías extranjeras". El ministro Serrano estima que "Es como si el país exportara anualmente, sin beneficio alguno, parte de su riqueza y de su trabajo (...) esos ahorros van a otros países a estimular sus industrias" (Barran-Nahum, 1983, p. 34). Se toma conciencia de que el control de la economía garantiza la independencia política. De manera que, implícitamente, se hace una equivalencia entre la explotación y la esclavitud (destino que están destinadas a compartir las venenosas de Misiones). Se notará la perfecta adaptación de los detalles de la ficción (se extrae el veneno por una operación que se parece a una sangría) a las metáforas del discurso político (drenaje, extraer, sangría ...).

La perspectiva que sugiero puede justificar la ambigüedad con que operan las nociones de *intrusión* y de *extranjero* en el cuento. Hemos visto más arriba que vienen valoradas dentro de cierto contexto y a partir de cierto punto de vista. Pero es evidente que la ficción sugiere unas perspectivas encontradas (el punto de vista del narrador por ejemplo, tan fuertemente marcado, no puede confundirse con el de las venenosas). Aunque el patriotismo batllista tienda a abarcar "a la humanidad entera", critica al extranjero cuando aparece confundido con el gran capitalista.

¿Quiroga batllista? Las oposiciones de conceptos que vemos operar tanto en la ficción como en el discurso político (ser nacional vs. extranjerizante; citadino vs. rural; ganadería vs. agricultura e industria) nos permiten afirmar que, por lo menos, sus cuentos están re-distribuyendo, en parte, unos elementos importantes de la formación discursiva correspondiente, lo cual no significa forzosamente que él mismo haya tomado parte en estas polémicas.

Si se me permite, sin embargo, ahora, hablar de la personalidad del autor, nos podemos valer rápidamente de una serie de datos interesantes para la cuestión que nos estamos planteando. El padre de Horacio, Prudencio Quiroga, formaba parte de las tropas coloradas que, en 1864, asaltaron a Salto. Las convicciones filosóficas del cuentista (materialista y anticlerical), el claro vínculo que existía entre los dirigentes batllistas y la actividad intelectual (Barran-Nahum, 1982, p. 105-114), su amistad con ciertos militantes (el abogado y escritor salteño Horacio Maldonado entre otros), constituyen otros tantos indicios de que no vivía él en la "torre de marfil" que se le atribuye a veces. Además, cualquiera que haya sido eventualmente su evolución posterior, Quiroga, en una carta dirigida a "Maitland" (José María Fernández Saldaña) el 16 de marzo de 1911, expresaba en los términos siguientes su adhesión a Batlle.

S. Ignacio, Marzo 16 - 11

"Querido Maitland: Hoy vino tu carta, y a tiempo, pues pensaba escribirte estos días.
Hablaré de dos puntos de tu anterior. 1º Creo que allí también sería batllista. Si yo estoy lejos para juzgar, a tu parecer, para el mío tú estás cerca. La objeción sobre Escanellas es nimia. Tú lo objetas, única y exclusivamente por seudo aristocracia republicana, que es la mayor plaga que yo conozca, fuera de la falta de agua. Puede a más que el tal no sea inteligente, pero habrás llegado a saber que poco vale eso para dirigir una cárcel o un país. Dame a tu Escanellas con fuerte y honrada convicción, en lo que sea, y será un P ... (¿Qué se hizo este loro? Me acordé de él por pregusto de que es diputado).
Amigo: lo que yo hallo de eficaz en Batlle y compañía —de *grande*, te diría— es la convicción ardiente en cosas bellas: laicismo, obrerismo, progreso, y democracia íntima. Su manifiesto desde Europa me parece de superior sinceridad y eficacia patriótica. En fin si quieres charlar sobre política uruguaya, escríbeme largo, no más. Ya verás si me interesa eso. Y me interesa ahora, porque pasé la edad y época de la cobardía, siendo así que ahora no hay nada para mí más bello que la honradez-sinceridad en orden moral, y la democracia en orden político"
(Quiroga, 1959, p. 141).

OBRAS CITADAS

Barran, J. P., *Batlle, los estancieros y el imperio británico*, t. 5: *La reacción imperial conservadora, 1911-1913*, Montevideo: ed. de la Banda Oriental, 1985.

_____, t. 3: *El nacimiento del Batllismo*, Montevideo: ed. de la Banda Oriental, 1982.

Barran-Nahum,*Batlle, los estancieros* ..., t. 2: *Un diálogo difícil*, Montevideo: ed. de la Banda Oriental, 1981.

_____, t. 4: *Las primeras reformas, 1911-1913*, Montevideo: ed. de la Banda Oriental, 1983.

Jitrik N., "Soledad, hurañía, desdén, timidez" en Angel Flores,*Aproximaciones a Horacio Quiroga*.

León, Olver de, "Una boa sin fin fue tu esperanza, ribereño bogando en el olvido", en *Le récit et le monde*, Paris: L'Harmattan, 1987: 75-83.

Quiroga, H., *Anaconda*, Madrid: Alianza Editorial, 1987.

_____, *Cartas inéditas de Horacio Quiroga*, prólogo de Mercedes Ramírez de Rosello, ord. y notas de Roberto Ibáñez, Montevideo: Inst. Nac. de Invest. y Archivos literarios, t.2, 1959.

_____, *Cuentos de amor, de locura y de muerte*, Buenos Aires: Losada, 1975.

_____,*Cuentos completos*, vol. 2, ed. al cuidado de Alfonso Llambias de Azevedo, Montevideo: ed. de la Plaza, 1979.

_____, *Obras inéditas y desconocidas*, Montevideo: Arca, t. 6: *La vida en Misiones*.

Soumerou, R. V., "A propósito de *Anaconda*" en Cahiers d'Etudes Romanes, Aix en Provence: Institut des Langues, Littér. et civil. romanes et d'Amér. Latine, 1987: 114-137.

LAS "ARTES POETICAS" DE NICOLAS GUILLEN: UNA LECTURA TENTATIVA

POR

JACQUES JOSET
Universidad de Amberes - U.I.A.

Hace algunos años, terminaba un análisis de la figura del alocutorio en la poesía de Nicolás Guillén destacando su singularidad en dos textos particulares. De hecho en la mayoría de los poemas del escritor cubano, se establece un diálogo entre un *yo* y un *tú*, y se estructura un juego dialéctico entre el poeta locutor y un interlocutor creándose así un espacio discursivo cada vez más abierto a la voz colectiva. En los dos textos mencionados, el *tú* alocutivo no es sino el doble del *yo*. Se da, pues, el caso excepcional en la obra de Guillén de un actante auto reflexivo, narcisista si se quiere, mirándose a sí mismo en el espejo de sus versos.

Ahora bien, ambos textos pertenecen al mismo género: son "Artes poéticas". Sobre el modo hipotético atribuía la singularidad de la figura del alocutorio a esta dimensión metapoética, concluyendo con una pregunta: "¿Será que la poesía es praxis individual por más que quiera expresar lo colectivo?"[1].

Por otra parte, varios estudiosos han insistido sobre la importancia de estas "artes poéticas" para describir la trayectoria poética de Nicolás Guillén. Remito en particular a los trabajos de Luis Iñigo-Madrigal[2].

Estas primeras aproximaciones me incitaron a releer otra vez los poemas en cuestión a la luz de varios instrumentos que nos provee lo que, quizás con demasiada presunción, ha venido a llamarse "ciencia de la literatura". Empezamos con su ramal más antiguo: la filología.

El primer texto por examinar se titula "Guitarra". Encabeza *El son entero. Suma poética 1929-1946*, libro aparecido en 1947, pero ya Guillén lo había colocado en el primer lugar de la compilación *Sóngoro cosongo y otros poemas*,

---

[1] Joset, Jacques, "Estructura del alocutorio e ideología en la obra de Nicolás Guillén", *Coloquio sobre Nicolás Guillén*, Rijksuniversiteit te Leiden, 1982: 95-119. La cita es de la p. 113.
[2] "Introducción" a Nicolás Guillén, *Suma poética*. Madrid: Cátedra, 1976: 38-45; "Teoría y práctica de una poesía popular". *Coloquio sobre Nicolás Guillén*, cit.: 77-94.

que vio la luz en 1942³. Según Angel Augier, no hay variantes textuales importantes entre las dos versiones "originales" de "Guitarra" (sólo las hay de puntuación).

El segundo texto también es liminar: "Arte poética" encabeza la primera edición de *La paloma de vuelo popular* (1958) pero fue publicado antes en el diario *El Nacional* de Caracas, el 3 de agosto de 1953⁴. El poeta revisó la versión preoriginal antes de incluir "Arte poética" en el libro de 1958. Los retoques mejoran generalmente la fuerza expresiva y el ritmo de los versos. Sin embargo, la primera versión no deja de ser interesante. La tomaremos en cuenta en el análisis. Ultimo apunte filológico por verificar: Angel Augier sugiere que este poema fue "escrito probablemente en La Habana, posiblemente en 1952"⁵ sin dar más información sobre la fuente de su hipótesis⁶.

Desde el punto de vista extratextual, ambos poemas tienen rasgos comunes evidentes empezando con su inscripción en el subgénero "Arte poética". El poema de 1952-1953 no plantea problemas: el mismo título es referencial. El de 1942 remite a la metáfora, tópica en la poesía de Guillén, de la guitarra, emblema de la poesía⁷. Por supuesto, la imagen es, por definición, un proceso indirecto sin ser, en este caso, críptico: la guitarra plasma la unión de la música y de la poesía a través de canto que el instrumento acompaña tradicionalmente. El examen interno, incluso la sencilla lectura, no deja lugar a dudas: "guitarra" aquí vale por "poesía".

Identificar el género —subgénero— de estos poemas significa a la vez integrarlos en una filiación histórica que se remonta a la antigüedad. De Horacio a Verlaine, pasando por Boileau, todos los autores de "Artes poéticas" cumplen una

---

³ Las referencias completas de las ediciones originales son por orden cronológico: *Sóngoro consongo y otros poemas*. La Habana: La Verónica, 1942, y *El son entero. Suma poética 1929-1946*. Buenos Aires: Editorial Pleamar, 1947. Entre las dos hubo una reedición de *Sóngoro consongo*. La Habana: Editorial Páginas, 1943. Entresaco estos detalles bibliográficos de las notas de Angel Augier, a *Nicolás Guillén, Obra poética*. La Habana: Editorial de Arte y Literatura, 1974. I: 525. Citaré los textos de Nicolás Guillén según esta edición en dos tomos (desde ahora *O.P.*). "Guitarra" figura en *O.P.*, I: 223-224, en la versión de 1947.
⁴ A. Augier, *op. cit.*, II: .437.
⁵ Ibid: 437
⁶ Texto de "Arte poética" en *O.P.*, II: 7-8, en la versión de 1958 con excepción de la estr. 5 (véase la nota 20).
⁷ L. Iñigo-Madrigal, Introd. cit.: 44-45, aunque no puedo compartir lo que sigue: "[...] en 'Guitarra' (*El son entero*) se nos ofrece ya la imagen visionaria que une la guitarra a la mulata; posteriormente, en 'Arte poética', la sinonimia guitarra-poesía es ya evidente." A la verdad, ya lo era en el primer poema.

misión didáctica y preceptiva: pretenden enseñar el quehacer poético en el mismo acto de escritura de un poema (a diferencia de Aristóteles, por ejemplo, quien dicta reglas). También las "Artes poéticas" suelen tener un aspecto de "manifiesto" de escuela literaria: toda preceptiva invita a la reproducción por imitación de sus normas en nombre de la excelencia reconocida de éstas (clasicismo) o de su novedad ("vanguardias" sucesivas de los siglos XIX y XX).

A las de Guillén no les faltan las dimensiones didácticas y de manifiesto de las "Artes poéticas" anteriores:

> Cógela tú, guitarrero,
> límpiale de alcol la boca,
> y en esa guitarra, toca
> tu son entero.
> ("Guitarra")

> Dile también del fulgor
> con que un nuevo sol parece:
> en el aire que la mece
> que aplauda y grite la flor.
> ("Arte poética")

Sin embargo, lo esencial —sobre todo en el segundo poema— no estriba en esta función preceptiva tradicional sino en la mirada retrospectiva que el poeta echa sobre su propia obra. El modelo de Guillén no parece ser, por lo tanto, los metapoemas citados sino más bien una clase de poesía confesional cuyo tema es el balance de una carrera poética, que precede a un anuncio de continuación y/o renovación. El paradigma de esta otra clase de (falsas) "Artes poéticas" podría ser el famoso poema liminar de *Cantos de vida y esperanza* de Rubén Darío, cuya primera estrofa dice:

> Yo soy aquél que ayer no más decía
> el verso azul y la canción profana,
> en cuya noche un ruiseñor había
> que era alondra de luz por la mañana.

Como veremos, no traigo Rubén Darío a colación por puro azar.

Otro rasgo común de "Guitarra" y "Arte poética" es su posición al umbral de las recopilaciones que los acogen, respectivamente *Sóngoro cosongo* y *El son entero* para aquél, *La paloma de vuelo popular* para éste. Dentro de estos conjuntos desempeñan, pues, la función de prefacio, de anuncio o de resumen anticipado de lo que sigue⁸. Pero dado su carácter retrospectivo que ya advertimos, actúan de gozne entre el pasado y el futuro inmediato de la propia escritura poética. Las "Artes poéticas" de Nicolás Guillén son *poemas de transición* por excelencia. Como tales contrastan otra vez con las "Artes poéticas" preceptivas que tienden a *fijar* el curso de la historia literaria mediante el proceso de reproducción e imitación de normas canónicas⁹.

Pasando al análisis de las estructuras internas, observamos primero que las dos composiciones son variantes prosódicas del son, con predominio de la estrofa de cuatro versos, los cuales son octosilábicos en su mayoría con interrupción frecuente, aunque irregular, de versos cortos (cuatri o pentasílabos). Pero aquí paran las semejanzas. Los esquemas métricos difieren en cuanto se moldean sobre el ritmo y estructuras semánticas de cada poema.

"Guitarra" se compone de 8 cuartetas de 3 octosílabos y 1 pentasílabo, que riman según el esquema *ABBA*, más una sextilla *ABABAB*, cuyos versos impares son octosílabos y los pares, pentasílabos. Estos últimos constituyen el estribillo ("tu son entero") tomado del último verso de la octava cuarteta, la cual se repite después de la sextilla[10]. Por contraste, la regularidad métrica realza la estrofa heteromorfa, es decir la sextilla, con su triple repetición del estribillo.

El esquema estrófico-rímico de "Arte poética" es más regular ya que se compone de 7 cuartetas *ABBA*. La variación rítmica viene dada por la interferencia imprevisible —aunque quizás no tanto— de los versos cortos, cuatri o pentasílabos, según la repartición siguiente:

  estr. 1: 3 oct. + 1 cuatr.
  estr. 2, 3, 7: redondillas regulares

---

⁸ Es de notar que el traductor francés de Nicolás Guillén, Claude Couffon, encabezó su antología para la colección "Poètes d'aujord'hui" con "Art poétique", traducción de una versión curiosamente mixta de las originales de 1953 y 1958: Claude Couffon, *Nicolás Guillén*. París: Seghers, 1964: 89.

⁹ A estos rasgos comunes que tocan a la génesis textual o a la historia literaria, sería posible agregar unos más, menos relevantes a mi modo de ver como, por ejemplo, el hecho de que en ambos casos Nicolás Guillén haya tenido a bien integrar en nuevas compilaciones poéticas textos previamente aparecidos. Si bien la reutilización es señal de la importancia de dichos poemas a los ojos del poeta, hay que confesar que la edición múltiple es el destino común de la mayoría de los textos poéticos ... y no sólo de los de Guillén.

¹⁰ La antología de L. Iñigo-Madrigal: 135 presenta la cuarta y quinta cuartetas como si fueran una sola estrofa de 8 versos. Si bien la sintaxis parece justificar esa disposición —no hay pausa fuerte entre las dos coplas y la quinta está vinculada a la anterior por la conjunción *y*— la niega la prosodia.

estr. 4: versos impares oct. / versos pares penta.
estr. 5, 6: 3 oct. + 1 penta.

Esta combinación de redondillas y de coplas de pie quebrado no tiene más función, al parecer, que la de afirmar la flexibilidad métrica del son.

El hecho de que Nicolás Guillén haya escogido tales combinaciones de elementos prosódicos regulares, pero siempre de arte menor, para sus "Artes poéticas" no deja de ser significativo. La base métrica, o sea la redondilla y el octosílabo, junto con las variaciones rítmicas propias del son, se adecúan a su "concepción de la poesía, de raigambre paradojalmente clásica, pero al tiempo nacional y popular" de que nos había hablado Luis Iñigo-Madrigal[11].

La argumentación subyacente en las imágenes, figuras de dicción, enfoques cronológicos y distribución de las partes, a la verdad es única. Estos historiales del quehacer poético no son sino dos versiones de una misma aventura personal, la del poeta con el verbo, que se desarrolla en tres tiempos:

1. Al principio, se supone la presencia de una forma, pero vacía, en espera:

"la firme guitarra espera" (*G*)
"Sólo me queda el cristal" (*A.P.*)

2. Llenar esta forma requiere de un doble proceso:
—de eliminación de temas decadentes:

"Dejó el borracho en su coche" (*G*)
"Mi vaso apuré de vino" (*A.P.*)

—de afirmación de valores nuevos vinculados con la denuncia de las injusticias de toda clase:

"y alzó la cabeza fina, ..." (*G*)
"¿Y el plomo que zumba y mata?" (*A.P.*)

---

[11] L. Iñigo-Madrigal, "Teoría y práctica": 88. El crítico agrega "y comprometida" a la lista de epítetos. Tratándose de una clase semántico-ideológica, remitimos su verificación al lugar pertinente de nuestro análisis. Hacia la misma conclusión apunta Horst Rogmann al escribir que el resultado de la apropiación del son por Nicolás Guillén es "una poesía para ser recitada, de efecto fácil y seguro, *a la vez tradicional y novedosa*, capaz de llegar tanto a un público culto como popular." ("Anotaciones a los moldes populares de la poesía de Nicolás Guillén," en *Coloquio* sobre Nicolás Guillén:, 69; lo subrayado es nuestro).

3. La conclusión programática se expresa bajo las especies de la exhortación y del "mesianismo"[12]:

> "¡Venga la guitarra vieja [...]!
> el del abierto futuro
> tu son entero" (*G*)

> "Ve y con tu guitarra [...]
> Dile también del fulgor
> con que un nuevo sol aparece" (*A.P.*)

Esta estructura argumentativa única se plasma en realizaciones textuales —o fenotextos— diferentes que nos conviene ahora examinar por separado y según el orden cronológico de su aparición.

Que yo sepa, los comentaristas de "Guitarra" no parecen haber advertido que el poema venía dedicado a *Francisco Guillén*[13], hermano del poeta[14]. Sin embargo, este dato "fuera del texto" no carece de interés en cuanto presupone vínculos especiales entre los tres actores de la comunicación: el emisor-poeta, el objeto-poema y el dedicatario. Ahora bien, sabemos que los dos hermanos compartieron las mismas experiencias juveniles, en particular las del trabajo duro para mantener a la familia después de la muerte del padre, época que corresponde también a la de la formación literaria del poeta[15]. La dedicatoria remite, pues, a dos núcleos

---

[12] "[...] creo que no basta con calificar de profética una voz más bien mesiánica, que participó constante y directamente en la edificación de esta sociedad nueva, que no sólo anunció, sino que contribuyó a construir la Revolución." Alfred Melon, "Un poeta en la Historia". *Coloquio*: 37.

[13] L. Iñigo-Madrigal omite la dedicatoria en la edición antológica, *S.P.*: 135.

[14] El abuelo paterno de Nicolás también se llamaba Francisco. Era carpintero y "malgré sa condition modeste, [il] était un homme cultivé qui aimait lire les romantiques français en traduction espagnole, et notamment Victor Hugo et Lamartine. Durant ses loisirs, il éctrivait 'des dizains et des chansonnettes aux rivières, aux oiseaux et aux jolies filles' et Nicolás Guillén se plaît à répéter qu'il tient de lui sa vocation poétique." Desde un principio, pues, una dedicatoria de "Guitarra" al "iniciador" poético de Nicolás no vendría mal. Pero, en este caso, la fórmula esperada habría sido "A la memoria de Francisco Guillén". Por eso y por la razón aducida en el texto, creo que se trata del hermano vivo a quien, por otra parte, está dedicado el poema "Adivinanzas" de *West Indies Ltd.* (*O.P.*, I: 145) desde su primera edición en 1934. Sobre la identificación del dedicatario de "Adivinanzas", véase la nota de Augier, *O.P.*: I: 498.

[15] "[...] une imprimerie —celle où était composé le journal *El Nacional*— leur ouvrit ses portes. Nicolás fut engagé comme typographe, Francisco comme pressier. La paye était modeste: trente pesos mensuels. Le soir, après une journée de dix heures, il était possible

semánticos del texto: primero, a la adquisición de una forma poemática gracias a la lectura de los románticos franceses y españoles, y, sobre todo, de Rubén Darío, quien indujo los tempranos balbuceos poéticos; luego, a la decisiva confrontación con el mundo del trabajo y la sociedad clasista que, años después, llevará temáticamente la forma poética en espera.

Los actantes del poema son el *tú* autorreferencial, figura desdoblada del *yo*, y la "guitarra" emblemática de la poesía en la que se oculta la voz del pueblo:

> Su clamorosa cintura,
> en la que el pueblo suspira

Desde un principio la poesía se define como voz del pueblo, incluso en esa etapa previa de la forma en espera de un contenido como si, paradójicamente, el contenido ya estuviera ahí pero en estado prenatal (cfr. "preñada de son"), como un ser vivo que, sin embargo, no está todavía.

He aquí, a mi juicio, la metáfora fundamental del poema: asistimos al nacimiento de la poesía, a su epifanía difícil, al desarraigo de la soledad fetal ("Arde la guitarra sola"), a su irrupción en la vida (estr. 7, v. 4). Los obstáculos del trayecto se expresan mediante una serie de oposiciones semánticas que recorre verticalmente el poema:

> noche / día
> desesperada / espera
> esclava / libre
> tendida / alzó
> borracho / amigo
> ....

Otra serie de oposiciones, esa vez sobre el eje horizontal, describe la guitarra, al momento de entonar su canto, como lugar de todas la contradicciones resueltas por la simultaneidad conceptual que entraña. La guitarra es, a la vez,

> universal y cubana
> vieja y nueva
> risa y llanto

---

de songer aux études. [...] Puis il y eut la découverte éblouissante des contemporains, les modernistes, qui déclencha le don créateur. Celui-ci, il est vrai, s'enveloppait de rêves et de chimères et ne brillait pas encore par son originalité." Couffon: 19-20.

Esa condición sintética se simboliza en el mismo instante de la epifanía poética, la madrugada, ese momento que es al tiempo noche y día sin ser ni aquélla ni éste. En el eje horizontal, pues, la poesía es centro de resolución de los contrarios: es una fuerza centrípeta. Pero en el eje vertical, el centro se descompone, estalla bajo la presión de fuerzas centrífugas. El mismo instrumento, la forma en espera, puede servir para cantar tanto la esperanza como la decadencia humana, la vida o la muerte. Se plasman estos valores antagónicos en una oposición de ideologemas:

>lo natural / lo artificial.

La guitarra, es positivamente, a la vez madera y mujer (estr. 1 y 2), pero negativamente, se asocia con los paraísos artificiales (cabaret, alcohol, drogas).

Por supuesto, el *yo* desdoblado del poeta aboga por la esperanza y la vida, por lo natural contra lo artificial. De ahí que invite (que se invite a sí mismo) a limpiar, eliminar, destruir los valores de muerte. Escribir poesía, para Nicolás Guillén, en 1942, es antes que nada limpiarla de artificios y, luego, soltar la voz popular de que estaba preñada, su voz auténtica, su música libre, la del son tradicional cubano, ese "son entero" que es, en palabras de Angel Augier, "el son en todo su tamaño, con todas sus posibilidades como forma poética expresiva de la sensibilidad cubana"[16]. Así Nicolás Guillén define su poesía del momento como "recuperación" de la tradición popular, lo cual ha de relacionarse con el empleo de una prosodia también tradicional. La tarea del poeta consistirá en reincorporar moldes populares en la propia modalidad lírica, no con el fin de reproducirlos sin más sino con miras al futuro. De ahí la importancia de la estrofa heteromorfa, la sextilla, portadora de esa visión del porvenir y, al mismo tiempo, de la "constatación de la obra cumplida"[17]:

>El son del querer maduro,
>tu son entero;
>el del abierto futuro,
>tu son entero;
>el del pie sobre el muro,
>tu son entero ...

Para terminar la lectura de "Guitarra", nos queda por intentar una hipótesis genética lo que, en este caso, es sumamente arriesgado. En efecto, no tenemos datos objetivos (declaraciones autobiográficas, testimonios ajenos, . . .) sobre la

---

[16] A. Augier, Introd. *O.P.*, I: XXXVIII.
[17] L. Iñigo-Madrigal, Introd. cit.: 41.

motivación de la escritura. Sin embargo conjeturamos que este poema es "circunstancial": fue escrito como prólogo a una primera recopilación de su obra anterior, que también contenía textos nuevos (véase el eje temporal del poema que lleva del pasado al futuro). Quizás ha de tomarse en cuenta otra circunstancia biográfica: en 1942, Nicolás Guillén cumplió 40 años de vida. Se sabe que estos cumpleaños de cifras redondas, en particular el de la primera cuarentena, son propicios para hacer un balance vital. Esta hipótesis no es nada desdeñable en vista de la fecha posible de la segunda "Arte poética".

La estructura tripartita que advertimos en los dos textos se realiza de una manera muy clara y precisa en el poema de 1952-1953. De entrada surge la confesión del pasado poético modernista con sus temas de la naturaleza apacible y de los amores juveniles propios de un poeta en cierne (estr. 1 y 2). La estrofa 3, de transición, alude a un maestro, un modelo cuyo ejemplo si bien se agotó en el fondo ("el vino"), no así en la forma ("el cristal"). No cabe duda que este "ruiseñor forestal" (versión de 1953) o, más transparente, este "pájaro principal" (1958), es decir el cisne, se identifica con Rubén Darío[18].

La segunda parte registra la evolución de la obra "donde los temas del cielo, la estrella, la luna, la flor, de los inicios, fueron sustituidos por las de una realidad histórica que quemaba en la sangre [...]"[19]. Las imágenes violentas del plomo, del encierro y del cañaveral (estr. 4-5) se prolongan en la del "foete" de la estrofa 6, también de transición, que ya proclama la misión del poeta (estr. 6, vv. 3-4). Esta, debidamente expuesta en la tercera parte, consiste en anunciar lo nuevo, la esperanza —y de hecho, corresponde al contenido de *La paloma de vuelo popular*— que reintegre la naturaleza ahora activa en el nuevo orden de valores (estr. 7).

Un eje semántico constituido por el uso de verbos de conocimiento y comunicación cruza y marca las tres etapas de esta evolución. En la modernista, "conozco" y "me enseñó" señalan el encuentro de una sensibilidad y de un modelo. "Y sabe el astro" (1953) / Que sepa el astro" (1958) traduce la voluntad del poeta comprometido de convencer hasta al cosmos. Notemos que la versión definitiva, con su exhortación reinvindicadora, mejora sensiblemente el sentido al reforzar los contrastes (altura / hambre, frío)[20].

---

[18] L. Iñigo-Madrigal, Introd. cit.: 41, y "Teoría y práctica": 79-80.

[19] A. Augier, Introd. *O.P.*, I: 53-54.

[20] Sin embargo, de manera poco comprensible, la versión con indicativo (de 1953) es la que figura en *O.P.*, II: 7. L. Iñigo, op. cit.: 160, escogió con razón la de 1958 así como Claude Couffon, op cit.: 89: "que l'astre sente en sa hauteur / la faim et le froid!"

En cuanto a los imperativos "Dilo... dile", expresan lo más llanamente posible, la vocación mesiánica del poeta.

Los medios expresivos utilizados en esta "Arte poética" son bastante clásicos: imágenes y símbolos remiten a un fondo poético tradicional (azul, estrella, luna, azucena, pájaro, vino, rosal, astro) o ya acuñados por el propio Guillén en su poesía anterior. Encontramos, pues, el mismo concepto de cambio poético que en "Guitarra": los medios expresivos, finalmente, son indiferentes; lo que hace que la poesía sea realmente poesía y, sobre todo, poesía nueva, son la mirada y la voz del poeta. El empleo de una prosodia relativamente regular y de símbolos o referentes sin sorpresa ha de entenderse en esta perspectiva de "recuperación" de una tradición puesta al servicio de lo nuevo con el fin de trastornar nuestra percepción del mundo. Se verifica una vez más que "desde 1930 en adelante la poética explícita de Guillén es simple, pero coherente: hay en ella una *concepción clásica del arte*, entendido como conjunto de normas extraídas de la experiencia que, sistematizadas y aprendidas, permiten producir, de modo repetido, obras"[21]. Agregamos que en ningún caso se trata de reproducir mecánicamente formas vacías, nacidas muertas.

Al contrario, el clasicismo de Guillén se relaciona con su intención de llevar un mensaje asequible a todo el mundo y a la vez crear vida.

De la doble hipótesis genética que sugerimos a propósito de "Guitarra", la primera rama no me parece aplicable a su "Arte poética", cuya primera versión apareció en 1953 en un periódico venezolano. Nada nos permite afirmar que ya en aquel tiempo Guillén tenía proyectado un libro de conjunto cuyo poema liminar hubiera de ser "Arte poética". Pero la circunstancia biográfica que, posiblemente, intervino en la génesis de "Guitarra", también pudo actuar aquí. De aceptar 1952 como fecha de escritura del poema, se repetiría la misma motivación. En ese mismo año en que cumplía su medio siglo de vida, le habría parecido conveniente al poeta reescribir un nuevo balance quizá más preciso que el primero.

Como hemos notado, la mayor precisión se da antes que nada en la descripción de los primeros pasos modernistas del poeta. La "referencia inequívoca al gran poeta nicaragüense"[22] nos ofrece una pista genética aun más segura y, a la vez, un buen ejemplo de intertextualidad.

---

[21] L. Iñigo-Madrigal, "Teoría y práctica": 86-87. Lo subrayado es mío.
[22] Id.: 80. Iñigo sugiere que la referencia es "tal vez específica" remitiendo al poema "Cyrano de Bergerac" [*sic* por "Cyrano en España"] de *Cantos de vida y esperanza*: "Nosotros exprimimos las uvas de Champaña / para beber por Francia y en un cristal de España."

Se sabe que el joven Nicolás Guillén publicó en 1920 un soneto titulado "A Rubén Darío"[23], que es como un acta de reconocimiento de filiación poética, de agradecimiento del hijo al padre, del discípulo al maestro.

Ahora bien, no me parece extraviado considerar, por lo menos a modo de hipótesis, que el "Arte poética" de la madurez es una reescritura del juvenil soneto. De hecho, las convergencias son flagrantes empezando con el empleo de la rara rima aguda en -*il*:

pensil	- marfil	- gentil	- Abril		(*A R. D.*)
	- marfil	-		- toronjil	(*A. P.*, 1953)
			- abril	- toronjil	(*A. P.*, 1958)

El "rosal" rubendariano "cuajado de flores luminosas" (*A R. D.*, v. 7) reaparece transformado en "Arte poética" ("Dilo al rosal"; "que grite la flor") y los "ritmos de cristal" de los violines modernistas (*A R. D.*, v. 11) siguen presentes en la poesía posterior ("Sólo me queda el cristal"). Los dos primeros versos de la segunda estrofa de "Arte poética" en la versión de 1953 parecen inspirarse directamente en los vv. 3-4 del soneto tanto al nivel del significado como al de algunos significantes:

> ¿Qué céfiro le dijo rondeles a tus rosas?
> ¿Qué fuente fue tu fuente de plata y de marfil? (*A R. D.*)

> Hecha de sangre o marfil
> conozco la rosa viva (*A. P.*, 1953)

Al reescribir su propio soneto, Guillén transformó unas imágenes conforme a la evolución de su concepto poético y al código que se había forjado durante treinta años. Así la lira aristocrática heredada de Darío ha sido sustituida por la guitarra popular:

> Señor Rubén Darío: por eso es que mi lira
> también tiene en sus cuerdas la cuerda que suspira [...]
> (*A.R.D.*, vv. 12-13)

---

[23] Texto en *O.P.*, I: 62. Según Augier, *O.P.*, I: 459, "A Rubén Darío" se publicó por primera vez en *Orto*, año IX, núm. 34, 19.12.1920. L. Iñigo-Madrigal, "Teoría y práctica": 92, n. 10, aduce el soneto como "una muestra temprana de la admiración de Guillén por Darío."

> Ve y con tu guitarra
> dilo al rosal (*A.P.*, est. 6)

Una confirmación indirecta de nuestra lectura intertextual nos viene dada por un último homenaje de Nicolás Guillén a Rubén Darío que figura en el poema "Deportes" de *La paloma de vuelo popular*[24]:

> Amé a Rubén Darío, es cierto,
> con sus violentas rosas
> sobre todas las cosas.
> El fue mi rey, mi sol.

Además de la recurrencia de las rosas rubendarianas, nos interesa aquí la asimilación del maestro con el sol. Ahora bien, en la parte programática de "Arte poética", la metáfora correspondiente a la sociedad esperanzada es la de "un nuevo sol". La función modélica aparece, pues, bajo las mismas especies solares, lo que verifica otra vez la aproximación a la poética de Guillén como persistencia de formas y medios expresivos con cambio de enfoque ideológico. El sol y las rosas son imágenes y objetos poéticos constantes, pero en la visión mesiánica, un nuevo sol ilumina el rosal con luz nueva y así lo metamorfosea.

Nuestra lectura tentativa de las "Artes poéticas" confirma la individualidad y hasta el individualismo de Nicolás Guillén en la creación de poemas sobre el quehacer poético. Para él, expresar lo colectivo no significa ocultar a la personalidad, anegarla en el proceso de construcción social. Según él y en cuanto a él se refiere, la tarea asignada no hubiera sido posible sin la adquisición previa de una forma, de una técnica indispensable, herencia permanente del modernismo en general y de Rubén Darío en particular. La lectura de "Arte poética" como reescritura de un soneto publicado cuando Guillén tenía dieciocho años parece particularmente relevante al respecto.

Superar y llenar la forma vaciada con la reivindicación popular, tal es la vocación del poeta cubano de esa generación. A la vez Guillén se sitúa en la Historia y en la historia literaria. Al identificar lo tradicional con lo popular y lo nuevo con lo viejo transformado, marca los puntos cardinales de su poesía pasada y por venir. Su forma ha de permanecer como la de la flor, pero ésta se abrirá sólo bajo la mirada de nuevos ojos, bajo el calor de un sol nuevo. Escribir poemas, por

---

[24] Por lo menos en la versión preoriginal que apareció en *Nuestro Tiempo*, año II, núm. 4, marzo de 1955, y en la de *O.P.*, II: 13. Los versos citados a continuación no figuran en la edición original (1958) de *La paloma de vuelo popular* (véase la nota de Augier, *O.P.*, II: 441).

lo tanto, es devolver a la naturaleza y al hombre la autenticidad de su ser reinventándolos constantemente.

Nicolás Guillén resuelve, pues, a su manera y muy conscientemente el conflicto literario entre tradición y originalidad. Los recipientes de sus poemas (formas, imágenes, prosodia) bien pueden ser tradicionales; en la visión mesiánica estriba su originalidad.

De ahí, por ejemplo, que se conforme con los fines didáctico-programáticos del subgénero "Arte poética" pero que se aparte de los cánones por el tono confesional y la inscripción ideológica.

Quizá la conclusión más "sorprendente" de nuestra lectura sea de índole negativa. En las "Artes poéticas" no aparece, por lo menos a nivel sématico, lo que le dio a Nicolás Guillén la fama, o sea el llamado "negrismo". En ningún verso se presenta como intérprete de los valores culturales afroantillanos. Por supuesto esto confirma todo lo que se ha dicho sobre el alcance universal de su poesía pero, sobre todo, es signo de lo que Nancy Morejón ha llamado su "transculturación asumida"[25]. A la verdad, la forma prosódica, el "son", es, en ambos textos, la portadora de este valor. Al integrarla en el significante, Nicolás Guillén crea un signo completo de mestizaje poético. Cuando escribía "Guitarra" y "Arte poética", él sabía que ya no era necesario "hablar del" negro bembón. Esas sus poesías eran ya en sí mulatas.

---

[25] Nancy Morejón, "Nación y mestizaje en Nicolás Guillén". *Coloquio:* 45-63.

EL RECUERDO DE LAS COSAS PRESENTES[*]

POR

ENRIQUE PEZZONI
Universidad de Buenos Aires

> Soñará que el olvido y la memoria son actos voluntarios, y no agresiones o dádivas del azar.
> "Alguien soñará", *Los conjurados*

Fervor de Buenos Aires: texto inaugural y definitivo: inicia un proyecto y lo consuma. Un proyecto que irá reabriéndose en versiones sucesivas, cada una de las cuales remitirá a su punto de origen. Clausura en la reapertura incesante. De algún modo, la obra de Borges posterior a *Fervor* confirma esa reapertura asumida como una orden o una condena: regresar al propio origen como sujeto que no quiere verse en las variaciones que programa, pero que en sus autoafirmaciones y autonegaciones ya está desde siempre instalado en esa suerte de fijeza que es la contradicción. "Yo, desgraciadamente, soy Borges." Una y otra vez surge la imagen propia. Los avances y retrocesos —vehementes, argumentativos, casuísticos— que en poemas, ensayos, relatos, niegan y corroboran el tiempo; la irisación del espacio en distancias que se vuelven superposiciones ubicuas; la invención de series —imágenes, razonamientos, situaciones— anticausales, urdidas para declararlas provisionales y reemplazarlas por otras: el sujeto consiste en esa práctica: desplazar, reemplazar, oponer.

Un texto de la vejez de Borges conmueve por intensamente revelador. Es el testimonio de uno de sus tantos viajes entre imaginarios y reales: fantásticos, porque ya antes de emprenderlos Borges ha anticipado las experiencias que vivirá en ellos; reales, porque nunca se diluye en ellos la violenta sorpresa de volver a

---

[*] Tercero de una serie de artículos sobre *Fervor de Buenos Aires* de Jorge Luis Borges. Los dos primeros son "*Fervor de Buenos Aires*: autobiografía y autorretrato". *El texto y sus voces*. Buenos Aires: Editorial Sudamericana, 1986, y "*Fervor de Buenos Aires*: vaciamiento y saturación", *Vuelta/Sudamericana*, I, 4, noviembre de 1986: 27-31.

encontrarse en cada momento de los vagabundeos[1]: confirmar lo anticipado es *descubrirse*. La invención y la variación unidas a la alarma del reconocimiento constante.

> A unos trescientos o cuatrocientos metros de la Pirámide me incliné, tomé un puñado de arena, lo dejé caer silenciosamente un poco más lejos y dije en voz baja: *Estoy modificando el Sahara*. El hecho era mínimo, pero las no ingeniosas palabras eran exactas y pensé que había sido necesaria toda mi vida para que yo pudiera decirlas. La memoria de aquel momento es una de las más significativas de mi estadía en Egipto[2].

Significativa es, en verdad, la estrategia que oculta tras el aparente juego intelectual el impacto: no del hallazgo, sino del reconocimiento. Instalar en lo consabidamente exótico la experiencia de la introspección; trasladarse al Sahara y pronunciar teatralmente esas palabras de la autodefinición oblicua son ardides que reúnen la ironía y el pudor. Ironía como distanciamiento desde la distancia misma (la lejanía, la vastedad del Sahara se transforman en la clausura del sujeto que es "hecho mínimo", puntual, inextenso). Pudor: el sujeto sólo puede definirse proyectándose en esa vastedad de los médanos a cuya variabilidad contribuye. Ha

---

[1] Hans Radermacher analiza en Borges la interrelación fantasía/realidad, vinculada a la interacción variaciones/invariante de la situación u objeto original. "Mientras que las experiencias de Swedenborg, llamadas metafísicas, no han sido objeto de investigación empírica —ni pueden serlo, incluso, según Kant— Borges, en cambio, busca, por así decir, configurar y localizar empíricamente experiencias metafísicas, fantásticas, ubicándolas en la memoria, en la ejecución de un plan, etc. La fantasía, en este sentido, es parte de la realidad, por ejemplo de la realidad más normal". "Kant, Swedenborg, Borges". E*spacios*, octubre-noviembre de 1887, 6: 38.

[2] Sylvia Molloy, "Jorge Luis Borges, confabulador (1899-1986)". *Revista Iberoamericana*, octubre-diciembre de 1986, 137: 801-807, también señala por revelador este texto de Borges, contenido en *Atlas*. Buenos Aires, Editorial Sudamericana, 1984: 82: "de los muchos fragmentos que durante años me he repetido, acaso sea éste el que recurre, misteriosamente, con mayor frecuencia". Molloy escribe esto en 1986, dos años después de publicado *Atlas*. Para una asidua lectora de Borges, repetirse ese texto "durante años" significa *reconocerlo* en el conjunto de una obra que formula, transforma, reitera, tergiversa los textos que la integran. Borges, dice Molloy, "no practicaba una estética de clausura [...] sino de ruptura; su uso de la inquisición, de la paradoja, del anacronismo, fuerza, agrieta la engañosa superficie del hábito". Pero la ruptura en Borges sólo es posible a partir de la clausura en la fijeza, en la situación original desde la cual se ramifican las transformaciones, las oposiciones: práctica y estrategia, modo de ser del sujeto *instalado* en la contradicción. Modo de ser: imperativo ético, estético.

sido necesaria toda *su* vida (no *la* vida, el confuso y conjeturable existir de los otros y de lo otro) para que Borges pueda decir una vez más las palabras que lo reenfrentan consigo mismo. Decir es *decirse*, entregarse a la profusión de las oposiciones, mostrarse como un Yo que anhela ser diferente de sí, que se traslada a las estructuras modificables, pero que permanece inalterable en la práctica de las transformaciones cristalinas a través de las cuales se trasluce un sustrato contumaz. El reconocimiento es implacable y la identificación (de sí mismo a través de las operaciones combinatorias) se ha impuesto desde el principio al Borges que deambula en *Fervor de Buenos Aires* por los arrabales creados a su imagen y semejanza, en atardeceres que no pueden suprimir el aborrecido reflejo, la imagen devuelta por los espejos. Imágenes que no cesan, reflejos que proliferan:

> yo siento el remordimiento del espejo
> que no descansa en una imagen sola.
> ("Vanilocuencia", *FBA*1, p. 9; en *FBA*2 "remordimiento" es reemplazado por "fatiga")[3].

Si el atardecer promete el alivio de la oscuridad total, ese reposo no llega:

> caduca el simulacro de los espejos
> que ya la tarde fue entristeciendo,

pero la tenue luz no acaba de morir y continúa el asedio de los reflejos. Inútil imaginar que tal profusa persistencia otorga la certeza de que el sujeto y cuanto lo rodea pueden persistir por sí solos, más allá del empeño de pulverizarlos en la contradicción que los afirma y los niega.

> Sombra sonora de los árboles
> viento rico en pájaros que sobre las ramas ondea,
> alma mía que se desparrama por corazones y calles,
> fuera milagro que alguna vez dejaran de ser,
> milagro incomprensible, inaudito,
> aunque su presunta repetición abarque con horror
> la existencia.
> ("La Recoleta", *FBA*1, p. 4)

---

[3] *FBA*1: *Fervor de Buenos Aires; poemas*. Buenos Aires: Imprenta Serantes, 1923; *FBA*2: reedición con variantes en *Poemas (1922-1943)*, Buenos Aires. Losada, 1943. Otras siglas: *OC: Obras completas*. Buenos Aires: Emecé, 1974; *OI: Otras inquisiciones*. Buenos Aires: Sur, 1952; *T: El tamaño de mi esperanza*. Buenos Aires: Proa, 1926.

Ni aún la ceguera física del Borges anciano acabará con la contumacia del reflejo:

> Vivo entre formas luminosas y vagas
> que no son aún la tiniebla

escribe Borges en "Elogio de la sombra" (*OC*, 1017-18). Ni el resplandor que alborota los espejos, ni la tiniebla que los enmudece. En la indeterminación simbólica (vivida ahora en la experiencia real de la casi ceguera [*Elogio de la sombra* reúne textos en 1969]) el reflejo disminuye, el simulacro del Yo se desdibuja. Y el memorial de las prácticas de combinación y contradicción a que se ha entregado el sujeto reafirma así su *sentido*: dirección hacia atrás, regreso al punto de origen y a la situación inicial:

> Todo esto debería atemorizarme,
> pero es una dulzura, un regreso.
> De las generaciones de los textos que hay en la tierra
> sólo habré leído unos pocos,
> los que sigo leyendo, transformando.

Regreso = permanencia en la transformación. Las orillas y los atardeceres de Buenos Aires, las calles que en *Fervor* se desplegaban "como banderas" hacia los cuatro puntos cardinales, son en 1969 las vías de confluencia hacia el que organizó la dispersión contradictoria:

> Del Sur, del Este, del Oeste, del Norte,
> convergen los caminos que me han traído
> a mi secreto centro.

El espejo es ahora secreto revelado: una imagen que trasciende el empeño verbal de quien ha querido decirse: "desplegarse": *ex-plicarse*. Sujeto que se fascina —de nuevo en la penumbra, en la casi ceguera— ante la experiencia que programa y que vive empíricamente: trascender las palabras, esas voces que encontró en los textos que descifraba para transformarlos en él mismo:

> Ahora puedo olvidarlas. Llego a mi
> centro, a mi álgebra y mi clave,
> a mi espejo.
> Pronto sabré quién soy

El proceso se reproduce reengendrándose a sí mismo. El *álgebra* no consiste sino en una serie de ecuaciones que se excluyen. No hay otro *centro* ni otra *clave* que el vórtice de esos reemplazos. Saber quien "se es" es volver a la contradicción y aceptar la peculiar validez de las revelaciones sucesivas: se las formula para descartarlas, pero sólo es posible borrar lo que está inscrito. En el Borges de la madurez, el perentorio "sabré quién soy" no es anuncio, sino el mismo deseo apremiante que urgía al Borges joven de *Fervor*:

> Ya casi no soy nadie,
> soy tan sólo un anhelo
> que se pierde en la tarde
>
> (Sábados" *FBA*1, p. 20; en *FBA*2 "deseo" reemplaza a "anhelo".)

Deseo desgarrado por las direcciones opuestas en que se proyecta, diluido en la indecisión. Pero dilación que se autocensura, se declara tramposa: "Ser una cosa es inexorablemente no ser todas las otras cosas; la intuición confusa de esta verdad ha inducido a los hombres a imaginar que no ser es más que ser algo y que, de alguna manera, es ser todo". Tentación de ser y no ser: mera contradicción, simpleza de decir una cosa y al mismo tiempo la cosa opuesta. No hay título más engañoso que el de "epílogo" para las palabras con que Borges cierra en 1960 los textos reunidos en *El hacedor*: "Un hombre se propone la tarea de dibujar el mundo. [...] Poco antes de morir, descubre que ese paciente laberinto de líneas traza la imagen de su cara" (*OC*, 854). Contradicción que llama final al comienzo. La imagen de sí mismo que se ha querido borrar —estrategia y falacia: se borra lo que ya está impreso, quizá para siempre— existe en y por la contradicción, ubicua en una práctica celestial e infernal a la vez (delirio narcisista de la autoafirmación; autopiadoso disfraz de la culpa mediante la autonegación). "Del infierno y el cielo": poema de 1964 (*El otro, el mismo*, en *OC*, 865-866), título que remeda el de un tratado de casuística eclesiástica y que, con argucia semejante a la de los heresiarcas tan predilectos de Borges, introduce las nociones de condena y redención en las prácticas del sujeto contradictorio. Culpa y salvación coinciden ante (o en) el sujeto/dios que no es sino el espacio mismo del cual han emanado las contradicciones. El sujeto/dios de "Los teólogos", que no confunde los contrarios enfrentados —puesto que los ha inventado como tales—, pero que los declara intercambiables en su arrebato yoico: el hereje muerto en la hoguera de la Inquisición y el ortodoxo ya instalado en el paraíso son "lo" mismo, insignificantes pormenores de la contradicción. En el más allá del poema "Del cielo y del infierno" no hay fuego justiciero ni jardines iluminados por el recuerdo de la buena conducta. El cielo y el infierno serán la ausencia de todo lo que se haya visto o se haya querido ver en el mundo. Sólo subsistirá la imagen del que afirmó y negó, del que quiso ser lo uno a pesar de lo otro, del que puede representar indistintamente el papel de condenado o redimido. Cuando el espacio extenso y el tiempo sucesivo se acaben de golpe, anuncia el poema,

> los colores y líneas del pasado
> definirán en la tiniebla un rostro
> durmiente, inmóvil, fiel, inalterable
> (tal vez el de la amada, quizá el tuyo)
> y la contemplación de ese inmediato
> rostro incesante, intacto, incorruptible,
> será para los réprobos, Infierno,
> para los elegidos, Paraíso.

La argucia de la metáfora teológica reemplaza el fervor, a veces balbuciente, de la juventud. Pero estos dos Borges son como los dos teólogos ante la indiferencia divina, el único rostro en que se reconocen interminablemente. En ambos permanecen las mismas pasiones, con las "diversas entonaciones" que toda *su* vida les ha dado. Ambos se saben armados (construidos, provistos de instrumentos de ataque) por sus contradicciones, abominan del autorretrato que dibujan, rinden culto a esa abominación, y sobre todo aborrecen toda posible dialéctica que aspire a superar los conflictos propuestos. Clausura en una práctica de oposiciones insolubles, asumida como una ética tiránica e hipostasiada en una ideología hegemónica: las dialécticas combinatorias son para "los Borges" imposturas, esfuerzos condenados al fracaso, porque no hay forma de lucha que pueda reunir en una totalidad —siquiera cambiante, históricamente condicionada— los enfrentamientos en el interior del sujeto, o aun entre los sujetos.

Siempre en busca de símbolos, Borges parte en busca de los que le permitan enfatizar su rechazo de la armonización de los conflictos. Los encuentra en Paul Valéry, por un lado, en Walt Whitman, por el otro. En "Valéry como símbolo" (*OI*, 88-91), Valéry "ilustremente personifica los laberintos del espíritu" frente a Whitman, "una incoherente pero casi titánica vocación de felicidad". Y en este momento, Borges resuelve quedarse con Valéry y con su exaltación de las "virtudes mentales", pronunciando un dictamen cuya arrogancia sorprende aun entre el enfático desdén habitual de los textos borgeanos: "Proponer a los hombres la lucidez en una era bajamente romántica, en la era melancólica del nazismo y del materialismo dialéctico, de los augures de la secta de Freud y los comerciantes del *surréalisme*, tal es la benemérita misión que desempeñó (que sigue desempeñando)

Valéry". Enumeración caótica que equipara nazismo y marxismo, reduce el freudismo a una confabulación de curanderos y el surrealismo a una algarabía de mercachifles. Tábula rasa quizá impulsada por el repudio especialmente enfático contra uno de los elementos de la serie, el materialismo dialéctico. No hay para Borges otra dialéctica que la más rigurosamente negativa; no hay movimiento dialéctico que armonice en síntesis la afirmación de los contrarios, o que acomode sus enfrentamientos en la construcción de constelaciones históricamente condicionadas. La contradicción debe subsistir sin reducciones ni explicaciones. Más aún, la contradicción debe corroborarse en una realidad que afirme la existencia empírica de cada uno de los contrarios[4]. Las abstracciones totalizadoras son, en este sentido, un pecado capital: estético, ético[5]. Son simulacros de realidades objetivas, trampas del lenguaje, "supersticiones de la palabra", como las definía Fritz Mauthner —lectura frecuente de Borges— y en el mejor de los casos, formas de la ambigüedad, modos de conocimiento que se acercan más a la poesía que al supuesto acceso científico a la verdad: "la poética de la *fable convenue* de la

---

[4] Empeño en trasladar la contradicción desde la esfera de las operaciones mentales al ámbito de los conflictos y la lucha entre contrarios en la realidad. Cf. Nicolai Hartmann: "Lo que se llama, de modo impropio, *contradicción* en la vida y en la realidad, no es, en absoluto, una contradicción, sino de hecho, un *conflicto*." V.V.A.A., *Études sur Hegel*, París, 1931: 38-39; Lucio Colletti: "En la realidad —es decir, tanto en la naturaleza como en la sociedad— existen desde luego, oposiciones, conflictos. Pero son oposiciones que no tienen nada que ver con la contradicción. Los opuestos de las oposiciones reales no son opuestos contradictorios. Una fuerza que se opone a otra no tiene con ella una relación de no A respecto de A. No es, en sí y por sí, una negación. Es, más bien, algo real y positivo en sí mismo". "Contradicción lógica y no contradicción". *La superación de la ideología*. Madrid: Cátedra, 1982: 95.

[5] "De las alegorías a las novelas". *OI*: 179-184: la alegoría "es un error estético". Este ensayo describe, desde la perspectiva de un espectador-lector engañosamente desapasionado, conflicto entre realistas (énfasis en los universales, los conceptos abstractos) y los nominalistas (énfasis en los casos individuales). La obra de Borges: oscilación contradictoria entre nominalismo y realismo, pero su admiración misma por los casos notables de individualismo le hace condenar tajantemente actitudes individualistas que para él no son más que caprichos de un personalismo anárquico y simplista. Cf. "Nuestro pobre individualismo", *Sur*, julio de 1946, 141: 82-84, incluido con variantes en *OI*: 43-46 y en *Evaristo Carriego*, reedición de 1955, bajo el título "Un misterio fácil". En esta invectiva contra el individualismo ramplón, Borges le reprocha, paradójicamente desde su aversión a las abstracciones, la incapacidad de admitir aquellas que son inevitables desde el punto de vista de la convivencia social. Por ejemplo, la abstracción llamada Estado: "lo cierto es que el argentino es un individuo, no un ciudadano. Aforismos como el de Hegel, 'El Estado es la realidad de la idea moral', le parecen bromas siniestras'".

ciencia"⁶. En este escepticismo mauthneriano también hay algo del aristocraticismo subversivo de Theodor W. Adorno: el Adorno que rechaza la conciencia de clase marxiana (y sobre todo de los post marxianos), afirma la conciencia individual como sujeto único de la experiencia del conocimiento, y ve en el individualismo una disconformidad intelectual que es la única forma de rebelión posible. El Adorno que también describió el surrealismo como el retrato de un mundo en ruinas, el imperio de la reificación espúrea, montaje de imágenes ya remotas del deseo y degradadas a fetiche de mercancía. El Adorno que también señaló a Valéry como representante de la lucidez: aunque no sólo del rigor mental ascético que le admiraba Borges, sino también de la capacidad para discernir en sí mismo un conflicto entre la pureza y la insustancialidad del no ser⁷. Sólo que la

---

⁶ Fritz Mauthner, *Contribuciones a una crítica del lenguaje*, México D.F: Juan Pablos Editor, 1976: 46. Allan Janik y Stephen Toulmin, *La Viena de Wittgenstein*, Madrid, Taurus, 1974: 162.

⁷ "Les écarts de Valéry" y "Le surréalisme: une étude rétrospective", en Theodor Adorno, *Notes sur la littérature*, trad. de Sybille Muller, París: Flammarion, 1984. En la tabula rasa de Borges, sin duda la desdeñosa referencia a Freud es inasimilable a una asociación con Adorno, que vio en el psicoanálisis la corroboración de su negativa a presuponer un sujeto consistente (clase social, masa, élite dominante). En Borges, el estallido del sujeto unificado, como en Macedonio Fernández, no busca a Freud como detonador. En su obra, las no muy frecuentes alusiones a Freud son sobre todo burlas a la retórica del freudismo, a la proliferación de los "augures de la secta de Freud". Cf. en "Examen de la obra de Herbert Quain" el descarte de la influencia freudiana en el análisis de *The Secret Mirror*, la comedia de su personaje (OC: 627), o en el Prólogo a *La rosa profunda*: "(Por Musa debemos entender lo que los hebreos y Milton llamaron Espíritu y lo que nuestra triste mitología llama lo subconsciente)". *Obra poética—1923-1976*, Madrid: Alianza, 1981: 419. Por otro lado, el propio Freud aparece rescatado, siquiera irónicamente, cuando Borges se refiere a los que llama "consanguíneos del caos" (los que asumen la incoherencia en la defensa del estólido nacionalismo y el abominable nazismo): con ellos es tan innecesario el diálogo como el interés por la explicación de sus conductas: "[...] ¿no ha razonado Freud y no ha presentado Walt Whitman que los hombres gozan de poca información acerca de los móviles profundos de su conducta?" ("Anotación al 23 de agosto de 1944", OC: 727). Quizá funcione en Borges la anticipación de otro rechazo, también situado en el área de la retórica freudiana o de los sucesivos lectores de Freud; Borges rechazaría un tipo de heterogeneidad en el sujeto de la que él mismo no querría hacerse cargo: la presencia de Otro fuera de la interioridad, del cual dependería el sujeto para predicarse y para predicar el mundo. Hablar *desde* esa alteridad quizá fuera intolerable para Borges, que prefirió entregarse a la fascinación y al odio que le inspiraba la fatalidad del lenguaje. El sujeto borgeano, el "nunca ángel", el ineluctablemente "verbal", se entrega a la fruición del sueño: sueña con reinventar y recombinar las formas posibles de decir y decirse, sueña también con el silencio anterior y posterior a la cárcel de la palabra. De nuevo un eco del escepticismo mauthneriano: el ideal

negatividad de Borges es más solitaria, más *primitiva*, en el sentido de que no aparece en el intersticio entre el individuo y la sociedad, sino en el origen mismo del sujeto. Un origen que es ya su consumación: no proceso, sino versión definitiva, prólogo y epílogo. El intersticio *es* el sujeto: sin mediación ni centro, la contradicción misma, la diferencia de los opuestos que se niegan entre sí y a sí mismos, en la permanente posibilidad de enfrentamientos reordenados.

Intersticio en el interior de un sujeto que, paradójicamente, se proyecta hacia el otro, el lenguaje, y hacia los otros, los demás, para corroborar mediante símbolos esa diferencia interior que lo constituye. Para erigir a Valéry como símbolo, Borges necesita a Whitman. Y si en un momento dado declara estratégicamente su preferencia por el uno, la maniobra puede ser la inversa, la exaltación del opuesto. No es infrecuente la admiración de Borges hacia Whitman, capaz de "desdoblarse en el Whitman eterno, en ese amigo que es un viejo poeta americano de mil ochocientos tantos y también su leyenda y también cada uno de nosotros y también la felicidad" (*OC*, pag. 253). Valéry versus Whitman = la diferencia = Borges. Por un lado, vocación de felicidad, nostalgia de un cuerpo que pueda entregarse al goce y decirlo; por el otro, rigor excluyente del pensamiento incorpóreo. Contemplación anhelosa de lo nunca poseído, y también dolorosa fruición de negarlo. Pasión de la diferencia. El negativismo es la garantía para no caer en componendas candorosas. Los "consuelos secretos" de la metafísica son apenas un momento de la contradicción, la aspiración a ser lo uno contra lo otro, simultáneamente. La ética y la estética borgeanas no desechan los alivios transitorios pero sí el reposo definitivo, la posibilidad de una totalidad de sentidos e intelecto, la trampa verbal de una metáfora organicista que afirmara la existencia de un cuerpo sensible a partir del cual ideas y conceptos se cristalizaran y adquirieran volumen. El sujeto, sustrato de la contradicción, no querrá diluirla ni arrellanarse en una metafísica vitalista a la D.H. Lawrence. Tomar "en serio" la metafísica borgeana como un acceso al "conocimiento" es tan poco serio como descartarla viendo en ella una travesura intelectual. La crítica cayó no pocas veces en esas trampas, que el propio Borges anticipó extremando sus paradojas. Los nostálgicos "goce y sufrimiento carnales" están en Borges en los desgarramientos

---

de una crítica del lenguaje que pudiera prescindir de la mediación del lenguaje. En Borges, el ideal de un silencio radiante, el arrebato de una literatura que profetiza su mudez (Cf. "La supersticiosa ética del lector"); en Mauthner, el ideal de un suicidio del lenguaje: "Ese sería verdaderamente el acto salvador, si la Crítica pudiera ser ejercida en el suicidio sosegadamente desesperanzado del pensamiento o del lenguaje, si la Crítica no hubiese de ser ejercida con palabras que poseen semejanza con la vida". F. Mauthner, *Beiträge zur einer Kritik der Sprache*, vol. I, citado en A. Janik y S. Toulmin, op. cit.: 164.

de los contrarios que se reclaman, se traicionan. "Tema del traidor y del héroe": título que puede ser epítome de todos sus textos. En uno de ellos, el cuento sorprendentemente arltiano "El indigno" (*El informe de Brodie*) el personaje cuenta cómo por celos (y en el fondo por exasperante necesidad de él) denunció a la policía al amigo-rival que le propuso participar en un robo. Durante la confesión el narrador reflexiona: "La amistad no es menos misteriosa que el amor o que cualquiera de las otras faces de esta confusión que es la vida. He sospechado que la única cosa sin misterio es la felicidad, porque se justifica por sí sola" (*OC*, 1031). Esa autonomía de la felicidad sólo es perceptible en la competencia de los rivales que no pueden definirla ni alcanzarla: pugna, conflicto. Traición y felicidad, términos casi ubicuos en Borges.

Primeros versos de *Fervor de Buenos Aires*, primer libro de Borges.

> Las calles de Buenos Aires
> ya son la entraña de mi alma.

Ya: desde el principio y para siempre. Las calles de la ciudad, vías, aperturas, intersticio en el sujeto, vacío entre las márgenes desde las cuales se acosan los rivales. Entraña, *cuerpo*, lugar oculto de la carne anhelosa, "desgarrada e impar"; alma, espacio de la fabulación del que ama la ciudad como lo descubierto y lo inventado. La ciudad que es real "como una leyenda o un verso: real como lo irreal o como la poesía que dice lo uno y lo otro al mismo tiempo, en una polivalencia de contradicciones. Fascinación y abundancia de la ambigüedad poética, pero también pobreza ante esa otra riqueza de Buenos Aires que, como la felicidad, es imposible de justificar con palabras. El "fervor de Buenos Aires" cambia de objeto, se contradice. De pronto, el arrebato del poema; en seguida, asombro ante lo que está en una realidad que no es leyenda ni verso: no es palabra. Se reabre el intersticio, la diferencia aparece. Las calles son muchas veces testimonio del alma. Son porque *son dichas*. Son *versos*: sentidos, entrecruzamientos, modos de ser del sujeto.

> Hacia los cuatro puntos cardinales
> se han desplegado como banderas las calles:
> ojalá en mis versos enhiestos
> vuelven esas banderas.
>
> (*FBA*1, p. 3)

Pero la poesía puede retroceder ante el objeto contemplado y los versos se avienen a declarar con resignación la presencia de lo que existe más allá de ellos y por cuenta propia. Los "versos enhiestos" se vuelven "vanilocuencia":

> la ciudad está en mí como un poema,
> que aún no he logrado detener en palabras.
>> ("Vanilocuencia", *FBA*1, p. 10; en *FBA*2 desaparece el "aún").

¿Qué es, ahora, el poema? Pura tensión hacia lo que no se deja decir. Testimonio no ya del que habla, sino de un referente ajeno a aquello que pretendía crearlo: el lenguaje. La poesía se vuelve así contra-dicción: literalmente, dicción de lo indecible.

> A un lado hay la excepción de algunos versos;
> al otro, arrinconándolos,
> la vida se adelanta sobre el tiempo,
> como terror
> que usurpa
> toda el alma.
>> (*FBA*1, p. 10)

Realidad compleja, o suma compleja de realidades. Sujeto y objeto se enfrentan: el uno quiere poseer al otro y el antagonismo es milagroso porque no suprime la necesidad que cada rival siente del otro[8]. La calle de los arrabales porteños es real como un objeto irreductible, pero es el poema mismo el que regala al objeto esa autonomía inexpugnable. La calle es real como lo inabordable, real como la pura actividad del sujeto. Realidades inmediatas y remotas a la vez:

> lo cierto es que la sentí lejanamente cercana
> como recuerdo que si parece llegar cansado desde lejos
> es porque viene de la hondura del alma.
> Intimo y entrañable
> era el milagro de la calle clara.
>> ("Calle desconocida", *FBA*1, p. 4)

El cuerpo/entraña transita ante el objeto, lo proyecta fuera de sí, lo declara inatrapable; el alma fábula, contra-dice: lejos es cerca, lo desconocido es lo que no surge por sí solo, es lo que adviene en el intersticio que es el sujeto: *viene* desde

---

[8] "La intimidad entre mundo y cosa no es una fusión donde ambos se pierden. Sólo reina intimidad donde lo que es íntimo, mundo y cosa, deviene pura distinción y permanece distinto. [...] La intimidad de mundo y cosa reside en el entre-medio, reside en el *Unter-Schied*, en la Diferencia." Martin Heidegger, *De camino al habla*, trad. esp. de Yves Zimmermann. Barcelona: Odós, 1987: 22.

la diferencia entre el encontrar lo que ya existe y la invención de lo que todavía no existía. Descubrir = recordar.

En su primer libro, Borges ya narra el memorial de su contra-dicción y su historia de lo "íntimo" y lo "entrañable" es *la* historia. El sujeto recuerda, *se recuerda*: despierta y rememora a otros para reconstruir en ellos su contra-dicción. Borges hace pelear a Mauthner y a Nietzsche. En el primero le entusiasma la idea de que sólo al hombre, "previsor e histórico", le ha sido concedida la "atribución de único habitante del tiempo" a diferencia de otros animales que están en la pura actualidad o eternidad, fuera del tiempo (*OC*, p. 199, 278). En el segundo exalta con soma el "método heroico" elegido para imaginar la inmortalidad y a unos hombres capaces de aguantarla: la abominable repetición, el eterno retorno. Nietzsche

> desenterró la intolerable hipótesis griega de la repetición y procuró educir de esa pesadilla mental una ocasión de júbilo. Buscó la idea más horrible del universo y la propuso a la delectación de los hombres. El optimista flojo suele imaginar que es nietzscheano; Nietzsche lo enfrenta con los círculos del eterno regreso y lo escupe así de su boca (*Historia de la eternidad, OC*, p. 389).

Nietzsche y Mauthner pelean. El uno sostiene que es absurdo desear felicidades, cuando el secreto es "vivir de modo que queramos volver a vivir, y así por toda la eternidad". El otro contesta que macular la tesis del eterno retorno con una sombra de decisión voluntaria es absurdo, puesto que niega la tesis y supone que las cosas podrían ocurrir de otro modo. Nietzsche y Mauthner, alternativas excluyentes, como "otros tantos necesarios momentos de la historia mundial, obra de las agitaciones atómicas" (*OC*, p. 389).

Nietzsche/Mauthner, Valéry/Whitman: para Borges, su historia es la historia de las contradicciones. Para percibirse, tiene que inventar mirando hacia atrás, hacia adelante: "crear a sus precursores". Tiene que desquiciar las cosas del presente, volverlas recuerdo. *Things present are judged by things past*: el viejo proverbio inglés[9] funciona irónicamente aplicado a las prácticas borgeanas. Reverenciar la tradición es rearmarla: recordarla "de otro modo". El "método heroico" del eterno retorno reúne el goce de la omnipotencia y la fruición de lo ficcional en quien lo practica. El recuerdo es construcción permanente: inclusive, o sobre todo, cuando se lo declara "imposible":

---

[9] Recogido por William Hazlitt en *English Proverbs and Proverbial Phrases*. Londres: Reeves and Turner, 1907.

> ...el tango crea un turbio
> Pasado irreal que de algún modo es cierto,
> El recuerdo imposible de haber muerto
> Peleando, en una esquina del suburbio[10].

Recuerdo de voces peleadoras, de cuerpos enfrentados en duelos que las armas hienden, penetran: poseen. (Hay en Borges otro "recuerdo imposible" exento del goce agresor que se convierte en un olvido símbolico de otro cuerpo: el de la mujer omnipresente, anhelada, inaccesible, impenetrable. Recuérdese el patético final de la máscara de Borges que es el narrador de "El aleph": "Nuestra mente es porosa para el olvido, yo mismo estoy falseando y perdiendo, bajo la trágica erosión de los años, los rasgos de Beatriz" [*OC*, p. 628]).

Para ver y verse como recuerdo, Borges no se limita al "delicado crepúsculo" europeo ni al esplendor mesiánico de Whitman. Elige aquí cerca a sus precursores en la contradicción. En *Evaristo Carriego* fabrica la taimada versión de los orígenes de su *Fervor*. En otro texto a later de *Fervor*, *El tamaño de mi esperanza*" (1926) invierte el sentido y va hacia atrás. Y corrobora en otros argentinos los conflictos —eso sí, mal asumidos: si a algo no renuncia Borges es a su omnipotencia—, las contradicciones que lo constituyen a él mismo: cuerpo/mente, vitalismo/pensamiento. Desde el primer ensayo de *El tamaño de mi esperanza*, dedica el libro a los criollos:

> A los criollos les quiero hablar: a los hombres que en ésta se sienten vivir y morir, no a los que creen que el sol y la luna están en Europa. Tierra de desterrados natos es ésta, de nostalgiosos de lo lejano y ajeno: ellos son los *gringos* de veras, autorícelos o no su sangre, y con ellos no habla mi pluma (*T*, p. 5).

Esta pendenciera voluntad de criollismo es demasiado vistosa: quiere dejar en claro que la necesidad de recordar (allá, en Europa y Norteamérica; aquí, en nuestro pasado sentido como cercanísimo) no es resentimiento ante lo que no se ha tenido o ya no se tiene, pero sí es exasperación ante la pereza que obliga a elegir sólo uno de los contrarios en lucha permanente: vitalismo/pensamiento. ¿Elegir? Para el joven Borges, la elección ni siquiera se planteó a algunos de sus antepasados en el criollismo: los que se entregaron al vitalismo, los que desde su corporeidad sanguínea menospreciaron —o hicieron ver como menospreciable anemia— los refinamientos del pensamiento. "Nuestra realidá vital es grandiosa y nuestra

---

[10] "El tango". *El otro, el mismo*. *OC*: 889. Cf.: "Tal vez la misión del tango sea ésa: dar a los argentinos la certidumbre de haber sido valientes, de haber cumplido ya con las exigencias del valor y del honor". "Historia del tango". *Evaristo Carriego*, *OC*: 162.)

realidá pensada es mendiga." No hay en el pasado argentino hombres-figuras emblemáticas a quienes el joven Borges pueda ver como dignos arquetipos de los opuestos: como compadres rivales enfrentados en un duelo. En todo caso, ese joven Borges que aspira a una grandiosa "realidad pensada y que a la vez añora la exuberancia corporal, sólo encuentra detestables (pero también envidiados: admirados con rabia) arquetipos en una sola de las márgenes del duelo: el vitalismo irreflexivo. Juan Manuel de Rosas: "Nuestro mayor varón sigue siendo don Juan Manuel: gran ejemplar de la fortaleza del individuo, gran certidumbre de saberse vivir, pero incapaz de erigir algo espiritual, y tiranizado al fin más que nadie por su propia tiranía y su oficinismo" (*T*, p. 8). ¿Y qué, a quién frente a Rosas? Ni siquiera Sarmiento, "norteamericanizado indio bravo" que "nos europeizó con su fe de hombre recién venido a la cultura y que espera milagros de ella" (*T*, p. 6).

¿Dónde está el criollo "que sea conversador del mundo y del yo, de Dios y de la muerte"?, se pregunta el joven Borges, añorando esas honduras del pensamiento con el tono agresivo de los compadres duelistas: "A ver si alguien me ayuda a buscarlo". Por un lado, oblicua censura a su propio *Fervor* ("Buenos Aires pese a los millones de destinos que lo abarrotan, permanecerá desierto y sin voz, mientras algún símbolo no lo pueble" [T, p. 144]). Por el otro lado, el recomienzo: proyección de su pendenciero criollismo hacia afuera, hacia los otros de Europa y Norteamérica. El joven Borges quiere que el conflicto entre el vivir y el pensar esté en todas partes, en todo tiempo. *En el tamaño de mi esperanza* rescata a un libro que le parece "milagroso", en el sentido en que él entiende la palabra: lo que no puede reducirse a un maniqueísmo mutilador, lo que es felicidad del cuerpo y del pensamiento. El *Fausto* de Estanislao del Campo: "a mi entender la mejor [poesía] que ha producido nuestra América". La belleza está presente en los versos del Fausto criollo como en los objetos poderosamente presentes por sí solos, sin mediaciones verbales. Belleza = felicidad que proyecta el poema y su condición de criollo (inventada por el propio Estanislao del Campo y su lector Borges) a la dimensión universal. Eso, para el Borges de la década del veinte, es una manera de decir lo contrario: hay que acriollar lo universal[11]. Lo universal es intersticio: es la hendidura de la diferencia que enfrenta a los opuestos y los hace enamorarse el uno del otro. Los paisanos del Fausto criollo cuentan una historia "del otro lado

---

[11] Dos trabajos excelentes sobre estas formas de proyección en Borges: Ana María Barrenechea, "De la diversa entonación (sudamericana) de algunas metáforas (universales)". *Espacios*, octubre-noviembre de 1987: 2-7; "Borges entre la eternidad y la historia", trabajo leído en el Congreso Internacional sobre Borges organizado por las Universidades Autónoma y Complutense de Madrid, el 6 de noviembre de 1987; en prensa para las Actas del Congreso.

EL RECUERDO DE LAS COSAS PRESENTES

del mundo, la misma que contó el "genial compadrito Cristóbal Marlowe". Del Campo y Marlowe intercambian sus lugares y sus tiempos, entrecruzan sus vidas. Por un instante refulge la confluencia que Borges les niega a los contrarios en que piensa y vive. Confluencia que ahonda y marca la diferencia: para reunir a Estanislao del Campo y a Cristóbal Marlowe, Borges los sintió contrarios: lejanos e inmediatos a la vez.

Placer de imaginar el placer *casi* corporal del joven Borges en su pasión de la diferencia, del intersticio que no puede traspasarse, colmarse.

PREFIGURACION DE *MACCHU PICCHU* EN *ESPAÑA EN EL CORAZON**

POR

LUIS SAINZ DE MEDRANO
Universidad Complutense de Madrid

La poesía de Neruda es tan copiosa en recurrencias que puede resultar más arriesgado que en otros casos cualquier radicalismo al acotar intertextualidades. Se trata de un corpus plenamente trabado donde en cualquier segmento el autor se muestra reminiscente de sí mismo. En materia de temas, símbolos o estrategias expresivas en general, los vasos comunicantes siempre pueden ir más allá de lo esperado.

Desechando tal postura, nos parece lícito subrayar aquí ciertos paralelismos entre *España en el corazón* y *Alturas de Macchu Picchu* que ilustran el valor coincidentemente emblemático que ambos grupos de poemas tienen como representaciones de un descubrimiento del mundo —de la historia y de lo que el mito tiene de iluminador de la historia, y ambos, de la conciencia humana. Si se prefiere apreciar en Neruda no "una conversión" sino "un desarrollo"[1], como quiere Hernán Loyola, en lo que concierne a su actitud a partir de *España en el corazón*, no puede haber inconveniente en aceptarlo tras lo dicho arriba, pero no hay duda para nosotros de que la magnitud del cambio producido en la poesía nerudiana en virtud y dentro de ese libro es tal que hace algo irrelevantes las matizaciones.

Partimos, pues, de la base de que hubo dos espacios privilegiados en el itinerario que podemos llamar "vitalista" de Neruda: España, percibida frecuentemente a través de la ciudad de Madrid, y Macchu Picchu. Obsérvese que decimos "en el itinerario"[2], lo cual disipa las objeciones que se puedan poner ante la omisión de otros espacios de análogo carácter, la Araucanía natal y el Santiago de los

---
* Las citas de versos de Neruda proceden de la edición de *Obras Completas*, Buenos Aires: Losada, 1973.
[1] Hernán Loyola, *Ser y morir en Pablo Neruda (1918-1945)*. Santiago-Chile: Editora Santiago, 1967: 172.
[2] Puede verse a este respecto nuestro artículo "Madrid en el itinerario de Neruda". VV.AA., *Relaciones literarias entre España e Iberoamérica*. Memoria del XXIII Congreso del Instituto de Literatura Iberoamericana. Madrid: Universidad Complutense, 1987: 69-78.

crepúsculos, es decir, los iniciáticos. El Madrid conmocionado por el horror de la guerra suscitó la revelación de la otredad, el encuentro con la historia[3]; Macchu Picchu[4], el enlace con lo esencial americano. Como bien ha dicho Juan Loveluck, "si *España en el corazón* documenta la ascensión y hallazgo de una poesía cuyo asunto son las tribulaciones y angustias colectivas y la postura del artista ante tales injusticias —todavía en una dirección general humanitaria— en *Alturas de Macchu Picchu*, sobre todo en su segunda sección, nos ofrecerá la neta canalización americana de ese hallazgo lírico"[5].

Ambos espacios se manifestaron ante el viajero como ámbitos raigales de excepcional importancia. Sólo acertamos a encontrar otro que pudo haber tenido análogo valor, la tierra de México donde el poeta declara haber encontrado una especial plenitud, y, en ella un sitio particular, un cenote o antiguo pozo sagrado que fascinó un momento con su misterio al poeta. Estas impresiones no tuvieron sin embargo una formalización literaria tan concentrada y específica[6]. Otros "lugares de iluminación" que sí las tuvieron, como los países socialistas, representan a nuestro entender algo ya subsidiario.

Sentado esto, nuestro propósito es destacar cómo las afinidades de nivel categórico polarizaron una serie de rasgos de estilo comunes, más o menos dispersos, entre los dos grupos de poemas concernientes a las dos básicas

---

[3] "A las primeras balas que atravesaron las guitarras de España, (...) mi poesía se detiene como un fantasma en medio de las calles de la angustia humana y comienza a subir por ella una corriente de raíces de sangre. Desde entonces mi camino se junta con el camino de todos". Pablo Neruda, *Confieso que he vivido*. Barcelona: Seix Barral, 1974: 29.

[4] Recordemos también las palabras del poeta al evocar las impresiones recibidas en su visita a Macchu Picchu en octubre de 1943: "Me sentí chileno, peruano, americano. Había encontrado en aquellas alturas difíciles, entre aquellas ruinas gloriosas y dispersas, una profesión de fe para la continuación de mi canto". Ibid.: 235.

[5] J. Loveluck, "*Alturas de Macchu Picchu*: Cantos I-V". *Revista Iberoamericana*, 82-83, Pittsburgh, enero-junio 1973: 176. Puede recordarse también entre otras, la siguiente apreciación de M. Durán y M. Safir: "Like Neruda's days earlier in war-torn Madrid, the visit to Macchu Picchu and the poem it inspired come close, on multiple levels, to achieving a kind of mystical communion and rebirth of purpose". *Earth Tones*. Indiana University Press, 1981: 94.

[6] Con relación a este descubrimiento, afirma Neruda haber cobrado entonces la conciencia de que, "yo mismo ya pertenecía a ese mundo original, americano, sangriento y antiguo". *Confieso...*, ed. cit.: 216. La alusión a los cenotes en la poesía nerudiana aparece en el poema VI, "Los hombres", del apartado "La lámpara en la tierra" del *Canto General*: "Mayas, habíais derribado/ el árbol del conocimiento. (...) y escrutábais en los cenotes,/ arrojándoles novias de oro,/ la permanencia de los gérmenes".

experiencias reveladoras, de tal modo que *España en el corazón (EC)* se constituye también desde el plano de la expresión no en el único pero sí en el más definido antecedente de *Alturas de Macchu Picchu (AMP)*.

En ambos conjuntos, se hace referencia al penoso camino recorrido anteriormente por el poeta. En *EC* éste sería el tiempo de "la metafísica cubierta de amapolas" ("Explico algunas cosas"), el del ciego ensimismamiento[7]; en *AMP*, donde Neruda hace abstracción de su ya marcada evolución[8] para presentar ésta como emanada de su choque con la vieja ciudad incaica, la etapa residenciaria se menciona como aquella en que el hablante lírico iba "del aire al aire, como una red vacía", el de las "noches deshilachadas hasta la última harina" (poema I).

A partir de aquí advertimos la existencia de una serie de imágenes comunes o muy similares aplicadas al mismo intento de definir a España-Madrid y a Macchu Picchu y a sus respectivas gentes. Admira ver una serie tal de coincidencias a propósito de dos referentes entre los que existe, junto a la disparidad física, la considerable diferencia que hay entre un ámbito vivo y otro convertido en mero testimonio de un ayer misterioso. Lo decisivo, sin duda, es que Neruda ha encontrado en los dos un humanismo especial y aun ciertos signos telúricos compartidos que le inducen a servirse en bastantes casos de representaciones verbales, y de procedimientos estructurales, comunes o similares.

Atendiendo a estos últimos, podemos empezar por observar el poema en *EC* "Cómo era España". Se trata de una composición en la que se compendian dos tipos de descriptivismo que veremos también usados en *AMP*, el minuciosamente analítico y el sintético. El poema se inicia con una serie de oraciones abiertas a amplias predicaciones nominales, y continúa con otras declarativas, en las que resalta sus propios sentimientos hacia el país, dentro de un holgado sistema hipotáctico. De pronto la pasión de designar lleva al poeta, tan distante siempre de las aprensiones de un Pedro Salinas, en poemas como "Amada exacta", respecto a los sustantivos, a iniciar un sistema de enumeraciones, algunas de valor metafórico ("Piedra solar, pura entre las regiones/ del mundo..."), cuya vehemen-

---

[7] "Recordarás lo que yo traía —escribió Neruda, dirigiéndose a Alberti, a propósito de cuál era el bagaje con el que llegó a España— sueños despedazados/ por implacables ácidos..." (A Rafael Alberti —Puerto de Santa María— en "Los ríos del canto", *Canto General*).
[8] Neruda quiso utilizar en *Tercera residencia* (1947) el nombre que prologa el eco de los libros anteriores, pero éste sólo contiene siete poemas de tonalidad "residenciaria" que fueron escritos, al parecer, no después de 1935. No cabe duda que el ciclo del oscuro pesimismo se había cerrado cuando aparece en 1936 el poema "Canto a las madres de los milicianos muertos", al que seguirán los restantes agrupados en 1938 en *España en el corazón*. Por otra parte *Alturas de Macchu Picchu* se publicó por primera vez en 1946.

cia adensa el tono emocional. Inesperadamente sigue una lista de 123 topónimos españoles que configuran el resto del poema:

> "Huélamo, Carrascosa,
> Alpedrete, Buitrago,
> Palencia, Arganda..."

Tales topónimos pueden ser percibidos en un sentido profundo como una continuación de esas apelaciones, referidas todas ellas al inicial término España, como una prolongada fórmula complementaria o como una enunciación independiente. En cualquier caso, el conjunto del impresionante y tenaz asíndenton funciona con la eficacia de una poderosa letanía, con la gravedad de una salmodia cuyo final se produce abruptamente, dejando unas resonancias que hacen pervivir en el receptor el discurso lírico, más allá del silencio.

AMP combina asimismo en forma parecida cualitativamente, los dos procedimientos. Largos pasajes descriptivos nos llevan al momento en que ante la fortaleza elevada sobre las altas cumbres el poeta inicia el ritual del acercamiento, a partir del poema V. La ceremonia es larga y compleja desde que el rotundo y deíctico "entonces" inaugura el proceso de la ascensión. Lo que es Macchu Picchu queda definido en un lenguaje que pretende explicarlo todo. Súbitamente, en el poema IX, se repite el fenómeno antes descrito. Del mismo modo que para develar la cifra de lo que sea España el poeta ha condensado sus fórmulas verbales, aquí acudirá a desarrollar una serie enumerativa con la que se pretende aprehender lo que ahora es sentido como inefable:

> "Aguila sideral, viña de bruma,
> bastión perdido, cimitarra ciega"
> ...

Hay, evidentemente, una diferencia. La reducción de este segundo caso no ha sido tan drástica. Lo que en él encontramos es una agrupación de 70 metáforas y dos imágenes, que conllevan una fuerte carga de riqueza sensorial, algo muy distinto de la patética y unamuniana[9] desnudez con que desfilan los medulares topónimos en el poema de *EC*. Pero, con distintas gradaciones, ha actuado un

---

[9] No utilizamos casualmente el adjetivo. Rodríguez Monegal relaciona esta técnica con la de Machado en algún momento de *Campos de Castilla* y con la de Proust "en sus hechiceras exploraciones del itinerario de los ferrocarriles franceses en *Du Côté de chez Swann*" y ve en la serie enumerativa "cualidades incantatorias". *El viajero inmóvil*, Buenos Aires: Losada, 1966: 233 y 234. Por nuestra parte hemos encontrado sorprendentes concomitan-

idéntico sistema expresivo, que transforma una sintaxis que tiende a remansarse en un discurso acelerado, discontinuo, regido por la técnica de la enumeración caótica. Entendemos que esta analogía estructural corresponde a una recurrente posición anímica: la del cantor que, aun investido de un don profético, llega a un punto en que renuncia a cuanto no sea acumular apasionadamente las básicas piezas verbales, "toda ciencia trascendiendo"[10], como los místicos, en un apasionado ejercicio definitorio que tiene mucho de éxtasis.

Con todo, más elocuentes nos parecen otras recurrencias de carácter léxico-semántico. Partimos ahora del poema IX de *AMP* para ver algunas muestras de esto.

"Aguila sideral", primer sintagma del inventario lírico, magnifica la grandeza de Macchu Picchu asimilándola a la del ave mítica, con total desinterés hacia el hecho de que no sea ella sino el cóndor, cuya imagen ha cerrado el poema anterior, el representante natural, entre los seres vivos, de la majestad andina. Pues bien, Neruda había acudido al mismo elemento emblemático a la hora de exaltar a España en el poema antes examinado, en el que el país es visto ante todo como revestido de una nobleza telúrica: "Era España (...) / llanura y nido de águilas". Sabemos bien que estamos frente a un estereotipo —como tal se siente sobre todo en el caso del poema español— pero no es dato desdeñable, mientras acopiamos otros.

Siguiendo con el poema IX, encontramos inmediatamente "viña de bruma", metáfora de estirpe creacionista, una de las muchas de rango visionario, pese al realismo que puede detectarse en el complemento preposicional. Su antecedente en *EC* viene dado también en el poema al que venimos refiriéndonos, donde el vino "áspero" y "suave", y las viñas, "violentas" y "delicadas" (envueltos uno y otras en la bruma de la ambigüedad que auspician los oxímoros), trascienden su valor referencial inmediato —no existente, por supuesto, en *AMP*— para constituirse en símbolos de contradictoria, oscura fecundidad, como "viña de bruma" en *AMP*.

El tercer sintagma del poema IX, "bastión perdido", es uno de los dos que caracterizamos como imágenes simples. No posee, en efecto, valor metafórico, esa mención "no desviada" de lo que es, o fue, Macchu Picchu. También a esta ajustada

---

cias con un poema de Unamuno que, dada la brevedad, no nos resistimos a reproducir aquí: "Avila, Málaga, Cáceres, —Játiva, Mérida, Córdoba, —Ciudad Rodrigo, Sepúlveda, —Ubeda, Arévalo, Frómista,/ Zumárraga, Salamanca, —Turégano, Zaragoza,/ Lérida, Zamarramala, —Arrancudiaga, Zamora,/ sois nombres de cuerpo entero, —libres, propios, los de nómina,/ el tuétano intraducible— de nuestra lengua española". *Cancionero,* 274, Madrid: Akal Editor, 1984: 103.

[10] S. Juan de la Cruz, *Poesías. Obras completas,* Madrid: Apostolado de la Prensa, 1966: 1032.

denominación podría encontrársele, aunque resulte obviamente innecesario, un antecedente en *EC*. Sería ésta la propia ciudad de Madrid percibida como "material ciudadela" ("Madrid [1937]") en una de las series de versos en que, por cierto, se anticipa, y se amaga, un tipo de letanía de igual textura que el que se formalizará en el poema IX de *AMP*.

Ante el cuarto sintagma, "cimitarra ciega", no nos resistimos ante una interpretación que ha de llevarnos de nuevo a *EC*. Estamos ante la fascinación por el arma blanca. No olvidamos el "cuchillo verde" de "Walking around" (*Residencia, 2*) con el que "sería bello/ ir por las calles (...) / y dando gritos hasta morir de frío", el afilado acero del limpio y confuso despropósito que se yergue contra el mundo domesticado, pero importa más la hipóstasis arma-heroísmo que encontramos en *EC*.

Hay más de un ejemplo. En el poema "Madrid (1936)", la "espada ardiendo" empuñada por la ciudad misma entra, vindicadora, en los lugares de la traición; en "Madrid (1937)", la ciudad es vista "como una silbante/ estrella de cuchillos"; en "Explico algunas cosas", la sangre rebelde de España se levanta contra la agresión "en una sola ola/ de orgullo y cuchillos"; "con una espada llena de esperanzas terrestres" vigila, venciendo a la muerte el rostro del cuerpo unitario de la colectividad de los que cayeron en la pelea ("Canto a las madres de los milicianos muertos"); el río Jarama, finalmente, testigo y protagonista de una jornada bélica memorable, es un "puñal puro" que ha resistido con firmeza ("Batalla del río Jarama").

Es verdad que la "cimitarra/ (Macchu Picchu)", por el hecho de serlo, contiene semas que la hacen más refinada que "cuchillo", "espada" y "puñal". Sin embargo, no desvirtúan su condición primaria asociada en la simbología nerudiana a los altos valores connotados en aquéllos. A ello contribuye además su ceguedad, mediante la cual se acentúa aquí el carácter de objeto esencial, conectado con "la poderosa muerte" (*MCP*, IV), no contaminado por un pragmatismo empequeñecedor.

"Cinturón estrellado" nos remite a obsesiones nerudianas por lo circular, que, viniendo de muy atrás, no dejan de tener su cumplimiento en *EC* con sentido positivo o negativo: los milicianos "están en medio/ de la pólvora" ("Canto a las madres..."), la "inteligencia" de España se encuentra "rodeada por las piedras abstractas del silencio" ("Cómo era España"); "un cinturón de lluviosas beatas" acecha a la ciudad de Madrid, también "rodeada por las llamas", pero a la vez "rodeada de laurel infinito" y defendida por "hombres como un collar de cordones" ("Madrid [1937]"). Todas las cosas naturales convergen sobre los nobles luchadores "como un collar de manos, como una/ cintura palpitante" ("Oda solar al ejército del pueblo"). En cuanto a "estrellado", sin olvidar el "cinturón de estrellas" de *Tentativa del hombre infinito*, es fácil establecer su relación con nombres y adjetivos emparentados en imágenes de *EC*: "estrella de cuchillos" ("Madrid [1936]"), "todas las estrellas (...) de Castilla" ("Llegada a Madrid de la brigada internacional"), "tu estelar corriente" ("Batalla..."), "definida estrella" ("Oda solar ...").

Con respecto a "pan solemne", cabe decir que en esa metáfora desembocan, en forma gravemente magnificada, otras entrañables presentaciones de la misma materia que tienen amplio cobijo en *EC*: "el pan" sustituido por lágrimas en la oferta de los explotadores ("España pobre por culpa de los ricos"), las "aglomeraciones de pan palpitante" de los mercados del barrio de Argüelles ("Explico ..."); "el pan pobre", uno de los signos de España ("Cómo era ..."), el "pan de ceniza", depurado símbolo de los combatientes del Jarama ("Batalla..."), el alimento ausente en la ciudad sitiada ("Madrid [1937]"). Para entender mejor la dimensión del adjetivo que acompaña a "pan" en *AMP*, considérese que está impregnado de un espacial humanismo que viene de usos de *EC* donde es "solemne" esa patria a la que se le niega el pan ("España pobre ..."), lo es la ciudad de Madrid ("sola y solemne", ("Madrid [1936]"), que parece cubrir súbitamente de majestad su alegre sencillez; son portadores de "solemnidad" los brigadistas, héroes asimismo de una "historia solemne" ("Llegada a Madrid ...") y, en fin, "solemne es el triunfo del pueblo" ("Triunfo").

Definidas como "formas del mundo" en *EC* ("Oh párpados/, oh columnas, oh escalas!" —"Canto sobre unas ruinas"—), reaparecen en *AMP*, la "escala" y el "párpado", calificados, respectivamente, como "torrencial" e "inmenso", como designaciones de la fortaleza —a la que se percibe fundida con la montaña. No olvidemos tampoco que en *EC* los aguerridos soldados populares son considerados como "más sensibles que el párpado" ("Oda solar..."). Hay un uso metonímico de "párpados" por ojos ("Paisaje después de una batalla"). Verdad que existe también otro, mucho más expresionista, "triste párpado" en el imprecatorio poema "El general Franco en los infiernos".

Siguiendo adelante, detrás de la "túnica triangular", que daría a Macchu Picchu una significación de maternal cobertura, puede estar —mediante un oscuro proceso de depuración— la imagen de las capas de los "triangulares guardias con escopeta" de *EC* ("España pobre..."). No hemos encontrado ningún uso de este adjetivo en toda la obra anterior a *EC*, por lo que aventuramos esto como una posibilidad bastante razonable, teniendo además en cuenta que otra aparición posterior (y única antes de *AMP*) del mismo en el poema VI ("Los hombres") de "La lámpara en la tierra" del *Canto General*, donde se recuerda, a propósito de los sacrificios humanos en las pirámides aztecas, que "los escalones triangulares/ sostenían el innumerable/relámpago de las vestiduras", se sitúa en un contexto que podría auspiciar aquel proceso.

Hasta siete veces surge en el poema IX de *AMP* al que venimos refiriéndonos la epífora constituida por el sintagma preposicional "de piedra", que complementa a "polen", "pan", "rosa", "manantial", "luz", "vapor", y "libro". Con él puede identificarse el sintagma "de granito", asociado a "lámpara". Resulta obvio destacar la profunda significación de la piedra en la obra de Neruda, ya antes de *EC* (cfr., p.e.) "sólo quiero un descanso de piedras o de lana" ("Walking around", *Residencia en la tierra, 2*). Es impresionante apreciar, sin embargo, la marcada presencia de tal elemento simbólico con su predominante carácter positivo en el conjunto de poemas dedicados a España. Descontando una rara acepción de signo contrario, vemos que ya al principio el país queda definido como "machacada piedra" ("Invocación"); en el mismo poema al que pertenece la citada imagen de "las piedras abstractas del silencio", España es distinguida como "piedra solar, pura entre las regiones/ del mundo"; es "brigada de piedra" la compuesta por los generosos voluntarios extranjeros ("Llegada a Madrid..."); tras la refriega, el poeta anota la "paz de piedra" que queda en el río Jarama ("Batalla..."); ruedan los enemigos ante los "pies de piedra" de Madrid, la ciudad de "piedras malheridas" ("Madrid [1937]"); y no faltan, por último, los "hermanos (...) de la piedra" ("Oda solar...") entre los héroes populares. Encontramos también "polen" ("Canto sobre unas ruinas"), "pan", como sobradamente hemos atestiguado; "rosa (pura y partida)" ("Invocación"), "(rota)" ("Madrid [1937]"); "manantial", aunque en acepción negativa: "de la desventura" ("España pobre..."); "luz (de junio)" ("Explico..."); aunque no los restantes núcleos sintagmáticos de esta serie, "lámpara" (nombre largamente empleado por Neruda desde su primer libro y cuyo antecedente más próximo e ilustre estaría en el primer apartado del *Canto General*, "La lámpara en la tierra"), "vapor" y "libro".

No se trata, evidentemente, de buscar unas exageradas correspondencias en el plano del léxico y de las imágenes, entre *AMP* y *EC*. Podríamos continuar señalando, con todo, algunas muy significativas, sin limitarnos al poema IX en torno a "hojas", "espigas", "luna", "ácido", "harina", "azufre", "sulfúrico", "roca", "pétalo", "humo", "muerte", "ramos", "campanas", "roca", "paloma", "endurecido", "abeja", "carbón", "campanas", "relámpago" (cfr. "clara cuna en relámpagos armada" [*EC*, "Madrid (1937)]", y "la cuna del relámpago y del hombre" [*AMP*, VI]), "cuerpos"...

Pero no hemos de proseguir por este camino nuestra indagación. Dentro del terreno que hemos acotado, nos interesa poner de relieve otras analogías que afectan a la actitud del poeta y a estructuras dialécticas de mayor entidad. En este sentido, hemos de llamar la atención sobre las que se producen en determinados tratamientos dados a hombres y cosas.

Ese gran héroe colectivo que Neruda descubre en *EC* fue el hombre humillado cuya reacción lo ha transfigurado. Neruda lo busca más allá de "la muerte española,/ más ácida y aguda que otras muertes" ("Llegada a Madrid..."), es decir de la "poderosa muerte"[11] (de que habla en *AMP*, IV), la que, en oposición a "la pequeña muerte sin paz ni territorio" *(AMP,* V) tiene sentido y trascendencia, y los busca también en el lado de la vida.

Los primeros, en virtud de la energía engendrada por su propio sacrificio, son vistos en un proceso de resurrección gloriosa y fecunda, agrupados en una inmarcesible unidad: "Porque de tantos cuerpos una vida invisible/ se levanta. [...]/ Un cuerpo vivo como la vida" ("Canto a las madres..."). El femómeno se repite en *AMP* donde el poeta contempla, en pluralidad que se confunde con la singularidad, a las víctimas de un más antiguo holocausto: "Veo un cuerpo, mil cuerpos, un hombre, mil mujeres" (XI). Provisto de la certeza de que la inmolación no ha sido en vano, el poeta convoca en *EC* a quienes mantienen la más estrecha vinculación con esos muertos, sus propias madres, para la empresa solidaria que la hará fructífera: "Dejad/ vuestros mantos de luto, juntad todas/ vuestras lágrimas hasta hacerlas metales" ("Canto a las madres..."). La dimensión profética del cantor testigo que se obligará a guardar el "sabor de la sombra" del "Paisaje después de una batalla", "para que no haya olvido", actúa garantizando también la pervivencia en la memoria de los muertos, desde el yo que recuerda ("Yo no me olvido de vuestras desgracias"), identifica ("conozco vuestros hijos") y concede el aval a su ufana complacencia ("estoy orgulloso de sus muertes" ["Canto a las madres..."]). De modo parecido, en *AMP*, ha de instar ahora a los destinatarios últimos, los muertos, a que inicien con él el camino de la rehabilitación, del resurgimiento a través de su mediación igualmente mesiánica: "Sube a nacer conmigo, hermano,/ dame la mano...",//[...] ..."juntad todos/ los silenciosos labios derramados,/ [...]/ contadme todo, cadena a cadena,/ [...], dadme el silencio, el agua, la esperanza,/ dadme la lucha [...],/ apegadme los cuerpos [...],/ acudid a mis venas [...],/ hablad por mis palabras y mi sangre" (XII).

En *EC*, Neruda, fiel a la tradición épica en la que súbitamente se ha instalado y a su condición de memorialista de la gesta —posición que desembocará en el "Yo estoy aquí para contar la historia" ("Amor América [1400]") y el "Yo vengo a hablar por vuestra boca muerta" (AMP, XII) del *Canto General* — se siente

---

[11] Discrepamos evidentemente de Alain Sicard cuando afirma que "muerte histórica, muerte colectiva, la muerte española no se parece en nada, sin embargo, a la 'poderosa muerte' de 'Alturas de Macchu Picchu'". Y más aún cuando añade: "La muerte española es estéril porque es la expresión definida de fuerzas sociales esterilizadoras". *El pensamiento poético de Pablo Neruda*. Madrid: Gredos, 1981: 262.

impulsado a ir perfilando la individualidad de los héroes. Lo hace primero asociándolo a las materias que identifican sus actividades al evocarlos "junto/ a las naranjas de Levante, a las redes del Sur, junto/ a la tinta de las imprentas, sobre el cementerio de las arquitecturas" ("Canto a las madres..."); luego, de un modo más específico mediante la dialéctica del *¿ubi sunt?*: "Dónde están los mineros, dónde están/ los que hacen el cordel, los que maduran/ la suela, los que mandan la red?". Desfilan así en los poemas "Los gremios en el frente", además de los citados mineros, cordeleros y zapateros, los albañiles, ferroviarios y tenderos. En "Los antitanquistas", estos esforzados guerreros son considerados en sus dedicaciones civiles como carpinteros, obreros de la industria y la construcción o agricultores. Después el poeta hace sonar sus nombres, encarnados en dos paradigmáticos; "Hoy tú que vives, Juan,/ hoy tú que miras, Pedro..." ("Madrid [1937]"); todavía al finalizar *EC*, se insiste en la individuación por la adscripción profesional (y luego por la ocasionalmente bélica): "Fotógrafos, mineros, ferroviarios, hermanos/ del carbón y la piedra, parientes del martillo" ("Oda solar...").

Pués bien, en *AMP*, la búsqueda del hombre de ayer sumido en las piedras colosales —"Piedra en la piedra, el hombre, dónde estuvo?" (*AMP*, X)— del esclavo enterrado a quien se trata de dar voz y dignidad [cfr. *EC* : "que vuestra historia solemne/ [...]/ suba a las escaleras inhumanas del esclavo" ("Llegada a Madrid...")], se hace también mediante el esfuerzo de recuperar la identidad individual en la mención de nombres y quehaceres. En un primer momento la presión de la atmósfera mítica actúa sobre la neta referencia a cada uno de ellos, provocando una cierta desrealización: "Juan Cortapiedras, hijo de Wiracocha,/ Juan Comefrío, hijo de estrella verde, Juan Piesdescalzos, nieto de la turquesa.../ (XI). Posteriormente, sin embargo, el cantor vuelve sobre ellos acentuando su perfil con la puntualización de sus duros cometidos de cada día: "Mírame desde el fondo de la tierra,/ labrador, tejedor, pastor callado:/ domador de guanacos [...],/ albañil [...],/ aguador [...]/ joyero [...],/ agricultor [...],/ alfarero [...]" (XII).

Anotemos finalmente otra importante analogía de este tipo: la consideración de las cosas en el desarrollo de la destrucción. En la oposición vida/muerte ellas acompañan muy de cerca al hombre. No hay que insistir, tras lo que acabamos de ver, en lo que se refiere a sus valoraciones positivas en los momentos exultantes. Lo sabe, por lo demás, cualquier lector de los *Veinte poemas de amor*. No menos obvio sería tratar de demostrar al que se ha adentrado en las *Residencias* que esta proximidad también se produce con relación a los temas *de contemptu mundi*. Ello es consecuencia del permanente afán del poeta de dar forma rotundamente sensible a sus impresiones: su discurso lírico huye de las abstracciones para resolver en "cantos materiales".

Pero sucede que en *EC*, junto a las materializaciones que tienen de entrada esa finalidad, irrumpe todo un cúmulo de cosas que poseen una operatividad lógica inmediata. En tales casos la connotación o, si se prefiere, el simbolismo queda como un valor tan importante como se quiera —no hay en poesía palabras inocentes, y menos en Neruda— pero secundario *strictu sensu*. Se han invertido, en suma, los términos con respecto a otros tiempos.

No pretendemos tampoco afirmar que este mecanismo no funciona hasta *EC*, pero entendemos que antes de este libro la lírica de Neruda había tendido a concentrar aceleradamente sus contenidos de signo no racional hasta el punto de que en las *Residencias*, en la mayor parte de los casos, un nombre —"océano", "herramienta", "campana", "notario", "calcetines"— valía ante todo, si no exclusivamente, por esos contenidos.

En *EC* empieza a entrar en juego el cambio de prioridades en la bisemia. Es comprensible que así sea cuando se está produciendo una recuperación del mundo. Cuando Neruda nos dice que vivía "en un barrio de Madrid con campanas, con relojes, con árboles" ("Explico..."), "campanas", "relojes", y "árboles" son percibidos y estimados ante todo como realidades objetivas; en seguida, claro está, cuenta lo que la imaginación intuye, las transposiciones significativas: por ejemplo, campanas = "plenitud con hermosura"[12]. Ahora, pensando en *AMP*, hemos querido advertir una situación análoga en el caso específico de las cosas más inmediatamente asociadas al quehacer y al penoso destino humano, tanto en la valoración como en la presentación de las mismas.

En *EC* el poema más ilustrativo al respecto es, sin duda, "Canto sobre unas ruinas". Como se ha observado reiteradamente, se trata de una elegía que posee el ilustre respaldo de la "Canción a las ruinas de Itálica" de Rodrigo Caro[13], pero es evidente que mientras los versos del andaluz son producto, antes que nada, de otros estímulos textuales y de una vaga emoción intelectualizada, los de Neruda responden sustancialmente a vivencias de primera mano, aunque el viejo esquema literario brinde su aliento. Las cosas, las sustancias son, como en las *Residencias*, "disjecta membra", pero no representan, como casi siempre en aquellas, caos, hostilidad y abyección. El poeta, que ha admirado ante su prodigioso esfuerzo para constituirse en formas de vida, las completa en su estrago con profunda piedad, las recuenta y enumera cual si fueran seres humanos[14]. En ellos está en algún caso su

---

[12] A. Alonso, ob. cit.: 241.
[13] Cedomil Goic se siente obligado a comparar las ruinas de Itálica con *AMP*, aunque no sólo para señalar aspectos convergentes. La canción de Rodrigo Caro actúa, así pues, como una especie de sustrato-común denominador en *EC* y *AMP*, cuya conexión queda también, por este medio, marcada.

origen, con un humano despojo se asocian fraternalmente en la muerte: "Utensilios heridos, telas,/ nocturnas, espuma sucia, orines justamente/ vertidos. mejillas, vidrio, lana,/ alcanfor, círculos de hilo y cuero.../ [...],/ todo reunido en nada, todo caído/ para no nacer nunca".

El mismo poema nos muestra seguidamente otros elementos —"harina", "polen", "racimo", "madera", "guitarra", "musgos"— en los que lo que cuenta es el contenido simbólico, mientras su entidad real pasa a un plano marginal. La referencialidad más directa se recupera en otros dos, "cal" y "mármol".

En *AMP* el yo lírico se muestra más enajenado, envuelto como está en una atmósfera de fascinación. En la tensión que la genera y la padece, todo tiende hacia la dimensión simbólica; se diría que el poeta ha de hacer un inmenso esfuerzo para abrirse paso en la litúrgica fronda verbal y encontrar al hombre. No obstante, hay por lo menos un momento paralelo al que antes hemos destacado en *EC*. Este corresponde a la secuencia del poema VI en el que el cantor quiere captar las huellas que atestigüen el paso del hombre sobre la piedra, y, en el esfuerzo de fusionarse con él, ve como en una ráfaga el derrumbamiento de las materias en la muerte: "porque todo, ropaje, piel vasijas,/ palabras vino, panes/ se fue, cayó a la tierra". Hay, naturalmente, una sugerencia general en estas imágenes que nos habla en abstracto del tiempo y sus injurias, pero existe ante todo una fuerte consideración primaria de las cosas.

Ya en otro terreno, *AMP* tiene además una microanticipación muy nítida en los fragmentos sexto, séptimo y octavo del mencionado poema VI, "Los Hombres", del *Canto General*. Se trata de un sumario borrador en el que no sorprende que se adelanten también imágenes. Es cuestión que, naturalmente, nos ofrece un interés menor y, sobre todo, distinto. Más lo tendría, en la línea de hallar coincidencias en temas diferentes, las que se apuntan en el fragmento tercero en torno a los sacrificios en la gran pirámide que, "guardaba como una almendra/ un corazón sacrificado", y a las gentes que "tejían la fibra...".

No hay, sin duda, en lo que respecta a *AMP* otros precedentes tan marcados como los descritos, pero, en cuestiones de esta naturaleza, siempre será una empresa recompensada la de escudriñar los versos —y las prosas— del gran poeta chileno. Se impone, con toda evidencia, un casi fabuloso desideratum: la

---

[14] Para Alain Sicard, "'Canto sobre unas ruinas' tiene doble interés por anunciar ese otro canto sobre otras ruinas que habrá de ser 'Alturas de Macchu Picchu' y por continuar la temática de destrucción que caracteriza a *Residencia en la tierra*", sin dejar de destacar "la humanización de que es objeto, esta vez, el mundo exterior", Op. cit.: 260, lo cual constituye un factor diferencial con respecto a aquellos libros. En nuestro citado trabajo "Madrid en el camino de Neruda", hemos apuntado la relación de tal humanismo con el de un poema de Ernesto Cardenal, "Gethsemani, Ky".

construcción de un repertorio analítico de las concordancias de la obra nerudiana, es decir, llevar a su plenitud la tarea iniciada por Amado Alonso y seguida por otros como Hernán Loyola[15] sobre símbolos recurrentes, a fin de demostrar en éste y en cualquier otro orden de cosas la tremenda coherencia que hay en aquélla[16].

---

[15] "Apéndice II. La dimensión axiológica y simbólica (algunas figuras nodales)", edición de H. Loyola de *Residencia en la tierra*, Madrid: Cátedra, 1987: 347-363.

[16] Sólo a título de ejemplo: con un cierto "vago horror sagrado", como diría Borges, percibimos una subterránea conexión entre el "Coloquio maravillado" de Pelleas y Melisanda en *Crepusculario* y los que mantienen Rhodo y Rosía, cuarenta y siete años después, en *La espada encendida*, aparte de cuanto hay de reverberación de los *Veinte poemas de amor* en este libro.

HACIA UN CONCEPTO REVISIONISTA DEL DISCURSO MODERNISTA

POR

IVAN A. SCHULMAN
University of Illinois at Urbana-Champaign

Modernizar el modernismo hispanoamericano entraña la tarea de modernizar el discurso crítico e incorporar en él las transformaciones socioculturales de la modernidad cuyas huellas se patentizaron en América a partir de la segunda mitad del siglo XIX. Modernizar es hacer otras, nuevas, lecturas.

Mediante las de los últimos veinticinco años, hemos logrado comprender mejor los códigos de una escritura de "remolde", anárquica, y revolucionaria, ligada, sin embargo, a los patrones de la tradición estilística hispánica. Las *impulsiones*[1] de esta escritura, en el sentido lezamiano, y desde las perspectivas de la crítica moderna, han llegado a constituir una *imago* de irrupción continua a partir de la obra renovadora de los escritores primigenios del modernismo: Martí, Gutiérrez Nájera, Casal, Silva.

El periplo de la superación crítica —evolucionante y abierta todavía hoy— describe un arco cuyo punto inicial serían los conceptos condenatorios de los "excesos" escriturales de la "sangre nueva" artística por parte de la crítica finisecular anti-modernista. Según ella el modernismo se presentaba como un arte decadente y de vida efímera, producto del agotamiento finisecular, manifestación de una "disgregación de fuerzas, y de una desintegración orgánica que correspond[ía] a la desintegración social" (Litvak 388). Lecturas como éstas han sido eclipsadas por otras centradas, en primer término, en la visión creadora individual —"mi literatura es *mía* en mí" (Darío,"Palabras liminares")— es decir, no condicionadas por la defensa del *status quo* de la imperante escritura académica y canónica de la segunda parte del XIX. Sin embargo, no deja de ser motivo de curiosidad, ahora que hemos empezado a rescatar la crítica que acompañó el fervor de la revolución modernista[2], que aún entre los descentrados conceptos de los

---

[1] Ver Lezama, particularmente el capítulo "Introducción a un sistema poético,": 67-69.
[2] Ver las recopilaciones críticas de Gullón.

antimodernistas descubrimos lecturas acertadas como la citada que equipara el renovado estilo con la "desintegración social" decimonónica.

Entre los más arraigados conceptos alusivos al estilo modernista el más difícil de superar ha sido su identificación con una literatura "aparente y externa", la que Manuel Díaz Rodríguez describió como "algo superficial, una simple cuestión de estilo, ... una modalidad nueva de éste ..., [o] ... una verdadera *manía de estilismo*" (Gullón, 110-111). Contrario a lo que pensaba la crítica de principios del siglo XX, los artistas y creadores del modernismo —inclusive algunos de sus detractores[3]— supieron interpretar los signos de la expresión modernista a la luz de una renovación espiritual e ideológica coetánea, viendo en ella más que la *manía de estilismo*::

> Se trata[ba] —según Díaz Rodríguez— de un movimiento espiritual muy hondo al que involuntariamente obedecieron y obedecen artistas y escritores de escuelas desemejantes. De orígenes diversos, los creadores del modernismo lo fueron con sólo dejarse llevar, ya en una de sus obras, ya en todas ellas, por ese movimiento espiritual profundo (Gullón, 110).

A pesar de esta insistencia sobre los planos ideológicos o filosóficos, la dimensión estilística de la escritura modernista ha perdurado en la cultura popular y en la crítica, y ha creado la imagen de un modernismo frívolo, exótico, y estrafalario. Piénsese en la caracterización lingüística del dueño de la estación de radio en *La tía Julia y el escribidor* (1977) quien, al quejarse de las actividades "modernistas"[4] de un creador errático de radioteatros, recomienda que se deje de "modernismos" (Vargas Llosa, 242).

Estas y otras desfiguraciones del estilo de escribir y pensar modernistas han quedado estampadas en la imaginación popular. La energía de sus *impulsiones* ha creado esencias subsistentes. Ejemplo: de Nicanor Parra, el propagador de la

---

[3] El proceso social disgregador de la época modernista lo entendió el mismo Deleito: "Las sociedades, como los individuos, envejecen, y esto es causa del egoísmo senil, origen de ese orgullo literario que hace cultivar el *yo* exclusivamente..." (Litvak: 388). Y, en el mismo ensayo alude al decadentismo y la anarquía sociales, relacionando estos fenómenos con una "época de transición [que] ofrece crisis violentas, confusión de ideales, vagos anhelos, crepúsculos de un mundo próximo a hundirse envuelto en sudario de sombras, y albores de una civilización futura que se inicia..." (Litvak: 383).

[4] Consistían estos en "tomarle el pelo a la gente..., pasar personajes de un radioteatro a otro y ... cambiarles los nombres, para confundir a los oyentes": 243.

antipoesía, y de los "artefactos" de la vida contemporánea, tenemos el siguiente testimonio inédito (1987)[5], índice de la vitalidad del estilo modernista:

ARTEFACTO
¿DE QUE COLOR PREFIERE
EL PAPEL CONFORT?
Azul...
¿Azul?
¡Azul!
AUN NO ROMPO CON EL MODERNISMO

Las pervivencias modernistas han fomentado relecturas contemporáneas, a tal punto, que en los últimos dos o tres años se ha planteado la cuestión de escribir una nueva historia del modernismo, proyecto caracterizado, sin embargo, como "imposible" por uno de sus proponentes. "No sabemos —observa— lo que nos diría una nueva historia del Modernismo. Que ya la necesitamos parece inevitable". Y, termina sus puntualizaciones críticas con el comentario sombrío: "sólo podremos escribir esa historia cuando acabemos de aceptar el carácter profundamente enigmático del Modernismo" (Santí, 839-840).

Subscribimos la idoneidad de una nueva historia del modernismo. Pero ésta, a nuestro juicio, habría que elaborarla desde el ángulo de los nexos de su producción social y su producción literaria, y en el contexto de los modelos propuestos en *Los hijos del limo*, *Las máscaras democráticas del modernismo*, "*Las entrañas del vacío*"..., *Modernismo, Celebración del modernismo*. Leídos los textos modernistas conforme a estos modelos, serán menos enigmáticos a pesar de las paradojas y contradicciones que abundan en ellos. Darío, el a veces inconsciente iluminado, entendió las sutilezas del discurso modernista. En las "Dilucidaciones" de *El canto errante* observó que "el arte no es un conjunto de reglas, sino una armonía de caprichos". Estos no sólo forman parte de la diversidad subjetiva y lúdica de las formas modernistas de escribir, sino que constituyen la base de una tradición de la modernidad cuyas raíces europeas se perfilaron con claridad a partir de la segunda mitad del siglo XIX. Los signos de esta transformación radical los descifró Barthes con alusión específica a la expansión demográfica de Europa a mediados del XIX, el crecimiento de la industria pesada, y la escisión de la sociedad francesa a partir de 1848 en tres clases hostiles entre sí, confluencia de circunstancias históricas y económicas que crearon la derrota de la ideología liberal (defendida hasta este momento por los escritores burgueses),

---
[5] Una copia hecha por Parra está en nuestro archivo personal.

el refugio del artista burgués en la forma, y la multiplicación subsiguiente de los estilos de escribir. Consecuencia de estos hechos fue que "la escritura clásica empezó a desmoronarse, y toda la literatura, de Flaubert hasta nuestros días, se transformó en la problemática del lenguaje" (3, 60)[6].

Al comienzo de la segunda mitad del siglo XIX, sólo unos visionarios como Baudelaire percibieron la naturaleza del reajuste todavía incipiente en las relaciones entre el artista, su arte y la sociedad que entrañaban[7] las transformaciones socioeconómicas coetáneas. En América el artista que primero captó el sentido de la aurora de un nuevo orden social, fue Martí, quien en la vanguardia del pensamiento hispanoamericano, dedicó un ensayo revolucionario y contundente, "El poema del Niágara" (1882), a la exploración de los signos hispanoamericanos de la modernidad señalada por el poeta de "Las flores del mal", en especial, la preeminencia del principio del flujo en el universo artístico y social moderno. Pero, a diferencia de Baudelaire, Martí desarrolló sus ideas sobre las vallas rotas de la sociedad moderna con un concepto más abarcador de las estructuras sociales de su momento, con un mayor sentido del ritmo diastólico y sistólico de las instituciones históricas humanas, entendidas éstas en términos de etapas en metamorfosis perenne. El conservador Valera en su "Carta-prólogo" a *Azul...* percibió este doble ritmo en relación con el desmoronamiento de la fe y los dogmas, cuyas consecuencias en la literatura sintetizó con las siguientes dos recomendaciones:

> 1º. Que se suprima a Dios o que no se le miente sino para insolentarse con El, ya con reniegos y maldiciones, ya con burlas y sarcasmos; y
> 2º Que en este infinito tenebroso e incognoscible perciba la imaginación, así como en el éter, nebulosas o semilleros de astros, fragmentos y escombros de religiones muertas, con los cuales procura formar algo nuevo como ensayo de nuevas creencias y de renovadas mitologías (16).

En la obra rubeniana estas transformaciones crean, según Valera, un discurso que por un lado se caracteriza por "el pesimismo, como remate de toda descripción de lo que conocemos," y, por otro, "la poderosa y lozana producción de seres fantásticos, evocados o sacados de las tinieblas...donde vagan las ruinas de las destrozadas creencias y supersticiones vetustas" (16).

La dualidad, más exacto sería, el polimorfismo en constante rotación, llegó a constituir un código de la escritura decimonónica en América. Desorientados frente al derrumbe de los valores tradicionales, los modernistas buscaban afirmarse

---

[6] Las traducciones del libro en inglés son nuestras.
[7] Ver el lúcido y sugestivo ensayo, "Le peintre de la vie moderne" (1863).

en una multiplicidad de universos y espacios, tanto artísticos como históricos. "Amador de la lectura clásica —escribió Rubén— me he nutrido de ella, mas siguiendo el paso de mis días" ("Dilucidaciones"). La ubicación histórica del escritor empezó a cobrar signos individuales, los de rehacerse frente a las mitologías del pasado y del presente. "Toca a cada hombre construir su vida: a poco que mire en sí, la reconstruye," escribió Martí (230). En esta poca de vida "suspensa" (Martí, 229) los modernistas percibieron la visión del destino del hombre en un inestable, deconstruido mundo. La historia y los signos escriturales se juntaban: "Cuando el escritor reúne un complejo de palabras, —observa Barthes— se pone en tela de juicio la Literatura en sí; lo que la Modernidad nos permite leer en la pluralidad de formas de escribir, es el callejón sin salida que constituye su propia Historia" (61). Tanto el historiador como el escritor expresaron la necesidad de modificar la función del lenguaje en la representación de la realidad.

> El historiador [llegó a ocupar un lugar] ... bastante alejado de los actos colectivos que describe; su lenguaje y el acontecimiento descrito con ese lenguaje son entidades netamente distintas. Pero el lenguaje del escritor es en cierta medida el producto de su propia acción; es el historiador y el agente de su propio lenguaje (de Man, 148).

El escritor de la época moderna es un creador auto-reflexivo, con una conciencia aguda y a menudo angustiada de una nueva visión de su propio arte y de la trascendencia del verbo. Por un lado el modernista concibe que hay "una música ideal como hay una música verbal" (Darío, "Dilucidaciones"), pero por otro, se opacan los signos del verbo, y, por extensión, del arte: "La obra colectiva de los nuevos de América es aún vana, estando muchos de los mejores talentos en el limbo de un completo desconocimiento del mismo Arte a que se consagran" (Darío, "Palabras liminares").

De ahí que el escritor moderno, desde el modernista primigenio, hasta los escritores de las vanguardias del siglo XX, revele un descentramiento espiritual y artístico cuyas manifestaciones en la escritura son la auto-defensa agresiva, la auto-conciencia aguda, la inclinación profética, y un acomplejado estigma de alienación —signos indicadores de la modernidad literaria (Howe, 19).

Cuando decimos modernidad, pensamos en la modernidad descrita por Octavio Paz:

> ... [Una] voluntad de participación en una plenitud histórica hasta entonces vedada a los hispanoamericanos. La modernidad no es sino la historia en su forma

más inmediata y rica. Más angustiosa también: instante henchido de presagios, vía de acceso a la gesta del tiempo .... Decadente y bárbaro, el arte moderno es una pluralidad de tiempos históricos, lo más antiguo y lo más nuevo, lo más cercano y lo más distante, una totalidad de presencias que la conciencia puede asir en un momento único .... (Paz, 21).

Lejos de nuestra intención disminuir la trascendencia de los experimentos lingüísticos que practicaron los artistas del modernismo. Pero, lo que *no* nos parece lícito es definir el modernismo en términos exclusivos de la *manía de estilismo*. Entre los modernistas las innovaciones lingüísticas del texto literario adquieren una autonomía existencial como parte de un proceso auto-reflexivo. Este preside una crisis de conciencia de proporciones mayores, la que produce una separación "entre lo que, en literatura, está conforme con la intención original y lo que se ha separado de modo irrevocable de esta fuente" (de Man, 8). Si aceptamos esta última premisa de Paul de Man, en relación con los textos del modernismo, podemos esperar un *desprendimiento*, una separación en términos de la naturaleza del estilo del artista individual, y la existencia de maneras divergentes —*vis à vis* la tradición— como norma en la escritura moderna. Se instaura la persecución de la forma que no encuentra el estilo[8], y la búsqueda de las "raíces en el pasado" (Roggiano, 27).

En las expresiones artísticas de la modernidad hispanoamericana hay una posición deconstructiva y desacralizadora —antes de *Prosas profanas* (Yurkievich, 32, n.3) frente a un proceso reconstructivo orientado hacia la recuperación de valores sistémicos. En un nivel lingüístico se trata de elaborar formas revolucionarias de la escritura mediante las *vueltas* descritas por Paz: 51-52, la "prosa" medieval, los *dezires* de Darío. Estas miradas hacia el pasado no corresponden a la incorporación de los patrones del arte romántico. Constituyen más bien un deseo de reestructurar el arte y la realidad inestables sobre una base nueva, metafórica en lugar de metonímica[9], mediante la incorporación de motivos, ritmos y patrones pertenecientes a la tradición mítica o histórica. En su "Poema del Niágara" Martí alude al vertiginoso ritmo de estas transformaciones:

> Con un problema nos levantamos; nos acostamos ya con otro problema. Las imágenes se devoran en la mente. No alcanza el tiempo para dar forma a lo que se piensa. Se pierden unas en otras las ideas en el mar mental, como, cuando una piedra hiere el agua azul, se pierden unos en otros los círculos del agua (227).

---

[8] Ver el poema de Darío, "Yo persigo una forma...", *Prosas Profanas*.
[9] Ver el estudio de Lodge.

Como parte de este complejo proceso renovador el artista va buscando su propia sombra, su principio. Ocurre una proliferación de estructuras lingüísticas conflictivas, antitéticas, las cuales en la literatura de la Modernidad, a primera vista, parecen los signos de registros separados de la existencia de un mundo caótico. Es el caso de *Azul...*, libro en cuyas páginas no sólo encontramos los códigos denotadores del idealismo, los sueños dorados, y los desplazamientos hacia los espacios exóticos, sino también los de la miseria social y la marginalización económica del mundo moderno burgués ("El fardo"). Pero, estos registros, en apariencia antitéticos, constituyen la dualidad de visiones recibidas por el creador, y en el texto de *Azul...* se patentizan mezclados: en el escenario inicial de "El fardo" el sol se hunde "con sus polvos de oro y sus torbellinos de chispas púrpuras, como un gran disco de hierro" (47); y en "La canción del oro" aparece el cuadro de las clases sociales escindidas: "Cantemos el oro, río caudaloso, fuente de vida, que hace jóvenes y bellos a los que se bañan en sus corrientes maravillosas, y envejece a aquellos que no gozan de sus caudales" (59). Descifrados en sus contextos individuales y colectivos estos registros heterogéneos[10], se descubre debajo de las texturas de la superficie del texto un hervidero interiorizado de anhelada liberación, de crítica y de protesta frente a la modernización burguesa.

En la consideración de estas cuestiones ideológicas y estilísticas quizá debiéramos hablar de la coherencia o de la incoherencia histórica, de raíces —rezagadas— pertenecientes al iluminismo racionalista del siglo XVIII, por un lado, y, por el otro, de la experiencia del XIX —la contemporánea de los modernistas— concebida en términos de ritos o mitos del pasado actualizados, y de un futuro de dimensiones abiertas, multifacéticas, enigmáticas y aterradoras. Una angustia inconsolable, el vacío espiritual concebido por Kierkegaard y otros filósofos existencialistas[11] menos recordados preside el concepto de la vida y del arte y crea en los escritores modernos un sentido de nihilismo, duda y de exilio espiritual o social. As lo entendió Carlos Reyles cuando, en 1897, aludió a los "estremecimientos e inquietudes de la sensibilidad *FIN DE SIGLO"*, a las "ansias y dolores innombrables que experimentan las almas atormentadas de nuestra época"; y a "los latidos del corazón moderno" que encerraban emociones terroríficas como las del marginado y alienado personaje de *El extraño*: "No hay duda, soy completamente *extraño* a los míos ¡a los míos!...pero ¿tengo que ver algo con ellos?": 61-65.

El desgarrador vacío espiritual pertenece a un inalcanzable centro ideológico, a un núcleo de un (a)sistema epistemológico, mal definido, pero profundamente

---

[10] Ver el estudio de Achugar sobre *Azul...*
[11] Ver el libro de Mounier.

anhelado, cuyos temblores tumban al escritor, y al hombre lo despojan de los valores consagrados y las normas tradicionales en una era de *desprendimiento*. El escritor modernista, lo cual equivale a decir el creador primigenio de la Edad Moderna, en medio de la anarquía de su medio, desarrolla un discurso de la libertad-estilística, lingüística, filosófica, estética. Pese a sus recelos interiores y a las espeluznantes implicaciones de la ruptura con los moldes tradicionales que restringían el vuelo libre de su inspiración, defienden, como Darío, el concepto de un "movimiento de libertad", el cual se traduce en escrituras distintas, pero con nexos entre sí. Martí, frente al caos, dirá "Por cauce nuevo/ mi vida lance" ("Musa traviesa"). Este es el signo prototípico del discurso (modernista) en movimiento cuyo deslinde contemporáneo nos espera[12].

---

[12] Por los límites de espacio de este volumen homenaje nos hemos visto obligados a sintetizar estas meditaciones sin llegar a las conclusiones necesarias. En las *Actas* del Segundo Coloquio de la Academia de Ciencias de la URSS y los Estados Unidos (Urbana, diciembre 1-3 de 1987), desarrollamos nuestras ideas con mayor extensión.

OBRAS CITADAS

Achugar, Hugo. "El Fardo, de Rubén Darío: receptor armonioso y receptor heterogéneo." *Revista Iberoamericana* 137 (1986): 856-874.

Barthes, Roland. *Writing Degree Zero.* Trad. Annette Lavers and Colin Smith Nueva York: Hill and Wang, 1967.

Darío, Rubén. *Azul...* 15ª ed. Madrid: Espasa-Calpe, 1968.

_____. *Poesías completas.* Madrid: Aguilar, 1967.

De Man, Paul. *Blindness and Insight: Essay in Rhetoric of Contemporary Criticism.* Nueva York: Oxford, 1971.

Picon Garfield, Evelyn, and Ivan A. Schulman. *Las entrañas del vacío: ensayos sobre la modernidad hispanoamericana.* México: Cuadernos Americanos, 1984.

Gullón, Ricardo. *El modernismo visto por los modernistas.* Barcelona: Guadarrama, 1980.

Gutiérrez Girardot, Rafael. *Modernismo.* Barcelona: Montesinos, 1983.

Howe, Irving. *Literary Modernism.* Nueva York: Fawcett, 1967.

Lezama Lima, José. *Introducción a los vasos órficos.* Barcelona: Barral, 1971.

Litvak, Lily. *El modernismo.* Madrid: Taurus, 1975.

Lodge, David. "Historicism and Literary History: Mapping the Modern Period." *New Literary History.* 10 (1979): 547-55.

Martí, José. *El poema del Niágara.* Vol. 7 de *Obras Completas.* La Habana, 1963: 221-238.

Mounier, Emmanuel. *Introducción a los existencialismos.* Trad. Daniel D. Monserrat. Madrid: Guadarrama, 1967.

Paz, Octavio. *Los hijos del limo*. Barcelona: Seix Barral, 1974.

Rama, Angel. *Las máscaras democráticas del modernismo*. Montevideo: Fundación Angel Rama, 1985.

Roggiano, Alfredo. "Filiación cultural del modernismo hispanoamericano." *Mundi* 1 (1986): 27-47.

Santí, Enrico Mario. "*Ismaelillo*, Martí y el modernismo." *Revista Iberoamericana* 137 (1986): 811-840.

Valera, Juan. "Carta-Prólogo." *Azul...* de Rubén Darío. 15ª ed. Madrid: Espasa-Calpe, 1968.

Vargas Llosa, Mario. *La tía Julia y el escribidor*. Barcelona: Seix Barral, 1977.

Reyles, Carlos. *El extraño*. *Antología de poetas modernistas menores*.. Ed. Arturo Sergio Visca. Montevideo: Ministerio de Educación y Cultura, 1971: 61-122.

Yurkievich, Saúl. *Celebración del Modernismo*. Barcelona: Tusquets, 1976.

CLAVES INTERTEXTUALES PARA UNA INTERPRETACION DE TENTATIVA DEL HOMBRE INFINITIVO

POR

GLORIA VIDELA DE RIVERO
Universidad Nacional de Cuyo
CONICET

Me propongo en las siguientes páginas ensayar una interpretación de *Tentativa del hombre infinito* (1925) de Pablo Neruda, a la luz de ciertas claves intertextuales propuestas por el mismo poeta, diseminadas en el conjunto de su creación, ya como anticipos temáticos, ya como motivos recurrentes que se modulan en distintos períodos evolutivos, ya como evocación de circunstancias inspiradoras en las que se generó la creación del poema.

El propósito de aproximarnos al nivel semántico de *Tentativa* no puede escindirse de la consideración de las modalidades surrealistas y de los propósitos estéticos perseguidos por el autor en este hito de su evolución poética.

Neruda, en sus *Memorias*, alude a la atmósfera en que escribió *Crepusculario* (1923): "aleteaban sobre Santiago las nuevas escuelas literarias"[1]. Sin embargo, la influencia de estas tendencias no se hará sentir en él hasta *Veinte poemas de amor y una canción desesperada* (1924), donde utiliza imágenes vanguardistas (de parentesco creacionista o cubista) en función de su personal "neorromanticismo", como veremos más adelante.

La evolución posterior del poeta acentuará el intento de liberar su imaginación de los controles racionales. A partir de *Tentativa del hombre infinito* (1925) tal vez no pueda hablarse de influencia, pero sí de coincidencia estética con el surrealismo[2]. Si bien la publicación del manifiesto de Breton en 1924 es casi simultánea

---

[1] Pablo Neruda, *Confieso que he vivido*. Buenos Aires: Losada, 1974: 67.
[2] Otros críticos se han ocupado ya de este tema. Cf. Jaime Alazraki: "El surrealismo de *Tentativa del hombre infinito* de Pablo Neruda", en *Hispanic Review*, Philadelphia: XL, Winter, 1972, 1: 31-39 y en *Aproximaciones a Pablo Neruda*: simposio dirigido por Angel Flores. Barcelona: Ocnos, 1974: 42-49. Saúl Yurkievich; "*Tentativa del hombre infinito*, un primer esbozo de *Residencia en la tierra*", Ibid.: 50-53; Francesco Gadea-Oltra. "Interpretación surrealista y romántica de *Tentativa del hombre infinito*". *Cuadernos Hispanoamericanos* 287, Madrid, mayo 1974: 329-345; René de Costa, "Pablo Neruda's

al momento de gestación de *Tentativa* ... (cuya composición se inició en enero de 1925), no olvidemos que el mismo Breton ha señalado la existencia de manifestaciones surrealistas anteriores al manifiesto, aparecidas en *Littérature* desde 1919, paralelas o entrelazadas con las manifestaciones dadaístas[3]. No olvidemos tampoco que las revistas ultraístas españolas difundieron tempranamente el presurrealismo de Juan Larrea[4]. Por otra parte, un fenómeno semejante de búsqueda expresiva con fuerte dosis de irracionalismo se da muy tempranamente en *Trilce* (1922) de César Vallejo. Neruda capta, pues, —en el caso de que no hubiera alcanzado a conocer el "Manifiesto" de Breton— algo que estaba en el aire de la época, aunque percibido o aceptado sólo por unos pocos adelantados.

Difícil, aunque no imposible, resulta la interpretación en *Tentativa del hombre infinito* de las visiones de un autor perdido en un laberinto de confusiones y perplejidades, que hace referencias desordenadas a intuiciones borrosas, a emociones indefinidas ...

Creemos que la interpretación aproximada del libro y de su significación en el proceso nerudiano hacia modos de expresión surrealista debe hacerse en relación con otras obras del autor concebidas en esta época, particularmente con *El hondero entusiasta*, colección de poemas editados en 1933 pero gestados y algunos publicados en 1923[5]. Es por ello que haremos un breve análisis de este libro y de *Veinte poemas* ..., vistos selectivamente, como pasos en la gestación de temas, tonos y lenguaje poético que subyacen y ayudan a comprender la significación de *Tentativa* ...

De *El hondero entusiasta* nos dice Neruda:

Tentativa del hombre infinito: Notes for a reappraisal". *Modern Philology*, Vol. 73: 2. Chicago, nov. 1975: 136-147; Hernán Loyola, "Lectura de *Tentativa del hombre infinito*, de Pablo Neruda. *Revista Iberoamericana*, 123-124. ab-set. 1983: 369-388; Alain Sicard, "La *Tentativa del hombre infinito* y su fracaso". *El pensamiento poético de Pablo Neruda*. Madrid: Gredos, 1981: 63-84; Roberto Salama, "Tentativa del hombre infinito". *Para una crítica a Pablo Neruda*. Buenos Aires: Cartago, 1957: 31-36, entre otros; Horacio Jorge Becco, *Pablo Neruda; bibliografía*. Buenos Aires: Casa Pardo, 1975: 260.
Pueden verse, además, los más importantes libros generales sobre Neruda: Jaime Alazraki, *Poética y poesía de Pablo Neruda*, New York: Las Americas Publishing Co., 1965: 222; Emir Rodríguez Monegal, *El viajero inmóvil*. Caracas: Monte Avila, 1977: 487 y los ya clásicos libros de Amado Alonso, de Margarita Aguirre y de Hugo Montes, que citaré a lo largo de este capítulo, entre la ya inabarcable bibliografía dedicada al poeta chileno.
[3] *Supra*.
[4] Gloria Videla, *El ultraísmo*. Madrid: Gredos, 1963: 133-139.
[5] Hernán Loyola, *La obra de Pablo Neruda; guía bibliográfica*. Pablo Neruda, *Obras completas*. T. II: 3a. ed.; Buenos Aires: Losada, 1968: 1345-1346.

Ya iba dejando atrás *Crepusculario*. Tremendas inquietudes movían mi poesía. En rápidos viajes al Sur renovaba mis fuerzas. En 1923, tuve una curiosa experiencia. Había vuelto tarde a mi casa en Temuco. Era más de medianoche. Antes de acostarme abrí las ventanas de mi cuarto. El cielo me deslumbró. Era una multitud pululante de estrellas. Vivía todo el cielo. La noche estaba recién lavada y las estrellas antárticas se desplegaban sobre mi cabeza.

Me agarró una embriaguez de estrellas, sentí un golpe celeste. Como poseído corrí a mi mesa y apenas tenía tiempo de escribir, como si recibiera un dictado. Al día siguiente leí lleno de gozo mi poema nocturno. Es el primero de *El hondero entusiasta*[6].

Diez años después de la concepción de los poemas aparece el libro. El mismo Neruda explica, en la "Advertencia del autor a la seguna edición" (enero 1933): "la influencia que ellos muestran del gran poeta uruguayo Sabat Ercasty y su acento general de elocuencia y altivez verbal me hicieron sustraerlos en su gran mayoría a la publicidad"[7]. El autor decide tardíamente entregarlos "como documento". En efecto, estos poemas tienen, sin duda, un valor documental: nos dan la "clave" para la interpretación de todo un ciclo nerudiano. A este valor se suma la vibración de lo poético, presente en el texto, a pesar del juicio de minusvalía que postergó su edición.

El primer poema: "Hago girar mis brazos como dos aspas locas..." nos entrega el germen de varios motivos y actitudes de Neruda. En primer lugar, la inspiración nocturna, de raíz romántica, que si bien puede surgir de una circunstancia anecdótica —como la narrada por el autor, de un contacto emocional con las sobrecogedoras noches australes, se convierte en un símbolo de lo infinito que llama y atrae:

> Hago girar mis brazos como dos aspas locas...
> en la noche toda ella de metales azules.

El poeta es el hondero que apunta al infinito, hacia "El lejano, hacia donde ya no hay más que la noche", sus brazos-aspas son las hondas ("Pero mis hondas giran") que tratan de trascender los límites, simbolizados por *muros, puertas, cadenas, astros*[8]:

---

[6] Conferencia pronunciada en la Universidad de Chile el 12 de julio de 1954, cit. por Margarita Aguirre, *Genio y figura de Pablo Neruda*. 3a. ed., Buenos Aires: Eudeba, 1969: 85.

[7] *Obras completas*. I. 3a. ed. aumentada. Buenos Aires: Losada, 1967: 55. En adelante citaré por esta edición.

[8] Las bastardillas de los ejemplos son mías.

> ... quiero alzarme en las últimas *cadenas* que me aten ...
> ... Más allá de esos *muros*, de esos *límites*, lejos ...

Las *piedras* materializan el anhelo del poeta, prolongan sus ansias, pero el impulso de vuelo y de lejanía que logra imprimirles resulta también insuficiente:

> Hacia donde las *piedras* no alcanzan y retornan.
> ... y echo mis *piedras* trémulas hacia este país negro ...
> ... Desde él siento saltar las *piedras* que me anuncian.
> ... He aquí mis *piedras* ágiles que vuelven y me hieren ...
> ... He aquí las mismas *piedras* que alzó mi alma en combate.
> He aquí la misma noche desde donde retornan ...

Otras imágenes-símbolos se suman a la de la piedra, con significado análogo: "La flecha, la centella, la cuchilla, la proa", pero el esfuerzo del yo lírico está destinado al fracaso, a pesar de su intensa determinación:

> He de abrir esa puerta, he de cruzarla, he de vencerla.
> Han de llegar mis piedras. Grito. Lloro. Deseo.

Su *sed* no será saciada, su *grito* se extinguirá. Por ello, en el último verso, idéntico formalmente al primero: "hago girar mis brazos como dos aspas locas", ha variado sustancialmente su significación, su temperatura emocional. El primer verso expresaba un gesto voluntarioso, una impetuosa tentativa; el último, por el desarrollo del poema, recibe la connotación de gesto estéril, de combate inútil, pero no por ello abandonado.

El estilo del texto se relaciona con el lenguaje poético del postmodernismo al cual Neruda ya imprime su particular patetismo. La expresión de la intensidad sentimental y del proceso: *anhelo-voluntad-fracaso-pervivencia del anhelo*, se logra por medio de modulación postmodernista de los recuros clásicos: anáforas (*Hacia, Hacia. Todo, Todo: Ah, mi dolor, Ah, mi dolor; He aquí, He aquí ...; Pero, Pero, He de, he de ...*) y de otras formas reiterativas, todas ellas en función de intensificar la expresión de voluntarismo, anhelo, dolor; por ejemplo, los paralelismos sintácticos:

> He aquí mis brazos fieles! He aquí mis manos ávidas!
> He aquí la noche absorta! ...
> He aquí los astros pálidos ...
> He aquí mi sed que aúlla ...

o la reiteración y el quiasmo, con leves variantes semánticas:

> Sufro, sufro y deseo. Deseo, sufro y canto
> ... Grito. Lloro. Deseo.
> Sufro, sufro y deseo ...
> Grito. Sufro. Deseo ...
> Deseo, sufro, caigo.

La abundancia de oraciones exclamativas, la selección de imágenes y de un vocabulario vinculados con los sentimientos de dolor, anhelo, búsqueda e impotencia, las gradaciones ascendentes ("He de abrir esa puerta. He de cruzarla. He de vencerla") o descendentes ("Todo de furias y olas y mareas vencidas") configuran, entre otros recursos, una estructura poética de tono intensamente sentimental, pero lógicamente coherente, armónica, no irracional. La influencia de Sabat Ercasty es reconocida por el mismo Neruda; sin embargo, el poeta chileno cambia el signo emocional, que en el uruguayo es también gradilocuente, impregnado de vivencia cósmica, whitmaniano, pero diurno, vitalista y afirmativo[9].

En suma, el poema plasma un tema, el de la atracción de lo infinito simbolizado en la noche, que reaparece en la obra posterior de Neruda. En este caso las estructuras y el lenguaje poético son postmodernistas.

Sería útil, además, para la comprensión cabal del cambio que significa, en la evolución de Neruda, *Tentativa del hombre infinito*, comentar los restantes poemas de *El hondero entusiasta*, en los que predomina el tema amoroso, también en relación con el motivo del infinito. Sólo haremos una breve mención: en ellos erotismo y deseo de infinitud se entrelazan; por esta razón la mujer es, por momentos, muy carnal pero al mismo tiempo o alternativamente es casi etérea y

---

[9] "... Alegría del mar! ¡Alegría del mar! ¡Alegría del mar!/ ¡La ola golpea contra el límite!/ ¡El viento se rompe contra el límite!/ ¡el huracán y el mar combaten contra el límite!/ ¡Ah!/ ebriedad, locura, fiebre, crispación, rabia, delirio!". "Alegría del mar". Op. cit. Jaime Concha resume así la influencia del poeta uruguayo sobre Neruda: "Varios hechos confirman este inconsciente influjo. Ambientación atmosférica, ciertos símbolos constantes, como las flechas y los viajes; un poder de organización sinfónica del poema, series verbales expresivas de exaltación espiritual. Cuando Neruda dijo de los versos del poeta uruguayo que eran 'agachados socavadores del infinito', resumió, en una fórmula, su asimilación del mundo de Sabat Ercasty". "Proyección de *Crepusculario*". *Aproximaciones a Pablo Neruda*, ed. cit.: 37. En el mismo artículo Concha remite a otros textos nerudianos de la época sobre el tema del infinito: "El infinito", de *La vida lejana*. *Claridad*, 16 jun. 1923; "Piedras en retorno", de *Momentos*. *Claridad*, 22 set. 1923 y "Balada polvorienta". *Los viajes imaginarios*. *Claridad*, 1 dic. 1923.

con dimensiones o resonancias cósmicas:

> Eres toda de espumas delgadas y ligeras
> y te cruzan los besos y te riegan los días.
> Mi gesto, mi ansiedad cuelgan de tu mirada.
> Vaso de resonancias y de estrellas cautivas.
>
> (Poema 3)

Con la intención de seguir el proceso de Neruda hacia el tema y el lenguaje poético de *Tentativa del hombre infinito*, nos detendremos brevemente en *Veinte poemas de amor y una canción desesperada*, libro que, según Neruda ya implica "algo de trabajo triunfante" en el proceso de expresión propia[10] y que nos proporciona algunas claves para la interpretación y comprensión del significado estético de *Tentativa* ...

Alain Sicard ha considerado con acierto a *Veinte poemas* ... como un libro de transición, pues si bien el libro más leído de Neruda es "un éxito innegable en el plano artístico" no lo es "en el sentido del resultado de un proceso" ya que, según confesión del propio Neruda:

> Este libro no alcanzó, para mí, aún en esos años de tan poco conocimiento, el secreto y ambicioso deseo de llegar a una poesía aglomerativa en que todas las fuerzas del mundo se juntaran y se derribaran. Era éste el conflicto que me reservaba[11].

El libro es, en muchos aspectos, un puente entre *El hondero entusiasta* y *Tentativa* ... y —a través de éste— hay en él gérmenes de *Residencia en la tierra*. Se observa en *Veinte poemas* ... una asimilación de los "ismos" que "aleteaban sobre Santiago", particularmente en el uso de imágenes creacionistas que confieren a la mujer dimensión cósmica:

> Inclinado en las tardes tiro mis tristes redes
> a tus ojos oceánicos.

> Allí se estira y arde en la más alta hoguera
> mi soledad que da vuelta los brazos como un náufrago.

---

[10] Pablo Neruda, "Prólogo del autor a la primera edición de *El habitante y su esperanza*, 1926". *OC*. I: 121.
[11] "Algunas reflexiones improvisadas sobre mis trabajos". *OC*. II: 1118.

Hago rojas señales sobre tus ojos ausentes
que olean como el mar a la orilla de un faro.

Sólo guardas tinieblas, hembra distante y mía,
de tu mirada emerge a veces la costa del espanto.

Inclinado en las tardes echo mis tristes redes
a ese mar que sacude tus ojos oceánicos.

Los pájaros nocturnos picotean las primeras estrellas
que centellean como mi alma cuando te amo.

Galopa la noche en su yegua sombría
desparramando espigas azules sobre el campo.
("Poema 7: Inclinado en las tardes ...")

Algunos motivos de *El hondero* ... perduran y se desarrollan, por ejemplo el de la noche y el de la mujer material o terrestre que con frecuencia se desmaterializa y de todas formas juega su papel en la búsqueda del poeta:

... y en mí la noche entraba su invasión poderosa.
Para sobrevivirme te forjé como un arma,
como una flecha en mi arco, como una piedra en mi honda.

... Cuerpo de mujer mía, persistiré en tu gracia.
Mi sed, mi ansia sin límite, mi camino indeciso!
Oscuros cauces donde la sed eterna sigue,
y la fatiga sigue, y el dolor infinito.
(Poema I)[12]

Algunas imágenes-símbolos se van cargando de nuevas significaciones, como las del viento y el crepúsculo. El viento se convierte en amenaza incierta que "se cierne sobre cada objeto, cada ser, cada sentimiento, entregándolo a una muerte inevitable"[13]; los crepúsculos, aún más frecuentes y ricos en significación que los de *Crepusculario*, se asocian cada vez más con la idea de límite temporal, de anuncio de la precariedad humana:

---

[12] *Veinte poemas* .... *OC*. I: 87.
[13] A. Sicard. *Op. cit*.: 53.

> En su llama mortal la luz te envuelve.
> Absorta, pálida doliente, así situada
> contra las viejas hélices del crepúsculo
> que en torno a ti da vueltas ...
>
> ("Poema 2")

El libro es mucho más que una lograda colección de poemas de amor. Es otra manifestación del poeta-hondero que busca trascenderse, trascender el mundo, trascender el tiempo, por medio del amor, pero también de la poesía. Por ellos hay símbolos plurivalentes, que pueden referirse ya al amor, ya al tiempo, ya a la poesía:

> Ebrio de trementina y largos besos,
> estival el velero de las rosas dirijo,
> torcido hacia la muerte del delgado día,
> cimentado en el sólido frenesí marino.
>
> ("Poema 9")

El *velero*, es, en este poema, el símbolo equivalente a las *piedras*, las *flechas*, las *proas* ya mencionadas. Pero el *velero-viaje-búsqueda* está especificado aquí con ambigüedad plurisemántica de gran eficacia poética, es el *velero de las rosas*. Recoge Neruda en la imagen *rosas* una múltiple tradición del simbolismo literario: la rosa-juventud fugaz, la rosa-goce efímero, la rosa-belleza perecedera, la rosa-amor pasión, la rosa del *carpe diem*[14], por una parte; pero puede también ser la rosa-poesía, la de Juan Ramón Jiménez. "No la toques ya más/ que así es la rosa". Esta hipótesis, que no soy la primera en aventurar[15], permite asociar el símbolo del viaje (que en este poema parece más orientado a la inexorable caducidad que al infinito) con la búsqueda de superación de límites en el plano de la expresión poética, tal como ocurrirá en *Tentativa* ...[16].

---

[14] La de Garcilaso: "En tanto que de rosa y azucena ...", la de Góngora: "Ayer naciste y morirás mañana?".

[15] Alain Sicard, *Op. cit.*: 58-62. El autor cita a su vez a Amado Alonso, en *Poesía y estilo de Pablo Neruda*. Buenos Aires: Ed. Sudamericana, 2a. ed.: 207: "*Rosas y rosales* son símbolos de lo hermoso de la vida, a veces asociado de modo vario con el amor y con su hermosura, y también con lo poéticamente valioso, pues es frecuente en Pablo Neruda — y no sólo en él— la identificación del amor y poesía". Agregaremos que esta variada significación del símbolo es en Neruda aún más rica, pues aparece también con el significado esencial de perfección última, de finalidad, de logro absoluto: "última amarra, cruje en ti mi ansiedad última./ En mi tierra desierta eres la última." (Poema 8).

[16] No es éste el único poema del libro en donde el poeta menciona, o describe, o analiza su propia palabra poética. Cf. los poemas 5, 8 y 13.

Aquel "secreto y ambicioso deseo de llegar a una poesía aglomerativa en que todas las fuerzas del mundo se juntaran y derribaran"[17], no alcanzado —según confesión de Neruda— en *Veinte poemas* ..., sigue siendo acicate creador en *Tentativa del hombre infinito*.

El tránsito estilístico, la búsqueda vanguardista, se había hecho en *Veinte poemas* ... absorbiendo, consciente o inconscientemente, algunos procedimientos "creacionistas" que —asimilados desde su cosmovisión poética— sirven a Neruda para sus propios fines expresivos: conferir a la mujer terrena la dimensión cósmica que podría saciar su deseo o al menos simbolizar su sed de infinito. Otras veces las imágenes creacionistas son, al mismo tiempo, expresionistas: desrealizan paisajes objetivos, proyectan paisajes interiores hechos de sentimientos, de valoraciones personales, de ansias o temores más que de seres objetivamente reales. Pero, si bien rasgos del creacionismo o del cubismo literarios (y hasta del futurismo, como esas: *hélices del crepúsculo*[18]) son perceptibles en Neruda, él mismo se encarga de marcar sus diferencias:

> ... Basta leer mi poema *Tentativa del hombre infinito*, o los anteriores, para establecer que, a pesar de la infinita destreza, del divino arte de juglar de la inteligencia y de la luz y del juego intelectual que yo admiraba en Vicente Huidobro, me era totalmente imposible seguirlo en ese terreno, debido a que toda mi condición, todo mi ser más profundo, mi tendencia a mi propia expresión, eran las antípodas de la destreza intelectual de Vicente Huidobro. Este libro, *Tentativa del hombre infinito*, esta experiencia frustrada de un poema cíclico, muestra precisamente un desarrollo en la oscuridad, un aproximarse a las cosas con enorme dificultad para definirlas: todo lo contrario de la técnica y de la poesía de Vicente Huidobro, que juega iluminando los más pequeños espacios. Y ese libro mío procede, como casi toda mi poesía, de la oscuridad del ser que va paso a paso encontrando obstáculos para elaborar con ellos su camino[19].

Hasta aquí, un análisis selectivo de los libros que preparan *Tentativa* ..., en función de captar el proceso poético hacia el lenguaje surrealista y en orden a la interpretación de los contenidos semánticos del libro. No intentaremos, sin

---

[16] Pablo Neruda, "Algunas reflexiones ...", *OC*. II: 1118.
[18] Neruda conocía y admiraba la obra de Huidobro: "Yo conocía, sí, los poemas de Huidobro, los primeros excelentes poemas de *Horizon carré*, de *Tour Eiffel*, de los *Poemas árticos*. Admiraba profundamente a Vicente Huidobro, y decir profundamente es decir poco", en *Algunas reflexiones*, *OC*, II: 1119.
[19] "Algunas reflexiones ...", *OC*. II: 1119.

embargo, una "traducción" lógica y coherente de sus temas[20], sólo la captación de sus motivos y tonos fundamentales: el poeta que navega durante la noche austral sugeridora de infinito, a través del amor y de la poesía, en búsqueda de totalidad, pero sintiéndose amenazado por los avisos de caducidad y de límites; el aflorar de las experiencias de Temuco, que se superponen al presente santiaguino, las invocaciones a la noche, a la soledad, a la amada y el tono patético sostenido, son algunos de los rasgos fundamentales que articulan un todo, en apariencia caótico y errático.

Neruda ha *intentado*, según propia definición del libro que estudiamos, hacer un *poema cíclico*. Esta afirmación nos señala un modo de lectura que intente captar al libro como un poema único, como un todo cuyas partes son de algún modo interdependientes. ¿De qué índole son estos canales de unión? Es muy grande la dificultad —coincido con Alain Sicard— para "deducir lo que podría ser un plan o una estructura de conjunto" o para encontrar entre sus partes una relación lógica o cronológica[21]. No es un claro esquema intelectual el que da coherencia a las partes[22], sino un "desarrollo en la oscuridad", un bucear en la infraconsciente raíz de los sentimientos, de los temores, de los impulsos.

La cohesión del libro está dada por la unidad temática —sintetizada en el título, por imágenes y símbolos que se reiteran y actúan como puentes o vasos comunicantes, por la existencia de un proceso en donde lo psicológico, lo poético, lo cósmico y lo espiritual se interactúan. El yo lírico realiza un viaje (el viaje-vida presente en los antiguos mitos y en el inconsciente colectivo, y el viaje-poema) que no es totalmente lineal —de allí la dificultad para deducir una "crónica"— porque es un viaje desde las honduras del subconsciente, en donde las experiencias se

---

[20] Recordemos al ya citado Dámaso Alonso: "no busquemos en esta poesía lo que no da, no pidamos el desarrollo lineal de una historia, sino sólo revueltos motivos primariamente humanos ...". *Poetas españoles contemporáneos*. Madrid: Gredos, 1966: 27.
[21] A. Sicard, *Op. cit.*: 64-65.
[22] La 1a. edición (Santiago: Nascimento, enero 1926), 44 pp. es descrita por Hernán Loyola en "La obra de Pablo Neruda" OC. II: 1339-1340: "Texto dividido en 15 partes o subpoemas ... *Versos iniciales*: 1 hogueras pálidas .../ 2 ciudad desde los cerros .../ 3 oh matorrales crespos .../ 4 estrella retardada .../ 5 tuerzo esta hostil maleza .../ 6 no sé hacer el canto .../ 7 torciendo hacia ese lado .../ 8 cuando aproximo el cielo .../ 9 al lado de mí mismo .../ 10 ésta es mi casa .../ 11 admitiendo el cielo .../ 12 a quien compré en esta noche .../ 13 veo una abeja rodando .../ 14 el mes de junio se extendió de repente .../ 15 devuélveme la grande rosa ...". Lamentablemente la edición de *Tentativa* ..., inserta en las mismas OC donde figura esta descripción, es defectuosa. En cambio, sí respeta estas divisiones otra edición de Losada: Pablo Neruda. *El habitante y su esperanza. El hondero entusiasta. Tentativa del hombre infinito. Anillos*. Buenos Aires: Losada, 1957. 94 pp.

superponen y coexisten, en donde no rigen los principios lógicos de la progresión temporal, de la delimitación espacial, de la contradicción excluyente.

En *Tentativa del hombre infinito* se traza una parábola semejante a la de *El hondero entusiasta* pero, en este caso, la indagación, la búsqueda, la ruptura, afecta lo arquitectural del poema, sacude equilibrios formales previsibles, acentúa la función de sonda de la palabra poética. En *El hondero entusiasta* Neruda se había propuesto escribir "una poesía epopéyica que se enfrentara con el gran misterio del universo y también con las posibilidades del hombre"[23]. Esta intención subyace también en *Tentativa del hombre infinito* que es —al decir de Neruda— "uno de los verdaderos núcleos de su poesía"[24] y —como ya lo han demostrado otros críticos— "crisol donde se ha elaborado el lenguaje de *Residencia en la tierra*"[25].

Creo que una de las claves para entender el libro es —como ya lo he anticipado— la presencia del motivo de la creación poética y de la vida como viaje, símbolo de larga tradición, ya admirablemente desarrollado en *La Odisea* y tantas veces reiterado en la literatura universal. Es el propio autor quien nos da esta pista para la interpretación; en el poema "Cantasantiago" de *Estravagario* (1958) dice:

> No puedo negar tu regazo,
> ciudad nutricia, no puedo
> negar ni renegar las calles
> que alimentaron mis dolores,
> y el crepúsculo que caía
> sobre los techos de Mapocho
> con un color de café triste
> y luego la ciudad ardía,
> crepitaba como una estrella,
> y que se sepa que sus rayos
> prepararon mi entendimiento:
> la ciudad era un barco verde
> y partí a mis navegaciones.

En la "ciudad-barco", con algo del "barco ebrio" de Rimbaud, el poeta emprende el viaje incierto de la creación poética experimental, hacia una "poesía aglomerativa en que todas las fuerzas del mundo se junten y se derriben". Ese viaje se motiva en la sed no saciada de infinitud, ansia que tropieza con múltiples límites, los de la palabra, los del espacio, los del tiempo, los del dolor .... Varios elementos

---

[23] "Algunas reflexiones ...", *OC*, II, p. 1116.
[24] *Ibid.*: 1118.
[25] Alain Sicard, *Op. cit.*: 63.

permiten interpretar el fragmento citado como una evocación del momento y del modo cómo se gestó *Tentativa* .... La lectura del primer núcleo de este libro nos presenta —es cierto que de modo confuso y onírico— al poeta en circunstancias en todo semejantes a las descriptas en "Cantasantiago". En este poema, el poeta evoca un momento en el que contempla la ciudad desde los cerros ("sobre los techos de Mapocho"), en un crepúsculo cuyos colores avanzan desde un color mortecino ("color de café triste") hasta un rojo intenso, que la asemeja a una ciudad en llamas ("y luego la ciudad ardía,/ crepitaba como una estrella"). A partir de esta contemplación, la ciudad es transformada por la imaginación poética en un barco que zarpará hacia la búsqueda ("la ciudad era un barco verde/ y partí a mis navegaciones"). El sentimiento que impulsa al poeta es doloroso ("no puedo ... renegar las calles que alimentaron mis dolores"). También la tristeza informa al primer núcleo de *Tentativa* ...:

> ... la tristeza del hombre tirada entre los brazos del sueño

La ciudad es vista asimismo, desde lo alto, en un llameante atardecer:

> ciudad desde los cerros en la noche de los segadores duermen
> debatida a las últimas hogueras
> ....
> árbol de estertor candelabro de llamas viejas
> distante incendio mi corazón está triste

La imagen de la ciudad como una estrella ardiente, presente en "Cantasantiago", sirve también como término de comparación en *Tentativa* ...:

> sólo una estrella inmóvil, su fósforo azul

La atracción hacia el infinito ("los movimientos de la noche aturden hacia el cielo") hará que la imaginación poética transforme a la inmóvil ciudad en barco:

> pero estás allí pegada a tu horizonte
> como una lancha al muelle lista para zarpar lo creo
> antes del alba

Los dolorosos avisos de la caducidad, de la temporalidad inexorable se asocian ya en este primer núcleo con el momento del crepúsculo, con el tránsito hacia la noche:

> hogueras pálidas revolviéndose al borde de las noches
> corren humos difuntos polvaredas invisibles

Los elementos presentes en el núcleo inicial se irán desenvolviendo, reiterando, intensificando, matizando, en los poemas siguientes. En el segundo núcleo se reitera la contemplación de la ciudad, ya inmersa en una atmósfera nocturna, en medio de la cual el poeta "deletrea", trata torpemente de comprender:

> ciudad desde los cerros entre la noche de hojas
> mancha amarilla su rostro abre la sombra
> mientras tendido sobre el pasto deletreo

El significado de la noche sigue asociado en la tentativa de lo infinito:

> anúdame tu cinturón de estrellas esforzadas.

En el poema 3 progresa la constitución del símbolo del viaje, viaje en la noche de lo irracional:

> oh matorrales crespos adonde el sueño avanza trenes

viaje-vuelo hacia la *noche-infinito* (sin límites, "sin llaves"):

> alza su empuje un ala pasa un vuelo oh noche sin llaves

Como en *El hondero entusiasta*, el sentimiento fundamental tiene componentes de dolor y de ira:

> oh noche más en mi hora en mi hora furiosa y doliente

Por momentos el poeta ordena casi con claridad su expresión, con voluntad de comunicarnos lo esencial:

> embarcado en ese viaje nocturno
> un hombre de veinte años sujeta una rienda frenética
> es que él quería ir a la siga de la noche
> entre sus manos ávidas el viento sobresalta

Reaparece aquí el símbolo temporal del viento, que ya en *Veinte poemas*... se cernía con avisos de muerte, y que aquí amenaza a la búsqueda, a la avidez misma, antes del logro.

El núcleo cuarto impresiona como un momento de distensión. Ya no la voluntad rebelde de *El hondero* ..., ya no la "hora furiosa y doliente" del fragmento anterior. Ahora hay dudas, vacilaciones, que se expresan por medio de oraciones interrogativas disimuladas por la falta de signos: "quién recoge el cordel", "qué deseas ahora", o por imágenes visionarias:

> como entre ti y tu sombra se acuestan las vacilaciones
> embarcadero de las dudas bailarín

El poeta siente su precariedad ("bailarín en el hilo") y evoca su titánico empeño por detener el tiempo: "sujetabas crepúsculos"[26]. Aparece una extraña mezcla de sueños y vigilancia, expresiva del *surrealismo vigilado* que caracteriza al libro: "estás solo centinela".

En el quinto núcleo se reactivan los símbolos del viaje: *caminos, proa, mástil, hélices*. Acicateado por el mensaje de caducidad que trae el viento ("salvaje viento socavador del cielo ululemos") el poeta invoca a la noche y orienta hacia ella su viaje:

> frente a lo inaccesible por ti pasa una presencia sin límites
> señalarás los caminos como las cruces de los muertos
> proa mástil hoja en el temporal te empuja al abandono sin regreso

El pasado —que fundamenta la personalidad del poeta—, aflora también, relacionado con el sur natal, con sus bosques y lluvias:

> ahora el sur mojado encrucijada triste[27]

El viaje es una navegación interior, en donde el pasado se funde con el presente, en donde las distancias entre Temuco y Santiago desaparecen. Las superposiciones espaciales y temporales son frecuentes:

> ésta es mi casa
> aún la perfuman los bosques
> desde donde la acarreaban

---

[26] El crepúsculo se reitera como agente desvitalizador: "emisario ibas alegre en la tarde que caía/ el crepúsculo rodaba apagando flores" (poema 2).
[27] Núcleo 8.

> allí tricé mi corazón como el espejo para andar a través de mí mismo
> ....
> caía la lluvia en pétalos de vidrio
> ahí seguiste el camino que iba a la tempestad ...

La navegación (motivo que se reiterará en la obra posterior del poeta) se realiza fundamentalmente por dos caminos que, con frecuencia, se identifican, el del amor y el de la poesía:

> emisario distraído oh soledad quiero cantar

Por ello es medular el sexto núcleo en el que define la naturaleza de su canto como nocturna e irracional:

> no sé hacer el canto de los días
> sin querer suelto el canto la alabanza de las noches[28]

Nos encontramos así desentrañando, en la confusión de la expresión surrealista, un intento de metapoesía, de introspección (en un ambiguo plano subsciente-consciente) que trata de captar el acto mismo de poetizar y de definir el resultado de ese acto: el poema. A través de *Tentativa ...*, se elabora un poema sobre el poema, particularmente en el núcleo 6, en donde evoca el impulso motivador de la creación poética que —como en *El hondero...*— surge de la contemplación de la noche estrellada[29]:

> oh los silencios campesinos claveteados de estrellas
> recuerdo los ojos caían en ese pozo
> hacia donde ascendía la soledad de todos los ruidos espantados

---

[28] Saúl Yurkievich analiza este fragmento en "*Tentativa del hombre infinito*, un esbozo de *Residencia en la tierra*", *op. cit.*: 50-63.

[29] Por medio del recurso de la superposición temporal o del montaje, el poeta presenta "noches" que corresponden a momentos cronológicamente diferentes. Creo que pueden distinguirse en el libro por lo menos dos: la evocada en los poemas 1 y 2, la misma a la que se refiere el poema "Cantasantiago", noche santiaguina, más próxima en la experiencia del poeta, que marca el inicio del "viaje" presentado desde el primer poema de *Tentativa ...*, y una noche anterior en el tiempo, austral, estrellada: la que motivó la inspiración del primer poema de *El hondero ...*, evocada en el núcleo 6 de *Tentativa ...* Ambas noches se asocian y fusionan en el subconsciente —hasta lograr valor simbólico y mítico— y en el poema, que carece de relieve narrativo, al modo surrealista.

La inspiración creadora, que produce la noche austral en el poeta, conduce a una fusión cósmica, a una mutua fecundación. El poeta, en respuesta, preña la noche con su poesía, cuya índole es oscuramente definida:

> preñé entonces la altura de mariposas negras mariposa medusa
> aparecían estrépitos humedad niebla
> y vuelto a la pared escribí

El motivo de la gestación del poema asociado al de la navegación, reaparece en el núcleo 11:

> comencé a hablarme en voz baja decidido a no salir
> arrastrado por la respiración de mis raíces
> inmóvil navío ávido de esas leguas azules
> temblabas y los peces comenzaron a seguirte
> tirabas a cantar con grandeza, ese instante de sed querías cantar
> querías cantar sentado en tu habitación ese día

Sin embargo, la poesía resulta insuficiente para llenar el ansia de totalidad. La amenaza de la caducidad del tiempo reaparece con insistencia en el mismo núcleo, ya explícitamente:

> pongo el oído y el tiempo como un eucaliptus
> frenéticamente canta de lado a lado

ya simbolizado en un *ladrón*, o en el *límite* que detiene a ese visionario caballo que intenta el vuelo totalizador[30], o en el *atardecer*, pescador del tiempo:

> en el que estuviera silbando un ladrón
> ay y en el límite me paré caballo de las barrancas
> sobresaltado ansioso inmóvil sin orinar
> en ese instante lo juro oh atardecer que llegas pescador satisfecho
> tu canasto vivo en la debilidad del cielo

---

[30] Alain Sicard, *Op. cit.*: 139-140. Allí dice: "Como un equivalente de la nave que ha de alejar al poeta de las orillas temporales para hacerle vislumbrar la eternidad del instante, cruza el poema dos veces un caballo. Con su frenética carrera o con su temblorosa inmovilidad, traduce una búsqueda del infinito que ... es búsqueda de la totalidad".

El amor, como respuesta a la tentativa del infinito, no es menos insuficiente y precario que la poesía. El motivo del amor, en relación con el *viaje-búsqueda*, está presente en los poemas o núcleos 7, 8, 9 y 12. No es difícil reconocer en ellos reminiscencias de *Veinte poemas* ...

> torciendo hacia ese lado o más allá continúas siendo mía[31]

El viaje amoroso tiene un ya previsto destino de naufragio:

> entre sombra y sombra destino de naufragio
> nada tengo oh soledad
> sin embargo eres la luz distante que iluminas las frutas
> y moriremos juntos
> pensar que estás ahí navío blanco listo para partir
> y que tenemos juntas las manos en la proa navío
> siempre en viaje

Tentativa del hombre infinito es, en síntesis, una navegación en procura de la infinitud humana a través del poetizar. Viaje de un "viajero inmóvil" que no se mueve de su ciudad-barco pero que explora su interioridad y el cosmos. Tentativa frustrada porque se parte de la dolorosa conciencia de finitud y se vuelve a ella. Tentativa que en su recorrido busca la plenitud principalmente por dos cauces: el del amor y el de la poesía, pero que constata que ambos son insuficientes.

El libro que estudiamos es, pues, una *tentativa* en un doble aspecto. Por una parte, como sintetiza Hugo Montes, está en él "la desmesura nerudiana que buscaba una integración total en el universo, una visión completa del acontecer propio y del mundo, una ... tentativa infinita, en que el sustantivo subraya el aspecto de prueba, de ensayo, de experimento, y el adjetivo la grandiosidad y la fuerza del proyecto"[32]. Por otra parte, Neruda adecúa a la intención semántica la experimentación poética de índole surrealista, proscribiendo toda norma coercitiva.

Si bien el poeta chileno, como auténtico creador, rechazó el dogma del "automatismo psíquico puro" del primer surrealismo, es innegable que en él y en otros poetas chilenos de su generación podemos reconocer rasgos o características principales de esa corriente: "la perspectiva visionaria, el derrame sin freno de la imaginación, el ascenso a lo maravilloso y el descenso a lo aparente insondable, la objetivación verbal de representaciones mentales no concertables por la lógica, la

---

[31] *OC*. I: 112.
[32] Hugo Montes, *Para leer a Neruda*. Santiago de Chile: Francisco de Aguirre, 1974: 28.

omnipresencia del amor, el asombro telúrico, muchas asociaciones extrañantes, el versículo, las disyuntivas de indiferencia; la hipérbole, el significado mítico de metáforas y símbolos"[33]. Agregemos: el balbuceo, la supresión de transiciones, la alternancia brusca de personas gramaticales, la enumeración caótica, la yuxtaposición de espacios, de tiempos, de figuras, la inclusión de lo fantástico, de lo onírico, son algunos de los rasgos que vinculan a esta obra con el surrealismo.

El poeta intenta seriamente hacer lo que se hacía en Francia, pero sin renunciar a su propio estilo, a su propio genio. Las imágenes no son totalmente ilógicas, las contradicciones no desplazan totalmente la coherencia. La supresión de las mayúsculas y de la puntuación (elementos organizadores y jerarquizadores de las partes del discurso) constituyen uno de los recursos estilísticos más notables para este "surrealismo", que se expresa también por la falta de rima, por el "versículo" de medida variable, generalmente largo, por las irregularidades sintácticas, por cierta fluidez en las asociaciones de imágenes, por la presencia de imágenes visionarias, por alguna ocasional ruptura de las convenciones del "buen tono" ("ansioso, inmóvil, sin orinar" ..., núcleo 11) ...

En varios textos posteriores, Neruda se ha empeñado en darnos claves para la interpretación de *Tentativa* ... Suele evocar la época en que era "un joven poeta tenebroso"[34] y burlarse de aquella búsqueda estelar:

> La noche,
> me golpeó la nariz
> con esa rama
> que yo tomé por una
> criatura excelente.
> La oscuridad es madre
> de la muerte
> y en ella
> el poeta perdido
> navegaba
> hasta
> que una estrella de fósforo
> subió o bajó —no supe—
> en las tinieblas[35].

---
[33] Gonzalo Sobejano: "El surrealismo en la España de postguerra: Camilo José Cela", en *Surrealismo/Surrealismos; Latinoamérica y España*. (Philadelphia: University of Pennsylvania, s/f), p. 132.
[34] "Oda a la soledad". *Odas elementales, OC.* I: 1167.
[35] "Oda a Don Diego de la noche", en *Odas elementales, OC.* I: 1246.

Confiesa que a veces se reitera, simbólicamente, la escena que constituye el núcleo temático de *Tentativa* ..., pero ya sin sustraerlo de la vital realidad que lo rodea:

> Es verdad que de pronto
> me fatigo
> y miro las estrellas,
> me tiendo en el pasto, pasa
> un insecto color de violín,
> pongo el brazo
> sobre un pequeño seno
> o bajo la cintura
> de la dulce que amo,
> y miro el terciopelo
> duro
> de la noche que tiembla
> con sus constelaciones congeladas,
> entonces
> siento subir a mi alma
> la ola de los misterios,
> la infancia,
> el llanto en los rincones,
> la adolescencia triste,
> y me da sueño,
> y duermo
> como un manzano,
> me quedo dormido
> de inmediato
> con las estrellas o sin las estrellas,
> con mi amor o sin ella,
> y cuando me levanto
> se fue la noche,
> la calle ha despertado antes que yo ... [36]

Estas reelaboraciones posteriores del tema en el libro *Odas elementales* iluminan la lectura de *Tentativa* ..., no sólo por la explicitación temática sino también por el contraste anímico y poético. Lo nocturno se hace diurno; la soledad —tantas veces invocada en *Tentativa*... — se hace convivencia con todos los seres;

---

[36] "El hombre invisible". *Odas elementales*, *OC*. I: 1007. En el mismo libro se reitera el motivo de la noche estrellada: "... la oscuridad es nueva, / las estrellas, el cielo/ es un campo de trébol/ turgente, sacudido/ por su sangre/ sombría." ("Oda a la sencillez". *Ibid.*: 1165).

el patetismo deviene espíritu burlón, afirmación vital. La expresión surrealista, ordenada por libres asociaciones irracionales, es reemplazada por una poética de la sencillez y de la claridad.

La confrontación del tema en los diversos momentos evolutivos de Neruda ayuda a captar lo específico en el modo surrealista adoptado por el autor en el libro que estudiamos. El vehículo lingüístico se empeña aquí en comunicar visiones oníricas, aunque sometidas a cierta vigilancia. La libertad de la fluencia de imágenes visionarias está en cierta medida controlada por una voluntad de comunicar, por cierta coherencia temática que estructura las diversas partes del libro. El poeta es un *medium* que desciende a su subconsciente y a través de él se comunica con el cosmos. Se convierte así en intermediario que trata de transmitirnos una secuencia mental no codificada, no acabada, oscura, pero ampliamente sugerente. El modo surrealista adoptado por el poeta, al conferir al discurso ambigüedad, vacilación de significados, movilidad, amplía así el valor sugeridor del poema. En él hay un serio intento de captar ese punto "suprarreal" del espíritu desde donde, al decir de Breton: "la vida y la muerte, lo real y lo imaginario, el pasado y el futuro, lo transmisible y lo intransmisible, lo alto y lo bajo dejan de percibirse contradictoriamente"[37].

---

[37] A. Breton, "Segundo manifiesto del surrealismo", 1930.

EROS EN ROTACION:
LA SEMIOLOGIA POETICA/LA POETICA SEMIOLOGICA DE OCTAVIO PAZ EN LOS AÑOS SESENTA

POR

EMIL VOLEK
Arizona State University

En los años sesenta, la escritura, la temática y el propio concepto de poesía sufren otra profunda transformación en la brillante carrera del poeta mexicano. Del Occidente, Paz tiende un puente hacia el Oriente, que tiene la suerte de conocer íntimamente durante su larga estancia en la India como embajador mexicano (1962-1968); del surrealismo y la vanguardia clásica, da un salto audaz hacia la neovanguardia o, si se quiere, hacia la "postmodernidad". La ruptura de la continuidad y la continuidad en la ruptura, los nuevos puentes y las viejas hendiduras marcan el nuevo paisaje de su aventura intelectual.

Como no dejaron de notar sus comentaristas (Rodríguez Monegal), ya *El arco y la lira* (1956) está lleno de referencias a las filosofías orientales; pero los años pasados en la India ofrecen la oportunidad de conocer el Este de primera mano, de vivirlo desde su contexto y de poder diferenciar más finamente entre sus filosofías, artes y tradiciones. Sin embargo, Paz no está interesado en ninguna "conversión", sino que utiliza el 'Oriente' para sus propios fines y busca en el mismo la confirmación de las verdades que ya conoce (*Corriente*, 110).

En un nivel, la crítica a la modernidad occidental, lanzada por los movimientos artísticos desde el romanticismo hasta la vanguardia y la neovanguardia, encuentra en el Oriente una oportuna encarnación de algunas alternativas a la modernidad puesta en entredicho. El Oriente queda reducido a la alegórica "ladera Este", la cual, paradójicamente, está fuera y, sin embargo, dentro del perímetro occidental: en Paz, marca la pauta de la propuesta "postmodernidad". En su visión poética, las alternativas metafísicas (elucubradas, entre otros, por Jung) se desplegarían en la Historia; la trayectoria histórica del hombre occidental lo devolvería al origen mítico; al revelarse como cíclicos, el Tiempo y la Historia quedarían arrestados; el hombre dejaría de correr tras la vana sombra del Futuro y se instalaría en el presente y en la presencia de su mundo. Lo verdaderamente nuevo en este hermoso mito no son tanto los retoques que sufre, otra vez, la mitopoeya paziana, cuanto el hecho de que él mismo representa sólo la mitad de la propuesta. En fin, ya el contexto oriental sugiere que la supuesta plenitud de la presencia está vacía y que la plenitud y la vacuidad son la misma cosa.

En un nivel más específico, el Este influye también sobre algunos elementos clave de la poética. El panteísmo budista y el erotismo tantrista dejan la impronta más profunda. El budismo subvierte el concepto de trascendencia, de la "otra orilla": el misticismo romántico, prescrito para el acto poético todavía en *El arco*, tiene que dar paso a la plenitud vacía y a la trascendencia-en-la-presencia del *nirvana*. Toda nuestra investigación se centrará sobre la hendidura que esto abre en la poética del escritor mexicano. El tantrismo, a su vez, subraya en Paz la dimensión cósmica y violenta del amor erótico; en esta tradición, el subconsciente surrealista y la experimentación del Marqués de Sade son rescatados del "subsuelo" para ser elevados y socializados por un ritual público de orden religioso.

Los años sesenta fueron también los años de la feria estructuralista, semiológica y lingüística, que enfocaba nuevamente la comunicación social, sus códigos y la semiótica de sus mensajes. Paz fue especialmente atraído hacia la obra de Lévi-Strauss. Fue fascinado por su formulación de las estructuras latentes de los mitos en términos de oposiciones binarias que permitían poner en orden — aunque tal vez demasiado riguroso— el almacén de la mitología mundial, y abrazó el concepto de estructuras (en el estructuralismo francés, éstas equivalen a 'códigos') que desafiaban la Historia, la absorbían en su propio estatismo sincrónico y, así, parecían obviarla.

En la deslumbrante reflexión que cierra el libro que Paz dedicó al etnólogo francés (1967), el budismo aparece, sorprendentemente, como una versión, complemento y aliado de este estructuralismo: ambos convergen —a través del frágil puente tendido por el poeta— en una crítica y en una propuesta de aniquilación del Tiempo y de la Historia en cuanto infinito Progreso, concepto fundamental de la modernidad occidental. Huellas de este azaroso enlace aparecen también en *Conjunciones y disyunciones* (1969), que analiza la represión del cuerpo por la modernidad occidental y compara varias tradiciones occidentales y orientales: extrañamente, todos los puentes entre las dos "laderas" siguen las nítidas —demasiado nítidas— matrices estructuralistas de inversiones y simetrías introducidas por Lévi-Strauss. Uno está tentado a preguntarse —parafraseando a Borges— que si es dudoso que la Historia tenga sentido, ¿no lo es aún más que trace, en el Este y en el Oeste, esos rigurosos caligramas? Parecería que el crítico del *telos* occidental cayó aquí en otra alegoría y en otra trampa.

Ciertamente, el Este desborda la reducción ideológica y la transparencia de la alegoría, y su saber y sabores dan agudeza y también un atractivo *make-up* a los temas y argumentos del discurso paziano; pero se necesitaba todavía de otro impulso para que las conjunciones y disyunciones del Oriente y el Occidente destaparan su potencial más radical. Este impulso vino de la experimentación neovanguardista y de la semiología postestructural.

Es interesante recordar que el estructuralismo en todas sus facetas —desde el formalismo ruso hasta la actualidad— siempre ha estado relacionado con las sucesivas fases de la vanguardia. Por ejemplo, el formalismo ruso fue estimulado por el futurismo de Mayakovski, Jlebnikov y Kruchënyj; la Escuela de Praga fue más "académica", pero aún así se mantenía en íntimo contacto con la vanguardia checa de los años veinte y treinta; o, entre los estructuralistas franceses, los semiólogos en torno a Barthes incluso ayudaron a formular las reglas de la experimentación neovanguardista del *nouveau roman* en los sesenta; en Francia, la colaboración con el grupo de *Tel Quel* llevó a sus participantes hacia el "postestructuralismo" y hacia *L'Infini*. A lo largo de este siglo, el estructuralismo y la vanguardia aparecen como verdaderos "vasos comunicantes".

El reverso de la moneda está en que la ideología antimimética de la vanguardia —tal como lo mostramos en nuestro *Metaestructuralismo* (85-92)— ha contaminado aun los proyectos supuestamente científicos de la estética, poética y semiótica estructuralistas. En *Le Plaisir du texte* (1973), Barthes pondera las aporías del concepto antimimético del discurso (50-53) y llega a la triste conclusión de que no es nada fácil exorcisar el "mundo" y el "afuera" del discurso; "un poco" de los mismos es incluso necesario porque, de otra manera, surgiría un texto estéril. Barthes por lo menos invierte los términos: si, tradicionalmente, el texto es considerado como la "sombra" del mundo, ahora éste será secundario. Sin embargo, cómo esta "sombra" debe penetrar la clausura virginal del texto neovanguardista pertenece ya a los misterios de la *jouissance* barthesiana.

La experimentación neovanguardista y la semiología postestructural pusieron "en rotación" el discurso poético y crítico de Octavio Paz. El manifiesto *Signos en rotación*, publicado en 1965 y apegado como un "epílogo" a la seguna edición de *El arco*, en 1967, conceptualiza esta nueva "estación" de su proyecto literario. Por un lado, la nueva propuesta parece que sólo radicaliza ciertos conceptos y obsesiones anteriores (Durán 120), tales como la constante preocupación por el "silencio" como parte del discurso poético (ver la sutil lectura por Alazraki); pero, por otro lado, no sólo replantea el marco conceptual anterior y lo revela como deficiente, sino que lo hace explotar.

Los años sesenta hacen estragos en la bella caligrafía de la mitopoeya paziana: mientras el poeta trama la ladera Este de su historia del Oeste, su apego semiológico hace explotar estos encuadres. Sin embargo, de manera semejante a la estación surrealista, que dio el golpe de gracia a la tradición de la "poesía pura" y, no obstante, siguió influida por la misma, también los escombros de los encuadres ideológicos, en principio míticos, siguen flotando en el *big bang* semiológico, lo desbordan, lo convierten en explosión "a cámara lenta", en una palabra, son ese "poco" necesitado para un juego fecundo, productivo.

La reflexión crítica en *Signos* se centra sobre el famoso poema mallarmeano *Un coup de dés* (1897) y explica en su ejemplo cómo el "modo semiológico", iniciado *avant la lettre* por el simbolista francés, cambió el espacio literario y el discurso poético. Puntualiza Paz:

> El espacio ha perdido ... su pasividad: no es aquello que contiene las cosas sino que, en perpetuo movimiento, altera su transcurrir e interviene activamente en sus transformaciones. Es el agente de las mutaciones, es energía. ...... El cambio afecta a la página y a la estructura. ...... Entre la página y la escritura se establece una relación ... que consiste en su mutua interpretación. El espacio se vuelve escritura: los espacios en blanco (que representan el silencio, tal vez por eso mismo), dicen algo que no dicen los signos. ... El poeta vuelve palabra todo lo que toca, sin excluir al silencio y a los blancos de texto. (*El arco* 280-82)

En otras palabras, a partir de Mallarmé, la poesía y, después, otros géneros de discurso han transformado la página tipográfica en una especie de "tiempoespacio" einsteiniano. La página ha dejado de ser mero simulacro del espacio virtual, utilizado como desde fuera para registrar convencionalmente el discurso; ha dejado de ser abandonada al azar, mitigado por algún retoque estético, y se ha convertido en una parte concreta y proteica de la nueva semiosis poética. Esta semiosis, sin dejar de ser crítica del lenguaje, ha constituido un espacio de juego de lenguajes. El discurso ha asumido una dimensión translingüística. La palabra ha desafiado el axioma tradicional que ha perdurado incluso en un pensador "postmoderno", a saber, que "el 'lenguaje' no tiene ningún exterior porque no existe en el espacio (Lyotard, 17), y ha encarnado. Pero, al explorar su carnalidad fenoménica, pierde su *virtú*, su inocencia virtual.

Al tratar de conceptualizar el experimento realizado por Mallarmé, Paz capta los primeros atisbos de la semiología postestructural que se estaba gestando en ese entonces. A su vez, este detalle nos revela hasta qué punto la misma está relacionada con el experimentalismo y la ideología de la vanguardia. Por esta contextualización, no sorprende que Paz no esté interesado ecuánimemente en el cuadro completo de la semiótica visual, sino que orienta su pesquisa de manera peculiar: se centra exclusivamente en el uso visual *abstracto* del espacio, explorado y elucubrado precisamente por Mallarmé, mientras que el modo pictórico *concreto*, tipificado por los *caligramas* de Apollinaire, le merece dos menciones ambiguas (*El arco*, 279-80). En cambio, los investigadores "académicos" tienden a anclar la semiótica visual en éste último (Steiner, Bohn, Higgins). Paz es, en este sentido, incluso más radical que algunos de los "postestructuralistas" (por ejemplo, Foucault); su actitud se nutre de la angustiante preocupación por las últimas posibilidades abiertas a la literatura *vis-à-vis* un futuro carente de forma (*El arco*, 283). La tradición de *livre à venir*, agudizada por la neovanguardia, encuentra en el poeta mexicano a otro de sus poderosos profetas.

La modalidad abstracta no pone delante de nuestros ojos imágenes de objetos específicos, recreados de distintas maneras por medios lingüísticos y paralingüísticos, sino que sólo juega con diversos valores figurativos y tipográficos de las constelaciones visuales creadas por el discurso. Entre los ejercicios experimentales del propio Paz, *Topoemas* (1968) pertenece al tipo mimético; *Discos visuales* (1968), al abstracto. Pero, al mismo tiempo, tanto *Topoemas* y *Discos* como, por ejemplo, *Blanco* (1967) juegan con los distintos valores creados por la presentación tipográfica.

Hasta ahora nos hemos detenido en el aspecto *técnico* del problema. La preocupación por los límites absolutos de la literatura y el cariz profético nos llevan hacia el lado *agónico* del proyecto paziano y hacia la transformación que este aspecto sufre en los años sesenta. Ya hemos dicho que los mitos de la presencia del mundo y de la trascendencia fueron subvertidos por la paradójica actitud metafísica suministrada oportunamente por el budismo. Notemos esta opción ideológica: en lugar de acudir al Este, Paz podría haber buscado el apoyo en la "imagen del mundo" que propone Nietzsche o Heidegger; pero el poeta prefiere la concreción mítica de *nirvana* a la abstracción filosófica.

La alucinante semiología postestructural da otra vuelta a la tuerca. En su visión, el mundo y el signo mismo se convierten en *symbolon*; pero es un símbolo vacío cuyo significado, como lo anunció Derrida en "La différance" (1968), es infinitamente diferido —diferenciado y retrasado— por otros símbolos. El mundo y el discurso se vuelven textos entre otros textos, "dialógicamente" entrelazados, como lo advirtió Bajtin (1929), pero vacíos de significado (Barthes, *Critique*, 57). El "arresto" del significado puede ser sólo una operación provisoria y un instante fugaz en su infinito fluir y juego. La justa crítica al significado trascendental y al logocentrismo saussureano, que todavía soñó con el significado como "presente" en la mente, fue coartada por la ideología neovanguardista y fue convertida en un vertiginoso simbolismo "negro", lúdico y apocalíptico.

Aunque esté lejos del tecnicismo derrideano, Paz capta certeramente el espíritu de la semiología postestructural:

> No hay una interpretación final de *Un coup de dés* porque su palabra última no es una palabra final. ... al final de viaje el poeta no contempla la Idea, símbolo o arquetipo del universo, sino un espacio en el que despunta una constelación: su poema. No es una imagen ni una esencia; es una cuenta en formación, un puñado

de signos que se dibujan, se deshacen y vuelven a dibujarse. Así, este poema que niega la posibilidad de decir algo absoluto, consagración de la impotencia de la palabra, es al mismo tiempo el arquetipo del poema futuro y la afirmación plenaria de la soberanía de la palabra. ... escritura que continuamente renace de su propia anulación. (*El arco* 273-74)

Esta crítica semiológica y mitopoeica del significado (la simultánea nulidad y soberanía de la palabra) alcanzará su expresión más radical en un texto experimental posterior, *El mono gramático* (1972).

Paz, como todos sus precursores modernos, utliliza la 'trascendencia vacua' como "un mero polo de tensión, buscado con hiperbólico empeño, pero nunca alcanzado" (Friedrich, 48). El budismo y la semiología postestructural no hacen sino agudizar esta hendidura abierta en la poesía occidental desde el romanticismo. El discurso poético paziano no sólo se pone "en rotación" visual, sino que se convierte en una angustiosa persecución, barroca y agónica, de *símbolos*: de cuerpos que son sombras y de sombras que son cuerpos. La semiotización espacial, visual, es tan sólo un aspecto de la energía agónica que engloba a todos los elementos.

El extenso poema experimental *Blanco* (1967) desarrolla poderosamente el nuevo concepto del espacio poético y de la poesía misma. Es un texto visionario y también un juego visual; una especulación poética sobre el amor, el lenguaje, la realidad y la irrealidad del mundo, traspuesta en las metamorfosis textuales, especulares, de la página. Los laberintos verbales, tejidos y destejidos continuamente, crean proteicas figuraciones abstractas, concretizadas por la temática de los sitios particulares. En *Blanco*, según el poeta, "el espacio fluye, engendra un texto, lo disipa —transcurre como si fuese tiempo" (*Ladera*, 145). El cuerpo femenino está transformado, metafóricamente, en escritura; y ésta juega con los valores figurativos del cuerpo erótico espacial. En su fluir, el espacio hace emerger, en sus blancos, numerosos mitos subyacentes: por ejemplo, "las distintas partes ... están distribuidas como las regiones, los colores, los símbolos y las figuras de un mandala" (*ibidem*).

Blanco puede sugerirlo más específicamente, pero, ¿qué obra *no* es un *mandala*? Lo que distingue el poema de Paz es que no hay ningún mito particular que se constituya como el "contenido latente" —según Lévi-Strauss, la férrea armazón binaria subyacente al texto mítico tradicional— que determine, punto por punto, el "fenotexto" (Kristeva, 219-22). Estos hermosos mitos se afirman y se desvanecen en el instante. El texto antropófago los engulle y los depone sin interrumpir su fiesta. No puede existir sin ellos, pero tampoco en ellos. Deja de ser sombra: juega con sus sombras.

El significado y la "trascendencia" textualizados, que aparecen y desaparecen en el acto de leer, "dan realidad a la mirada" sólo en el instante de la contemplación: el texto de *Blanco* roza la paradójica plenitud y vacuidad del *nirvana*. Pero como una totalidad organizada, es también un *mandala* y, por su valor paradigmático, una alegoría y un texto límite de la literatura neovanguardista, "postmoderna". Más tarde, todas las vertientes de *Ladera Este* (1969) desembocarán en este poema espectacular. Un vértigo de *mise en abîme*.

Los poemas de las otras secciones de *Ladera* nos llevarán hacia nuevas figuraciones del eros. Aunque menos experimentales que "Blanco", son dueños del discurso y de la mitopoeya desarrollados en los años sesenta. El proyecto paziano incluso extiende y reafirma su nuevo dominio sobre el viejo terreno. En "Carta a León Felipe", que es un tipo de manifiesto poético, leemos:

>   La escritura poética es
>   Aprender a leer
>   El hueco de la escritura
>   En la escritura
>   ....
>   La poesía
>   Es la ruptura instantánea
>   Instantáneamente cicatrizada
>   Abierta de nuevo
>   Por la mirada de los otros
>   ....
>   La poesía
>   Es la hendidura
>   El espacio
>   Entre una palabra y otra
>   Configuración del inacabamiento
>   (91-92)

"La poesía / Es la hendidura": "hendidura" es, indudablemente, la imagen y el concepto clave del pasaje citado. Pero, ¿qué simboliza? El poema "Vrindaban" (su título viene de una de las ciudades santas del hinduísmo) nos pone en la pista:

>   Tal vez en una piedra hendida
>   Palpó la forma femenina
>   Y su desgarradura
>   (61)

La nota del autor a este lugar es más explícita: "ciertas piedras son signos de la gran diosa, sobre todo si su forma alude a la hendidura sexual (*yoni*)" (178). Como Goya jugando con su maja, ahora vestida, ahora no, *Conjunciones* quita el último velo de *maya*, aunque metafórico y transparente. Al describir el mandala tántrico del cuerpo humano, Paz puntualiza: "Las dos venas nacen en el plexo sacro, lugar del *lingam* (pene) y del *yoni* (vulva)" (81). En su discurso de ingreso a El Colegio Nacional de México, en 1967, el poeta describe el templo hindú como "una vegetación sexual de piedra, la cópula de los elementos, el diálogo entre *lingam* y *yoni*" (*El signo*, 13). Así, 'hendidura' simboliza, a través de la metáfora de 'vulva', uno de los centros sagrados (*cakras*) del mandala tántrico del cuerpo humano.

Sin embargo, más allá de la metáfora sexual de 'hendidura' y de su simbolismo místico y esotérico, ¿qué hay de nuevo en el concepto erótico paziano de la poesía en los años sesenta? En fin, eros es omnipresente como tema y, desde el comienzo, está postulado como el espejo alegórico que ensaya, encarna y revitaliza las mitologías románticas acumuladas en torno al quehacer poético. O, entre los surrealistas, ya Breton declaraba que "las palabras hacen el amor" (*Les Pas*, 171). En su primer texto surrealista, "Trabajos del poeta", también Paz se hace eco de esto y habla de "cópulas" entre palabras (*Aguila*, 148). 'Cópulas' significa aquí "aglutinaciones, separaciones, ramificaciones", cuyo ejemplo será la cadena de juegos de palabras "Tedevoro y Tevomito, Tli, Mundoinmundo, Carnaza, Carroña y Escarnio", puesta, paradigmáticamente, al comienzo de "Trabajos" (147). Lo nuevo, pues, es que el misticismo de signo romántico y el erotismo surrealista afirman su pie en la página tipográfica.

En "Carta a León Felipe", que juega con todo un "argumento secreto" de *Ladera*, Paz da una interpretación incisiva al espacio semiótico creado por la poesía moderna; la metáfora de 'hendidura', identificada con la poesía está transformada en una imagen y un poderoso símbolo de este espacio: la página se convierte en un campo de copulación y diálogo entre los erotizados elementos verbales y no verbales del discurso.

Una interpretación incisiva; pero ¿no es precisamente sólo una "interpretación", introducida por una jugada *ideológica*, como desde "afuera" del texto? El último ropaje de 'hendidura', su desnudez, invita a buscar otros de sus posibles velos y encarnaciones textuales.

En el poema "El día de Udaipur", del comienzo de *Ladera*, los signos y los símbolos sexuales masculinos y femeninos se oponen, se incrustan unos en otros y, en conjunto, crean una imagen poética que es simultáneamente pintoresca y visionaria:

> Blanco el palacio,
> Blanco el lago negro.
> *Lingam* y *yoni*.
>   (25)

El paisaje (el palacio "masculino" vs. el lago "femenino"), los colores, los sexos y el aspecto tipográfico se espejean y se compenetran mutuamente. Este contexto semántico y la imagen objetiva se sobreponen a la segunda parte de la estrofa e intensifican la imagen subjetiva:

> Blanco el palacio,
> Blanco en el lago negro.
> *Lingam* y *yoni*.
>   Como la diosa al dios
>   Tú me rodeas, noche.

Las rupturas y la continuidad, las oposiciones y la unión de las partes estróficas serán retomadas y *re-presentadas* hacia el final del poema:

> Viva balanza:
> Los cuerpos enlazados
> Sobre el vacío.
>   El cielo nos aplasta,
>   El agua nos sostiene.
>   (27)

Las dos estrofas "enmarcan" el poema y lo convierten en otra "viva balanza" de cuerpos, versos e imágenes enlazados, sostenidos por el blanco de la página.

Pero hay más. Este poema que evoca los pensamientos sugeridos por la contemplación de una ciudad india, canibaliza, para expresarlos, la forma poética tradicional del Japón: *waka*, la alternancia de versos de cinco y siete sílabas. Dos pentasílabos con un heptasílabo en medio constituyen la base métrica del famoso *haiku*; si se agregan dos heptasílabos más, surge *tanka*. Paz juega con las dos formas: el poema es una cadena de *tankas*; pero la organización espacial escinde cada *tanka* en un *haiku* y en un dístico de versos heptapódicos. El *haiku* abre la estrofa, el dístico la cierra.

Como si esta sorprendente hibridización no fuera suficiente, el paisaje indio y la forma poética japonesa en que aquél se refleja, juntos flotan todavía en otro universo simbólico, el creado por las fuerzas opuestas e inseparables de *yin* y *yang*: éste, principio masculino, activo y fuerte, relacionado con cielo, fuego, montaña, apertura, claridad y con los numerosos impares; aquél, femenino, pasivo y débil, relacionado con agua, trueno, tierra llana, clausura, oscuridad y con los números pares. Aparte del simbolismo pertinente, el juego formal y la organización espacial visualizan la operación de las dos fuerzas en un camino (*tao*) discursivo común.

"El día en Udaipur" re-presenta un vertiginoso proceso de *mise en abîme* que, utilizando como vehículo el discurso occidental actual, se extiende, a través de tres culturas orientales, desde una realidad vivencial hasta el simbolismo subyacente. Paradigmáticamente, como si siguiera el dictum de Chuang Tzu, el texto poético toma, simultáneamente, caminos aparentemente dispares, pero que, no obstante, desembocan en el mismo destino.

El siguiente pasaje de "Viento entero", que evoca el acto de amor, ilustra otro acoplamiento de la figuración espacial abstracta con el simbolismo erótico de "hendidura":

>   Abajo
> En el espacio hendido
> El deseo te cubre con sus dos alas negras
> Tus ojos se abren y se cierran
>   Animales fosforescentes
> Abajo
>   El desfiladero caliente
> La ola que se dilata y se rompe
>   Tus piernas abiertas
> El salto blanco
> La espuma de nuestros cuerpos abandonados
>   (105)

Los blancos, la separación espacial de los elementos discursivos, crean pausas sintácticas que no sólo sustituyen a los signos de puntuación y dan énfasis a las frases aisladas (tal como en el verso "escalonado" de Mayakovski), sino que afectan a la propia sintaxis del discurso. Por ejemplo, al escindirse el sintagma "Abajo en el espacio hendido", la frase "En el espacio hendido" se suelta de su función de "especificación" y adquiere el carácter de una posible "explicación". Los miembros sintagmáticos, formalmente subordinados, funcionan como equivalentes desde el punto de vista semántico: la relación "metafórica" se sobrepone a la "metonímica" (Jakobson). La omisión de conectivos sintácticos crea ambigüedades: por ejemplo, en "Tus ojos se abren y se cierran / Animales fosforescentes", el blanco entre las dos frases podría implicar "como, son como, son, hay" en una gama que va desde la determinación por relación hasta la yuxtaposición.

Un paso adelante en la complejidad, y más al caso de lo que perseguimos, es la mezcla de dos series sintagmáticas: "Abajo / El desfiladero caliente // Tus piernas abiertas" y "La ola que se dilata y se rompe // El salto blanco". La metáfora del incipiente clímax —"La ola que se dilata y se rompe"— se incrusta en la imagen visual y ésta, a su vez, marca la ruptura entre el crecimiento y el "salto" a la culminación. La alternancia de dos series sintagmáticas (a b a' b') y la organización visual complican la "correlación" clásica (a a' b b'), estudiada por Alonso y Bousoño, y convierten el discurso en una enumeración alógica, cuyos efectos, sin embargo, están cuidadosamente sopesados. Sin estas alteraciones, el pasaje quedaría más "chato"; compárese, por ejemplo:

> Abajo
>   El desfiladero caliente
>   Tus piernas abiertas
> La ola que se dilata y se rompe
>   El salto blanco
> La espuma de nuestros cuerpos abandonados

La organización visual que le da el autor *encarna*, *representa* y *potencia*, a su manera, el "espacio hendido" y el significado erótico del texto y multiplica sus estratos semióticos.

Al mismo tiempo, empezamos a vislumbrar el principio de "rotación" que dinamiza el movimiento discursivo: cuando "Tus piernas abiertas" ocupa el lugar de "El salto blanco", esta frase se desplaza al comienzo del verso próximo. De la misma manera, el primero "Abajo" está colocado hacia la derecha, por ir detrás de una frase que empieza un verso:

> Sólo tus ojos de agua humana
>   Abajo
> En el espacio hendido

Mientras que el segundo, que sigue a una frase situada a la derecha, está empujado hacia la izquierda para iniciar un nuevo verso. De esta manera, el discurso paziano crea una cadena continua e interrupta, basada en segmentos autónomos, pero que son, a la vez, cuidadosamente enlazados y que se mueven por la página como por un tablero ajedrecístico.

El movimiento de los segmentos puede ser casi automático: por ejemplo, en las dos versiones de "Cuento de dos jardines" (en *Ladera*, 130-41 y en *Poemas*, 1981: 470-78), el cambio de un segmento pone "en rotación" a toda la cadena que le sigue. El movimiento de la izquierda a la derecha y viceversa puede contrastar segmentos como en un espejo (así en "Abajo—Abajo"), pero también puede facilitar juegos más complejos: por ejemplo, transformaciones diagonales en "Maithuna" (simbólicamente, "dos en uno", *Conjunciones,* 79), o transformación acoplada con permutación en "Eje" (*Ladera,* 116-21, 125-26).

"Custodia" (*Ladera,* 127) presenta todavía otra faceta de la erotización del espacio: las mutaciones y transformaciones están "escenificadas" en un poema ideogramático. Según indica el título, el texto reproduce, esquemáticamente, la forma del vaso litúrgico que guarda el Santísimo Sacramento del cuerpo de Cristo. Sin embargo, los cuerpos verbales que surgen ante nuestros ojos —a través de la constelación de las palabras y de su diálogo espacial— son llamativamente irreverentes y sacrílegos en este contexto. El "Oeste" masculino y el "Este" femenino, que se oponen horizontal y diagonalmente en torno a un espacio elipsoide y que se funden en sus cúpulas, no sólo representan visualmente la cópula sino también la hendidura sexual (entre los que más prolijamente han tratado este poema, sólo Lemaître se ha fijado en este aspecto; *Octavio Paz,* 36). Pero, por supuesto, el símbolo profanado recupera el valor sagrado sobre otro nivel: el de la creación de la vida y de la reunión de "dos en uno".

En este poema, un espacio "vacío" —el "silencio" tipográfico— se convierte en un "signo cero". Según Jakobson, éste significa precisamente por la ausencia de los signos "llenos" habituales o esperados. En "Custodia", el espacio en blanco adquiere valores semánticos por su "entorno" verbal, por la constelación y por la interrelación específica de los signos "llenos" sobre la página tipográfica.

La semiótica visual y la erotización del espacio literario modifican el propio concepto de poesía en Paz. La búsqueda de trascendencia, que caracteriza las "estaciones" anteriores de su mitopoeya y que sigue en plena vigencia aún en la segunda edición de Arco, está ahora textualizada. La trascendencia ya no se encuentra fuera del texto: es una de las sombras que éste arroja en el proceso-espectáculo de la lectura.

OBRAS CITADAS

Alazraki, Jaime. "Para una poética del silencio". *Cuadernos Hispanoamericanos.* 1979, 343-45: 157-84.

Alonso, Dámaso y Carlos Bousoño. *Seis calas en la expresión literaria española.* Madrid: Gredos, 1951.

Bajtin, Mijail. *Problemy tvorchestva Dostoievskogo.* Leningrado: 1929.

Barthes, Roland. *Le Plaisir du texte.* París: Seuil, 1973.

_____. *Critique et vérité.* París: Seuil, 1966.

Bohn, Willard. *The Aesthetics of Visual Poetry, 1914-1928.* Cambridge: Cambridge Univ. Press, 1986.

Breton, André. *Les Pas perdus.* París: Gallimard, 1949.

Derrida, Jacques. "La différance". *Tel Quel: Théorie d'ensemble.* París: Seuil, 1968: 41-46.

Durán, Manuel. "Hacia la otra orilla: la última etapa en la poesía de Octavio Paz". En Pere Gimferrer, ed., *Octavio Paz.* Madrid: Taurus, 1982: 118-28.

Foucault, Michel. *This is not a Pipe.* Los Angeles: University of California Press, 1983.

Friedrich, Hugo. *Die Struktur der modernen Lyrik.* Hamburgo: Rowohlt, 1973.

Heidegger, Martin. "Die Zeit des Weltbildes". *Holzwege.* Francfort del Main: Vittorio Klostermann, 1963: 69-104.

_____. *Nietzsche: The Will to Power as Art.* London: Routledge & Kegan Paul, 1981.

Higgins, Dick. *Pattern Poetry: Guide to an Unknown Literature.* Albany: State University of New York Press, 1987.

Jakobson, Roman. "Two aspects of language and two types of aphasic disturbances". *Fundamentals of Language* (con M. Halle). La Haya: Mouton, 1971: 67-96.

_____. "Signe zéro" y "Das Nullzeichen". *Word and Language. Selected Writings* 2. La Haya: Mouton, 1971: 211-22.

Jung, Carl G. "The difference between Eastern and Western thinking". *The Portable Jung*. Ed. Joseph Campbell. New York: The Viking Press, 1971: 480-502.

Kristeva, Julia. *Semiotike: Recherches pour une sémanalyse*. París: Seuil, 1978.

Lemaître, Monique. *Octavio Paz: Poesía y poética*. México: UNAM, 1976.

Lévi-Strauss, Claude. "La structure des mythes". *Anthropologie structurale*. París: Plon, 1958. 227-55.

Lyotard, Jean François. "Interview". *Diacritics* 14.3.1984: 16-21.

Paz, Octavio. *¿Aguila o sol? Libertad bajo palabra*. México: F.C.E., 1974: 145-207.

_____. *El arco y la lira*. México: F.C.E.: 1967.

_____. *Blanco*. México: Joaquín Mortiz, 1967.

_____. *Claude Lévi-Strauss o el nuevo festín de Esopo*. México: Joaquín Mortiz, 1967.

_____. *Conjunciones y disyunciones*. México: Joaquín Mortiz, 1978.

_____. *Corriente alterna*. México: F.C.E., 1967.

_____. *Discos visuales*. México: Era, 1968.

_____. *Ladera Este*. México: Joaquín Mortiz, 1975.

_____. *El mono gramático*. Barcelona: Seix Barral, 1974.

_____. *Poemas: 1935-1975*. Barcelona: Seix Barral, 1974.

_____. *El signo y el garabato*. México: Joaquín Mortiz, 1975.

_____. *Topoemas*. En *Poemas*: 497-504.

Rodríguez Monegal, Emir. "Relectura de *El arco y la lira*". *Revista Iberoamericana* 74. 1971: 35-46.

Steiner, Wendy. *The Colors of Rhetoric: Problems in the Relation between Modern Literature and Painting*. Chicago: University of Chigaco Press, 1982.

Volek, Emil. *Metaestructuralismo: Poética moderna, semiótica narrativa y filosofía de las ciencias sociales*. Madrid: Fundamentos, 1986.

V. NARRATIVA CONTEMPORANEA

"ESA VOZ TAN NUESTRA": AUTORIZACION DE LOS NARRADORES EN LAS NOVELAS DE BIOY CASARES

POR

MARIA LUISA BASTOS
Lehman College
The Graduate School, CUNY

> *Les actes d'autorité sont d'abord et toujours des énonciations proferées par ceux à qui appartient le droit de les énoncer.* BENVENISTE

Las dos primeras novelas de Bioy Casares se presentan como testimonios escritos por sus narradores, que en los dos casos incluyen textos de otros en el suyo propio[1]. Aunque no se dice específicamente que sean escritores de profesión, tanto en *La invención de Morel* como en *Plan de evasión* hay abundantes datos para catalogar a esos narradores entre la gente letrada, capaz de producir un texto de nivel literario. El prófugo, narrador protagonista de la primera, declara al principio que escribe para "dejar testimonio del adverso milagro"[2] que percibe en la isla abandonada, y poco después agrega que, si no muere ahogado o luchando por su libertad, escribirá la *Defensa ante sobrevivientes* y un *Elogio de Malthus* (18). Más adelante, presupone, tópicamente, un "lector atento" que podrá sacar de su informe "un catálogo de objetos, de situaciones, de hechos más o menos asombrosos" (32). *Plan de evasión* es no sólo un texto escrito sino, por así decirlo, un texto escrito a la tercera potencia: un *collage* armado por el narrador principal, Antoine Brissaca, quien ensambla fragmentos de cartas que ha recibido de su sobrino Enrique Nevers, escritor, "pálido conversador de café"[3], las notas que éste, a su vez, recibió del siniestro Castel, gobernador de la isla penitenciaria que opera a los presos para

---

[1] Sobre las citas en Bioy, ver: María Isabel Tamargo, *La narrativa de Bioy Casares*. Madrid: Playor, 1983.
[2] Adolfo Bioy Casares, *La invención de Morel*. Buenos Aires: Emecé, 1970: 17. En adelante se da el número de página entre paréntesis en el texto.
[3] Adolfo Bioy Casares, *Plan de evasión*. Buenos Aires: Galerna, 1969: 42.

cambiarles el sistema perceptivo, y un par de fragmentos bastante extensos de cartas de su otro sobrino, Xavier Brissac.

Suzanne Jill Levine ha estudiado con minucia las relaciones temáticas y estructurales de estas dos novelas de Bioy, y, en ambas, ha identificado, además de numerosos pretextos literarios, muchas alusiones históricas y culturales[4]. En verdad, *La invención de Morel* es rica en referencias de todo tipo; en *Plan*, esa abundancia llega a una especie de frenesí tal que distrae del hilo de la anécdota porque la atención se detiene en la superficie de los enunciados, tan recargados que resulta difícil advertir en una primera lectura que en las junturas de ese *collage* barroco se insertan datos significativos para el desarrollo de la trama. Ese efecto de *camouflage* que se disimula a sí mismo reproduce, en el nivel del discurso, el *camouflage* armado en las celdas por Castel; además, considerándolo retrospectivamente, el ensamble abigarrado de textos que el narrador entreteje hace de *Plan* una novela cuyo barroquismo "literario" anticipa otras muestras de recargamiento que se produjeron posteriormente en la literatura latinoamericana: pensemos por ejemplo en *Paradiso*, o en *Yo, el Supremo*, para mencionar sólo dos títulos.

Aquí, lo que me interesa señalar es que tanto el narrador de *La invención* como el de *Plan*, como autores de los textos que se les atribuyen, controlan, se diría de manera ostensible, la forma en que dosifican los hechos y los datos con que traman sus relatos. En las dos novelas, es fundamental un sutil distanciamiento entre supuesto autor y su texto; quiero decir que el discurso atribuido al narrador letrado, competente, no pretende ser, miméticamente, el habla de ese narrador, sino una elaboración de ella, ya que el texto postula un relato "escrito". Además, por razones temáticas, los narradores —lingüísticamente separados del resto de los personajes— tienen que traducir lo que dicen otros. El prófugo de *La invención*, que es venezolano, reproduce en español diálogos oídos en francés, lengua en que se comunican los visitantes internacionales de la isla abandonada; por lo menos parte de los documentos ensamblados en *Plan de evasión* están supuestamente escritos en francés. O sea que —a la convención básica de que las novelas sean escritos de sus narradores— se agrega la necesidad de una doble trasposición: de lo oral, y de lo oral traducido, en texto. Cualquiera que lea las dos novelas advertirá su calidad de relatos cuidados, "bien escritos": expresión con que habitualmente caracterizamos una escritura que se apoya, inevitablemente, en la lengua oral subyacente pero, también inevitablemente, la trasciende por el mero proceso de escribirla.

---

[4] Susanne Jill Levine, *Guía de Bioy Casares*. Madrid: Fundamentos, 1983. Alberto Manguel anotó prolijamente las referencias literarias e históricas de *Plan de evasión*. Ver: Adolfo Bioy Casares, *Plan de evasión*. Buenos Aires: Kapelusz, 1974.

La invención de Morel se publicó en 1940; como se sabe, en esos años, para los argentinos, la escritura literaria aceptable convincente implicaba el problema de cómo trasponer el habla oral elegida[5]. La distancia geográfica en que se sitúan los acontecimientos de *La invención* y de *Plan* hacía verosímil un lenguaje literario algo alejado de la realidad de la lengua oral argentina de Buenos Aires; esa solución, además, prácticamente exigía que el supuesto autor de los textos fuese escritor.

Un cambio notable ocurre en la tercera novela de Bioy, *El sueño de los héroes*, cuyo escenario no es una isla visitada o poblada por franceses o por sudamericanos más o menos internacionales sino un barrio de Buenos Aires y sus habitantes: una muy pequeña burguesía compuesta de matones, compadritos, inmigrantes italianos o de otras procedencias, incluso algunos "muchachos del centro" y aspirantes a intelectuales que tienen contactos tangenciales con los personajes más modestos. No sólo temáticamente difiere *El sueño* de *La invención de Morel* y *Plan de evasión*: los acontecimientos están narrados oralmente[6]. No nos enfrentamos ni con un escrito redactado en una lengua aséptica, sutilmente despojada a la vez que aderezada en beneficio del tono literario, como en *La invención de Morel*; ni con un hábil ensamble de escritos y comentarios urdido por un testigo lúcido que aparenta objetividad, como en *Plan de evasión*. Ahora se trata de un relato cuyo narrador incluye numerosas muestras de la oralidad de sus personajes: la dicción torpe y pretenciosa del matón Valerga; el sesgo de filósofo de barrio de Taboada; las mezclas de niveles de los amigos de Gauna, el protagonista, y de él mismo; los

---

[5] Ya en 1926 advertía Borges: "En Buenos Aires escribimos medianamente, pero es notorio que entre las plumas y las lenguas hay escaso comercio". *El tamaño de mi esperanza*. Buenos Aires: Proa, 1926: 137. Es sumamente útil el artículo de Rodolfo Borello, "Habla coloquial y lengua literaria en las letras argentinas". *Anales de Literatura Hispanoamericana*. Universidad Complutense de Madrid, I, 1972: 5-51. Por supuesto, el problema no es exclusivamente argentino. Angel Rama lo delineó muy bien, en términos generales, dentro de toda la literatura latinoamericana. Ver: *La novela latinoamericana, 1920-1960*. Colombia Procultura, 1982: 56-74.

[6] A poco de publicarse la novela, Borges se refirió a "la cuidada felicidad" de su estilo oral. Ver: "Adolfo Bioy Casares, *El sueño de los héroes*". *Sur*, 235. 1955: 89. Para Enrique Anderson Imbert se trataba de un estilo "descuidado como en una charla, pero con sonrisas y guiños irónicos". Ver *Historia de la Literatura Hispanoamericana, II*. México: Fondo de Cultura Económica, 1961: 241. Con mucha más precisión, Adolfo Prieto observó que idioma y personajes de la novela "exigen ... una amplitud de registro de notable riqueza". *Diccionario básico de la Literatura Argentina*. Buenos Aires: Centro Editor de América Latina, 1968: 25.

tics más o menos pintorescos de los personajes secundarios; la jerga influida por el periodismo entre ingenuo, petulante y caricaturesco de los aspirantes a intelectuales. También es cierto, como lo he señalado en otro trabajo[7] que el narrador de *El sueño* —cuyo tono general tiene cierto empaque de "señor argentino"[8]— parodia muchas veces el estilo de las clases modestas y, otras, cuida de destacar, olímpicamente, las peculiaridades del habla de sus personajes mediante comillas o mediante comentarios sobre giros y expresiones que les atribuye. Pero las muestras de estilo directo son menos extensas que los pasajes en estilo indirecto libre, en los cuales el narrador, aparentemente sin advertirlo, asimila y hace suyos los modos de decir de sus personajes. De manera que, a veces, la palabra oral de los personajes se pone en evidencia por pintoresca, incluso ridícula: ajena, en suma; pero más a menudo, abandonando los guiños al lector, el narrador toma, literalmente, la palabra de sus personajes no como agregado costumbrista más o menos inane sino como elemento inseparable, significante, dentro del sentido total del texto.

Conviene aquí hacer un paréntesis y recordar que en 1942, año en que Bioy empezó a trabajar en *El sueño*, apareció *Seis problemas para don Isidro Parodi*, libro inicial de su colaboración con Borges, y que en esos textos la burla a las formas seudoliterarias, falsamente refinadas, de escribir y de hablar, constituye uno de los elementos sobresalientes, incluso el objeto mismo de los relatos. Es decir, por una parte Bioy participa con Borges en una empresa eminentemente paródica: en los relatos de *Seis problemas*, un modo de hablar se reduce a sus "defectos", con lo cual se le niega predicamento, se lo desautoriza[9]. Desde luego, la actitud de Borges y Bioy en los *Seis problemas* no carece de antecedentes. Se venía haciendo referencia a la existencia de hablas características de los sectores no cultos de Buenos Aires desde la Generación del 80, y escritores posteriores a ella, como Payró y Cancela, satirizan las torpezas en la dicción, y sobre todo en el manejo de niveles, de ciertos tipos sociales. También importa tener presente que en 1943, el año de la aparición de los *Seis problemas*, ocurrió el golpe militar que desembocó en el primer peronismo de 1946-55, y que una de las habilidades políticas de Perón fue la exaltación del habla popular argentina, en contra de la tendencia diccio-

---

[7] "Desapego crítico y compromiso narrativo". *Texto/Contexto en la Literatura Iberoamericana,* Memoria del XIX Congreso. Editores Keith McDuffie y Alfredo Roggiano, Madrid, 1980: 26-27.

[8] Expresión usada por Bioy en una conversación sobre el narrador de *El sueño de los héroes.*

[9] Andrés Avellaneda ha hecho un inteligente análisis ideológico de los textos escritos en colaboración por Borges y Bioy, en *El habla de la ideología*. Buenos Aires: Sudamericana, 1983.

narista y españolizante, que predominaba en las escuelas, y que favorecían ciertos escritores. Con todo, esa exaltación no suprimió la prohibición del lunfardo en las letras de tango impuesta por los funcionarios nacionalistas del golpe de 1943[10]. Recordemos, por si fuera necesario, que Bioy pertenecía a un medio intelectual y social inconfundiblemente opuesto al régimen de Perón. De hecho, en *El sueño de los héroes*, escrito y publicado durante el peronismo, aunque la acción supuestamente se desarrolla a fines de la década de 1930, hay numerosas alusiones al régimen, y una de las lecturas posibles del desenlace sería que el matón Sebastián Valerga (un Don Segundo Sombra envilecido, especie de emblema de Perón relativamente disimulado) representa al líder traidor, criminal encubierto que mata al joven que lo admira. Pero también, más allá de las alusiones deliberadas, aunque disimuladas bajo las especies de los anacronismos, las apropiaciones en estilo indirecto libre que el narrador se hace del habla de los compadritos implicarían una coincidencia subterránea, parcial y sin duda involuntaria, de Bioy con la actitud hacia la lengua preconizada desde las esferas oficiales. Coincidencia contradicha, en forma virulenta, por "La fiesta del monstruo", relato escrito en colaboración con Borges en 1947[11]. Dije más arriba que *El sueño de los héroes* es la primera novela de Bioy en que el narrador presenta oralmente su relato, y la primera donde el habla de base no es exclusivamente la de los sectores cultos, a diferencia de las dos anteriores. El modo oral de la narración no se repetirá, sin embargo, hasta 1985, con *La aventura de un fotógrafo en La Plata*, porque las dos novelas que siguieron a la publicación de *El sueño* son, como *La invención de Morel* y *Plan de evasión*, textos que se presentan como escritos. Importa señalar, con todo, el cambio notorio entre esos "escritos" y los figurados en las otras dos novelas: el autor no es ya hombre cultivado sino miembro de la pequeña clase media. Es decir, se ha producido una especie de salto cualitativo: un habitante de los barrios —cuya palabra oral no sólo reprodujo sino que autorizó al hacerla parcialmente propia, escrita, el narrador de *El sueño de los héroes*— es, él mismo, narrador, y como tal detenta el privilegio de la escritura de su palabra, es autor de enunciaciones, no mero sujeto de ellas.

Ana María Barrenechea ha leído *Diario de la guerra del cerdo* como una reacción conservadora ante los movimientos juveniles de fines de la década del sesenta:

---

[10] Avellaneda, *op. cit.*: 27. Para el análisis del discurso peronista, ver: Emilo de Ipola, *Ideología y discurso populista*. México, D.F: Folios, 1982 y Alberto Ciria: *Política y cultura popular: la Argentina peronista*. Buenos Aires: Ediciones de la Flor, 1983.
[11] Avellaneda, *op. cit.*: 77-89.

> El autor une a su justificación psicológica personal (hombre maduro que empieza a sentirse relegado) la justificación del orden social al cual pertenece, en un momento crucial de la historia argentina, cuando se prepara la vuelta del peronismo al poder. Su clase se enfrenta al resurgimiento de un proletariado que ha adquirido conciencia y poder político, y lo ve -con asombro- apoyado por una generación juvenil, universitaria en buena parte, que procede de los mismos sectores de la burguesía[12].

Bioy, según Barrenechea, se habría identificado con los viejos de barrio de su novela, quienes serían una suerte de representantes del *status quo*, aterrados ante las perspectivas de cambio, percibido como irracionalidad violentamente caótica. La novela sería, así, una metáfora del miedo de las clases tradicionales, que se sienten amenazadas por las transformaciones sociales inevitables. Si la interpretación es valedera, y acaso lo es en cierto nivel, ya que todo texto es esencialmente autobiográfico, no deja de ser destacable el hecho de que en éste se haga de la palabra de las clases populares el habla de base de un relato que desarrolla un tema nostálgico de sobretonos épicos. O sea, incluso si personajes y habla populares se consideran como máscaras más o menos cómodas para la actitud conservadora, es innegable que también se usan como vehículos adecuados para un argumento que va más allá de la pura proyección de problemas psicológicos o de deliberadas posturas ideológicas.

Son numerosos los puntos de contacto entre *El sueño* y *Diario de la guerra del cerdo*; entre ellos, las múltiples referencias a la actitud heroica frente a la humillación infligida por el miedo; o el papel de la mujer: Clara y Nélida son intermediarias, paliativos temporarios, finalmente ineficaces, frente a los embates del destino que el protagonista acaba por aceptar, renunciando al amor. Anónimo como el narrador de *El sueño*, el autor de las entradas de *Diario* comparte sus características de cronista que lo sabe *casi todo*, pero no se pretende ominisciente, lo cual le permite manifestar duda o aun ignorancia ante ciertas circunstancias. En cambio, por razones argumentales obvias, reproduce el habla de sus personajes sin marcar distancias. *Diario de la guerra del cerdo* es la novela de Bioy con más diálogo; aquí, los guiños al lector con los que el narrador de *El sueño de los héroes* se distanciaba de sus personajes con superioridad clasista se han convertido en comentarios benevolentes, individuales: de igual a igual. Se refieren, diríamos, al estilo, no a la clase. Ha sucedido, en suma, que Bioy ha autorizado como narrador/escritor a un personaje que podría fácilmente ser uno de los compadritos de *El sueño* que escribiera acerca de sus pares treinta o cuarenta años después. Ese

---

[12] Ana María Barrenechea, *Textos hispanoamericanos*. Buenos Aires: Monte Avila, 1978: 255.

traspaso de la soberanía narrativa (reiteremos: antes de *Diario*, privilegio reservado a personajes cultos en las novelas de Bioy) permite que al inscribir su habla y la de su sector social, un narrador popular produzca un documento tan confiable (o tan desconfiable) como el de *La invención de Morel* o *Plan de evasión*.

La accesis del habla popular a discurso literario que se lleva a cabo en *Diario de la guerra del cerdo* se continúa y en cierta medida se afianza en *Dormir al sol*. Como se sabe, esta novela de Bioy es una de las varias memorias que el protagonista ha dirigido a un antiguo vecino y rival del barrio para participarle sus percepciones como víctima de los experimentos de un médico que transplanta en perros el elemento humano: sin personalidad, sin alma, sus víctimas quedan reducidas a entes. Ese narrador —un relojero de barrio, cuyo nombre, Lucho Bordenave, reproduce el de un personaje de *Plan de evasión*, novela con la que *Dormir al sol* tiene por cierto el obvio parentesco de los experimentos científicos— escribe, pues, sus experiencias de los cambios que insensiblemente acabarán con su sanidad mental luego de haber acabado con la de su mujer, sometida antes que él a las operaciones demenciales practicadas por Roger Samaniego. En su escrito, el protagonista da curso a una verbosidad que, simultáneamente, descubre su impotencia para cualquier precisión verbal emparentada con la inteligencia y expone su facultad obsesiva que fija detalles con la misma minucia ritual con que jamás olvida el apelativo de *la señora* para referirse a su propia mujer. Las digresiones del relojero Bordenave, a menudo distraído como un niño por pequeñeces, configuran un discurso que, en su aparente falta de continuidad, recuerda el de *Plan de evasión*. Sólo que este texto no es un *collage* producido por un narrador hábil, que quiere distanciarse de los acontecimientos sino una suerte de escritura automática del propio protagonista. De esa manera, las digresiones de *Dormir al sol* no interrumpen el fluir del discurso que, por unívoco, tiene una unidad de la cual carecen los textos tan laboriosamente ensamblados por Antoine Brissac. Imposibilitado para discernir; separar, y por cierto unir, inteligentemente, Lucho Bordenave entreteje sin embargo su palabra con la de otros personajes — su mujer y su cuñada por ejemplo— de manera tal que adquiere una notable elocuencia para exponer su propia vulnerabilidad a la vez que critica las debilidades ajenas. Mediante una amalgama paradojal de manera de decir, que sólo aparentemente separa al personaje de sus propias experiencias, se organiza un discurso sin resquicios, esencialmente inarticulado, en el que se naturaliza lo demoníaco de la locura, su irrefrenabilidad, su contagiosidad. De alguna manera, Lucho Bordenave es una contrafigura del lúcido narrador anónimo de *Diario de la guerra del cerdo*; lo es en el sentido de su total falta de distancia con respecto a sí mismo y a los demás personajes. Pero el hecho es que los dos escriben, y eso significa que se les ha dado el privilegio de producir documentos sin mediación autoritaria de un relator supuestamente más capacitado.

En la producción novelística de Bioy, la transformación iniciada con *El sueño de los héroes* ha cumplido su ciclo: las diferencias estilísticas —llámemoslas así— entre los miembros de las clases populares y los observadores cultivados han dejado de ser blanco de curiosidad, y los personajes de barrio, más que objeto de ironías son, simplemente, personajes de Bioy Casares. En treinta años, los rasgos de la escritura de Bioy —en la cual, obviamente, los personajes y su habla son los centros significativos— evolucionaron desde los guiños satíricos de *El sueño* hasta la fluidez notoria de *Dormir al sol*.

La última novela de Bioy, *La aventura de un fotógrafo en La Plata*, ofrece, me parece, la prueba de que la jerarquización literaria de la dicción oral cumplida en *Diario de la guerra del cerdo* y en *Dormir al sol* ha cuajado por completo. En esta novela breve, un narrador omnisciente conjuga la soltura del narrador de *El sueño de los héroes* con una empatía notable hacia sus personajes, habitantes del interior de la provincia de Buenos Aires de paso en la capital de la provincia. La lengua de base no difiere de la de las otras tres novelas con personajes populares; tampoco ha renunciado Bioy a sus preferencias por determinados detalles circunstanciales. Sin embargo, hemos llegado a un punto en que sería inexacto afirmar que en esta novela el habla intenta ser representación paródica de la pequeña clase media de la zona de Buenos Aires, lo cual no impide que haya una línea de continuidad inconfundible entre su discurso y el que empezó a perfilarse en *El sueño de los héroes*. Más bien, en *La aventura de un fotógrafo en La Plata* reconocemos el "estilo" de Adolfo Bioy Casares, así como reconoceríamos en la voz familiar de un hombre maduro los cambios que la madurez produjo en su timbre juvenil. Claro que, por tratarse de la dicción de un escritor estampada en su texto, en ella confluyen, inseparablemente, lo individual y lo colectivo.

Es cierto que en este caso la dicción del escritor (que es, entre otras cosas, vehículo relativamente involuntario del espíritu de su tiempo) se ha constituido a partir de una representación paródica de la versión popular de la lengua oral. Parodiar es, se sabe, una forma de prestar atención, de dar importancia siquiera en forma irónica, sobre todo en forma irónica. La parodia implicó en Bioy —como en Cortázar, cuyo registro es tan diferente— reconocer que, más allá de diferencias, tabúes, fetichismos, hay una red de vasos comunicantes que unifican el discurso literario y el oral porteño, argentino, que lo vienen unificando y diversificando ininterrumpidamente, pese a esporádicos intentos de separaciones artificiales[13]. A

---

[13] Anota Pierre Bourdieu: "las 'costumbres lingüísticas' no se modifican por decretos como creen los partidarios de una política voluntarista de 'defensa de la lengua'", *Ce que parler*

veinte años de escrito el libro, no parece una mera ironía política que el narrador de *Diario de la guerra del cerdo* atribuyera a su héroe, Isidoro Vidal, esta actitud contemporizadora:

> Ante los amigos, que abominaban de Farrell, lo defendía, siquiera con tibieza; deploraba, es verdad, los argumentos del caudillo, más enconados que razonables; condenaba sus calumnias y sus embustes, pero no ocultaba la admiración por sus dotes de orador, por la cálida tonalidad de esa *voz tan nuestra* y, declarándose objetivo, reconocía en él y en todos los demagogos el mérito de conferir conciencia de la propia dignidad a millones de parias[14].

No creo que sea excesivo encontrar en esta declaración una cifra de la transformación —dentro de la obra de Bioy y también más allá de ella— en materia autorizada, literaria, de hablas antes relegadas a mero elemento pintoresco. Esa transformación es el resultado de la simbiosis entre el discurso referido y aquel que sirve para referirlo, cuyas infinitas, variantes formas han venido configurando lo que llamamos lengua literaria.

---

veut dire. París: Fayard, 1983: 36, n. 15, traducción mía. Si extrapolamos este comentario al orden literario, y a las actitudes originariamente paródicas, a la Cortázar y a la Bioy; vemos, me parece, cómo en la obra de ambos una progresiva aceptación / toma de conciencia de los deslizamientos incontrolables entre los diversos planos del habla oral se consolida para constituir el estilo, o, si se prefiere, el discurso narrativo.

[14] Adolfo Bioy Casares, *Diario de la guerra del cerdo* Madrid: Alianza, 1973: 8, subrayado mío

VOZ, SENTIDO, ARTEFACTOS:
REFLEXIONES SOBRE MARIO VARGAS LLOSA

POR

ALICIA BORINSKY
Boston University

Las radionovelas ofrecen un contexto inmediato para la hipótesis de una voz productora de sentidos. La seducción de la palabra oída sin una imagen que la acompañe es sumamente intensa; el escucha articula la presencia de quien a él se dirige sin el poder dictatorial de lo visible. Una falsa pero eficiente intimidad permea la relación entre público y actores de radionovela; es como si la falta de *tangibilidad* de quien habla se convirtiera en su opuesto borrando los indicios que separan artefactos y hechos "reales". El deseo erige rostros, selecciona escenarios y puede convertir al guión radiofónico en una experiencia vivida gracias, precisamente, a la pobreza del medio de comunicación. La novela *La tía Julia y el escribidor* de Mario Vargas Llosa juega con distintos momentos de la articulación de lo radiofónico, lo literario y la experiencia extraliteraria de un modo que ilumina el funcionamiento de sobredeterminaciones múltiples que los unen.

LA PLUMA MANUFACTURADORA

> Siempre había tenido curiosidad por saber qué plumas manufacturaban esas seriales que entretenían las tardes de mi abuela, esas historias con las que solía darme de oídos donde mi tía Laura, mi tía Olga, mi tía Gaby o en las casas de mis numerosas primas, cuando iba a visitarlas (nuestra familia era bíblica, miraflorina, muy unida) (p.13).

¿Cómo entender la curiosidad por la producción de las radionovelas? ¿Cuáles son las preguntas cuya formulación acerca más a una respuesta? *La tía Julia y el escribidor* despliega una serie de niveles para dar cuenta de este interrogante. El más explícito es la historia del guionista Camacho cuyo genio en la escritura de

---

*NOTA: Las citas se hacen de acuerdo con *La tía Julia y el escribidor*. España: Seix Barral, 1977.

guiones es el hilo conductor que define aquello que se oculta detrás de las voces radiofónicas. Camacho es el *autor*.

Es posible, sin embargo, pensar en una respuesta menos confiada en la inmediatez de lo nombrado por la pregunta. Cuando Camacho enloquece hace una transición de escritor de radionovelas a personaje de novela. Su reaparición al final de la obra lo delinea como objeto de curiosidad. Así, cesa la elocuencia que había tenido al principio como productor de respuestas a la pregunta de qué se oculta detrás de las radionovelas. Camacho es, él mismo, un interrogante. El final cambia la lectura de la novela; Camacho ya no es más quien da fisonomía a personajes, se ha reinscripto como entidad enigmática.

El lector se pregunta qué clase de personaje es Camacho, cómo ha sido su relación con la mujer que parece haberlo humillado a lo largo de los años, lamenta no tener más datos para analizar su vida íntima, desea conocer los detalles de su existencia para integrarlos en una narrativa coherente. El desplazamiento del interés por Camacho lo ha llevado de ser un escritor con presencia neutra y transparente capaz de *controlar* las proyecciones del público a un personaje víctima de circunstancias ajenas a su voluntad.

Los avatares del cambio de funciones de Camacho son cifra de la fragilidad de las distinciones entre producción de sentimentalismo (el autorazgo de las radionovelas) y padecimiento de la "realidad" (ser personaje de novela). *La tía Julia y el escribidor* es minuciosa en su percepción de la textura clasista de las emociones. La inflexión clasista no se da en un sentido tradicionalmente económico; es un *mapa* de diseminación de la vulgaridad.

DISTANCIAMIENTO Y ESTILO

Desde el comienzo la novela anuncia humorísticamente que dos emisoras de radio nítidamente distinguibles por sus estilos opuestos son poseídas por el mismo individuo y que mientras una tenía locutores que

> "no eran argentinos (habría dicho Pedro Camacho) merecían serlo. Se pasaba mucha música, abundante jazz y rock y una pizca de clásica, sus ondas eran las que primero difundían en Lima los últimos éxitos de Nueva York y de Europa, pero tampoco desdeñaban la música latinoamericana siempre que tuviera un mínimo de sofisticación; la nacional era admitida con cautela y sólo a nivel de vals" (p.12).

la otra:

"se apretaba en una vieja casa llena de patios y de vericuetos, y bastaba oír a sus locutores desenfadados y abusadores de la jerga, para reconocer su vocación multitudinaria, plebeya, criollísima" (p.12).

La distinción entre las emisoras es producto de las trivialidades impuestas por el comercialismo. La relación de desarmonía que guardan entre sí contiene, en su tensión, una dicotomía presentada como esencia del estar en el mundo. O bien se es un snob de corte argentino o se abraza un pintoresquismo colorido y melodramático. El dueño de las cadenas transmisoras es, así, una especie de dios del gusto cuyo poder afianza los amaneramientos de la supuesta sofisticación austera de una y el cálido criollismo de la otra.

Marito, el personaje que se interroga sobre la "pluma manufacturadora" de las radionovelas trabaja para la radio sofisticada. Su curiosidad le vuelve viajero ya que para responder a su pregunta debe adentrarse en la otra emisora. En ese papel Marito detenta el poder de toda vista; ve pero es capaz de controlar lo visto sin ser arrastrado por su cursilería. Su romance con la tía Julia, sin embargo, lo lleva de un dominio a otro a pesar suyo y, al hacerlo, lo aproxima a Camacho debido al padecimiento suscitado por aquello que parecía observar con distanciamiento.

La clave para entender el encadenamiento de enigmas, la *cualidad* de la pregunta que rige la estructuración de *La tía Julia...* reside en el modo en que Camacho y Marito cambian las posiciones que ocupaban inicialmente en el texto. Así, el trayecto que separa su ser narradores o figura de autor de su ser personajes es, simultáneamente, un modo de presentar los interrogantes de la novela en su integridad, concebir su movimiento. La sugerencia de que ambas emisoras radiofónicas tienen el mismo dueño que se hace al principio de la novela tiene el efecto de eliminar la tentación de privilegiar las alternativas ofrecidas por cada una. La estrategia narrativa utilizada invita unidad humorística con esta convención y propone un cómodo distanciamiento para la recepción del texto. Efecto paradójico de esa lectura es que podríamos decir que al principio de la novela prima en el lector esa actitud caracterizada en la novela como "argentina". Esta interpretación, alimentada por el distanciamiento, parece conocer los límites que separan la vulgaridad del buen gusto; recorre el camino que lleva de una tía a la otra para estudiar los atractivos del radioteatro con la noción implícita de que leer significa reconocimiento de banalidades, enmarque de lo trivial en una novela cuya intención es expulsarlo al convertirlo en fuente de chiste.

La descripción de la actitud general de las tías "que vivían pegadas a la radio" (p.113) es suplementada con la información de que nunca abrían un libro. Sin embargo, la claridad del enfoque desaparece cuando en la misma página leemos que:

> "en nuestras andanzas nocturnas, la tía Julia me resumía a veces algunos episodios que la habían impresionado y yo le contaba mis conversaciones con el escriba, de modo que, insensiblemente, Pedro Camacho pasó a ser un componente de nuestro romance" (p.113).

Además de las inevitables consideraciones acerca de cómo este párrafo indica la intercomunicación existente entre las historias narradas en la novela, hay otra, acaso complementaria: los personajes del romance vienen *prestados* al romance de otro nivel de la obra. Marito viene de su puesto de investigador crítico de los radioteatros; Camacho de su papel como productor de los mismos y la tía Julia del personaje cautivado por ellos.

El idilio entre Marito y la tía Julia es otro modo de internarse en la textura de los radioteatros. El ser vínculo de Camacho es un pretexto de interlocución ya que lo que emerge es una incontrolable vulgaridad que, fuera de todo enmarque, es fuente de energía de la novela. Así, la sofisticación de la "otra radio" devuelve su cultor al criollismo de la anécdota a través del avatar que lo relaciona con la tía Julia.

EL SENTIMIENTO

Cuando la tía Julia regresa, perdonada por su familia, para vivir su romance, su esposo ha asumido el papel de maduración requerido por las circunstancias: ha multiplicado sus trabajos y hecho planes para el futuro. Ella comenta:

> "—Vaya, Varguitas— se reía ella, mientras se desvestía a la carrera—. Te estás haciendo un hombrecito. Ahora para que todo sea perfecto y se te quite esa cara de bebé, prométeme que te dejarás crecer el bigote" (p. 428).

La agitación del principio del idilio ha sido sustituida por una rápida inmersión en el mundo familiar. Tener bigote es, así, uno de los requisitos necesarios para la imagen del hombre construído a través del matrimonio. Si lo que predomina en el mundo de Camacho son los sentimientos dramáticos de fracaso, peligro, amor, en la vida "real" de Marito los tonos son más bien cómicos, ligeros.

La inserción en el mundo de las letras y el matrimonio que hace Marito, se efectúa con elementos de sorna para ambos. La estrategia narrativa que prima usa la expresión de sentimientos como uno de los elementos de ridiculización de los personajes. Pero si en el caso de Camacho, la "realidad" descubre una vida de pesar mucho más intensa que la sugerida por sus escritos, en el de Marito, escritura e idilio son referidos con idéntico distanciamiento humorístico. En ambos casos son las mujeres quienes, debido a los sentimientos que provocan en los personajes masculinos, son vehículos para que la vulgaridad penetre al texto formulando, así, una distancia ya sea humorística o de elevado patetismo.

¿Qué relación hay entre sentimientos y escritura? Cuál es la ecuación necesaria entre estos dos dominios para que la risa no castigue a los personajes descubiertos en su vulnerabilidad? *La tía Julia y el escribidor* sugiere algunas avenidas para formular la problemática. Por un lado, la práctica de una escritura permanentemente situada en la "superficie" vuelve la hipótesis de interioridad de los personajes una mera virtualidad. En vez de interioridad, el lector es invitado a jugar con efectos de estilo. La interacción entre la radio argentina y la telúrica se repite en otros niveles de la novela para unir y diferenciar lo vulgar de lo austero. Sabemos que el vaivén de la diferencia es ilusorio, pero es ese vaivén la fuente de energía interpretativa que la novela ofrece para sí misma, el espacio para que el lector ejerza sus distinciones.

Los sentimientos tornados efectos de estilo privilegian al amor y el odio como pretextos y a las mujeres como sus inspiradoras. De este modo, *La tía Julia y el escribidor* entreteje en sus tensiones escritura y referencialidad extraliteraria en un mismo juego humorístico. Artefactos, los conflictos de radioteatro como los escritos que a Marito le ayudan a ganarse su papel de esposo responsable; risibles, los idilios manufacturados por la pluma como aquellos suministrados por la realidad.

LA CLASE MEDIA Y EL SUBMUNDO

La vida "real" de Camacho sobrecoge al lector de *La tía Julia y el escribidor* porque su carácter hiperbólico es, también, presentación de un submundo con aristas filosas, alejado de la domesticidad de clase media prevaleciente tanto para el público lector como para los radioescuchas. En *Pantaleón y las visitadoras* estos dos mundos están enfrentados, suscitando efectos que los descubren como casi intercambiables.

El argumento es simple. Un soldado se encuentra ante la necesidad de organizar un servicio de prostitución femenina para las tropas en un lugar remoto del Perú. Su diligencia, animada por el fervor en el cumplimiento del deber, es premiada con el éxito de la gestión. Una vez que el escándalo público provocado por el descubrimiento de la misión secreta y prostibularia acaba con su mandato, es asignado a otra tarea.

La novela, rechazando el discurso indirecto, está montada sobre las ilusiones de presencia producidas por la presentación directa de voces y "documentos". Su lectura es, así, también participación en un espectáculo porque los personajes adquieren tangibilidad gracias a la diferenciación de voces que van construyendo sus fisonomías. El lenguaje se lee como *transcripción*. El efecto de presencia niega, a la vez, otro; es difícil encontrar —como en las tensiones ofrecidas en *La tía Julia* ...— un paralelo que cree justificaciones para la perspectiva humorística. *Pantaleón y las visitadoras* expone sus voces sin salvarlas de la vulnerabilidad. La relativa neutralidad alcanzada en algunos momentos por el Marito de *La tía Julia* ... aunque sujeta a cancelación en la estructura general de la obra, les está vedada a los personajes de *Pantaleón y las visitadoras*.

¿Qué organizan? ¿Qué efectos suscitan estas voces leídas en conjunto? La ausencia de una guía que delimite un espacio para quienes hablan, hace que el lector llene el blanco participando como parte de los diálogos presentados, como testigo de los documentos que los personajes escriben en el transcurso de la obra. De este modo, la lectura es necesariamente arrastrada hacia un nivel de domesticidad, de familiaridad con lo dicho. Pero, por otro lado, el intenso coloquialismo del habla circunscribe el escenario, lo aísla. Por momentos *Pantaleón y las visitadoras* parece burlarse de sus personajes, encarnarlos con la misma hilaridad benevolente con que se habla del bigote futuro de Marito en *La tía Julia* ... El lector, sin embargo, incapaz de refugiarse en un discurso alternativo dentro de la novela misma, es obligado a continuar escuchando y aceptar que son esas las dicciones de la historia que se desarrolla, con altibajos y consecuencias para sus personajes.

Acaso farsa, la novela ofrece una visión claustrofóbica. Mientras que Camacho en *La tía Julia*... es víctima de un destino enigmático cuyos matices y humillaciones les están vedados a los personajes de clase media y alta de la obra, *Pantaleón y las visitadoras* imagina el pasaje de la prostitución a la realidad cotidiana con los detalles de abnegación, trabajo y aplicación características de cualquier otra actividad. Nada misteriosamente erótico ni siniestramente criminal circula en la empresa, parece decirnos. Interconectadas, las voces de los personajes sugieren que su coexistencia se da bajo el signo de una simultaneidad no problemática. Más que ninguna ilusión de historia o argumento, la novela teje como sentido prevaleciente la verosimilitud de quienes constituyen su habla. El soldado que genera un submundo con el proyecto prostibulario, lo hará sin presentar un heterogeneidad de actitudes. Prostitutas, soldados, esposas, madres son parte de un continuo cuya lógica es opuesta a la que separa a Marito de Camacho. En *Pantaleón y las visitadoras* el submundo es una invención de clase media por motivos prácticos y la lectura, al revelarlo, equipara las voces de los personajes como efectos de una misma articulación.

Estas dos novelas al jugar con la extrema artificialidad de la voz a través de un medio, la radio (*La tía Julia* ...) o la aparente naturalidad del habla desnuda (*Pantaleón y las visitadoras*) dibujan posiciones desde las cuales el lector implícito debe cuestionar las condiciones de su hilaridad.

EL DISCURSO TRANSFORMACIONAL EN *AURA*

POR

ZUNILDA GERTEL
Universidad de California, Davis

El propósito de este ensayo es establecer la función distintiva y primordial que asume la segunda persona del discurso en el proceso transformacional que enmarca la novela *Aura* de Carlos Fuentes[1]. Si bien el empleo de la segunda persona no es novedad en el discurso narrativo, en general es poco frecuente que ésta se mantenga como dominante en todo el desarrollo de la novela. La segunda persona narrativa implica un corte discursivo, una ruptura que denota una carencia[2], de ahí que aparezca en situaciones de fragmentación narrativa o de polifonía verbal. El

---

[1] *Aura,* publicada en 1962, reúne en su brevedad un sistema de signos básicos que se recrean en otras obras del autor. Prefigurada ya en uno de los primeros cuentos de Fuentes "TLACTOCATZINE, del Jardín de Flandes," de *Los días enmascarados* (1954), *Aura* es también texto generador de *Terra nostra* (1974), según el mismo Fuentes lo sugiere (*Aura*: 64). La numerosa bibliografía crítica sobre *Aura* ha señalado posibles coincidencias o reminiscencias de la nouvelle en relación con el breve relato "La cena," de Alfonso Reyes. Asimismo entre las comparaciones con otros textos, se identifican *The Aspern Papers* (1888), de Henry James, y *A Rose for Emily* (1931), de William Faulkner. Véanse: G. W. Peterson "A Literary Parallel: 'La cena' by Alfonso Reyes and *"Aura* by C. Fuentes." *Romance Notes* XII: 1. Autumn, 1970: 41-44; R. López Landera. *Aura, The Aspern Papers, A Rose for Emily,* a Literary Relationship." *Journal of Spanish Studies.* Fall 1975. 3, 2: 125-143.

[2] En general la crítica ha señalado la presencia de la segunda persona, en sus funciones más típicas de 1. discurso lírico, 2. discurso dramático, 3. tú como forma exhortativa en el discurso público, 4. el tú con sentido de impersonalidad que usa un sujeto para referirse a sí mismo, con la función del *on* francés o *one* inglés. En la novela del siglo XX puede señalarse el ejemplo de la segunda persona narrativa como una encubierta primera persona desde las formas del monólogo interior, corriente de conciencia, a algunas novelas casi íntegramente narradas en segunda persona como *How like a God* (1929) de Rex Stout y *La modificación* (1956). Un ensayo valioso de Bruce Morissette "Narrative 'you' in Contemporary Literature," expone y analiza la función de la segunda persona, tanto en antecedentes líricos como en las manifestaciones narrativas más importantes.

mismo Carlos Fuentes la emplea también en *La muerte de Artemio Cruz* y en *Terra nostra*, con bastante consistencia. Pero es evidente que el uso de la segunda persona narrativa puede asumir una función específica en cada situación dependiendo de su validez intrínseca en el discurso. Lo importante en el caso de *Aura*, es que la segunda persona conforma el proceso transformacional que compromete, 1º el sistema del texto, 2º el discurso narrativo y 3º las mutaciones de los personajes en su función de actantes.

Antes de analizar la función básica de la segunda persona, es pertinente identificar el marco temporal del desarrollo de la novela que cumple un ciclo de tres días como totalidad. Estos lentos tres días se inscriben en la simultaneidad de un presente narrativo novelístico que conlleva el sentido de una prolongada reiteración *ad infinitum*.

Por otra parte, se ha de tener en cuenta que existen dos *pre-textos*, anteriores a la escritura de la novela, primero, un breve anuncio de periódico en el que se ofrece un puesto de historiador, que llevará a Felipe Montero, el protagonista, a trabajar y a vivir en casa de Consuelo, viuda del General Llorente. Un segundo pre-texto contiene las memorias del General Llorente, las que constituyen la materia del pasado histórico que Felipe deberá ordenar y revisar para su publicación.

Los dos pre-textos referenciales mencionados se insertan como trazos significantes y actúan como agentes mediadores en la transformación de un nuevo texto: la novela que los contiene. Ambos proyectan al discurso narrativo un sentido temporal de entrecruzamiento quiásmico. El anuncio del periódico como presente (factual) es mediación de la entrada de Felipe en el mundo interior de la casa y también en el conocimiento del pasado. Las memorias, asimismo, conforman el sentido concreto del pasado, como trazo escriptural histórico. Son tres folios que serán leídos por Felipe paralelamente a los tres días cronológicos, tres folios que actúan también como mediadores para de-velar el proceso de transformación del presente de la novela y para conducir en orden regresivo al conocimiento original. Estos pre-textos funcionan en la narración como lecturas, materia activa interpretada por el protagonista. Hay, pues, una semiosis de escritura y de lectura que se integran para generar otra nueva escritura: la de la novela. Esta capacidad modificadora confiere al texto un sentido de palimpsesto; debajo de algo hay algo más; algo se borra para generar otro trazo.

Es evidente que ya al comienzo de la novela, antes de entrar al espacio de la casa, hay un signo-indicio obvio pero revelador. Felipe, al dejar fuera el mundo exterior, entrando en el zaguán, dice: "Miras la portada de vides caprichosas, bajas la mirada al zaguán y descubres 815, antes 69" (10). El número borrado y re-escrito señala la penetración de lo temporal en lo espacial, que con sentido de sucesión y

EL DISCURSO TRANSFORMACIONAL EN *AURA*

permanencia se inscribe como productividad natural en la novela. Re-escritura no es mera re-producción, es re-codificación del contexto.

Tal atravesamiento temporal está también enmarcado en el proceso total del discurso con la reiteración paralela de una misma forma verbal pronunciada por Consuelo, "*Sí-Volverá*". Dicha enunciación con pronombre sujeto *él*, aún no conocido por el protagonista y el lector, inicia el proceso cíclico de los tres días del relato y también lo cierra al reiterarse al final de la novela: "Volverá, Felipe, la traeremos juntos" (144). Esta vez la enunciación tiene una implícita referencia al personaje Aura, convocada por Consuelo y a su vez, al poder de Consuelo de convocar y re-crear, aunque sólo en la temporalidad de tres días, su propia identidad original en la figura de Aura.

El futuro "Volverá" contiene en sí la semántica de la novela y es encuentro espacial como semiotización de tiempos. El verbo en futuro, en su significado indica haber sido ya pasado y al mismo tiempo tiene la potencialidad de volver a ser. Circunscribe en sí en una sola palabra el ciclo temporal de la novela como ambivalencia quiásmica: anverso es reverso. Nuevamente un signo se superpone a otro y al borrarlo inscribe un nuevo signo en un contexto diferencial. El futuro es siempre *oximorónico* como memoria anticipada y retrospectiva.

Es así como dentro de estas definidas enmarcaciones de texto y discurso es posible observar la mutación de los personajes y a su vez comprender la conducción del proceso transformacional del discurso. En otras palabras, el mundo ficticio que constituye su realidad propia en la narración, mostrará cómo se mantiene dicha verosimilitud de la ficción. ¿Cómo el General Llorente, signo ausente en el tiempo del relato puede constituirse en elemento activo generador del discurso? ¿Cómo, asimismo, se establecen relaciones transformacionales en las parejas Consuelo-Llorente, Felipe-Aura? Estas son algunas preguntas a las que trataré de responder.

Felipe es el conductor del discurso, es el narrador-personaje que abre la novela.

> Lees ese anuncio; una oferta de esa naturaleza no se hace todos los días. Lees y relees el aviso. Parece dirigido a ti - a nadie más... Lees... Tú releerás, se solicita historiador joven. Ordenado, escrupuloso. Conocedor de la lengua francesa... Tres mil pesos mensuales. Comida y recámara cómoda (4).

Es notorio que el verbo en segunda persona señala un desplazamiento del narrador en la acción. No es Felipe mismo, pero tampoco es alguien que no es él. Es la presencia de un tú que esconde un yo borrado, anónimo, impreciso. En este sentido es válido recordar lo que dice Michel Butor con respecto al uso de la segunda persona.

> C'est ici qu'intervient l'emploi de la seconde personne, que l'on peut caractériser ainsi dans le roman: celui à qui l'on raconte sa propre histoire. C'est parce qu'il y a quelqu'un à qui l'on raconte sa propre histoire, quelque chose de lui qu'il ne connaît pas, ou du moins pas encore au niveau du langage qu'il peut y avoir un récit à la seconde personne, qui sera par conséquent toujours un récit "didactique" (*Répertoire II*, 66).

En efecto, en el caso de Felipe el tú es alguien a quien se le cuenta su historia porque la ha olvidado. Si bien en un punto de partida el empleo de la segunda persona, según la define Butor, coincide con el que ofrece Fuentes en *Aura*, el proceso discursivo, en ambos casos, presenta diferencias notorias[3]. Para comprender mejor la función del tú narrador creo oportuno recordar que, como afirma E. Benveniste, la primera y la segunda personas son las activas creadoras del discurso porque mantienen la intersubjetividad de la enunciación, en tanto la tercera persona, característica del enunciado, es siempre referida[4]. Los pronombres personales como los demostrativos, escapan a las normas que gobiernan otros signos del lenguaje; son formas lingüísticas y en cierto sentido anónimas, vacías, sólo indicadoras de personas, formas que adquieren valor semántico cuando alguien se identifica al encarnarlas.

Si se aplican estos conceptos teóricos al uso de la segunda persona en la voz narradora de Felipe, se comprobará que Felipe es conducido por un yo tácito, signo anónimo y ausente al principio, bien identificado al final, al hallarse marcado en las memorias del General Llorente.

El discurso narrativo de la novela *Aura* se despliega en la constancia del tú como una invariante del narrador-personaje. Sin embargo no hemos de quedar sólo en la generalidad, puesto que hay gradaciones en la entrega de la enunciación en *Aura*. En efecto, es importante observar la función de los tiempos de la

---

[3] Según Butor, el *vous* narrador puede mentir, esconder, o simplemente no saber algo, y éste es el caso de *La modification*. Explica también Butor que *vous* presenta el personaje dirigiéndose a sí mismo. Compara también a la segunda persona narrativa con un juez de instrucción (que no es el caso de Felipe, en *Aura*). "La voz que dice *vous* es menos la del personaje que la del autor." Es una *persona* invisible pero poderosamente presente, como centro de la conciencia de la novela. Bruce Morissette: 15-16.

[4] Toda enunciación tiene implícita o explícita una locución y ella postula un "locutario" *tú*. Yo no es sólo yo cuando alguien dice yo. Como forma incompleta necesita integrarse en un *tú*.

conjugación. Estos se ordenan en la novela en dos paradigmas principales; el presente y el futuro, ambos con gradaciones de matices. En cuanto al presente, a su vez, asume doble proyección. Por una parte el presente indica los hechos del relato en sus secuencias diacrónicas y también constituye el trazo que devela un pasado; no elimina la historia, la actualiza con el sentido de un presentido retorno.

Miras rápidamente de la tía a la sobrina y de la sobrina a la tía, pero la Sra. Consuelo en ese instante detiene todo movimiento y, al mismo tiempo, Aura deja el cuchillo sobre el plato y permanece inmóvil y tú *recuerdas* que una fracción de segundo antes la Sra. Consuelo hizo lo mismo (68)[5].

En el párrafo citado, Felipe narra, registra, describe y al mismo tiempo va descubriendo su mundo narrado con un sentido de reiteración, como se advierte en el verbo "recuerdas". El tú condiciona fundamentalmente el discurso de Felipe sin inclusión de otras formas pronominales: "*Duermes*,"..."*Caminas*,"... *Tienes* que prepararte. El autobús se acerca y tú *estás* observando en la punta de tus zapatos negros. *Tienes* que prepararte. *Metes* la mano en el bolsillo, juegas con las monedas de cobre...".

Es una acción lenta, repetida, que dilata la sucesión desde el fluir de un tiempo original. Es una enunciación sintagmatizada, como una voz interior que fluye como tú guiado, y al que se le dice lo que hace o lo que va a hacer. En este caso Felipe es narrador y es personaje narratario, y aplicando la categoría de Gerald Prince (178) es narratario porque es recipiente de otro narrador. Felipe es guiado, es conducido por un yo elidido[6].

En el caso del nivel del futuro, el tú se afirma más como narratario y pierde casi su función narradora. Por otra parte sigue siendo narrador, pues se identifica como pronombre narrativo, pero sólo en ese sentido. El futuro puede tomar así un matiz

---

[5] Las itálicas son mías en todos los casos, a menos que indique lo contrario.
[6] Según la definición de Gerald Prince: 'Toute narration, qu'elle soit orale ou écrite, qu'elle rapporte des événements vérifiables ou mystiques, qu'elle raconte une histoire ou une simple série d'actions dans le temps, toute narration présuppose non seulement (au moins) un narrateur mais encore (au moins) un narrataire, c'est-à-dire quelqu'un à qui le narrateur s'adresse. Dans une narration —fiction— dans un conte, une épopée, un roman le narrateur est une créature fictive, comme son narrataire' (179). El narratario no debe confundirse con la noción de receptor, de lector o de autor. Es un personaje dentro de la misma ficción a quien se le cuenta la historia y es quien participa o está en comunicación con el narrador. Éste se dirige a ese narratario y conforma su relato, en cierto modo, de acuerdo con la actitud respectiva de aquél. Por ejemplo Sherezade en *Las mil y una noches* ha de estar atenta a la recepción del Califa, ya que de ello depende su propia vida.

didáctico de guía o conducción para ayudar a descubrir y a aprender. Es como una acción *prefigurada* en el *futuro*. "*Entrarás* a la recámara...*Recordarás* que la vieja ha estado ausente... *Avanzarás* en la oscuridad" (140).

En otro aspecto del matiz verbal, el tú con futuro tiene una connotación profética que conduce hacia lo imprevisto y desconocido en busca de la revelación presentida.

> Tú ya no *esperarás*... Ya no *consultarás* tu reloj. *Descenderás* rápidamente los peldaños que te alejan de esa celda... donde habían quedado regados los viejos papeles,... *Escucharás* tu propia voz, sorda, transformada (138).

La incursión inesperada del futuro en el presente confiere a la narración un ritmo fluctuante, con sentido progresivo y a la vez regresivo. De este modo se crea un aparente desequilibrio, un corte en el discurso, que denota un vacío. El futuro aporta al discurso connotaciones no típicamente narrativas y marca un sentido de apelación y exhortación. Felipe, como narratario, es conducido por otro narrador. Su función es más bien de actante manejado por otra voz. El protagonista se desarrolla en el proceso textual y pasa de la ignorancia al conocimiento. Su curiosidad crece en el progreso de la obra hasta la culminación en la anagnórisis, con la lectura del folio tres de las memorias. En esta situación de narratario es importante la relación del *tú como receptor-lector* dentro la novela, y a su vez la relación de éste con el lector de la novela, ya que se crea una actitud fática entre ambos y el lector descubre, por el narratario, y al mismo tiempo que éste, las mutaciones y revelaciones.

El futuro asegura, por lo tanto, la sucesión del ciclo de tres días como proceso temporal. Lo profético es saber lo que aún no es, lo que alguien conoce porque ya fue. Un tiempo borra a otro y reinstala una nueva marca temporal con sentido de *palimpsesto* que esconde y descubre. El doble transformacional de Felipe se hace en el discurso mismo como palabra-pronombre, como escritura y como imagen que se borra y se reconstruye en la mutación. Felipe es convocado y transformado por el lenguaje. La persona pronominal tú es la forma, la máscara o figura mediadora que encauza las mutaciones semánticas de un yo. Llorente no está nunca presente como persona en la narración, pero lo está el eco de su palabra y su voz inferida en el texto. La transformación puede observarse en el esquema de una tríada que propongo como modelo:

| 1. Signo-Paradigma A | + | mediador como forma narrativa (m) | > | Signo-Paradigma B |

(yo - ausente)	tú	Felipe tú/yo
Llorente	(significante de yo)	

El pronombre personal como forma lingüística y como posibilidad semántica es en sí mismo un signo transformacional proteico. Felipe es algo más y algo menos que tú; es la combinatoria tú/yo. *Tú* marca un vacío semántico recuperado en el trazo transformacional (mediador) del pronombre. El discurso es de este modo ritual y gestual. Felipe actúa como narrador y es a la vez narratario que asume su función de actante. Como actante es figura evasiva en el lento transcurrir del tiempo diacrónico de la novela. Hay signos concretos, diseminados que alertan al lector. Estos se presentan como mediadores, apoyan y definen la identidad transformacional Felipe-Llorente. Son signos que también Felipe, como destinatario, quiere descubrir. Paralelamente, en el transcurso de los *tres días* Felipe se enfrenta *tres veces* con su propia imagen: 1. en el espejo ovalado del guardarropa se ve como signo reflejo, ícono del tú (32). El segundo momento es ante el mismo espejo en el que ve dibujarse sus repetidos gestos (96). La tercera vez el signo ícono es la fotografía de Llorente que le devolverá levemente corregida la propia imagen de Felipe: el tú en otro, que es él mismo. (Tú/yo)

> Pegas esas fotografías a tus ojos, las levantas hacia el tragaluz; tapas con una mano la barba blanca del general; lo imaginas con pelo negro y siempre te encuentras borrado, perdido, olvidado, pero tú, tú, tú (136).

Felipe se reconoce a sí mismo como tú, la forma del pronombre es su propio ícono. Charles S. Pierce define a los signos íconos como los que guardan una semejanza natural con el objeto al que se refieren; son código de reconocimiento y funcionan como *denotata* (Pierce 156-160).

> Esas facciones de goma y cartón que durante un cuarto de siglo han cubierto tu verdadera faz, tu rostro antiguo, el que tuviste y habías olvidado (136).

Como puede observarse, en el caso de Felipe, la fotografía de Llorente vale como reconocimiento visual (denotatum) y también como descubrimiento adquiere función de signo connotativo en la integración de las memorias del general. Éstas, que implicaron la entrada de Felipe a la casa, son también mediación para el conocimiento de su propia identidad.

En *Aura*, la función del tú es diferente del tú de Artemio Cruz, ya que en éste, yo-tú son partes de un todo, es decir corresponden a la misma conciencia diversificada en yo-tú-él. En *Aura* tú es la conciencia de un yo elidido y ausente que se recobra en la memoria de otro.

Sin embargo, el tú/yo transformacional de Felipe quedaría incompleto si no lo integráramos en su vinculación con la protagonista Consuelo y la figura transformacional de ésta en Aura, su doble convocada. Felipe como narrador *tú*, ha registrado los actos de ambas mujeres, pero asimismo en su interrelación como personaje habla en primera persona en sus breves diálogos con Consuelo y con Aura. La intersubjetividad de los locutores sólo se logra esporádicamente y es más bien una des-encarnación de la palabra. El diálogo es casi silencioso. Aunque Felipe habla como primera persona en su discurso directo, manifestado como enunciación, en éste el pronombre *yo* está suprimido y sólo se reconoce por la forma del verbo. Aún en dichos diálogos el protagonista se sitúa en un distanciamiento. El discurso dialogístico es retaceado, fragmentado, con equívocos en el uso de pronombres, con ausencias y retardos en la captación del sentido. La relación Felipe-Consuelo-Aura es evasiva, mecánica, no logradamente definida.

Por otra parte, la identidad Consuelo-Aura puede dilucidarse más significativamente en el proceso de la función de ambas como actantes. Tanto en las repeticiones de sus gestos idénticos, como en la breve participación en el diálogo, la relación se presenta en manifiesta gradación cíclica, paralela a los tres días cronológicos de la novela. Las transformaciones tienen siempre un apoyo textual en un signo mediador concreto que separa y a la vez ofrece el salto al cambio. En el análisis de esta mutación, en el mismo esquema propuesto anteriormente: Paradigna C (eje vertical); 2. Mediador m, que encarna la identificación transformacional (sintagmática) 3. transformación D, nuevo paradigma que borra y rehace el anterior (B) en un nuevo contexto que lo incluye. La unidad transformacional es la mutación de un paradigma a otro, por mediación de un proceso sintagmático o sea el pasaje de un nivel del sistema a otro nivel. Siendo la figura paradigmática sustitutiva o traslaticia, cada transformación es un atravesamiento y en el proceso de metonimización, sintagmáticamente surge una nueva instalación paradigmática. El mediador los compromete y condiciona la relación de reciprocidad. El mediador es, por lo tanto, el tránsito o pasaje sintagmático que establece la identificación y metonimiza los opuestos metafóricos. A veces la mediación puede provenir directamente de un elemento del paradigna opuesto, como el caso de los pronombres, otras puede ser exterior a ambos paradigmas.

La transformación implica la conversión como elemento básico. Cada signo puede convertirse en su contrario y a su vez volver a ser simultáneamente El Mismo, con la diferenciación que el nuevo contexto le imprime. El proceso es progresivo y regresivo, porque toda nueva forma no permanece estática, desde que posee una potencialidad dinámica para lograr una nueva transformación y mantener así la continuidad del proceso.

EL DISCURSO TRANSFORMACIONAL EN *AURA*   339

Apliquemos estos puntos básicos a la primera aparición de Aura. Cuando Felipe ha llegado por primera vez a la casa, Consuelo está en la cama, rodeada de sus veladores como "una figura pequeña" (13), con "un rostro casi infantil de tan viejo" (14). Entonces, entabla un breve diálogo con Felipe y el lenguaje se hace aún más críptico en el momento en que ocurre la presencia de *Aura*.

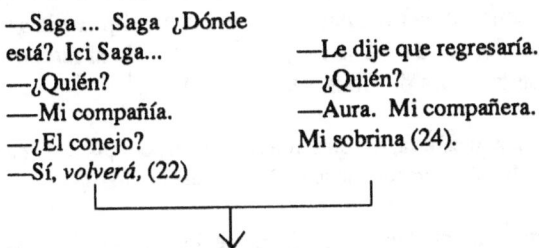

—Aura...
...y entre la mujer y tú se extiende *otra mano* que toca los dedos de la anciana. Miras a un lado y la muchacha está allí ... su aparición fue imprevista, sin ruidos ... (24).

La situación de la escena en el claroscuro de la habitación, con la figura singular de Consuelo, infunde un tono de misterio e irrealidad, que se acentúa en las frases fragmentadas e inconexas del primer diálogo, especialmente ante la aparición de Saga (conejo) y la última frase de Consuelo, sin pronombre explícito, "Sí, volverá," que ha de develarse en el segundo breve diálogo, paralelo y casi idéntico al primero, pero con la mutación Saga/conejo/Aura.

El texto muestra el proceso de la transformación, que aunque sea acto mágico debe hacerse presencia y encarnar como signo en el cuerpo de la escritura. Es evidente la validez del mediador concreto en la conmutación Saga (conejo) Aura.

Como puede observarse, un signo diferencial establece el cambio hacia la transformación. La figura de Aura, actuará siempre como una forma borrosa, evasiva, distante, repitiendo maquinalmente los gestos de Consuelo; 1. en las escenas de la comida, 2. en el sacrificio del macho cabrío, 3. en el gesto repetido de la mano que sostiene la campana, como si esperara *un impulso ajeno para actuar*. Aura es convocada y dirigida por Consuelo. Es una actante conducida por otra, pero en este caso la relación recíproca se establece de una manera ritual y gestual, con sentido misterioso y mágico.

En cuanto a la relación amorosa entre Felipe y Aura, en los tres encuentros sexuales se producirá un crescendo y a la vez de-crescendo en el proceso temporal. En el primer encuentro la niña Aura se ofrecerá a Felipe en la segunda noche (cap. II). En el segundo, Aura será ya mujer (cap. III). En el tercero y último, Aura se desvanecerá en la figura de Consuelo (cap. V).

> Hundirás tu cabeza, tus ojos abiertos, en el pelo plateado de Consuelo, la mujer que volverá a abrazarte cuando la luna pase (144).

En los tres encuentros, la unión entre Felipe-Aura se ha realizado con la mediación implícita de Consuelo. La encarnación de Aura ha cumplido su ciclo, al tercer día, y el cuarto ya no podrá ser Aura. "Ella ya se agotó." "Volverá, Felipe, la traeremos juntos" (144).

El futuro "volverá," que ya he señalado como significativo en la integración temporal, prefigura la transformación recurrente y cíclica.

Aura revela el juego mágico de la imaginación y la escritura como exploración del conocimiento del ser y de su origen olvidado. El texto es signo; cuerpo y espejo de la transmutación de las imágenes de la novela.

OBRAS CITADAS

Benveniste, Émile. *Problemas de lingüística general*. México: Siglo XXI, 1972.

Butor, Michel. "L'usage des pronoms personnels dans le roman," *Répertoire II*. París: ed. de Minuit, 1964: 61-71.

Fuentes, Carlos. *Aura*. 1962. New York: Farrar, Straus and Giroux, 1975. (Edición bilingüe español, inglés)

Morissette, Bruce. "Narrative 'You' in Contemporary Literature," *Comparative Literature Studies* 2. 1965: 1-24.

Pierce, Charles Sanders. *Collected Papers of Charles Sanders Pierce*. Ch. Hartshorne and Paul Weirs eds. Vol. II of *Elements of Logic*. Cambridge University Press, 1932: 156-160.

Prince, Gerald. "Introduction à l' étude du narrataire." *Poétique*. 14, 1973: 178-196.

GARCIA MARQUEZ Y CARRASQUILLA

POR

KURT L. LEVY
University of Toronto

> Dedico este trabajo, con afecto y con admiración, a Alfredo, hispanista dinámico y buen amigo.

Carrasquilla publica su novela cumbre en el mismo año en que nace García Márquez[1]. La cronología impone el rótulo "brecha generacional" o, de acuerdo con los pesimistas, el término más tajante: "abismo generacional". Intervienen más de dos generaciones entre el hombre a quien Federico de Onís califica sin titubeos de "genial precursor, no superado, de la literatura americana posterior al modernismo[2] y el brillante laureado del 82, "uno de los principales renovadores de la narrativa americana a mediados del siglo que vivimos"[3]. El antioqueño desaparece cuando el costeño tiene apenas doce años.

No es mi intención evaluar detalladamente el legado del escritor veterano quien, junto con Osorio Lizarazo y el debatible Vargas Vila, luce la más consistente producción creadora de la novelística colombiana antes de García Márquez, ni

---

[1] Me refiero al año 1928. Hay quienes sostienen que el escritor costeño nació en 1927. Por falta de documentación adecuada de ese año, sigo aceptando la fecha tradicional, o sea 6 de marzo de 1928. Véanse estudios tales como Miguel Fernández-Braso, *La soledad de Gabriel García Márquez*. Barcelona, 1972: 40; Luis Harss and Barbara Dohmann, *Into the Mainstream*. New York, 1967: 312; Regina Janes, *Gabriel García Márquez*. Columbia, 1981: 9; George R. McMurray, *Gabriel García Márquez*. New York, 1977, VIII; Raymond L. Williams, *Gabriel García Márquez*. Boston, 1984: 5; El escritor mismo parece pronunciarse claramente al confesar: "La historia de Macondo termina en 1928: precisamente el año que yo nací." Fernández-Braso, *Gabriel García Márquez - Una conversación infinita*. Madrid, 1969: 104.
[2] Tomás Carrasquilla, *Obras completas*. Medellín, 1958, II: 22.
[3] Angel Rama, "Un novelista de la violencia americana,". Helmy F. Giacoman (ed.) *Homenaje a Gabriel García Márquez*. Nueva York, 1972: 59.

pretendo enfocar a fondo el mágico mundo literario del escritor a quien la Academia Sueca concedió el máximo homenaje por reunir "un talento narrativo desbordante, casi abrumador, y la maestría del artista de la lengua, consciente de su técnica, disciplinado y poseedor de un amplio bagaje literario"[4]. Me propongo solamente señalar unas cuantas afinidades y coincidencias entre dos renombrados narradores colombianos.

Me parece que Carrasquilla ha tenido un impacto mayor del que se supone comúnmente. Los novicios literatos le buscaban para pedirle consejo y el viejo Maestro compartía con ellos los frutos de sus largos años de oficio. "Cantad la vida de la realidad" surge como postulado central de un credo literario que codifica la autonomía del detalle "vulgar y cotidiano," a la vez regional y universal, como base de la visión novelística. "Va de suyo que cualquier tema es susceptible de ser tratado bajo una mirada reflexiva"[5]. A Bernardo Arias Trujillo, autor de la novela *Risaralda*, le anima a respetar los ingredientes de la tierra nativa, consciente de que "bajo accidentes regionales ... puede encerrarse el universo"[6]. "Recuerde," insiste Carrasquilla, "que del maíz y el anís se pueden hacer pajaritos de oro"[7]. La "furiosa" vitalidad[8] y cosmovisión de García Márquez se basan en la convicción de que "toda gran literatura tiene que fundarse sobre una realidad concreta"[9]. "Nuestra respuesta es la vida"[10], conceptúa en otra ocasión y sostiene con vigor la tesis de que la índole mágica de la realidad americana representa un desafío constante para la fantasía.

El crítico torontoniano, Northrop Frye, profundiza el punto al declarar que el arte "is not an escape from reality but a vision of the world in its human form"[11]. Es precisamente esta forma humana, su *"reverence for ... all that is human"*[12] la que constituye un elemento clave en el arte de contar de Carrasquilla y de García Márquez. Igual que Carrasquilla, García Márquez "quiere hablar de una realidad concreta, inmediata, de la que es testigo directo"[13]. Ambos saquean la vida para

---

[4] Lars Gyllensten, "Gabriel García Márquez" (Discurso en la ceremonia de entrega del Premio Nobel, 1982) en Gabriel García Márquez, *La soledad de América Latina. Brindis por la poesía.* Cali, 1983: 25.
[5] Jaime Mejía Duque, *Mito y realidad en Gabriel García Márquez.* Bogotá, 1970: 19.
[6] Carrasquilla, *Op. cit.*: 672.
[7] *Ibid.*: 809.
[8] José Miguel Oviedo emplea el término "furiosamente vital". Gabriel García Márquez - Mario Vargas Llosa, *La novela en América Latina: Diálogo.* Lima, 1968: 6.
[9] *Ibid.*: 36.
[10] *La soledad de América Latina. Brindis por la poesía:* 11.
[11] *University of Toronto Column,* Winter 1985/1986: 5.
[12] Raymond L. Williams, *Op. cit.*: 155.
[13] Carmen Arnau, *El mundo mítico de Gabriel García Márquez.* Barcelona, 1971: 13.

nutrir sus productos literarios; *viven* sus libros transformando las experiencias inmediatas en ficción, poetizándolas. Sin confundir el arte y la vida, están conscientes de la "interacción vital" que las junta[14]. "No podría escribir una historia que no sea basada exclusivamente en experiencias personales" confiesa García Márquez, agregando categóricamente que "la fuente de creación ... es siempre la realidad"[15]. Carrasquilla subraya, como *sine qua non* de su proceso creador, la documentación directa de la realidad que lo rodea. Ambos endosan como piedra angular del género "a vision of the world in its human form", al personaje vivo que convence y que universaliza la región geográfica. Les fascinan los individuos que son víctimas de impulsos obsesivos porque son materia prima que se presta más dinámicamente al escrutinio del novelista. Citemos el ejemplo del maestro sin discípulos (*Dimitas Arias*), de la madre cuyo amor por sus hijas era casi una locura (*Grandeza*), de la fanática súbdita de la corona de España (*La Marquesa de Yolombó*) o de la magnífica obsesión de Ligia Cruz, Rogelio y Blanca y de la menos magnífica de Agustín y Filomena (*Frutos de mi tierra*). Ursula, fiebre utilitaria hecha carne, tiene la obsesión de preservar la estirpe, el coronel Aureliano Buendía sufre de fiebre de guerra, José Arcadio abraza la manía de descubrir la verdad y Petra Cotes goza de "una magnífica vocación para el amor"[16]. Obsesiones dominantes rigen la vida y producen la soledad profunda de tales personajes como el patriarca (*El otoño del patriarca*) y el inolvidable coronel (*El coronel no tiene quien le escriba*) así como del Padre Casafus tan intransigentemente comprometido con defender su punto de vista. Después del fallecimiento de Pilar Ternera aprenden Aureliano y Amaranta Ursula una verdad elemental: "Las obsesiones dominantes prevalecen contra la muerte"[17].

No cabe duda de que "obsesiones dominantes" vuelven a regir *El amor en los tiempos de cólera*. En cuanto a Juvenal Urbino, "el cólera se le convirtió en una obsesión" (pág. 159), "el ajedrez se le había convertido en una pasión indomable" (pág. 19). Jeremiah de Saint Amour amaba la vida "con una pasión sin sentido." En cambio, Florentino, héroe o anti-héroe de la novela, se lo cede todo al amor. Es manía tan obsesiva e intransigentemente arraigada como lo es la devoción patológica de Juana Barrameda de Samudio por sus hijas, el anhelo nostálgico de Dimas Arias por la juventud, la fanática lealtad de Bárbara Caballero a la corona española, la misión del Caballero de la Triste Figura para reformar al mundo o el registro inflacionario de conquistas amorosas en la carrera del Burlador.

[14] Mikhail Bakhtin, *The Dialogic Imagination*. Austin, 1981: 253.
[15] Gabriel García Márquez-Plinio Apuleyo Mendoza, *El olor de la guayaba*. Bogotá, 1982: 31.
[16] *Cien años de soledad*. Buenos Aires, 1967: 165.
[17] *Ibid.*: 346.

"Los demonios de su vida son los temas de sus obras"[18] es la diagnosis de un observador perspicaz de la obra de García Márquez. Los llamados "demonios" son los mismos "fantasmas" que acosan a Sábato y que producen su veredicto sobre el puesto clave del fanatismo en la carrera del escritor[19]. Haciéndose eco de esta posición, Vargas Llosa sostiene que "lo que es más importante para un escritor ... son sus obsesiones" y García Márquez concuerda: "Sí, desde luego, se escribe con obsesiones"[20]. La dimensión autobiográfica que reta la imaginación del autor evoca al concepto unamunesco de que cada buena novela es autobiográfica y al aparte de Goethe de que toda su producción creadora es parte de una inmensa confesión. "Madame Bovary, c'est moi," que diría un realista por excelencia.

Ni Carrasquilla ni García Márquez tienen pelos en la lengua y no les atraen los golpes bajos. Tal coincidencia se refleja en dos asertos documentados ampliamente por la práctica. El costeño sostiene "No soy un hombre de dos palabras"[21] y Carrasquilla, más de medio siglo antes, lamenta la posible pérdida de su empleo bogotano por su incapacidad temperamental de "cometer esa figura de política que se llama: 'Lambele, Antonio'"[22].

Sinceridad y sencillez son conceptos básicos para Carrasquilla y para García Márquez. "Mientras más sincero sea (el novelista), más impacto tiene la novela"[23] reconoce García Márquez y Carrasquilla sostiene que en la vida y en la literatura perdura "sólo lo sincero," autorretratándose como "un salvaje en la sinceridad y en otras cosas"[24]. En cuanto a la sencillez como elemento orgánico del lenguaje de García Márquez que se ha atribuido al impacto de Hemingway (otro autor solitario), es digno recordar que Carrasquilla dedica tres ensayos a la sencillez, calificándola de base de la auténtica elegancia[25].

Gabo afirma acertadamente que "cada tema necesita el lenguaje que más le conviene"[26] y Carrasquilla abraza la posición idéntica al conceptuar que "las ideas

---

[18] Mario Vargas Llosa, *García Márquez: Historia de un deicidio*. Barcelona, 1971: 87.
[19] Ernesto Sábato, *El escritor y sus fantasmas*. Buenos Aires, 1963: 28 ("Tiene que tener una obsesión fanática ... sin ese fanatismo no creo que se pueda llegar a hacer algo importante.").
[20] García Márquez - Vargas Llosa, *Diálogo*: 44.
[21] "Historia de esta historia," palabras de prólogo para *Relato de un náufrago*. Barcelona, 1970: 10.
[22] *Obras completas*, II: 799.
[23] *Diálogo*: 45.
[24] *Obras completas*, II: 769.
[25] "La sencillez en la ciencia," "La sencillez en el arte," "La sencillez en la vida" *Obras completas*, I: 728-734.
[26] *Diálogo*: 49.

no tienen dueño; son de todos"[27] y que acudimos al estilo para proclamar la propiedad íntimamente personal. Cuando García Márquez exige que el deber político del escritor sea escribir bien, aclara que "escribir bien" significa "escribir de acuerdo con su convicción"[28]. Inquietud parecida la revela Carrasquilla al enfrentarse con la crisis de su estética: "Si pienso y escribo según mi estética, choco con la del público; si lo hago de acuerdo con la de éste, riño conmigo mismo"[29], al resolver el dilema escribiendo de acuerdo con su convicción.

Gabo se califica de "escritor realista"[30], Carrasquilla se jacta de haber compuesto "la primera novela prosaica que se ha escrito en Colombia"[31]. García Márquez conceptúa que "las mentiras son más graves en la literatura que en la vida real"[32], Carrasquilla opina que el género novelístico recibe todo "excepto la mentira"[33]. Ni Carrasquilla ni García Márquez son teóricos competentes; son creadores de pura cepa, comprometidos con el arte de contar (y con el "fanatismo creador" que diría Sábato). La parte teórica de la obra de Carrasquilla es la menos convincente y García Márquez reconoce candorosamente: "Yo funciono muy poco en la teoría"[34]. La autocrítica despiadada de Carrasquilla produce la confesión: "Cada día me parece más malo lo poco que he publicado" y la conclusión: "Yo no seré nunca productor literario"[35]. García Márquez concede que es "un mal crítico de (sus) libros", lo cual en mi opinión ilustra con un concepto sobre *El coronel no tiene quien le escriba*[36].

En cuanto a la infancia de los dos, me parece que el clima ambiental de la "montaña mágica" y del litoral no menos mágico tienen puntos de contacto: "Los muertos deambulan por la casa," intervienen fantasmas, leyendas y mitos que fascinan al niño sensible, estimulándole la imaginación, además de un abuelo (o un bisabuelo de noventa y siete años en el caso de Carrasquilla) cuya función predilecta es contar cuentos repletos de "fantasía extraordinaria" y evocar ecos del

---

[27] *Obras completas*, II: 636.
[28] *Diálogo*: 41.
[29] *Obras completas*, II: 755.
[30] *Diálogo*: 19.
[31] "Autobiografía," *Obras completas*, I: XXVI.
[32] *Olor de la guayaba*: 31.
[33] "Herejías," *Obras completas*, II: 630.
[34] *Diálogo*: 8.
[35] *Obras completas*, II: 754.
[36] Después de censurar la novela por no ser "un libro profundamente sincero" (*Diálogo*: 48), en otro comentario posterior se revela más positivo: "Antes de escribir *Crónica de una muerte anunciada*, sostuve que mi mejor novela era *El coronel no tiene quien le escriba*" (*Olor*: 64).

pasado. Representa la etapa embrionaria de dos carreras literarias, la vida de la infancia que, en Antioquia tanto como en la costa, "es indeleble en el alma." "A Gabriel le fascinaba ir con su abuelo hasta los linderos de la compañía bananera"[37], Carrasquilla "vivía pegado a él (su bisabuelo) como un perrito"[38].

Gabo declara haber fumado cuarenta cigarrillos diarios cuando era joven, Carrasquilla no sólo fumaba un promedio de setenta cigarrillos al día durante toda su larga vida, sino que escribió un ensayo apologético en defensa del hábito ("Humo"). Jamás renunció el culto a "Santa Nicotina;" en cuanto a abandonar el "aguardientico de mi Dios" —¡ni pensar!

La lectura surge como salvación en Bogotá y en Santo Domingo: Carrasquilla alude a su patria chica donde "a falta de otra cosa peor en que ocuparse, se lee muchísimo"[39]; en cuanto a García Márquez, "su único consuelo fue la lectura"[40]. La capital no atrae ni al paisa ni al costeño; sus comentarios revelan poco entusiasmo por el "Atenas de Sudamérica". Ambos dejan sus estudios de Derecho a poco tiempo de emprenderlos, debido a la rebelión antioqueña de 1876 contra el gobierno central en el caso de Carrasquilla, al bogotazo de 1948 en el de García Márquez[41].

El estreno novelístico no es alentador ni para el uno ni para el otro. Al rechazo de *La hojarasca* lo acompaña un comentario tan incomprensivo como brusco[42], el manuscrito de *Frutos de mi tierra* fue juzgado "poco menos que detestable" por críticos competentes[43].

Asimismo en el ritmo creador hay puntos de contacto. García Márquez tarda unos tres lustros en terminar la elaboración de su obra culminante, la gestación de la obra maestra de Carrasquilla abarca tres décadas. La confesión de Gabo: "En menos de dos años escribí *Cien años de soledad*, pero antes de sentarme a la máquina duré 15 o 17 años pensando en ese libro"[44], no puede menos de traernos a la memoria la respuesta célebre de Carrasquilla al ser interpelado sobre la gestación de *La Marquesa de Yolombó*: "No la he escrito todavía pero ya la tengo."

"*García Márquez' public statements are often either misleading or contradictory*"[45]. Evidentemente la consistencia no convence ni a Carrasquilla ni a García

---

[37] *Olor*: 10.
[38] *Obras completas*, II: 811.
[39] *Obras completas*, I: XXV.
[40] *Olor*: 43.
[41] Regina Janes, *Op. cit.*: 13.
[42] Günter W. Lorenz cita los componentes negativos del crítico español Guillermo de Torre, *Die zeitgenoessische Literatur in Lateinamerika*. Tübingen, 1971: 214-215.
[43] *Obras completas*, I: XXVI.
[44] *Olor*: 27.
[45] Williams: 13.

Márquez. Ajena al ritmo vital de ambos, interviene como factor contraproducente. "Un escritor que no se contradice es un escritor dogmático y un escritor dogmático es reaccionario"[46], sostiene García Márquez, y Carrasquilla rechaza la consistencia por ser "la imagen de la muerte"[47].

Coinciden en su actitud positiva hacia la música, recurso potente que nutre a la creación literaria. García Márquez hace destacar el impacto musical en *El otoño del patriarca*[48], y Carrasquilla reconoce la deuda trascendental del lenguaje con la música, por su universalidad y sus matices[49]. Es evidente la afinidad instintiva del costeño por Andalucía. Su concepto de que los andaluces que fueron a América "eran unos cachondos ... lo que querían era vivir locamente"[50] trae a la memoria algunas de las más vivas páginas de *La Marquesa de Yolombó*, específicamente al inolvidable Taita Moreno quien, a los ochenta años de edad, se niega a dormir solo "porque me da mucho frío"[51].

Ambos lucen la extraordinaria riqueza estilística, el don que ha sido calificado de "arte olividado de contar"[52], exento de malabarismos; ambos acuden a la visión sicológica penetrante para crear auténticos seres humanos, personajes vivos cuyas obsesiones "prevalecen contra la muerte." Ambos adornan con imaginación mágica el detalle humilde de la realidad, definiendo sus regiones respectivas con genio autónomo y uniendo regionalismo a universalidad. La encuesta dinámica en el dilema de la soledad es el lógico resultado de explorar el papel de obsesiones, manías y fiebres —"ideas únicas" me atreví a bautizar, en un estudio de hace treinta años[53], este fenómeno existencial tan universal que obedece impulsos y móviles positivos así como negativos. Se ha dicho, hablando de García Márquez, que "*his female characters are usually stronger, more down-to-earth*"[54]. En efecto me parece que en ambos autores se destacan los sólidos personajes femeninos, en contraste con la inestabilidad relativa de los masculinos. Los ejemplos abundan, desde la mujer del protagonista (*El coronel no tiene quien le escriba*) y Ursula (*Cien años de soledad*) hasta Fermina (*El amor en los tiempos del cólera*) — "los pies firmemente plantados en el suelo"— desde Magola (*Grandeza*) y Rumalda

---

[46] *Diálogo*: 55.
[47] *Obras completas*, II: 761.
[48] *Olor*: 63.
[49] Kurt L. Levy, *Vida y obras de Tomás Carrasquilla*. Medellín, 1958: 91.
[50] *Una conversación infinita*. Madrid, 1969: 53.
[51] *La Marquesa de Yolombó*. Ed. crítica de Kurt L. Levy, Bogotá, 1974: 166.
[52] Ricardo Gullón, *Gabriel García Márquez o el olvidado arte de contar*. Madrid, 1970.
[53] Véase *Vida y obras de Tomás Carrasquilla*, capítulo V.
[54] George R. McMurray, *Op. cit.*: 161.

(*El Zarco*) hasta Bárbara, la Marquesa de Yolombó. "Pocos personajes hay en la literatura hispanoamericana tan atrayentes como ella"[55].

Al lado de coincidencias, afinidades y analogías, saltan a la vista las divergencias. Proclaman la brecha generacional (según García Márquez, "lo único entre ellos 'los abuelos' y nosotros es Faulkner")[56], así como aspectos clave de cosmovisión, además del no sé qué, "la parte ... misteriosa, la parte innata", el genio individual. Reafirmando este punto esencial, el novelista canadiense Robertson Davies cita un refrán galés: *"We must sing with the voices God gave us"*[57]. —García Márquez vive fuera del país (aunque declara con énfasis que espiritualmente nunca está ausente de Colombia). Carrasquilla jamás sale de su tierra; sus odiseas son internas. García Márquez abraza una posición ideológica militante. Comparte el postulado de que no es suficiente interpretar al mundo; hay que transformarlo: "Yo creo que tarde o temprano el mundo será socialista, quiero que lo sea, mientras más pronto mejor"[58]. Con la misma claridad se pronuncia sobre el conocido veredicto de Benedetto Croce de que la literatura política es literatura mala y mala política al afirmar que "el deber político del escritor es escribir bien," lo cual concuerda con la posición de Jorge Amado (expuesta en conversación con Günter Lorenz) de que "die gute Literatur ist die Waffe des Volkes"[59]. Carrasquilla, con claridad igual, rechaza la "función política" del escritor; prefiere que "los demás peleen por él"[60] si hemos de recordar su reacción candorosa frente a la guerra civil de 1876.

De entre los aportes de los nuevos escritores a la novelística hispanoamericana, se ha destacado el sentido de humor: "Por primera vez, nuestros libros saben reir: dejando de ser sagrados"[61]. Consta que Carrasquilla no sólo censura los absurdos sociales y humanos con sonrisa cáustica sino que también cede a menudo a las francas carcajadas. Las páginas de *Frutos de mi tierra*, *La Marquesa de Yolombó*, "San Antoñito" y sobre todo "En la diestra de Dios Padre" abundan en ejemplos de este fenómeno, raro en la literatura hispanoamericana, el cual gozará de un renacimiento espectacular gracias a la pluma brillante del escritor costeño y otros de su generación. Sus trampas ingeniosas saben despistar al lector obligándole a estar consciente de la honda realidad que se esconde bajo un concepto por lo visto tan sencillo como lo es "la literatura es el mejor juguete para

---

[55] "En acción de justicia a Tomás Carrasquilla", Carlos García Prada, *Estudios hispanoamericanos*. México, 1945: 257.
[56] *Diálogo*: 52.
[57] "Saturday Magazine," *The Toronto Star*, September 19, 1987.
[58] *La soledad de Gabriel García Márquez*. Barcelona, 1972: 94.
[59] Günter W. Lorenz, *Dialog mit Lateinamerika*. Tübingen, 1970: 604.
[60] Levy: 26.
[61] Carlos Fuentes, *La nueva novela latinoamericana*. México, 1969: 30.

burlarse de la gente"⁶². Ni García Márquez ni Carrasquilla ceden a la tentación de tomarse demasiado en serio, endosando evidentemente el credo de Nicolás Guillén: "Otros lloren, yo me río/ porque la risa es salud." Los momentos de franca risa, de la risa a carcajadas (o a "cur-cajadas" que diría un buen amigo) no dejan de traer a la memoria las palabras acertadas de un célebre escritor alemán cuyos libros yo devoraba con avidez, hace más años de los que quisiera admitir, en Berlín cuando todavía era *una* ciudad, sin muralla divisoria. Escribe Erich Kaestner: "Nur wer erwachsen wird und ein Kind bleibt, ist ein Mensch." La humanidad exuberante de los dos escritores colombianos y su curiosidad obsesiva por los seres humanos se enriquecen por la dimensión infantil, reafirmando la tesis de Wordsworth: "The child is father of the man."

Carrasquilla no recibió el premio Nobel. Se encuentra en la compañía de ilustres "Non-Nobeles," tales como Borges, Greene, Joyce, Proust y desde luego del gran ruso (autor predilecto de Carrasquilla y García Márquez) quien decía: "Describe bien tu aldea y serás universal." En su país natal es víctima de los síntomas notorios de una época que condena las letras domésticas a mínima resonancia, por la escasez de ediciones, de lectores y de críticos y, sobre todo, por el menosprecio "de lo propio," fenómeno tan triste como universal⁶³. Es lamentable la costumbre de "despachar" a los grandes epígonos nacionales con "dos expresiones manidas, donde la intrascendencia roza con la irresponsabilidad"⁶⁴.

El Arcipreste de Hita ofrece argumentos convincentes en pro de las "dueñas chicas" y no discrepo con la autoridad del bardo medieval. Admiro a las dueñas chicas en la vida y en la literatura. A mi parecer se destaca en la producción creadora del laureado de 1982, además de la vasta sinfonía de *Cien años de soledad* y del tema con variaciones de *El otoño del patriarca*, la íntima música de cámara de una "dueña chica" encantadora que se llama "El coronel no tiene quien le escriba." Tampoco dudo que, en otra ocasión, otra mágica "dueña chica" que se llama "The Old man and the Sea" influyó potentemente en el veredicto del jurado solemne en favor de la obra de Hemingway. Me atrevo a especular que, en un Nobel ficticio para Carrasquilla, una tercera "dueña chica," registrando las hazañas del

---

⁶² *Cien años de soledad*: 327.
⁶³ Manuel Mejía Vallejo se refiere al "desconocimiento —por desprecio o negligencia— del barro que estaban pisando" Kurt L. Levy, *Tomás Carrasquilla*. Boston, 1980. Traducción al español por Mary Deschaso y Jorge Rodríguez Arbeláez, Medellín, 1985, Prólogo: V.
⁶⁴ Otto Morales Benítez, "Observaciones acerca de las últimas generaciones: 1940-1984," *Ensayos de literatura colombiana*. Compilación de Raymond L. Williams, Bogotá, 1985: 235.

inmortal Peralta[65], acompañaría las vibrantes páginas de *La Marquesa de Yolombó* para colocar a su autor "en la diestra" de la Academia Sueca.

Hay quienes constatan la inexistencia de la tradición cultural colombiana[66] y el estancamiento de la vida colombiana antes de García Márquez[67]. Alguien afirma que García Márquez radica en un país virtualmente desangrado literariamente[68]. Cediendo a un momento de mal humor, Miguel Antonio Caro se permitió un comentario parecido aunque más limitado: "Las letras de Antioquia son letras de cambio[69]." No me convencen tales conceptos apresurados que en mi opinión demuestran la verdad alarmante de que a veces es más fácil rechazar que pretender enterarse. Otros críticos[70], con documentación adecuada, llegan a conclusiones más alentadoras, y la joven Asociación de Colombianistas Norteamericanos consagra sus congresos anuales al escrutinio sistemático y documentado de los valores culturales de Colombia, los del pasado tanto como los de la actualidad[71]. La diagnosis pesimista de parte de críticos competentes bien podría ser el resultado de una apreciación de las letras de su país atribuida a García Márquez, o sea "inventario de muertos"[72]. Sacado del contexto parece negar el panorama literario total y el lector se queda perplejo hasta darse cuenta de que el fallo peyorativo se refiere —con bastante justificación por cierto— a la producción literaria (o seudo-literaria, con escasas excepciones) de muy pocos años en época fatídica para Colombia, la llamada "novelística de la violencia". En general tengo mis dudas sobre la autenticidad de las citas excesivamente iconoclastas. Si no se inventan ("pura paja" las llama Gabo), se distorsionan o, como la arriba mencionada, se citan fuera del contexto. Caballero Calderón nos recuerda que para los periodistas "las malas noticias son buenas noticias" porque un aserto negativo y provocador produce más ventas que la valoración responsable. Además no cabe duda de que

---

[65] "En la diestra de Dios Padre" (dramatizado por Enrique Buenaventura).
[66] Vargas Llosa: 83.
[67] Luis Harss, *Los nuestros*. Buenos Aires, 1966: 381.
[68] Lorenz, *Die zeitgenoessische Literatur* ... Tübingen, 1971: 213.
[69] Kurt L. Levy, "The Letters of Antioquia: A Dual Leitmotif," *Revista Hispánica Moderna*, XXXIV, 3-4. Homenaje a Federico de Onís II: 700.
[70] Véanse el libro exhaustivo de Antonio Curcio Altamar *Evolución de la novela en Colombia*. (Bogotá, 1957); y, más recientemente, el excelente estudio *La novela colombiana: planetas y satélites*. Bogotá, 1978, de Seymour Menton.
[71] Los cuatro congresos anuales de la Asociación se celebraron el Rionegro (Recinto de Quirama), St. Louis (Washington University), Bogotá (Universidad Pontificia Javeriana) y en Ithaca (Cornell). El quinto se realizará, Dios mediante, en la Universidad de Cartagena en agosto de 1988.
[72] "'A casualty list' he calls Colombian literature." Luis Harss and Barbara Dohmann: 310.

García Márquez pretende provocar el debate para que la gente comience a pensar. Es la fórmula estimulante del "épater le bourgeois;" nos trae a la memoria al poeta Valderrama de la tercera parte de *Los de abajo* quien según Demetrio es un loco pero "nos hace pensar." García Márquez no es un loco —ni mucho menos— pero no cabe duda de que nos hace pensar acerca de la tradición cultural de su tierra y otras muchas cosas.

Carrasquilla no menciona a García Márquez por motivos evidentes. Que yo sepa, García Márquez no menciona a Carrasquilla, por motivos menos evidentes. Por más que reconozca que "es mucho lo que le debo a la literatura colombiana"[73], el nombre del compatriota veterano no figura ni entre los "acreedores" colombianos ni entre la generación de "abuelos" que según García Márquez "removían bien la tierra para que ... pudiéramos sembrar más facilmente"[74]. Lo tengo para mí que tal vez la costa no esté tan lejos de la montaña y que hay un abuelo en la montaña que se niega a ser olvidado porque a veces, igual que Valderrama, dice cosas que nos hacen pensar y, sobre todo, las dice de un modo digno de ser recordado. A lo mejor que los dos grandes narradores "inmanentistas"[75], el antioqueño y el costeño, no sean tan diferentes como pueden parecer a primera vista. Observa Emmanuel Carballo: "García Márquez, que si a alguien recordase en la prosa de su país, no sería al autor de *La vorágine* sino a Tomás Carrasquilla"[76].

Onís da en el clavo como tantas veces al afirmar que Carrasquilla "intuyó el futuro de la literatura americana"[77]. Carrasquilla lo intuyó, su brillante compatriota lo realizó.

---

[73] Jorge Eduardo Moreno Acero, *Vargas Vila, ¿mejor que García Márquez?* Bogotá, 1981: 14.
[74] *Diálogo*: 51.
[75] El rótulo que Mejía Duque aplica a García Márquez (*Mito y realidad*, 20) no deja de tener validez para Carrasquilla.
[76] "Gabriel García Márquez, un gran novelista latinoamericano." Mario Benedetti, *Nueve asedios a García Márquez.* Santiago, 1969: 23-24.
[77] *Obras completas*, II: XXIII.

BORGES Y LA FILOSOFIA

POR

ROBERTO PAOLI
Università degli Studi di Firenze

En su conjunto la filosofía inglesa, al par que la literatura inglesa que estudiaremos en capítulo aparte, ha proporcionado a Borges un gran número de sugestiones, aunque desde la perspectiva de un sistema subyacente el de Schopenhauer representa el modelo más satisfactorio. Nos detendremos, por supuesto, en los filósofos mayores y, al mismo tiempo, importantes para nuestro escritor, pero incluiremos también referencias a algunas obras que pueden llamarse de divulgación o recreación filosófico-científica, las que sin embargo figuran con pleno derecho entre las fuentes borgianas más substanciosas.

Platónicos y aristotélicos

Originario de Gales fue Pelagio, que, haciéndose defensor del libre albedrío, promovió la herejía más sensata. La sensatez de su doctrina, que contrasta con la doctrina agustiniano-calvinista de la predestinación, es evidenciada por Borges en *Historia de la eternidad*[1]. Para el que quiera admitir una continuidad de ciertas peculiaridades intelectuales británicas es significativo el hecho de que el planteo racionalista de Pelagio perdura todavía, después de algunos siglos, en el tratado de la predestinación del irlandés Juan Escoto Erígena. Pero no es ésta la obra en que el escritor argentino hace especial hincapié, sino más bien el diálogo *De divisione naturae* que manifiesta todo el increíble vigor especulativo de este solitario filósofo del siglo nueve.

Escoto Erígena constituye uno de los grandes eslabones de la cadena filosófica (platónicos, panteístas, idealistas) con la que Borges ha congeniado más profundamente[2]. Este, especialmente en *Otras inquisiciones*, evidencia con magníficas

---

[1] Buenos Aires: Emecé, 1953: 29-30. En adelante para indicar Buenos Aires usamos la sigla B.A.
[2] *Discusión* B.A.: Emecé, 1957: 172; *Historia de la eternidad*: 9; *Otras inquisiciones*: 200.

síntesis la metafísica panteísta y, en particular, la teología negativa del irlandés, la cual tiene sus fuentes en el pseudo-Dionisio: "Dios es la nada primordial de la *creatio ex nihilo*, el abismo en que se engendraron los arquetipos y luego los seres concretos"[3]; "Dios no sabe quién es ni qué es, porque no es un qué ni es un quién"[4]. Pero ser nada puede querer decir también ser todo y todos[5].

Otra gran idea y metáfora de Erígena, recalcada por Borges, es que la Sagrada Escritura tiene infinitos significados, pareciéndose en esto al plumaje tornasolado del pavo real[6]. Además, nuestro autor nunca pierde de vista aquellos elementos nacionales o regionales que unen a escritores y pensadores cronológicamente lejanos. En efecto, señala que la negación erigeniana del mal, de clara derivación neoplatónica, se puede encontrar todavía, después de tantos siglos, en el sueño de John Tanner de *Man and Superman* de Shaw, otro irlandés[7]. A más de eso, señala que el concepto de historia como "un largo sueño de Dios, que al fin volverá a Dios", una frase en la cual puede compendiarse el sistema de Erígena, repercute todavía en el drama del mismo Shaw, *Back to Methuselah*[8].

Esto no debe hacernos creer que la mente británica sea naturalmente platónica. Al contrario. Aunque en Inglaterra la tradición platónica se ha reavivado en el siglo XVII con la escuela de los platónicos de Cambridge[9], tal vez más importante es el polo opuesto, el nominalista, cuyo más autorizado representante fue Guillermo de Occam[10]. El nominalismo constituyó una corriente vigorosa que se convertirá luego en convicción general, típica del sentido común de todos los hombres modernos[11] y, en particular, de los británicos, que, más que los otros pueblos, han contribuido a la evolución de esta manera de pensar: "El nominalismo inglés del siglo XIV resurge en el escrupuloso idealismo inglés del siglo XVIII; la economía de la fórmula de Occam, *entia non sunt multiplicanda praeter necessitatem*, permite o prefigura el no menos taxativo *esse est percipi*. Los hombres, dijo Coleridge, nacen aristotélicos o platónicos; de la mente inglesa cabe afirmar que

---

[3] *Otras inquisiciones*: 200.
[4] *Ibid.*: 224; *Discusión*: 140; *Historia de la eternidad*: 32-33.
[5] *El hacedor*. B.A.: Emecé, 1960: 82.
[6] *Discusión*: 59; *Siete noches*. México: Fondo de Cultura Económica, 1980: 101; M. E. Vázquez, *Borges: imágenes, memoria, diálogos*. Caracas: Monte Avila, 1977: 135.
[7] *Otras inquisiciones*: 194.
[8] "Irlanda", *Atlas*, en *Tutte le opere*. Milano: Mondadori, 1985. vol. II: 1320. La referencia es siempre al texto original, incluido en esa edición que es bilingüe para los libros poéticos.
[9] *Otras inquisiciones*: 167.
[10] "Correr o ser". *La cifra*, en *Tutte le opere*, vol, II: 1224.
[11] *Otras inquisiciones*: 211.

nació aristotélica. Lo real, para esa mente, no son los conceptos abstractos, sino los individuos; no el ruiseñor genérico, sino los ruiseñores concretos"[12].

George Berkeley

No existen pensadores ingleses que hayan tenido mayor influjo que Berkeley y Hume en la larga trayectoria literaria de Borges. Ellos retornan a menudo, junto con Schopenhauer, en las citas del escritor, como los pocos que se hayan acercado a una interpretación plausible del universo[13]. Aunque Borges, en el conjunto de su especulación metafísica, hace patente su mayor parentesco con el escepticismo de Hume, su favorito queda posiblemente Berkeley[14]. De ambos, de todas maneras, pone en evidencia esa intuición del carácter onírico del mundo que presenta profundas analogías con la doctrina budista del *Velo de Maya* y que, como veremos en el capítulo sucesivo, tiene tantas repercusiones literarias en la tradición inglesa. Además, ellos pertenecen a una categoría de filósofos que son también límpidos escritores y no usan esa jerga especial que encontramos, a su juicio, en Kant o en Hegel[15].

El amor de Borges por el idealismo inglés (nunca usa el término "empirismo", pues considera tal vez más definidor el reconocimiento del carácter inmaterial de lo que existe) surgió en él cuando era todavía un muchacho y su padre, sin recurrir a vocablos abstractos o a nombres de filósofos, manejando una naranja común, le explicaba la asombrosa doctrina de Berkeley. Con la misma sencillez, usando un tablero de ajedrez, su padre le explicó la paradoja de Aquiles y la tortuga[16]. Provisto de una mentalidad británica, de naturaleza aristotélica, que se había formado sobre empiristas y positivistas, inculcaba en el hijo la desconfianza por las abstracciones, a partir de la abstracción del Estado[17]. Pero, sobre todo, le transmitía el encanto de ciertas filosofías que parecen escandalizar el buen sentido: un encanto destinado a transformarse no en certidumbre filosófica, sino en emoción poética y en literatura[18]. En la literatura fantástica, comenta Borges, las invenciones más

---

[12] *Ibid.*: 168.
[13] *Borges el memorioso*. México: Fondo de Cultura Económica, 1982: 142; *Borges at Eighty*. Indiana: Indiana University Press, 1982. Cap. XI.
[14] *Fervor de Buenos Aires*. B.A.: Emecé, 1954: 45; *Otras inquisiciones*: 261-262; *Obra poética (1923-1976)*. Madrid: Alianza Tres, 1979: 21; *¿Qué es el budismo? Obras completas en colaboración*. B.A.: Emecé, 1979: 756.
[15] *Borges at Eighty*, Cap. XI.
[16] *El libro de arena*. B.A.: Emecé, 1975: 67; *Borges el memorioso*: 196.
[17] *Otras inquisiciones*: 168; *Prólogos*. B.A.: Torres Agüero, 1977: 61.
[18] M. E. Vázquez, *Op. cit.*: 105.

sorprendentes derivan de la filosofía de la teología, tal vez más que del mito o de la pura imaginación. Los filósofos y los teólogos, así como los metafísicos de Tlön que buscan la maravilla más que la verdad, son los maestros absolutos e insospechados del género fantástico: "En efecto, ¿qué son los prodigios de Wells o de Edgar Allan Poe —una flor que nos llega del porvenir, un muerto sometido a la hipnosis— confrontados con la invención de Dios, con la teoría laboriosa de un ser que de algún modo es tres y que solitariamente perdura *fuera del tiempo*? ¿Qué es la piedra bezoar ante la armonía preestablecida, quién es el unicornio ante la Trinidad, quién es Lucio Apuleyo ante los multiplicadores de Buddhas del Gran Vehículo, qué son todas las noches de Shahrazad junto a un argumento de Berkeley?"[19].

La genial "perogrullada" de Berkeley, condensada en la formula *esse est percipi*, es expuesta brevemente por Borges, de la mejor manera, en un artículo juvenil, titulado "La encrucijada de Berkeley"[20], y en otro bastante posterior, uno de sus textos más famosos, que se titula *Nueva refutación del tiempo*[21]. El influjo literario del pensador irlandés es evidente ya desde la primera colección poética, *Fervor de Buenos Aires*: en la lírica "Amanecer" el poeta confiesa que revivió "... la tremenda conjetura / de Schopenhauer y de Berkeley / que declara que el mundo / es una actividad de la mente, / un sueño de las almas, / sin base ni propósito ni volumen"[22]. En particular, el concepto del mundo como sueño o percepción ubicua de Dios ha mantenido constante su poder de seducción en cada fase de la poesía de Borges[23]. Este mismo concepto, según una explícita declaración del autor[24], constituye la base del cuento "Las ruinas circulares" (en *Ficciones*), donde el soñador se da cuenta, "con alivio, con humillación, con terror"[25], que también él es el sueño de otro.

Sin embargo es en la utopía de "Tlön, Uqbar, Orbis Tertius" (en *Ficciones*) donde pueden reconocerse las mayores huellas de Berkeley. Se trata, en efecto, de un mundo congénitamente idealista, desprovisto de una extensión objetiva y consistente en una dimensión puramente mental. Su inmaterialismo invierte la

---

[19] *Discusión*: 172.
[20] *Inquisiciones*. B.A.: Proa, 1925: 109-119.
[21] *Otras inquisiciones*: 235-237.
[22] *Fervor de Buenos Aires*: 47; N.T. Di Giovanni, *"An Autobiographical Essay"*. *The Aleph and Other Stories*. New York: Dutton, 1970.
[23] *El hacedor*: 17; *"El oro de los tigres"*. *Obra poética (1923-1976)*: 384; *"La cifra"*, en *Tutte le opere*, vol. II: 1220; *Atlas*, *Ibid*.: 1320; Ver también *Otras inquisiciones*: 250; *Borges el memorioso*: 97 y 136.
[24] *Borges el memorioso*: 223.
[25] *Ficciones*. B.A.: Emecé, 1956: 66.

imagen del mundo en el que vivimos y al que estamos acostumbrados. En el planeta Tlön el materialismo es increíble y escandaloso para la mente común, como lo es para nuestra mente de terrestres el idealismo de tipo inmaterialista. La alusión indirecta a Berkeley se afianza en la mención directa del filósofo como afiliado a la sociedad secreta que planeó la invención de esta utopía (es un hecho histórico que Berkeley viajó a América con espíritu de profeta y proyectos de fundador)[26]. Otro guiño al lector sobre el nombre del filósofo es la creación de un personaje llamado Ezra Buckley: éste no tiene nada en común con Berkeley y por algunos aspectos es su revés, pero indudablemente no podemos evitar de pensar que Buckley se pronuncia casi como Berkeley.

Un universo como el de Tlön se inspira en sugestiones filosóficas múltiples, algunas de las cuales están indicadas, si bien rápidamente, en el texto: Meinong con la teoría de los objetos, Russell con la física de la mente, Vaihinger con la filosofía del como-si; y luego también sugestiones platónicas y panteístas como la idea de un sujeto único. En cambio, la posibilidad de modificar el pasado remite, además que a las ficciones científicas de Hinton[27], al tratado sobre la divina omnipotencia de San Pier Damiani, inspirador también del cuento "La otra muerte" (en *El Aleph*). Sin embargo entiendo que, en el ámbito específico del influjo del idealismo inglés, el planeta Tlön refleja, en resumidas cuentas, la posición de Hume más bien que la de Berkeley. Aquel mundo de objetos no substantivos, substituidos en la lengua por verbos impersonales o por adjetivos, puede admitir también la sola referencia a Berkeley, pero la definición de la causalidad como asociación de ideas que no implica una relación necesaria responde mayormente a la crítica que de este concepto hizo Hume; y así también el corolario de la imposibilidad en Tlön de llegar a la formulación de leyes científicas generales. También el sofisma "materialista" de las nueve monedas recuperadas (que serían justo aquellas que se habían perdido) representa mejor la negación del más radical idealismo de Hume, destructor de dogmas gnoseológicos y creador de nuevas evidencias, que del de Berkeley, el cual postula la continuidad de los objetos (y, por

---

[26] "A comienzos del siglo XVIII, Berkeley formuló en un poema una teoría cíclica de la historia; sostuvo que los imperios, como el sol, van del oriente al occidente (*Westward the course of Empire takes its way*) y que el mayor y último imperio de la historia, concebida como una tragedia en cinco actos, sería el de América. Lo atareó el proyecto de un seminario en las Bermudas, que adiestraría a los rudos colonos ingleses y a los pieles rojas del continente para ese espléndido y lejano destino"; J. L. Borges, *Introducción a la literatura norteamericana*, B.A.: Columba, 1967: 9. Sobre la concepción heliodrómica de la historia, cfr. Antonello Gerbi, *La disputa del Nuovo Mondo*. Napoli: Ricciardi, 1955: 150-156.

[27] *Ficciones*: 162; *El libro de arena*: 67 y 78.

consiguiente, también de las monedas de la paradoja de Tlön) en la continua percepción que Dios tiene de ellos.

En cambio, la teoría del conocimiento de Berkeley, según la cual "la materia es una serie de percepciones y esas percepciones son inconcebibles sin una conciencia que las perciba"[28], ha contribuido a estimular en Borges su modernísima estética de la lectura, de la cual un vasto sector de la crítica luego se apropiaría (¡*lector in fabula* y, casi, *fabula in lectore*!) y que nosotros referimos tal como fue formulada en el prólogo a la *Obra poética* publicada por Emecé en 1964: "Este prólogo podría denominarse la estética de Berkeley, no porque la haya profesado el metafísico irlandés —una de las personas más queribles que en la memoria de los hombres perduran—, sino porque aplica a las letras el argumento que éste aplicó a la realidad. El sabor de la manzana (declara Berkeley) está en el contacto de la fruta con el paladar, no en la fruta misma; análogamente (diría yo) la poesía está en el comercio del poema con el lector, no en la serie de símbolos que registran las páginas de un libro. Lo esencial es el hecho estético, el *thrill*, la modificación física que suscita cada lectura. Esto acaso no es nuevo, pero a mis años las novedades importan menos que la verdad"[29].

David Hume

Aparte del primer libro del *Treatise of Human Nature*, que versa sobre el conocimiento y contiene el núcleo esencial de la doctrina de Hume, las obras del filósofo escocés que dejaron huellas más netas en la creación borgiana son: *The Natural History of Religion* y *Dialogues Concerning Natural Religion*. Especialmente, de esta última, hay que tener presente aquel pasaje sobre el tiempo cíclico (parte octava), al cual se refiere Borges tan asiduamente[30], y también aquella degradante imagen de la creación (parte quinta) que para Hume tiene una conexión con la idea antropomórfica de la divinidad[31]; y, por último, el problema del mal[32] en páginas (partes décima y undécima) que se adelantan claramente al tratamiento del mismo problema en Schopenhauer. Pero, en general, el espíritu que rige entrambas obras se encuentra en nuestro escritor no sólo en su pensamiento acerca

---

[28] *Borges oral*. B.A.: Emecé, 1979: 31.
[29] *Obra poética 1923-1976*: p. 11.
[30] *Historia de la eternidad*: 93; *El otro, el mismo* en *Obra poética (1923-1976)*: 182; *Borges oral*: 14; Borges-Sábato, *Diálogos*. B.A.: Emecé, 1976: 152; N.T. Di Giovanni, *Op. cit.*; M. E. Vázquez, *Op. cit.*: 53; *Borges el memorioso*: 283.
[31] *Otras inquisiciones*: 143.
[32] *Discusión*: 179.

de la religión, sino también en todas sus actitudes intelectuales, desde el rechazo de una idea supersticiosa y vulgar de Dios hasta el elogio de la racionalidad y de la tolerancia[33].

El influjo de Hume, como el de Berkeley, se hace sentir muy pronto. Ya en un artículo de *Inquisiciones*, titulado "La nadería de la personalidad"[34], se niega la existencia de la identidad personal ("no hay tal yo de conjunto"), con argumentos que recuerdan de cerca a Hume y al budismo, aunque la fuente humiana no se menciona explícitamente. Esta tesis lleva consigo una crítica a Berkeley, negador de la existencia de la materia pero no de la del alma: crítica que se evidencia, con igual precocidad, en el artículo "La encrucijada de Berkeley"[35], del mismo libro. Según Borges, en Berkeley actúa una especie de disociación: el filósofo reduce la realidad al *esse est percipi*; pero el teólogo (o el obispo potencial que está en él) postula un Dios, el cual percibe las cosas cuando ningún otro las percibe[36] y asegura la continuidad de las grandes entidades metafísicas como el yo y el espacio, o, con otras palabras, el pensamiento y la extensión. Es la misma acusación de incoherencia que le dirige Hume —"con plena lógica"— cuando no reconoce en el sujeto un principio activo y pensante, sino sólo un haz de percepciones que se suceden rápidamente. En realidad, ni siquiera de un sujeto sería apropiado hablar, porque objetos y sujetos son sólo una "impura mitología": hay "un soñar, un percibir pero no un soñador ni siquiera un sueño"[37]. En escritos más tardíos, Borges recuerda con frecuencia lo que Hume escribió de Berkeley, es decir que sus argumentos no admitían la menor refutación, pero tampoco producían la menor convicción[38].

Si Hume llevó la doctrina de Berkeley a sus inevitables consecuencias lógicas, Borges —no sin broma y autoironía— quiere llevar a las inevitables consecuencias la doctrina de Hume. Esto se verifica en el ensayo "Nueva refutación del tiempo"[39], memorable por lo menos por su conclusión. Borges razona así: Si es verdad, como lo es para Berkeley, que fuera de toda percepción (actual o conjetural) no existe la materia, y si es verdad, como es verdad para Hume, que fuera de todo estado mental no existe el espíritu, así será también verdad que fuera de cada instante presente no existe el tiempo. Una vez negados la materia y el espíritu, una vez negado el

---

[33] Otras referencias a Hume en: *Discusión*: 106; *¿Qué es el budismo?*: 742 y 751; *Siete noches*: 9-80; *Borges at Eighty*, Cap. II y IV.
[34] 84-95.
[35] 109-119.
[36] *Ibid.*: 114.
[37] *Otras inquisiciones*: 253.
[38] *Discusión*: 67; *Ficciones*: 20; Borges-Sábato, *Diálogos*: 147; *Borges at Eighty*, Cap. XI.
[39] *Otras inquisiciones*: 235-257.

espacio, no se ve con qué derecho se debe mantener esa otra continuidad que es el tiempo. "Niego, con argumentos del idealismo, la vasta serie temporal que el idealismo admite"[40]. Para negar la sucesión temporal Borges cita una abundante serie de datos empíricos. Su refutación del tiempo se funda en una intuición casi mística de lo vivido, en momentos excepcionales de éxtasis, en relámpagos interiores que parecen desgarrar el velo a la eternidad: se asemeja a un postulado más que a una deducción. De manera análoga al alma y a las cosas materiales, el tiempo no existe. La materia, el yo, el mundo externo, la historia universal, nuestras vidas pertenecen al orbe nebuloso de los objetos imaginarios[41].

La refutación misma, que se presenta con el aspecto de la lógica, ¿no es acaso resultado de la imaginación y el deseo? La clave del famoso ensayo está en las palabras finales, ampliamente conocidas[42], a las cuales remito para una lectura contextual, juzgando más conforme a mi deber ofrecer aquí una sintética paráfrasis, aunque de sabor didáctico: "Negamos el tiempo para consolarnos, pero éste desgraciadamente es real: nosotros somos el tiempo y, del tiempo, somos simultáneamente víctimas y verdugos. Consuela negar el mundo como hace Berkeley, pero el mundo desgraciadamente es real; consuela negar el yo como hace Hume, pero el yo desgraciadamente es real. Yo quisiera ser otro, quisiera ser todos o nadie, pero desgraciada e irremediablemente soy Borges". La irrealidad del tiempo es un sueño que nuestro autor siempre vuelve a soñar y a escribir[43], aunque no pueda prestarle mayor fe de la que se presta a los sueños.

El positivismo

Borges se ha declarado muchas veces anarquista, pero es evidente que su anarquismo no tenía raíces en Bakunin, sino en el individualismo de Spencer, del cual se declaraba secuaz, siguiendo el ejemplo paterno[44]. También el grupo intelectual porteño, al cual pertenecía en su juventud y que giraba alrededor de Macedonio Fernández, se definía "anarquista individualista", no obstante que los problemas de sus integrantes fueran estéticos y metafísicos, no políticos y sociales[45]. El hecho es que las ideas de Spencer se habían difundido en las clases

---

[40] *Ibid.*: 241.
[41] *Ibid.*: 254.
[42] *Ibid.*: 256.
[43] *Ibid.*: 237.
[44] Emir Rodríguez Monegal, "Borges y la política". *Revista Iberoamericana*, 100-101 (1977): 273, Idem, Id., *Borges. A Literary Biography* (New York: Dutton, 1978), I, 3.
[45] *Prólogo*: 49.

intelectuales más vivas y abiertas: el mismo poeta Almafuerte, tan admirado por los Borges, padre e hijo, era spenceriano[46].

Por consiguiente, la convicción individualista deriva a nuestro escritor esencialmente de Spencer, junto con otras características de su actitud filosófica y política. Por otro lado, todo el conjunto de su cultura filosófica y literaria tiene raíces bien plantadas en el siglo diecinueve inglés. El influjo de pensadores como John Stuart Mill y Herbert Spencer, es posible que supere, por su importancia, el número, relativamente limitado, de las citas directas que hace de estos autores. Se observa en Borges un inesperado positivismo de fondo, que es liberal, individualista y meritocrático, evolucionista y, al mismo tiempo, conservador en lo relativo a sociedad y política, y que reserva para el Inconocible spenceriano (que él llama Enigma o Misterio, preferiblemente) desmesurados espacios, inaccesibles para la mente científica. Si Spencer creía que el Inconocible era el objeto de la religión, Borges hace de él el campo de sus aventuras fantástico-metafísicas.

También en este caso debe llamarse la atención sobre las orientaciones de pensamiento del padre, así como sobre los contenidos de su biblioteca. Mill y Spencer son autores "heredados", así como son "heredados" otros autores, tal vez no titulares de un sistema filosófico original, tal vez sólo brillantes divulgadores, como George Henry Lewis, cuya *Biographical History of Philosophy* debe juzgarse de primera importancia entre las lecturas juveniles de Borges[47], o como Gustav Spiller, cuya psicología, *The Mind of Man*, encaminó quizás al joven a los misterios, sorpresas y maravillas de la mente humana[48]. No insistiremos nunca suficientemente sobre el papel que tuvo el padre, con su personalidad moral e intelectual, y con sus lecturas favoritas, en la formación del futuro escritor.

De Mill, Borges prefirió siempre el *Sistema de lógica*. Lo cita cada vez que siente la necesidad de reafirmar su adhesión al principio milliano de la pluralidad de las causas[49]. Pero el importante pasaje borgiano en el cual se advierte la presencia de una precisa sugestión poética de la obra de Mill es el siguiente: "En aquel capítulo de su *Lógica* que trata de la ley de causalidad, John Stuart Mill razona que el estado del universo en cualquier instante es una consecuencia de su estado en el instante previo y que a una inteligencia infinita le bastaría el conocimiento perfecto de un *sólo instante* para saber la historia del universo, pasada y venidera. (También razona —¡oh Louis Auguste Blanqui, oh Nietzsche,

---

[46] *Ibid.*: 15.
[47] *Borges at Eighty*, Cap. XI.
[48] *Discusión*: 165; *Siete noches*: 146.
[49] *Prólogos*: 137; S. Cro, *Borges: poeta, saggista, narratore*. Milano: Mursia, 1971: 266; *Atlas*, ed. cit.: 1312.

oh Pitágoras!— que la repetición de cualquier estado comportaría la repetición de todos los otros y haría de la historia universal una serie cíclica.) En esa moderada versión de cierta fantasía de Laplace —este había imaginado que el estado presente del universo es, en teoría, reducible a una fórmula, de la que Alguien podría deducir todo el porvenir y todo el pasado— Mill no excluye la posibilidad de una futura intervención exterior que rompa la serie. Afirma que el estado q fatalmente producirá el estado r; el estado r, el s,; el estado s, el t; pero admite que antes de t una catástrofe divina —la *consummatio mundi*, digamos— puede haber aniquilado el planeta. El porvenir es inevitable, preciso, pero puede no acontecer. Dios acecha en los intervalos"[50].

Este pasaje se vincula con un motivo desarrollado, entre otros, en el cuento "La otra muerte" (que pertenece a *El Aleph*) y en el soneto "Para una versión del I King": Dios, que no está sujetado al determinismo y que quizás se anida en los vacíos o en las roturas de esta trama de hierro, puede permitir que lo que es fatal no se cumpla (y se cumpla, en cambio, lo que no tiene una razón suficiente que lo justifique). Citaré ahora el texto de la poesía, inspirada en el citado pasaje de Mill y una de las más significativas de Borges:

> El porvenir es tan irrevocable
> Como el rígido ayer. No hay una cosa
> Que no sea una letra silenciosa
> De la eterna escritura indescifrable
> Cuyo libro es el tiempo. Quien se aleja
> De su casa ya ha vuelto. Nuestra vida
> Es la senda futura y recorrida.
> Nada nos dice adiós. Nada nos deja.
> No te rindas. La ergástula es oscura,
> La firme trama es de incesante hierro,
> Pero en algún recodo de tu encierro
> Puede haber un descuido, una hendidura.
> El camino es fatal como la flecha
> Pero en las grietas está Dios, que acecha[51].

Volviendo un momento a Spencer, recordaremos de él en primer lugar los *First Principles*, donde se afirma que la ciencia no agotará nunca el Inconocible[52], y los *Principles of Psychology*. De las distintas citas de opiniones spencerianas, se deduce que Borges había leído con mucha atención estas obras[53]. Pero no exalta

---

[50] *Otras inquisiciones*: 38-39.
[51] *La moneda de hierro*, en *Obra poética (1923-1976)*: 499.
[52] *Discusión*: 140-141.
[53] *Ibid.*: 42 y 140-141; *Historia de la eternidad*: 95.

ninguna como *The Man against the State*, el único libro político (en sentido lato) que juzga basilar para su formación. Se ha discutido sobre la posición política de Borges, pero su actitud de fondo —no alguna declaración casual— se explica en el cuadro victoriano, moderado, liberal, tolerante, de la filosofía de Spencer. En particular esta obra, llena —a su juicio— de advertencias desatendidas y proféticas[54], y conforme a la tendencia general inglesa a desconfiar de las abstracciones y sólo a contar con el individuo, volvía continuamente entre los alegatos de Borges, en el momento que alguien lo entrevistaba queriendo inquirir sus convicciones políticas: "Sí, soy un viejo anarquista. Antes bien, un viejo spenceriano individualista. Es decir, no soy fascista, no soy comunista, no soy nacionalista, detesto el nacionalismo. No fui nunca peronista o nazi, detesto todo esto; soy un viejo anarquista, un viejo anarquista pacífico, un viejo señor anarquista individualista, un viejo lector de aquel Herbert Spencer que escribió *El hombre contra el Estado*, pero mientras tanto tenemos al Estado por todos lados, el nacionalismo por todos lados"[55]; "Mi padre era un anarquista en el sentido spenceriano de la palabra. Es decir un individualista en lucha contra el Estado.... El hecho es que crecí con la convicción de que el individuo tiene que ser fuerte y el Estado débil. No puedo apreciar esas teorías en base a las cuales el Estado es más importante que el individuo"[56].

Francis H. Bradley

El pensamiento de este idealista hegeliano, que quizá sea el último, cronológicamente, de la serie de los grandes platónicos y monistas que Borges indica como los inesperados maestros del género fantástico (Parménides, naturalmente Platón, Escoto Erígena, Spinoza, Schopenhauer, Hegel) fue indudablemente una de las mayores fuentes de invención narrativa para nuestro autor[57]. La obra maestra de Bradley, *Appearance and Reality* (1897), es uno de esos libros de gran sugestión intelectual que deben haberlo iniciado a la duda gnoseológica, insertándose en el surco abierto por las lecciones y propuestas paternas que lo tuvieron siempre distante del peligro de recostarse en un "sueño dogmático". Citas de aquel libro ya están presentes en *Inquisiciones* (1925) y en *El idioma de los*

---

[54] *Otras inquisiciones*: 168.
[55] "Intervista Borges-Arbasino", *L'Approdo*, Roma, 79-80 (1977): 280.
[56] R. Burgin, *Conversations with Borges*. New York: Holt, Rinehart and Winston, 1968. Cap. 6. Cfr. también: M. E. Vázquez, *Op. cit*: 56-57; *El informe de Brodie*. B.A.: Emecé, 1970: 127-128; *Borges at Eighty*, Cap. III; *Borges el memorioso*: 262.
[57] *Discusión*: 172; *Otras inquisiciones*: 168 y 248; *Borges at Eighty*, Cap. VII.

argentinos (1928). Este segundo volumen le debe a Bradley el encantador epígrafe general de que se adorna: "Para el amor no satisfecho el mundo es misterio, un misterio que el amor satisfecho parece comprender" (cap. XV).

Bradley era un profundo pensador y un hombre invisible (o, por lo menos, la imagen que se había formado Borges de él derivaba de esta conjunción de méritos). En la misma historia de la filosofía no se aseguró aquel espacio que la fuerza de su especulación merecería. Pero justamente este aspecto contribuyó en gran medida a ganarle la estimación de nuestro escritor, quien declaró en una entrevista: "(Admiro) personas, digamos, que no son especialmente célebres, como Macedonio Fernández o Xul Solar o el filósofo inglés Bradley, gentes que viven exclusivamente para pensar. Lograron que no les importara su destino individual sino el pensamiento, el Universo. Eso me parece admirable, pero no puede recomendarse, porque depende de cómo está constituido cada uno. Yo trato de ser una de esas personas, pero no lo soy. Mi padre lo era ... tenía el deseo de pasar inadvertido. Una de las razones que tuvo para irse a Europa es que no conocía a nadie allá ... "[58].

El punto focal de la filosofía bradleyana del que se apasionó el escritor argentino fue el problema del tiempo. Se puede conjeturar que tanto la negación del yo como la refutación del tiempo (ideas que están documentadas desde los primeros ensayos juveniles) fueron sugeridas por la lectura de Bradley, no menos que por Hume o por el budismo o por las conversaciones con Macedonio Fernández. En efecto, en la negación de la realidad de todas las relaciones, que el filósofo inglés desarrolló de una manera radical, no hay conexión causal o continuidad espacial, temporal, personal, que se salve, ya que el mundo se desmenuza en el momento mismo del acto cognoscitivo[59]. Pero lo que más le llamó la atención a Borges es que, a la luz de la crítica de Bradley, se reduce a fragmentos también el último baluarte que había resistido a la demolición de Hume: el tiempo como sucesión uniforme.

En el artículo juvenil, "Acerca de Unamuno, poeta"[60] se transcriben dos versos del escritor español, en los cuales el tránsito del tiempo se percibe como un transcurso en sentido inverso, del mañana hacia el ayer, del porvenir hacia el pasado: "nocturno el río de las horas fluye/ desde su manantial, que es el mañana/ eterno ... " (*Rosario de sonetos líricos*, n. 88). Borges se queda sorprendido por la novedad de la imagen, pero, razonando, y pensando en el infinito misterio del tiempo, declara que no la encuentra más paradójica que la común, según la cual el

---

[58] M. E. Vázquez, *Op. cit.*: 91-92.
[59] *Ficciones*: 162; *Otras inquisiciones*: 154 y 254-255; *Borges at Eighty*, Cap. IV.
[60] *Inquisiciones*: 100-108.

flujo va del pasado al futuro. Es curioso el hecho que también Bradley haya formulado la hipótesis de un fluir temporal del futuro hacia el presente, y, por consiguiente, hacia el pasado[61]. Pero en el artículo borgiano no hay ni sombra de una conexión entre Unamuno y Bradley: no se dice si se trata de una coincidencia casual ni si deba hablarse, en cambio, de una precisa fuente explotada por Unamuno.

El acercamiento entre los dos autores se establece más o menos diez años después, en *Historia de la eternidad*: "Una de esas oscuridades [inherentes al tiempo], no la más ardua pero no la menos hermosa, es la que nos impide precisar la dirección del tiempo. Que fluye del pasado hacia el porvenir es la creencia común, pero no es más ilógica la contraria, la fijada en verso español por Miguel de Unamuno ... Ambas son igualmente verosímiles —e igualmente inverificables. Bradley niega las dos y adelanta una hipótesis personal: "excluir el porvenir, que es una mera construcción de nuestra esperanza, y reducir lo 'actual' a la agonía del momento presente desintegrándose en el pasado"[62]. En este primer cotejo, la imagen de Unamuno y la hipótesis de Bradley parecen tener su común principio en la incierta idea que tenemos acerca de la dirección del tiempo, pero Borges todavía no las reconce como idénticas. Sólo mucho más tarde se dará cuenta, si no de la identidad, por lo menos de la substancial equivalencia de la percepción del tiempo ínsita en las dos visiones: "... generalmente se supone que el tiempo viene del pasado y que nosotros estamos nadando *con* la corriente. Pero Bradley y Unamuno suponían lo contrario ... esa idea yo la he encontrado sólo en Bradley y sólo en Unamuno"[63].

En el cuento "Examen de la obra de Herbert Quain" (en *Ficciones*) se atribuye a este autor ficticio una novela ramificada y regresiva, cuyo título, *April March*, sería también una regresión temporal, queriendo significar literalmente *Abril Marzo* y no *Marcha de Abril*. Esta obra, si por la ramificación temporal nos recuerda explícitamente la teoría de J. W. Dunne (véase más adelante), por su movimiento regresivo evoca, no menos explícitamente, "aquel inverso mundo de Bradley, en que la muerte precede al nacimiento y la cicatriz a la herida y la herida al golpe"[64].

Bradley es fuente primaria en el estudio de los laberintos del tiempo en Borges. Este filósofo ofrece un ejemplo probatorio de cómo, en la pluma de nuestro escritor, la filosofía se convierte en literatura fantástica. En otro cuento de

---

[61] *Otras inquisiciones*: 33; *Borges oral*: 90; *Borges at Eighty*, Cap. I; *Atlas*, ed. cit.: 1412.
[62] *Historia de la eternidad*: 12.
[63] *Borges el memorioso*: 197.
[64] *Ficciones*: 79.

Ficciones, "El milagro secreto", el personaje ha escrito una *Vindicación de la eternidad*, en la cual "niega (con Francis Bradley) que todos los hechos del universo integran una serie temporal"[65]. Pero el cuento que mayormente ha recibido el influjo del concepto bradleyano del tiempo es, sin duda alguna, "El jardín de senderos que se bifurcan" (en *Ficciones*), donde se traduce en fábula y trama una imagen del tiempo formada por tantas series que pueden entrecruzarse pero son independientes entre ellas: imagen que se opone a la idea newtoniana de un tiempo uniforme[66]. Recordemos el pasaje en el cual el sinólogo Albert le explica a Yu Tsun la estructura de la novela de su antepasado Ts'ui Pên, novela cuyo tema es el tiempo: "A diferencia de Newton y de Schopenhauer, su antepasado no creía en un tiempo uniforme, absoluto. Creía en infinitas series de tiempos divergentes, convergentes y paralelos. Esa trama de tiempos que se aproximan, se bifurcan, se cortan o que secularmente se ignoran, abarca *todas* las posibilidades"[67]. Pues bien, la fuente de este famoso momento de *Ficciones*, tan sugestivo, es, según la explícita indicación del autor, *Appearance and Reality*[68].

En la misma entrevista Borges cita, junto a Bradley, otra fuente de "El jardín de senderos que se bifurcan". Se trata del libro *An Experiment with Time* (1927) de John William Dunne, obra singular que, aunque de un punto de vista filosófico no alcanza ni siquiera de lejos la jerarquía de *Appearance and Reality*, tuvo el poder de ofrecer estímulos no menos interesantes a la invención de nuestro escritor[69]. La teoría de Dunne es que en el sueño el tiempo revela su verdadera esencia pluridimensional, sustraída a la falsificación "espacializante" de la vigilia que se agota en la serie pasado-presente-futuro. Cada uno de nosotros, todas las noches, posee una pequeña eternidad personal, porque en el sueño vemos pasado y futuro con una sola mirada, un poco como Dios que ve simultáneamente todo el devenir. Los casos de precognición onírica postulan que el futuro ya está presente[70], así como el regreso onírico de los difuntos y de los espacios de la infancia demuestran que el pasado está presente todavía.

Es sabido que, antes de Borges, más o menos diez años antes, el libro de Dunne tuvo un notable influjo sobre el autor dramático inglés J. B. Priestley, en cuyos *"Time Plays"* podemos verdaderamente asistir a esos juegos con el tiempo y a esas mismas alteraciones de la sucesión temporal que se atribuyen a la novela de Ts'ui

---

[65] *Ibid.*: 162.
[66] *Borges oral*: 93-94; *Borges el memorioso*: 198-199.
[67] *Ficciones*: 109-110.
[68] *Borges at Eighty*, Cap. VI.
[69] *Otras inquisiciones*: 31-35.
[70] *Siete noches*: 36-37.

Pên (en "El jardín de senderos que se bifurcan"), al drama *Los enemigos* (en *El milagro secreto*) y a la novela *April March* (en "Examen de la obra de Herbert Quain"). Borges leyó a Priestley, y testimonio de ello, a falta de otras menciones, son las tres reseñas que sobre obras de este autor publicó en *El Hogar*: se trata de "Time and the Conways", "I Have Been Here Before", "The Doomsday Men". En la segunda de estas reseñas Borges relaciona la trama de la pieza de Priestley con "la curiosa tesis de Dunne, que atribuye a cada hombre, en cada instante de su vida, un número infinito de porvenires, todos previsibles y todos reales"[71].

Bertrand Russell

En el libro *Conversations with Borges* de Richard Burgin se lee esta breve declaración: "Hay uno (entre los filósofos contemporáneos) que he leído y releído encontrándolo muy estimulante, y también interesante, acabando por tomar de él muchos de mis temas preferidos —me refiero a Bertrand Russell"[72]. Entre la multitud de competencias de este filósofo despertaron en particular la curiosidad de Borges las matemáticas, especialmente el tratado *Introduction to Mathematical Philosophy* (1919) que es el libro citado con más frecuencia. Naturalmente, el escritor argentino tuvo que reconocer sus propios límites en este campo: "Las matemáticas me interesan. Me interesa la obra de Bertrand Russell y lo que he podido ver del matemático alemán George Kantor .... Pero no me veo como matemático, porque no tengo ninguna facultad para ello. Entiendo que el ajedrez es una ocupación muy noble y que de todos los juegos que conozco es infinitamente superior, pero al mismo tiempo soy uno de los ajedrecistas más mediocres que existan"[73]. Lo mismo afirma, con formulación más expresiva, en un texto en prosa contenido en *La cifra*: "He divisado, desde las páginas de Russell, la doctrina de los conjuntos, la *Mengenlehre*, que postula y explora los vastos números que no alcanzaría un hombre inmortal aunque agotara sus eternidades contando, y cuyas dinastías imaginarias tienen como cifras las letras del alfabeto hebreo. En ese delicado laberinto no me fue dado penetrar"[74].

No obstante estos límites, el escritor se detuvo fructuosamente en el pórtico de entrada al laberinto, si damos crédito a la frecuencia de las referencias a la

---

[71] J. L. Borges, *Textos cautivos. Ensayos y reseñas en "El Hogar" (1936-1939)*, ed. de E. Sacerio-Garí y E. Rodríguez Monegal, B.A.: Tusquets, 1986. Sobre J. B. Priestley, ver índice temático.
[72] R. Burgin, *Op. cit.*, Cap. VI.
[73] M. E. Vázquez, *Op. cit.*: 51.
[74] *La cifra*, ed. cit.: 1254.

"Introduction" de Russell[75]. Sobre todo lo impresionó la refutación russelliana de los argumentos de Zenón, "la única de inspiración condigna" de la inmortal paradoja de Aquiles y la tortuga[76]. En la conclusión del cuento "La muerte y la brújula" (de *Ficciones*), cuando el criminal perseguido logra que caiga en la trampa el detective perseguidor por medio de un laberinto "finito" en forma de rombo, el perdedor critica el inútil dispendio de signos usados por el vencedor, ya que hubiera podido darle jaque de una manera menos sofisticada, menos complicada, y también menos costosa. Hubiera podido recurrir a la simple línea recta, que, considerada infinitamente divisible como en la paradoja de Zenón, es también un posible laberinto, un laberinto infinitesimal, invisible e incesante: "En su laberinto sobran tres líneas .... Yo sé de un laberinto griego que es una línea única, recta. En esa línea se han perdido tantos filósofos que bien puede perderse un mero detective"[77].

The Analysis of Mind es la otra obra de Russell que nuestro escritor ha leído atentamente, tomando material para sus habituales desplazamientos del plano de la posibilidad mental al plano de la posibilidad real. Por ejemplo, cuando en *Otras inquisiciones* cita aquel pasaje del capítulo noveno, relativo a la memoria, en el cual se afirma que "no hay una imposibilidad lógica en la hipótesis que el mundo haya sido creado hace cinco minutos, y que haya surgido exactamente como es ahora, con una población que recuerda un pasado completamente irreal"[78], hay que tener en cuenta la conocida tendencia de Borges a captar y aislar las sugerencias que en los textos de los filósofos contrasten con el sentido común y se presten a una elaboración literaria de orden fantástico. En efecto, en el contexto russelliano la no-existencia del pasado es sólo una hipótesis escéptica, de la cual se evidencia la defendibilidad lógica, no la validez científica. El mismo capítulo noveno, junto a otros del mismo libro, ha contribuido también a sugerir —según una explícita declaración del autor en una nota al pie de la página— aquel pasaje de "Tlön, Uqbar, Orbis Tertius", en el cual se narra que "una de las escuelas de Tlön llega a negar el tiempo: razona que el presente es indefinido, que el futuro no tiene realidad sino como esperanza presente, que el pasado no tiene realidad sino como recuerdo presente"[79].

---

[75] *El idioma de los argentinos*. B.A.: Gleizer, 1928: 164; *Discusión*: 166; *Otras inquisiciones*: 152; *Historia de la eternidad*: 13 y 93-94; Borges-Sábato, *Diálogos*: 92.
[76] *Discusión*: 117-119; *Borges oral*: 89-90 y 91; *Ficciones*: 47.
[77] *Ficciones*: 158.
[78] *Otras inquisiciones*: 40. Borges se refiere al Cap. IX, "La memoria", de *The Analysis of Mind*.
[79] *Ficciones*: 23; Borges-Sábato, *Diálogos*: 146.

No dejaremos de mencionar que Borges ha sido un apasionado lector de la *History of Western Philosophy* de Bertrand Russell. Una vez dijo, durante una entrevista en la televisión, que es ésta una de las obras dignas de salvación en caso de un nuevo diluvio universal. Es posible que de la lectura de ese vasto y animadísimo libro, a mediados de los años cuarenta, Borges haya sacado algunas sugestiones que ha aprovechado en sus cuentos posteriores: por ejemplo "La busca de Averroes" (1947); "La otra muerte" (1949), etc. Ni dejaremos de lado, en fin, el hecho que Borges ha reseñado favorablemente también los ensayos menos especializados de Russell, como los reunidos en *Let the People Think* y *The Ancestry of Fascism*, recibiendo en ellos una enseñanza que tal vez la crítica no ha sabido valorizar adecuadamente. En "Pierre Menard, autor del Quijote"[80] encontramos una referencia simpática e indirecta al pacifismo del filósofo inglés, mientras la tesis de Russell en base a la cual el nazismo tiene sus lejanas raíces en Fichte y Carlyle[81] contribuyó probablemente a atenuar la antigua pasión de Borges por el gran escritor escocés.

---

[80] *Ficciones*: 53.
[81] *Otras inquisiciones*: 181-182; *Prólogos*: 35.

LA PREFIGURACION DE UNA NUEVA FORMA NOVELESCA

POR

SAUL YURKIEVICH
Universidad de la Sorbona, París

Con la publicación de las dos primeras tentativas —*El examen* y *Divertimento*— que permanecieron inéditas en vida del autor, conocemos integralmente el ciclo novelesco de Julio Cortázar. Si lo abordamos en tanto totalidad, este conjunto se muestra coaligado por evidentes lazos de parentesco, revela un vínculo placentario. Gestada a partir de una misma matriz, la sucesión de novelas instaura un ciclo genético, una progenie consanguínea que progresa en busca de su realización más plena hasta culminar en *Rayuela*. En *Rayuela* se cumple plenamente el programa que ya *El examen* prefigura, se consuma, por largo encaminamiento precedido de cuatro intentos previos, una gestación que necesitó más de una década para alcanzar, por remoción cada vez más radical del módulo novelesco decimonónico, su prodigiosa, su novedosa plenitud. Lo que sigue —un desprendimiento amplificado (*62. Modelo para armar*) y una prolongación declinante (*Libro de Manuel*)— con parecida contextura, procede de la misma materia plasmática. Aunque varias veces Julio me dijera que proyectaba escribir una novela donde (a la manera del Fellini de *Otto e mezzo* o de *La città delle donne*) reuniría a todas las mujeres que intervinieron en su vida, tuve, después de *El libro de Manuel*, la convicción de que no volvería a practicar este dilatado género. Vislumbraba que en toda su producción novelesca Julio había tentado, hasta el agotamiento, un mismo módulo; de reincidir en el género, necesitaba concebir otro modelo (u otro anti-modelo) combinatorio.

Concluido en la primavera de 1950, *El examen* es el primer intento novelesco que Julio Cortázar juzga satisfactorio. De haber tenido la oportunidad inmediata de publicarlo, la hubiese aprovechado con gusto. Pero, por un azar adverso de circunstancias editoriales, esta premonitoria novela quedó postergada. Quienes dispusimos su publicación póstuma consideramos que no era un mero precedente, sólo una muestra arqueológica de una obra después magistral, sino un libro autosuficiente, estéticamente estimable. Novela de anticipación, predice de modo fantasioso ciertos acontecimientos históricos que efectivamente tuvieron lugar y preanuncia las preocupaciones que fundan el universo cortazariano y los procedimientos narrativos que lo configuran. *El examen* (título relativo a la prueba de conocimiento universal que rinden los oyentes de la casa de lecturas) implica *el examen* de ingreso al género novela. Llegado ya a un extraordinario dominio del cuento, Cortázar emprende otro aprendizaje; incursiona en una forma narrativa mucho más abierta y más extensa que le permite autorrepresentarse más directamente, transferir de inmediato al texto la carga autobiográfica y autoexpresiva, comunicar explayada y juguetonamente, además de su fantasmática visión de Buenos Aires, su fáustica situación vital, su frustrante circunstancia epocal, su insatisfactoria inserción social, explicitar los motivos de su desarraigo y de su doble exilio, el de adentro y el de afuera, el causante y el causado. La novela, continente que todo lo incluye, lo faculta no sólo a poner en intriga sino a exponer su problemática existencial y estética o, mejor dicho, su búsqueda de una estética existencial donde lo vivible y lo decible coincidan concertados por una misma apetencia (o potencia) liberadora.

Al igual que *Divertimento*, *El examen* transcurre íntegramente en Buenos Aires. Palpable, visible, audible, olible, omnipresente o sea omnirrepresentada por su geografía (calles, zonas frecuentadas, sitios característicos, cantidad de cafés), hábitat y habitantes, sus usos y costumbres, su cultura, sus mitos, su mentalidad, su idioma, el mundo porteño ocupa un lugar narrativo tan importante, determina de tal modo vida y actitudes de los personajes que se puede calificar a *El examen* de novela de Buenos Aires. Relevante y alarmante, la ciudad porteña resalta aquí como el Dublín de Joyce: vivaz, fresca y vigorosamente figurada. Para simbolizar el desbarajuste que impera en la Argentina de la primera presidencia de Perón, Cortázar recurre a la hipérbole fantasiosa, a imágenes extrañas, truculentas, a situaciones estrambóticas. La era peronista está netamente señalada por índices ya directos (los menos) o alusivos pero inequívocos, que van de la obligatoria fotografía del presidente exhibida en todo lugar público o la consagración del año 1950 al culto del "Libertador General San Martín" hasta las rituales marchas y concentraciones populares, las manifestaciones multitudinarias, las estrepitosas campañas de propaganda masiva, la invasión del centro por la masa proletaria y por el lumpen, el culto fetichista al gran conductor y a toda reliquia vinculada a su persona.

Para Cortázar, que adopta la perspectiva del intelectual liberal, ecuménico, refinado, la vociferación colectiva, el tropel suburbano que asalta la ciudad, la impresionante presencia del bajo pueblo que vitorea vigorosamente a su líder, las compulsivas ceremonias y los emblemas de porte forzoso instaurados por el régimen, el encuadre disciplinario de las organizaciones gremiales contribuyen, no poco, al repudio de Cortázar de ese peronismo de extracción totalitaria, autoritario y demagógico. Antes de la redacción de *El examen*, Julio había padecido, en su calidad de profesor de la Universidad de Cuyo, el atropello de la autonomía universitaria y la entrega de las universidades a la derecha nacionalista y ultramontana, lo cual motivó su renuncia. Los intelectuales democráticos, predispuestos por el origen fascista, el carácter nacional-popular del peronismo y el auspicio que los militares le brindaron, no podían vislumbrar que este movimiento aportaba a las clases populares la primera oportunidad de una efectiva participación política y que la movilización de tamaña masa electoral lo obligó a modificar su naturaleza, a convertirse en válida expresión de las reivindicaciones del proletariado. Condicionado por su extracción social, por su formación cultural, por el resentimiento populachero contra los ilustrados, por las hordas que vocean "¡Alpargatas sí, libros no!", Cortázar experimenta profundo menosprecio hacia la chusma espesa y achinada, por la población mestiza, por el "cabecita negra". Al igual que "En las puertas del cielo", cuento contemporáneo de *El examen*, donde aparece esa milonga maleva frecuentada por los "monstruos" ("las mujeres casi enanas y achinadas, los tipos como javaneses o mocovíes"), esta novela da una versión despreciativa de los de abajo, del argentino autóctono, de los de tierra adentro. Por intermedio de Juan, personaje que es uno de sus manifestantes más directos, el autor expresa su disgusto de pertenecer, por un lamentable azar, a la plana cultura pampeana, rémora tan difícil de superar; confiesa su imposibilidad de convivir con esa plebe aindiada o con los oficinistas engominados:

> Me jode no poder convivir, entendés. No-poder-con-vivir. Y esto ya no es un asunto de cultura intelectual, de si Braque o Matisse o los doce tonos o los genes o la archimedusa. Esto es cosa de la piel y de la sangre. Te voy a decir una cosa horrible, cronista. Te voy a decir que cada vez que veo un pelo negro lacio, unos ojos alargados, una piel oscura, una tonada provinciana, me da asco. Y cada vez que veo un ejemplar de hortera porteño, me da asco. Y las catitas, me dan asco. Y esos empleados inconfundibles, esos productos de ciudad con su jopo y su elegancia de mierda y sus silbidos por la calle, me dan asco.
> —Bueno, ya entendemos —dijo Clara—. No nos vas a dejar ni a nosotros.
> —No —dijo Juan—. Porque los que son como nosotros me dan lástima (90)*.

Cito este pasaje exasperado porque en su demasía da cuenta, al igual que la novela entera, del dificultoso ajuste de Cortázar con el mundo de origen, sobre todo cuando estaba sometido a la confrontación directa, ineludible e irritante con la Argentina que le tocó vivir. Desde *El examen*, Cortázar estará en pleito perpetuo

---
*Los números entre paréntisis son indicaciones de páginas de J. Cortázar *El examen*, Buenos Aires, Sudamericana/Planeta, 1986.

con su país. La forma novelesca le servirá para exteriorizar y desplegar su dolida crítica de la Argentina, su colérico examen.

No obstante la profusión de referencias verídicas, Cortázar prefiere el abordaje imaginativo, porque el realismo verista le resulta estrecho y porque está convencido de que una captación fantasiosa cala más hondo que una versión documental o mimética. Ya desde entonces cree que la infidelidad fabulosa es entrañablemente más veraz que la fidelidad verista. Por eso plasma un Buenos Aires fantasmagórico, en pleno marasmo desintegrador, tal como lo percibe y padece el grupo protagónico. La sempiterna barra de las novelas de Cortázar (los polifónicos representantes de su propia subjetividad, locutores a los que infunde su propia voz, intercesores de la máxima Cortazaridad) se reduce aquí a un quinteto que vive en circuito cerrado preservándose y pertrechándose para contrarrestar el desbarajuste y la chatura circundantes. Cortázar narra las tribulaciones de esta inquieta cofradía que se quiere y se querella, consigna sus entuertos, ensoñaciones, celebraciones, deambulaciones y sofisticadas discusiones. Urde, con respecto al núcleo protagónico, un esquema de enlaces que luego reedita en *Rayuela*. Concibe dos parejas amigas —la de Juan y Clara y la de Andrés y Stella— equiparables a las de Tráveler y Talita y de Oliveira y Gekrepten. Las interrelaciones son semejantes. Clara ama a Juan y es amada por Andrés. Entre Juan y Andrés hay una complementariedad evidente. Andrés es el paredro de Juan; Juan, el *Doppelgänger* de Andrés. Clara equivale a Talita; es la cómplice cabal de Juan e interlocutora del mismo nivel intelectual que ambos hombres. Stella es como Gekrepten: boba, cursi y buena.

El quinteto de personajes principales (las dos parejas más el cronista) se desplaza en una ciudad que se desquicia, amenazada por una niebla tóxica. Los espía y persigue un sexto ex-cofrade, convertido ahora en adversario. El grupo suele darse cita en la facultad donde nadie enseña. Reducida a casas de lecturas y sus alumnos a escuchas, los profesores han sido sustituidos por lectores que tratan de atraer público con efectos dramáticos e inflexiones de locutor radiofónico. Un auditorio cuantioso peregrina de sala en sala en busca de la lectura más entretenida. En todos los ámbitos de la ciudad se producen alteraciones. Los signos anómalos, los síntomas alarmantes proliferan. Los barrenderos irrumpen en los tranvías atestados y la costanera está invadida por los desperdicios. En la Plaza de Mayo, de tierra pelada, porque el embaldosado fue levantado, se erige un santuario para adorar una reliquia: el hueso de la santa. Una posesa rubia y desmelenada, vestida de blanco, reencarna a la mártir, está rodeada por hombres de negro, enjutos y achinados, que ofician en la ceremonia fúnebre con balanceos de pericón letárgico. Los altoparlantes difunden, como homenaje fúnebre a la venerable desaparecida, una retahíla de estereotipos patrioteros. La muchedumbre de adoradores desfila con unción delante de un féretro cubierto por una tapa de vidrio; contiene el hueso sagrado, puesto sobre un algodón. Al salir del santuario, la fila de devotos desemboca en el escabel donde los oradores adoctrinan a los adoradores. Columnas de adeptos al culto de la santa colman las calles del centro. En una, el pavimento se hunde y provoca el vuelco de un camión que transporta botellas de vino. En el teatro Colón, el concierto de un violinista ciego ("un ciego que toca a un sordo") culmina en tumulto carnavalesco y en gresca fenomenal. En el lavabo, la disputa por un peine fijado con una cadena cromada termina en tremenda tremolina. Ocurren desmanes, se oyen explosiones, tiroteos, correrías, sirenas. Plagado de pelusas, el aire se satura de humo pestilente. En algunas bocas del subterráneo, se instalan hospitales de emergencia. Los perros andan por los andenes. Los trenes se paran en medio del túnel. En los ministerios, los empleados descuelgan los retratos y trasladan los expedientes. A pesar del silencio de los medios informativos respecto a la niebla venenosa, el pánico cunde. Hay apagones. Nada funciona. La ciudad se paraliza. La violencia monta. Algunos quedan y la padecen, otros parten clandestinamente en busca de algún mundo más habitable.

Si en *Rayuela* Buenos Aires, desleída por la distancia, no es más que telón de fondo, aquí ella palpita, excita, hostiga y duele. Cortázar acierta en su vaticinio infausto. Al fabular el sagrario del hueso, predice las ostentosas exequias de Eva Perón, el culto idólatra que su desaparición exacerbó y el intento promovido por el régimen peronista de obtener su canonización. Hace poco, el robo de las manos del cadáver de Juan Domingo Perón motivó mítines inspirados en la misma devoción necrofílica. La sangrienta historia argentina durante el reciente período de la represión homicida y su durable secuela, confirman los presagios de *El examen*: el imperio progresivo del terror y sus efectos disgregadores de la vida comunitaria. Pero en la nota que obra de prefacio, Cortázar no se jacta de su capacidad profética: "No me sentí feliz —advierte— por haber acertado a esas quinielas necrológicas y edilicias. En el fondo era demasiado fácil: el futuro argentino se obstina de tal manera en calcarse sobre el presente que los ejercicios de anticipación carecen de todo mérito." No le place el papel de augur; prefiere que *El examen* se valore por sus méritos intrínsecos. Además de la predicción histórica, *El examen* anuncia el bagaje nocional (tanto ético como estético), prefigura el módulo compositivo y adelanta la panoplia de procedimientos formales que caracterizarán la posterior producción novelesca de Cortázar; anticipa todo lo que cuaja pletóricamente en *Rayuela*.

El examen busca comprometerse en la aventura humana. Preanuncia la insatisfacción esencial que moviliza la escritura narrativa de Cortázar, sus contradicciones convertidas en pujanza expresiva. Dice todos y los mismos conflictos que desunen y desavienen la conciencia de Oliveira; dice la misma desazón por el escamoteo cotidiano de la vida, la misma búsqueda del ser auténtico, parecida nostalgia del paraíso perdido. *El examen* porta la simiente a partir de la cual surgirá el inconformista que protagoniza la brega de *Rayuela*, y que Morelli caracteriza en el capítulo 74, ese hombre que rehúsa las frecuencias intermedias, la zona común de la aglomeración humana, que se sale de la libreta de enrolamiento, del recorrido de los autobuses y de la historia. *El examen*, encuadrado por su horizonte epocal y por los rumbos de la novela de posguerra, hace también, sartreanamente, literatura de situación. Da cuenta de la condición marginal del escritor argentino, condenado a operar en superficie y a vivir del préstamo cultural, replegado en capillas circunscriptas al autoconsumo, privado de comunicación adecuada con el cuerpo social en que se enquista. También aquí se predica la prescindencia preservadora "de compromisos y transacciones y Sociedad Argentina de Escritores y rotograbado" (se trata del suplemento cultural rotograbado de los dos diarios tradicionales de Buenos Aires, *La Nación* y *La Prensa*); se postula la abstención o desconexión como antídoto contra el orden burgués, contra lo consuetudinario social y mental. También aquí Cortázar incita a desembarazarse de la contextura cristiana, de esa caparazón que la sociedad, nodriza ciega, rellena con las "grandes ideas fijas"; exhorta a salirse del bautismo, del molde occidental que predetermina desde el corte de las uñas hasta la forma de los estandartes de guerra. Hay que aislarse en plena comunidad, cultivar la inacción y la descolocación (la desconducta es en *El examen* todavía timorata, quizá por influjo de la pacata sociedad porteña o por ceñimiento de una imaginación que empieza a liberarse) para restablecer el contacto con lo axial. También aquí se recomienda la atenta desatención, volverse receptivo y poroso para que cada cosa recupere su propia índole, su singularidad cualitativa, su consistencia ontológica. Se procura no anestesiar los sentidos, dejarlos actuar por sí mismos; se auspicia el imperio del deseo, "Linterna mágica"; se encomia el desfasaje de la duermevela que a todo convierte en potenciador, en línea de fuga, en catapulta para saltar a un súbito edén. *El examen* prescribe la deseducación por excentración, por autoextrañamiento, exculparse por exclusión de lo que subsume la subjetividad, descontar cada cual de sí mismo al enemigo interno, al que fue criado para matar la parte libre. Rebelarse contra todo tributo moral o fiscal equivale aquí, bajo la advocación de Baudelaire, a cainizarse, a extirpar de la conciencia al pastoso y complaciente Abel. Hay que instalarse plenamente en sí, plantarse en el propio ser de modo que la escritura pueda entrañar "al hombre de carne y destino".

No sólo se halla esbozado el ideario del *outsider*, apuntados los puentes o pasajes hacia lo central, los acercamientos epifánicos, también aparecen esas sentencias centella donde el pensar se condensa en súbito y gráfico alumbramiento: "En mi acción está mi inacción. (...) Opto todos los días por no optar. (...) Decidirse, optar ... epifenómenos; lo otro; la raíz del viento, oculta en la carne de la culpa"(113). Estos chispazos aforísticos suenan ya a *Rayuela*, a esa música que es forma de ver y de vida, pero aquí el discurso es más disquisitivo o, porque es más laxo, parece más expositivo. También se moraliza, se ontologiza, se filosofa conceptuosa y alegóricamente. El reloj suizo simboliza la vida reglamentada; el cucú y la niebla se instalan en la cabeza y la lata de sardinas ilustra la relación del ser propio —la sardina— aprisionado por el envolvimiento sociocultural —la lata: "Yo podré tener la forma de la lata en que me han envasado, desde que Jesús se convirtió en el tercer ojo de los occidentales; pero una cosa es la lata y otra la sardina. Creo saber cuál es mi lata; ya es bastante para distinguirme de ella" (158).

El examen presenta toda la problemática estética que pululará en las novelas posteriores. Por intermedio de Juan y de Andrés (equiparables al binomio Oliveira/Tráveler), su espejo desdoblado, Cortázar reseña su propia formación de escritor y explicita sus opciones literarias. Rememora sus comienzos cuando escribía con coraje temático, pero en una lengua mojigata, relatos pulcros, de una universalidad utópica, sin localización geográfica ni lingüística, cuando se ejercitaba en el virtuoso arte del soneto. Se refiere, sin renegar de él a su primera producción, pomposa, sumisa a los protocolos literarios, apta para rotograbados dominicales: alude a *Presencia*, libro de poemas que retira de circulación, *Los reyes* y la primera colección de cuentos *La otra orilla*, inédita en vida de Cortázar. Recuerda la conmoción que le produjo la lectura de *Opium* de Jean Cocteau, la revelación de la necesidad interna de un estilo, de una incisiva intensidad y de una franqueza deslumbrante, inherentes a esa escritura. Evoca el período de sobreabundancia productiva, retenido y encauzado por un extremo rigor, un empeñoso pulimento que le permitieron, conteniendo la pujanza visionaria y renunciando a los grandes designios, escribir algo más duradero. Fue la etapa mallarmeana de exigencia y resecamiento, de desconfianza en la palabra y de aspiración a lo absoluto. Declara su preocupación por compensar las carencias del medio merced a un ecuménico consumo bibliográfico y artístico, y a la vez su afán de superar creativamente este parasitismo cultural, el déficit del periférico tributario de la riqueza metropolitana. En *El examen* se discurre sobre esa disyuntiva patente en la obra futura entre la palabra entrañada, la palabra propia, la de máxima implicación personal, la palabra habitada por el ser (del ser al verbo sin viceversa), y una escritura que se sabe estratagema retórica, componenda locuaz, ventriloquía, gozosa aprovechadora de todas las posibilidades de despliegue y combinación verbales. También se vive como conflicto intrínseco al discurso novelesco y se explica verbosamente la otra disyuntiva que opone una lengua estilizada, artificiosa, exclusiva, artefacto ostentosamente literario, a la lengua natural de Cortázar, "la lengua, pastosa, amarillenta y seca" de los argentinos, rica en énfasis y pobre en sutileza adjetival. Se trata por supuesto del conflicto entre la lengua de la teocracia o de la tribu.

Cortázar va a resolver a su manera la alternativa Mallarmé o Malraux, que en términos locales se plantea como opción entre Lugones y Arlt. Procura salirse del círculo áulico y empujar hacia la calle, escapar del ámbito culterano, eludir la literatura en la lengua pretenciosa y con personajes impostados, asumir narrativamente el mundo y el habla oriundos. Opta por Arlt porque "Arlt andaba por la calle del hombre, y su novela es la novela del hombre de la calle, es decir más suelto, menos homo sapiens, menos personaje" (95). Opta por un lenguaje desenfrenado, atento sólo a su propio sentido y al servicio del hombre novelista y de sus hombres novelados. Se empeña en abrir las puertas del recinto novelesco para salir a jugar, para dejar que entre todo lo que afuera pulula y palpita. Elige la lengua viva, la palabra que se deja poseer por la pluralidad polifónica, por la algarabía multívoca de afuera. A partir de *El examen* adopta la lengua natal, la del voseo con sus peculiares inflexiones verbales, genuina caja de resonancia del vivir basamental. Va a hacer hablar a sus personajes en un idioma de discreta coloración local y de manifiesta riqueza léxica, acentuando caricaturescamente lo argótico cuando representa a tipos populares o cuando los cultos parodian al lunfa porteño.

Cortázar emprende la recuperación narrativa de su idioma de origen. En busca de autenticidad elocutiva, opta por una localización enraizada en el coloquial rioplatense, expresión de su primigenia comunidad lingüística. Quiere evitar una lengua atópica y acrónica, general, abstracta, sin concresión oral; prefiere la palabra hablada, pero sin ahínco en lo regional, nada vernácula. Tanto en lo formal como en lo expresivo soluciona sus disyuntivas no por descarte de uno de los términos sino por coexistencia de opósitos, por movilidad multiforme, por mutabilidad tonal, por disimilitud disonante, por un discurso metamórfico donde la coexistencia de contrarios constituye el generador de la representación y el motor de la escritura. La palabra alternativamente se abigarra o se espacia, muda de tamaño, adopta diagramaciones ideográficas, se vuelve concisa o alambicada, aforística, abundosa, se prosifica o se versifica, se vuelve denotativa, historifica o poetiza adoptando la andadura versal, la escansión y la efusión líricas, se alitera, se torna figural, se satura de metáforas, juega con la homofonía y con conexiones arbitrarias de sentido o retorna a lo referencial, a lo reflexivo, dialoga, monologa, refiere o fabula. Desde *El examen* la novela es capaz de admitir cualquier enunciado, cualquier ocurrencia, toda inspiración y todo préstamo.

Inspirado ya en el free jazz y en el montaje cinemático, Cortázar empieza a practicar un ensamblaje novelesco basado en la mutabilidad compositiva, en la variación constante de registro. El tenor tragicómico de *El examen*, su carácter

PREFIGURACION DE UNA NUEVA FORMA NOVELESCA 381

burlesco están en gran parte confundidos por ese discurso versátil que se instaura y destituye, interferido por inserciones contrastivas, a menudo grotescas, que lo inflan y desinflan, que lo injertan de estilos rivales, que lo revuelven y remueven, que lo descomponen y lo recomponen, que no lo dejan estabilizarse. El decurso a cada rato se ve interceptado y activado por una variante lúdica, por una alteración humorística, por un revuelo lírico, por un corte burlesco o calamburesco. Travesuras, choques, fisuras, sobresaltos ocurren con tal frecuencia que el discurso se zangolotea, se desata, se criba, se fractura, corcovea:

—Conciudadanos—dijo la urraca—
   esta es la hora de la salida,   *who killed Cock Robin?*
   esta es la hora del trabajo,
   la comunión con la reliquia ha terminado para vosotros
                    (y de golpe se dieron cuenta de que el tiempo
no hablaba para ellos sino para la columna que salía del Santuario y se cortaba
hacia el lado del Cabildo)
   pero se la llevan con ustedes en el corazón
                        El corazón no tiene huesos.
   "Le vendría bien tenerlos", pensó Andrés. "Mal hecho para la vida que nos arman. La piel y los huesos, *poveretti*. Huesos, blindaje, quitina, y dentro la piel, como un forro de casco."
—¡Y ADEMAS QUIERO DECIR QUE EN EL ALTAR DE LA PATRIA!
hipo
              " " " " "   (con una voz de bocina)
quedan depositados nuestros
              Hearts, again?
nuestros humildes
              (De ellos será el cielo)
sacrificios
              (Aquí te bandeaste: salió la vanidad, esa
              naricita en punta)
¡¡ynosdaralafuerzaparacontinuaradelantehastaelfinalVIVAVIVA!!

(56-57).

Esta coexistencia de escrituras tan disímiles, tanta labilidad formal, complementada por la movilidad relacional, tornan imprevisible el decurso, lo vuelven a menudo centrífugo, propenso a la escapada excéntrica, a la desconexión humorística, al desbande lúdico, a la mezcla de géneros.

Aunque se trate de jugar con fuego, aunque juego por momentos macabro, plagado de desastrosas premoniciones, *El examen* se instrumenta como operativo lúdico-humorístico. Se permite lo que le place; redispone o remodela según su arbitrio el lenguaje (representante) y el mundo (representado); ejerce una inventiva que quiere liberarse de retenciones verbales y de represiones realistas. El humor embebe osmóticamente esta novela y aflora por doquier. A menudo cobra carices paródicos; remeda la ampulosa oratoria de tribuno romántico o la pretenciosa vacuidad irigoyenista (64); plagia la suntuosa truculencia surrealista o imita el lunfardo del merza (33, 70, 228) o el cocoliche de sainete (77,115); bromea, como en *Rayuela*, con el *basic Spanish* de los diálogos entre señoras (60). Abundan las burlonas fugas a lo desmesurado y a lo magnificente, las inflaciones líricas desinfladas por el chasco de la caída jocosa en lo cursi o en el kitsch, que tanto deleita a Cortázar; los ascensos son así descendidos (56) y los descensos de pronto encumbrados por levitaciones y gravitaciones humorísticas invertidas. El humor negro opera aquí sus profanaciones y transgresiones por suspensión del juicio moral o afectivo, por proyección perversa hacia lo sanguinario o nauseabundo que, por harto escabrosos, resultan impostados. En contraste, se da la lengua mimosa, gatuna o micifusa (70). Cortázar se delecta con el desvío o la tergiversación, con el desdoblamiento producidos por la acción humorística. Se complace en el manejo irónico de los estereotipos culturales, tales como los de la versión escolar de la historia nacional o los del periodismo adocenado. En *El examen* apela al estilo de aviso clasificado (126) o parodia las cómicas incorrecciones de un iletrado, escribiendo a lo César Bruto (126). El humor hace de las suyas para velar la emoción, chispea para precipitar el acaecer en un vertiginoso juego de relaciones inesperadas, para desacomodar las disposiciones y designaciones de lo real convenido. Marca, disparatando, un desapego rebelde a fin de preservar la intimidad amenazada, para exorcizar las angustias. Técnica de autoexclusión o de distanciamiento libertadores, inmuniza contra cualquier sujeción o compulsión excesivas.

El humor se implanta en la lengua, donde hace alianza con lo lúdico. Participa en el juego de palabras de tal modo, que resulta difícil deslindarlo de lo lúdico. Ambos concurren en la prosa novelesca de Cortázar a los efectos de distraernos desviando festivamente la lengua de su función usual. En *El examen* el juego, constante cortazariana, se juega por entero. En toda instancia del texto, marca con su intervención transformadora la placentera presencia de un gran jugador que gusta manipular el texto según su propio arbitrio, y que juega con todo lo disponible, con los sentidos, con los sonidos y con los signos. Cortázar arma inmensas palabras maleta; maneja con ameno desparpajo las mayúsculas; se deleita con la compaginación ideográfica; inventa, como en *Rayuela*, truculentos titulares de periódico —"CATASTROFE EN EGIPTO: VEINTE MUJERES QUEMADAS VEINTE" (34)— o poetiza con nostalgia evocando a Tomás, el oso de peluche (79); baraja libremente el simbolismo numérico, aplicado al colectivo 86 y a su mitad, el 43, conocida marca de cigarrillos (26). Sobre la base del módulo tema y variaciones, ronda perifrásticamente en torno de la mosca (78), la muerte (178), la nada (187) y el vómito (205). Juega con combinaciones homofónicas de coliflor con Caracalla y Calígula (16), o con las variantes anagramáticas de Abel, nombre de un personaje perseguidor —"ABEL. ELBA. BAEL. BELA. LEBA./ EBLA. ABLE. ELAB. BALE. EBAL." (83); o plasma una lengua personal acoplando, por atracción propia, palabras que amorosamente se aglutinan. Es una neta prefiguración del glíglico:

—(...) Pero Clara, ah que hermosa se te ve, cómo te idolampreo!
—Basta —dijo Clara—. Vení a estarte quieto.
—Te incubadoro —dijo Juan a gritos—. ¡Te piramayo! ¡Te florimundio, te reconsidero! (208).

Por el derroche lúdico humorístico, exultorio de las tendencias contradictorias que convienen en el seno de toda manifestación de lo real objetivo y subjetivo, Cortázar se aparta de la funcionalidad narrativa, se excarcela de la constreñida vectorialidad novelesca. La novela está a menudo contravenida por pujos antinovelescos, por detenimientos o digresiones que obran de entremés casi autónomo, de solaz o esparcimiento lúdico, de pura distracción. Cortázar acentúa en la novela su carácter de entretenimiento, su condición lúdica; por eso elegirá, para las próximas, títulos vinculados explícitamente al juego: *Divertimento, Los premios, Rayuela, 62. Modelo para armar*. Si el cuento resulta una máquina de precisión de extrema funcionalidad narrativa que no tolera nada que altere su implacable avance, la novela es para Cortázar una apuesta inventiva dentro de un juego funcional cuyos componentes pueden combinarse con libertad. A la vez caleidoscopio y rompecabezas, la novela, para Cortázar, consiste sobre todo en un mosaico o montaje recreativo que procede de una disponibilidad lúdica. En varias ocasiones, Cortázar ha indicado que sus novelas empiezan por una imagen o situación que lo tienta por su posibilidad de despliegue, y que las acomete sin saber previamente a dónde lo conducirán. Estas partidas se juegan sin previa planificación, en tanto aleatorio y tentativo juego de destreza. Pero este juego de palabras remite por fin al juego del mundo; sus jugadores juegan el juego temporal de ser o no ser, el contingente, apasionante juego de la vida y de la muerte.

El examen crea ese módulo maleable y metamórfico que regirá la composición de todas las novelas de Cortázar. Basado en la técnica del *assemblage* y del *collage*, instaura un desarrollo dúctil, multiforme, en continua traslación transformadora. En correspondencia con el contexto de la gran ciudad donde afinca la historia, *El examen* propende a la móvil, ubicua y simultánea multiplicidad. Antes que sistema de representación, un modo de aprehensión del mundo concebido como dinámico entrevero de disparidades, como cúmulo de organización cambiante y de relaciones azarosas.

Por su diversidad de instancias enunciativas, *El examen* aparece ya como un discurso trashumante, anexionista, con una extraordinaria capacidad de apropiamiento directo o paródico de otros textos preexistentes, con evidente soltura o maña para transplantar fragmentos (o gajos) preformados, para interpolar préstamos de cualquier provenencia. También esta novela inicial resulta, por su acopio de citas y proliferación de menciones literarias, pictóricas y musicales, una suerte de vademécum artístico. Ensamblaje multimedia, multidimensional, multidireccional, multirrelacional, *El examen* emprende premonitorialmente la implantación del *collage* en la novela de lengua española.

VI. PROYECCIONES ACTUALES: NUEVAS VOCES, NUEVAS CORRIENTES

OVA COMPLETA
EL APOCALIPSIS SEGUN SUSANA THENON

POR

ANA MARIA BARRENECHEA
Instituto de Filología y Literaturas Hispánicas
"Dr. Amado Alonso"

Ova completa no es la primera de las obras de Susana Thénon. Antes publicó *Edad sin tregua* (1958), *Habitante de la nada* (1959), *De lugares extraños* (1967) y *distancias* (1984). Pero aunque todos estos libros constituyan un sostenido proceso de busca, los últimos dos representan un salto cualitativo fundamental y por eso merecen que me detenga en ellos[1]. Son un salto cualitativo dentro de su propia producción y también en el orbe que abarca la entera poesía escrita en lengua española.

distancias y *Ova completa* tienen a la vez algo de común que reside en esa raíz de busca alimentada por un trabajo poético que nada detiene ni sacia. Pero se separan en una disyunción de caminos que trataré de delimitar.

Lo primero que los une es que ambos han surgido bajo el signo de una libertad que no se reconoce límites. "Una libertad que ni siquiera soporta su propio nombre" según las propias palabras de Susana Thénon; libertad que en *Ova completa* desborda los géneros y que establece un campo de energía entre la polifonía y el silencio interior.

En efecto, *distancias* exploró esa libertad pero conservando el registro de lengua del autor y del género poético, con una voz nueva y contemporánea —sin duda— pero no totalmente disidente. Llevó a su máxima tensión la fragmentación sintáctica del lenguaje, y los enlaces semánticos, explorando la androginia propia de la lengua poética pero dentro de los límites que el código aceptado por sus pares le imponía.

Exploró, precisamente, en la morfología las posibilidades del sistema del género en español para construir la unidad en la diversidad encerrada en el mito del andrógino, alcanzando con ello la cima de su esencial ambigüedad. En la sintaxis, por otra parte, trabajó con relaciones simultáneas verticales y horizontales, con

---

[1] *Ova completa*, Buenos Aires: Editorial Sudamericana, 1988; *distancias*, Buenos Aires: Torres Agüero Editor, 1984.

espaciamientos y discontinuidades que terminaban ofreciendo una constelación de relaciones, como una granada abierta. Los poemas, cercanos a coreografías o a partituras contemporáneas, escapaban de la dimensión plana buscando el volumen, según confesión de la misma autora[2].

Así se fue preparando el camino que en *Ova completa* alcanzó los espacios de lo irracional, lo no dialéctico, lo incoherente, lo contradictorio como superador de los órdenes lógicos. No se trataba de describir el caos desde un mundo y un lenguaje prolijo. Era el caos poetizado desde sí mismo, lo cual requería paradójicamente una extrema lucidez.

Ova completa dio ese paso con otro tipo de tensión y de densidad, consiguiéndolo con una superficie colorida, disparatada, "salvaje", a veces de *clown* o de juglar, otras de negro destructor implacable. "Nunca nuestra lengua— que es conscientemente la de nuestro continente y no la de España— ha sido tan libre. Nunca un texto tan soberano para dominar la tradición literaria y la tradición oral sin trabas," se dice con razón desde la contratapa del libro. Pero nos equivocaríamos si interpretásemos la obra de Susana Thénon como predominantemente formal, es decir como un sabio juego de lenguaje.

Son experimentos con la lengua, con la escritura, con los géneros discursivos, con las situaciones y las actuaciones comunicativas o con los efectos pragmáticos; son en versión paródica una reflexión sobre todo ello. También son, sin duda y en grado sumo, mirada ácida y desolada a un mundo que "durando se destruye" y que la autora anhelaría ver en incesante reconstrucción surgida de la des-destrucción. Desintegraciones e integraciones fulgurantes del lenguaje son metáforas del proceso de cambiantes interpretaciones —traducciones— de mundo y lenguaje, y también de ese secreto anhelo de reconstrucción que subyace al poema[3].

El lenguaje es en Susana Thénon uno de los objetos incluidos en el mundo de los hombres sin el cual no podrían subsistir como tales, pero que tampoco podría justificar, por sí solo, la existencia del universo y de la poesía. *Ova completa* ofrece más que experimentos con el lenguaje y con los discursos: es en sí una vuelta de tuerca al lenguaje, una violencia (¿una violación?) que le obliga a dar el máximo que sus leyes le permiten, y lo lleva a un límite que desnuda al referente y a sí mismo.

---

[2] Véase mi "Epílogo" a *distancias*: 85-89.
[3] En "El español de América en la literatura del siglo XX a la luz de Bajtín". *Lexis*, Lima, X, 2, 1986: 147-167 (tb. recogido en las *Actas del II Congreso Internacional sobre el español de América* [México, 27-31 de enero de 1986]) analicé semejanzas y diferencias de los poemas de *distancias* y de los posteriores aún no editados entonces con el nombre de *Ova completa*.

Un rasgo fundamental que separa *Ova completa* de todos sus otros libros, inclusive *distancias*, es la voz poética elegida. En los primeros era siempre la de alguien que comunicaba sus experiencias íntimas y apasionadas, y esa intimidad central los marcaba al ofrecer lo privado como universal.

En cambio, en *Ova completa*, muy pocos poemas mantienen esa línea, la cual se inicia y culmina a la vez en la página 49:

"en la estrella..."

no

en una pieza oscura y mugrienta de la que nunca salgo
a la que nunca entro donde siempre no estoy o estoy llorando
                                              [escupiendo
orinando escribiendo reptando o hablando hablando al cuadro una
pieza de antepasados locos tahúres usureros asesinos
suicidas pordioseros ladrones solemnes tumefactos en una pieza
                                                     [oscura
....
....en una pieza parda y
roñosa mi eternidad la eternidad donde se rasca el alma
hasta el hueso para buscar para buscar esa palabra esa
inefable garrapata inmortal para mentir para embaucar

"en la estrella..."

El efecto se potencia por el contraste siniestro entre la apertura y cierre poético-convencional con el verso que ofrece el camino libre al infinito y a la maravilla, y la clausura del texto central que aquél enmarca, y que se manifiesta como un infierno denso y abarrotado de miserias y detritus acumulados hasta estallar.

En la misma línea de intimidad de la voz, continúa la serie de los tres poemas de las páginas 55, 57 y 59, todos terribles, pero el primero y el último con una extraña mezcla de ternura que acentúa lo siniestro, especialmente en el último.

Fuera de ellos predomina como digo la línea de la extraterritorialidad y la visión de un mundo otro. La voz poética que habla del mundo desde afuera es un testigo que se separa de él, muestra como un juglar de feria sus locuras, y al mismo tiempo sabe que está metido dentro de ese universo, de ese bárbaro juego inexplicable: está en su trampa, y ella misma puede ser objeto de esa irrisión.

Cuando comenté *distancias* dije que era la busca desesperada de un lugar inencontrable. Ese no-lugar, esa u-topía era un espacio anhelado que estaba vedado a la voz poética. Entonces lo sinteticé en una frase de Antonin Artaud: "Eramos algunos los que queríamos en esa época atentar contra las cosas, crear en nosotros espacios a la vida, espacios que no existían y que no parecían poder encontrar un lugar en el espacio", de *Le Pèse-nerfs*.

La voz que hablaba en *distancias* comprobaba su condición de des-terrada que nunca conoció una tierra nativa a la que realmente hubiera pertenecido. La voz que habla en *Ova completa* mira desde su extra-territorialidad este ámbito al que pertenecemos y despliega un friso con títeres movidos por hilos burdos o sutiles, con máscaras que se agrietan y ofrecen imágenes burlonas y horribles. En *Ova completa* ha dejado de buscar "el lugar" y escudriña la nada que invade el territorio en que todos nos hemos acostumbrado a vivir.

Unas veces la manifiesta por el simple hablar repetitivo como en "La disección," p. 15, o en "Non stop," p. 25.

NON STOP

creer que voy a la India a creer que entiendo
lo que creo que hay que creer

creer que entendí lo que hay que creer para saber y
creer que estoy en la India porque creo saber
lo que hay que creer

....

creer que ya es hora de volver a la añorada patria a divulgar
tanto saber

creer salir de la India llegar a la añorada patria
ver ver no poder creer

no poder creer
no poder ser

creer que vuelvo a la India a ver si entiendo
lo que creo que hay que creer

O textos que se plagan de demostrativos y palabras de contenido semántico indefinido que parecen vaciarse de su propio vacío:

eso que se llamaba aquello
ahora es "esto"
alias "algo"
alias "la cosa"
y en el lapso que va de la segunda línea a la anterior
se ha trocado lo mismo por lo mismo
y "esto" sigue con más
con peróxido (p. 77)

En otros poemas el procedimiento es el opuesto pero el efecto es el mismo. Procede "esmaltando" el texto con palabras prestigiosas y ridículas. Se trata de un trabajo que reitera los clichés del lenguaje y sus "pompas", y que se despeña en las pompas fúnebres de la vida, cuando comenzó por ser "mester de finura" y "galanura".

reglas preceptos leyes queréis tenéis
y decoro pecunia seguridad
¿oís vosotros?
mientras ellos tienen olor a mierda
vosotros devenís mefíticos
mientras ellos mueren chotos
vosotros fenecéis vetustos
devenís fenecéis mefíticos vetustos
mefíticos vetustos
fenecéis (p. 18)

Hombres y mujeres disparatados, retóricos, hablan de la "madera de la historia" (p. 36); aparecen etimologías más disparatadas aún:

Filosofía significa 'violación de un ser viviente'.
Viene del griego *filoso*, 'que corta mucho',
y *fía*, 3ª persona del verbo *fiar*, que quiere decir
'confiar' y también 'dar sin cobrar *ad referendum*'.
Ejercen esta actividad los llamados *friends*
o "Cofradía de los Sonrientes",
los fiadores —desde luego—,
los que de veras tienen la manija y los que creen tenerla
en la descomunal mezquita de Oj-Alá (p. 31).

Los hallazgos mezclan "la carne de asterisco" (p. 35) con el descubrimiento de que los fondos del tesoro "son como el Cáucaso / un lugar que sólo existe / para los caucasianos / y los guionistas de documentales" (p. 36) hasta la locura de la confusión de idiomas y músicas del "MURGATORIO" (p. 73)

El pastiche de niveles de lengua, de dialectos, de idiomas, de géneros discursivos se vetea a veces con ráfagas de lo que reconocemos en nuestro caudal poético: "la esquirla enamorada" que nos llega desde el "polvo enamorado" de Quevedo (p. 11) o desde el acervo de la poesía tradicional española propio de la lírica popular y de la cortesana con su ritmo cadencioso, repetido y a la vez renovado, o dislocado por el cruce de otro registro en la estrofa núcleo o cabeza que abre y cierra el texto (pp. 33-34):

si durmieras en Ramos Mejía
amada mía
qué despelote sería

....

si durmieras en Ramos Mejía
amada mía
qué despelote sería

que despelote sería

amada

amada mía

Sin que falte tampoco el cancionero urbano del bolero ("*mujer / si no puedes tú con Dios hablar,*" p. 13) o del tango ("la picana en el ropero / todavía está colgada / nadie en ella amputa nada / ni hace sus voltios vibrar," p. 47).

En este libro irrumpe una faceta antes desconocida o casi ausente en la obra de Susana Thénon: el *humor* que per-vierte, y di-vierte la contemplación. La autora reniega en apariencia de su formación libresca y universitaria; ofrece la parodia, la burla y la ironía de la "cultura occidental" y también de la "sabiduría oriental" de los occidentales ("creer que voy a la India ..." p. 25), o de los afanes de investigación académica ("LA ANTOLOGIA", p. 69) y de cultura musical ("LA MUSIK", p. 51) y hasta bibliófila ("MOHAMMED KAFKA LIBRERO", p. 61).

Por otra parte, el trabajo de la traducción, que antes había practicado de varias lenguas a la suya (especialmente del alemán y del griego), o desde el poema a la fotografía a la danza a la música contemporánea para volver al poema, revierte ahora sobre sí mismo y se incorpora, mordiéndose la cola, con textos que van traduciéndose en el proceso de la producción: textos que se traducen y al mismo tiempo se revelan porque se traicionan[4].

Los poemas se despliegan como países desconocidos recorridos por una persona ajena que los traduce con mirada bizca y distorsionante, que al trasformar las imágenes habituales revela su capacidad de asombro. Es verdad que este rasgo define a la metafísica según Borges ha repetido, pero Susana Thénon nos propone su definición etimológica de la filosofía como otra cosa, como 'violación de un ser viviente' en *Ova completa*.

Esta visión es siempre un enfoque descolocado del entorno, se alimenta quizá de la fotógrafa que hay en ella, la que realizó una exposición con el título "Humor blanco, humor negro". Visión aviesada y aviesa, des-pre-ocupada, que con su trabajo corroe toda clase de pre-ocupaciones.

Paradójicamente, cuando nos propone un orden en el que querríamos reconocer el orden cronológico-causal de la vida, lo que instaura es el orden invertido. Como Quevedo ("desnacerás un día de repente"), como Unamuno ("te volverás como se vuelve un guante") camina desde la sepultura hasta llegar gateando a la cuna en el terrible y enternecedor poema de amor de la página 59, o en la "*rapsodia homericana*" ("Juan Cruz Montejo muere madura crece / nace en Paysandú") de p. 81, aunque no falte el modo directísimo de "SECUENCIA OCCIDENTAL HORROROSA CON FINAL CHINO ECUANIME" (p. 65).

Ova completa propone a su lector una aventura inédita, juega con apaciguarlo, con asegurarlo —por lo cotidiano, por el lugar común— y pronto lo sacude con imágenes partidas, quebradas, con collages, con superposiciones y empastes.

La miniatura de la tapa ilustra el pasaje del Apocalipsis donde el segundo ángel hace sonar la trompeta y cae una montaña encendida sobre el mar, trasformando un tercio de las aguas en sangre[5]. El ángel se achata dentro del marco sin poder desplegar un ala manca, sopla la trompeta y sus carrillos inflados en vez de anunciar el terror esbozan una sonrisa, la masa en llamas es más un fuego de artificio que un incendio destructor. Este ridículo apocalipsis resume el que grabó la escritura de *Ova completa*, anunciando con agudos filos el que nos preparamos los hombres.

---

[4] Véase mi artículo "El texto poético como parodia del discurso crítico: los últimos poemas de Susana Thénon" de próxima aparición en *Dispositio*. En él comento el "POEMA CON TRADUCCION SIMULTANEA ESPAÑOL-ESPAÑOL" (p. 27) como ejemplo —entre otros— de este modo de trabajo poético que se centra en la transformación de un texto por el proceso de traducción practicado "a la vista".

[5] Apocalipsis, 8: 8-9.

LOS PERROS DEL PARAISO
Y LA NUEVA NOVELA HISTORICA

POR

MALVA E. FILER
Brooklyn College & Graduate Center,
CUNY

En las últimas décadas, la novela de evocación histórica manifiesta en Hispanoamérica transformaciones paralelas a las de otras formas narrativas. La nueva novela histórica rompe con las pautas realistas, no se impone una estricta fidelidad a los datos, ni un criterio de verosimilitud. Aunque *El reino de este mundo, El siglo de las luces* y *El arpa y la sombra* de Alejo Carpentier, *Yo, el Supremo* de Augusto Roa Bastos, o *La guerra del fin del mundo* y *La historia de Mayta* de Mario Vargas Llosa no hubieran sido posibles sin una previa investigación de documentos pertinentes a sus temas, en estas obras los datos obtenidos están subordinados a las necesidades de la imaginación evocadora; el material derivado de los textos históricos es inscrito dentro de un texto que les impone su propio orden y sentido y cuya escritura no rehuye, sino que cultiva, su inescapable anacronismo. La acción transgresora de la escritura es aun más extrema en novelas como *Los perros del paraíso* de Abel Posse[1]. Publicada en 1983, ella confirma lo observado por Noé Jitrik, según el cual "la novela histórica de este siglo ... se propone la inverosimilitud del realismo mágico"[2]. Debe señalarse, sin embargo, que la ficcionalización de material historiográfico en las letras de nuestro continente no responde sólo a un impulso de experimentación sino que representa una búsqueda inventiva de los orígenes la cual reinterpreta, a la vez que continúa creando, la fisonomía cambiante de su identidad cultural[3].

---

[1] Abel Posse, *Los perros del paraíso.* Barcelona: Argos Vergara, 1983.
[2] Noé Jitrik, "De la historia a la escritura: predominios, disimetrías, acuerdos en la novela histórica latinoamericana." *The Historical Novel in Latin America.* Ed. by Daniel Balderston. Gaithersburg, MD: Hispamerica, 1986.
[3] Este concepto dinámico de la identidad cultural es uno de los "Presupuestos" de Fernando Aínsa en *Identidad cultural de Iberoamérica en su narrativa.* Madrid: Gredos, 1986.

Djelal Kadir, en *Questing Fictions: Latin America's Family Romance*[4], analiza el aporte de Borges, Rulfo, Carpentier y Fuentes a la producción de una "historia poética," en el sentido que este concepto tiene para Giambattista Vico. Las obras de ficción de dichos autores incluidas en el citado estudio son, según Kadir, búsquedas textuales, equívocas recapitulaciones que re-inventan un "problemático pasado originario." El pasado así recreado se despliega en el presente. *"It must haunt as a ghost of a beginning assumed to have been, but to have been only as necessary fiction, as poetic history, not as totalized (completed) history"* (p. 11). Y este pasado debe ser, también, un presente que suplemente y sea suplementado por el futuro. De tal modo, la búsqueda o peregrinación encarnada en el texto puede permanecer como deseo no consumado, como nostalgia, o como recuerdo orientado hacia el futuro. De ahí que en textos como el de *Los perros del paraíso* se manifieste lo que Kadir llama "ucronía", esto es, una atemporalidad que no se da ontológicamente sino que se va haciendo a través de la subversión y destrucción de la visión utópica. Creo que estas ideas pueden servirnos de guía en la lectura de la novela de Abel Posse, para analizar este texto desmitificador en cuyo re-encuentro con el mundo europeo del siglo XV y con la América pre colombina vuelve a vivir y a ser destruida la utopía del Nuevo Mundo. En efecto, la ucronía del relato, con su convergencia de pasado y futuro, permite que esta operación se realice no sólo para marcar el fin de la visión utópica representada por la imagen del Paraíso perdido o la Edad de Oro, sino también para desvirtuar la posterior utopía del progreso con sus planteos futuristas. Esta anti-utopía, en la que encarna la re-escritura crítica e irreverente de Posse, está representada a nivel intratextual por la configuración del relato según el modelo del "viaje iniciático" o la "peregrinación".

La estructura de la novela describe una trayectoria circular a través de cuatro ciclos caracterizados simbólicamente con los nombres de los cuatro elementos naturales: "El aire", "El fuego", "El agua" y "La tierra". El paso de un ciclo a otro representa tanto las mutuaciones en la materia del devenir histórico como las etapas en la peregrinación de Cristóbal Colón y de su secta de buscadores del Paraíso. Esta estructura corresponde, al mismo tiempo, a la idea de los cuatro soles sobre la cual se basa la cosmogonía que predomina en las culturas indígenas de México y Centroamérica. La novela hace explícita esta conexión mediante la cita de un texto del *Libro de los Linajes* del Chilam Balam de Chumayel.

Con lenguaje plásticamente descriptivo, el texto nos introduce en un mundo "sin aire de vida", agobiado por el sentimiento de culpa y la obsesión de la muerte,

---

[4] Djelal Kadir, *Questing Fictions. Latin America's Family Romance*. Minneapolis: University of Minnesota Press, 1986.

en el que ya asoma, sin embargo, un erotismo revitalizador. El prolongado letargo medieval llega a su fin, para ser reemplazado por una sensualidad que se sublima en la búsqueda agresiva del poder, en la ambición de la gloria y en la expansión del horizonte físico y mental. Particularmente eficaz es la evocación de ese mundo impulsado por fuerzas instintivas, por la violencia destructiva, a la vez que creadora, de la que nace la España católica imperial. El aire que dinamiza la historia se carga de partículas incendiarias que alimentarán los fuegos de la guerra y las hogueras de la Inquisición. Se inicia la época del fuego, tiempo en el que "se partía a la fiesta de la guerra," a "la furia y la alegría de la batalla" (p. 84). "Para la masa: renunciamiento y rosario. Para la señoría: la fiesta del coraje y del poder" (p. 86).

El fuego purificador, implacable aniquilador de enemigos, herejes y pecadores, es el elemento transformador que producirá las nuevas realidades. En un mundo que padece los efectos del terror cotidiano surge el proyecto de Indias, empresa de expansión política y económica para reyes y comerciantes, de salvación para los perseguidos por la Inquisición, y búsqueda del Paraíso Terrenal para Colón, según la novela. Es el comienzo de otra época. "Todos comprendieron que había nacido el ciclo del mar, aunque el fuego de las hogueras no cesaba" (p. 116). Tiempo del agua, de "galope loco por los campos de la mar. Entrega. Fiesta. Extasis. Abandono al espacio" (p. 164). Y por fin, la llegada al Paraíso, el regreso a la tierra del Origen y la recuperación de la inocencia anterior al pecado. El visionario cree encontrarse en un mundo que desconoce el mal y no tiene culpas que expiar; la desnudez de los aborígenes parece confirmarlo. Rudo será su despertar en la tierra de los comunes mortales, volver a aceptar esta humanidad que necesita del mal y la culpa y que sólo encuentra sentido a la vida en la agresividad y las relaciones de poder, en la agitación del trabajo y los negocios. Comprendió el Almirante que "sus congéneres civilizados nada temían más que ser devueltos a la armonía primordial. Que estaban demoníacamente desviados al placer del dolor. Que preferían el infierno al cielo como casi todos los lectores de Dante" (p. 251). Las cadenas con las que es transportado a España lo devuelven no sólo al punto de partida sino también a su condición originaria de exiliado del Paraíso, y a la nostalgia de un futuro regreso a los orígenes, inasible meta de su peregrinar sobre la tierra o, como diría Carpentier, en el "reino de este mundo."

Debe señalarse, y la novela así lo hace, que si para Colón el fin de la trayectoria significa el regreso, físico y espiritual, a su condición originaria, los poetas indígenas que interpretaron la realidad producida por la llegada del europeo a sus tierras encontraron respuesta en el repertorio de sus propias creencias:

"Ha comenzado la era del Sol en Movimiento
que sigue a las edades del Aire, el

Fuego, el Agua y la Tierra.
Este es el comienzo de la edad final, nació
el germen de la destrucción y de la
muerte" (240).

También en el texto de *El arpa y la sombra*[5], Colón emerge como el perseguidor de "un país nunca hallado," el descubridor de un mundo que no vio más que a través de imágenes bíblicas y homéricas y que lo arrojó de sí, dejándolo "sin *acá* y sin *allá*, ... náufrago entre dos mundos" (pp. 183-84). En la novela de Posse, del mismo modo que en la de Carpentier, el equívoco descubrimiento señala el comienzo de esa búsqueda e invención de los orígenes que problematiza la formación de una conciencia histórica y cultural hispanoamericana. En contraste con el personaje solitario y moribundo evocado por el escritor cubano, sin embargo, en *Los perros del paraíso* la figura y los textos del Gran Almirante quedan inscritos en un entramado atemporal de voces y discursos de los que surge la realidad creada por el discurso del poder. Si Colón re-hizo el mundo descubierto a imagen y semejanza de sus visiones utópicas inspiradas por el Cardenal d'Ailly, el discurso histórico volvería a re-hacerlo, pero esta vez con signo contrario, substituyendo la palabra y el espacio del "otro" con la autoridad de su escritura definitoria y subyugante[6]. La nueva novela histórica, género en el que creo que debe incluirse la novela de Posse, desenmascara los mecanismos que operan en la elaboración del discurso histórico mediante una re-escritura que se reconoce a sí misma en su relación con el tiempo y el espacio de su producción. De ahí que el anacronismo no sólo no se disfrace sino que, por el contrario, sea exhibido como prueba de auto-conciencia y de lucidez. Lucidez que se presenta como sustituto del discurso "objetivo" de la historiografía que, por otra parte, ha sido seriamente cuestionada por pensadores como Lévi-Strauss, Foucault y Barthes, este último desde su ensayo sobre "Le discours de l'"histoire" publicado en 1967[7] y, más recientemente, Michel de Certeau y Hayden White[8].

---

[5] Alejo Carpentier, *El arpa y la sombra*. Madrid: Siglo XXI de España, 1979.
[6] Ver, al respecto, "Ethno-Graphy. Speech, or the Space of the Other: Jean de Lery," en Michel de Certeau, *The Writing of History*. Tr. by Tom Conley. New York: Columbia University Press, 1988.
[7] Roland Barthes, "Le Discours de l'histoire." *Social Science Information*. (1967), 6, 4: 65-75; versión inglesa e introducción por Stephen Bann en *Comparative Criticism*. 3. Ed. by E. S. Shaffer. Cambridge: Cambridge University Press, 1981: 3-20.
[8] Además del libro arriba citado, Michel de Certeau ofrece ideas aplicables a nuestro análisis en *Heterologies. Discourse on the Other*. Tr. by Brian Massumi. Minneapolis: University of Minnesota Press, 1985. Hayden White ha desarrollado sus teorías sobre la Historia en tres libros fundamentales: *Metahistory*. Baltimore: The Johns Hopkins Univ. Press, 1973;

El relato de *Los perros del paraíso* elabora su discurso imaginario con datos muy precisos. La época evocada por la novela está claramente delimitada mediante la "Cronología" que precede a cada una de sus cuatro partes. Se trata del período que va de 1461 a 1500, época de hechos decisivos para la historia de España: la lucha por la sucesión al trono de Castilla; el matrimonio de Isabel y Fernando, futuros reyes de Castilla y Aragón; las guerras de éstos para consolidar el poder político y para completar la Reconquista de los territorios aún dominados por los árabes, la imposición del cristianismo y el montaje de la máquina represiva de la Inquisición. A este período corresponden los tres primeros viajes de Cristóbal Colón, con sus importantes consecuencias políticas y económicas, así como en el orden religioso, ético y social. En el final de la narración coinciden, como en la historia misma, el declinar de la reina Isabel con el descenso en poder y prestigio del Gran Almirante.

La elaboración de este material, libremente transformado por la escritura, incluye obvias inexactitudes. Por ejemplo, la hija de Enrique IV, llamada la Beltraneja, es presentada en 1461, el año anterior al de su nacimiento[9], como una niña que ya comprende y reacciona ante las intenciones agresivas de su tía Isabel. En otros casos, los nombres corresponden a personajes históricos, pero éstos son descritos fantasiosamente, como ocurre con Beatriz Bobadilla. Según el relato, esta dama de la Corte había sido amante del Rey Fernando, y fue obligada por la celosa Reina Isabel a casarse con Hernán Peraza, el Adelantado de las Islas Canarias; a la muerte de éste, la viuda se transformó en la despótica Dama Sangrienta, famosa por su demonismo erótico. Colón visitó, en verdad, a Beatriz Bobadilla al comienzo de su primer viaje; desde la fortaleza de la isla de Gomera, ésta gobernaba con mano de hierro las zonas de las Canarias en poder de los españoles. El relato de Posse sumerge este encuentro en una atmósfera de romanticismo gótico, agregando detalles sadomasoquistas a la historia de amor que algunos autores han fabricado sobre la base de un comentario casual de Michele de Cuneo, compañero de Colón durante su segundo viaje. Samuel Eliot Morison, en *Admiral of the Ocean Sea*[10], considera plausible que Colón se sintiera

---

Tropics of Discourse. Baltimore: The Johns Hopkins Univ. Press, 1978 y *The Content of the Form*. Baltimore: The Johns Hopkins Univ. Press, 1987. Las citas del primero y el último, que he traducido e incluido en el texto de este trabajo, indican entre paréntesis la paginación respectiva.

[9] Ver al respecto, Luis Suárez Fernández, *Los Trastámara y los Reyes Católicos. Historia de España* 7. Madrid: Gredos, 1985.

[10] Samuel Eliot Morison, *Admiral of the Ocean Sea*. Boston: Little, Brown and Co, 1942, I: 214-15.

atraído por esta mujer hermosa, enérgica, de menos de treinta años, quien pertenecía a una de las primeras familias de Castilla. Más recientemente, sin embargo, Jacques Heers ofrece una versión persuasiva y nada romántica de los mismos hechos: "En fait Colomb sait les liens d'affaires qui unissent cette maîtresse femme à son ami partenaire Francisco de Riberol et à tous les Riberol. La rencontre n'a rien de fortuit ni de très 'personnel.' De cette facon il peut assurer aisément et à bon compte une part de son ravitaillement; nul doute que tout était prévu à l'avance, dès le départ d'Espagne"[11].

En *Los perros del paraíso* proliferan estas caracterizaciones totalmente subjetivas de personas y de hechos, interpretaciones sin base, o contrarias a las fuentes históricas, como la que atribuye un intenso erotismo a la princesa y, más tarde, joven reina Isabel, transformando románticamente su enlace con Fernando de Aragón; o el fantástico y grotesco relato de las nupcias de Colón con Felipa Moñiz Perestrello, las que efectivamente ocurrieron en Portugal, así como las audaces explicaciones que sugiere sobre la inexplicada y prematura muerte de ésta. También queda alterada la personalidad de Colón, sobre todo en la última parte de la novela, donde se lo muestra como un místico soñador, totalmente enajenado de la realidad, en un estado cataléptico. No corresponde tal retrato a la persona conflictiva, en quien la inclinación al misticismo convive con el espíritu de empresa y las aspiraciones mundanas, que emerge del Cristóbal Colón admirablemente estudiado por Salvador de Madariaga, uno de sus mejores biógrafos[12].

La imaginación juega aún más libremente al recrear el mundo indígena. Se describen negociaciones entre aztecas e incas, durante las cuales Huamán Collo habla de intentos de vuelos transatlánticos y el *tecuhtli* azteca propone una invasión de la tierra de los pálidos, al occidente. Como personajes de un cuento fantástico, el inca y el azteca ingresan en "el Codex Vaticanus C, tercera parte, perdida para siempre en la quemazón de documentos aztecas ordenada por el atroz obispo Zumárraga" (p. 35). La imaginación se propone aquí una operación de rescate, el acceso a un pasado no historiado, aspiración semejante a la que alienta en las páginas de *Terra Nostra* de Carlos Fuentes. En ambos autores el conocimiento se persigue mediante la libre mezcla de datos verídicos con la fantasía y el mito.

Estas versiones inventivas del pasado coinciden, en nuestra época, con la línea de pensamiento representada por Roland Barthes, Michel de Certeau y Hayden White, cuyos ensayos cuestionan la tradicional distinción entre discurso histórico y discurso ficticio y afirman la función legítima de la imaginación en la

---

[11] Jacques Heers, *Christophe Colomb* Paris: Hachette, 1981: 231.
[12] Salvador de Madariaga, "Vida del muy magnífico señor Don Cristóbal Colón." *El ciclo hispánico* I. Buenos Aires: Sudamericana, 1958.

representación del pasado. Este último, en su libro *Metahistory*, critica la idea de que "el historiador 'encuentra' sus historias, mientras el escritor de ficción 'inventa' las suyas" (p. 6). Tal concepto de lo que es el trabajo del historiador no reconoce, según White, hasta qué punto la "invención" también participa en las operaciones del historiador. Más recientemente, en *The Content of the Form*, el citado estudioso declara que "uno puede producir un discurso imaginario sobre hechos reales, que no será 'menos verdadero' por ser imaginario. Esto es también válido para la representación narrativa de la realidad, especialmente cuando, como en los discursos históricos, éstas son representaciones del 'pasado humano.' ¿De qué otro modo —pregunta retóricamente White— puede un pasado que por definición comprende hechos, procesos, estructuras, etc., no susceptibles de ser percibidos, tener representación en la conciencia o en el discurso, excepto de modo 'imaginario'"? (p. 57). En la representación del pasado americano precolombino, la imaginación realiza una operación aun más radical, ya que no es sólo el medio obligado de representación sino que, además, debe fundar la realidad con la que diseña sus representaciones. Fernando Aínsa afirma, correctamente, que "los autores de ficción han formado parte esencial de la 'fundación' de la identidad cultural americana" (p. 198). Dentro de este proyecto deben inscribirse las búsquedas textuales que, como las de Posse o Fuentes, recrean la América no historiada. Esta es empresa de rescate a la vez que de liberación, ya que la obra de ficción cuestiona la legitimidad de una historia impuesta. Lo que esta indagación novelística pone de manifiesto es que, como White señala en *The Content of the Form*, "la 'historia' de las culturas 'históricas' es al mismo tiempo, por su propia índole de panorama de dominación y expansión, la documentación de la 'historia' de las culturas y pueblos supuestamente no-históricos que son las víctimas de este proceso" (p. 56).

Creo que el mayor mérito de la obra de Posse radica en que su texto sugiere interpretaciones como las aquí propuestas sin desviarse hacia el comentario o el ensayo, sino empleando un lenguaje notable por su riqueza descriptiva y estilística. *Los perros del paraíso* es novela de humor irreverente, de ironía que desborda en el sarcasmo o la sátira, con descripciones barrocas como las de Carpentier (ver, por ejemplo, la descripción del puerto de Génova en las páginas 48-50), exageraciones grotescas y elementos absurdos, como en García Márquez (léanse las páginas 42-43, sobre el Maestre de Calatrava), y, por encima de esto, una visión desmitificadora, aunque no cínica o nihilista, sino impulsada, por el contrario, por la fe del narrador en la común humanidad de todos sus personajes.

Ya en *Daimón* (1981)[13], el autor contrasta irónicamente las categorías de Civilización y Barbarie aplicadas respectivamente a europeos e indios. Esto se

---

[13] Abel Posse, *Daimón*. Barcelona: Argos Vergara, 1981.

comunica mediante las citas de una carta de Colón y de un poema de Nezahualcoyotl con los que introduce la primera parte de la novela. El texto del Almirante, supuesto representante del mundo civilizado, refleja la brutalidad con la que el europeo trató a la mujer indígena: "la más vieja no sería de once años y la otra de siete; ambas con tanta desenvoltura que no la tendrían unas putas" (Carta VII a los Reyes. Jamaica, 1503). En contraste, el poema de Nezahualcoyotl, producto de un mundo sobre el que se impuso el estigma de la barbarie, expresa una actitud meditativa y una aspiración hacia lo trascendente que son atributos de un alto grado de civilización. El texto de *Los perros del paraíso* no deja lugar a duda, por su parte, de que la superstición, el fanatismo y la inhumanidad conviven con las búsquedas y tareas del espíritu en los dos mundos a punto de enfrentarse. Prueba de ello es la secuencia de dos hechos, relatados sin comentario, que muestra evidente paralelismo y que suceden, uno en la Génova del futuro Almirante y el otro en la Tenochtitlán azteca. Sobre el primero leemos que "para calmar al dios enfurecido —cuando la furia duraba más de tres días— se compraba un deforme a alguna aldea vecina y se lo arrojaba del alcantilado con un collar de higos secos y una capa de plumas de gallina para facilitar al sacrificado su vuelo al limbo de los idiotas" (p. 31). El segundo se refiere a los sacrificios con los que los aztecas creían conjurar el peligro de la anemia solar. "Desde lo alto del templo de *Tlaloc* un sombrío ritmo de tambores y el aullido solo, profundo, inútil, del sacrificado a quien los sacerdotes, siniestros trabajadores divinos, arrancan el corazón que depositan en el pecho del *chac-mool*" (p. 33).

No son las semejanzas, sin embargo, sino los contrastes, los equívocos y la incomprensión que éstos generan lo que lleva a la culminación del drama histórico evocado por la novela. Mientras Colón cree que los indios son ángeles o al menos preadamitas, anteriores a la Culpa, y éstos ven en los europeos a los dioses salvadores vaticinados por Quetzalcóatl, el "Paraíso Terrenal" cae en las garras de una alianza económico-militar bajo el mando del coronel Roldán. Este, con su demagogia nacionalista y sus proclamas en defensa de la doctrina cristiana, la moral y las buenas costumbres, prefigura a los futuros caudillos militares. El suyo "fue el primer discurso 'occidental y cristiano' que se pronunció en América" (p. 227), comunica el texto; estas palabras están cargadas de sentido para el lector hispanoamericano, quien no dejará de asociarlas con la retórica común a los innumerables jefes militares y dictadores que han desfilado por la historia del continente. Tal cristianismo discursivo no está reñido, en el caso del coronel Roldán, con la creación del sistema de "encomiendas" y "repartimientos" y con la autorización para que se use a las indias como concubinas y criadas, sin distinción de jerarquía o rango. Es manifiesta, en esta parte de la novela, la inhumanidad de los que se declaran propagadores de la fe, y la complicidad o indiferencia de muchos de los clérigos. Visto desde el futuro hacia el cual se despliega el relato, el golpe de estado del coronel Roldán aparece como "el delito de acción continuada más largo que conocerá América" (229).

Entre los recursos narrativos que pone en juego la obra de Posse se destaca, en particular, el uso de un lenguaje prefigurativo que incluye numerosas referencias anacrónicas y confiere, con implícita ironía, un sentido crítico a la narración de la historia. Esto se observa, por ejemplo, cuando en la penumbra medieval de la inoperante sala de audiencias de Enrique IV surge la figura del general Queipo de Llano (1875-1951), uno de los principales lugartenientes de Franco durante la Guerra Civil, quien "preside la comitiva de académicos y magistrados (¿Díaz Plaja? ¿El doctor Derisi? ¿Battistesa? ¿D'Ors?)". Estos "le pedirán al Rey patrocinio y fondos para el Congreso de Cultura Hispánica de 1940" (p. 17). En el "rincón del eterno retorno" iluminado por el texto, las presencias se superponen y se enlazan según el libre mecanismo interpretativo de la imaginación. En su novela *Daimón*, antecedente inmediato de *Los perros del paraíso* (ambas forman parte de una trilogía de tema americano aún no completada), Posse ya presenta esta visión de tiempos convergentes y paralelos a través de su personaje legendario Lope de Aguirre. Según éste, "el futuro y el pasado ocupan su debido lugar y se agregan —sin pretensiones excluyentes— en la meseta del presente. Para el desprevenido las imágenes del tiempo sido se presentan rotas, tiradas en una *wasted land* donde las situaciones andan como almas en pena, incoherentemente... Pero no: una secreta coherencia (por supuesto que no se trata de la solemne Historia ...) puede ser entrevista siempre que no se pretenda ingenuamente aferrarla con la red de humo de las razones humanas (¡minirracionalidad!)" (pp. 153-54).

Abundan, pues, los personajes anacrónicos en *Los perros del paraíso*. Uno de ellos es el lansquenete[14] Ulrico Nietz, evidente encarnación anticipada de Nietzsche, quien alocadamente predica su creencia en el superhombre en un siglo XV que ha producido sus propios "superhombres carentes de toda teoría de suprahumanidad" (p. 97). "El lansquenete, alemán al fin," comenta el texto, "no comprendía que los dioses y los superhombres *son* y detestan la retórica" (p. 97). Otro lansquenete lleva el nombre de Swedenborg, pensador sueco (1688-1772), a quien correctamente se identifica como el autor del libro *Del Cielo y del Infierno*, pero que mágicamente ingresa en el siglo XV para participar, como el alemán Nietz, en la expedición de Colón y escandalizar con sus herejías a los muy ortodoxos curas Buil y Valverde. Y no falta, tampoco, un lansquenete Todorov, quien "creyó enloquecer de impotencia" al ver cómo una indígena era arrojada a

---

[14] Lansquenete, del alemán *landsknech*: soldado de la infantería alemana que peleó también al lado de los Tercios españoles durante la dominación de la casa de Austria.

los perros porque, siéndole fiel a su marido, se había negado a tener relaciones con ningún otro hombre. El relato de esta atrocidad, registrada por el fraile Diego de Landa en su *Relación de las cosas de Yucatán* sirve de introducción al libro de Tzvetan Todorov, *La Conquête de L'Amérique. La Question de l'autre* (1982), dedicado "a la mémoire d'une femme maya dévorée par les chiens"[15]. Hay otros nombres sugeridores, como el del padre Azcona, posible alusión a Tarsicio de Azcona, autor de una conocida biografía de Isabel la Católica publicada en 1964[16].

Además de esta convivencia de personajes de distintos siglos, el texto produce otra forma de anacronismo, mediante un lenguaje descriptivo que retroactivamente configura un mundo pasado hecho a imagen y semejanza del mundo contemporáneo. Se destacan, por ejemplo, la caracterización de las empresas comerciales del siglo XV como compañías multinacionales y el empleo del término "inflación" con referencia a la economía suntuaria e improductiva que introduce Enrique IV en una España pobre y acostumbrada a la frugalidad. Lucrecia Borgia es descrita como "un tanto lorqueana con su mantón y volados agitanados" (p. 111); Beatriz de Bobadilla habla, según el texto, "con pronunciación ya caribeña" (p. 155) y Colón hace gala de un "español aporteñado" (p. 211); expresiones tales como "fonemas" (p. 202), "entropía", "ser para la muerte" (p. 214), "pascaleos y kafkerías" (p. 217), utilizados en la caracterización, cuando no puestos en boca de los personajes, contribuyen por su parte a neutralizar la otredad del pasado y a establecer un puente de comunicación con el lector.

En *Cien años de soledad*, José Arcadio dice que "había visto en el Caribe el fantasma de la nave corsario de Victor Hugues"[17]. El Almirante tiene, en cambio, inquietantes encuentros con "naves caídas del futuro" (p. 177), "grandes barcos sin velamen" (p. 176) llenos de turistas que tocan una música sincopada para él desconocida. Ve también el *Mayflower* con su carga de puritanos. El aire se puebla de signos premonitorios, de *fox-trots* y milongas, de hoteles de inmigrantes. Colón ve su Paraíso Terrenal saqueado por empresarios y regimentado por coroneles. En su recorrido hacia la prisión y el forzado destierro, nota los abundantes anuncios, entre ellos los de la United Fruit Co. y la Agencia Cook.

La visión de un pasado impregnado de futuro ofrece inagotables posibilidades. En cada momento evocado por la novela, el pasado y el futuro se superponen y entrecruzan en textos que dialogan a través de los siglos. El relato de cuatro

---

[15] Tzvetan Todorov, *La Conquête de L'Amérique. La Question de l'autre*. Paris: Editions du Seuil, 1982.

[16] Tarsicio de Azcona, *Isabel la Católica. Estudio crítico de su vida y su reinado*. Madrid: Biblioteca de Autores Católicos, 1964.

[17] Gabriel García Márquez, *Cien años de soledad*. Buenos Aires: Sudamericana, 1967: 84.

décadas históricas crece desmesuradamente mediante una escritura que asocia y modifica libremente, utilizando su materia como un genotexto de múltiples lecturas posibles. De este modo, la evocación del siglo XV desborda los límites cronológicos para contener dentro de sí la total experiencia de la historia hispanoamericana.

La atracción ejercida por esta libre expansión del sentido del tiempo y de la historia que produce la lectura de *Los perros del paraíso*, así como de otras novelas hispanoamericanas de las últimas décadas, radica, según creo, en que el lector percibe el proyecto novelístico como parte de un proyecto colectivo de mayor alcance. En este sentido son esclarecedoras las siguientes reflexiones de Octavio Paz: "La literatura expresa a la sociedad; al expresarla, la cambia, la contradice o la niega. Al retratarla la inventa; al inventarla la revela. La sociedad no se reconoce en el retrato que le presenta la literatura; no obstante, ese retrato fantástico es real"[18]. La revitalización del género histórico, coetánea de las transformaciones en la técnica narrativa y del desarrollo de nuevas teorías sobre la escritura de la historia, ofrece "ese retrato fantástico" pero "real" al que se refiere Octavio Paz. En estas nuevas novelas históricas, la imaginación se ha plegado al esfuerzo de re-descubrimiento y auto-crítica que constituye una de las constantes del pensamiento en la literatura de nuestro continente.

---

[18] Octavio Paz, *Tiempo nublado*. Barcelona: Seix Barral, 1983: 161.

EL POSTMODERNISMO EN AMERICA LATINA

POR

JULIO ORTEGA
Brown University

El novelista John Barth, fiel a su enciclopedismo didáctico, propone en un ensayo reciente sobre la narrativa postmoderna que comparemos los comienzos de tres novelas características, según él, del pre-modernismo, el modernismo y el postmodernismo[1]. Vamos a empezar esta discusión aceptando su propuesta.

---

[1] John Barth, "The Literature of Replenishment, Postmodernist Fiction", *The Friday Book, Essays and Other Nonfiction.* New York, 1984: 193-206. Este ensayo se tradujo al español y se publicó el 6 de setiembre de 1985 en "La Jornada", periódico mexicano. Octavio Paz envió una carta fechada 1ro. de octubre criticando el desconocimiento de Barth de la complejidad del tema, especialmente en lo que se refiere a la literatura hispanoamericana, así como recordando los no pocos trabajos que el propio Paz ha dedicado a la reflexión de la modernidad y las vanguardias. Paz también reivindica el uso en español de *modernismo* por su "significado literario preciso". Siguiendo las opciones planteadas en *Los hijos de limo* Paz prefiere usar *modernismo* para el movimiento hispanoamericano de fines del XIX, *vanguardia* para las innovaciones que empiezan en la segunda década de este siglo, tanto en Europa como en América Latina, y "modernismo" para designar a la poesía angloamericana del siglo XX.

En este trabajo, para no diversificar más el uso de estas designaciones, se utiliza "modernismo internacional" (o modernismo en su contexto más amplio) para designar el movimiento de renovación artística y literaria que generan Pound, Joyce y Eliot, pero que coincide también con el programa sistemático de las vanguardias. Es evidente, en este sentido, que hay un horizonte modernista que es un escenario de referencias ya establecido, donde los "clásicos modernos" señalan el canon artístico dominante, por lo menos, hasta los años 50. La avanzada de las vanguardias, los períodos de intensa experimentación, pueden claramente distinguirse de la autoridad modernista y, por ello, aun hoy puede hablarse de una vanguardia artística, que parte de las experiencias modernistas y las rehace en el espacio de lo postmoderno, esto es, en el movimiento histórico, crítico y desconstructor que, a pesar de la manipulación terminológica y las distintas tendencias, en América Latina sólo puede entenderse por su capacidad de renovación, cuestionamiento y persuasión política. Y en fin, reservamos "modernismo hispanoamericano", o finisecular, para el movimiento históricamente concluso cuyo emblema es Rubén Darío.

Ana Karenina comienza así:

> "Las familias felices son todas parecidas; cada familia desdichada, en cambio, es desdichada de modo único".

Podemos, en efecto, constatar la condición "premodernista" de esta narración: la escritura no sólo representa el mundo sino que lo interpreta, deductivamente, desde la verdad común. La novela es el espacio privilegiado de los códigos: ilustra su infracción (al igual que *Madame Bovary*), pero tambien los límites de la transgresión, que son los del lenguaje, el mismo lenguaje con que se escriben los contratos y los códigos. Y, en fin, un narrador que asume la voz del sentido común, supone un lector equivalente: entre la felicidad y la desdicha, ese lector se mira en el espejo del lenguaje para confirmar, en un contrato, su identidad.

El segundo comienzo es el famoso paso fluvial del *Finnegans Wake*:

> *"riverrun, past Eve and Adam's, from swerve of shore to bend of bay, brings us by a commodius vicus of recirculation back to Howth Castle and Environs".*

La representación ha sido puesta en crisis: el lenguaje alegoriza su referente al situarlo en la pura apelación narrativa y al evocar la forma mítica. Esta primera frase, lo sabemos, viene de la última del libro: el libro es ahora el Código, cuya naturaleza mito-poética se transforma en su propio reino autónomo, explorando una geografía imaginaria.

El comienzo propuesto por Barth como propio de la narrativa postmodernista nos es cercano:

> "Muchos años después, frente al pelotón de fusilamiento, el coronel Aureliano Buendía había de recordar la tarde remota en que su padre lo llevó a conocer el hielo".

La representación está por hacerse, y depende por entero de su articulación en la escritura: el lenguaje no pone en crisis su relación referencial con el mundo (como hacía el modernismo) sino que pone en crisis la lógica natural, la presencia de ese mundo y sus leyes en el libro; por eso, casi todo puede ocurrir dentro de *Cien años de soledad* (1967). El lenguaje ya no es una materia mítica sino una forma barroca: no busca revelar, reemplazar o reformular la realidad que designa sino que demuestra cómo es capaz de representar y desrepresentar varias realidades. El lenguaje, así, es un modelo operativo, y sus transformaciones un juego y una indagación que cuentan con el lector para su aventura innovadora. Si Tolstoy confiaba en la legibilidad del mundo, y por tanto en la transparencia del lenguaje;

si Joyce esperaba, como dijo, por los lectores del futuro para la ilegibilidad de su empresa enciclopédica, escrita sobre un mundo extraviado y para un lector ausente; Gabriel García Márquez, en cambio, lo espera casi todo de la lectura inmediata, aquella que al hacerse reconstruye el mundo como un espejismo de la tradición de la lectura. Si la novela es el espacio construido por unas lecturas, es también el espacio desconstruido por otras, y en *Cien años de soledad*, literalmente, borrado por una inversa lectura que formula tanto el origen como el fin[2].

Barth considera, con razón, que *Cien años de soledad* no sólo es una novela postmoderna sino "uno de los espléndidos especímenes de ese espléndido género en cualquier siglo". Y añade: "¡Alabada sea la lengua española y la imaginación! Tal como Cervantes es ejemplar del premodernismo y un gran precursor de mucho de lo que vendrá, Jorge Luis Borges es ejemplar del *dernier cri* del modernismo y al mismo tiempo aparece como un puente entre el fin del siglo XIX y el fin del XX, de modo que Gabriel García Márquez está en esa envidiable sucesión: un postmodernista ejemplar y un maestro del arte de contar historias" (205).

Esta genealogía evidente es central a la narrativa en lengua española, sólo que la misma filiación Cervantes-Borges-García Márquez podría debilitar la distinción propuesta entre pre-moderno y postmoderno. Justamente, el común carácter autorreferencial irónico, la inteligencia crítica de la ficción, y las operaciones paródicas de la escritura, para mencionar tres rasgos dominantes, ilustran en esa filiación la continuidad innovativa más que las obvias diferencias. Es preciso, por ello, revisar el esquematismo entusiasta de Barth, y avanzar en la caracterización del cambio literario que constituye la experiencia del modernismo internacional (equivalente a las vanguardias en español, ya que el modernismo finisecular hispanoamericano designa, más bien, a nuestro equivalente del simbolismo francés) tanto como la hipótesis postmoderna.

Precisamente, el problema está en la falta de una mejor distinción de las operaciones del cambio. La modernidad de Cervantes es indudable: es más moderno que Tolstoy y Balzac, como lo son Rabelais y Sterne; de modo que sólo por comodidad cronológica se lo puede llamar "pre-moderno". Tampoco creo que Borges sea el último grito del "modernismo". Primero, porque es un producto privilegiado de las avanzadas vanguardistas, que pronto abandona, y segundo porque su poderosa formulación crítica es disolvente de la institucionalidad modernista, cuyo interior desconstruye, se diría, sistemáticamente. Esa crítica, en efecto, cuestiona en primer término la noción modernista totalizante de obra,

---

[2] Discuto el papel de la lectura y el carácter de la representación de esta novela en mi trabajo "La risa de la tribu. El intercambio sígnico en *Cien años de soledad*," *Nueva Revista de Filología Hispánica*, T. XXXIII, Núm. 2, México, 1984.

incluso la de obra fragmentaria o discontinua, y la sustituye por la de obra diferida, comentada y anotada. Las dos características que Frederic Jameson[3] atribuye al postmodernismo —la transformación de la realidad en imágenes, la fragmentación del tiempo en series de presentes— son constitutivas de la anotación borgiana; que es, además, disolvente no sólo de los códigos sino de la misma noción de código. No menos persuasiva es su crítica de los roles del lector y el autor. Un escritor modernista hubiera intentado otro *Quijote*, otra *Comedia*, un libro sumario y total; más radical, Borges imaginó la empresa de Pierre Menard, que sugiere que el cambio literario radica en la lectura, y que un nuevo *Quijote* no requiere ya del genio, del sujeto heroico de la letra, sino de la interpretación en que el mundo es otro por medio de la lectura. Una cita puede encarnar como una imagen ("El Aleph", esa *Comedia* paródica, es una cita de la tradición epifánica, simultaneísta, en el espacio del cambio que abre la crítica). El tiempo puede anotarse en presentes perpetuados, pero ello no suscita necesariamente, como plantea Jameson, la "desaparición del sentido histórico", salvo que ese sentido sea un privilegio de la conciencia iluminista. En la postmodernidad sin sujeto privilegiado, las articulaciones no están en la lógica histórica sino en la forma exploratoria de la fragmentación, en el relativismo de las formas. Es decir, el sentido histórico está en la puesta en crisis de la lógica discursiva[4]. Volveremos sobre ello.

Ahora bien, para restablecer un linaje menos genealógico y más textual, hay que adelantar otras semejanzas distintivas del postmodernismo en español. El carácter cervantino, por llamarlo así, de la novela autorreferencial es así mismo operativo en las mejores obras de Carlos Fuentes y Juan Goytisolo, y llega hasta el actual trabajo plurilingüístico de Julián Ríos y las autobiografías orales e inclusivas de Alfredo Bryce Echenique. Si Borges iniciaba —transitivo de la

---

[3] Frederic Jameson, "The Politics of Theory: Ideological Positions in the Postmodernism Debate". *New German Critique*, No. 33, 1984: 53-65; "Postmodernism or the Cultural Logic of Late Capitalism". *New Left Review*, No. 146, 1984: 53-92.

[4] Un excelente compendio crítico sobre el carácter del arte postmoderno es el editado por Hal Foster, *The Anti-Aesthetitc, Essays on Postmodern Culture*, Washington, 1983. En el Prefacio, Foster se pregunta: "¿Cómo exceder lo moderno? ¿Cómo podemos romper con un programa que hace un valor de la crisis (modernismo), o avanzar más allá de la era del Progreso (modernidad), o transgredir la ideología de lo transgresivo (vanguardismo)?" Y responde: "El proyecto postmodernista [alegórico, contingente, frente al modernista, que es único, simbólico y visionario] es desconstruir el modernismo para abrirlo, reescribirlo; abrir sus sistemas cerrados (como el museo) a la heterogeneidad de los textos, reescribirlo en sus técnicas universales en términos de contradicciones —confrontar sus narrativas magistrales con 'el discurso de los otros'". Este es, añadimos, el camino seguido por la nueva literatura hispanoamericana.

modernidad, anotador avanzado de lo postmoderno— la crítica de la noción de género, al escribir entre uno y otro, en el margen en blanco de la tradición sobreescrita; Fuentes, Goytisolo, Ríos y Bryce convierten la práctica de la autorreferencialidad en una textualidad abierta hacia la historia, las culturas y las lenguas, hacia lo otro y los otros —ese actual protagónico lector, y actor, de estos textos sin otro centro que su lectura, y cuyo escenario es la postmodernidad, o sea la historicidad de lo nuevo. Y, por lo mismo, estos escritores extreman la exploración no del género solamente sino de la escritura, de su textualidad, su puesta en página, su conversión oral, travestismo y plurilingüismo. Esto es, exploran las posibilidades anticanónicas de la novela. Fuentes, que ha escrito una brillante disquisición sobre Cervantes y Joyce, plantea en *Una familia lejana* (1980) una peculiar alegorización postmoderna de la función narrativa: la novela es dictada al escritor (otro lector) por los personajes (narradores), y la crisis de identidad de éstos pone en crisis la representación, usurpada por las voces que la reescriben a través del doble, la sustitución, el vampirismo, el mito del yo como Adonis restituido. En esa compleja trama de espejos el sujeto es un espejismo, otra propiedad del lenguaje. Un lenguaje a su vez despojado por la alegoría de su pérdida de origen (de verosímil) y de presencia (de hablante). Esta crítica radical del sujeto —característica del arte postmoderno, y que en Alfredo Bryce Echenique ha producido un verdadero antihéroe del habla cómica— contrasta con la reafirmada autoridad del sujeto en el modernismo, y empieza también con las paradojas de Borges en los años 40. En dos novelas recientes, *Paisajes después de la batalla* (1982) y *Larva* (1983) de los españoles Juan Goytisolo y Julián Ríos, el cuestionamiento del sujeto se produce como el desdoblamiento de la función narrativa, que se diversifica; pero también como la ocupación del espacio históricamente central (París burgués en la novela de Goytisolo, Londres postcolonial en la de Ríos); ocupación que efectúan las voces, la grafía y los cuerpos de los otros, en este caso los migrantes pobres del Tercer Mundo y los jóvenes marginales, sin otra historia que su lengua de exilio, ilegible y amenazante. Una lengua subvertora del museo institucionalizado ya no sólo por el viejo realismo burgués sino ahora por el modernismo que ha sido coaptado por el mercado, por la novedad de la mercancía que sustituye al valor de lo nuevo. En la novela de Goytisolo los personajes de Beckett hablan el árabe; en la de Ríos, Joyce habla un español plurilingüe. En ambas novelas, la representación es una alegoría problematizadora: una proyección apocalíptica en un caso, bacanal en el otro, de la ciudad como metáfora postmoderna; o sea ya no como meca cultural sino como espacio migratorio ocupado por los desheredados de la modernidad. Esa antiestética libérrima es una actividad postmoderna, imaginativa y política, no sólo de resistencia sino de respuesta; de una respuesta planteada desde la periferia. En *La vida exagerada de Martín Romaña* (1981), Alfredo Bryce Echenique desmonta uno de los mitos de las clases medias ilustradas: el París sublevado de Mayo del 68. Tanto los protagonistas como los discursos aparecen subvertidos por el humor, hijos de una retórica mitificadora. El personaje peruano que en las calles de la revuelta de pronto cobra conciencia de la importancia de los hechos y, emocionado, decide llevarse a su casa un adoquín de recuerdo, ilustra muy bien el hecho de que, después de todo, París es un museo.

El etnocentrismo y la autoridad académica del canon modernista son respondidos por la crítica de la representación, que es revelada en su carácter falso, ideológico o represivo, ya desde "El Aleph" (1945) de Borges hasta *Pedro Páramo* (1955) de Juan Rulfo y *Rayuela* (1963) de Cortázar, quienes, junto con Octavio Paz, uno de los primeros escritores en hacer la crítica de la modernidad, han realizado la parte más importante de su obra en diálogo con los paradigmas y las ideas del modernismo internacional. Así mismo, tanto la puesta en crisis del rol articulador del sujeto (que proveía de identidad compensatoria al lector complaciente) como la apelación a la actividad del lector para que opere las transformaciones del objeto textual (al modo de un significante que produce nuevos significados estéticos) son respuestas de la práctica textual hispanoamericana al canon modernista.

Pero, por otro lado, el texto postmoderno es también una respuesta a la dominante política neo-conservadora en esta década de capitalismo neo-liberal en que la democracia es concebida como el "mal menor" y la libertad como la libertad del mercado[5]. La fuerza implosiva de las culturas migrantes, del pastiche relati-

---

[5] En su ensayo "Problemas de la democratización en una cultura postmoderna", *Mundo*, México, No. 1, 1987: 53-61, Norbert Lechner observa los cambios en la concepción política que van de la política mesiánica de los años 60 al período de desmitificación actual, que siguiendo el ensayo de Jameson en la compilación de Foster, entiende como un pesimismo. Sin embargo, sólo en un sentido restringido y poco intelectual se puede entender lo postmoderno como la despolitización o la adhesión a posiciones conservadoras. En España, es cierto, se utiliza periodísticamente el término "posmoderno" para referirse a los jóvenes herederos del desarrollo reciente, y el término designa más un estilo que un pensamiento o una actividad artística. Sin embargo, Lechner observa con precisión: "En resumen, creo que el ambiente postmoderno nos ayuda a desmitificar el mesianismo y el carácter religioso de una 'cultura de militancia', a relativizar la centralidad del Estado y del partido y de la misma política; por otro lado, introduce a la actividad política una sociabilidad menos rígida y un goce lúdico". Hemos, es verdad, vivido un período de revisiones, de crisis de los proyectos políticos de emancipación, pero en el actual período de las "democracias reales" el trabajo crítico tiene todavía que producir el sentido democrático cabal, más allá de los estilos, las modas y los debates —más allá también de los neoconservadores que usurpan y restringen la idea de democracia.

vizador y del Kitsch popular, así como la oralidad inmediatista y la sensorialidad libre, son parte de esta respuesta anti-institucional y, por eso, otra vez anti-literaria. En este sentido, tanto Juan Goytisolo como Julián Ríos prosiguen las exploraciones de la novela hispanoamericana y plantean, dentro de la racionalidad central, la heterogeneidad y la humanidad de la diferencia, de esos "otros" que, sobrevivientes de la civilización, subvierten la identidad del sujeto y la autoridad de los discursos. En cuanto a las novelas de Alfredo Bryce, demuestran que, en el interior mismo de las culturas centrales, la experiencia latinoamericana contradice la tradición de la retórica, la medida y la mesura, con la desmedida y la desmesura, con su economía de derroche y su urgencia de certidumbre, que recusan el *mot juste* y el buen sentido.

Julio Cortázar en *Rayuela* había ya ocupado el centro del debate estético modernista con sus latinoamericanos locuaces y sumarios al poner en crisis el programa del surrealismo desde la necesidad crítica de lo nuevo. Paul de Man sostiene, con razón, que "toda verdadera crítica ocurre en el modo de la crisis"; pero esa equivalencia de crisis y crítica en pos de la forma libre de un saber más genuino, puede ser desencadenada, precisamente, por la empresa subvertora de un texto como *Rayuela*. Porque en esta novela no sólo se trata de restablecer una comunidad crítica con el lector sino de la necesidad de exceder las autonomías modernistas de la obra y el consiguiente rol oficiante del artista, demiurgo solitario de su obra pero también autoridad de la palabra pública. En *Rayuela* la práctica del arte nuevo, capaz de recuperar el extraviado proyecto modernista, demanda rehacer también el sentido de pertenencia, y lo demanda a esa comunidad virtual que Maurice Blanchot designa como el drama contemporáneo. *Rayuela* nace de ese subtexto latinoamericano sobre las responsabilidades del arte y del artista, y su calidad innovativa puede hoy ser vista como una de las mejores realizaciones políticas del imaginario latinoamericano. Sobre el programa privilegiado por el surrealismo para suscitar las nuevas ética y estética, la coincidencia de arte y vida, Cortázar escribe su alegoría crítica, su método de suscitamientos, para exceder aquel programa incautado ya por los manuales de literatura. Así, en esta lengua, Cortázar nos propone un paradigma nuevo: el Libro del Cambio, donde no hay representación definitiva, ni autoría segura ni solución unitaria última; donde todo queda por hacerse, disponible siempre al cambio y, por ello, inagotable siempre[6].

Lo advirtió Roland Barthes como si fuese una némesis de Morelli:

---

[6] Charles Russell ha intentado distinguir las operaciones de vanguardia frente a la escritura postmoderna en su *The Avant-Garde Today. An International Anthology*. University of Illinois Press, 1981.

"Lo Nuevo no es una moda, es un valor, sobre el cual se funda toda crítica: nuestra valoración del mundo no depende más, al menos directamente, como en Nietzsche, de la oposición entre lo noble y lo bajo, sino de la oposición entre lo Viejo y lo Nuevo ... Para escapar de la alienación de la sociedad presente, sólo hay un camino: *escapar hacia adelante*" (*El placer del texto*).

En el gran *roman comique* de Alfredo Bryce Echenique, *El hombre que hablaba de Octavia de Cádiz* (1985), las relaciones amorosas son reescritas en el seno de la burguesía francesa, desde su paradoja: desde la imposibilidad de que la Chimera de Novalis se constituya en pareja. Esta sátira de la burguesía retoma el proyecto amoroso modernista para extremarlo con el reclamo de una humanidad emotiva y no represiva. Si Stendhal no hubiese encontrado el amor en Italia la historia de la literatura sería, tal vez, otra, sugiere esta novela descentradora. Ya Antonio Skármeta había hecho habitable el subway de Nueva York, gracias al español, el amor legendario y el buen humor.

La escritura del exilio latinoamericano, que es ya una lengua común, responde también a las promesas de la modernización (la democracia, que debería seguir a la industrialización y a la urbanización); una modernización no sólo incumplida sino desigual. Desde el exilio, desde ese espacio político de contradicción, el escritor latinoamericano escribe políticamente, más allá de los temas obvios y la buena conciencia. El carácter político (nada conservador) del discurso postmodernista se ilustra bien en esta escritura pero también en las relaciones contradictorias que el escritor y el texto hispanoamericano mantienen con las instituciones, el estado y el mercado. Si el exilio es la naturaleza misma del arte actual, como afirma Edward Said, ese exilio, en el caso latinoamericano, es una respuesta crítica a las hegemonías institucionalizadas. Así ocurre con las historias de la sobrevivencia que ha escrito Skármeta, con el humor antiheroico de Bryce, con el barroquismo de Severo Sarduy. Sarduy, precisamente, ha hecho del exilio el espacio del texto, la articulación libre de los repertorios del museo occidental y la exhuberancia popular latinoamericana, tramadas ambas por el placer y la nostalgia religadores que operan en la escritura.

El extraordinario caso de Mario Vargas Llosa ilustra dolorosamente la delicada y compleja interacción actual de literatura y política en América Latina. De haber sido uno de los voceros mas calificados de la izquierda inspirada por la Revolución Cubana en los años 60, Vargas Llosa ha terminado siendo el líder político de la derecha en el Perú. Pero su defección no debería ser vista como una pérdida solamente política sino, sobre todo, intelectual, y al final, literaria. En ese sentido, su neoconservadurismo es un verdadero derroche. Hemos ganado un político pero hemos perdido un intelectual. Cómo se produce esa transformación requeriría una discusión aparte, pero me parece evidente que las razones tienen que ver más con la política del discurso literario que con la política partidaria. En efecto, Vargas Llosa es un escritor no en pocos rasgos heredero del modernismo: su idea de la "vocación" como una fuerza dominante supone la diferencia entre el artista y los demás, y la autoridad social superior de aquél. Es verdad que hay una tradición latinoamericana que hace del escritor de éxito un personaje público, pero en Vargas Llosa esa tradición se robustece con la noción, típica del modernismo, de que su autoridad está por encima de las tramas sociales. Recordemos el caso de Pound, quien creía poder detener la guerra mundial. Además, la noción, no menos modernista, de una "novela total" que cultivaba Vargas Llosa, declara la típica ambición inclusiva y comprehensiva, que contrasta con la más escéptica, relativa y parcial práctica literaria del postmodernismo. Por otro lado, Vargas Llosa ha repetidamente descreído de la experimentación narrativa, de lo que él descarta como "novela del lenguaje" frente a la novela que prefiere, la del *"story telling"*, aquella que "entretiene" al lector. Ha llegado, incluso, a medir como mejores las novelas que siendo "literatura" son capaces de conquistar grandes públicos. La novela "del lenguaje", nos dice, corría el riesgo de alejar al público del género. Este simplismo crítico, que justifica la simplificación de su propia narrativa desde los años 70, lo ha llevado a elaborar otra teoría: la novela es una "mentira" y el lector busca en ella una vida sustitutiva. Es revelador que *Conversación en la Catedral* (1969), su novela formalmente más compleja, sea su novela más interesante pero también la de menos éxito de público. Después de ese libro, Vargas Llosa cambió su identidad literaria, y recuperó su público o ganó uno nuevo, sin duda reclutado en las nuevas clases medias; más bien acrítico, complaciente, este público fue devorando al escritor al punto de convertirlo en su líder político. No es casual que en sus últimas novelas Vargas Llosa haya extraviado no sólo su capacidad crítica sino su misma captación de sus temas —la realidad social peruana, esquemática y fantasmática en esos textos.

Por otra parte, si la atenuación de la subjetividad es otro rasgo de la literatura postmodernista, hay que decir que la poesía concreta brasileña, desde el "plan piloto" de 1958, señala una instancia innovativa fundamental. La noción de un "espacio gráfico como agente estructural", de la sintaxis espacial o visual, de la analógica discursiva del ideograma poundiano; y la definición del poema concreto como un "objeto en sí mismo, no el intérprete de objetos externos y/o de sentimientos más o menos subjetivos", abrieron una práctica textual que hoy se ha ampliado y que, como bien dice Haroldo de Campos, supone la búsqueda de lo *concreto* en toda obra renovadora, de ayer o de hoy. El propio Haroldo de Campos, animado por la energía translingüística del modernismo, en su *Galáxias* (1984) utiliza el dispositivo joyceano del juego verbal en textos paranomásicos, constelaciones de sonido que cuajan como escenas características de la escritura intergenérica: son textos marcados por su resonancia, densos de materia y sensorialidad, y capaces de una comunicación inmediata y festiva. También el portugués Alberto Pimenta ha explorado el carácter permutativo, lúdico e irónico de una escritura libre de los estilos, objetiva, y sin embargo lírica, que aguarda al lector con su inteligente complicidad operacional. Esta objetividad del texto es también una necesidad de hoy: buscar un medio menos connotado por los valores añadidos del mercado, más libre de la domesticación que imponen los públicos y sus preferencias. Las exigencias de la formalidad objetiva, el rigor de la complejidad textual, la búsqueda de una lectura problematizadora son alternativas que siguen los nuevos escritores. En ese sentido, es interesante observar que un narrador popular como Carlos Fuentes ha hecho pocas concesiones al éxito. Sus novelas mejores siguen fórmulas distintas, y su más reciente, *Cristóbal Nonato* (1987) es un ejercicio postmodernista exuberante, un *tour de force* formal pero también un poderoso alegato político contra los discursos incautados por el Estado y sus ogros antidemocráticos de turno.

Esta objetividad ha sido explorada por Octavio Paz en su poesía madura, de formulación barroca, basada en la nominación antitética y la forma contrapuntística. La búsqueda de inmediatez, de encarnación del instante, que esa poesía manifiesta, excede también el programa surrealista, que en los años 40 fue para Paz, como para Cortázar, la base de sus indagaciones. No hay que olvidar que si José Ortega y Gasset fue uno de los primeros en advertir la "deshumanización del arte", un rasgo de lo moderno, Octavio Paz, a quien Habermas ha llamado "un compañero de viaje de la modernidad", ha sido de los primeros en trazar el linaje poético y crítico de la modernidad, que culmina, según él, en el "ocaso de las vanguardias", en el fin de una idea del arte gestada en el romanticismo. En su fundamental ensayo *Los hijos del limo* (1974) Paz ha reflexionado sobre estos comienzos y recomienzos, señalando la peculiaridad hispanoamericana de una palabra hecha de sumas y de interacciones, hecha en los procesos del cambio estético pero crítica al interior de los mismos—otra vanguardia, por lo tanto.

Ya en pleno espacio poético liberado de los programas, las demostraciones y las ilustraciones tópicas, en el tránsito fluido y diseminado del texto postmoderno, habla la nueva poesía, en esa intemperie de la identidad y en esa agonía irónica de la conciencia sin sujeto. Allí se produce la dicción urbana de Enrique Lihn, su anotación viajera, sin otras articulaciones que la pluralidad alusiva, el coloquio oblicuo, el paisaje humano esquizoide de una fragmentación indiferenciada. Su poesía es como el residuo del lenguaje que pasa por las exploraciones del postmodernismo pero sin ilusiones, sin ganancias y, más bien, con nuevos extravíos y perplejidad. Lo cual es prueba de que en estos tiempos de la postmodernidad sin las esperanzas de la modernización, la poesía dice el malestar exacerbado, desasido, en un desgarramiento del lenguaje; es, en esta instancia de la negatividad, una metáfora de los desastres. Para Lihn, como para Carlos Germán Belli, la escritura nace como una reformulación de la catástrofe de Occidente en América Latina, donde los documentos de la civilización son los de la barbarie, y donde se requiere dar forma a una palabra de la crisis.

Si el modernismo concebía el arte como la conciencia de la experiencia moderna, y veía en el una vida alterna (Spender), el postmodernismo supera la alienación que divide arte y vida, artista y público, individuo y sociedad; o al menos no los confunde ni los jerarquiza. Los puentes que traza representan los dramas y dilemas de esa asociación, y no es casual que tantas novelas postmodernas tengan como héroe al nuevo artista en pos de su arte, dramatizado por el proceso mismo que hace al texto, tal como ocurre en *Rayuela*, pero también en *Tres tristes tigres* (1967) de Guillermo Cabrera Infante, donde el artista es puesto en conflicto por su instrumento al punto que el genuino escritor es aquí aquel que no escribió nunca una línea. Pero si el arte no es, como en el modernismo, una utopía totalizante que programa el bien común y busca instruir a la sociedad; puede sí plantear, sin renunciar al "principio esperanza", la ucronía, la tradición utópica reescrita, tal como lo hace el puertorriqueño Edgardo Rodríguez Juliá en *La noche oscura del Niño Avilés* (1984), donde se propone una nueva versión del origen de Puerto Rico a través de la pesadilla mesiánica y la sinrazón histórica. Característicamente, el artista es sustituido aquí por el cronista, y la función del recuento reemplaza así al protagonismo del sujeto. En la poesía de Belli, como en la obra poética de Lihn, Antonio Cisneros y José Emilio Pacheco, el poeta ya no es el héroe de la subjetividad epifánica, como lo es en el modernismo, sino el antihéroe del coloquio, marginal, despojado y guiñolesco, sin otra función social que el escarnio y el humor crítico. Buscando la coincidencia de arte y vida ya no en la literatura sino fuera de ella, en su replanteamiento escéptico y en su denuncia irónica. Como escribe Charles Newman, el postmodernismo es un ataque a la atomizada, pasiva e indiferente cultura de masas y, por eso, entiende al público como a un "enemigo cultural" —todo lo contrario de quienes asumen su público como un mandato[7]. Prosigue Newman:

---

[7] Charles Newman, *The Post-Modern Aura*. Northwestern University Press, 1985. Un buen recuento expositivo de opciones y posiciones es el trabajo de Gerhard Hoffman, Alfred Hornung y Rüdiger Kunow, "'Modern', 'Postmodern' and 'Contemporary' as Criteria for the Analysis of 20th Century Literature". *American Studies*, Num. 1, 1977: 19-46.

—Los más asombrosos escritores de nuestro tiempo Nabokov, Grass, varios de los latinoamericanos- no se definen primero por su "extra-territorialidad" sino por el hecho de que su Modernismo vino a ellos modificado y clarificado por otras poderosas tradiciones literarias y culturales—.

Es lo que ha venido diciendo hace años Octavio Paz, sobre todo para destacar la importancia de la renovación literaria latinoamericana de los años 40, base de la maduración estética que produce la nueva novela hispanoamericana que, naturalmente, no sale de la nada sino de varias conjunciones —la de Borges y Faulkner, fue decisiva en el caso de García Márquez. No deja de ser interesante comprobar que los grandes modernistas hispanoamericanos de fines del siglo XIX emergieron en la primera modernización gestada por la burguesía latinoamericana, a la que ellos detestaron pero para quienes, fatalmente, escribieron; y que, paralelamente, la nueva novela latinoamericana, llamada del "boom", irrumpe en los años 60 en uno de los períodos de expansión modernizante, cuya ampliación del mercado coincide con la profusión de las ideas revolucionarias inspiradas en Cuba; de modo que al optimismo liberal del libre cambio suma el optimismo político de las transformaciones sociales. Pronto, en la década siguiente, desde por lo menos la destrucción del proyecto socialista y democrático de Salvador Allende (1973) quedó claro que ambos optimismos son excluyentes. En la recomposición política y social del largo período represivo, resuelto luego en democracias dominadas por el poder hegemónico de la banca internacional y el ultraconservadurismo de la administración Reagan, los públicos son otros, en general hostiles al arte que los pone en dificultades; y, en las nuevas clases medias, sólo adscritos a una literatura del entretenimiento o del hedonismo. No obstante, aun en los países castigados por dictaduras, como Chile, una literatura capaz de confrontar la represión en sus propios términos ha hablado al interior mismo de la censura; y en ese nuevo código de presuposiciones y sobreentendidos el público que comparte esas alegorías hace de la lectura un acto político: manifiesta en el texto tramado en la censura la dimensión política de una resistencia[8].

Por ello, si el modernismo es parte de nuestra tradición ya no sólo de las rupturas sino de las reconstrucciones, una de sus instancias es la reconstrucción del lector dialógico. En lugar del lector enciclopedista que debe rehacer el infinito camino de las alusiones (ya la biblioteca de Babel borgiana impone una página en blanco en esa tradición arqueológica), la literatura latinoamericana convoca al lector locuaz; aquel que trae consigo la parte del discurso que completa al discurso

---

[8] Ver al respecto el valioso trabajo de Rodrigo Cánovas, *Lihn, Zurita, Ictus, Radrigán: Literatura Chilena y experiencia autoritaria.* Santiago: FLASCO, 1986.

literario. En ese sentido, el lenguaje que cambia presupone no sólo otra lectura sino otra sociedad y otra política. A la noción de cambiar la vida (Rimbaud) y la de cambiar el mundo (Marx), sucede la de cambiar el texto (Modernismo); pero en seguida se impone la necesidad de cambiar la lectura para rehacer todo el camino. Ese es el planteamiento explícito de *Rayuela*. Y es también la práctica ya no especulativa sino textual de Severo Sarduy, Julián Ríos, Salvador Elizondo, Juan José Saer, Diamela Eltit, y varios otros narradores jóvenes. El extraordinario caso del narrador argentino Néstor Sánchez, que a comienzos de los años 70 renunció a seguir escribiendo, luego de haber publicado cuatro novelas de rara calidad exploratoria, es enigmático; pero en otro nivel revela su rechazo extremo, una verdadera denuncia, de la república literaria latinoamericana, dominada entonces por el exitismo comercial del "boom" y la trivialización del arte y del artista. Ese gesto suicida de Sánchez, autor de la magnífica novela *Siberia Blues* (1967), es también un rechazo del conformismo de los lectores dominantes entonces, a cuyas demandas algunos autores sucumbieron. Incluso un narrador talentoso como Manuel Puig ha tratado de seguir la complacencia de un público fácil; en el caso de Vargas Llosa basta con reparar en la función intermediaria compulsiva del personaje escritor en sus últimos textos; ni siquiera García Márquez parece haberse librado de la tentación de imitarse con autoridad; y el éxito de Isabel Allende demuestra la confusión de valores.

Como escribe Lyotard:

> En las diversas invitaciones a suspender la experimentación artística hay una idéntica llamada al orden, al deseo de unidad, de identidad, de seguridad, o popularidad (en el sentido de 'encontrar un público')[9].

Para estos escritores, añade, nada es más urgente que liquidar la herencia de las vanguardias. Y concluye: "aquellos que rehúsan reexaminar las reglas del arte persiguen carreras exitosas en el conformismo de masas al comunicar, por medio

---

[9] Jean-Francois Lyotard, *The Postmodern Condition: A Report on Knowledge*. University of Minnesota Press, 1984. Lyotard sostiene bien que el postmodernismo no es un modernismo en estado final sino en estado naciente, y que ese estado es constante. Véase también el importante ensayo de Jürgen Habermas, "Modernity —An Incomplete Project", en el tomo de Foster. Habermas ha defendido al "proyecto moderno" que debería completarse a través de la modernización dentro de la crítica inaugurada por la tradición racionalista. Es evidente que en América Latina los procesos de modernización sin los beneficios de la modernidad ponen en entredicho el optimismo ilustrado de Habermas.

de las 'reglas correctas', el deseo endémico por una realidad hecha de objetos y situaciones capaces de satisfacerlo"[10].

Pero aunque la novela latinoamericana pase hoy en varias capitales del mundo como un producto beneficiado por su reputación, y aunque parte de ella sea hoy un objeto comercial y publicitario, lo mejor de ella no forma parte de ese malentendido. Aunque la mayoría de la crítica ha preferido europeizar a Borges, su carácter latinoamericano no ha hecho sino acentuarse con los años, como una entonación inconfundiblemente heterodoxa, relativista y paródica. En las grandes novelas de América Latina, *Pedro Páramo* de Juan Rulfo, *Rayuela* de Cortázar, *Los ríos profundos* (1957) de José María Arguedas, *Cien años de soledad* de García Márquez, *Tres tristes tigres* de Cabrera Infante, *Terra Nostra* (1975) de Carlos Fuentes, *Paradiso* (1966) de José Lezama Lima, esa entonación latinoamericana es una práctica artística y cultural que rehace los modelos de la tradición y las urgencias de la innovación en nuevas y únicas formulaciones de poderosa motivación histórica y de penetrante persuasión crítica y política. Vienen estas novelas del escenario común del modernismo internacional, lo confrontan con sus propias necesidades, lo problematizan y lo parodian; y exceden también sus marcos en una postmodernidad más crítica, hecha de nuevas urgencias estéticas y emergencias sociales. Desde ellas el arte actual es la forma activa de una libertad realizada por una cultura plena de respuestas.

---

[10] Un buen balance de casos específicos en torno a estos temas es el tomo editado por Jonathan Arac, *Postmodernism and Politics*, University of Minnesota Press, 1986; también, el número de *Cultural Critique*, 5, Winter 1986-87, dedicado a "Modernity and Modernism, Postmodernity and Postmodernism", que incluye el ensayo de Lyotard, "Rules and Paradoxes and Svelte Appendix". La posición de Habermas está documentada en Richard J. Bernstein, ed., *Habermas and Modernity*, MIT Press, 1985. Jonathan Arac ha reunido sus ensayos articulándolos en torno a estos debates de un modo expositivo y a la vez analizando casos específicos, en su *Critical Genealogies: Historical Situations for Postmodern Literary Studies*, Columbia University Press, 1987. Para una discusión sobre el modernismo hispanoamericano debe consultarse los trabajos de Alfredo Roggiano listados en la bibliografía de este tomo de homenaje, especialmente su ensayo "Modernismo, origen de la palabara y evolución de un concepto", en Ivan Schulman, ed., *Nuevos asedios al modernismo*, Madrid: Taurus, 1987.

BARROCO ACTUAL EN FUNCION DE
LA COSMOLOGIA DEL BIG BANG

POR

SEVERO SARDUY
París, 2 de julio de 1988

I

NOTA

Es posible que ante la Ciencia un escritor no sea siempre más que un aspirante. Hay, sin embargo, cierta lógica en el hecho de que su atención se focalice particularmente en el modo de convencer y en *lo imaginario* de la ciencia. No es que el escritor, como lo postula el pensamiento común, sea más imaginativo que los demás; sino que las formas de lo imaginario se encuentran entre los *universales* —o axiomas intuitivos— de una época, y pertenecen sin duda a su *epistème*. Los encontramos, con todas las transiciones que se imponen, tanto en la ciencia y en la ficción como en la música y la pintura, en la cosmología y, al mismo tiempo, en la arquitectura. Eso es lo que trataba de demostrar *Barroco*.

Formas de lo imaginario: podíamos decir vertientes o facetas de lo imaginario que ya pertenecen a lo simbólico y en las cuales lo simbólico se confunde con la representación que de él puede darse en el espacio-tiempo. Surgen así los distintos esquemas o maquetas del universo.

¿Cuáles son las maquetas con que opera, según las distintas versiones del universo, la cosmología contemporánea? Si esta curiosidad se presenta, a veces obsesiva, es porque se trata de imágenes tan fuertes, y de una tal diversidad, que las significaciones opuestas de que son portadoras se nos hacen evidentes. Y es esa evidencia lo que la práctica de las formas literarias —otras de las vertientes o de las facetas de lo imaginario— puede llegar a revelar.

No se trata, por supuesto, de presuponer —al menos que no sea para encararlo como una posibilidad entre otras— el reflejo o la *retombée* que una cierta cosmología puede suscitar en el campo artístico, o viceversa. Si hay una relación, de oposición o de analogía, ésta no funciona más que descifrando, uno con respecto al otro, cierto tiempo de figuración y cierto modelo cosmológico.

Dime cómo imaginas el mundo y te diré en qué orden te incluyes, a qué sentido perteneces.

Hoy, la cosmología es la línea de horizonte en que todo se encuentra, en que todo se refleja. También, ese límite, emisor de la luz, que suscita todo posible reflejo. Hasta el del sujeto, incluido en ese espejo, y cegado por su propio brillo.

II

LA DESVIACION DE LOS CUERPOS QUE CAEN

El cielo organizaba la tierra. Astros y órbitas dibujaban, con sus trayectos elípticos, la geometría invisible de los cuadros, la maqueta de las catedrales, la voluptuosa curva que en un poema evita el nombre, la designación explícita y frontal, para demorarse en la alusión cifrada, en la lenta filigrana del margen.

El saber de los hombres sobre los astros regulaba, con sus leyes numéricas y precisas, pautas del desplazamiento, la escenografía de todo fasto terrestre: la Astronomía estructuraba al Barroco.

Lo cual suponía, en el discurso científico, en sus premisas como en sus leyes, un rigor próximo a la denotación pura, al grado cero del efecto de la teatralidad, como si esa fuera la condición necesaria para que su reflejo, o su *retombée* en el espacio esplendente de los símbolos, tuviera la levadura de la sobreabundancia, el germen de la proliferación, oro y exceso del barroco.

Mas, esos dos registros —discurso científico y producción simbólica del arte contemporáneo— aparentemente antípodas, o al menos incomunicados y halógenos, intercambian, en realidad, sus mecanismos de exposición, la utilería de sus representaciones, hasta sus seducciones y truculencias.

La ciencia —me limito a la Astronomía, que ha totalizado con frecuencia el saber de una época o ha sido su síntoma cabal— practica ya, sobre todo cuando se trata de la exposición de sus teorías, el *arte del arreglo*, la elegancia beneficiosa a la presentación, la iluminación parcial, cuando no la astucia, la simulación y el truco, como si hubiera, inherente a todo saber y necesaria para lograr su eficacia, una *argucia* idéntica a la que sirve de soporte al arte barroco.

Los constructores de sistemas, en la historia de la Astronomía, han usado y abusado de esa argucia: Galileo, que funda todo el avance científico en el rechazo sistemático de la evidencia natural y en una oposición testaruda al sentido común, enmascara su propia subversión y la presenta como una simple repetición de lo ya sabido. Recientemente, Hubble emplea un procedimiento discursivo similar y asienta la teoría de la expansión del universo en una lectura a contra-corriente de las observaciones, dando así una base verosímil a la teoría del *big bang*.

Galileo, para imponer sus leyes, se sirve de lo que Paul Feyerabend[1] llama la *anamnesis*: es decir, introduce nuevas interpretaciones de los fenómenos naturales, pero al mismo tiempo las disimula, de modo que no se note en los más mínimo el cambio que se ha operado. Para afirmar algo tan absurdo y contra-inductivo en 1630 —así se consideraba entonces, y en los mismos términos, la retórica del barroco— como que la Tierra gira, y salir indemne de esta aseveración, Galileo, además del método anamnésico, utiliza deliberadamente la *propaganda* —la palabra es de Paul Feyerabend— aunque quizás la anamnesis forme parte de ella. Una propaganda que "emplea trucos psicológicos, además de todas las razones intelectuales que puede ofrecer. Esos trucos funcionan bien: lo conducen a la victoria"[2].

Demás está decir que la truculencia de la exposición, o hasta el uso de una imaginación fértil, o el del puro invento, en nada menoscaban la realidad ni alteran la verdad de los hechos expuestos, en la medida en que la palabra *verdad*, confrontada con esta teoría anarquista del conocimiento que propone Paul Feyerabend, tiene aún algún sentido preciso.

Vamos a centrarlo todo en el célebre ejemplo de la piedra que cae de una torre y en su posible desviación. Ya los discípulos de Aristóteles lo utilizaban para negar el movimiento de la Tierra; Galileo lo retoma, pero para hacer con él la demostración contraria —una demostración que ya supone su conclusión— limitándose a explicar por qué lo que afirma con tanta seguridad no puede mostrarse, no puede verse. "Es igualmente cierto —afirma Galileo— que, dado el movimiento de la Tierra, el de la piedra, en su caída, corresponde en efecto a un trazado de varias centenas y hasta de varios miles de codos; si la piedra hubiera podido trazar su caída en el aire estable o en cualquiera otra superficie, hubiera dejado una larga línea inclinada, pero somos insensibles a esa parte del movimiento global que es común a la piedra, a la torre y a nosotros mismos, como si ese movimiento no existiera. Sólo es observable esa parte del movimiento en que ni la torre ni nosotros participamos y que es, en definitiva, el movimiento con el que la piedra, al caer, mide la torre"[3].

En el mismo diálogo leemos: "Cuando más tarde añadís a la piedra el movimiento de su caída, que le es particular, y no el vuestro, que se mezcla con el movimiento circular, la parte de este último que es común a la piedra y a vuestros

---

[1] Paul Feyerabend, *Against Method*. Londres: New Left Books, 1975. Utilizo la traducción francesa: *Contre la Méthode, esquisse d'une théorie anarchiste de la connaissance*. París: Seuil, 1979.
[2] Paul Feyerabend, op. cit.: 85.
[3] Galileo, *Dialogo*, II: 352.

ojos continúa siendo imperceptible. Sólo el movimiento rectilíneo es sensible, ya que para seguir la piedra con la mirada hay que mover los ojos de arriba hacia abajo"[4].

Lo sobreentendido en este detallado análisis de la supuesta desviación de los cuerpos que caen —lo cual implica la relatividad de la observación que no la percibe— es: "Todos los eventos terrestres, de los que comunmente se deduce la estabilidad de la Tierra y la movilidad del Sol y del firmamento, deben de aparecernos necesariamente con el mismo aspecto *si es la Tierra lo que se mueve y los cielos lo fijo*"[5].

¿Cómo es que, de esas dos posibilidades Galileo conserva una sola, que es precisamente la que va contra la apariencia? El *Dialogo* expone dos categorías de movimiento, pero para deslizar una de ellas bajo las conclusiones derivadas del análisis de la otra. No es, por supuesto, que se haya demostrado la verdad de una de las hipótesis; lo que se demuestra es el hecho de que ambas son verosímiles, para privilegiar una en detrimento de la otra.

La lógica que Galileo emplea es la siguiente:

a) Que todo movimiento es "operante", es decir perceptible, es algo aceptado por todo el mundo: percibimos, por ejemplo, con toda claridad, el movimiento de un camello que atraviesa el desierto;

b) que haya un movimiento no operante mezclado con el primero es también algo aceptado por todo el mundo: en un dibujo realizado en un barco que se desplaza sólo percibimos el trazo de la mano, nunca el del barco ni el de sus temibles oscilaciones en la tempestad.

Galileo invierte la relación y desliza lo más claro, el primer ejemplo, bajo lo menos aparente —el segundo— para descomponer así la relación del espectador con la piedra: como ella, él gira(b), pero además, para seguirla en su caída, tiene que desplazar la mirada de arriba hacia abajo(a).

Manejando una retórica hábil y tortuosa a la vez, que no es en apariencia más que un lúcido paisaje de silogismos, Galileo logra anular una evidencia —el caracter "operante", perceptible, de todo movimiento— en beneficio de otra evidencia derivada del análisis de la observación: hay movimientos invisibles para el espectador, "inoperantes", y se efectúan mezclados con los otros.

El sistema pedagógico de Galileo consiste así en hacer pasar un descubrimiento general bajo la máscara de una verdad parcial, admitida por todos; lo nuevo, en suma, bajo la simple apariencia de lo viejo.

Galileo, concluye Feyerabend, "triunfa gracias a su estilo, a la sutileza de su arte de persuasión; triunfa porque escribe en italiano y no en latín y, finalmente,

---

[4] Galileo, op. cit. II: 459.

[5] Galileo, op. cit. III: 224; el subrayado es mío.

porque atrae a todos los que, por temperamento, se oponen a las ideas antiguas y a los principios de enseñanza que de ellas se derivan"⁶.

Algo similar a lo que ocurre con la idea de la relatividad de todo movimiento se reproduce con las observaciones telescópicas del mismo Galileo: éstas despejan la visión opaca de los cuerpos celestes, contradicen la Astronomía tradicional y parecen corresponder con la maqueta copernicana. Sin embargo, para evitar sospechas de subversión, él las presenta como pruebas independientes de toda teoría, aunque en definitiva redunden en favor de Copérnico, como si no quisiera identificarse con una hipótesis que se estima caduca, aunque por otra parte reconoce que su defensor tenía razón. No se trata exactamente de un subterfugio; más bien de una disimulación. Cuando se analizaba la caída de la piedra, había que presentar la paradoja como algo natural y obvio; en la coincidencia de sus observaciones con lo propuesto por Copérnico, se trata de atenuar las consecuencias revolucionarias de su propio discurso. Primero había que *naturalizar*; luego que *disimular*.

Lo que percibimos, y formulamos torpemente, cuando desde lo alto de una torre cae una piedra, o cuando escrutamos la natural composición de un paisaje, puede resumirse en una *apariencia* más un *enunciado*. Creemos que se trata de dos cosas diferentes; son, en realidad, una sola. El lastre del lenguaje modifica la apariencia, establece una atadura tan sólida entre las palabras y los fenómenos que éstos parecen hablar por sí mismos, sin añadidos ni conocimientos suplementarios. Son lo que los enunciados afirman que son. El lenguaje que hablan acarrea leyes, códigos, deformaciones y prejuicios que asimilamos a la percepción simple, a lo más natural.

El gesto de Galileo es ejemplar: no conserva las interpretaciones más "naturales", pero tampoco, obedeciendo a una fácil furia iconoclasta, las impugna o elimina sistemáticamente. Da crédito a los datos que le ofrecen los sentidos, pero los somete inmediatamente a nuevas interpretaciones críticas, los va filtrando en el tamiz de los razonamientos. Altera el lenguaje en que se enuncian los fenómenos y a partir de esa nueva formulación descubre los fallos perceptivos, desmonta los mecanismos de lenguaje que funcionaban como la visión aparente, la percepción natural.

Como el *Diálogo* de Galileo, el barroco es también un *enderezamiento* de la formulación, que es, en su espacio, la figuración. Los fenómenos, en el ámbito religioso, son lo que percibimos con naturalidad en la vasta iconografía cristiana, la representación más escueta de los evangelios, su ilustración. El Concilio de Trento, para reactivar el enunciado de dichos fenómenos, los reformula con tal

---
⁶ Paul Feyerabend, op. cit.: 152

furia de persuadir, con tal voluntad de convencer, que la astucia empleada es similar a la que impulsó a Galileo, y tan necesaria a la supervivencia del catolicismo como lo fue la suya a la de la verdad astronómica. Descubre así, la impetuosa Contrarreforma, las debilidades del primer enunciado, la fatiga de la literalidad, para revitalizarlas con la energía avasalladora y el brío del Barroco.

El mejor emblema de este *enderezamiento tridentino* es el que, con los cuerpos y con respecto al manierismo, opera el barroco: baste con comparar el desnudo de la *Alegoría del Amor y del Tiempo*, de Bronzino, con cualquier figura de Caravaggio. Hasta el torturoso cupido que distraídamente le aprieta entre los dedos, al Amor, el pezón izquierdo parece atravesado por una furia helicoidal[7].

Desde la séptima sesión del Concilio, que trata de los sacramentos —bautismo y confirmación en particular— se privilegia, contra la concepción luterana de la fe, lo que los padres tridentinos llaman el *signo eficaz* —ese día el Concilio promulga, sin saberlo, toda la semiología del barroco— es decir, la eficacia de los sacramentos *por el hecho mismo de su ejecución*[8].

Todo lo ritual, el soporte teatral de la ejecución de los sacramentos, queda así privilegiado. "Se decreta que el sacrificio de la misa es el memorial y *la representación* del sacrificio de la cruz, con el mismo sacrificador y la misma ofrenda; los dos sacrificios no se diferencian más que en el modo de otorgar la ofrenda"[9].

El estatuto tridentino del significante, el énfasis puesto en la eficacia y en la ejecución, no pueden sostenerse más que como trazo visible o espejeo ritual de una subversión más grave, de una vasta reforma que se extiende hasta el soporte mismo de toda conducta religiosa, hasta el significado mayor y central del compromiso cristiano y de la fe: la noción de pecado original: "Al rechazar la concepción de que el pecado original es la disposición al mal, el Concilio evitó una condenación general de las tendencias y de los deseos del corazón humano que, según el calvinismo, tenían que ser extirpados. La naturaleza no es, en sí misma, pecaminosa. Los sentimientos y las pasiones pueden ser movilizados por un ideal moral en la vida social del creyente. Allí tenemos la raíz de toda la *civilización barroca*: la conquista del universo, ambición de la civilización y la cultura barrocas, no eran posibles más que con la doctrina católica del pecado original"[10].

---

[7] También se puede pensar en *Gabrielle d'Estrées y la duquesa de Villars*, de la escuela de Fontainebleau, en el Louvre.

[8] *Nouvelle Histoire de l'Eglise*, volumen 3. *Réforme et Contre-Réforme*, obra colectiva por Hermann Tüchle, C.A. Bouman y Jacques Le Brun; los capítulos IV y V, "Réponse et résistance: les forces nouvelles et le concile de Trente" y "L'Eglise tridentine: Rénovation intérieure et action défensive (La Contre-Réforme)", son de H. Tüchle.

[9] *Nouvelle Histoire de l'Eglise*: 180.

[10] *Nouvelle Histoire de l'Eglise*: 185.

La crítica conciliar del signo, la nueva enunciación de los "fenómenos" religiosos que opera el Concilio, no son posibles, por supuesto, sin una revisión radical y un *control de los textos*: los padres se apresuran en autentificar la *Vulgata* para el uso teológico de la Iglesia, es decir, se le da rango de texto oficial y suficiente para fundar dogmas; se instituyen los lectores en Santas Escrituras; se obliga a la prédica y sobre todo "se otorga a los obispos el *derecho de control* sobre los predicadores, aún si éstos pertenecen a un orden religioso". Se vigila, incluso, el lugar donde viven los monjes, terminando así con una costumbre centenaria: las frecuentes y largas ausencias de los obispos y los curas, la dispersión y el desplazamiento constante de los monjes giróvagos que llevaban una vida errante, casi nómada[11].

Este control generalizado, próximo a la visión panóptica de que mucho más tarde hablará Foucault —aquí el ojo central y observador es el Concilio— no es más que el desbordamiento, en la práctica, de la —más que semiológica— sacrosanta *eficacia de los signos*. No es ya sólo lo que ocurre en las almas, sino el recurso concreto a los signos lo que hay que vigilar.

También, como se ha visto, la religión intentó una demostración y para ello desplegó su *argucia*. Así como la referencia constante de la época era la del movimiento operante y Galileo la invirtió a favor del movimiento inoperante, asimismo, todo el mundo percibía —el texto de Lutero lo dice explícitamente— la evidencia que suspendía la eficacia de los sacramentos a la fe que el sujeto experimentaba. El Concilio de Trento invierte la proposición y afirma que hay una eficacia del sacramento por si mismo, aún sin fe experimentada. Aplicando el lenguaje de Galileo se llegaría a la paradoja siguiente: hay una operatividad del sacramento "inoperante".

Otro momento en que la presentación hábil de los hechos y la persuasión —algo similar al *arreglo barroco*— se manifiestan de nuevo, es precisamente el del corte que provoca una nueva inestabilidad, la nuestra, y marca así el inicio de la cosmología actual[12].

---

[11] El segundo período del Concilio se abrió en Abril de 1552 y duró un año, con poca asistencia. Los prelados franceses no se presentaron. El rey de Francia, debido a la guerra papal contra Parma, amenazó incluso con reunir un concilio nacional. Los alemanes acudieron masivamente. ¿Cómo no ver, en esta primera deserción de los franceses, una causa posible del rechazo al barroco tan persistente en este país, y al contrario, y por los mismos motivos, una explicación de su apoteosis del otro lado del Rhin?

[12] Para saber si cada nueva concepción cosmológica se ha servido de un arte, adecuado al momento, para convencer, distribuyendo astutamente las luces y las sombras y presentando sus teorías del modo más eficaz, habría que estudiar, desde este punto de vista, los textos y los contextos en que se produjeron, entre otros, los "cortes" de Kepler, Newton, Einstein, etc. Si en estas páginas me he limitado a Galileo y a Hubble es únicamente para marcar una

Edwin Powell Hubble (1889-1953) es "el fundador de la astronomía extragaláctica moderna y el primero que proporcionó una base de observación a la teoría de la expansión del universo"[13], al formular en 1928 lo que hoy parece una verdad reconocida: el desplazamiento hacia el rojo de los espectros emitidos por las galaxias es proporcional al alejamiento de éstas; dicho en otras palabras —ya que todos los desplazamientos observables van hacia el rojo— el universo que percibimos está en expansión, como lo postula la teoría del *big bang*.

Pero, comencemos con lo esencial. Hubble no era sólo un boxeador extraordinario de la categoría de los pesos pesados —su *punch* era tal que un entrenador llegó a proponer que se afrontara a Jack Johnson, el campeón mundial de la época— sino también, detalle tan importante como el primero, un abogado feroz, que llegó al puesto de *attorney* de Louisville, en Kentucky.

Las artes pugilísticas y las legales se aliaron con Hubble en la presentación de sus teorías astronómicas, que el abogado argumentó con ímpetu, minimizando las objeciones, exagerando los apoyos, hasta lograr "establecer las pruebas" y obtener de la curia astral un "veredicto favorable"[14].

Ya en 1917 Willen de Sitter, sin suscitar el menor entusiasmo, había formulado la misma hipótesis: el *red shift* corresponde a la mayor o menor distancia de las galaxias con respecto al observador.

En 1924 Ludwik Silberstein había tenido la pésima idea de tratar de comprobar la precedente teoría con un estudio sobre los conglomerados globulares de galaxias, olvidando como por azar a tres de ellos cuyo *red shift* no correspondía con las distancias a que se sabía que se encontraban. La teoría quedaba así desacreditada.

Las ideas de Sitter partían de un error capital: relativista, como Einstein, el autor suponía un universo estático, con distancias fijadas una vez por todas.

Bastaba, como logró hacerlo Hubble, con invertir de un modo teatral los postulados y explicar el *red shift* a partir de una generalización del efecto Doppler; todo quedaba así claro: el universo estaba en expansión.

Ya Alexander Friedmann, y sobre todo el abate belga Lemaître, silencioso escrutador de la bóveda celeste, habían imaginado una "maqueta" del universo en expansión a partir de una explosión inicial.

---

posible coincidencia entre estas subversiones y el origen del barroco —que hoy podríamos llamar primer barroco— y del neo-barroco. Los textos sobre el universo —como el universo mismo— quedan por explorar ...

[13] *Dictionary of Scientific Biography* de Charles Scribner's Sons, 1981, vol 5: 528.
[14] Pierre Thuillier, *"Un cosmologiste habile: Edwin Hubble"*, en *La Recherche*, no. 176, vol 17, abril 1986: 526. El autor del ensayo parte de N. Hetherington, "Edwin Hubble: Legal Eagle". *Nature*, 16 January 1986: 189.

El desafío de Hubble era el siguiente: ¿Cómo lograr, dado que los trabajos de Silberstein habían quedado totalmente desprestigiados debido a su omisión, convencer a los astrónomos de sus teorías? Respuesta: empleando, una vez más en la Historia, *la argucia*.

Presentó, en 1929, las medidas que había obtenido en el Mount Wilson Observatory, para que todo el mundo quedara convencido de su objetividad, como si hubieran sido obtenidas por observadores independientes. Su colega Milton L. Humason, que había trabajado con él, expuso, aunque en la misma revista, sus "propios" resultados, sin relación alguna con los de Hubble. Por otra parte, aunque de Sitter constituía el origen de todo, Hubble, en su artículo, no lo menciona más que en las últimas líneas, al pasar, evitando así, jurista eficaz, que se le identifique con una causa perdida.

En el artículo de 1929 Hubble utiliza, para precisar sus cálculos, la constante que hoy lleva su nombre y cuya aceptación no presentaba por sí misma ninguna dificultad, pero la emplea como un anzuelo para captar la anuencia de dos astrónomos, uno de los cuales, Strömberg, había obtenido sus resultados partiendo de la misma hipótesis que él: una relación lineal entre velocidad y distancia de las galaxias. El golpe de efecto de nuestro jurista consistía en no mencionar explícitamente el hecho de que Strömberg, para llegar a esos resultados, había partido de una base que era precisamente lo que se quería demostrar.

El otro astrónomo, Lundmark, había obtenido sus resultados utilizando otra relación entre la velocidad de alejamiento de las galaxias y la distancia a que se encontraban. Era oportuno citarlo como "testigo", pero no recordar en ningún momento el procedimiento empleado por él.

"Para no parecer sospechoso, el investigador tiene que comportarse como si fuera completamente desinteresado, es decir, como si hubiera hecho sus observaciones o experimentos sin la menor idea preconcebida, sin el menor prejuicio, en una especie de *vacío epistemológico*"[15]. Hubble, que había asimilado bien las reglas del juego, practica pues, deliberadamente, esa inversión aseguradora que constituye la *argucia* capital: poner al final, como "conclusiones", lo que en realidad ha constituído el principio de los trabajos.

Epistemología y arte del discurso, *utilería jurídica*: utilizándolos como maestría, Hubble impuso una concepción del universo que, como diría Feyerabend, es la verdadera —porque es la última y porque es la nuestra, algo que nos parece evidente, natural.

Una idea establecida, una *doxa*, es la neutralidad del discurso científico, su carácter denotativo, próximo a la pureza de la fórmula y del grado cero, y por otra

---

[15] Pierre Thuillier, op. cit.: 527.

parte, su repercusión amplificada, puesta en escena por la producción artística contemporánea.

Hemos visto, sin embargo, como los dos discursos, aparentemente incomunicados, intercambian en cierta medida su tipo de funcionamiento y sus "efectos": truculencia y *argucia* en la presentación de los métodos o de los resultados científicos cuando no se trata de lo que Kuhn denomina una ciencia "normal" sino de un cambio de paradigma, de una "revolución" en la ciencia; rigor y programación en el aparente desorden y en la incontrolable proliferación del barroco, que en realidad representa un enderezamiento, un regreso al equilibrio y a la estabilidad.

Se repite pues, con la cosmología actual y su posible *retombée* en un neo-barroco —reflejo cuyos nexos quedan aún por situar y cuyas obras quedan aún por designar— la misma estrategia discursiva de Galileo: la subversión, o la desintegración de una imagen coherente del universo, tal y como la acepta en un momento dado la humanidad entera, en algo tan abrupto e inaceptable que no puede realizarse más que bajo los auspicios de una demostración legal, de una demanda jurídica basada en la eficacia de los signos y en su mayor alcance: la nueva ley como teatralidad[16].

---

[16] Demás está decir que la astronomía y la cosmología, que tomo en cuenta aquí únicamente por su "vocación" totalizadora, no agotan, ni de lejos, estos virajes, o estas subversiones de un concepto aceptado, de una *doxa*, utlizando toda la *argucia* posible, la que permite el discurso jurídico, y toda su teatralidad. Sería pertinente estudiar estos mecanismos escénicos de presentación en la obra de Freud, descubridor de otra espacialidad, la del registro inconsciente. Habría que indagar también la "jurisprudencia" y la eficacia, próxima a veces de la *pente au mime*, en la enseñanza de Jacques Lacan.

AVANCES Y LIMITES DE LA CRITICA LITERARIA ACTUAL

POR

EMILIO SOSA LOPEZ
Universidad Nacional de Córdoba

I

En sus *Curiosités Esthétiques*, en el cápitulo "*A quoi bon la critique?*", Baudelaire expresó que la crítica debía ser "partiale, passionnée, politique". Creía con ello que el oficio de juzgar, valorar o interpretar una obra artística quedaría librado en adelante al poder de un espíritu libérrimo y osado. En realidad, Baudelaire enmascaraba su intención de desafiar la sociedad burguesa de su tiempo. Como poeta de la modernidad, la crítica para él no era más que un ejercicio de la ironía. Así se preservaba incluso del lector, al cual le atribuía de otro modo sus propios dones de simulación. En el poema inicial de *Les Fleurs du mal*, lo denuncia: "*—Hypocrite lecteur,—mon semblable,—mon frère*". Sin embargo no buscaba establecer una complicidad con el lector. Para Baudelaire la solitariedad del poeta y también la del lector es constitutiva y legalmente no reconocida. Tal marginalidad es, en consecuencia, su baluarte; su ironía, el exiguo espacio de una acción ejemplarizadora. En otras palabras, que le confería tanto al poeta como al lector la condición social más declaradamente inútil. Pero detrás de este andamiaje de la pedantería lo que intentaba instaurar era una nueva actitud en la comprensión del mundo de las letras, no fundada en un aprendizaje normativo o pedagógico, sino en un sistema autónomo y libre de estimación, basado en la inteligencia y la sensibilidad. El crítico debía ser un hombre de su tiempo, dotado de virtudes superiores para el juicio, es decir, un hombre que participa de la aristocracia genuina del espíritu. Por estos presupuestos mentales se lo reconoce como el iniciador de la poesía moderna y de la crítica en general.

Lo importante es que había distinguido una nueva función del arte de juzgar. Su ejercicio lo imaginaba no derivado ya del mundo filosófico, como tampoco de esos ámbitos de las ciencias históricas, dominados por exigencias eruditas o estrictamente filológicas. La crítica debía corresponder al campo propio de la literatura y la poesía. En el fondo esta exigencia baudelairiana destaca un principio de identidad, puesto que el verdadero ejercicio de la crítica entraña de por sí una intensidad creadora semejante a la de la poesía. Con todo, la lección de Baudelaire nos llega ya un poco enrarecida. En verdad, luego de los embates del pensamiento filosófico o científico de nuestro tiempo, desde el nihilismo al empirismo lógico, no se entiende ahora fehacientemente el significado estricto de las palabras que el propio Baudelaire usó para caracterizar conceptualmente lo que debía ser justamente la crítica. Lo meramente parcial o subjetivo implica de hecho una confusión. Por sí mismo no legitima una orden de valores. Lo subjetivo parece más bien un campo residual, cuyas representaciones subsisten al presente, pero como signos de represiones profundas ante el predominio actual del Estado sobre la persona humana y los procesos de socialización de la vida. Desde los tiempos de Hegel y a lo largo del desarrollo político de las ideologías, toda teoría acerca del hombre como sujeto universal de la historia ha terminado por ser una pura invención. Además, la neutralización de toda forma de conocimiento hecha por Husserl, ha restado valor al extrañamiento subjetivo. Luego de Freud el individuo sólo se presenta como un cúmulo de tensiones regresivas. Lo mítico, lo onírico, aun sus tendencias místicas, únicamente acusan su condición de marginado. Las necesidades científicas o epistemológicas de los actuales campos de la especialización, no admitirían los desbordes o empatías de la identidad. Y en cuanto a la pasión misma, aducida por Baudelaire, hoy parece reconocer únicamente formas sublimadas o compulsivas de comportamiento, instintos eróticos que más bien tienden a expresarse en proyecciones expurgativas, carentes de toda regularidad sistemática o creativas. Sólo por el lado de un análisis de los arquetipos puede llegarse a iluminar estos abismos de lo inconsciente.

Pero lo más desconcertante, para nosotros, es la ponderación que hace Baudelaire de una exigencia política. Se sabe que Baudelaire participó fugazmente en las revueltas de 1848, pero su intención no pudo ser más cómica. Lo hizo con el propósito de matar a su padrastro, el general Aupik. Sobre la naturaleza infantilista de Baudelaire mucho se ha hablado ya, pero ni siquiera una apelación a su odio al burgués puede servir para convalidar un claro sentido de lo político en él. Yo creo que esa exigencia de lo político reclamada por Baudelaire se refería, como ya he dicho, a su actitud de modernidad. Se trataba de una exigencia estética esgrimida como un signo distintivo de su época. Rimbaud llegaría a expresarla de un modo perfecto: "Il faut être absolument moderne". La misión de poeta era pues lanzarse a la conquista de lo nuevo, aventurarse a lo desconocido, entrar en un continente no explorado de la realidad o de la mente creadora. A semejanza de Nietzsche, Baudelaire presentía un futuro inmediato de portentosas realizaciones, de grandes transformaciones que le permitirían al hombre ingresar a niveles insospechados en las categorías del ser. Pero a la vez intuía una degradación general acarreada por el progreso mismo. Nietzsche exigía una supermoral, Baudelaire un retorno a la poesía. Ambos soñaban, en verdad, en la posesión de conocimientos y revelaciones que los proyectaran por encima de lo cotidiano y sus impuestas hipocresías. Si algo sabemos hoy es que esos ideales conocimientos no son precisamente los que se consuman en el mundo de lo político. Trabada por ideologías programáticas de dominación, la política supone hoy un orden de sometimiento colectivo, incluso para la ciencia y la investigación, que se asemeja a una sacralización del saber mismo.

Pero fuera de esta inexcusable tergiversación de los términos que espontáneamente usó Baudelaire, la crítica literaria moderna ha avanzado por los diversos caminos que desde Kant a Heidegger ha abierto la investigación estética. Nuevas formas estimativas del arte o de la poesía, alimentadas por la teoría de la "Einfühlung" y las corrientes fenomenológicas o sociológicas que analizan los procesos de la creación artística, han consagrado valores y puntos de vista que en muchos casos exceden las significaciones de los textos o las obras mismas. Es como si la necesidad de instituir una condigna hermenéutica del arte moderno corriera el peligro de acabar en una mera heurística. Caemos en lo que un poeta contemporáneo ha llamado la "metafisicalidad del tiempo". Unido a esto está la gran revolución que se ha producido en el ámbito de la lingüística o la comunicación. De Saussure a Greimas las posibles ciencias de la expresión parecen convertirse en estrictos campos semióticos, volviendo casi obsesiva la tentación de C. S. Peirce de reducirlo todo a valor de signo. La actual diversidad de enfoques lingüísticos opera consecuentemente como foco de atracción magnética respecto a la crítica literaria, hasta volverla muchas veces subsidiaria de tales disciplinas. Hoy podemos decir que la crítica o es estética o es lingüística. Sin embargo el problema tiende a complicarse aún más, pues con el desarrollo de la psicología profunda y las nuevas investigaciones de la historia de las religiones, del mito y las ontologías arcaicas, el crítico así instrumentado puede indagar sobre los trasfondos arquetípicos que operan en la conciencia e ilustran sobre los mecanismos del pensamiento tradicional, en su sentido de representación o metaforización de la realidad. Al final, estos trabajos que bien pueden asemejarse a los de Lévi-Strauss, terminan por convertirse en verdaderas poéticas que ponen de relieve una semiótica de la cultura. Extrañará que diga esto ahora, sobre todo por lo que actualmente entiende todo el mundo por poesía, esto es, un género literario específico. O más concretamente, una forma ya especializada de la poesía lírica. Y en cuanto a la crítica literaria, tan dominada actualmente por metodologías preestablecidas, no se sabe a ciencia cierta si ha ensanchado sus dominios o ha sido atrapada por otras disciplinas, o ha perdido, en última instancia, su función.

Nosotros no vamos a resolver ahora la cuestión, y menos yo que sólo quiero sumarme a vuestro esfuerzo. Para el caso, me basta con recoger un párrafo de síntesis notable, del profesor Alfredo A. Roggiano, que figura en la *Introducción* al número de su *Revista Iberoamericana*, dedicado al tema "Ideología y crítica literaria en la América de habla española". Al mostrar la riqueza del ejercicio de la crítica entre nosotros los hispanoparlantes, Roggiano señala, en cuanto a la crítica literaria, que "las búsquedas y salidas han tentado todos los caminos: en la línea formal, inmanentista, de crítica interna del texto, hemos tenido aplicación del "New Criticism" norteamericano (Afrânio Coutinho en Brasil, por ejemplo); también en Brasil, la semiología tiene sus maestros en la Universidad de São Paulo. En el Instituto de Filología de la Universidad de Buenos Aires se formó un grupo importante que trabajó en la estilística y otros aspectos de la crítica lingüística; y hubo aquí y allá existencialistas, psico-simbólicos, fenomenólogos y seguidores de la "nouvelle critique", el estructuralismo, etc. En la línea que explica el texto por sus referencias, mensajes, acusaciones y deseos de transformar el mundo y cambiar la vida, lo más abundante ha sido la sociología de la literatura y las diversas aplicaciones del materialismo dialéctico, desde el marxismo más ortodoxo al revisionismo neo-marxista que viene de la Escuela de Frankfurt o va a la semiótica de la cultura o al psico-análisis lacaniano. Así, hemos tenido lukacsianos, goldmanianos, althusserianos o gramscianos, por un lado, y formalistas a la rusa, estructuralistas a la checa, barthianos, jakobsianos o derridianos, por otro. También tradicionalistas a la española, tipo siglo XIX, o deterministas a lo Taine, historicistas, antihistoricistas y, por casualidad, algún nacionalista imbuido de positivismo ingenuo o de romanticismo a deshora. Nunca se ha probado tanto, en ninguna parte, la relatividad o imprecisión de la crítica literaria, así como sus intencionales *fallacies* como en este vértigo del Nuevo Mundo".

Siempre tendremos que agradecer a Roggiano esta descripción detallada que no carece, por cierto, de un saludable humor. Yo sólo agregaría a todo esto que tal cúmulo de direcciones viene a conformar una suerte de "arqueología" de un saber metodológico que, con todo, no asegura el porvenir de la literatura que depende, en último término, de hombres creadores y no necesariamente críticos, cuyos métodos ajustados a veces en exceso alejan al lector del contacto directo de la lectura. Porque habremos de acordar que el lector es también, a su modo, un creador.

II

Precisamente, en la segunda parte de este trabajo, voy a referirme a este extraño destinatario de la literatura, a este huésped misterioso del mundo de las letras, sin el cual no es concebible la función literaria. Ante él se sintió obligado y responsable Baudelaire, al denunciarlo como su semejante. Que yo sepa, la única corriente que ha instrumentado la realidad constitutiva de cualquier sujeto dentro del ámbito lingüístico, como entidad no sólo comprensiva y receptora sino productora de nuevas combinaciones del lenguaje, es la que se define como gramática transformacional. En ella se ha instalado N. Chomsky, cuya teoría genética reconoce un *modelo de idoneidad* lingüística en cada sujeto hablante y, además, el momento de la *producción del lenguaje* como correlativo de su propia incidencia en la inevitable competencia de los usos lingüísticos. Como *modelo de idoneidad* pues y, también, como *productor del lenguaje* podemos entender ya esta entidad anónima y silenciosa que es el lector. Como no tiene historia y su realidad es puramente referencial sólo se lo puede captar en una relación sincrónica. Aquí es donde nos puede servir vivamente el estructuralismo, en la medida en que el estructuralismo, como dice Jules Debois, "construye modelos de receptor, mucho más que modelos de emisor". Reintroduce en el mundo del discurso la relación entre el productor o sujeto de la obra y la situación del lector que la comparte. Precisamente la situación, como realidad sincrónica, es lo que libera el sentido como objeto de la experiencia misma. El sentido es el campo común de participación del autor y el lector.

La *región del sentido* concentra en sí, analógicamente, todo el aparato semiológico o semiótico de las diversas funciones del discurso, pero además agrega ese elemento contemplativo de la intuición. Pero como la intuición es pura objetividad de la intencionalidad, esta objetividad asume el valor catártico del arte. La mecánica, pues, de la creación no es ya sólo "hacer un signo", sino hacer *arte*. Ello implica, como ha indicado Foucault, que en su origen el "arte del lenguaje" no haya sido más que "arte de nombrar y después, por una reduplicación demostrativa y decorativa a la vez, de captar este nombre, de encerrarlo y de guardarlo, de designarlo al propio tiempo con otros nombres que eran su presencia diferida, el signo segundo, la figura, el aparato retórico". Lo literario, el lenguaje figurado, la expresión metafórica deviene así en puro arte de la connotación.

Aquí entendemos, por supuesto, la metáfora o lo metafórico como un plan asociativo, en el mismo sentido de Jakobson, quedando referido lo textual o el encadenamiento de las palabras a su pura condición expresa, esto es, sintagmática, según ese doble aspecto en que juega simultáneamente el discurso, como un conjunto de signos significantes y significativos a la vez. En su opúsculo *Eléments de sémiologie*, Roland Barthes ha señalado que "el plan asociativo está evidentemente ligado muy de cerca a la 'lengua' como sistema, mientras que el sintagma está más próximo a las palabras". Esto quiere decir que las relaciones estilísticas que maneja el escritor o el poeta no van más allá del orden expreso de las palabras, en tanto que el lector, por su propia incidencia como sujeto espontáneamente abierto a la presencia del mundo, restituye sistemáticamente lo escrito a la condición de lengua. Por ello hoy podemos pensar que el lector, ya sea como receptor, incluso como crítico, se convierte (a causa de su propia actualidad y, con ella, con su descuido e improvisación) en el liberador del sentido, esto es, de aquello que desprende el arte mismo de nombrar, y que había quedado encerrado, guardado, diferido tras el aparato retórico. De ahí que Chomsky acepte finalmente la intuición del sujeto receptor, quienquiera que éste sea, como el nexo vivo de la mediación entre la *recursividad* (o suma del fenómeno de reduplicación sistemática) y la *transformación* (que da cuenta de las estructuras profundas que convergen en el saber lingüístico de cada hablante).

Yo llamaría resueltamente al dominio intermedio de la ambigüedad del sentido (que media entre el lenguaje y la propia realidad) como el dominio del inconsciente. Mientras más separados estén sus horizontes, mayor es la disponibilidad de sus vínculos entre sí. El lenguaje cubre de significados el mundo, sin que su material significante se convierta en encierro, obstáculo o negación de todo arte. Esto sólo acontece cuando el mundo es fagocitado por la presencia de un lenguaje neutro, que quiebra el encadenamiento asociativo y metafórico de las palabras y las dispersa como unidades tautológicas. No necesito aclarar que este lenguaje neutro es el de la información periodística en general. Conlleva el mecanismo de la repetición. Es cuando el pensamiento se vuelve perogrullesco, desapareciendo la tragicidad de la literatura en una parodia de vida. Por último, si el escritor es el que siembra las palabras, el fracaso u oclusión del sentido puede deberse también a la ausencia o desaparición social del lector, en su tiempo de cosecha. Concretamente, estoy sugiriendo que el destino o supervivencia de la literatura depende del lector y de su instrumentación lingüística frente a esos factores de persuasión o de neutralización con que una sociedad (cosificada) tiende a anularlo, no sólo como crítico, según lo imaginaba Baudelaire, sino como creador y no sólo como consumidor. Esta observación pareciera desviar la cuestión semiológica del análisis de la esencia de la crítica (como elucidación del sentido) al campo de una sociología del consumo. Pero no, porque no pueden haber muchos libros en producción y consumo y faltar el lector. Hay que pensar que el libro en que (aparentemente) se instala la literatura (como escritura), no es, en cuanto mero objeto de consumo, la literatura misma. Incluso el libro como tal, como objeto (y también como mercancía de coacción que "hay que adquirir") puede ser, por sí mismo, una negación de la literatura, tanto como cosificación de un proyecto de creación (al convertirse en mero artículo para la venta), cuanto como consunción de un proyecto del sentido, en el libro (comprado) y no leído. El dominio pues de lo inconsciente queda vedado así a la experiencia inaugural del sentido y este último, a su vez, relegado a su órbita de no-literatura.

¿Pero qué es esto de la no-literatura? Tampoco la no-literatura tiene historia, y como no tiene historia no se puede prever nada acerca de ella. No obstante, curiosamente, según Maurice Blanchot, la no-literatura es el campo hacia donde se dirige toda obra. "Cada libro —dice— persigue a la no-literatura como a la esencia de lo que quiere y quisiera apasionadamente descubrir". Es que la no-literatura conduce a algo que, de hecho, está más allá de lo genéricamente literario: conduce al mundo en devenir, al que arriba cuando se consustancia con los distintos estilos del tiempo y del lenguaje, superándolos. Entonces se hace evidente que toda verdadera literatura (en tanto acto o acontecimiento del ser) no es sino presentimiento, descubrimiento, apetencia de lo que adviene en lo que se proyecta. Es tanto previsión como prevención del sentido de vida, preservación de los signos en una comprensión anticipada de lo que pueda afectar al hombre, una ejemplificación de lo que pasa en lo que sobreviene. Para el lector toda literatura es proyecto de una experiencia que se rinde en advenimientos sucesivos. Eso es leer. Se lee futurizando la vida. Ortega decía que sólo en futuro se entiende al hombre. Porque es también de la esencia, y ya no de la crítica o la literatura, sino del hombre, que él mismo tienda a anticiparse a lo que pueda afectarlo. De hecho, una de sus condiciones básicas es sentirse preafectado por el futuro. Dice N. Hartmann: "El hombre vive esencialmente preafectado por el futuro... Estar 'preafectado' significa estar afectado por lo real venidero tanto como por la vivencia y el sufrimiento del presente". Pero Hartmann dice, al mismo tiempo, que el hombre está afectado también por el pasado que, a veces, nos "marca" como una culpa. En ello actúa una acumulación de valores que "se la siente precisamente como algo independiente del acto de sentir, como algo que irrumpe fatalmente por encima de nosotros, incontenible, inexorable, y aun tratándose de culpa grave, como algo hondamente apremiante, oprimente, abrumador". Esta carga es siempre nuestra realidad, pero también puede ser una gravosa circunstancia, un lenguaje que nos aliena ya en su neutralidad.

En épocas de crisis el hombre suele crearse sus propios resguardos. Uno de ellos es la literatura; también lo es el arte. En ellos ampara sus sueños, sus imágenes, sus mitos. Como en el manierismo, por ejemplo, se guarece alienado ante un proceso de quiebra y dispersión de una imagen del mundo. Pero hoy el hombre, en especial el crítico, busca desalienarse, procura desacralizar los objetos literarios o artísticos que lo fascinan. Se busca, si me permitís decirlo así, a la intemperie, en la inseguridad que le provee su conocimiento; se busca en el rigor de un universo más científico. Y reproduce, como el primitivo que se abre a la civilización, el acto de aventurarse sobre la explanada del horizonte. Rompe con toda falacia del estilo para asumir un nuevo sentido de la realidad y, otra vez, poéticamente, como Stephen Dedalus, busca la vida tras una comunicación (instrumentada o metodológica) que violente la obstrucción de un mimetismo perogrullesco de la propia realidad. Por pura negatividad (negación incluso del placer estético) (y también por cansancio y ansia de libertad) orienta su "veteris flamma", su "heroico furor", hacia la "prosa del mundo", según la frase de Foucault, como quien esgrime un instrumento con el fin de llegar al conocimiento vivo de las cosas. Esta imagen realza el arrebato de un viejo ritual: la conquista del mundo. Es lo que intenta la semiótica actual. Pero ya no con el exclusivo interés de resguardar el mundo de la literatura, de la escritura, de los signos lingüísticos o de los símbolos allí entramados. Tampoco en resguardo de la civilización que les ha dado lugar. Responde a la pura osadía del conocer, a una lógica nihilista de desmontarlo todo, como al final ha resultado la triste tentativa de Lévi-Strauss. De ahí que cualquier exceso o cerrazón puede resultarnos fatal. Pero lo cierto es que estamos en un nuevo ciclo arqueológico. Tal es nuestro presente, un verdadero vértigo, como lo ha dicho el profesor Roggiano. Lo importante es que no pretendamos ocultarnos o disimular nuestra situación arqueológica. Esto nos agudizará la sensación de estar en las vísperas de un nuevo comienzo o, si queréis, en términos antropológicos, en un punto otra vez originario.

III

Indudablemente para llegar a esta actual situación ha servido, como *potlatch* o inmensa catarsis, el "desmonte" del texto, en el que todavía está empeñada la crítica literaria más especializada del presente. Pero sin caer en la obstinación de sólo servir a la nada (o, peor aún, al tedio), hay que volver de algún modo a una reflexión integral. No importa que esta actitud sea excesivamente crítica si en verdad orienta a un reencuentro con lo no manifestado aún en el mundo, ya que, paradójicamente, como lo ha dicho el autor de *Les Mots et les choses*, "lo originario en el hombre no anuncia el tiempo de su nacimiento, ni el núcleo más antiguo de su experiencia; lo liga a aquello que no tiene el mismo tiempo que él; y libera en él todo aquello que no le es contemporáneo; indica sin cesar y en una proliferación siempre renovada que las cosas comenzaron mucho antes que él y que, por esta misma razón, nadie sabría, puesto que toda su experiencia esta constituida y limitada por estas cosas, asignarle un origen". Creo que sobre esto no se debe insistir más. Estamos ligados a un mundo que desde su preexistencia exige de nosotros la liberación de todo lo que hasta nuestra incidencia creadora en él, no ha tomado forma de tiempo y de historia. Hasta ahora el lenguaje, el mundo de los signos, ha sido nuestro mejor instrumento de relación con la realidad. Pero observamos que el lenguaje mismo puede cosificarse, volverse en un sentido neutro *literatura*, distanciándonos así de nuestro ingreso al futuro. Sólo la literatura que contradictoriamente se niega a serlo, que únicamente aspira a la no-literatura, esto es, el mundo en devenir, puede alejarnos de lo tautológico y lo perogrullesco. Importa una dura prueba de despojamiento de creencias y mitos. ¿Pero habrá entre nosotros lectores que estén dispuestos a soportar los efectos de este proceso de desacralización y cuestionamiento de la literatura misma? ¿Logrará sobrevivir en tanto que lector a esta aparente destrucción de la literatura? Porque del lector se trata —y ya no sólo del crítico o incluso del autor que puede estar en esto— ya que él, como receptor, sí es responsable del porvenir de la literatura, puesto que sin él ésta resulta inconcebible. Muchos autores nuestros, desde Vallejo a Borges o Paz, o de Borges a Carpentier o Cabrera Infante, han aceptado ya la anomalía del recurso literario como un modo de investigación de nuestra realidad iberoamericana. El estímulo que hoy encuentran en la experimentación de nuevas posibilidades expresivas o estilísticas, los mantiene en actos de creatividad por encima del desgaste ideológico y la vocinglería de la difusión y la propaganda. Por medio de ellos la literatura vuelve a ser una "virtualidad proyectiva" que busca su lector, y a cuya esencia ha de orientarse la crítica literaria de nuestros días. En esta convicción radica su hechizo.

VII. FONDO HISTORICO-CULTURAL

LA IDENTIDAD NACIONAL EN MARIATEGUI, HAYA Y ORREGO

POR

EUGENIO CHANG-RODRIGUEZ
Queens College of the City University of New York

La conciencia de la identidad latinoamericana la sustenta la cosmovisión de sus habitantes determinada por su sistema de símbolos, valores y actitudes. El cambio vertiginoso de la calidad de vida, el rápido desarrollo de la informática, la difusión de la literatura, el progreso en el transporte, la explosión demográfica y la mayor participación de la mujer en la vida nacional están condicionando el nuevo perfil de la concepción de nuestra identidad nacional.

En este trabajo se considerará la problemática de la identidad continental partiendo de la siguiente premisa: Indoamérica constituye un pueblo continente, es decir, una nación continental. Primero se sintetizarán varias manifestaciones que podrían considerarse precursoras de esta premisa para después señalar algunas contribuciones a la idea de patria y nación hechas por José Carlos Mariátegui (1894-1930), Víctor Raúl Haya de la Torre (1895-1979) y Antenor Orrego (1892-1960).

ANTECEDENTES HISTORICOS

Así como no estamos seguros de si el proceso de definición de nuestra identidad ha terminado, tampoco sabemos con certeza cuándo comenzó nuestro modo particular de manifestarnos con usos y costumbres característicos. Dicho de otra manera: ¿en qué momento el latinoamericano es consciente de su perfil identificable? ¿Cuándo hace suyo el mundo donde se ha instalado y lo aprende para condicionar su visión especial del universo y actuar en consonancia con ella? ¿Cuándo se manifiesta esa percepción global de nuestro mundo que condiciona acciones y conocimientos específicos? En este sentido conviene recordar que la idea de la conciencia nacional como manifestación de la identidad del ente colectivo, de la aceptación de la hibridez, parece surgir en Hispanoamérica durante el siglo XVI, en el período de las exploraciones y conquistas. El choque cultural experimentado en el Nuevo Mundo por la mayoría de los españoles desquició su tradicional concepción patriótica. Es bien sabido que el nuevo medio, con fauna, flora y habitantes propios, modificó la manera de sentir y pensar de los europeos.

Un caso revelador de cómo el conquistador es conquistado hasta ganar conciencia de su transformación lo hallamos en Cozumel, frente a Yucatán. Allí la vanguardia de Hernán Cortés, jefe de la tercera expedición exploradora de México, se encontró con dos españoles que habían convivido con los mayas durante ocho años al naufragar el navío en que viajaban de Darién a Santo Domingo. Uno de ellos, Jerónimo de Aguilar, se une a los conquistadores en calidad de lengua o intérprete del maya al castellano. El otro, Gonzalo Guerrero, ganado por su experiencia yucateca, decide quedarse con su esposa india, sus hijos mestizos, y los demás mayas con quienes había convidido por varios años (Díaz del Castillo 44-45).

El Inca Garcilaso de la Vega, el primer gran escritor de las Américas, en el proemio de *La Florida del Inca* (1605) se identifica con "todos los indios, mestizos y criollos del Perú" (10) y llama patria al extenso territorio ocupado por el Imperio de sus antepasados maternos (*Comentarios reales* 407). El escritor hace lo mismo en la dedicatoria de la segunda parte de los *Comentarios reales*, también conocida como *Historia general del Perú* (1616): "A los indios, mestizos y criollos de los reinos y provincias del grande y riquísimo Imperio del Perú, el Inca Garcilaso de la Vega, su hermano compatriota y paisano, salud y felicidad" (56). Así, el Inca expande el concepto de patria y lo lleva más allá del terruño donde ha nacido. Felipe Guamán Poma de Ayala, autor de *Primer nueva corónica y buen gobierno* (1615), en cambio, se identifica con sus hermanos indígenas, pero rechaza a los mestizos. No obstante, ambos autores han dejado constancia de visiones amplias que hoy día pueden considerarse como los primeros pasos hacia la formación de la identidad nacional. En ellos la tragedia personal y la colectiva alimentan la toma de conciencia y conducen a las dos visiones de la peruanidad en sus vertientes mestiza e indígena. Garcilaso y Guamán Poma ofrecen una versión íntima y trágica de la experiencia peruana. Su percepción del Perú se nutre de experiencias vividas, configuradoras de anhelos patrióticos distantes y afirmativos. Otros escritores, sin considerar su etnicidad, sienten a la patria y escriben acerca de ella: el mestizo Blas Valera, fraile jesuita, historiador del Perú antiguo; el indio collagua Juan de Santa Cruz Pachacuti Yamqui Salcamaygua, autor de una importante relación; Titu Cusi Yupanqui, inca de Vilcabamba; el mestizo Fray Luis Jerónimo de Oré, estudioso de las lenguas amerindias. Ellos y tantos más blancos, mestizos e indios, que sintieron el escozor patriótico en el período colonial, pertenecían a una comunidad que aspiraba a convertirse en nación[1].

---

[1] En el siglo XVI se empleaban gentilicios como 'peruviano,' 'novohispano,' 'mexicano' para distinguir a los hispanoamericanos de los peninsulares. Juan Suárez de Peralta,

Con el correr de los siglos, la identidad nacional esbozada por estos precursores va integrando poco a poco la pluralidad étnica hasta abarcar la conciencia del multilingüismo y del desafiante trance de homogeneización de la policulturalidad. Por ese derrotero la conciencia de patria adquiere, desde la gesta de la primera independencia, cierta dualidad estimulada por los caudillos fragmentadores de Hispanoamérica. Pese a ello, la percepción de patria continental es el anverso de la medalla del patriotismo local. De un lado se encuentra el perfil del patriotismo latinoamericano y del otro el del patriotismo regional, ya sea mexicano, cubano, guatemalteco, colombiano, argentino o peruano. Fuerzas centrífugas precolombinas aliadas a los conquistadores y corrientes anticentrípetas peninsulares, forjadoras de regionalismos milenarios, atizaron el egoísmo castrense que causa la desmembración post-emancipadora. De todo esto se colige que para aproximarnos a la conciencia de la peruanidad, de la mexicanidad, de la argentinidad o de la cubanidad es menester tener en cuenta la conciencia del patriotismo continental, algunos de cuyos promotores fueron Mariátegui, Haya y Orrego, continuadores de la labor iniciada por Hidalgo[2], San Martín, Bolívar, Juárez y Martí.

En el fragor de las luchas fratricidas del siglo pasado, el tema de la autonomía intelectual y artística desborda la estética y abraza la política. Así, González Prada advirtió los peligros del colonialismo ideológico y se pronunció contra él. Siguiendo el ejemplo del maestro, sus discípulos Mariátegui, Haya y Orrego continuaron la lucha contra la dependencia cultural, una de las consecuencias del colonialismo. En el curso de este empeño, intentaron definir el concepto de patria y nación. Si recurrimos a algunos de sus juicios fundamentales, la identidad peruana implícita en el tema del nacionalismo continental puede comprenderse mejor. En efecto, Haya señaló que en el deslinde de nuestra personalidad es urgente la tarea de desmitificar y desmistificar el carácter del peruano y del latinoamericano, pues muchos juicios se basan en conclusiones poco rigurosas. Conviene despejar la bruma creada por generalizaciones fáciles que nos han atribuido, entre otras cosas, soterradas tendencias a la rivalidad y al conflicto por carecer de espíritu de emulación (Delgado 114); han visto pasión en ciertos círculos por la exteriorización del lujo ficticio con el fin de deslumbrar; han señalado la ausencia de creatividad y la presencia del sentido imitativo en la cultura peruana (Salazar Bondy 58); han observado que el indio trabaja con lentitud para

---

avecindado en México, por ejemplo, se jactó de ser original de las Indias. La incipiente identidad y sus manifestaciones generan con el tiempo una literatura diferente de la peninsular.
[2] Al firmar en Guadalajara en 1810 el decreto de emancipación de los esclavos, el padre Hidalgo usó el título de Generalísimo de las Américas y lanzó vivas por "nuestra América."

conservar su fuerza o que practica la paciencia y la resignación por presión del medio; o que "Prevalecen en nuestra vida la mistificación de los valores y las realidades, la inautenticidad en las actitudes, el sentido imitativo, la superficialidad en las ideas y la improvisación de los propósitos" (Salazar Bondy 58). El conocimiento cabal de la personalidad nacional es imprescindible para fomentar el espíritu de unidad continental.

MARIATEGUI Y LA IDEA DE NACION Y PATRIA

Para Claude Lévi-Strauss, el plantear problemas sobre la identidad nacional no lleva implícito que puedan darse soluciones. Dos preguntas suyas son pertinentes al debate de la identidad nacional: ¿Son verdaderamente conciliables las posiciones de "fidelidad a sí mismo" y "apertura hacia los otros," o debemos reconocer en ellas términos antagónicos? ¿No es contradictorio imaginar que la originalidad y el poder creador, que por definición se generan internamente, pueden ser suscitados desde afuera? Adelantándose a estas agudas observaciones, José Carlos Mariátegui planteó su posición marxista sobre la identidad nacional peruana.

Dos años después de retornar de Europa, en 1925, Mariátegui emitió sus reflexiones sobre identidad nacional y los conceptos de nación peruana y patria. Situado en un nivel teórico marxista, este escritor vincula la producción literaria nacional con la ideología clasista del productor y considera el problema de la literatura nacional ligado al problema global de la sociedad peruana. Como las relaciones sociales determinan su naturaleza, el debate ideológico marca su contenido. Esto lo lleva a concluir que la cuestión social es verdaderamente el centro de la polémica estética y de todos los otros debates sobre identidad, nación y patria. A su juicio, todos ellos se integran al sistema de relaciones entre cultura y sociedad. Por eso la producción artística no es sino un producto más del hombre en tensión con el sistema social dominante. Mariátegui está convencido que para acercarnos a nosotros mismo debemos viajar por los caminos universales, ecuménicos (*7 ensayos* 305).

Al intentar explicar la realidad peruana con una concepción marxista propia, el Amauta descubrió que la literatura peruana es diversa e inorgánica porque refleja la realidad social y cultural del país. Por eso acepta sistemas literarios en quechua, castellano, aymara y otras lenguas. Para él, evidentemente, los sistemas literarios no son independientes sino que se encuentran imbricados en el mismo proceso histórico que los afecta y condiciona[3]. Su concepción de la plural naturaleza de las

---

[3] Las dos versiones literarias de la Conquista, la española y la de los vencidos, tienden a confirmar las tesis de Mariátegui, Haya y Orrego. Ambas versiones son variantes del

letras peruanas proporcionó un nuevo enfoque a quienes se ocupan de interpretarlas y evaluarlas. Mostró, que efectivamente, la literatura es tan contradictoria como las clases que la producen y las culturas que la engendran.

Por otra parte, el autor de *7 ensayos* adoptó otra postura en lo referente a la unidad política del estado peruano. Se opuso enérgicamente a la propuesta del delegado de la Comintern a la Primera Conferencia Comunista Latinoamericana (Buenos Aires, junio de 1929), quien había propuesto auspiciar la creación de un estado quechua y otro aymara, basándose en el principio de la autodeterminación y la supuesta arbitrariedad de las fronteras entre Perú y Bolivia.

Es una lástima que quienes quisieron tergiversar su pensamiento hicieran desaparecer su libro sobre política e ideología peruanas remitido a César Falcón. Afortunadamente, otros escritos del Amauta aclaran su posición respecto al patriotismo continental. Al discutir la unidad de la América indo-española, Mariátegui sostiene que el proceso de su formación tuvo una trayectoria histórica uniforme. Para él, la generación que luchó por la primera independencia sintió intensamente la unidad latinoamericana y sus dirigentes obedecieron no a un ideal nacionalista, sino a una ideología americanista, puesto que no podía haber nacionalismo donde no había nacionalidades. Desafortunadamente, nos dice, las generaciones posteriores no siguieron el mismo derrotero. El ideal americanista, "superior a la realidad contingente," fue abandonado y ambiciones militaristas y pleitos absurdos desgarraron la unidad latinoamericana. Acontectó, según su análisis, que unos de estos Estados artificiales se desarrollaron más que otros porque "Los más próximos a Europa fueron fecundados por sus inmigraciones. Se beneficiaron de un mayor contacto con la civilización occidental" (*Temas de nuestra América* 13-14). Como consecuencia, estos estados funcionan económicamente como colonias de la industria y la finanza europea y norteamericana. Para Mariátegui, las similitudes entre los latinoamericanos son superiores a sus distinciones:

> La América española se presenta prácticamente fraccionada, escindida, balcanizada. Sin embargo, su unidad no es una utopía, no es una abstracción. Los hombres que hacen la historia hispanoamericana no son diversos. Entre el criollo del Perú y el criollo argentino no existe diferencia sensible. El argentino es más optimista, más afirmativo que el peruano, pero uno y otro son irreligiosos y sensuales. Hay, entre uno y otro, diferencias de matiz más que de color.

---

desarrollo histórico y reflejan, con distinto contenido estético y punto de vista, la filosofía clasista de quienes la exponen. Pese a estas contradicciones, las dos apuntan a una totalidad nacional en formación.

> De una comarca de la América Española a otra varían las cosas, varía el paisaje; pero casi no varía el hombre. La economía, la política, la religión, son formas de la realidad humana. Su historia es, en esencia, la historia del hombre.
> La identidad del hombre hispanoamericano encuentra una expresión en la vida intelectual. Las mismas ideas, los mismos sentimientos circulan por toda América indo-española. Toda fuerte personalidad intelectual influye en la cultura continental. Sarmiento, Martí, Montalvo no pertenecen exclusivamente a sus respectivas patrias [chicas]; pertenecen a Hispanoamérica [la patria grande].
> ....
> Nuestro tiempo, finalmente, ha creado una comunicación más viva y más extensa: la que ha establecido entre las juventudes hispanoamericanas la emoción revolucionaria. Más bien espiritual que intelectual, esta comunicación recuerda la que concertó a la generación de la independencia. Ahora, como entonces, la emoción revolucionaria da unidad a la América indo-española.... Los brindis pacatos de la diplomacia no unirán a estos pueblos. Los unirán, en el porvenir, los votos históricos de las muchedumbres. (*Temas de nuestra América* 16-17)

Así, según Mariátegui, en el Perú y otros estados hermanos, "los elementos de la nacionalidad en elaboración no han podido aún fundirse o soldarse" porque la densa capa indígena es mantenida casi totalmente extrañada al proceso de formación de la peruanidad. En lo que respecta al antiimperialismo, el autor es claro en distinguir entre sistema y pueblo:

> La nueva generación hispanoamericana debe definir neta y exactamente el sentido de su oposición a los Estados Unidos. Debe declararse adversaria del Imperio de Dawes y de Morgan; no del pueblo ni del hombre norteamericanos. La historia de la cultura norteamericana nos ofrece muchos nobles casos de la independencia de la inteligencia y del espíritu. Roosevelt [Theodore] es depositario del espíritu del Imperio; pero Thoreau es el depositario del espíritu de la Humanidad.... La nación que ha producido los más grandes capitanes del industrialismo, ha producido asimismo los más fuertes maestros del idealismo continental. Y hoy la misma inquietud que agita a la vanguardia de la América Española mueve a la vanguardia de la América del Norte. Los problemas de la nueva generación hispanoamericana son, con variación de lugar y matiz, los mismos problemas de la nueva generación norteamericana.... Ambas generaciones coinciden. Los diferencia el idioma y la raza; pero los comunica y los mancomuna la misma emoción histórica. La América de Waldo Frank es también, como nuestra América, adversaria del Imperio de Pierpont Morgan y del Petróleo. (*Temas de nuestra América* 19-30)

LA UNIFICACION CONTINENTAL Y LA AUTOIDENTIFICACION EN HAYA

En la búsqueda de la identidad indoamericana, Víctor Raúl Haya de la Torre concibió el proyecto aprista para darle una norma fundamental y un principio integrador a nuestro continente. En 1924, año del centenario de la Batalla de Ayacucho, fundó la Alianza Popular Revolucionaria Americana (APRA). En 1964, la Célula Parlamentaria Aprista dio el primer paso efectivo hacia el cumplimiento de uno de los cinco objetivos de su programa máximo, la unificación continental, al convocar a una reunión de personeros de todos los cuerpos legislativos de Indoamérica. Del 7 al 10 de diciembre de 1964 se reúne esa primera asamblea, cuya resolución fundamental crea el Parlamento Latinoamericano y sienta las bases para la constitución de una Comunidad de Naciones, "que sin desmedro de los valores propios de cada país y su intransferible mensaje, permita presentar a la faz del mundo: una América Latina unida, solidaria, progresista y fuerte," sobre las bases de su integración política, económica y cultural[4].

Agitando la bandera de la Gran Patria Continental, Haya visitó los países que deseaba unificar y en todos ellos sus ideas fueron recibidas con entusiasmo y adhesión. Con él, la fraternidad retórica y romántica de la unidad dio paso a un programa efectivo y práctico de consolidación continental, dándole un contenido real a lo que antes había sido un vago anhelo o retórica de los banquetes diplomáticos. Haya de la Torre expandió el antiguo concepto de patria chica a patria continental unida o confederada porque estaba convencido de que mientras siguiéramos divididos, continuaríamos siendo presa de los más fuertes, atizadores de nuestras divisiones temporales y promotores de caducos chauvinismos y guerras fratricidas. Para Haya, la soberanía nacional del Estado se basa en el libre ejercicio de la soberanía popular. Y para que se exprese la soberanía popular continental debemos conocernos mutuamente:

> ... el primer paso para una efectiva solidaridad continental hay que darlo en la prensa, en las escuelas, en los partidos. Cada diario o revista, grande o pequeño, debería hacer propaganda didáctica sobre los países indoamericanos. Hay que publicar muchos mapas, planos y fotografías y muchos artículos breves y bien informados sobre todos los países de nuestro continente. Hay que enseñarles a

---

[4] Cf. *Diario de Debates de la Cámara de Diputados*, diciembre de 1964; *Declaración de Lima* (Lima: Publicaciones de la Secretaría General del Parlamento Latinoamericano, Palacio Legislativo, 1964): IA/1.

nuestros muchachos, muy a fondo, la historia de los veinte Estados hermanos integrantes de nuestra gran nación. Y hay que llevar a los Partidos un profundo y tenaz sentido indoamericanista. Una política nacional sin un espíritu continental no será nunca política indoamericana ni verdaderamente patriótica. (4.250)

Las recomendaciones para la ansiada unificación se concretan en pasos inmediatos: moneda común, organización económica y financiera indoamericana, ciudadanía, Banco Continental Indoamericano de Inversiones. En los esfuerzos para tratar de solucionar los problemas económicos, el ideólogo peruano propone la reunión de un congreso económico en cada país con presencia de las fuerzas vitales de su economía: capital y trabajo, comercio e industria, agricultura y minería, transporte y comunicación, sin exceptuar a los extranjeros que intervienen en la economía nacional. Ese congreso investigaría los recursos económicos y la capacidad productiva de cada país y plantearía conclusiones concretas acerca de su desarrollo (4.337). Todos ellos se convertirían en Consejos o Cuerpos Consultivos permanentes para proponer al ejecutivo y al parlamento de cada país las medidas convenientes y necesarias para impulsar la organización económica-social nacional con miras a su ampliación regional y continental. Corolario inmediato de estos cónclaves económicos nacionales y conferencias regionales sería la reunión de un Congreso Económico Interamericano que, basado en las resoluciones adoptadas en cada país con miras a la coordinación interamericana, acuerde un plan general que tenga en cuenta estas reformas:

Delimitación de los dos campos económicos de las Américas y de su función de intercambio y cooperación. Creación de un tipo de moneda indoamericana.... Organización del Banco de Exportación e Importaciones Interamericano en cada Estado de las Américas con funciones no sólo circunscritas a préstamos y créditos aislados, sino como organismo director y organizador de inversiones productivas, de comercio balanceado y de un sistema de garantías y seguridades que mantengan la estabilidad del cambio, la dinamización y extensión metodizada de créditos, el impulso del comercio entre los Estados Unidos y el de éstos entre sí; establecimiento y organización de la Unión Aduanera Interamericana; impulso y abaratamiento del transporte y vías de comunicación; nivelación de tarifas de tránsito en el Canal de Panamá para todos los Estados de ambas Américas; estudio del cooperativismo, de la protección y mejoramiento económico de los trabajadores, del impulso tecnificado de la agricultura y de la capacidad de máxima absorción intercontinental de productos; resoluciones complementarias para evitar todos los excesos de la hegemonía económica de los más poderosos haciendo del capital invertido en cada país factor de cooperación con el Estado, un instrumento de progreso y no de opresión o de explotación. (4.237)

Para Haya, el Mercado Común Latinoamericano es un paso imprescindible hacia la integración. Unidos de esta forma, los países latinoamericanos podrán reglamentar y controlar eficazmente las inversiones extranjeras para impulsar la industrialización y conseguir la segunda independencia, la definitiva, la que les dé auténtica autonomía. Sólo unidos acrecentarán su poderío económico y podrán explotar las riquezas naturales plenamente para completar la justicia social y darle al pueblo "pan con libertad."

LA CARACTERIZACION DE LA REALIDAD LATINOAMERICANA DE HAYA

Al examinar el panorama social de Latinamérica, Haya de la Torre encuentra la coexistencia de diversas etapas de desarrollo societal: salvajismo, barbarie y civilización. Del salvajismo, señala los estados "medio y superior," incluyendo formas de canibalismo; de la barbarie, indica sus tres estados: el semisalvaje de las tribus más desarrolladas, capaces del cultivo incipiente y la cerámica, el comunismo primitivo y el colectivismo agrario; y de la civilización, resalta el industrialismo y el capitalismo (4.202). Al hurgar en su horizonte económico, Haya descubre que en Latinoamérica la realidad económica es básicamente agrícola o agrícola-minera y por eso las masas campesinas son predominantes. Esgrimiendo su tesis de los cuatro sectores [1) México, Centroamérica y el Caribe; 2) los cinco países bolivarianos; 3) el cono sur, y 4) el Brasil], nos señala cómo éstos se relacionan con las diversas formas de desarrollo económico-social que a la vez determinan el desarrollo político-estatal. Para el fundador del aprismo, las fronteras políticas actuales de Latinoamérica son fronteras económicas que corresponden a la etapa feudal. Ellas fueron demarcadas por la clase criolla que proclamó la emancipación para apoderarse de las riendas del gobierno, pero no corresponden a una delimitación económica moderna antifeudal, y menos a una delimitación revolucionaria y científica (4.204-205).

En su mensaje de patriotismo continental, Haya propicia la reforma de la Unión Panamericana precursora de la Organización de los Estados Americanos, la creación de la Corte de Justicia Interamericana, del Mercado Común y la promulgación de un régimen de Tarifas Preferenciales para productos básicos latinoamericanos. La unificación de Latinoamérica, por cierto, daría al mundo uno de los países más grandes. Estas propuestas han sido ratificadas por casi todos los Congresos del Partido Aprista Peruano (PAP) desde 1931. El Primer Congreso Nacional de PAP en su "Programa Oficial de Gobierno", también conocido como "Plan de Acción Inmediata" y "Programa Mínimo," puntualiza:

> Defenderemos la ciudadanía peruana declarando que ésta no se pierde por la naturalización en el extranjero; y propugnaremos la ciudadanía continental latinoamericana. (Peláez Bazán 353)

La "Declaración de Lima" del Parlamento Latinoamericano, reunido en la capital peruana para conmemorar el centésimo cuadragésimo aniversario de la invitación al Congreso de Panamá por Simón Bolívar y la Batalla de Ayacucho, el 10 de diciembre de 1964 señaló la necesidad de la integración latinoamericana. En sus acuerdos sobre "Integración Política," el quinto párrafo explica:

> 5. *Nacionalidad latinoamericana*. Los países de América Latina procurarán que en sus legislaciones se consagre la nacionalidad latinoamericana para los naturales de estas naciones a fin de facilitar la unidad política entre todos ellos. (Peláez Bazán 396)

El décimo sétimo párrafo recomendó el estudio de la creación de una Corte de Justicia Latinoamericana, tomando en consideración los proyectos presentados dentro del marco de la OEA y las bases que figuran en las ponencias de las delegaciones de Argentina, Paraguay, Perú y El Salvador (Peláez Bazán 399). En cuanto a la integración cultural, el Parlamento Latinoamericano recomendó la homologación de los planes de enseñanza latinoamericanos en todos sus niveles, adoptando para el efecto los adecuados procedimientos de coordinación y cooperación "tales como intercambios de experiencias educativas, de estudiantes, maestros, determinando la libre circulación de libros, revistas, así como preparando maestros capaces de comprender los problemas latinoamericanos" (Peláez Bazán 403).

EL PUEBLO-CONTINENTE DE ORREGO

La aproximación a la identidad latinoamericana de Haya se enriqueció con las ideas de Antenor Orrego. Según este pensador, en Indoamérica, el indio, el europeo, el africano y el asiático se han fundido "en el inmenso crisol telúrico" para dar lugar al mestizo "forma o etapa de transición hacia el nuevo tipo o nuevo hombre de América. El mestizaje es un camino de los pueblos, pero no un objetivo y una meta. El mestizo es un puente, un eslabón o un estado transitivo, pero nunca una forma estable y orgánica de vida." Para el filósofo peruano, en la inmersión en el medio, en la realidad americana de hoy, se crea "el nuevo hombre americano." Desde hace cuatro siglos, todas las razas se están americanizando en un "proceso de reintegramiento y reconstitución," pero sobre todo, de reintegración: "El indio, el blanco, el asiático, el negro, todos han traído su aporte." América es, para Orrego, el vaso que da forma a la realidad, el continente que se impone al contenido (Orrego 54).

Antenor Orrego desarrolló la idea de integrar los Estados Desunidos de Indoamérica en un pueblo-continente, uno de los siete estados continentales del mundo. Así unificada, Indoamérica se mantendría por la armonía de los elementos diferenciadores de sus partes constitutivas: las diferencias estarían supeditadas por los abrumadores rasgos comunes. Orrego postuló esta tesis en *Pueblo-continente* (1939). Haya recogió las ideas de su compañero de luchas y las expandió en varios artículos y ensayos que culminaron en el libro *Espacio-tiempo histórico*.

Orrego, por su parte, compartió las ideas de Haya sobre artificialidad de las fronteras de los actuales Estados Unidos de Latinoamérica:

> ... de París a Berlín o a Londres hay más distancia sicológica que de México a Buenos Aires, y hay más extensión histórica, política y etnológica que entre el Río Bravo y el Cabo de Hornos. Mientras en Europa, la frontera es, hasta cierto punto, *natural*, porque obedece a un determinado sistema orgánico y biológico, en América Latina es una simple convención jurídica, una mera delimitación caprichosa que no se ajusta ni a las conveniencias y necesidades políticas, ni a las realidades espirituales y económicas de los Estados. Mientras en Europa, con frecuencia, los pueblos originan y construyen los Estados, en América, el pueblo es una gran unidad y los Estados son meras circunscripciones artificiales. (Orrego 73-73)

Orrego también se ocupó del nacionalismo, tal como se siente en los actuales países indoamericanos. A su juicio, en el Nuevo Mundo el nacionalismo parroquial es extranjero, ilógico, antinatural y redundante; y por ende es un retroceso de la historia misma, un paso regresivo: "es la escurraja o el material de acarreo, que el calor irracional y servil de la vida europea nos impuso." Este nacionalismo artificial surge porque se ignora que los indoamericanos constituyen el primer pueblo-continente de la historia y su patriotismo y nacionalismo tienen que ser continentales (Orrego 75).

Asimismo, Orrego y Haya coincidieron también en el fundamento marxista del aprismo:

> No se puede plantear hoy la revolución, cualquiera que sea hoy el pueblo de la tierra, desde el punto de vista contemporáneo, sino dentro de los marcos teóricos y prácticos del marxismo, así como no se puede plantear, para la ciencia astronómica ningún problema que no parta de la concepción heliocéntrica del Universo. Las ciencias sociales y económicas han superado ya sus antiguas

concepciones y, por eso, el marxismo es el camino y el método científico de la revolución.... Pero, el marxismo no es cartabón rígido, ni receta congelada, sino instrumento flexible y elástico que rebasa toda fórmula o plantilla cortada a patrón y medida geométrica. (Orrego 117)

CONCLUSIONES

Estas consideraciones sobre el afloramiento del sentimiento americanista y sobre la concepción de patria y nación en Mariátegui, Haya y Orrego nos llevan a las siguientes conclusiones:

1) El proceso de la identidad latinoamericana iniciado durante el siglo XVI aumenta en ritmo al iniciarse la república, cuando su carácter no excluyente se abre al Occidente y al Oriente. César Vallejo resumió el proceso en estos versos: Sierra de mi Perú, Perú del mundo/ y el Perú al pie del orbe; yo me adhiero/.../ Indio después del hombre y antes de él.

2) El reconocimiento de nuestra identidad nos ha sacado del antiguo palacio de la impostura y la inautencidad y nos enseña a hermanarnos con nuestro medio, a contribuir a poner orden al caos del universo circundante, y, sobre todo, a esforzarnos a plasmar en uno sólo la multiplicidad de rostros y desvelos.

3) El imperialismo económico y cultural nos ha alienado, como a otros pueblos del Tercer Mundo, y ha convertido nuestra cultura en una cultura dominada, cuya diversidad de matices nos dificulta participar de la alta cultura y la prosperidad producidas por la ciencia y la técnica modernas. La alienación impuesta nos obliga a sentir y actuar conforme a patrones y valores ajenos, obligando a algunos a menospreciar su ser nacional. Esta alienación no les ha permitido reconocer y apreciar la realidad pluricultural de Latinoamérica.

4) La búsqueda de la peruanidad no contradice la indagación por la latinoamericanidad. Es más bien averiguar nuestro ser en el tiempo y en el espacio; dejar la soledad para abrazar la fraternidad continental; salir del laberinto parroquial para enorgullecernos de la americanidad; romper el extrañamiento para ingresar al mundo de inquietudes y esperanzas; exteriorizar nuestras esencias; abandonar el enajenamiento y la otredad para ser nosotros mismos. Pero, sobre todo, es tener conciencia de quiénes somos y dónde estamos; es poseer un sentido de pertenencia a una comunidad solidaria y homogeneizar nuestra heterogeneidad.

OBRAS CITADAS

Delgado, Carlos. *Problemas sociales en el Perú contemporáneo.* Perú-Problema 6. Lima: Instituto de Estudios Peruanos, 1971.

Descola, Jean. *La vida cotidiana en el Perú en tiempo de los españoles, 1710-1820.* Buenos Aires: Hachette, 1962.

Diario de Debates de la Cámara de Diputados, diciembre de 1964; *Declaración de Lima.* Lima: Publicaciones de la Secretaría General del Parlamento Latinoamericano, Palacio Legislativo, 1964.

Díaz del Castillo, Bernal. *Historia verdadera de la conquista de la Nueva España.* México: Porrúa, 1968.

Haya de la Torre, Víctor Raúl. *Obras completas.* Lima: Librería-Editorial Juan Mejía Baca, 1976-1977.

Inca Garcilaso de la Vega. *Comentarios reales de los Incas.* Prólogo de Aurelio Miró Quesada S. Edición al cuidado de César Pacheco Vélez. Biblioteca Clásicos del Perú 1. Lima: Banco de Crédito del Perú, 1985.

_____. *La Florida del Inca.* Prólogo de Aurelio Miró Quesada. Estudio bibliográfico de José Durand. Edición y notas de Emma Susana Speratti Piñero. México: Fondo de Cultura Económica, 1956.

_____. *Historia general del Perú.* Estudio preliminar y notas de José Durand. 4 Vols. Lima: Universidad Nacional Mayor de San Marcos, 1962.

Lévi-Strauss, Claude. "Identidad cultural y apertura hacia el exterior". *Perspectivas de la Unesco* (París), Especial 1982: 1-2.

Mariátegui, José Carlos. *7 ensayos de interpretación de la realidad peruana.* Obras completas 2. Lima: Amauta, 1959.

_____. *Temas de nuestra América.* Obras completas 12. Lima: Amauta, 1960.

Orrego, Antenor. *Pueblo-continente: ensayos para una interpretación de la América Latina.* 2a ed. Buenos Aires: Ediciones Continente, 1957.

Peláez Bazán, Mario. *Haya de la Torre y la Unidad de América Latina.* Lima: Enrique Valenzuela Editor, 1977.

Salazar Bondy, Augusto. *Entre Escila y Caribdis.* Lima: Instituto Nacional de Cultura, 1973.

CIENCIA Y LITERATURA
EN UN TEXTO DE EDUARDO L. HOLMBERG

POR

ANGELA B. DELLEPIANE
The City College & The Graduate Center
CUNY

Hacia 1870, en la Argentina, una nueva filosofía hace su aparición: el positivismo. La generación del 80, cuyos jóvenes miembros empezaban entonces a hacer sus primeras armas en la vida cultural, política y económica del país, se forma en este pensamiento. Se ponen de moda Spencer, Comte, Darwin, Stuart Mill, Haeckel, Taine, Larrocke, Renan. Es una época de gran efervescencia intelectual que facilita y hasta podría decirse demanda la aparición —como lo puntualiza José Ingenieros— de "una nueva corriente de estudios hasta entonces casi desconocida o esporádica: junto a la cultura literaria y a los estudios políticos, nacieron los géneros científicos, que en dos o tres décadas imprimieron direcciones nuevas a la cultura argentina"[1]. No hay duda de que fue Sarmiento la figura tutelar que presidió esta renovación cultural, con sus esfuerzos por traer a la joven nación americana los elementos que inspiraron esa renovación, "encintando así" —según Ingenieros— "de cultura científica a la República: creando academias, institutos o centros científicos y dotándolos de competentes profesores extranjeros" (333). Así es como fue posible que emergieran figuras tales como las de Florentino Ameghino, el grande hombre de ciencia, que creó todo un sistema cosmológico, la de Francisco Pascasio Moreno, primo del autor que va a ocuparnos, quien sistemáticamente realizó expediciones a la Patagonia cuyos resultados aparecieron nada menos que en la *Revue d'Anthropologie* dirigida en París por Paul Broca. Por su parte, el Dr. José María Ramos Mejía aplicaba a las ciencias históricas los principios del materialismo médico y las doctrinas mesológicas de Taine y otros[2]. En otro campo, el más notorio de los científicos, el sabio alemán Burmeister, especialmente invitado al país por Sarmiento, producía, en el Museo Nacional, su

---

[1] José Ingenieros, "Sarmiento y la generación del ochenta." *Revista de Filosofía*. I, V, Sept. 1915: 332.
[2] Alberini, Coriolano, "El pensamiento filosófico inglés en la Argentina." En *Problemas de la historia de las ideas filosóficas en la Argentina*. La Plata: Univ. Nac., 1966: 100-101.

considerable, aunque controversial, labor de naturalista³. Y en 1875 se creaba, en la Universidad Nacional de Buenos Aires, la Facultad de Ciencias Físico-Naturales. Es decir que, como lo ha observado certeramente el naturalista Hicken, el surco, sembrado por el maestro Amadeo Jacques en el Colegio Nacional de Buenos Aires, empezaba ya a dar sus frutos⁴.

La década comprendida entre el año 70 y el 80 se diseña, pues, con rasgos típicos en la historia de la cultura argentina y muestra que, al mismo tiempo en que el país se organizaba institucionalmente, la actividad científica sufría un impulso poderoso⁵.

Fuerza es admitir, sin embargo, que la influencia más novedosa y profunda sobre los de la generación del 80, a más de las ideas de Sarmiento y Alberdi, fue, no sólo la del positivismo sino, y en medida muy considerable, la del evolucionismo darwiniano. Ambas doctrinas no tuvieron, sin embargo, en un principio, "hogar apropiado en las universidades, pues ni la de Córdoba ni la de Buenos Aires dedicaban su atención a las disciplinas teóricas, y sólo en 1896 comenzó a funcionar en la segunda la Facultad de Filosofía y Letras"⁶.

---

³ "Otro sabio extranjero que honraba al país para ese entonces [1865] era el doctor Germán Burmeister. Su presencia era considerada como un verdadero honor para Buenos Aires. El sabio alemán residía permanentemente entre nosotros desde 1862, en que el gobierno del general Mitre respondiendo a una sugestión de Sarmiento, lo había contratado para dirigir el Museo Público y estudiar las ciencias naturales en su relación con nuestro suelo. Anteriormente, en 1856, haciendo un paréntesis del trabajo a su cátedra en Halle, vino a la Argentina en viaje de recreo, vinculándose al gobierno y a los intelectuales de Paraná y Buenos Aires. Cuando volvió a Alemania el recuerdo de esta tierra lejana lo perseguía constantemente, y el ofrecimiento de Mitre le permitió volver y radicarse en ella para siempre.
En 1870 la fama de Burmeister era universal. Había publicado ya su *Historia de la creación*, sus *Cuadros Geológicos*, sus *Cartas Zoonímicas*, su *Descripción física de la Rca. Argentina* e infinidad de estudios científicos. Habíase casado con una tucumana, doña Petrona Tejeda, y tenía descendencia argentina, manteniéndose joven y activo a pesar de sus 63 años".
Ismael Bucich Escobar [Martín Correa]. *Visiones de la Gran Aldea. Buenos Aires hace sesenta años*. 2a. serie. 1870-1871. Bs. As: Impr. Duruty & Kaplan, 1933: 9-10.
⁴ Cristóbal M. Hicken, "Eduardo L. Holmberg y las doctrinas evolucionistas". E. L. Holmberg. *El joven coleccionista de historia natural en la Rca. Argentina*. Bs. As.: Publicaciones de la "Sociedad Luz", Serie I, 11, s.a.: 207-208.
⁵ Ricaurte Soler, *El positivismo argentino*. Panamá: Imprenta Nacional, 1959: 54.
⁶ José Luis Romero, *El desarrollo de las ideas en la sociedad argentina del siglo XX*. México-Bs.As.: FCE, 1965: 20.

Hay que aclarar que el interés por el positivismo entre los de la generación del 80 puede comprenderse a partir de un sentimiento de rechazo de lo que Ricaurte Soler denomina "el espíritu constitucionalista, poco 'positivo', de las décadas anteriores, lo mismo que como una reacción contra el resurgimiento de los principios católicos, considerados por los positivistas como indisolublemente unidos a la mentalidad colonial" (51)[7]. Precisamente, este surgimiento de las teorías positivistas y cientificistas, casi paralelo al ritmo acelerado del desarrollo económico, político y cultural durante el período de la organización, se produce, como observa Rodolfo Rivarola, "en medio de una polémica apasionada con los medios sociales conservadores y católicos. Desde 1861 el profesor italiano Gustavo Minelli había provocado vivas reacciones por su negación, en la cátedra universitaria, de la creación del hombre, de la unidad originaria de la especie humana, y del diluvio universal"[8]. Por su parte, el sabio alemán Carlos Germán Conrado Burmeister descartaba rotundamente la teoría de Darwin[9]. Para él "[l]a verdadera ciencia no debe ocuparse de semejantes ideas por extravagantes, y porque, careciendo de pruebas positivas y científicas, se considerarán siempre como vanas hipótesis"[10]. No obstante estas polémicas, el positivismo, en la Argentina, constituyó —como lo afirma certeramente Soler— una etapa cultural cuyas proyecciones se hicieron sentir en todos los dominios del espíritu. Las ciencias naturales y las ciencias culturales, la misma actividad artística, la pedagogía, la ética, la sociología, la historiografía sufrieron la influencia del positivismo y del cientificismo[11]. Sin embargo, no debe olvidarse lo que he

---

[7] El choque entre el darwinismo y los principios religiosos ya se había dado en Inglaterra con la confrontación entre el zoólogo Thomas Huxley y el obispo Wilberforce en 1860. Leonard Isaacs, *Darwin to Double Helix: The Biological in Science Fiction.* London-Boston: Butterworths, 1977.

[8] Rodolfo Rivarola, "El Maestro José Manuel Estrada. Tres lecturas académicas." *Anales de la Academia de Filosofía y Letras* (Univ. Nac. de Bs.As.) T. II, 1914: 88-89. Cf. también Marcelo Monserrat, "La mentalidad evolucionista: una ideología del progreso" en Gustavo Ferrari y Ezequiel Gallo, comps. *La Argentina del ochenta al centenario.* Buenos Aires: Sudamericana, 1980: 785. Víctor Tau Anzoátegui y Eduardo Martiré explican en su *Manual de historia de las instituciones argentinas.* Bs. As.: La Ley, 1967: 760, que "...entre 1860 y 1880 se produjo 'el despertar del catolicismo', alcanzando durante la década siguiente un "enorme desarrollo externo".

[9] Sus ataques se vuelven bien explícitos a partir de la traducción francesa de su obra, lo que ocurrió en 1870, luego de ocho ediciones alemanas.

[10] Apud Alberto Palcos, "Reseña histórica del pensamiento científico (1862-1930)". Academia Nacional de la Historia. *Historia argentina contemporánea.* II. Buenos Aires: Ed. El Ateneo, 1966: 28.

[11] Soler: 13.

señalado antes y que Ricaurte Soler ha subrayado, esto es, que el substrato filosófico del movimiento positivista argentino fue "el transformismo darwinista, el evolucionismo universal, y el naturalismo como Concepción del Mundo" (55), y que el evolucionismo darwinista se constituyó, para los de la generación del 80, no ya sólo en una teoría científica de la mayor importancia, sino también en una herramienta de cambio sociológico y político.

Ahora bien, dada esta situación reconocida por los sociólogos e historiadores del pensamiento argentino, es lícito detener nuestra atención en la manera en que esas ideas fueron trasmitidas desde la *élite* que detentaba la hegemonía cultural hasta la masa popular. Para ello hay que realizar algunas consideraciones de índole general. Las ideas de Newton, Darwin, Marx, Nietzsche y, más tarde, las de Freud, Einstein tanto como filosofías como el positivismo o el existencialismo, son buenos ejemplos de popularización de teorías que sólo eran manejadas por un grupo de hombres. Fuerza es aceptar que gran parte de nuestro aprendizaje, al menos durante nuestra edad adulta, tiene lugar fuera de las instituciones educativas[12]. Uno de los grupos que más ha contribuido y contribuye a esta diseminación de información es el de los escritores, muchas veces pensadores a la vez, cuya acción puede trazarse desde el siglo XVII aunque fue sólo en el siglo XIX, con el advenimiento de la alfabetización de las masas y con el primer impacto de la ciencia en la vida diaria, que el popularizador emergió como tipo cultural, particularmente en Alemania. El darwinismo tuvo una plétora de popularizadores en todas partes del mundo dadas sus enormes implicaciones de orden filosófico, religioso, político y hasta emocional que iban mucho más allá de la biología. Por otra parte, en forma simplificada, era fácil para el neófito comprender a Darwin ya que él fue probablemente el último de los grandes científicos *amateurs* que usó frecuentemente anécdotas y técnicas personalizadas que facilitaron la vulgarización de sus ideas. Hay que tener en cuenta, además, que sus teorías aparecieron en un momento propicio en el sentido de que quizá nunca antes (o después) el prestigio de la ciencia había sido tan considerable al igual que el interés de la masa en su comprensión.

En la Argentina, el liberalismo político, empeñado en una lucha contra los resabios de la tiranía rosista, vio en el darwinismo un arma ideológica seudopolítica que podían esgrimir los segmentos progresistas de la clase media[13]. La tarea de la

---

[12] En la expresión de estas ideas sigo lo afirmado e investigado por Alfred Kelly en su libro *The Descent of Darwin. The Popularization of Darwinism in Germany, 1860-1914*. Chapel Hill: University of North Carolina Press, 1981: 3-5.

[13] Para la recepción del darwinismo en relación con las luchas políticas en Alemania, Francia, España y México, cf. Thomas F. Glick, editor del volumen *The Comparative Reception of Darwinism*. Austin: University of Texas Press, 1974a.

diseminación de las ideas darwinianas la emprendió uno de los miembros más conspicuos de la generación del 80: el flamante médico y naturalista Eduardo Ladislao Holmberg[14] quien afirmaba que era "Darwinista con la mejor buena fe del mundo..."[15] y cuyo credo era el siguiente: "El liberalismo no tiene más que un baluarte inexpugnable: las Ciencias Naturales. El día [en] que todas las escuelas primarias de la Nación posean un buen microscopio ...; cuando todas las escuelas superiores dispongan de gabinetes de Física, de Química y de Fisiología...; cuando los anfiteatros levanten por todas partes el santo altar al cadáver para revelar a mayor número los secretos del organismo, entonces podrá el Dios Bueno, el Dios de Newton, de Kepler, de Bernadín de Saint-Pierre, sentirse Dios en el templo de los mejores sentimientos ..."[16]. Como en la Alemania de sus antepasados, Holmberg llevó a cabo su tarea de difusión mediante conferencias, artículos en revistas y libros de ficción. Estoy persuadida de que, en ello, el argentino seguía el ejemplo de su admirado Ernst Haeckel, uno de los más fervientes de esos popularizadores de las ideas del sabio inglés. Es, precisamente, una de esas ficciones de Holmberg la que me interesa aquí. Me refiero a su temprana novela *Dos partidos en lucha*, publicada en 1875[17].

Especifiquemos, en primer lugar, que no era extraño que la teoría darwiniana apareciera en una obra de ficción porque, con excepción de la biología misma, la literatura ha sido el área en la cual las ideas evolucionistas han ejercido su más perdurable y aún hoy continuada influencia. En particular, las ficciones que

---

[14] Para una completa información sobre la vida y obra de Holmberg, véase el excelente Estudio preliminar de Antonio Pagés Larraya en Eduardo L. Holmberg. *Cuentos fantásticos*. Buenos Aires: Hachette, 1957: 7-98.
[15] Eduardo Ladislao Holmberg, *Roberto Carlos Darwin*. Buenos Aires: El Nacional, 1882: 69. En este libro, en la n. 37, p. 102, Holmberg cita del libro de Darwin *On the Origin of Species. An Historical Sketch*, publicado en N.Y. en 1871, siendo claro entonces que ésa fue la edición que él leyó y la fecha aproximada en que la leyó.
[16] En Luis Holmberg, *Holmberg, el último enciclopedista*. Bs. As., 1952: 125-126. Holmberg no estaba solo en esta profunda creencia en la ciencia como fundamento de la educación nacional argentina. Cf. Joaquín V. González. "La educación nacional y sus fundamentos. La ciencia como fundamento". *Obras completas*. Vol. 19. Bs. As.: Univ. Nac. de La Plata, 1936. La educación científica era, asimismo, percibida no solamente como "la más alta expresión del buen sentido, sino también [como] la más alta expresión de la libertad; porque el buen sentido y la libertad son absolutamente inseparables (E.L. Holmberg. *Darwin*: 35).
[17] Eduardo L. Holmberg, *Dos partidos en lucha. Fantasía científica*. Buenos Aires: Imprenta de El Arjentino, 1875. Todas las citas se hacen por esta edición, por lo que sólo se consignará la paginación.

podríamos llamar populares, han acomodado los temas transformistas desde los días de la controversia darwinista hasta la actualidad: me refiero a la novela victoriana popular, al 'scientific romance' decimonónico y a la moderna ciencia ficción[18]. Pero también había otra razón para llevar un tema científico a la literatura en un país como la Argentina a fines del siglo XIX. Como explica José Luis Romero, las flamantes ideas positivistas y evolucionistas "se difundieron de preferencia en un principio entre las clases más cultas, que eran también las clases más ricas y poderosas. Por su parte, las clases medias —y las clases populares aún más— se mantenían ajenas y un poco insensibles a tales cambios de tendencias que implicaban una revisión de muchas creencias tradicionales .... No formaba parte de sus hábitos mentales ni la adopción de actitudes críticas ni la aceptación rápida, entusiasta e impulsiva de opiniones intelectualmente elaboradas, como era propio de las minorías *snobs*. Y acaso por reacción, las clases medias y populares resistieron pasivamente la nueva postura espiritual de la oligarquía, abroquelándose pasivamente en sus sentimientos recónditos (21-22)." Contra este abroquelamiento tenía que luchar Holmberg. Nada mejor, pues, que recubrir la píldora científica con el dulzor de la imaginación[19].

Hay otro punto que destacar con respecto a este objetivo perseguido por Holmberg (enamorado como estaba de las ideas de Darwin)[20], de vulgarizar, de difundir esas ideas: hacia mediados del siglo XIX los científicos compartían con escritores y educados lectores un lenguaje común. Darwin, en sus escritos, no era hermético. En él, como en los escritores científicos de su época, se daba un discurso no exacto que era accesible para lectores sin ningún entrenamiento científico. Los textos de Darwin y otros podían leerse, en verdad, como textos literarios[21]. En nuestro siglo las ideas científicas tienden a llegar hasta el público general mediante

---

[18] L. Isaacs y Leo J. Henkin. *Darwinism in the English Novel. 1860-1910. The Impact of Evolution on Victorian Fiction.* N.Y.: Russell & Russell, Inc., 1963 [1940]: 10.

[19] Uno de los reseñadores de *Dos partidos en lucha* explícitamente reconoce la tarea de divulgación de Holmberg cuando dice del libro: "Escrito para promover la hilaridad es a la vez instructivo, porque él vulgariza la ciencia" (s.n. en *La Ondina del Plata*, 1, 3, 21/2/ 1875: 33. Asimismo, en la *Revista Literaria*, Gregorio Uriarte, en su reseña de la novela, I, 4, abril 1875: 111-113, aceptó que la obra facilitaba el conocimiento de problemas científicos.

[20] Holmberg tilda de "doctrina soberana" a la de Darwin, diciendo a continuación que con esa doctrina se contesta "a aquellas antiguas preguntas: qué somos, de dónde venimos y a dónde vamos, y que nuestra respuesta pase a los siglos futuros como la coronación de las conquistas de la ciencia humana". "De siglo a siglo". *Anales de la Sociedad Científica Argentina*. 52, 1901: 58.

[21] Leo J. Henkin: 55.

la extrapolación y la traducción. En cambio, en el siglo pasado, el lector podía entregarse directamente a la lectura de las obras científicas y hasta reaccionar a los argumentos que en ellas descubría. Además, los mismos científicos en sus textos se valían con holgura de material literario, histórico y filosófico como parte de sus argumentaciones. Si bien la crucial comprensión de Darwin del mecanismo del cambio evolucionario se derivaba directamente de sus lecturas del ensayo de Malthus *On Population*, lo que no se ha subrayado suficientemente, como lo ha puntualizado el investigador De Beer[22] es el hecho de que esa comprensión también se derivaba de sus lecturas de un libro del cual nunca se separó durante sus expediciones en el *Beagle*: ese libro era la *Obra poética* de John Milton. Esto es, que la ecuación 'literatura-ciencia' era prácticamente natural para la época y, muy especialmente, para los propósitos educativos y divulgadores que perseguía Holmberg.

Echemos, pues, una ojeada a la novela para entender a qué clase de manipulación literaria sometió Holmberg la teoría científica a fin de despertar el interés del público e incitarlo a trabar su conocimiento.

La primera trampa que Holmberg tendió a su lector se halla en el título *Dos partidos en lucha*, equívoco si los hay dadas las circunstancias políticas por las que atravesaba la Argentina en el momento en que el libro hace su aparición. Oigamos cómo describe la situación uno de los más agudos observadores del drama argentino, Paul Groussac:

> Desde fines del 72 diseñáronse en Buenos Aires, por manifestaciones públicas, las candidaturas que los dos partidos locales se disponían a sostener para la presidencia de la República. Cada uno de ellos proclamaba candidato a su *leader* reconocido: al general don Bartolomé Mitre el "nacionalista", como el "autonomista" al doctor don Adolfo Alsina .... Planteada abiertamente la cuestión presidencial ... de más está decir que, para los dos candidatos porteños, era Buenos Aires (capital y provincia) el campo ardiente y disputado de la lucha .... Esta ilusión óptica, que hacía aparecer como principal lo accesorio iba a dominar por última vez el escenario electoral, resultando derrotada la soberbia porteña por el sentimiento nacional .... Simbolizando esta fuerza nueva ..., surgió la candidatura de Avellaneda .... [L]a decisión del "pueblo" por Avellaneda, de gobierno abajo, era unánime .... Del escrutinio de la elección presidencial, practicado en el Congreso el 6 de agosto [de 1874], resultaron elegidos, respectivamente, presidente y vicepresidente de la República, don Nicolás Avellaneda y don Mariano Acosta .... Para nadie era misterio que la conclusión legal de la lucha en el

---

[22] Gillian de Beer, *Darwin's Plots: Evolutionary Narrative in Darwin, George Eliot, and XIXth. Century Fiction*. London-Boston: Routledge & Kegan Paul, 1983: 7.

Congreso no importaba su término real en el país. Se anunció, desde el día siguiente, que el partido vencido en los comicios buscaría el desquite en la revolución, la cual, desde Buenos Aires, había de ramificarse en las provincias[23].

El Gral. Mitre se había puesto al frente de los insurrectos pero fue vencido en La Verde el 26 de noviembre, derrota que tuvo por corolario casi inmediato (2 de diciembre) la capitulación de Junín.

Que estos acontecimientos habían sido traumáticos para la opinión pública y que estaban muy presentes en la mente de todos, lo demuestra el comienzo de la reseña que de la novela de Holmberg hizo, a su aparición, Miguel Cané:

> La situación política en que se encuentra el país, los recuerdos vivos del sacudimiento violento que ha agitado la república, la influencia que han ejercido los acontecimientos pasados en el ánimo del pueblo, son otras tantas causas que dificultan de una manera poderosa el desarrollo de una parodia crítica de esos mismos sucesos.
>
> En el debate científico que imagina el señor Holmberg, hemos buscado con curiosidad el interés dramático que en la concepción de la obra debía tener una importancia decisiva y que a nuestro juicio hubiérase debido radicar en la analogía de circunstancias y caracteres con los momentos y hombres de la pasada lucha política.
>
> En esa parte, la obra es débil. Quizá ha sido tal el pensamiento del autor ....
>
> En otro momento menos agitado, cuya influencia fuera más suave sobre el espíritu, habríamos buscado las analogías y alusiones de una manera más vaga, tal vez siguiendo las inspiraciones de nuestros sentimientos propios, en vez de estar bajo la presión del hecho brutal e inmediato[24].

Por suerte, tenemos el testimonio del mismo Holmberg para saber a qué atenernos en cuanto al objetivo que su autor había perseguido con sus *Dos partidos en lucha*. En 1882, en ocasión de la muerte de Darwin, Holmberg pronunció un discurso que luego recogió en libro. Y allí dice lo siguiente:

> Se dijo [de *Dos partidos en lucha*] que era un libro político y me callé la boca.
>
> A los veintidós años, es preciso callarse.
>
> A los treinta, es preciso decir otras dos palabras.
>
> Este discurso, leído con motivo de la muerte de DARWIN, en el Teatro

---

[23] "Ensayos biográficos. Nicolás Avellaneda" en *Páginas de Groussac*. Bs. As.: L. J. Rosso, 1928: 210 y 215-218.
[24] Miguel Cané, *Ensayos*. Bs. As.: Adm. Gral., 1919 [1877]: 141.

Nacional de Buenos Aires, el día 19 de mayo de 1882, en presencia de tres mil personas, reunidas por la invitación del Círculo Médico Argentino, las contiene. Ya no me han dicho que es un trabajo político[25].

Dos partidos en lucha no es una fantasía en que, metafóricamente, se muestran los odios que dividían a los ciudadanos de la joven república[26]. Es, sí, una fantasía literaria pero escrita con el propósito de difundir las ideas del "sabio eminente"(*D*, 5), "de ese DARWIN, una de las figuras más grandes del siglo XIX" (*D*, 68), para difundir esa "gran doctrina cuyos principios, adaptados a todas las formas de la actividad humana, deben llevarnos a la perfección..." (*D*, 67), la teoría cuya publicación había impulsado de tal manera las ciencias "que nada puede detenerlas ya [porque las ciencias son] el huracán de la civilización actual" (*D*, 92); la teoría, en suma, que "nos arrastra en un vértigo!" (*D*, 93). Al pueblo hay que instruirlo: "Eduquémoslo. Démosle una religión, démosle un amor, démosle cualquier cosa para que no esté ocioso, pero enseñémosle que debe subordinarse a la Razón. La Razón, en su expresión de ciencia, es el único carácter que distingue a los hombres de los animales" (*D*, 68), pensamiento que, en nota, completa con estas palabras: "El transformismo es la consecuencia fatal del estudio de la Naturaleza, sin preocupaciones, sin dogmas, sin perspicacias desesperantes, y cuando no hay ... un impulso hereditario al sentimiento religioso" (*D*, 106). Y todo ello en razón del

---

[25] Eduardo L. Holmberg, "Otras dos palabras", prólogo a *Carlos Roberto Darwin*, 5. En las citas de este libro que aparecen a continuación en el texto, abrevio *D* y el número de página.

[26] Pienso que Holmberg, al escribir su novela, había presenciado los acontecimientos políticos pero siempre atento a los para él más importantes que ocurrían en el terreno de las ciencias, tal como Sorel lo mostraba en su conversación con Goethe, en agosto de 1830. Preocupado el francés por los acontecimientos políticos a ellos presta toda su atención, creyendo que a Goethe le sucede lo mismo pero, para su sorpresa, el poeta le dice: "Parece que no nos entendemos, mi excelente amigo.... No me refiero a esas gentes. Es una cuestión muy distinta la que me ocupa. Aludo al estallido que acaba de verificarse en la Academia [Francesa], al debate tan importante para la ciencia llevado a cabo por CUVIER y GEOFFROY SAINT-HILAIRE ... La cuestión es de la más alta importancia". Citado por Holmberg en *D*: 42-43. Por otra parte, véase cómo Holmberg hizo uso de un metaforismo político en su discurso sobre Darwin, para explicar la teoría del inglés: "Las necesidades de la nueva ciencia, convertidas en nuevas fórmulas, protestan, si hemos de emplear el lenguaje político y hacen la revolución científica.
Como todas las revoluciones, ésta puede o no triunfar y triunfa siempre, porque argumenta con razones o con números y no con cañones, que son un instinto convertido en bronce o en acero" (*D*: 115).

papel que Holmberg consideraba que su generación estaba destinada a llenar: "Nuestra generación es la que ha de estimular a los que vengan y los ha de estimular bien, porque sabrá cómo encaminarlos, no ofuscándolos con promesas absurdas y oropeles efímeros, sino señalándoles la verdadera senda, que empieza por lo simple y se eleva gradualmente a lo compuesto .... Nuestra generación ..., es la destinada a dar impulso a la siguiente, porque realizaremos una opinión manifestada por ALBERDI hace unos treinta años: 'Naturalistas, ingenieros, mecánicos... eso es lo que necesita la República Argentina'" (*D*, 91). Por otra parte, Holmberg había percibido sagazmente el interés que en el país comenzaba a despertar entre la juventud el estudio de las ciencias. Y tal lo dice en el capítulo séptimo de su novelita: "¿A qué librería podremos ir hoy sin que hallemos que más de la mitad de las obras se relacionan más o menos directamente con las ciencias en cuestión?" (69) e, inclusive, señala la aparición de serias publicaciones científicas tales como los *Anales del Museo Público de Buenos Aires*, la *Revista Médico-Quirúrgica*, el *Boletín de la Academia de Ciencias Exactas* de Córdoba, los *Anales Científicos Argentinos*, los *Anales de Agricultura de la Rca. Argentina* y los *Anales Entomológicos* (69 y 71).

Los debates ficcionales de los "dos partidos en lucha" —darwinistas y rabianistas— están concebidos como una novela casi de misterio, ya que el lector no sabe cuál de las facciones ganará y porque los argumentos que esgrime cada una de ellas se le van dando de a poco, lo que lo mueve a volver impacientemente las páginas esperando la llegada de esos debates. Cané, entre los comentadores contemporáneos, y Pagés entre los modernos, han criticado la extensión y las digresiones del libro. Pagés, particularmente, se queja de que "el relato se hace a menudo fatigoso por continuas digresiones científicas o literarias"[27]. Sin embargo, no creo que esto sea justo. Las digresiones permiten un descanso al lector, son frecuentemente divertidas y fueron buscadamente intercaladas para aligerar el tema árido de por sí y para permitir el despliegue irónico de la crítica social, objetivo subsidiario de todos los textos de Holmberg[28]. Además, como se ha integrado otro motivo de misterio —¿quién es Rabin y por qué no aparece? y

---

[27] Antonio Pagés Larraya, Estudio preliminar. En E. L. Holmberg. *Cuentos Fantásticos*: 54-55.

[28] Luis Holmberg cita estas consideraciones hechas por Rodolfo Senet en un artículo sobre su padre: "...la especialidad del doctor Holmberg en sus conferencias fueron sus sabrosas digresiones. Este achaque, *prima facie*, debería haber obrado en contra del éxito de las mismas, porque cuando éstas son frecuentes, como le ocurría a él en sus discursos, las digresiones constituyen un defecto, y un defecto bravo, diré así. Pero ya se ve que para los hombres superiores, moldeados a lo Holmberg, las reglas están de más. Porque en él este

cuando lo hace nada dice ni se dice sobre él—, se ha entretejido un elemento de suspenso que empuja la lectura interesada[29].

Dos partidos en lucha pone a prueba la pericia del novel escritor ya que un tema que parece totalmente inadecuado para el tratamiento fictivo es sometido sistemáticamente a él. En primer lugar, la narración se nos presenta como enmarcada dado que el texto está precedido por "Dos palabras" en que se explica que, en el presente "juguete literario" su autor, Ladislao Kaillitz, no está en Bs.As. porque se marchó en barco a cruzar el Atlántico en setiembre de 1874 y, al despedirse, sacó de su "casaca de naturalista" un manuscrito que es la novela que vamos a leer y que Holmberg, quien firma estas "Dos palabras", se ha ido a leer a su casa. Sostiene, además, que el estilo es el hombre y que en *Dos partidos en lucha* Kaillitz está muy bien caracterizado por su estilo, con lo que Holmberg subraya su propia identidad porque, ya para esa temprana época, él era bien conocido por su

---

defecto se convertía en ventaja, puesto que sus frecuentes digresiones siempre venían al pelo, y resultaban tanto o más interesantes para el auditorio que el tema central de la conferencia. Por lo demás, durasen lo que duraren, a veces un cuarto o media hora, siempre el conferencista volvía al punto de partida, y con toda naturalidad reanudaba la ilación, que parecía así sólo por un momento interrumpida" (82-83).

[29] Lo primero que llama la atención es el nombre con que Holmberg bautiza a este escamoteado personaje: Timoteo Rabian. Ningún crítico ha comentado este nombre ¿por ser demasiado claro que los Rabianistas son 'los que rabian'? Por cierto que esta interpretación estaría de acuerdo con los graciosos nombres que Holmberg asigna a muchos de sus personajes, desfigurando, cruzando nombres reales o, simplemente inventándolos. Mas, lo que es de subrayar es el hecho de que el personaje es mudo y que, al final de la novela, cuando se presenta al debate decisivo, el narrador nos dice que Rabian "no había querido tomar parte en la lucha. Había obrado por acción de presencia. Verdad que el experimento resultó negativo. El poder *catalítico* no estaba desarrollado en él" (138). Esto es, había sido plenamente derrotado, cambiado. A este escamoteo de un personaje que debía haber sido básico, se unen otras notas que dotan al texto de un cierto módico suspenso. Así, por ejemplo, en el cap. en que vamos a presenciar la primera sesión del congreso, por una página se demora la acción mediante la descripción hiperbólica de "los miles de personas" que acudían al Teatro Colón, de las líneas telegráficas que estaban alerta, de las diferentes áreas del Teatro que se hallaban ocupadas, de las miradas de la concurrencia, hasta que por fin el Presidente abre la sesión (50-51). Otra vez la técnica se emplea con respecto a la intervención de un personaje en el debate: "En uno de los asientos del escenario estaba sentada una persona que conservando una postura y una inmovilidad particulares, no había permitido se le reconociera.
Se levantó de su asiento, pidió la palabra, y adelantó algunos pasos.
¿Quién es? ¿Le conocéis?" (63). El personaje ya ha sido descrito antes, pero el texto enciende las expectativas del lector, lo urge a buscar en su memoria.

humor, su erudición y sus perennes digresiones. Además, el nombre que da a su personaje es una deformación del de su abuelo paterno alemán, y es nombre que reaparecerá luego en otras ficciones[30]. El hecho de que asigne a su personaje la profesión de naturalista es, asimismo, otro indicio que apunta hacia el Holmberg de carne y hueso.

La novela está, pues, organizada, como la narración, hecha en primera persona por Kaillitz, de las situaciones que desembocaron en las jornadas del Congreso Científico en que se debatió la teoría de Darwin. Cada uno de sus catorce capítulos lleva un título de corte picaresco—didáctico, del tipo de los usados por Lizardi en su *Periquillo*. En el primer capítulo, Kaillitz, quien está haciendo, en enero de 1872, un paseo en barco por la costa patagónica, es invitado a descender en el lugar en el cual habían estado, en 1835, el Almirante Fitzroy y Darwin, en su viaje del *Beagle*. El capitán le explica la teoría de Darwin pues, Kaillitz, a pesar de acabar de graduarse en la Universidad, no sabía bien quién era el inglés. He aquí una primera muestra de la crítica social realizada por Holmberg, producto de esa misma educación que le había escamoteado el descubrimiento más sensacional de la época. En el 2º capítulo la narración ha hecho un salto hasta el presente, 1874. Y se ha vuelto a acuciar la curiosidad del lector porque el título le anuncia que se lo inciará "en los antecedentes de la lucha", ya que es en este capítulo en el que el lector se entera de que, en el libro que está leyendo, se encontrará con el debate habido en Bs.As. acerca de las teorías de Darwin. Se empiezan, de esta manera, a crear espectativas en el lector para impulsarlo a leer. Todo este capítulo discute la personalidad del sabio alemán Burmeister, que estaba al frente del Museo de Bs. As. y que era creacionista, i.e., opuesto al transformismo darwiniano[31]. Como para el momento en que comienzan a desarrollarse los hechos del mundo narrado —mayo de 1874— los dos partidos políticos en lucha "se habían fundido en el celeste y blanco de la unidad nacional después de resolverse las luchas electorales con el casi nombramiento del nuevo presidente de la República" (11), dice con sorna Holmberg, es por ello por lo que el pueblo de Bs. As., necesitando polemizar

---

[30] "El Kaillitz es sólo una variante del apellido Kannitz de sus antepasados. En la obra dedicada al abuelo de nuestro autor, Eduardo Kannitz, Barón de Holmberg, el doctor Luis Holmberg ha estudiado con precisión las deformaciones y variantes del apellido Kannitz. ... Casi diez años después utiliza este nombre como seudónimo para un "artículo fantástico para mañana" intitulado "La Ciudad Imaginaria", que se publicó en *La Crónica* el 14 de abril de 1884 .... También el cuento "Filigranas de cera" está firmado con el nombre de Ladislao Kaillitz." (Antonio Pagés Larraya. Est. prel. a *Cuentos Fantásticos*. n. 62: 41).
[31] En numerosas ocasiones, en su libro sobre Darwin, Holmberg dio rienda suelta al desagrado que sentía por el sabio alemán. *D*: 91, 92-93, 105 y 113.

porque de otra manera no puede funcionar (otra observación irónica), resolvió convocar un Congreso Científico para discutir las ideas de darwinistas y antidarwinistas, lo que constituiría una gran gloria para Bs. As. puesto que significaba una victoria de la modernidad. Se pasa luego a discutir los tres personajes sobre los que recaerá el peso dialéctico del debate. Se trata de Francisco P. Paleolitez, Pascasio Griffritz y Juan Estaca, nombres evidentemente simbólicos y caricaturescos que representan a personalidades destacadas del ambiente porteño de la época. Griffritz, líder de los darwinistas, es también artista y poeta, así que no parece caprichoso afirmar que, en alguna medida, representa a Holmberg. Paleolitez es el arqueólogo elegido como líder de los Rabianistas porque creía, con Burmeister, en la inmutabilidad de las especies. Este dato apunta a la figura de Francisco P. Moreno[32]. Estaca es botánico y es elegido como representante de los botanistas en el partido de los Rabianistas. Su presentación es humorísticamente hiperbólica (19) como lo es también su ignorancia (67-68)[33]. En el Cap. IV "el autor tiene que retroceder al año 1872 para dar a conocer mejor al Sr. D. Pascasio Griffritz, Darwinista, y de qué manera entabló relación con él", advirtiéndonos que se trata de una "verídica narración" (21). Lo verídico aquí reside en recordarnos el viaje que narró en el Cap. I y en los objetos que de allí trajo. Pero en esto había algo de verdad ya que Holmberg había realizado viajes similares y recogido, como su protagonista Kaillitz, especímenes animales, minerales y vegetales, cráneos de indios y flechas. Kaillitz dona a la casa y museo de Griffritz algunos de sus hallazgos, comenzando de esta manera su amistad con el sabio quien le muestra el

---

[32] Marcelo Monserrat avanza la siguiente plausible hipótesis con respecto a estos personajes: "Resulta harto difícil encontrar la clave del criptograma. Nos parece que Holmberg se ha divertido cruzando algunos nombres: Francisco P. apunta hacia Moreno, Pascasio Griffritz alude al segundo nombre de Moreno y lo combina con un apellido al estilo Kannitz, y Juan Estaca quizás encubra a Ramorino. Recordemos que Moreno no era originalmente evolucionista, ya que profesaba las ideas de su mentor Burmeister". *La mentalidad evolucionista*, 19: 813. Juan Ramorino era profesor del Departamento de Ciencias Exactas de la Universidad de Buenos Aires.

[33] "Juan Estaca no sabe una palabra de Botánica —nó— no es cierto— sabe de memoria unos trescientos veintitrés nombres de especies, para pronunciar los cuales hace recorrer a los músculos de su cara y de sus órganos vocales, todas las posiciones relativas y extravagantes que se conoce, llegando a tal extremo sus esfuerzos, que la primera vez que le oímos el nombre específico *Cytarexiloa spectosum*, creímos que iba a desarticulársele la mandíbula inferior, y que los ojos, saliéndosele de las órbitas, quedarían suspendidos del nervio óptico, como el grano de la Magnolia cuando está maduro" (19).
"GRIFFRITZ -'El señor Estaca me va a poner en el caso de decirle *fustibus est arguendus*.'
ESTACA -'Aquí no se viene a hablar en *griego*'" (67).

museo, como asimismo sus publicaciones, y con quien Kaillitz discute las ideas de Darwin por las que se interesa y sobre las que Griffritz lo instruirá en sucesivas visitas. Tenemos ya de este modo el escenario y los agonistas del drama intelectual que despliega la novelita. Griffritz, a quien Kaillitz asocia involuntariamente con Sweeney Todd (28), metido en su biblioteca subterránea (29-30), escribiendo por siete años una obra ingente aún no publicada porque los argentinos no están preparados para leer obras científicas (31), es el centro de la intriga novelesca. Y él, como Holmberg, igualmente entregado en la realidad a una tarea a la que sólo muy pocos prestaban atención en sus comienzos, está esperando a que brille el "sol científico" (31)[34]. En el transcurso de las conversaciones de ambos personajes, como en el debate del Congreso Científico, el mundo narrado se va conformando mediante una hábil mezcla de información real e inventada, como lo muestran algunas de las observaciones que acabo de hacer o como cuando Griffritz discute la palingenesia de la sensitiva que Bompland mandó a Humboldt en 1820 y que él tiene en su colección y a la que puede revivir después de cincuenta años (36-38), o cuando predice que el darwinismo llegará a ser una doctrina política a más de científica, idea que Holmberg había ya leído en los ingleses y en Quinet. Esta impresión que recibe el lector de que se le están dando datos verdaderos está reforzada por la mención de lugares e instituciones de su ciudad (el Teatro Colón, la Plaza Victoria, la Catedral), de conocidas personalidades nacionales (Sarmiento, Adolfo Alsina, Avellaneda, Mitre), de las publicaciones que más lee (*El Mosquito*), de los *Boletines* especiales con que los periódicos difunden rápidamente noticias de singular importancia, por el débil disfraz de los personajes bajo los que se esconden personas conocidas en el ambiente (el Dr. Ramos Mejía, por ejemplo en p. 68) y por la técnica de eruditas *notas a pie de página* (pp. 36, 44, 93, 120 y 121), semejantes a las que Borges usará en sus cuentos. Hay una apelación constante a la atención del lector y hasta a su total entrega al texto, lo que se consigue con una serie de *fórmulas de apelación directa* de este tenor: "Nos disculpará el lector tanto detalle" (18); "No temáis, señoras y señoritas" (64); "¿Queréis que os diga quién es este señor Rabian? ¡Oh fatalidad! no puedo, ni quiero, ni debo decirlo" (68); "Como hemos dicho, el lector no extrañará que nos escudemos..." (72); "No tenemos tiempo de responder, lector ..." (95).

---

[34] Pascasio Griffritz está presentado con estas palabras que correspondían a la percepción que de sí mismo tenía, en ese momento de su vida (contaba sólo 23 años), el propio Holmberg: "Pascasio Griffritz, Darwinista, autor de innumerables obras y folletos desconocidos que se publicarán en edición póstuma; joven extravagante y visionario, locura en primer grado ¡qué lástima!" (24).

En los capítulos dedicados a narrar el debate en el teatro, Holmberg ha imbuido su narración de una fuerte teatralidad conseguida mediante el uso de varios procedimientos propios del drama, a saber, la *transcripción del diálogo* usando guiones y el nombre de cada interlocutor, lo que es particularmente notorio en el Cap. XIII (130-136) y que confiere un realismo y una urgencia dramática considerable al intercambio de ideas que el lector puede visualizar como sucediendo en el escenario. Otro recurso teatral es el de las *acotaciones*, a las tiradas de los polemistas, de las reacciones del público: "(*¡Bien! ¡bravo! ¡adelante!; ¡Guerra!, ¡guerra!; ¡Muera fulano y zutano!; ¡A votar! ¡a votar!; ¡Muy bien! ¡Eso es!*, 14), destacadas en cursiva en el texto[35], reacciones que frecuentemente se vuelven tan apasionadas como para necesitar vocablos de germanía tales como "chichón" (55) y "flanela" (55)[36]. A Griffritz se le permite, en momentos en que Darwin está por llegar a Bs. As. para participar del debate, un monólogo calderoniano para poderlo traer así nuevamente a primer plano. Y Holmberg crea el escenario con el socorrido recurso folletinesco del

> Entretanto ¿qué era de Griffritz?
> Nada más fácil de averiguar.
> Su museo, siempre abierto, presenta un fácil acceso a los atrevidos.
> Sentado frente a una chimenea encendida, podía oírsele el siguiente
>
> ### MONOLOGO (103)[37]

Y por más de tres páginas (104-107) estamos oyendo las cavilaciones del personaje.

---

[35] En indirecta relación con los recientes acontecimientos políticos va esta acotación cuando se mencionan los dos partidos que "luchan encarnizados por vencer en el combate de las ideas": "(*¿Nada más que en ése? ¡Qué zonzos!*)" (14).
[36] Otras palabras coloquiales son: *de parada* (79); *chusma* (79); *tajo de babero* (92).
[37] Este recurso, propio del folletín que debía unir innúmeras y variadas peripecias al tema inmóvil, central, es constantemente usado por Holmberg para regresar a su intriga luego de sus numerosas y, por veces, demoradas digresiones. He aquí otros ejemplos: "Pero dejemos que el Congreso Científico se organice como pueda, o para ser más exactos, *como quiera*, y ocupémonos por ahora de alguno de los personajes que después de los que daban nombre a los partidos, representaron los papeles más culminantes en la memorable contienda" (16). "Volvamos a ocuparnos de nuestros sabios" (63). "Dejémosle [a Richard Owen] por algún tiempo en aquel estado, y volvamos a ocuparnos de Darwin a quien hemos visto salir precipitadamente del Jardín Zoológico, sin sombrero, sin bastón, y con las manos ensangrentadas" (96). "Pero dejemos a Darwin cruzar el Atlántico, y mientras llega a Buenos Aires, veamos qué se hacía entretanto en esta ciudad" (102).

Igualmente teatral, por lo que de impactante tiene para el lector, es el recurrir a la *hipérbole* no sólo en la caracterización de los personajes, como ya lo he señalado, sino en la descripción del local de la acción. Tal, por ejemplo, la descripción de la conmoción reinante en la ciudad la tarde del 20 de junio, día de la primera sesión pública del Congreso Científico Argentino (47-48), o la de los preparativos de la ciudad para la llegada de Darwin, salpicada de la ironía típica de Holmberg: los 365 cañonazos de la salva lo que a nadie extrañaría "si se recuerda que estamos en el año 1874, que, a no dudarlo, *es el año en que más pólvora se ha quemado en la República Argentina*" (110); la enorme cantidad de hinojo que cubría el empedrado de la ciudad hasta el punto de que "los insectos sin alas que más nos molestan con sus picaduras, murieron por millones en aquel día" (110), alusión hiperbólica no ya a los inocentes mosquitos sino a las pullas que contra el ambiente lanzaba el humorístico periódico de tal nombre. Como se ve, a Holmberg nada se le pasaba por alto en su sociedad pero siempre lanzaba sus dardos mediante un juguetón humor que es el rasgo distintivo del estilo de esta novela y, en general, de su literatura.

El uso de *preguntas retóricas* (115-117; 122), de *repeticiones anafóricas* (118), de *recursos tipográficos* para graficar el tipo de silbido con que el público premia al sabio cuyos argumentos resultan convincentes (55)[38], constituyen algunos de los procedimientos con que Holmberg ha conferido interés sostenido y diversidad a su texto. A ellos se une otro sagaz procedimiento: el de la intercalación de discursos de otros registros, como por ejemplo, el de artículos periodísticos (73-75) o el de "una curiosa *fantasía*" literaria, escrita por una joven literata Rabianista y que ha llegado a manos de Kaillitz "no sabemos cómo", titulada *TRANSFORMACION* y que el narrador mismo reputa de "digresión" (62).

---

[38] "¿Qué local más aparente podía hallarse [para el Congreso Científico]? ¿La Plaza de la Victoria?
  Era un sarcasmo.
  ¿El Congreso Nacional?
  Mayor aún.
  ¿El Museo de Griffritz?
  Quizá ....
  ¿El de la Provincia? -¿el de Moreno?
  ....
  ¿La Catedral?
  ¡Cómo! discutir en un templo católico apostólico romano una doctrina que tan directamente ataca, según algunos, nuestras creencias religiosas? ..." (115-116).
"Luego un silbido que podría expresarse por las tres notas ligadas DO LA FA" (55).

Un elemento fundamental de la novela es la *crítica social* entregada a través de un *discurso irónico* y *humorístico* que se ejerce para atacar diversos tópicos: la falta de originalidad en la literatura, los partidos políticos o la situación política, el gobierno británico, las modas, otros sabios, las orquestas argentinas, las costumbres estereotipadas, etc.[39].

La novela de Holmberg usa, como he señalado antes, fórmulas propias del folletín y, en cierta medida, participa de algunos de los rasgos propios de esa modalidad narrativa. Particularmente, en lo que respecta a la caracterización de los personajes, aunque hay una diferencia con el folletín: sus personajes más que

---

[39] Algunos ejemplos de discurso irónico:

"...esa originalidad con que todos creen revestir sus obras (hablamos de las científicas, no de las literarias, porque de ésas —¡Dios nos libre!— son todas tan originales que algunas parecen escritas antes de haberse inventado el lenguaje)..." (10).

"...las casas de inquilinato -donde a veces suele discutirse grandes cuestiones-..." (12).

"La Policía que felizmente tenía aviso de su objeto [una revolución] no tomó medida alguna preventiva..." (12).

"¿Por qué se había reunido tanta gente?

¿Se iba a pedir acaso una declaración de guerra al Brasil por un quítame allá estas pajas quizá?

¿Habían desocupado al fin los Chilenos los territorios magallánicos?

¿Había estallado alguna epidemia, y se trataba de restaurar la Comisión Popular? ...

Nada de esto había" (13).

[Con respecto a si la humanidad hará muecas algún día], no podemos menos de asegurar que, de toda la *animalidad*, la humanidad es la que hace más muecas..." (63).

"Si lleváis el Congreso Antropopitecológico ... a Jujuy, os exponéis a que los Bolivianos o los Chilenos arrebaten a los sabios; si lo lleváis a la Patagonia, los Tehuelches harán otro tanto, con gran satisfacción de Mr. Broca, de Quatrefages, Moreno y otros, que hallarán de este modo mayores facilidades para estudiar de cerca tan importante raza; si los lleváis a Córdoba, las mangas de langosta descritas por los señores Weyenbergh y Gould devorarán a todos los sabios, Darwinistas y Rabianistas ..." (117).

Quizá la ironía más lograda reside en las figuras que, según Kaillitz, adornaban el telón de boca del Teatro Colón cuando se realiza la segunda sesión del Congreso Científico:

"Figuráos tres Monos de los mayores, en diversas posiciones y luchando enardecidamente por una zanahoria gigantesca. En una gran faja flotante en la parte superior, se leía en grandes caracteres:

"Struggle for life"

y debajo de los monos, en caracteres no menores:

"La lucha por la vida" (125).

Hay también una instancia de paradoja humorística: "Con este motivo, algunos cabecillas se reunieron en una casa particular de todos ellos..." (11).

carecer de hondura sicológica (de lo que siempre se ha acusado al folletín olvidando las especiales circunstancias de su producción), más que esquemáticos son caricaturescos, aunque no todos lo son en la misma medida. Pero ese caricaturismo estaba demandado, en el caso de la ficción de Holmberg, por el objetivo pedagógico y de divulgación que movía su pluma. En la caricatura, los rasgos caracterizantes de las personalidades locales que los personajes representaban, se daban agigantados pero fácilmente reconocibles y esto atraía la atención del lector, siempre ávido de que se le descubran las tachas secretas de los que detentan la fama. Estableciendo desde el principio, a través de su texto, cargado de ironía y de piruetas humorísticas junto a sesudas disquisiciones científicas, una relación chacotona con su lector, Holmberg se atraía su complicidad y su simpatía. No obstante todo esto, Pascasio Griffritz es un personaje sustancioso, verosímil tanto en su obsesión científica como en su egotismo y en las reacciones que evidencia durante la polémica pública. Del mismo modo, Ladislao Kaillitz, el autor de la narración que leemos, el discípulo aplicado de Griffritz, el darwinista convencido, emerge en sus apariciones como personaje y, hasta en sus intervenciones autoriales, con rasgos nítidos que le confieren volumen. Ambos personajes, por otra parte, encarnan dos aspectos de la personalidad de Holmberg-el-hombre: el de investigador entregado a la tarea científica y el de bisoño profesional, lo que Holmberg era en ese momento y lo que se proponía ser.

Hay otras dos notas que desearía destacar. Una se refiere a un salto espacial y temporal con respecto a la localización de la intriga. De los catorce capítulos de la novela, uno, el 9º, se desarrolla en Londres, un mes después de los acontecimientos del capítulo precedente, y es totalmente humorístico. Los personajes que allí actúan, son Charly (Darwin) y Dick (Richard Owen), éste totalmente opuesto a la teoría evolucionista de aquél. Ambos están haciendo la disección de un mono antropomorfo. Owen ha realizado un gran descubrimiento y Darwin tiene un gran presentimiento. Pero el narrador no nos puede decir de qué se trata porque llega un empleado que trae una carta del cónsul británico en Bs. As. informando a Darwin del Congreso argentino y de que los darwinistas han ganado el primer encuentro. La reina considera que el triunfo del Darwinismo en el Congreso es indispensable para el espíritu práctico del siglo y hasta, quizá, subraya irónicamente Holmberg, para que Inglaterra se apodere de la Argentina, y que, por lo tanto, él debe ir al Congreso. De esta manera ingeniosa, se trae al teatro de la acción a la figura central. Y se lo trae en un barco al que Holmberg bautiza *Hound* (*Galgo*) contraparte del real *Beagle* (*Sabueso*). La aparición del sabio inglés en el debate constituye un artificio paradojal, pues Darwin era el hombre menos controversial del mundo y jamás aceptó discutir públicamente sus ideas. Literariamente, sin embargo, el debate resulta verídico, muy interesante y por demás instructivo. La aparición de Darwin da pie, asimismo, para mostrar la admiración incondicional que le rendían hombres como Sarmiento, Alsina y Avellaneda (lo que Holmberg hace imitando el estilo de cada uno)[40], y hasta para lanzar un dardo contra Mitre a quien, cuando Darwin lo saluda al llegar a Bs. As., le dice: "En mi vida pacífica, General, más de una vez he oído vuestro nombre, y al estrecharos la mano por vez primera, permitidme manifestaros que os aprecio, os admiro y no os comprendo" (113), en una evidente alusión al desairado papel que Mitre acababa de desempeñar en la abortada revolución de sus correligionarios.

La otra nota destacable en este singular librito, es el apéndice que lo cierra[41]. Holmberg ha reproducido en él, traduciéndolo, un artículo de la autoría de Paul Broca, aparecido en la *Revue d'Anthropologie* y titulado "Los Akkas, raza pigmea del Africa Central" que ya José M. Estrada había publicado en su diario, *El Argentino* (Nos. 242 y 244). Pero Holmberg lo agrega porque es, precisamente, la disección del cadáver de un Akka lo que provee el desenlace exitoso para los darwinistas de su novela y porque "explica con sobrada elocuencia las presun-

---

[40] "El Presidente de la República D. Domingo Faustino Sarmiento, extendió la mano al sabio que la estrechó con efusión, y le dijo:

—'Tengo el honor de saludar al ilustre reformador inglés'....

Llegó su turno al Vice Presidente Dr. D. Adolfo Alsina, quien estrechando a su vez la mano de Darwin dijo:

—'Evoluciones naturales en la lucha de la vida, os han traído, señor, a nuestras playas. Que una nueva corona cubra vuestra ilustre frente cuando os alejéis por segunda vez de esta patria querida' ...

El general D. Bartolomé Mitre, ex-presidente de la República, dijo a su turno:

—'En las grandes agitaciones de mi vida, siempre he tenido algunos momentos que he podido dedicar a una de las más grandes celebridades del siglo y a su doctrina'....

Acercóse el Dr. Avellaneda, Presidente electo de la República, y con las formalidades debidas dijo:

—'En el silencio del hogar tranquilo, y en el insomnio del estudio, el nombre de Carlos Roberto Darwin y su colosal figura se han presentado a mi fantasía como una de las palancas más poderosas del adelanto científico del siglo.'" (111-113).

[41] Antes del apéndice aparece un capítulo titulado "Ultimo. Consecuencias de la lucha" y es gracioso y muy breve. Contiene cuatro líneas de puntos suspensivos y, en el medio de la tercera, las letras "schiit", un conjunto de sonidos sin significado. Después de la palabra FIN, "ELH, Darwinista" nos explica que aquí acaba el manuscrito de Ladislao Kaillitz y que como éste era espiritista, no duda de que esta página le haya sido dictada por algún espíritu dada su condición de *medium*. Otra de las piruetas cómicas a que Holmberg era tan afecto. Dada la identidad señalada entre personaje y autor, y dado el conocido interés de Holmberg por el espiritismo, muy de moda en Bs. As. (como en Europa) por entonces, Holmberg parece decir a su lector que no todo son ciencias 'exactas' en este mundo...

ciones" (140) de su personaje Kaillitz. Se trata sólo de un "apéndice" —aquí es el médico quien habla—, de una aclaración y "[c]on este carácter, pues, no necesita ser leído como parte integrante de *Dos partidos en lucha*, sino solamente por aquellos que deseen ilustrarse un tanto sobre uno de los hechos antropológicos más importantes del siglo XIX, si no de la época moderna" (140). Este apéndice, es mi opinión, no deja lugar a dudas con respecto al objetivo pedagógico, al *educar divirtiendo* a que ya hice referencia antes, perseguido por el médico porteño y que considero esencial no sólo en esta primigenia novela sino también en su *Viaje maravilloso del Señor Nic-Nac* y en otros textos narrativos de lo que podríamos llamar la primera época de la labor narrativa de este escritor.

Dentro del marco de la novela finisecular argentina, mayormente realista, totalmente desprovista de humor, *Dos partidos en lucha* resulta un libro 'extraño' en primer lugar por su tema, en segundo lugar por los variados discursos que contiene, por la mezcla, muy poco acostumbrada en la época, de lo real y lo fantástico pero tratado como real y, muy particularmente, por su constante humor. Frente a novelas construidas tradicionalmente, con personajes caracterizados desde el punto de vista de un narrador omnisciente, Holmberg diversifica la voz narrativa porque narra, a la vez, desde una primera persona singular pero también plural, intercala intervenciones autoriales en tercera persona y, como tratamos de explicarlo, utiliza procedimientos teatrales. Sus *Dos partidos en lucha* resulta completamente original por el ingenio con que Holmberg supo sacar partido literariamente de una teoría científica[42], creando un mundo real-fantástico-humorístico en que se aúna la esfera del conocimiento a la del placer del texto.

---

[42] "Poner la ciencia en lengua diaria: he ahí un gran bien que pocos hacen", dijo José Martí. "Las leyes de la herencia (Libro nuevo)". En *Obras Completas*. 2a. ed. T. XIII. La Habana: Ed. Nac. de Cuba, 1975: 425. Y Holmberg: "...es indispensable engalanar la ciencia con un poco, aunque sea un poco, de imaginación, porque nuestro pueblo la tiene muy brillante...". Luis Holmberg, *Holmberg, el último enciclopedista*: 76. Y también: "...sobre todo hermanar siempre lo útil con lo agradable...": 76.

NUEVA INTERPRETACION DE LAS PUBLICACIONES HISPANICAS DE E. R. CURTIUS

(Estudio con motivo del centenario del nacimiento de Curtius)

POR

HANS FLASCHE
Universidad de Hamburgo

En el mes de abril y en el mes de junio de este año (1986) se realizaron fiestas conmemorativas con motivo del centenario del nacimiento del gran investigador Ernst Robert Curtius. Al ofrecer el tema de este trabajo a la consideración de la comisión organizadora, el autor no sabía nada de las fiestas conmemorativas mencionadas. Si trato nuevamente el tema "Curtius como hispanista" lo hago con el firme convencimiento de que son necesarios muchos esfuerzos para apreciar todas las perspectivas ilustradas por un personaje de ciencia sobresaliente. En conformidad con el título de mi artículo, mis interpretaciones, cronológicamente clasificadas, se basan en los conocimientos adquiridos en las clases y seminarios realizados por Curtius durante la elaboración de la obra *Literatura Europea y Edad Media Latina*, en las conversaciones sostenidas con Gabriela Mistral sobre Curtius, en los cursos que durante años he dictado en las Universidades de Marburgo y Hamburgo, sirviéndome de las directrices de Curtius y finalmente en todas las publicaciones hispánicas del maestro. Es absolutamente natural que, por una parte, tenga la intención de penetrar hasta la propia esencia en todas la fuentes citadas, pero por otra, el que pretenda excluir resultados ya citados en otros estudios. No en último lugar sirve de norma para mi exposición el contacto personal con el maestro que tuve durante muchos años. De todas formas mi ponencia hace suya la divisa de Schuchardt, tan apreciada por Curtius: "Investigación del investigador".

Es muy probable que Curtius, discípulo de Gustav Groever e interesado a través de él, durante los años pasados en Estrasburgo, en problemas literarios y lingüísticos españoles, se haya dedicado al estudio de la cultura española. Para sostener esta hipótesis con firmeza sería necesario conocer los temas de las clases dadas por Groeber.

Después de su trabajo de oposición a una cátedra, presentado en 1913 en Bonn, la Universidad de Marburgo le llamó en 1920 a ocupar una cátedra de Filología Románica. Curtius se quedó en Marburgo hasta 1924. Examinando los programas de los cursos realizados entre 1920 y 1924 observamos que durante el invierno de 1920/1921 dio un curso titulado "Introducción al español". Nos hacemos la pregunta de si ya en este curso se dedicó a problemas literarios. De todas formas es digno de atención que, en contraposición a los años pasados en Bonn a partir de 1929, Curtius diera tan sólo un curso de español en Marburgo y ningún curso de español en Heidelberg. Durante los años de actividad universitaria en Bonn (1929-1951), el maestro organizó nada menos que quince cursos hispánicos sobre todos los dominios de la literatura española. Dedicó cinco cursos al Siglo de Oro y entre ellos dos a Calderón.

Es perfectamente lícito considerar el comienzo del año 1923 como el momento de una orientación definitiva e intensa hacia España. En el día 10 de diciembre de 1923, Curtius escribió una carta a Ortega y Gasset rogándole que le enviara la *Revista de Occidente*, publicada por primera vez en aquel momento. Es posible que la repercusión de los estudios de Ortega llevados a cabo en Marburgo haya sugerido al catedrático alemán la idea de redactar la carta en cuestión. (En 1983 Enrique Tierno Galván analizó en Marburgo los años de estudio del filósofo español en la universidad alemana.)

El año 1924 es el primer año de dedicación realmente intensa y científica a España. Leyendo la correspondencia entablada entre Ortega y Curtius (que abarca los años 1923-1949) es posible enterarse de los numerosos autores españoles modernos que Curtius desea estudiar. Trabajando todavía en Marburgo, Curtius dice en una carta dirigida a Ortega (con fecha del 12 de marzo de 1924) que mucho más que Italia considera España como modelo característico de la clara cultura latino-mediterránea. Llegamos a conocer el esfuerzo de interpretar exactamente la poesía española moderna estudiando una carta de Curtius ya escrita en Heidelberg y enviada a Ortega (17 de julio de 1924). El catedrático alemán pide al filósofo español el favor de analizar la poesía de Antonio Machado: "Al joven meditador José Ortega y Gasset". Para comprender mejor al Hispanista Curtius son muy importantes sus actividades durante el año 1924, en cuanto que consagra su tiempo con celo a la explicación del libro *El tema de nuestro tiempo* y a la aclaración de muchas otras ideas del pensador español. Pensamos en el ensayo "Cosas de España" y en el estudio "Perspectivas Españolas". En este tratado encontramos muchas ideas relativas a Ortega y Gasset incluídas también en disertaciones posteriores del hispanófilo alemán. Ya el título "Perspectivas Españolas" deja ver muy claramente que Curtius se ocupa solícitamente de un principio central de Ortega, es decir del perspectivismo (que poco después, en 1925, cree poder descubrir también en las obras de Pérez de Ayala). Mucho más importante que la verificación del principio de la perspectiva en la filosofía de Ortega es sin duda alguna la afirmación de que el "perspectivismo" es una perspectiva necesaria de

España. Los autores de la literatura española prefieren muchas veces ciertas "perspectivas", por ejemplo la antítesis "Vida-Sueño". (Le gusta a Curtius mencionar frecuentemente esta antítesis.) Es natural que el investigador alemán íntimamente relacionado con la Antigüedad Clásica descubra en la integración realizada por España y posibilitada por el "perspectivismo" una analogía sorprendente con la mezcla de culturas de la época de los romanos. No es extraño que Curtius encuentre en el pensador del país que, según su opinión, se ha quedado en un país casi desconocido por completo en Europa, una serie de características diametralmente opuestas a la mentalidad alemana. Así es que las perspectivas amplias, la visión de conjunto del hombre español, se contraponen a las tendencias de especialización del alemán y a su propensión para la exactitud. Por esta razón, el alemán necesita indiscutiblemente el contacto con la manera de ser románica. Curtius escribe a Ortega el día 24 de marzo de 1925: "La escrupulosidad tan molesta alemana tiene como consecuencia la tardanza en el progreso de mis trabajos." (El autor de este estudio quisiera decir lo mismo respecto a su trabajo.) Los argumentos de Curtius son sumamente fascinadores —y tenemos que volver sobre esta verificación un poco más tarde— cuando, como filólogo muy crítico, reflexiona sobre el filósofo español. Citemos un ejemplo: El catedrático alemán comprueba que por un lado Ortega cree en una jerarquía objetiva de valores y que por otro lado está sujeta a cierto espacio y a cierto tiempo. Sin duda alguna no es fácil comprender la armonía de estas dos perspectivas.

En 1925, Curtius escribe su primer ensayo sobre otro pensador español extraordinario del siglo XX: "Unamuno o la Filosofía de lo Trágico". En el mismo año, Ortega (en una carta escrita el 9 de marzo de 1925) hace referencia a la filosofía de Max Scheler. (Es posible que Curtius, amigo de Scheler, le haya llamado la atención muy encarecidamente sobre las ideas del gran filósofo alemán.) Acentuando la primacía de la simpatía explicada por Scheler, Ortega se caracteriza —sin o con plena conciencia— como el polo opuesto del compatriota, que considera el sentimiento trágico como centro de su pensamiento.

Durante 1926 la actividad hispánica de Curtius se organiza, se hace realidad bajo los empeños intelectuales de Ortega y de Unamuno. En una disertación sobre Ortega, la relación del filósofo español con la actualidad es caracterizada acertadamente como erótica. Ortega siente cariño por la época en que vive. Sin tener en cuenta la insistencia orteguiana en ideas originales descubiertas por primera vez por un alemán, nos damos aquí también cuenta de una crítica discreta y sagaz a su amigo español. Ocultando sus dudas cuidadosamente, Curtius realiza su crítica refiriéndose a Aristóteles y la interpretación de su concepto de "teoría" como "cortejo". Es posible participar en el cortejo —es decir en la riqueza intelectual de Ortega— o desistir de la participación. En el trabajo "Problemas de la cultura española actual" el maestro alemán vuelve a dedicarse al colega español. Otra vez podemos, analizando esmeradamente el texto, hacer constar una crítica muy prudente, pero difícilmente perceptible. Curtius dice que, según parece, Ortega considera la noción de cultura como finalidad espiritual definitiva. Esta valoración equivale a una negación del sistema inapreciable de valores teológicos.

Continuando las consideraciones relativas a Unamuno, publicadas en un periódico del año 1924, Curtius, que califica acertadamente al pensador español según acontecimientos de la historia romana de "filósofo del destierro", enumera una serie de principios sentados por el bilbaíno: La decadencia española como problema, el Renacimiento español como problema, la importancia de la tradición, la armonización de regionalismo y europeidad, el menosprecio del conocimiento puro (sin tomar en consideración otras facultades mentales), la valoración de la aspiración a la inmortalidad, la invención de la vida particular de personas poetizadas, independizadas de su autor. Después de explicar el último principio enumerado, el latinista Curtius (siempre presente) afirma que Unamuno, haciendo independiente a una criatura poética, continúa la interpretación espiritual de la Edad Media.

En el trabajo ya citado, "Problemas de la cultura española actual" (1926), Curtius se ocupa también del antípoda de Unamuno, Angel Ganivet. (Poco antes llama la atención sobre la autointerpretación de España que se considera como problema.) Angel Ganivet lucha por la hispanización de los valores culturales europeos. El alcance del trabajo en cuestión consiste en el análisis de ambos minuciosos pensadores, en el examen de la europeidad de Unamuno y de la hispanidad de Ganivet. Es poco probable que —aparte de las ideas principales de la crítica referente a Unamuno— los lectores del ensayo de Curtius sintetizado por nosotros hayan leído la página titulada "Sancho Panza y el peregrino", en la cual el hispanista alemán echa de menos una explicación unamuniana del encuentro entre Sancho Panza y Ricote.

Entre las publicaciones hispánicas de Curtius descuella la conferencia dictada en Bonn en 1931, "De la vida intelectual española del presente". Hacemos constar tan sólo que el hispanista alemán se refiere a la nueva situación política de España, es decir a la República. No lo hace para emitir un juicio político, sino para caracterizar a dos autores que representan a su país en el extranjero, a saber Ramón Pérez de Ayala, embajador en Londres y Américo Castro, embajador en Berlín. Le gusta a Curtius una frase programática de Castro (cuya importancia para las clases y seminarios de Castro he podido verificar durante mis estudios en la Universidad de Berlín en 1931/1932). Reza esta frase: "El progreso de la filología depende del afinamiento y de la precisión de los conceptos, de cómo entendamos los valores humanos. De esos conceptos vive la filología, y al mismo tiempo contribuye a formarlos". El maestro alemán se sirve de las palabras citadas como epígrafe de su artículo "Jorge Manrique y la idea del emperador" (1932). En cuanto a Pérez de Ayala, Curtius le dedica un trabajo particular para analizar no sólo la técnica de la novela del escritor español sino también —como es su costumbre— sus ideas filosóficas. Caracteriza al gran novelista como crítico del donjuanismo español, considerado por Curtius en otros ensayos como ingrediente esencial de varios comentaristas modernos.

En 1932 el maestro alemán continúa dedicándose a problemas filológicos y filosóficos. Sin embargo, no se considera un filósofo. Hace muchos años me explicó que no es posible ser filósofo auténtico y filólogo al mismo tiempo. De todas formas, sus trabajos "El humanismo como iniciativa" y "Helenismo y educación moderna" tuvieron gran resonancia. En cuanto al campo de la filología española, es absolutamente necesario mencionar que en 1932 Curtius dirigió en la Universidad de Bonn un seminario destinado para especialistas escogidos sobre la antología compuesta por Menéndez y Pelayo *Las cien mejores poesías líricas de la lengua castellana*. Despertaron el interés profundo del profesor las *Coplas de Jorge Manrique a la muerte del maestro de Santiago don Rodrigo Manrique su padre*. Su interés fue tan grande que incluso en ese mismo año llegó a publicar un análisis riguroso de las estrofas 27 y 28. La originalidad del análisis para la filología española estriba en la precisión con que marca las fuentes del texto, escondidas en la Antigüedad Clásica.

Nemesio González

Durante el segundo período de silencio verificado por Caminero en el epistolario entre Ortega y Curtius encontramos sin embargo una carta importante dirigida a Ortega el 22 de febrero de 1934. En esta carta, Curtius subraya su intención de no abandonar de ninguna manera el contacto con España (por ejemplo valiéndose de un lector recomendado por Jorge Guillén). Se queja del silencio de Zubiri, Jorge Guillén y García Gómez. Poco falta, dice Curtius, para que todos los esfuerzos sugeridos por Ortega se presenten como un hermoso sueño calderoniano. A pesar de todo, el año de 1934 trae aparte de un artículo sobre Unamuno titulado "Alcaloide de España" un trabajo sobre "George, Hofmannsthal y Calderón". Según la convicción de Curtius expuesta en este trabajo el hombre español interpreta la historia universal como un libro ilustrado enorme, en el cual todas las hojas son significativas. Esta convicción proporciona al hispanista alemán, conducido casi invariablemente por Calderón, la concepción calderoniano-española del mundo como escenario. Este escenario es, por lo menos en los Autos Sacramentales de Calderón, absolutamente teocéntrico. Por esta razón, los conflictos psicológicos que se encuentran también en los dramas del autor del Siglo de Oro, no llegan a ser puntos cardinales. Las figuras alegóricas son personas mediadoras entre Dios y el hombre. Refiriéndose a Hofmannsthal (que según el calderonista alemán lleva a una nueva comprensión de Calderón), Curtius habla de un "simbolismo de la situación" calderoniano que no se encuentra en un teatro puramente psicológico y que nos recuerda la parábola platónica de la caverna. Se descubre un ejemplo de este simbolismo de la situación en el despertar de hombre regio que antes de despertar vive en soledad y lejos del mundo. Nótese también que Curtius atribuye un rango muy especial a la noción del prodigio y al concepto de la primera invención en las obras de Calderón. La importancia de estos fenómenos se manifiesta sobre todo en la terminología muy variada que he recomendado muchas veces a mis estudiantes calderonistas. Desgraciadamente no es posible analizar en esta ponencia la afinidad sorprendente de Hofmannsthal con Calderón indicada por el profesor alemán ni tampoco el camino preparado por el autor del Siglo de Oro para el artista de nuestra época. Concluyendo sus investigaciones relativas a George, Hofmannsthal y Calderón leemos que la literatura universal nos ha dado tan sólo dos poetas cristianos, a saber Dante y Calderón.

Llama la atención de cada lector de los escritos de Curtius que en muchos pasajes —o abiertamente o un poco a escondida— subraya la imposibilidad de comprender la cultura española sin haber penetrado en el mundo católico. Haciendo constar este hecho indiscutible, es necesario recordar el famoso ensayo "Goethe o el clásico alemán" publicado por Curtius en la fiesta conmemorativa del año 1932. Dice Curtius que es imprescindible estudiar los escritos de Lutero para poder comprender el pensamiento de Goethe. Muchas veces y con buenos motivos, los lectores de los libros de Curtius han hecho la tentativa de averiguar la inclinación del maestro hacia el catolicismo. Numerosos pasajes en sus publicaciones, la relación estrecha con Charles du Bos y no en último lugar los tratados publicados durante siete años (1919-1926) en la revista *Hochland*, sin duda alguna de orientación católica, hicieron correr el rumor de una conversión auténtica a la religión católica. Por el contrario, Curtius, el día 17 de abril de 1927 en una carta a André Gide, dijo que no podría nunca dar el paso en cuestión. Explicó su posición como la de un anglicano o de un miembro de la iglesia ortodoxa. De todas formas, es instructivo mencionar una conversación que sostuve con un padre dominico amigo mío. Me contó que su cofrade Pierre Jean de Menasce, colaborador, como se sabe, en el homenaje a Curtius, con motivo del aniversario de 1956, le preguntó al maestro si tenía la intención de convertirse al catolicismo. Curtius dijo: "Es tan agradable estar en el umbral." Se trata por lo tanto de una respuesta que carece de la univocidad expresada en la carta a Gide. Sin embargo, todos los escritos del romanista alemán (no sólo los hispánicos) ponen de relieve una comprensión absolutamente extraordinaria de la religión católica, es decir una comprensión que hace resaltar particularmente la originalidad del pensamiento español.

El año de 1935 proporciona a Curtius, que en varios estudios suyos había llamado la atención sobre América Latina, el encuentro con la poetisa chilena Gabriela Mistral, cónsul de este país sudamericano en Lisboa. En las cartas que me escribió Gabriela Mistral hace muchas veces relación a Curtius, incluso en una carta de recomendación calurosa, destinada a proporcionarme un puesto en una universidad latinoamericana. Escribe por ejemplo el día 29 de julio de 1947: "Hace nueve años, y por recomendación del latinista Ernst Robert Curtius, (Hans Flasche) vivió un año en mi casa de Lisboa." Leo en una carta escrita un día antes: "Decir a Curtius todos mis recuerdos y mi viva amistad, y decirle lo mismo respecto a lo que más necesiten él y su esposa." Añade una frase parecida en casi todas las cartas escritas en aquel tiempo de escasez extraordinaria. De ello se desprende que tenía una simpatía profunda por el catedrático alemán y también por sus investigaciones hispánicas. En el año de 1945 había hecho una visita a Curtius en Bonn. Escribe en una revista publicada en Santiago de Chile: "Me acuerdo de la mañana en que mi ilustre amigo Curtius me mandó buscar con su colega Flasche para ir a la Universidad de Bonn." Aunque Curtius, debido a sus obligaciones universitarias y a causa de su adhesión de muchos años a España, no haya dedicado un libro a la literatura latinoamericana, podemos inferir de su gran simpatía por Gabriela y su poesía que le han gustado siempre los autores de Sudamérica.

Curtius fue el primer hispanista alemán que analizó el tratado de Calderón sobre la pintura (1936). En las primeras páginas del trabajo "Calderón y la pintura" menciona los conocimientos literarios enormes del autor del Siglo de Oro, sobre todo en sus Autos Sacramentales y las ideas muy personales e independientes relativas a la pintura. Dada la insuficiencia tan grande de nuestros conocimientos sobre las relaciones entre Calderón y la riqueza intelectual de los griegos, Curtius posee el mérito extraordinario de insistir en las fuentes antiguas utilizadas por Calderón. Dice el hispanista alemán que para la interpretación de la pintura como ciencia, el autor del Siglo de Oro se sirvió de un texto de Jenofonte, a saber de la conversación entre Sócrates y el pintor Parrhasios registrada en μνημονευματα Σωκρατους. Hay que decir, sin embargo, que Calderón no consultó, según Curtius el original griego sino una traducción latina. Abstracción hecha de Jenofonte, el gran autor del Siglo de Oro se ocupa también de las teorías relativas a la pintura elaboradas por otros autores de la Antigüedad Clásica y los Padres de Iglesia. El maestro alemán sigue todos estos vestigios, como se sabe, con inmenso placer. Por medio de una comparación maravillosa Curtius demuestra claramente que Calderón desarrolla minuciosamente la teoría de Valdivielso. De esta exposición resulta con una claridad admirable que la pintura es la primera de las artes liberales.

Calderón considera la concordancia gramatical como fundamento de la armonía de los colores; ésta es según las palabras de Horacio "Sit ut pictura poesis" una retórica muda que influye sobre todo en la vida afectiva. En la obra de Calderón (como en la de Lope de Vega) Dios es artista y pintor al mismo tiempo. Por lo tanto es completamente natural que la pintura desempeñe en su teatro un papel esencial. Para documentar este papel, Curtius cita los dramas *Darlo todo y no dar nada*, *El pintor de su deshonra* y el auto sacramental *El pintor de su deshonra*. Es indispensable subrayar que en el estudio "Calderón y la pintura", los autos sacramentales se caracterizan como aquellas obras de Calderón que pueden ser consideradas como modelos de la metamorfosis de ideas muchas veces muy antiguas. Curtius se sirvió para realizar sus trabajos calderonianos frecuentemente de la edición del año 1717. En una carta que me envió el día 16 de abril de 1948 calificó la pérdida de esta edición (a consecuencia de la guerra) de insustituible.

En su contribución al homenaje al arqueólogo Ludwig Curtius (1937), Ernst Robert Curtius trata otra vez del parentesco espiritual entre Calderón y Hofmannsthal. Encontramos en este trabajo una larga serie de observaciones muy notables. El gran hispanista no cree que las obras de Calderón sean traducibles: añade que la persona del poeta dramático no es perceptible; es visible tan sólo el espectáculo del teatro mundial. Después de la lectura de las explicaciones de Curtius sabemos que el orientalismo calderoniano, originado por la cultura árabe en España, debe ser destacado todavía más que antes. Curtius es el primer hispanista que acentúa la importancia del orientalismo cristiano de la época de los Padres de la Iglesia. Además de todo esto, el lector del estudio sobre George y Hofmannsthal puede adquirir datos interesantes sobre la atmósfera oriental que —según Goethe y Curtius— influye eficazmente en el lenguaje de Calderón.

Es siempre necesario volver sobre la correspondencia entre Ortega y Curtius. En el tercer "diálogo" precisado detalladamente por González Caminero —se trata de los años 1937 hasta 1939— el filósofo español escribe el día 4 de abril de 1938: "Es incalculable el número de cosas filosóficas que durante toda mi vida he aprendido en el trabajo de la filología". Ortega escribe también: "... el orbe filológico no es sino una condensación particular dentro del orbe filosófico". Citemos otra frase que debe considerarse como expresión de un espíritu filosófico dotado de observación crítica de la filología: "La crisis de la historia literaria y, en general, de la filología procede precisamente de lo fácil que es hacer con un texto del pasado operaciones innumerables; en su muchedumbre se ha perdido la filología." Ortega formula en la carta todavía en cuestión un principio de suma importancia: "Es evidente que el quehacer del filólogo consiste y consiste sólo en entender el texto". Contestamos a la pregunta relativa al sentido de las frases orteguianas citadas en esta ponencia: la convicción de Ortega ha llegado sin duda alguna al corazón de su amigo alemán. No nos olvidemos a este respecto que Peter Dronke escribe en su artículo "Curtius como medievalista y modernista" (publicado en 1980) que Curtius, discípulo de Groeber, ha considerado la comprensión del texto como condición imprescindible.

En el año en que Ortega escribió su carta referente a la minuciosidad filológica, Curtius publicó sus tres famosos estudios sobre estética literaria de la Edad Media. Llamaron inmediatamente la atención de Menéndez Pidal. Manifestó su opinión en el estudio "La épica española y la estética literaria de la Edad Media", diciendo que según su parecer, el colega alemán acentúa demasiado en la interpretación del *Poema del Cid* la influencia de la inspiración literaria. Pregunta el gran maestro español por la realidad histórica que sirve de base al poema y que puede considerarse también como una especie de lugar común.

El trabajo "Teoría de arte teológica en el barroco español" (1939) pertenece a las publicaciones hispánicas más interesantes del maestro alemán. Después de haber resumido el contenido del tratado calderoniano relativo a la pintura, Curtius analiza el *Panegírico por la poesía* publicado en 1627 en Mantilla. Para comprender el panegírico el investigador alemán, en este caso también precursor, considera su deber llamar la atención sobre la obra principal del teólogo Melchor Cano, publicada en 1563 bajo el título "*De locis theologicis*". Cano se refiere a autores importantes de la patrística y por esta razón es orientador del *Panegírico*. El término técnico "poética teológica", empleado por Curtius en su ensayo, se justifica perfectamente en virtud del elogio de la poesía en la patrística. Respecto a la "poética teológica" hay que distinguir la "poética bíblica" que examina los versos de la Biblia verificados por San Jerónimo, Juan del Encina y Juan de Valdés. Después de analizar el *Panegírico* Curtius se da cuenta del valor del tratado. Es aconsejable mencionar aquí dos hechos importantes, totalmente ignorados o por lo menos no puestos suficientemente de relieve antes de la publicación del trabajo de Curtius. El teatro de Calderón —así leemos— corresponde con la poética teológica española. El lector del tratado "Teoría de arte teológica en el barroco español" adquiere otro conocimiento profundo. La interpretación típica de la muerte que no se califica de catástrofe sino —así lo dice Curtius— de desprendimiento religioso del mundo no puede ser comprendida perfectamente sin la "Teoría de arte teológica en el barroco español". Me permito añadir aquí que con motivo del congreso "Hispanismo como Humanismo" realizado en Albany (EU) tuve la oportunidad de dictar una conferencia sobre la actitud, única en su género, del hombre español frente a la muerte no sólo en el Siglo de Oro.

Cinco años después de haber publicado el trabajo "Teoría de arte teológica en el barroco español", en 1944, Curtius continuó sus investigaciones relativas a Jorge

Manrique. Publicó una traducción alemana magistral de las *Coplas a la muerte del maestre de Santiago*.

La productividad asombrosa de Curtius llega a su cumbre en 1948. Es el año de la publicación del *Opus Magnum*: *Literatura Europea y Edad Media Latina*, obra traducida al español en 1955. Es imposible incluir en esta conferencia todos los resultados relativos a España que se contienen en este libro. En cuanto a la literatura del Siglo de Oro, las páginas sobre Gracián, compatriota de Marcial, en una parte del capítulo XV ofrecen una riqueza enorme de nuevas informaciones. Curtius es el primero en revelar las relaciones de las ideas de Gracián con la tradición latina y lo hace manifestando una precisión absolutamente única. La importancia de las disquisiciones contenidas en el capítulo en cuestión consiste en la corrección de una teoría de Menéndez y Pelayo conservada durante mucho tiempo. "Cultismo" y "conceptismo" no constituyen un antagonismo. Curtius lo demuestra de modo contundente haciendo una interpretación de todos los términos estilísticos en cuestión. (Queremos poner de relieve en este conjunto de ideas que el catedrático alemán en sus clases de la Universidad de Bonn se dedicó muchas veces al análisis de problemas lingüísticos).

Es natural que el *Opus Magnum* del gran hispanista contenga una serie de capítulos consagrados al Siglo de Oro. Así es que las interpretaciones expuestas en el ensayo "Teoría de arte teológica en el barroco español" (1939) se incluyen, ampliadas y sutilizadas, en el texto suplementario XXII de la obra.

Calderón, tantas veces calificado por Curtius de representante singular del espíritu español, ocupa un rango extraordinario en *Literatura Europea y Edad Media Latina*. Mencionemos entre otras cosas que en el ensayo "Goethe como crítico", publicado también en 1948, Curtius ensalza las tendencias calderonianas de contemporaneidad relativa a épocas y territorios. El capítulo suplementario XXIII titulado "La teoría de arte calderoniana y las artes liberales" se vale, profundizándolos, de los pensamientos formulados en el estudio del año 1936 "Calderón y la pintura". Recalcamos tan sólo dos afirmaciones expresadas en el capítulo suplementario. La convivencia de las bellas artes, particularmente del teatro y de la pintura, que en España están relacionadas con el mundo sobrenatural (porque la pintura es una imitación de las obras divinas) posee su fundamento no sólo en la religión católica, sino también en la ostentación de los reyes de entonces. La unión entre la pintura y la poesía —pensemos tan sólo en la rendición de Breda representada por Velázquez y Calderón— se encuentra en esta forma únicamente en España.

Los capítulos suplementarios agregados al cuerpo central de la obra del año 1948 no pasan por alto las épocas medievales. Hay que mencionar, por ejemplo, las páginas dedicadas a Isidoro de Sevilla. Antes de los decenios del barroco el arzobispo sevillano realiza una síntesis de cultura judía, antigua tardía y cristiana.

Sería completamente imposible incluir en este estudio toda la crítica que se ocupa de la obra de Curtius publicada en 1948. Sin embargo, es útil mencionar que María Rosa Lida de Malkiel juzgaba conveniente desaprobar, en 1951, la falta de indicaciones respecto a la influencia árabe e hispano-judía en los tópicos descubiertos por Curtius. Dámaso Alonso intervino dos veces en la discusión acerca de la obra de Curtius. En 1951 opinó que los principios formales del gongorismo español (por ejemplo los "versus rapportati") se derivan más bien de la tradición italiana que de la tradición medieval. En el mismo año, Dámaso Alonso intercedió por la poligénesis. Tres años más tarde Menéndez Pidal hizo referencia a la hipótesis de Curtius relativa a la composición del *Poema del Cid*. El maestro alemán había optado por el año 1180, el maestro español insistió en otra fecha (1140).

Después de haber estudiado la Edad Media española y el Siglo de Oro, Curtius se consagró nuevamente con entusiasmo a la España moderna (1949). Ortega y Gasset se le presenta como el español que —después de la prosperidad de la poesía y de la pintura en el Siglo de Oro— asigna a la filosofía el lugar que le corresponde. Según la opinión del maestro alemán la filosofía de Ortega llega a su identidad en virtud del contacto con el pensamiento alemán. Puede ser caracterizada como "entusiasmo vital", y esta caracterización significa que tan sólo una cultura "vivida" tiene valor y que el hombre reconoce su personalidad por medio de la comprensión de todo su pasado.

Es sumamente interesante estudiar la reacción de este pensador español dotado de una sensibilidad enorme. En una carta dirigida a Curtius el 15 de octubre de 1949 dice que la actitud del colega alemán adoptada respecto a su filosofía le parece negativa. Curtius contesta el 21 de octubre de 1949 diciendo que la opinión de Ortega debe probablemente ser atribuida a la fina alusión hecha a la carencia de una exposición sistemática.

En su trabajo "La nave de los Argonautas" (1950) encontramos un gran número de observaciones sobre el Siglo de Oro (por ejemplo sobre las *Soledades* de Góngora); se sobreentiende que Curtius incluya también *La nave del mercader* de Calderón.

También las publicaciones del año 1951 contienen resultados de la investigación relativa al Siglo de Oro. El artículo "Nomina Christi" trae a la memoria del lector la obra de Luis de León *De los nombres de Cristo*, ampliando las exposiciones del humanista cristiano con muchas informaciones sobre la Antigüedad Tardía y la Antigüedad Cristiana.

En el mismo año, Luis de Góngora despierta el interés del gran hispanista. En un ensayo sobre Góngora traduce el romance "Angélica y Medoro" y señala por primera vez la concordancia de ingenuidad y intelectualidad.

Teniendo *casi* siempre la intención de no perder de vista la literatura española en su totalidad, publica en 1951 un trabajo sobre Jorge Guillén. Subraya —refiriéndose como muchas veces antes a la filosofía de Max Scheler— la afirmación del ser ("Seinsbejahung") expresada por el poeta español, su asombro sorprendente frente a la existencia de algo. Además llama la atención sobre una idea muy importante del pensador Guillén, que considera el acto de poner un nombre a una persona o a una cosa como tarea esencial de poeta. El poeta es nada menos que Adán en la historia bíblica de la creación. Después de haber recibido un nombre, las cosas llegan a conseguir su esencia verdadera. Analizando la combinación de palabras en las poesías de Jorge Guillén, Curtius documenta también las dotes de su espíritu filológico.

En 1952 el hispanista alemán traduce una serie de poesías del *Cántico* a su lengua materna. En el prólogo a su libro, el traductor aclara las ideas ya expuestas en el ensayo del año anterior. Plantea nuevos problemas para la investigación de la poesía de Guillén y menciona por ejemplo que "el ajuste prodigioso", es decir la concordancia del alma con el mundo, desempeña un papel importante.

Después de 1952 —que yo sepa— no ha publicado estudios sobre las letras españolas. Sin embargo, es absolutamente necesario citar el artículo escrito en 1952 "Gustav Groeber y la filología románica." Este artículo constituye un acto conmemorativo en recuerdo del romanista injustamente casi olividado Gottfried Baist. Es por esta razón que Curtius hace hincapié en las investigaciones hispánicas del catedrático de Friburgo. En las páginas dedicadas a Baist acentúa un principio que hacemos constar siempre en todos sus escritos: Es necesario explicar y comprender los textos literarios analizándolos minuciosamente y no es aconsejable formular hipótesis osadas relativas a su origen.

Sin querer disminuir la importancia de otros hispanistas, bien en Alemania o bien en otros países, es plenamente justificado considerar a Curtius como uno de los investigadores más singulares. El hecho indiscutible de que sus estudios abarcan muchos siglos (excepto el siglo XVIII) es asombroso. La mirada penetrante del filólogo llega hasta lo más hondo del *Poema del Cid* y descubre las raíces del *Cántico* de Jorge Guillén. El maestro no analiza tan sólo la poesía lírica, épica y dramática, sino también la literatura teológica y filosófica. Respecto a todas las disciplinas no filológicas comprendidas en su interpretación es absolutamente necesario recalcar que el gran hispanista alemán, sin considerarse un teólogo o un filósofo, examinó todas las cuestiones teológicas y filosóficas incluidas en sus obras, sirviéndose para ello escrupulosamente de fuentes originales y especiales. En una época en la que la abundancia de hipótesis atrevidas es asombrosa, Curtius, hombre de lemas inflexibles, exige enérgicamente la interpretación minuciosa de cada texto. El esfuerzo de penetrar en las ideas de un autor español se ve facilitado por los datos que le aportan la Antigüedad Clásica y la Antigüedad Cristiana y gracias a su integración en la cultura europea. El método particularmente seguido por Curtius, es decir el descubrimiento de los tópicos, no puede seguirse sino con el enorme trabajo de recorrer muchos siglos españoles, occidentales y orientales. Es ineludible añadir que Curtius puede ser considerado como una de las figuras de más alto prestigio en la filología hipánica, porque nunca descuida una crítica prudente y ejemplar y porque presenta sus explicaciones envueltas en un estilo impecable. Finalmente, no debe quedar en el tintero la afirmación de que el maestro alemán es también un excelente traductor. Sus traducciones abarcan tanto textos españoles como textos de la Antigüedad Clásica.

HIPOTESIS PARA UNA HISTORIA CULTURAL DE BUENOS AIRES

POR

BEATRIZ SARLO
Centro de Investigaciones Sociales
Sobre el Estado y la Administracion

Estas notas se proponen continuar una línea de reflexión sobre la ciudad como artefacto cultural y como escenario privilegiado de las transformaciones de la modernidad[1]. Las hipótesis se centran alrededor de Buenos Aires en las décadas de 1920 y 1930, cuando el impacto de los procesos socioecónomicos, iniciados en la última mitad del siglo XIX, alteró no sólo el perfil urbano y la ecología sino el conjunto de experiencias de sus habitantes. La ciudad moderna interesa como espacio físico y social, y como mito construido por la literatura. Ciudad y modernidad son nociones que se presuponen mutuamente: la ciudad es el escenario de los cambios culturales, los exhibe de manera ostensible y a veces brutal, los difunde y generaliza.

Tanto escritor como público son, en el siglo XX, actores urbanos. Y la modernidad parece inseparable de ese mismo espacio. En lo que sigue, se exponen algunos comentarios sobre la modernización cultural, el caso porteño y las figuras reales o imaginarias que emergieron en el proceso de cambio.

MODERNIDAD Y RUPTURA

En su *Teoría Estética*, Adorno describe la autoridad de lo nuevo como aquello "históricamente ineluctable"[2], que impone el movimiento y la forma de la sensibilidad por lo menos desde el romanticismo. Jauss ha rastreado los avatares de este concepto desde las primeras disputas entre antiguos y modernos, considerándolo no sólo motor del cambio estético y cultural sino también una de las maneras en que

---
[1] Francine Masiello ha avanzado en el sentido planteado por estas notas. Véase: *Lenguaje e ideología; las escuelas argentinas de vanguardia*. Buenos Aires: Hachette, 1986. También mi trabajo: *Una modernidad periférica: Buenos Aires 1920 y 1930*, Buenos Aires: Nueva Visión, 1988, en el cual se cita una extensa bibliografía sobre el período.
[2] T. W. Adorno, *Teoría estética*. Madrid: Taurus, 1971: 36.

el presente dialoga y se diferencia, en un sentido proyectual, respecto del pasado[3]. Weber ha caracterizado el inicio de la modernidad según el proceso de diferenciación de esferas autónomas: ciencia, moral y arte, cuando estallaron las perspectivas unificadoras de la metafísica y la teología. Inspirado en Weber, Pierre Bourdieu desarrolla el concepto de campo intelectual como espacio autonomizado de los poderes políticos o religiosos, que se regula según legalidades propias, que dota a sus actores de propiedades de posición y hace posible que escritores y artistas suscriban proyectos cuyos puntos de referencia son internos a ese campo: lo que conocemos, precisamente, como cultura moderna[4].

Benjamin, Bürger y Adorno, en contraposición o diálogo con las grandes vanguardias europeas del siglo XX, trabajaron las relaciones entre arte de vanguardia y mundo moderno, debatiendo especialmente el concepto de autonomía, que desacraliza el arte y produce las condiciones a las que los surrealistas respondieron con su utopía reunificadora de arte y vida[5]. La "destrucción del aura", la estética del fragmento, la modificación del concepto de "obra" señalan inflexiones de la problemática sobre lo moderno y su caso particular, las vanguardias. En ese marco se abren nuevos sistemas de relaciones (y de conflictos) entre arte y público, arte y política, arte y sociedad industrial, arte y tecnología.

Lo moderno es también una forma de la afectividad y una modalidad de experimentar el cambio social, tecnólogico y espacial del capitalismo. Los artistas representan e impugnan, casi al mismo tiempo, un conjunto de nuevas experiencias, muchas veces traumáticas: el hombre de letras arrojado en el *tourbillon social* de la ciudad transformada; el dandy y su contraparte inescindible, el desesperado que busca un refugio en la trangresión o la huida; el optimismo frente a un mundo en curso de transformación y la melancolía frente a un pasado irrecuperable. Diferentes estructuras de la afectividad, para usar la expresión de Raymond Williams, están en la base de un reacondicionamiento profundo de las subjetividades y del surgimiento de nuevas políticas y nuevas morales. Poéticas de la inestabilidad y la transitoriedad se vinculan con la inestabilidad y transitoriedad de la obra de arte misma, produciendo gestos, proyectos, acontecimientos, una de cuyas funciones es vincular el discurso estético con las prácticas públicas: desde el cabaret dadaísta o expresionista a las fiestas del martinfierrismo porteño.

---

[3] Hans-Robert Jauss, *Pour une Esthétique de la réception*. París: Gallimard, 1978; especialmente: "La modernité dans la tradition littéraire et la conscience d'aujourd'hui".
[4] Pierre Bourdieu, "Campo intelectual y proyecto creador". AAVV, *Problemas del estructuralismo*. México: Siglo XXI, 1967.
[5] Walter Benjamin, *Iluminaciones 2*, Madrid: Taurus, 1980; Peter Bürger, *Theory of the Avant-Garde*. Minneapolis: University of Minnesota Press, 1984.

En Europa, el proceso de la modernidad está caracterizado por una posición de relativa independencia respecto del pasado, que Schorske[6] describe como una indiferencia creciente: el pasado ya no es visto en relación de continuidad o funcionalidad respecto de las opciones actuales. Schorske se refiere a una "muerte de la historia", condición para que la modernidad se implante como discurso global y como práctica hegemónica en las esferas literarias y culturales. Pero podría también pensarse en los procesos de refuncionalización del pasado, especialmente en el caso de las vanguardias argentinas. En efecto la profundidad y radicalidad de la ruptura tienen que ver con la fuerza que ejerce la tradición. Una mayor radicalidad se corresponde con una sociedad donde las formas modernas de las relaciones intelectuales ya se han impuesto, constituyendo fracciones y partidos estético-ideológicos, modalidades de legitimación, traspaso o disputa de símbolos y autoridades. Frente a perfiles consolidados, el enfrentamiento aparece como una estrategia necesaria desde el punto de vista de los nuevos artistas y las nuevas poéticas. En la cultura argentina, este modelo general de relación con el pasado encuentra flexiones particulares en el movimiento de lectura y recuperación imaginaria de una cultura que habría sido afectada por la inmigración y la urbanización.

En el caso argentino puede indicarse una diferencia notable entre las formas de la modernidad artística, caracterizadas por la reivindicación de la autonomía, y las formas de la ruptura vanguardista, caracterizadas también por la legitimación pública del conflicto. Por otra parte el proceso de modernización cultural, desplegado en el siglo XX, incluye también los programas humanitaristas y de izquierda. Si para la vanguardia "lo nuevo" es fundamento de valor, para la fracción de izquierda intelectual, la revolución o cualquier otra forma de la utopía transformadora se convierten en el nuevo fundamento.

LA CIUDAD COMO ESCENARIO DE LA MEZCLA

El espacio de la gran ciudad moderna (modelo al cual Buenos Aires se está aproximando en los años veinte) propone un escenario de cruces culturales: un espacio imaginario donde, en hipótesis, todos los encuentros y préstamos son posibles. Se trata entonces de una cultura no sólo compleja sino marcada por el principio de heterogeneidad.

La iluminación benjaminiana que descubre nuevas perspectivas de análisis en la ciudad moderna (sus textos sobre Baudelaire se entrelazan inseparablemente con el proyecto sobre los paisajes de París) colocan a la escena urbana como eje en torno

---
[6] Carl Schorske, *Fin-de-siècle Vienna*, Nueva York: Random House, 1981.

del cual se organiza la cultura del siglo XIX europea. La trama urbana, fuertemente marcada por lo que Marshall Berman considera las heridas pero también los logros de la modernidad[7], proporciona lugares para la transacción de valores diferentes y el conflicto de intereses (pensados en el sentido más amplio: disputa estética, enfrentamiento político, mezcla cultural provocada por la inmigración o los desplazamientos poblacionales): el gran teatro de una cultura compleja.

Este nuevo tipo de formación estética-ideológica se manifiesta, en primer lugar, en el cruce de discursos y prácticas, en la medida en que, como afirma Berman, la ciudad moderna es siempre heterogénea precisamente porque se presenta como espacio público: la calle es el lugar, entre otros, donde diferentes grupos sociales realizan intercambios simbólicos. Lugar público por excelencia aparece hipersemiotizado en casi todos los escritores argentinos de los años veinte y treinta, de Oliverio Girondo a Raúl González Tuñón, pasando por Arlt y por Borges.

Por otra parte, la heterogeneidad de este espacio público (que se acentúa en el caso argentino por los nuevos cruces culturales y políticos provocados por los cambios demográficos) pone en contacto diferentes niveles de producción literaria, estableciéndose un sistema extremadamente fluido de circulación y préstamo estético. Hay una presencia ya fuerte y definida de un público medio y popular estratificado tanto social como ideológica y políticamente, para el que se producen un elenco de colecciones y revistas que se extiende desde la literatura de "placer y consolación" hasta la de explícita intención propagandística, pedagógica y social. Las revistas y magazines del tipo *Caras y Caretas* se modernizan, articulando discursos e informaciones de diferente tipo que tienden a presentar un mundo simbólico relativamente integrado en el que van encontrando sus lugares el cine, la literatura, la canción popular, las notas de vida cotidiana, la moda y la historieta. Los productores culturales también se mezclan y contribuyen tanto a la ampliación como a la inestabilidad del sistema: préstamos, influencias, pasajes de un nivel a otro, diferentes interpelaciones a un público también diversamente identificado en la dimensión simbólica.

Pero esta misma heterogeneidad es perturbadora. Los grandes diarios modernos como *El Mundo y Crítica*, los teatros, el cine, desde sus propios formatos, remiten a otros públicos, lo que significa trasladar a la esfera cultural la trama que articula criollos viejos, inmigrantes e hijos de inmigrantes. Estas superposiciones y coexistencias despiertan nacionalismo y xenofobias, y avalan el sentimiento de nostalgia por una ciudad que ya no es la misma en 1920. Buenos Aires puede ser entonces leída con una mirada retrospectiva que focaliza un pasado más imaginario

---

[7] Marshall Berman, *All that is Solid Melts into Air*. Nueva York: Simon and Schuster, 1982.

que real (y este es el caso del primer Borges y su invención altamente productiva de las orillas) o descubierta en la emergencia de la cultura obrera y popular, el barrio pobre, los puertos y los viajes, la prostitución, la bohemia y el internacionalismo. Esta complejidad del sistema cultural comienza a ser vivida no sólo como un problema sino como un tema estético, atravesado por el conflicto de programas y poéticas que alimentan las batallas de la modernidad, desarrolladas, algunas de ellas, bajo su forma vanguardista: del realismo humanitarista al ultraísmo, pero también la contraposición y la fusión del discurso periodístico y ficcional, del discurso político y ensayístico. Los debates acerca de la legitimación cultural atraviesan las revistas de los años veinte: los "criollos viejos" no están dispuestos a admitir fácilmente que un lenguaje literario pueda ser producido también por escritores cuyos padres no habían nacido en Argentina, cuyo acento era barrial, marginal, e incorporaba marcas de origen inmigratorio. La densidad cultural e ideológica del período es producto de estas diferentes redes y de la intersección de discursos con origen y matriz diferentes (de la pintura o la poesía al cine o la música moderna o la jazz-band).

Para reconstruir esta trama en términos de cultura vivida, la historia cultural e intelectual de Buenos Aires en las décadas de 1920 y 1930 debe redefinir el lugar de la literatura en el campo de la cultura y analizar los nuevos nexos que se establecen entre esta dimensión y la socio-política. No se trata de que todas las perspectivas se fusionen en una unidad improbable, sino más bien de colocar a los textos de la cultura en el nuevo sistema de oportunidades abierto por una esfera pública modernizada en el marco urbano de una ciudad que se transforma: historia de los intelectuales y de sus ideas, de la producción cultural y de su público, en la que pueda captarse el tono de las subjetividades, el clima y la densidad semántica del período. En estos años, los elementos renovadores y los residuales se disputaron los textos, los espacios, las instituciones, los derechos de legitimación y consagración. En esta empresa reconstructiva, las perspectivas de la crítica literaria se combinan con las de la historia cultural, en la medida en que se consideran no sólo transformaciones estéticas sino también las condiciones que hicieron posibles esos cambios, y los actores, instituciones o prácticas que funcionaron como mediadores entre las ideologías estéticas y las políticas. En consecuencia, parece difícil pensar sólo en la literatura considerada en un sentido estricto. Junto a ella, está el periodismo, el ensayo político, los proyectos y utopías sociales, la publicidad y la propaganda. Por otra parte, la literatura misma no aparece como una entidad singular, sino como un sistema complejo que incluye el tango y la poesía postmodernista al lado de la vanguardia, el folletín sentimental y la novela, las revistas que fueron escenario de ruptura y las comprometidas con el cambio político. Se trata, a no dudarlo, de *literaturas*, con diferentes niveles de problematización estética y diferentes niveles de público lector.

Tómese el caso de Roberto Arlt. La crítica se ha extendido sobre el vínculo entre sus novelas y el folletín, representado de manera directa o figurada en *El juguete rabioso*. Pero, al mismo tiempo y no sólo en este libro, Arlt exhibe su relación con la literatura "alta" y con los nuevos textos y prácticas de la técnica y la ciencia, de la química, la física, y de esos simulacros de ciencia popular que circulaban por entonces en Buenos Aires, bajo las etiquetas de hipnotismo, mesmerismo, transmisión telepática, etc.

El universo referencial-cultural se complejiza aún más cuando se lee *El amor brujo*, novela escrita como crítica de la mitología sentimental difundida en Buenos Aires, por esos años, a través de las novelas semanales que circularon en decenas de colecciones y decenas de miles de ejemplares. Arlt usa los recursos y artificios de esa literatura que, al mismo tiempo, critica. En verdad, podría afirmarse que Arlt toma y destruye su *gender system*, su modelo de felicidad, su ideología romántica y sus posiciones sexistas, su saber acerca de la sociedad, el matrimonio, el dinero y la psicología del amor.

La actitud de Arlt hacia la literatura sentimental, que combina la utilización y el rechazo, puede encontrarse, como forma, también en las *Aguafuertes*: en esos textos breves, se combina lo aprendido en la práctica del periodismo con las estructuras narrativas que se originan en la ficción. En verdad, Arlt inventa microestructuras que contienen intrigas miniaturizadas y esbozos de personajes, con los tópicos de la baja clase media urbana citados y a la vez criticados.

Las operaciones de recorte, mezcla y transformación llevadas a cabo por Arlt hablan también de los procesos de constitución de un escritor y su discurso. Para ponerlo en una perspectiva más general: la formación del escritor a través de modalidades no tradicionales, que incluyen, en su centro, el periodismo y las diferentes versiones de la literatura popular. Ambas escrituras, originadas en la nueva industria cultural, presuponen la emergencia de públicos no tradicionales y, en consecuencia, de pactos de lectura y genéricos de nuevo tipo. Con estas marcas, la subjetividad del escritor atraviesa procesos contradictorios: Arlt detesta y al mismo tiempo defiende y necesita al periodismo; desprecia y corteja a sus lectores; envidia y refuta los valores legitimados por la cultura "alta".

LA CIUDAD VISIBLE

La arquitectura y la pintura miran, rechazan, corrigen e imaginan esta ciudad nueva. Xul Solar deconstruye el espacio plástico, volviéndolo al mismo tiempo abstracto y tecnólogico, geométrico y habitado por los símbolos de una peculiar ficción mágico-científica. Los aviadores dibujados por Xul flotan en planos donde se mezclan banderas e insignias: una cita extremadamente elaborada que puede leerse como la suma de modernización técnica y diversidad nacional de las que Buenos Aires se convierte en escena y soporte.

Las utopías de la arquitectura se presentan también como una respuesta compleja ante la transformación. Wladimiro Acosta imagina entre 1927 y 1935 una ficción arquitectónica, el city-block, como alternativa al crecimiento ciertamente caótico de Buenos Aires. Desde otro punto de vista, Victoria Ocampo se convierte en patrona y mecenas del modernismo arquitectónico (la suya de Palermo Chico es la primera casa moderna que se construye en Buenos Aires) y en su comienzo la revista *Sur* encara la problemática urbana con la perspectiva de una reforma del gusto, indispensable a juicio de Ocampo, en la ciudad donde la inmigración ha ido dejando marcas materiales en la arquitectura que producen el efecto, valorado negativamente, de una anarquía de estilos con diversos orígenes nacionales. Desde su perspectiva, el modernismo arquitectónico representa una purificación estética y un programa ideológico de homogenización frente al *volapuk* estilístico de origen migratorio.

La heterogeneidad socio-cultural de la ciudad moderna define también varias líneas del discurso ensayístico. La década del treinta es la década del ensayo en la Argentina (como la del veinte, la de la renovación poética por ruptura vanguardista o cambio sostenido en un conjunto nuevo de valores). Resulta significativa una marcada inflexión pesimista, que reordena y renueva los tópicos que habían sido considerados en el primer nacionalismo contemporáneo al Centenario. Martínez Estrada, en primer lugar, juzga a una sociedad que no ha respondido a las promesas y los sueños de los *founding fathers*: los inmigrantes llegaron a estas tierras sólo guiados por la codicia y mezclaron su sistema de valores distorsionado con la mascarada de la cultura hispano-criolla.

Además de los clásicos Mallea y Martínez Estrada, se formó un arco ideológico y discursivo que comprende el ensayo literario, en cuyo marco Borges reordena la literatura argentina y presenta una lectura de la literatura universal de enorme productividad no sólo para su propia obra, y el ensayo histórico-social o directamente político. Scalabrini Ortiz empieza a desarrollar su interminable *romance* sobre una Argentina asediada por el imperialismo británico, maltratada por conjuraciones de invención londinense, deformada en su territorio por una red ferroviaria que, como las heridas de la expoliación imperialista, dejará las cicatrices más profundas en el desarrollo nacional. La revista *Señales* y los cuadernos de FORJA exponen estos tópicos que hacia fines de la década del treinta y, sobre todo, en la siguiente se convirtieron en mitos que articularon poderosamente la ideología nacionalista. Muy diferentes, el ensayo de Scalabrini, de Mallea y de Martínez Estrada tienen en común la crítica de lo real, la insatisfacción frente a los resultados producidos por el proceso inmigratorio y de mezcla que ya ha marcado a la cultura argentina. Frente a la heterogeneidad, las reacciones se definen por tres vías: la afirmación de una elite intelectual que podría convertirse en un instrumento de purificación o, por lo menos, de denuncia del carácter artificioso y viciado de la sociedad argentina; el recurso a fuerzas existentes en las bases de la nacionalidad y en el pasado, que podrían reestructurar las relaciones presentes; el reconocimiento del presente como diverso y la apuesta a que sea posible, sobre esa diversidad, construir una nación capaz de enfrentarse con los verdaderos enemigos extranjeros y sus aliados locales.

En otros lugares del campo intelectual, *Claridad* y el núcleo de iniciativas editoriales vinculadas con esta revista, se plantea la problemática del internacionalismo (sobre todo a medida en que el ascenso del fascismo galvaniza las fracciones de izquierda y diseña campos enfrentados a nivel mundial) y de la reforma social, pensada como un proceso de educación de las masas trabajadoras en el camino de incorporarlas a una cultura democrática y laica que, en el plano literario, se combina con un sistema de traducciones y una poética del realismo humanitarista.

Diferente de la vanguardia, que es facciosa en sus afirmaciones y en sus condenas, la izquierda reformista es ecléctica. Organizada como cultura para aquellos que han sido privados de una cultura literaria "alta", representa el drama intelectual de escritores que provienen de los sectores populares de reciente origen inmigratorio y debieron abrirse un espacio en la esfera pública, inventando las condiciones materiales de un sistema nuevo de producción y difusión, cuyo público lector debía ser ganado para un proyecto de reforma intelectual, moral y estética. A este mismo público nuevo interpela la izquierda revolucionaria que, como lo señala Raúl González Tuñón en su revista *Contra* de comienzos de la década del treinta, está completamente remitida hacia un futuro en el cual la utopía radical del comunismo se alza sobre las victorias y las derrotas. En este último caso, la revolución se configura en fundamento último de toda práctica y en razón de esperanza frente a condiciones presentes que pueden parecer inciertas o desfavorables.

Ideologías políticas, estéticas y culturales se enfrentan en este debate que tiene a Buenos Aires como escenario y, con frecuencia, como protagonista. La ciudad moderna es una escena privilegiada donde las formas concretas y simbólicas de una cultura en proceso de cambio se organizan en la malla densa de una sociedad estratificada. Los clivajes sociales pasaron a representarse o distorsionarse en el campo intelectual y están presentes en los conflictos institucionales y en los debates estéticos. Los intelectuales se movieron en el espacio literario como si los enfrentamientos que allí se producían fueran capítulos importantes de un proceso en el que, de algún modo, se jugara el futuro de la cultura argentina. Afectados por el cambio, inmersos en una ciudad que ya no era la de su infancia, obligados a reconocer la presencia de hombres y mujeres que fracturan un espacio cultural vivido, décadas atrás, como homogéneo, los escritores de Buenos Aires intentaron responder, figurada o rectamente, a un interrogante que organizaba el orden del día: ¿Cómo construir una hegemonía para el proceso en el que todos participaban, con los conflictos y las incertidumbres de una sociedad en transformación?

VIII. BIBLIOGRAFIA

LIBROS

Prisión o transparencia. Cincuenta años de frecuentación con lo poético. Córdoba, Argentina: Editorial Mundi, 1990.

Pedro Henríquez Ureña en México. Colección Cátedras, México: UNAM, 1989.

Points de Repère sur le Modernisme. Montpellier: Université Paul Valéry, 1987.

Octavio Paz. Alfredo Roggiano et. al. Ed. Afredo Roggiano. Colección Espiral 47. Madrid: Editorial Fundamentos, 1979.

En este aire de América. Primera serie. Biblioteca del Nuevo Mundo 2. Estudios y ensayos. México: Editorial Cultura, 1966.

Diccionario de la literatura latinoamericana: Argentina. Washington, DC: Pan American Union, 1961.

Pedro Henríquez Ureña en los Estados Unidos. University of Iowa Studies in Spanish Language and Literature 12. México: Editorial Cultura, 1961.

Viaje impreciso. Cuadernos del Unicornio 19. México: Librería M. Porrúa, 1958.

Una obra desconocida del teatro hispanoamericano: "Una venganza feliz" de Manuel López Lorenzo. State University of Iowa Studies in Spanish Language and Literature. México: Editorial Cultura, 1958.

Diez poetas norteamericanos. Con Julián Palley. Cuadernos Herrera y Reissig 40. Montevideo: n.p. 1955.

Seis poetas del norte argentino. Tucumán: Norte, 1954.

Introducción a la literatura. Tucumán: Edición de la Asociación Gremial Universitaria de Humanidades, 1953.

Autobiografía de Carlos Guido Spano. Introducción y edición. Buenos Aires: Ciordia y Rodríguez, 1948.

El río iluminado. Buenos Aires: Imprenta Patagonia, 1947.

ARTICULOS ESCOGIDOS DE ALFREDO A. ROGGIANO (1944-1988)

"Las memorias de Pedro Henríquez Ureña". *Revista Iberoamericana* 142 (enero-marzo 1988): 321-357.

"Poesía renacentista en la Nueva España". *Revista de Crítica Literaria Latinoamericana* 14.28 (2º semestre de 1988): 69-83.

"Ricardo E. Molinari y la vanguardia poética argentina". *Mundi* 4 (1988): 3-13.

"Points de repère sur le modernisme". *Co-Textes* 13 (1987).

Discurso inaugural. *XXIV Congreso: La crítica literaria en Latinoamérica*, Lima, Perú, Stanford University (1987): 9-13.

"La poesía decimonónica". *Historia de la literatura hispanoamericana*, Madrid: Cátedra, 1987.

"Acerca de la identidad cultural de Iberoamérica: algunas posibles interpretaciones". *Memoria del XXII Congreso del Instituto Internacional de Literatura Iberoamericana*. Madrid: Alhambra (1986): 11-20.

"Emir Rodríguez Monegal: el crítico necesario". *Vuelta* septiembre 1986.

"Filiación cultural del Modernismo". *Mundi* 3 diciembre 1986. Reproducido en *Texto y Contexto* Bogotá, Colombia: Universidad de los Andes, 140 (mayo-agosto 1988): 9-22.

"John Englekirk o a la fraternidad por la cultura". *Revista Iberoamericana* 130-131 (enero-junio 1985): 313-318.

"Pedro Henríquez Ureña. Diario de viaje a Cuba". Texto inédito publicado con introducción de Alfredo A. Roggiano, *Revista Iberoamericana* 130-131 (enero-junio 1985): 321-322.

"Renacimiento y barroco en la conquista espiritual de América". *Homenaje a Luis Alberto Sánchez*, preparado por Robert Mead y otros. Madrid: Insula, 1983.

"Modernismo. Origen de la palabra y evolución de un concepto". *Eco* 254, diciembre de 1982. Incluido en *Nuevos asedios al modernismo*. Ed. Ivan Schulman. Madrid: Tauro (1987): 39-50.

"Bernardo de Balbuena". *Historia de la literatura hispanoamericana* Madrid: Cátedra, 1982.

"Alejandra Pizarnik: persona y poesía". *Letras de Buenos Aires* 2 (1981).

"Acción y libertad en la poética de José Martí". *Revista Iberoamericana* 112-113 (julio-diciembre 1980): 401-412.

"Irving A. Leonard. Notable hispanoamericanista norteamericano". *Revista Iberoamericana* 104-105 (julio-diciembre 1978): 307-312.

"José Juan Tablada: espacialismo y vanguardia". *Actas del XVIII Congreso Internacional de Literatura.* Río de Janeiro: 1978, 4-11 y *Hispanic Journal* 1.2, University of Indiana, (Spring 1980): 47-50.

"Conocer y hacer en sor Juana Inés de la Cruz", *Revista de Occidente* (enero de 1977): 51-54. Reproducido en inglés: "Learning and creations in Sor Juana", *Latin American Literary Review* 1.1 (Fall 1972): 63-70.

"Instalación del barroco hispánico en América: Bernardo de Balbuena". *Homage to Irving Leonard*, Ed. Raquel Chang-Rodríguez y Donald Yates. East Lansing: Michigan State University Press, 1977, 61-74.

"Juan de Espinosa Medrano: apertura hacia un espacio crítico en las letras de América Latina". *Prosa hispanoamericana virreinal.* Ed. Raquel Chang-Rodríguez. Barcelona: Ediciones Hispanoamericanas, (1977): 101-112.

"El surrealismo en Argentina y Enrique Molina". *Surrealismo y surrealismos: Latinoamérica y España* Eds. Peter Earle-Germán Gullón, Philadelphia (1977): 81-91. Also in *Kañina* 3, Universidad de Costa Rica, 73-84.

"Qué y qué no del Lunario sentimental". *Revista Iberoamericana* 94 (enero-marzo 1976): 71-77.

"Una lectura de la disidencia: Las montañas del oro de Leopoldo Lugones". *Homenaje a Andrés Iduarte*. Ed. Jaime Alazraki, Clear Creek, Indiana: The American Hispanist, Inc., 1976, 321-329.

"Acerca de dos barrocos: el de España y el de América". *Memoria del XVII Congreso del Instituto Internacional de Literatura Iberoamericana*. Madrid: Universidad de Madrid, 1976.

"Proposiciones para una revisión del romanticismo argentino". *Revista Iberoamericana* 90 (enero-marzo 1975): 69-77. Reproducido en *Imprévue* 1983-2: 35-45.

"Ser y poesía en Pablo Neruda. Del 'Castillo sin ventana' a una solidaridad compartida". *Simposio Pablo Neruda*. Ed. por Isaac Levy y Juan Loveluck. Columbia: University of South Carolina Press, 1975, 243-266. *Pablo Neruda*. E. Rodríguez Monegal y E. M. Santí, Madrid: Taurus, 1980.

"Destino personal y destino nacional en el *Martín Fierro*". *Revista Iberoamericana* 87-88, (abril-septiembre 1974): 219-230. *Latin American Literary Review* 3.5, Pittsburgh: Carnegie-Mellon University, (Fall-Winter, 1974): 37-49. (Trans. William Straub).

"Manuel Pedro González". *Revista Iberoamericana* 89 (octubre-diciembre 1974): 689-692.

"Luis Monguió". Introducción a Luis Monguió. *Notas y estudios de literatura peruana y americana*. México: Editorial Cultura, 1972.

"Arturo Torres Rioseco". *Revista Iberoamericana* 78 (enero-marzo 1972): 15-29.

"El problema de la creación poética en Platón". *Anales de la Universidad Central* (Quito) 95.350 (1967): 293-309.

"Escritores españoles en los comienzos poéticos de la Nueva España". *Humanitas* (Monterrey) 8, Anuario 1967, 271-298.

"John E. Englekirk o la fraternidad por la cultura". Introducción a John E. Englekirk: *De lo nuestro y de lo ajeno*. México: Biblioteca del Nuevo Mundo, Editorial Cultura, 1966.

"La poesía en la Nueva Castilla o Virreinato del Perú antes del barroquismo". *Humanitas* (Monterrey) 7, (1966): 257-269.

"Vida, obra y pensamiento de Arturo Torres Rioseco". Introducción a A. Torres Rioseco. *La hebra en la aguja.* México: Biblioteca del Nuevo Mundo 2, Editorial Cultura, 1965.

"Allen W. Phillips, hispanoamericanista norteamericano". Prólogo a Allen W. Phillips. *Estudios y notas sobre literatura hispanoamericana.* México: Biblioteca del Nuevo Mundo 2, Editorial Cultura, 1965.

"Vida, obra y doctrina literaria de Enrique Anderson Imbert". Introducción a E. Anderson Imbert, *Los domingos del profesor.* México: Biblioteca del Nuevo Mundo 2, Editorial Cultura, 1965.

"La poesía en la Nueva España durante el siglo XVI". *Universidad* 60, Universidad Nacional del Litoral Argentina (1964): 171-220.

"Los comienzos de la poesía en la América Hispánica". México: *Humanitas* (Monterrey) 5 (1964): 270-296.

"Situación y tendencias de la poesía argentina actual". *Revista Interamericana de Bibliografía* 1 (1963): 1-29.

"La influencia francesa y la valoración hispánica del modernismo". *Memoria del Noveno Congreso del Instituto Internacional de Literatura Iberoamericana,* New York: 1961.

"Erwin Kempton Mapes". *Revista Iberoamericana* 51, (enero-junio 1961): 137-146.

"Lenguaje y literatura en Latino-América". Madrid: *Enciclopedia Proliber,* 1961.

"Una importante historia de la poesía femenina argentina". *La Nueva Democracia,* (julio 1961): 52-61.

"Variantes de un poema de Rubén Darío". *Revista Iberoamericana* 49, (enero-junio 1960): 153-161.

"What about Latin American Literature?" *Iowa English Yearbook.* (1960): 25-27.

"José Juan Arrom: Certidumbre de América". *Revista Iberoamericana* 49 (enero-junio 1960): 189-190.

"Dos prosas poemáticas y una traducción de Pedro Henríquez Ureña". *Revista Iberoamericana* 48 (julio-diciembre 1959): 357-362.

"La idea de cultura en Baldomero Sanín Cano". *Memoria del Séptimo Congreso del Instituto Internacional de Literatura Iberoamericana.* Berkeley: University of California Press, 1957.

"Pedro Herníquez Ureña o el pensamiento integrador". *Revista Iberoamericana* 41-42 (enero-diciembre 1956): 171-194.

"Estética y crítica literaria en Ortega y Gasset". *La Torre* 4.15-16, (julio-diciembre 1956): 337-359.

"Julio J. Casal". *Revista Iberoamericana* 40 (septiembre de 1955): 235-242.

"Eduardo Carranza y la nueva poesía colombiana". *Humanitas* (Tucumán) 2.5, (1954): 41-69.

"Baldomero Sanín Cano". *Humanitas* (Tucumán) 2.5, (1954).

"Poética y estilo de José Martí". *Humanitas* (Tucumán) 1.2, (1953): 357-378. Incluido en *Antología crítica de José Martí.* Eds. Manuel Pedro González and Ivan Schulman. Cuba: Universidad de Oriente (1960): 41-69.

"El primer libro de Ricardo E. Molinari". Tucumán: *Panorama* 2 (septiembre 1952): 8-26.

"Un crítico chileno: Yolando Pino Saavedra". Tucumán: *La Provincia* (2 de noviembre de 1952).

"La obsesión de lo imposible en la poética de José Asunción Silva". Universidad de Tucumán: *Revista de Lenguas y Literaturas* 1.1, (1952).

"La novela y el modernismo". *Memoria del V Congreso del Institutc Internacional de Literatura Iberoamericana*, University of New Mexico Press, 1952. Incluido en *La novela hispanoamericana*. Ed. Juan Loveluck M. Chile: Editorial Universitaria, 1963, 231-247.

"Carlos Ortiz y el modernismo". Chivilcoy: *La Razón*, 9 de abril de 1950.

"Guido Spano y el modernismo hispanoamericano". *Boletín del Instituto de Investigaciones Literarias*. Argentina (La Plata) 6, 93-122.

"José Asunción Silva: aspectos de su vida y de su obra". Madrid: *Cuadernos Hispanoamericanos* 9, (mayo-junio 1949): 592-612.

"Cervantes y José Hernández". Tucumán: *Nuevos Horizontes* 52, 1948.

"La poesía de Miguel D. Etchebarne". Chivilcoy: *La Razón*, 24 de diciembre de 1946.

"Un nuevo poeta argentino: César Rosales". La Plata: *El Argentino*, 1946.

"La prosa de María de Villarino". Buenos Aires: *La Razón*, 12 de enero de 1944.

ARTICULOS EN ENCICLOPEDIAS

Enciclopedia RIALP. Varios artículos sobre escritores argentinos y mexicanos. Madrid: Ediciones RIALP, 1984.

Encyclopedia of Latin American Writers. Varios artículos sobre escritores latinoamericanos. New York: Scribner's, 1987, 1988.

Historia de la literatura hispanoamericana I, II. Varios artículos sobre la literatura de la Colonia y del Siglo XIX. Madrid: Editorial Cátedra, 1982.

BIBLIOGRAFIAS

"Bibliografía de y sobre Octavio Paz". *Revista Iberoamericana* 74, (enero-marzo 1971): 269-297. Más completa en: *The Perpetual Present. The Poetry and Prose of Octavio Paz*, Ed. Ivar Ivask. Oklahoma University Press, 1973.

Incluido en *Octavio Paz* Madrid, Colección Espiral, Editorial Fundamentos, 1979.

"César Vallejo, mínima guía bibliográfica". *Revista Iberoamericana* 71 (abril-junio 1970): 353-358.

"Bibliografía de y sobre Loepoldo Lugones". *Revista Iberoamericana* 53 (enero-junio 1962): 155-213.

RESEÑAS

Reseña al libro de Alicia Colombí-Monguió. *Petrarquismo peruano: Diego Dávalos de Figueroa y la poesía de la Miscelánea Austral. Revista Iberoamericana* 141 (octubre-diciembre 1987): 1062-1063.

Reseña al libro de Antonio R. de la Campra y Raquel Chang-Rodríguez. *Poesía hispanoamericana colonial. Revista Iberoamericana* 137 (octubre-diciembre 1986): 1105-1107.

Reseña al libro de Bella Jozef. *O espaço reconquistado. Revista Iberoamericana* 96-97 (julio-diciembre 1976): 644-645.

Reseña al libro de Ramón Xirau. *Mito y poesía. Revista Iberoamericana* 94 (enero-marzo 1976): 71-77.

Reseña al libro de Mónica Mansour. *La poesía negrista. Revista Iberoamericana* 90 (enero-marzo 1975): 167-168.

Reseña al libro de Allen W. Phillips. *Temas del modernismo hispanoamericano y otros estudios. Revista Iberoamericana* 91 (abril-junio 1975): 385.

www.ingramcontent.com/pod-product-compliance
Lightning Source LLC
Chambersburg PA
CBHW071354300426
44114CB00016B/2054